ÜBER DEN FLUSS NACH AFRIKA

Stefanie Gercke

ÜBER DEN FLUSS NACH AFRIKA

Roman

Weltbild

Besuchen Sie uns im Internet:
www.weltbild.de

Genehmigte Lizenzausgabe für Verlagsgruppe Weltbild GmbH,
Steinerne Furt, 86167 Augsburg

Umschlaggestaltung: ZERO Werbeagentur, München
Umschlagmotiv: Getty Images, München
Gesamtherstellung: Bagel Roto-Offset GmbH & Co. KG, Schleinitz
Printed in the EU
ISBN 978-3-8289-9333-4

2011 2010 2009 2008
Die letzte Jahreszahl gibt die aktuelle Lizenzausgabe an.

1

Beauty Makuba war das erste Opfer. Am Morgen des 4. Novembers fiel sie mit ausgestreckten Armen kopfüber in ein dreißig Meter tiefes Loch in ihrem Garten, das sich über Nacht aufgetan hatte, brach sich erst beide Arme, gleich darauf den Schädel und zum Schluss das Genick. Schmerzen spürte Beauty nicht. Sie war sofort tot.

An diesem Tag fanden ihre Nachbarn in dem kleinen Ort Promise, der vom Bergbau lebte, nicht weniger als sechshundert solcher Löcher in ihren Gärten. Das tiefste war so tief, dass es dem Hausbesitzer bodenlos erschien und er fürchtete, in seinem Vorgarten einen direkten Zugang zur Hölle zu haben. Das regte ihn sehr auf, aber niemand konnte ihm die Frage beantworten, woher diese Löcher wirklich kamen und wohin sie führten.

Die Minengesellschaft wandte sich an ihre Geologen. Da alles am Guy-Fawkes-Day geschah, an dem die Engländer mit Freudenfeuern und dem Abbrennen von spektakulären Feuerwerkskörpern feierten, dass besagter Guy Fawkes und seine Mitverschwörer im Jahr 1605 mit ihrem Plan scheiterten, das englische Parlament in die Luft zu jagen, unterlief dem Geologen vom Dienst, der obendrein an jenem Tag Geburtstag hatte, eine Nachlässigkeit. Er übersah einige ungewöhnliche, verhältnismäßig flache Zacken auf dem Seismographen. In seiner langatmigen Erklärung hieß es, dass es sich um einen Kaverneneinbruch handele, der ja vor Ort keine Besonderheit sei.

Die hiesigen Minen waren ins Dolomitgestein getrieben, und durch die Schächte sickerte immerfort Oberflächenwasser nach, das von der Minengesellschaft ständig abgepumpt werden musste. Langsam, aber stetig fraß das Wasser das Gestein, und es entstanden riesige Kavernen, bis irgendwann die Höhlendecke aus dem weichen Kalkgestein nicht mehr stark genug war und einbrach. Der Einbruch erzeugte ein dumpfes Grollen und einen kurzen Erdstoß. Dann war es vorüber. Die Bosse der Minengesellschaft waren beruhigt und machten sich auf, um ebenfalls ausgiebig den Festtag zu begehen.

Prudence Magubane aber hatte eine Erklärung, die den Bewohnern von Promise, die bis auf wenige Ausnahmen alle von dunkler Hautfarbe waren, mehr einleuchtete. Schon immer, so behauptete die alte Frau, der man nachsagte, dass sie in mondhellen Nächten allerlei geheimnisvolle Riten praktiziere, habe sie davor gewarnt, dass der Boden unter dem Ort durchlöchert sei wie ein Baumstamm von Termiten, weil da unten etwas lebe, das von unvorstellbarer Gefräßigkeit sei.

Viele der Anwohner glaubten ihr, kauften ihre Medizin und gossen sie in die Löcher, um das unterirdische Biest zu füttern. Das Geschäft florierte, und Prudence Magubane zog bald von ihrer Wellblechhütte in ein Haus aus Stein, und in ihrem Wohnzimmer flimmerte fortan Tag und Nacht ein Fernseher.

Aber das unterirdische Biest war unersättlich. Es lag auf der Lauer und wartete.

Am Abend des Guy-Fawkes-Day bebte die Erde erneut, ein Stollen brach ein, und zehn Minenarbeiter der King Midas Gold Mine wurden verschüttet. Unerfahrene verwechselten das Geräusch gern mit dem eines vorbeifahrenden Zuges, aber jeder, der in dieser Gegend lebte, hielt es für einen Kaverneneinbruch, jede Frau, deren Mann in den Minen arbeitete, schickte ein Stoßgebet zum Himmel und hoffte, dass es nicht den ihren getroffen hatte.

Dieses Mal jedoch war es anders. Was die Höhlen zusammenbrechen ließ, war nicht ein Kaverneneinbruch, sondern ein tektonisches Beben. Die Geologen wiesen schnellstens darauf hin, dass Derartiges in dieser Gegend außerordentlich ungewöhnlich sei und sich wohl kaum wiederholen könne.

Aber das Biest hatte die Zähne gefletscht.

Die zehn Minenarbeiter konnten nach einigen Tagen nur noch tot geborgen werden. Das Begräbnis wurde vom Fernsehen übertragen, und die Frauen warfen sich über die Särge ihrer Männer und schrien und klagten, was die Stimmbänder hergaben, damit ihre Ahnen die Toten mit offenen Armen empfingen.

Es war eine sehr würdige Zeremonie.

Linnie merkte von alledem nichts. Das Weltgeschehen interessierte sie schon lange nicht mehr. Außerdem lebte weit weg an der südöstlichen Küste des Indischen Ozeans, hatte weder je von dem Ort Promise noch von den mysteriösen Erdlöchern gehört. Sie besaß weder Radio noch Fernsehen, und die Zeitungen, die sie las, waren die, die andere Leute weggeworfen hatten, denn der Busch war ihr Heim, der Himmel ihr Dach und der warme Sand ihr Bett. Sie war zu einem Nachtwesen geworden, ein flüchtiger Schatten zwischen den Büschen, ein trockenes Rascheln im Ried, nichts mehr. Seit achtzehn Jahren war sie nichts als ein Schatten. Unsichtbar. Nicht vorhanden.

Das war gut so, denn niemals durfte einer von denen erfahren, dass es sie noch gab, durfte nicht ahnen, dass sie noch atmete. Ob sie noch lebte, war eine Frage, auf die sie die Antwort selbst nicht geben konnte. Die, die sie einst war, existierte nicht mehr, und mit jedem Tag entfernte sich ihr früheres Leben weiter von ihr. Als schaute sie durch das falsche Ende eines Fernrohrs, erkannte sie jetzt nur noch einen schwach leuchtenden Punkt, und auch der würde bald erloschen sein. Dann blieb nur noch Finsternis. Und der Hass. Denn solange nicht vollbracht war, was sie sich damals geschworen hatte, musste sie atmen. Ein und aus. Ein und aus.

War es vorbei, würde sie sich fallen lassen, sich auflösen, einfach aufhören zu sein. Von ihr würde nichts bleiben, nur tanzende Stäubchen in den Sonnenstrahlen. Manchmal, wenn die Schmerzen zu schlimm wurden, wünschte sie diesen Augenblick herbei, mehr als alles andere auf der Welt. Dann stieg sie im pflaumenfarbenen Morgengrauen nackt in die Wellen, dort, wo keine Felsen unter der Oberfläche lauerten, legte sich auf den Rücken und ließ sich mit geschlossenen Augen ins Licht treiben, hoffte, dass das Meer sie mitnehmen würde in die Ewigkeit. Aber dann schwappte ihr unweigerlich eine vorwitzige Welle in den Mund, oder irgendetwas knabberte an ihrem Zeh, sie verschluckte sich, musste husten und spucken, und ihr Überlebensreflex setzte wieder ein. Sie schwamm zurück an Land.

Eine große grellbunte Heuschrecke landete auf ihrem Arm. Spüren konnte sie das nicht. Unter den wulstigen Narben, die ihren gesamten Körper überzogen, waren die Nerven weitgehend zerstört, nur stellenweise fühlte sie etwas, und dann waren es immer Schmerzen, furchtbare, spitze Schmerzen. An vielen Tagen war sie nur noch ein einziger Schmerz, und es kam ihr vor, als hätte sie nicht nur die Verbindung zu ihrem Körper verloren, sondern auch zu ihrer Seele. In ihrem Inneren war sie tot, alle menschlichen Gefühle waren gestorben.

Alle, bis auf eines. Den Hass. Lichterloh brannte er in ihr, hatte jedes andere Gefühl mit seinen Flammen verzehrt. In diesem Feuer schmiedete sie ihre Wut, schürte die Glut, verlor nie ihr Ziel aus den Augen.

Mit einer blitzschnellen Handbewegung fing sie die Heuschrecke ein und setzte sie ins Blätterwerk. Der Insektenleib war prall und weich, das konnte sie fühlen. Die Fingerspitzen ihrer rechten Hand waren unversehrt. Sie hatte sie zur Faust geballt, und deswegen waren sie verschont geblieben. Sachte strich sie über den pferdeähnlichen Kopf des Tieres, die festen Flügeldecken, zupfte die durchsichtigen, pergamentartigen Hinterflügel hervor, bis sie sich wie Fächer entfalteten. Es gab Zeiten, da hatte sie das Insekt gegessen, meist geröstet, aber auch roh, wenn sie hungrig genug war, obwohl es abstoßend bitter schmeckte. Aber jetzt hatte sie sich ihr Lager nicht weit vom Ort im Dünenwald bereitet, und wenn es ihr nicht gelang, in der Morgendämmerung einige Krebse, vielleicht einen Tintenfisch oder sogar einen Fisch zu fangen, der zur dieser frühen Tageszeit noch schlafend auf dem schattigen Grund eines Teichs im Felsenriff lag, wanderte sie abends im Schutz der Dunkelheit zu den Mülltonnen, die hinter den großen Hotels standen. Dort war der Tisch stets reich gedeckt.

Vor einigen Monaten hatten Kinder, die den dichten Buschstreifen unterhalb der Promenade erkundeten, sie in ihrem Unterschlupf aufgestöbert, und einige unerschrockene hatten sich ihr genähert, zögernd Fragen gestellt und dann ihren ehrlichen Antworten gelauscht. Sie waren zu ihren Freunden geworden und brachten ihr nun ab und zu sauberes Wasser und Essen, das sie ihrer Mutter stahlen oder mit einer kleinen Lüge abschwatzten. Nicht einer verriet sie. Eifersüchtig hüteten alle ihr Geheimnis vor den Erwachsenen, und sie belohnte die Treue der Kinder, indem sie ihnen kleine Figuren aus Lehm modellierte oder Flöten aus Bambus schnitzte, den sie nachts aus einem üppigen Garten in der Nähe des Strandes schnitt, nachdem sie den blutdurstig geifernden Wachhund mit sanften Schnalzlauten und saftigen Fleischresten aus den Mülleimern des Steakrestaurants in ein lammfrommes Hündchen verwandelt hatte.

Nach ihrem abendlichen Beutezug durch die Mülltonnen der Hotels duschte sie sich unter den Strandduschen. Seewasser und Meeresluft überzogen ihre Haut schnell mit Salzkristallen, an denen der grobe Sand so fest haftete, dass sie ihn nicht abschütteln konnte. Dann juckten die Narben so unerträglich, dass sie sich die Haut vom Leibe hätte kratzen mögen. Sie wartete immer, bis der Strand menschenleer war und auch niemand mehr über die Promenade wanderte. Bei ihrer Duschorgie beobachtet zu werden wäre ihr sehr peinlich. Erst wenn kein Sandkorn mehr an ihr klebte, der Juckreiz endlich nachließ, drehte sie den Hahn zu.

In den letzten Monaten hatte sie sehr viel Gewicht verloren, und ihre von glänzenden Wulsten durchzogene, schuppige Haut warf dicke Falten, was ihr ein reptilienhaftes Aussehen verlieh. Ein Reptil mit eingefallenen Flanken und zu großem Kopf, so sah sie sich.

Die Chamäleonfrau nannte man sie, wegen ihrer Haut und der Tatsache, dass ihr Kopf bis auf einige dünne Haarbüschel kahl war, das wusste sie wohl. Sie hatte die Kinder reden hören. Aber es machte ihr nichts aus, und nie benutzte sie ihr Aussehen, um ihnen Angst einzujagen. Kinder liebte sie. Ihr eigenes, ihr einziges, hatte sie verloren, gleichzeitig mit dem Vater, der die Liebe ihres Lebens gewesen war. Die Erinnerung an den, der den Tod ihres Mannes verursacht und sie zu dem Dasein einer lebenden Toten verdammt hatte, die Erinnerung an diesen Mann hielt ihren Hass lebendig.

Sie ballte die Fäuste, presste die Lider zusammen, zwang sich, sich diesen Mann genau vorzustellen, rief sich seine sanfte, tödliche Stimme ins Gedächtnis, suhlte sich in der Erinnerung an den Schmerz, den ihr seine manikürten Hände zugefügt hatten, konzentrierte sich auf diesen weiß glühenden Punkt in ihrem Zentrum. So lebhaft war ihre Vorstellungskraft, dass sie ihn riechen konnte, diesen abstoßenden Geruch nach männlichem Schweiß, vermischt mit Zigarrenrauch und seinem klebrig-süßlichen Rasierwasser. Sie musste sich das antun, damit sie in jener einen Sekunde, auf die sie seit vielen Jahren mit der grausamen Geduld einer hungrigen Raubkatze lauerte, dem Augenblick, in dem er vor ihr stehen würde, bereit war.

Nun war dieser Augenblick ganz nah. Einen Monat würde er in seinem Luxusapartment in Umhlanga Rocks verbringen. Aus geschäftlichen Gründen, so hatte es in einer der Zeitungen gestanden, die sie täglich aus dem Papierkorb vor dem *La Spiaggia* fischte in der Hoffnung, irgendwann eine Spur dieses Mannes zu finden. Beim schnellen Durchblättern war ihr Blick an dem Foto eines Mannes hängen geblieben, der mit verschränkten Armen den Betrachter kühl von oben herab musterte. Es deckte sich exakt mit dem Bild von ihm, das seit achtzehn Jahren wie mit Säure in ihre Seele geätzt war, und die Erkenntnis, wen sie vor sich hatte, hatte sie mit der Wucht eines Schmiedehammers getroffen, ihr für Minuten jegliche Kontrolle über sich selbst geraubt, allein die Erinnerung verursachte dieselbe Reaktion wie in jenem Moment. Sie zitterte, ihr Herz setzte aus, ihre Hände flogen, sie rang nach Atem, als würde ihr jemand die Kehle zudrücken. Sie hatte die Zeitung fallen lassen und war, hilflos gegen die Dämonen kämpfend, hinunter auf den schattigen Strand gestolpert, entlang den auslaufenden Wellen, bis sie irgendwann lang hingeschlagen und liegen geblieben war. Ihr Mund hatte sich mit Salzwasser gefüllt, Sand ihr die gepeinigte Haut heruntergerieben. Wie ein Stück Treibholz rollte sie in der auflaufenden Flut hin und her, bis eine Welle sie hinauf auf den trockenen Sand gespuckt hatte.

Die wilden Filmfetzen vor ihren Augen waren allmählich verblasst, und eine tödliche Ruhe hatte sich ihrer bemächtigt. Sie ging zurück zum *La Spiaggia*, fand die Zeitung und hatte im Licht der Straßenlampe den Artikel gelesen, der neben dem Bild abgedruckt war, und damit den süßesten Augenblick der vergangenen achtzehn Jahre erlebt. So lange hatte sie ihn gesucht, hatte sich ans Leben geklammert, hatte sich geschworen, es nicht eher zu verlassen, bis sie ihn gefunden hatte, bis er für alles auf Heller und Pfennig bezahlt hatte, und jetzt hatte sie ihn gefunden.

Er nannte sich heute anders, als er damals hieß, und es war

nicht sein Gesicht, das dort abgebildet war. Offenbar hatte er seine Gesichtszüge mittels kosmetischer Operationen verändern lassen – besonders das Kinn erschien ihr kantiger –, aber seine elegante Erscheinung, die arrogante Kopfhaltung, seine Gestik verrieten ihn. Das Haar trug er so militärisch kurz wie früher, aber es war nicht mehr dunkelbraun, sondern weiß.

Wie damals verbarg er seinen durchtrainierten Körper unter feinstem Stoff, glich auch heute noch äußerlich dem, was er ursprünglich gewesen war: ein Wissenschaftler. Was nicht auf den ersten Blick ersichtlich war, was sie aber am eigenen Leib erfahren hatte, waren seine Besessenheit und die unglaubliche Kraft, die er besaß, eine Kraft und Schnelligkeit, die sie eigentlich bisher nur im Tierreich erlebt hatte. Sein Körper schien nur aus Muskeln zu bestehen. Er war nicht groß, unter eins achtzig sicherlich, so schätzte sie ihn, obwohl er größer wirkte.

Unter seinem neuen Namen war er heute offenbar ein prominenter Geschäftsmann, nicht verheiratet, darauf würde sie wetten. Seine Zuneigung galt Jungen mit glatter Haut und knospenden Körpern, das hatte sie beobachtet, damals.

Die Bilder jagten ihr einen Schauer über ihre zerstörte Haut, lösten dabei einen starken Juckreiz aus. Sie beherrschte sich und kratzte sich nicht, weil die Wunden, die sie sich dann selbst zufügte, in dem feuchtwarmen Seeklima leicht vereiterten und oft für Monate nicht heilten. Zwar kannte sie sich gut aus, wusste welche Pflanzen in den Dünen, zu Brei zerdrückt, aseptisch wirkten und die Heilung förderten, aber seit einiger Zeit konnte sie nicht mehr ignorieren, welches Risiko diese Infektionen für sie darstellten.

Die Anzeichen waren nur zu deutlich. Lange hatte sie geglaubt, sie wäre noch einmal davongekommen, nachdem die Bande von zugekifften Tsotsies sie in ihrem Versteck am Strand vor Durbans Goldener Meile aufgestöbert hatte. Durch die Verkrüppelungen und die straff spannenden Narben konnte sie sich nur mit großer

Mühe und nur sehr langsam fortbewegen. Sie entkam ihnen nicht. Einer nach dem anderen hatten sie sich auf sie gestürzt, wieder und immer wieder.

Es war eine dunkle, mondlose Nacht gewesen, kurz vor der Wintersonnenwende, und keiner hatte ihr Äußeres richtig wahrgenommen. Erst als die Kerle von ihr abgelassen und sie halb bewusstlos vor Schock und Schmerzen liegen lassen hatten, hatte einer von ihnen ein Feuer angezündet – um sich zu wärmen oder Heroin zu kochen, das konnte sie nicht sagen –, und erst dann bemerkten ihre Peiniger ihr Aussehen.

»Es ist ein Tier, es ist … das Chamäleon«, schrie einer, und alle stoben entsetzt davon.

Das Chamäleon war der Todesbote der Zulus, und sie hatte trotz ihres Zustandes ein grimmiges Gefühl von Gerechtigkeit verspürt, weil sie wusste, dass selbst bei den Zulus, die schon im Bauch der Stadt geboren worden waren, der Glaube an die Mythologie ihres Volkes tief verwurzelt war. Diese Männer würden wissen, dass sie dem Tod geweiht waren, und egal, wie sie starben, in ihrem letzten Augenblick würden sie das Wesen vor sich haben, das Schuppen trug und aussah wie ein großes Reptil und doch eine Menschenfrau war. Ihre verbleibende Zeit auf Erden würde keine angenehme werden, dessen war sie sich sicher. Es war ein schwacher Trost, und er hielt nicht lange an.

Obwohl sie wusste, dass antiretrovirale Medikamente, die, kurz nach der Infektion verabreicht, den Ausbruch der Krankheit verhindern oder zumindest verzögern konnten, in Südafrika illegal waren, hatte sie sich voll verzweifelter Wut zum nächsten Krankenhaus geschleppt. Weinend hatte sie die junge indische Ärztin in der Notaufnahme um das rettende Medikament angefleht. Aber vergeblich, sie wurde abgewiesen. Rasend vor Angst, hatte sie geschrien, war den Gang entlanggekrochen und hatte an Türen gehämmert, bis zwei Krankenpfleger sie einfingen.

»Stell dich nicht so an«, hatte einer der beiden geknurrt und sie – durch Einweghandschuhe geschützt – gepackt und vor die Tür gesetzt. Sie nahm es ihnen nicht übel. In einem Land, wo alle sechsundzwanzig Sekunden eine Frau vergewaltigt wurde, war ihr Schicksal ein alltägliches. Nur in den müden Augen der Ärztin hatte sie tiefstes Mitleid gesehen.

An diesem Morgen war sie versucht gewesen, einfach ins Meer zu gehen und weit hinauszuschwimmen, bis sie die Kraft verließ, es keinen Weg mehr zurückgab und sie in die stille, weiche Tiefe sinken würde, immer weiter, bis das Licht über ihr sich verdunkelte, die Stille tiefer wurde und endlich nichts mehr da war als Frieden. Keine Schmerzen, keine Sehnsüchte. Nichts mehr. Stundenlang hatte sie am Saum der Wellen gestanden und hinaus ins sturmgepeitschte wintergraue Meer gestarrt. Doch dann hatte sie ein streunender Hund angefallen, und ein paar Halbwüchsige bewarfen sie mit Steinen und verhöhnten sie mit üblen Namen. Da war die Wut zurückgekommen, und sie wusste, dass sie nie aufgeben würde, bis er die Rechnung in Gänze beglichen hatte.

Am nächsten Tag hatte sie sich von Kopf bis Fuß verhüllt, sich einen Platz im Sammeltaxi geleistet und war die fünfzehn Kilometer nach Umhlanga Rocks gefahren. Seitdem lebte sie dort. Die Hotels hier waren die teuersten in KwaZulu-Natal, und das, was aus ihren Küchen im Abfall landete, hätte manche Familie gesund und reichhaltig ernährt. Ihr boten die Abfälle vielfältige Abwechslung. Sie war sorgfältig in ihrer Auswahl, ernährte sich gesund, ging morgens in der Stunde vor Aufgang der Sonne, die ihr Freund geworden war, lange am Strand entlang, um sich fit zu halten und den Ausbruch der Krankheit hinauszuzögern. Außerdem tat die feuchte, mineralienhaltige Luft ihrer geschundenen Haut gut, bewahrte sie der feine Gischtschleier vor dem Austrocknen, sodass die Narben nicht so spannten.

Das war jetzt vier Jahre her. Für den Test hatte sie kein Geld, und lange Zeit hatte sie sich an die Hoffnung geklammert, dass das Schicksal ihr dieses eine Mal gnädig gestimmt war, aber letztlich hatte sie nach und nach die verräterischen Zeichen bemerkt. Husten, der nicht aufhören wollte, Wunden, die nicht mehr heilten, und eines Morgens, im ersten Licht der aufgehenden Sonne, hatte sie es entdeckt. Wie eine bösartige schwarze Kröte wuchs es aus ihrer Haut, ein schreckliches, tödliches Mal. Das erste Kaposi-Geschwür. Es war der Anfang vom Ende, das wusste sie von den vielen, die so gestorben waren, und daher wusste sie auch, dass der Weg dorthin durchs Fegefeuer führte.

Eine beißende, alles verschlingende Angst packte sie, der sie nichts entgegenzusetzen hatte als ihre Wut. Eine Art innere Raserei, die sie gelegentlich dazu trieb, im Mondlicht mit ihrem Messer auf Rattenjagd zu gehen. Der entsetzte Aufschrei der Touristen, die am nächsten Morgen die fein säuberlich aufgereihten Rattenkadaver auf der Promenade entdeckten, entlockte ihr in ihrem Buschversteck nur ein höhnisches Lachen. Manchmal fing sie Schlangen, von denen es in dem verfilzten Busch genügend gab, und legte sie neben die Ratten. Dann wurden die Schreie schriller und ihr Lachen über diese dummen Leute, die vergaßen, dass das hier Afrika war, lauter.

Noch heute musste sie über die Reaktion auf die Mamba schmunzeln. Es war eine grüne Mamba gewesen, die zwischen den Häusern lebte und sich unvorsichtigerweise ihrem Schlafbereich näherte. Sie hatte das Reptil, das gut und gerne seine zwei Meter lang war, erschlagen, mit einem Stock die Kiefer des hundeschnauzenähnlichen Kopfes aufgedrückt und eine Ratte mit dem Kopf voran hineingestopft. Das Geschrei der Touristen hatte einen Menschenauflauf verursacht. Aber natürlich ließen diese kleinen Eskapaden ihre Angst nur für ein paar Stunden in den Hintergrund treten.

Ihre Körperkraft verfiel allmählich, die Schmerzanfälle wurden länger und intensiver, aber mit eiserner Entschlossenheit ging sie dagegen an. Sie musste durchhalten, bis sie ihn zur Strecke gebracht hatte. In Augenblicken, wo Groll und Verzweiflung mit ihr durchgingen, träumte sie davon, ihn mit einem Messer zu bearbeiten und Feuer einzusetzen, wie er das mit ihr getan hatte, aber das würde zu schnell gehen. Er sollte eine öffentliche Verhandlung bekommen, vor einem ordentlichen Gericht. Sie wollte, dass die ganze Welt erfuhr, was er getan hatte; sie wollte, dass er im schwarzen Pfuhl eines südafrikanischen Gefängnisses sein Leben lang dafür büßen musste. Das wollte sie. Aber vorher würde sie ihm eine Spritze mit ihrem Blut in den Leib jagen. Wie sie sollte auch er spüren, wie sich das Gift in den Adern ausbreitete, sollte er die Kaposikröten kennenlernen. Wie sie sollte er sich am Ende den Tod herbeiwünschen. Die Spritze, die sie vor Monaten am Strand gefunden hatte, lag versteckt an ihrem Schlafplatz. Sie beschloss, sie von nun an immer bei sich zu tragen.

Die Sonne war schon eine halbe Stunde zuvor hinter den Hügeln versunken, die Wolken über dem Meer glühten in ihrem feurigen Widerschein, und die Fledermäuse kamen aus ihren Verstecken. Sie wartete noch, bis sich die Schatten vertieften, das Licht allmählich dem Indigo der Nacht wich, und machte sich auf den Weg. Sie musste dringend duschen, außerdem hatte sie Hunger. Die Lichtkegel der Straßenlaternen meidend, bewegte sie sich am Rand der Dünenvegetation unterhalb der Promenade. Lautlos, unsichtbar. Nichts als ein Schatten. Die laut schwatzenden Leute, die zu einem der Restaurants unterwegs waren, ahnten nichts von ihr.

Begegnete sie doch einmal anderen Menschen, vertraute sie darauf, dass diese vermieden, sie anzusehen, denn die meisten konnten ihren Anblick nicht aushalten, wandten sich nach dem ersten Blick verstört ab und hasteten vorbei. Auch das machte sie unsichtbar. Nur die streunenden Hunde nahmen sie wahr, beschnupperten sie, leckten ihr manchmal die Hand, drängten sich mit struppigem Fell gegen sie, hungerten nach Zuwendung, wie auch sie es tat. Deswegen ließ sie diese Annäherung zu. Es war die einzige Berührung von lebenden Wesen, die einzige kreatürliche Wärme, die ihr widerfuhr, und sie genoss diese Augenblicke.

Auch heute Abend wuselte einer der verflohten Vierbeiner über den Weg zu ihr hinunter und fuhr schwanzwedelnd mit der Zunge über ihre bloßen Beine. Sie tätschelte ihn abwesend. Es war heute windig, wie so oft in der ersten Novemberwoche, wenn das erfrischende Frühlingswetter vom nahenden Sommer verdrängt wurde, und kaum einer würde beim *La Spiaggia* draußen sitzen und essen. Als sie sich dem Restaurant näherte, sah sie ihre Annahme bestätigt. Die Terrasse, die weit über den Strand ragte, lag verlassen im sterbenden Licht des Tages da, nur zwei Ratten huschten quiekend an der Stützmauer entlang, auf der Suche nach Nahrung, wie auch sie es war.

Ungestört duschte sie lange und ausgiebig. Am Tag zuvor hatte sie eine halb volle Flasche Shampoo am Strand gefunden. Sie schäumte sich von oben bis unten mit dem nach Pfirsich duftenden Shampoo ein, freute sich über den ungewohnten Genuss, ihre Haut mit dem sahnigen Schaum zu reinigen. Anschließend rieb sie sich mit dem Olivenöl ein, das ihr eines der Kinder aus der Küche seiner Mutter besorgt hatte. Zum Schluss streifte sie ihren Umhang über.

Später würde sie nackt im Mondlicht nach Hause spazieren, langsam, jeder mühsame Schritt doch ein Hochgenuss, denn jegliches Stück Stoff, war er noch so weich, verursachte ihr Qual. Schnurrend vor Wohligkeit, schlich sie sich hinter das Restaurant, um sich ihr Abendessen zusammenzustellen. Es roch nach Pizza, und sie freute sich darauf.

Unter dem Küchenfenster, neben der Tonne, in die die Kellner das auf den Tellern übrig gebliebene Essen warfen, stapelten sich wie immer Zeitungen. Ein kurzer Blick ließ sie erkennen, dass sie uninteressant für sie waren, uralt; zumindest die oberste, die *Sun* aus England, die Touristen gern kauften, war drei Monate alt. Sie wollte sich schon abwenden, als ihr Blick an einem Bild auf der ersten Seite hängen blieb. Als sie genauer hinsah, glaubte sie, einer Halluzination aufzusitzen. Mit bebenden Händen zog sie die Zeitung zu sich heran, konnte die Bildunterschrift und den Text nicht erkennen, denn auch ihre Augen wurden allmählich schwächer. Doch durchs Küchenfenster fiel ein Lichtschein, und sie vergaß ihre Furcht, gesehen zu werden, trat aus dem Schatten und hielt die Zeitung dicht vors Gesicht, bis sie die Buchstaben entziffern konnte.

Mit jagendem Herzen las sie den Artikel, kämpfte sich von Wort zu Wort, und mit jedem Wort wurden die Bilder, die aus ihrer Erinnerung hervorgezerrt wurden, schrecklicher. Aber sie zwang sich, den Artikel bis zum Ende zu lesen.

Als sie alles gelesen hatte, las sie es noch einmal, starrte zum Schluss minutenlang auf das Foto, dann faltete sie die Zeitung sorgfältig zusammen und schleppte sich hinunter zum Strand, watete durch die flachen Teiche, die Zeitung hoch über ihren Kopf haltend, bis sie den hohen Felsen erreichte, der weit draußen der Brandung trotzte. Sie kroch hinauf und schaute über das im fahlen Mondlicht schimmernde Meer zurück in ihre Vergangenheit, ihre Augen blind vor ungeweinten Tränen. Was sie sah, erschütterte sie bis in die Grundfesten ihres Seins, brach die Verkrustung so weit auf, dass sie endlich weinen konnte.

Viel später humpelte sie im Mondlicht am Rand der Wellen entlang zu ihrem Versteck unter den breiten Blättern der vielstämmigen Wilden Banane, ließ sich stöhnend auf die Knie nieder, kroch hinein und zog den Müllsack, den sie zwischen die Stämme geklemmt hatte, heraus und knotete ihn auf. Alles, was sie an materiellen Dingen auf dieser Welt besaß, passte in diesen einen Sack.

Mit den Fingerspitzen tastete sie durch ihre Habseligkeiten, erfühlte ihren Kamm, zwei Bücher, ein Medikamentenröhrchen und das Messer, das in einer Holzscheide steckte. Schließlich zog sie ein kleines Kästchen aus blondem Holz heraus. Es war nicht groß, passte gut in ihre Hand. Sie selbst hatte das Kästchen angefertigt, voller Liebe, voller Sehnsucht, denn es sollte ihren größten Schatz beherbergen. Mit dem Zeigefinger strich sie über die feinen Schnitzereien und folgte den gewundenen Linien. Sehen konnte sie hier nichts, es war zu dunkel, aber sie brauchte kein Licht, um zu wissen, was die Schnitzereien bedeuteten.

Drei Initialen, fest miteinander verschlungen. Drei Namen.

Mit ihren versteiften Fingern drückte sie den Deckel hoch und nahm den kleinen Gegenstand heraus, der auf einem Wattebett ruhte. Glatt und glänzend lag er auf ihrer Handfläche, noch warm von der Tageshitze.

Tief unter der Ascheschicht ihrer abgestorbenen Empfindungen glühte ein Funke auf. Ein winziges Fünkchen Leben, ein kleines, flackerndes Flämmchen.

In derselben Woche, vor der südöstlichen Küste Afrikas, mehr als fünftausend Kilometer unter dem Boden des Indischen Ozeans im brodelnden Feuerkern der Erde, führten komplizierte physikalische Vorgänge Anfang November 2006 dazu, dass flüssiges Magma an der Grenzschicht des äußeren Kerns eine glühende Blase bildete. Sie dehnte sich aus, stieg auf wie eine Ölblase im Wasser, presste immer stärker gegen die Erdkruste, bis diese den ungeheuren Kräften nachgab und aufriss. Das Magma erstarrte in dem viel kühleren Meer, aber unaufhörlich strömte geschmolzene Gesteinsmasse nach, erkaltete, und der so entstandene Lavakeil drückte mit stetig wachsender Kraft den unterseeischen Spalt im Meeresboden immer weiter auseinander. Die ozeanische Platte vor der Ostküste Afrikas verschob sich Zentimeter um Zentimeter.

Der Druck auf die Ränder der leichteren kontinentalen Platte wuchs sprunghaft, die Spannung wurde enorm. Die hoch empfindlichen Instrumente in den seismografischen Instituten begannen heftig auszuschlagen, und dringende Erdbebenwarnungen für den Südosten Afrikas wurden an die großen Nachrichtenzentren ausgegeben.

Diese wandten sich in einer Sondersendung an ihre Experten. Jene Wissenschaftler, die natürlich eine Möglichkeit witterten, einmal im Rampenlicht zu stehen, relativierten die Warnungen mit weitschweifigen Aussagen und wiesen darauf hin, dass ein größeres Erdbeben im südlichen Teil Ostafrikas sehr unwahrscheinlich sei. Der Große Afrikanische Grabenbruch, so sagten sie, ein über viertausend Kilometer langer Riss in der Erdkruste, erstrecke sich in Nordsüdrichtung vom Libanon nach Mosambik. Dort trete Vulkanismus auf, der hin und wieder zu Beben führe; er verlaufe weiter nördlich, die Epizentren lägen meist tief unter dem Tanganjikasee und würden das Gebiet südlich von Maputo kaum beeinträchtigen.

Das natürlich beruhigte die Menschen, die dort lebten. Sie gingen ihrem Tagwerk wie gewöhnlich nach, und die Nachrichtensender schickten ihre Experten zurück in die Anonymität und beschäftigten sich wieder mit den Attentaten in Bagdad und der Vogelgrippe, von der man annahm, dass sie in China zum ersten Mal vom Menschen zum Menschen übertragen worden war.

In der Nacht zum 14. November entluden sich schließlich die aufgestauten Kräfte in einem Beben von einem Ausmaß, wie es im Osten Afrikas noch nie beobachtet worden war. Es erreichte 8,1 auf der Richterskala. Die Schockwelle lief, begleitet von einem Donnern wie von mehreren heranrasenden D-Zügen, die Küste Ostafrikas hinunter, zerstörte fast jedes Gebäude, das sich in seinem Weg befand, und tötete viele tausend Menschen. Die Geologen nannten es ein Phänomen, die Medien eine Katastrophe. Die Experten wurden erneut vorgeführt und stotterten sich ihre Erklärungen vor der Kamera zurecht.

Die, die von dem Beben betroffen waren, glaubten voller Furcht, dass es Gottes Strafe sei, und es sollte ein perfektes Beispiel von Ursache und Wirkung werden, denn es löste ein Ereignis aus, das von niemandem vorhergesehen worden war, weil jeder es für völlig außerhalb jeder Wahrscheinlichkeit gehalten hatte.

Der noch nicht vollendete Bau eines himmelstürmenden Hochhauses von vierzig Stockwerken namens *Zulu Sunrise* an der Küste des Indischen Ozeans von KwaZulu-Natal trug einen Riss im Fundament davon, den allerdings niemand bemerkte, weil das Epizentrum des Bebens rund zweitausend Kilometer entfernt lag und der Erdstoß so kurz gewesen war, so tief in der Nacht passiert war, dass keinem der Ingenieure in den Sinn kam, ihr kostbares Bauwerk auf Schäden zu überprüfen.

Nun aber hatte sich das unterirdische Biest, vor dem Prudence Magubane immer gewarnt hatte, aufgebäumt.

Und in derselben Nacht geschah noch etwas.

Tief im Herzen von Zululand verschob das Beben die Erde so massiv, dass der Lauf eines Flusses, des Umiyane, verändert wurde. Der Umiyane war ein Wanderer, neigte zu häufigen Überschwemmungen, die ihn immer neue Nebenarme bilden ließen, trocknete in Dürreperioden jedoch zu einem Rinnsal ein, worauf die Nebenarme versandeten und Dorfbewohner, die ihr Wasser zuvor aus dem nahen Fluss schöpfen konnten, nun gezwungen waren, oft über einen Kilometer zu laufen, ehe sie das Wasser wieder fanden. Jetzt wurde der Umiyane, der ohnehin durch die sehr ergiebigen Frühlingsregen zu einem reißenden Strom angeschwollen war, durch die Erdstöße aus seinem Bett gekippt, seine Flutwelle überschwemmte die Uferregion auf einer Breite von einem halben Kilometer, riss ein ganzes Dorf und seine Bewohner mit sich, verschlang alles, was ihm in die Quere kam, bis er schließlich am Fuß einer Hügelkette eine breite, von dornigem Buschwerk, Wilden Bananen und Ilala-Palmen überwucherte Senke fand, die sich meilenweit durch die hügelige Landschaft zog. Diese Rinne war sein eigenes Bett gewesen, das er vor mehr als sechzig Jahren verlassen hatte. Mit schäumenden Kaskaden stürzte er sich bereitwillig hinein.

Die Gewalt seiner Wassermassen wurde gebündelt, er wühlte den Boden auf, spülte Felsen frei und verschob Tonnen von Sand, während er es sich in seinem neuen Bett bequem machte. Dabei geriet ein ungewöhnlicher Stein ans Tageslicht, der die Strahlen der Sonne einfing und sie vielfach gebrochen in sprühenden Regenbogenfarben zurückwarf. Seit er 1573 vergraben worden war, hatte er hier in der Erde geruht.

Einmal hatte er der Familie der Dona Elena de Vila Flor gehört, einem jungen Mädchen aus Portugal, die als Einzige ihrer aristokratischen Familie den Untergang des Schiffes ihres Vaters und die anschließende, von grauenvollen Vorkommnissen begleitete Odyssee vom Umzinkulu-Fluss im Süden durch das von wilden Tieren und kriegerischen Menschen bevölkerte Land zur Delagoa Bay in Mosambik überstand. Ihre Mutter und ihre beiden Brüder starben unter unvorstellbaren Qualen, ihr Vater wurde daraufhin wahnsinnig und verschwand im Busch. Zurück blieb Dona Elena samt zwei Ledersäcken mit Geschmeide und Goldmünzen. Der Familienschatz der de Vila Flors.

Die kleine Elena, goldhaarig und zart, aber von einer inneren Widerstandskraft, die das Ergebnis von Vererbung durch viele Generationen und strikter Erziehung war, blieb allein zurück und irrte orientierungslos durch die Wildnis. Sie war dem Tod nahe, als die Söhne einer am Flussufer lebenden Nguni-Familie sie fanden. Nachdem der mutigste es wagte, ihre weiße Haut zu berühren, und herausfand, dass sie sich nicht kalt und tot anfühlte, sondern warm und weich wie seine, und er sich weder verbrannte, noch dass ihm sonst etwas Schreckliches durch diese Berührung widerfuhr, gaben sie ihr zu trinken und trugen sie in das Umuzi ihres Clans. Dort bereitete ihre Mutter für den Gast nahrhafte Mahlzeiten aus Amasi, geronnener Kuhmilch, und zerquetschten Maiskörnern und flößte der geschwächten Weißen frisch gebrautes Hirsebier ein. Später fütterte sie das Mädchen mit Mopani-Raupen, die dafür bekannt waren, dass sie große Kraft verliehen.

Dona Elena war jung und kam schnell wieder zu Kräften und lebte noch viele Jahrzehnte allein als Weiße unter den schwarzen Menschen, hochverehrt, nicht nur wegen ihrer leuchtenden Erscheinung, sondern auch wegen ihres Wissens um die Kunst des Heilens und vieler anderer Dinge, die in ihrem zivilisierten Heimatland Stand der Wissenschaft waren und die sie mit ihren Brüdern von ihren Hauslehrern gelernt hatte, Dinge, die jetzt ihren schwarzen Rettern dazu verhalfen, allen anderen Clans überlegen zu sein.

Den Schatz ließ Dona Elena herbeischaffen, um ihn am Ufer des Umiyane zu vergraben. In dem Leben, das sie jetzt führte, war er wertlos.

Die wenigen, die von der Mannschaft ihres Schiffes übrig geblieben waren, glaubten sie tot, durchstöberten für Wochen voller Gier die gesamte Gegend nach dem Gold, hätten sicherlich Dona Elena Leid angetan, nur um zu erfahren, was sie mit dem Schatz gemacht hatte, hätten sie geahnt, dass sie noch am Leben war. Die zwei Sklaven, die Monate später, zu Skeletten abgemagert, als Einzige Lourenço Marques erreichten, berichteten nur, dass Dom de Vila Flor vor seinem Tod die Säcke mit Gold und Schmuck wohl irgendwo versteckt hatte.

»Weit südlich von hier, in der Nähe eines Sees, irgendwo entlang der Küste.« So wurde ihre Antwort überliefert.

Was heute längst in Vergessenheit geraten war, was nicht einmal mehr die Alten wussten, was nur noch ein fernes Echo der Zeit war, als die Geschichte ihres Volkes wie ein Schatz vom Vater zum Sohn vererbt wurde, war der Name des Umiyane, den er in diesen Zeiten trug. Die Nguni-Familien, die vor mehr als vierhundert

Jahren an seinen idyllischen Ufern lebten, hatten ihm diesen gegeben. Das Wasser der Goldenen Frau.

Jetzt lag der Stein dort in der afrikanischen Sonne und funkelte und schimmerte. Ein Hammerkopfvogel schnappte nach ihm, konnte ihn aber nicht aus dem Flussgrund lösen. Die Kette, an der er hing, hatte sich in etwas verhakt, das tief im Sand vergraben lag. Aufgebracht krächzend strich der Vogel davon.

Der Mann, der eben vor sein Haus getreten war, beachtete den Vogel nicht. Er war beunruhigt, denn der Erdstoß hatte ihn in der Nacht geweckt. Lautlos durch die Zähne pfeifend, untersuchte er die Hauswände auf Risse, fand aber zu seiner Erleichterung keine. Kurz nachdem er aus dem Gefängnis geflohen war, war er mit seiner Familie und Freunden in das Haus, dessen Eigentümer als verschollen galten, eingezogen. Ein Haus war schließlich dazu da, dass Menschen darin lebten, und seine Familie brauchte ein Haus. Stirnrunzelnd blickte er übers Land, vermisste das stete Rauschen des Flusses. Zu seinem Entzücken entdeckte er, dass der Umiyane sich so weit zurückgezogen hatte, dass sein Grundstück sich fast verdoppelt hatte. Er breitete die Arme aus und hielt sein Gesicht in die Sonne. Ein Mann konnte nie genug Land besitzen; die Gefängniszelle hatte er mit vierunddreißig anderen Männern teilen müssen.

Unwillkürlich fasste er sich an die Schulter. Selbst nach fast zwei Jahren war die Schusswunde nicht so verheilt, wie er es erhofft hatte, trotz der Kräuter, mit denen seine Frau sie behandelt hatte. Die Hände in die Taschen seiner löcherigen Hosen vergraben, ging er zurück ins Haus. Als er es betrat, entdeckte er eine Schlange unter dem zerschlissenen Rieddach. Er zog seine Pistole aus dem Hosenbund, erschoss das Reptil, trug es am Schwanz nach draußen und legte es gut sichtbar auf den Weg. Es hieß, dass die Artgenossen dann das Haus meiden würden.

Zufrieden genehmigte er sich einen tiefen Schluck aus der

Flasche, die er kürzlich bei einem kleinen nächtlichen Einkaufstrip durch die Häuser der weiteren Umgebung hatte mitgehen lassen.

Von dem schimmernden Stein am Rand des Flussbetts ahnte er nichts.

2

Im fernen London verursachte das Erdbeben nur zackige Ausschläge der Seismografen im Geologischen Institut und wurde in den allgemeinen Nachrichten von BBC World nach den Überschwemmungen in Pakistan mit zwei Sätzen erwähnt. Mosambik und das angrenzende Zululand waren zu weit entfernt, nicht nur in Meilen. Soweit es die meisten Londoner und ihre Landsleute betraf, hätte die Gegend ebenso gut auf dem Mond liegen können, so wenig berührte es sie, was dort passierte. Die Ölpreise waren in nie geahnte Höhen gestiegen, Victoria B. gab bekannt, sich nun doch von David trennen zu wollen, und Prinz William schien entschlossen zu sein, die hübsche Kate zu heiraten. Das war es, was die Leute interessierte.

Der Oktober war im Süden Englands mit einem Feuerwerk von blutroten Sonnenuntergängen und goldenem Blätterregen verloschen, die letzten Zugvögel waren längst über den südlichen Horizont verschwunden, und die Brunftschreie der Rothirsche verhallten in den Wäldern. Der November stürmte mit frühem Frost und schweren Wolken heran, heulte um Londons Häuserecken herum, riss die Blätter von den Bäumen und peitschte eiskalte Regenschauer gegen die Fenster. Die Londoner schimpften mit vergnügter Hingabe über ihr Wetter, spannten die Regenschirme auf und gingen von kühlenden Sommergetränken zu Glühwein und Whisky über.

Benita Forrester umklammerte ihren Schirm mit erstarrten Fingern. Sie hastete gerade von der Tiefgarage zur Bank, als sie auf einmal wie angewurzelt stehen blieb. Passanten rempelten sie an, eine Schirmspitze bohrte sich ihr in die Seite, und die Bugwelle eines vorbeifahrenden Autos schwappte ihr über die Füße. Sie merkte es nicht einmal. Die Vision, die unvermittelt vor ihr aufgeblitzt war, hielt sie im Bann. Das Bild einer lichtüberschütteten Landschaft, von sonnenflirrendem Gras, von niedrigen Palmen mit tropfenförmigen Webervogelnestern, die wie schwere Früchte von den Blätterspitzen hingen, und eines unendlich weiten, gleißenden Himmels.

Es gehörte zu einer anderen Zeit, zu ihrem anderen Leben, das heute nur noch ein schwaches Schimmern war, ein flüchtiger Duft. Eine ferne Melodie tanzte in ihrem Kopf, Wärme streichelte sie, staubiger, süßer Grasduft kitzelte ihre Nase, und für den Bruchteil einer Sekunde bekam die innere Mauer, hinter der sie vor achtzehn Jahren alles vergraben hatte, einen Riss, und diese entsetzliche Sehnsucht raste wie ein Feuerstoß durch ihren Körper. Benita rannte weiter, immer schneller, spürte dankbar, dass die eisigen Nadelstiche des Regens das Feuer abkühlten und die Bilder allmählich im Nebel verschwinden ließen. Sie stemmte sich gegen den treibenden Regen und hielt die durchweichte Papiertüte mit ihrem Frühstück an die Brust gepresst.

Wie jeden Morgen war sie erst nach dem letzten Läuten ihres Weckers aufgewacht und nach einer hastigen Dusche ohne einen Bissen aus dem Haus gehetzt. Ihr Gesicht machte sie sich im trüben Licht der Untergrundbahn zurecht, war froh, dass ihre natürliche Hautfarbe dafür sorgte, dass sie nicht so bleich und elend wirkte wie ihre winterweißen Mitmenschen.

Da es ihr häufiger passierte, dass sie den Wecker überhörte, war es ihr längst zur Routine geworden, sich Muffins und Cappuccino im Plastikbecher in der Nähe der Bank an einer Imbissbude zu kaufen, die einem glutäugigen Italiener mit großer Nase gehörte, der sie seit Jahren hoffnungslos anhimmelte.

Während er den Cappuccino in einen Plastikbecher laufen ließ, ihn aufschäumte und die frischesten Muffins für sie einpackte, verschlang er sie mit den Augen und träumte, eines Tages diesen herrlichen, großzügigen Mund auf seinem fühlen zu dürfen.

»Ciao, bella«, rief er ihr nach, wenn sie sich wieder ins morgendliche Gewühl stürzte, und schickte ihr einen heißen Kuss hinterher.

Nichts von diesen verborgenen Leidenschaften ahnend, vertilgte Benita Cappuccino und Muffins meist gleich hier an einem der Stehtische, die der Budenbesitzer für seine Kunden aufgestellt hatte. War sie wie heute zu spät dran, verschlang sie ihre Muffins auf dem Weg zur Bank. Da es jedoch wie aus Kübeln schüttete, entschied sie, an ihrem Arbeitsplatz zu frühstücken. Dabei würde sie sich schon einen ersten Überblick über die internationalen Märkte verschaffen können.

Mit einem Satz sprang sie über die große Pfütze, die sich vor dem Eingang zur Bank gebildet hatte, schloss ihren Schirm in einem Tropfenregen und ließ sich im Strom ihrer Kollegen durch die Drehtür ins warme Innere des Gebäudes spülen und weiter in den voll gepackten Aufzug, in dem es nach nasser Wolle roch und wo ein Stimmengewirr herrschte, dass ihr die Ohren zu platzen drohten. Im sechsten Stockwerk entfloh sie dem Gedränge und strebte ihrem Büro zu.

»He, Benita, wir feiern am Samstag eine Party. Champagner in Strömen, Kaviar kiloweise. Das Übliche also. Kommst du?«

Sie drehte sich nach dem Sprecher um, erkannte einen der Geier, einen der Händler, die in einem großen Saal mit Dutzenden anderen Händlern vor dem Computer saßen und die Börsenkurse belauerten wie hungrige Geier ihre Beute, was ihnen ebenjenen Spitznamen eingebracht hatte. Dieser Geier hieß Jeremy, lebte mit zwei der anderen Geier aus Bequemlichkeitsgründen in der sogenannten Geier-WG zusammen und war seit ihrem ersten Arbeitstag in der Bank hinter ihr her. Die Partys der drei waren legendär. Jede Menge Alkohol, Kokain, Kaviar, Fingerfood aus dem besten Sushi-Restaurant; sexuell frustrierte Kerle, deren zeitfressender Job ihnen keine Gelegenheit für elementare menschliche Bedürfnisse ließ, und Schwärme von auf Hochglanz lackierten, ebenso frustrierten Bankerinnen, deren biologische Uhr so laut tickte, dass man kaum eines ihrer Worte verstehen konnte.

Benita erinnerte sich nur zu gut an den Morgen nach der letzten Party von Jeremy. Die rasenden Kopfschmerzen und die würgende Übelkeit waren die eine Sache gewesen, die Tatsache jedoch, dass sie sich kaum mehr an den Abend erinnern konnte, jagte ihr geradezu flammende Scham ins Gesicht. Die Vorstellung, auch nur für kurze Zeit die Kontrolle über sich abgegeben zu haben, entsetzte sie. Nach einigen schlaflosen Nächten zwang sie sich, Jeremy zu fragen, was während dieser verlorenen Zeit so alles passiert sei.

»Nichts.« Er grinste. »Du warst blau. Wie du das mit dem einen Caipirinha geschafft hast, an dem du den ganzen Abend genuckelt hast, ist mir allerdings ein Rätsel.«

Sie war überzeugt, dass ihr jemand etwas in den Drink getan hatte. Danach hielt sie sich von den Partys der Geier fern.

»Um acht Uhr bei uns. Ich schick dir ein Taxi«, drängte Jeremy jetzt.

»Keine Zeit«, flötete sie und entwischte ihm.

Fünf Minuten später summten ihre drei Computer, und lange Zahlenkolonnen bauten sich auf. Die Bildschirme nicht aus den Augen lassend, entledigte sie sich ihrer durchnässten Stiefel und stieg in ihre hochhackigen Pumps. Dann setzte sie sich an den Schreibtisch und begab sich in ihre virtuelle Welt der internationalen Kapitalmärkte, in der sie sicher war und sich zu Hause fühlte. Konzentriert registrierte sie die Veränderungen, während sie abwesend an einem Muffin knabberte.

Henry Barber war ebenfalls spät dran und stürzte aus dem Aufzug seines Apartmentgebäudes hinaus auf die Straße, wo er prompt auf dem schmierigen Blätterteppich des schlecht gefegten Bürgersteiges ausrutschte. Er stieß einen lauten Fluch aus und fing den Sturz reflexartig mit dem rechten Arm ab, der mit hörbarem

Knacks an mehreren Stellen brach. Eine Stunde später fand er sich im Krankenhaus wieder, wo ihm ein mürrisch dreinschauender Arzt erklärte, dass der Arm operiert werden müsse, und zwar noch heute. Stetig vor sich hin schimpfend, einerseits aus Frustration, andererseits weil der Arm höllisch schmerzte, wählte Henry die Durchwahlnummer von Miranda Bell im Vorzimmer von Sir Roderick Ashburton, dem Vorsitzenden der Privatbank, dessen leitender Angestellter er war, und meldete sich für zwei Tage krank. Anschließend rief er Benita an, deren direkter Vorgesetzter und Liebhaber er war.

»Für zwei Tage bin ich weg vom Fenster«, knurrte er. »Aber ich werde von zu Hause aus arbeiten. Bring mir bitte den Stapel Vorgänge vorbei, die in meiner obersten Schreibtischschublade liegen, und am besten gleich die Whiskyflasche aus der untersten dazu – es tut wirklich höllisch weh.« Er stöhnte auf, weil die Krankenschwester bereits den Zugang zu seiner Vene legte. »Und hol mich hier raus!«

Er glaubte die Worte zu schreien, aber sie erreichten Benita nur als raues, schwächer werdendes Flüstern, als das Beruhigungsmittel zur Vorbereitung der Operation ihn wie eine heiße Welle durchflutete.

»Sprich lauter, ich versteh dich nicht«, sagte Benita.

Ein höhnisches Schnauben kam durch die Leitung, und eine barsche weibliche Kommandostimme, die sie unangenehm an ihre Mathematiklehrerin erinnerte, teilte ihr mit, dass Mr Barber für die nächsten Tage nirgendwohin gehen werde; es handele sich um einen komplizierten Bruch, und vor dem morgigen Tag brauche sie gar nicht vorbeizukommen. Dann tönte nur noch das Besetztzeichen in ihr Ohr.

Unmittelbar darauf rief Miranda Bell an und teilte ihr mit, dass Sir Roderick Ashburton sie zu sehen wünsche. »Sofort. Er hat schlechte Laune.«

Benita verzog das Gesicht. Sie stopfte sich schnell den letzten Rosinenmuffin in den Mund, zog den Deckel vom Plastikbecher ab und spülte das klebrige Gebäck mit dem längst erkalteten Cappuccino hinunter. Ihrem Chef mit leerem Magen gegenüberzutreten war nicht ratsam. Er brachte es fertig, sie auf der Stelle in den entferntesten Zipfel Schottlands oder sogar auf den Kontinent zu schicken, um einen Klienten der Bank zu besuchen, und dann war es wahrscheinlich, dass sie den ganzen Tag nichts zwischen die Zähne bekam.

Sie warf den leeren Becher in den Papierkorb und fuhr sich mit beiden Händen durchs Haar, um die Lockenpracht aufzulockern. Nach einem prüfenden Blick in den Spiegel frischte sie ihren Lippenstift auf und malte den Lidstrich nach. Auf dem Weg aus der Tür zog sie die Jacke ihres olivfarbenen Tweedkostüms über und stand Minuten später im Vorzimmer des Vorstandsvorsitzenden. Miranda Bell, blond, schlank, energisch und wie immer in einem perfekt sitzenden dunklen Kostüm, bedeutete ihr mit einer Handbewegung, zu warten. Benita setzte sich, schlug die Beine übereinander und versuchte zum wiederholten Mal das Alter der Frau hinter dem Schreibtisch einzuschätzen. Irgendwo um die fünfzig vermutete sie. Die eiserne Miranda, wie sie hinter ihrem Rücken genannt wurde, war die rechte Hand Roderick Ashburtons und die graue Eminenz der Bank. Schon zu Zeiten seines Vaters hatte sie die Bank mit eiserner Hand regiert, ihrem angebeteten Chef den Rücken freigehalten, und als dieser gestorben war, hatte sie ihre Loyalität auf den ältesten Sohn, Gerald, übertragen, der seinem Vater als Vorstandsvorsitzender der Familienbank gefolgt war. Seit der Gründung der Bank war diese Stellung grundsätzlich von einem direkten Abkommen des Gründers ausgefüllt worden, dafür sorgte die Tatsache, dass immer noch mehr als siebzig Prozent der Anteile von der unmittelbaren Familie gehalten wurden, in diesem Fall von Isabel Ashburton und ihren Söhnen Gerald und Roderick. Der Rest verteilte sich auf die weitere Verwandtschaft.

Unter Geralds Führung lief die Bank wie ein geöltes Uhrwerk, blühte und gedieh, bis er bei der letzten Fastnet-Segelregatta im Sturm vom unkontrolliert herumschwingenden Baum seiner Jacht an der Schläfe getroffen und bei dem anschließenden Sturz so schwer verletzt wurde, dass er voraussichtlich erst in einigen Monaten seinen Platz wieder würde einnehmen können.

Seitdem saß Roderick Ashburton auf dem überdimensionalen Chefsessel, und es war wohlbekannt, dass er es kaum erwarten konnte, ihn wieder zu räumen. Er konnte nicht verbergen, dass er Büroarbeit hasste und das trockene Finanzgeschäft verabscheute, aber es wurde gemunkelt, dass er neuerdings das Geld, das am Anfang eines jeden Jahres automatisch auf sein Konto überwiesen wurde, tatsächlich brauchte.

Vermutlich wusste nur Miranda Bell, wozu er das Geld verwendete, so wie sie alles wusste, was vor sich ging, aber es war sicherlich leichter, einen der großen Panzerschränke im Tresorkeller aufzubrechen, als ihr eine Information zu entlocken. Benita versuchte gar nicht erst, von ihr zu erfahren, was so brandeilig war, dass es nicht warten konnte, bis Henry wieder verfügbar war.

Ein grünes Licht blinkte diskret auf der Telefonanlage auf, und die eiserne Miranda stand mit einem Rascheln ihres eleganten Kostüms auf und öffnete die schwere Tür zu dem hallenartigen Büro ihres Chefs. »Miss Forrester, Sir Roderick.«

Roderick Ashburton, der hinter einem monströsen, mit Schnitzereien überladenen Schreibtisch saß, schaute nur kurz hoch, als sie den riesigen Raum mit schnellen Schritten durchquerte.

»Ah, Benita, guten Morgen. Setz dich.« Er deutete auf einen unbequem wirkenden Stuhl vor dem Schreibtisch. »Ist dein Pass in Ordnung? Wie lange ist er noch gültig?« Kein Lächeln, kühle Stimme, nichts als unverbindliche Höflichkeit im Blick.

Das Desinteresse, das er an den Tag legte, machte Benita so wütend, dass sie ihn mit Freuden erwürgt hätte, gleichzeitig musste sie aber zähneknirschend zugeben, dass ihre gekränkte Eitelkeit diesen Impuls hervorrief. Also beherrschte sie ihre Mimik und setzte sich. Die hohe Stuhllehne zwang ihr eine kerzengerade Haltung auf.

»Ja, und sechs Jahre«, beantwortete sie seine Fragen, bemüht, sich seinem geschäftsmäßigen Ton anzupassen.

Den Kopf leicht zurückgelegt, um ihren inneren Abstand zu verdeutlichen, musterte sie ihn. Obwohl er äußerst korrekt in konservatives Dunkelgrau mit Weste und blütenweißen Manschetten gekleidet war, wirkte seine athletische Gestalt in dem altmodischen Raum, dessen getäfelte Wände jahrhundertelange Tradition atmeten, fehl am Platz. Die Porträts vorangegangener Ashburtons, die an den Wänden hinter dem großen Schreibtisch aus rötlichem Kirschholz hingen, zeigten durchweg Männer in fortgeschrittenem Alter, die fett waren – mit aufgeschwemmten Zügen, die von einem zu ausschweifenden Leben, zu wenig frischer Luft und der Gier nach immer mehr gezeichnet waren.

Diese Gier konnte sie in dem klar geschnittenen Gesicht des jetzigen Vorstandsvorsitzenden nicht entdecken. Eine gewisse Härte war zwar da, aber keine Gier. Seine Bewegungen waren energiegeladen und voll kontrollierter Kraft, die nicht nur auf Muskeln beruhte, sondern, wie sie nur zu gut wusste, ihre Wurzeln in Ungeduld und Frustration hatte, als müsste er ständig seinen Bewegungsdrang unterdrücken. Es war der einzige Hinweis darauf, dass sich unter dem korrekten Anzug, hinter dem kühlen, geschäftsmäßigen Gehabe ein völlig anderer Mensch versteckte.

Das hatte sie selbst erlebt, und sie hatte sich weiß Gott bemüht, diese Erfahrung ein für alle Mal aus dem Gedächtnis zu löschen, aber da sie für Roderick Ashburton arbeitete und ihn fast täglich sah, hatte sie keine Chance. Auch jetzt stieg ihr zu ihrem Verdruss das verräterische Blut in den Kopf, musste sie wieder daran denken, wie sie sich benommen hatte, obwohl sie doch jeden Tag in der Zeitung lesen konnte, dass Roderick Ashburton ein Jäger von Frauen war, ein rücksichtsloser Raubritter von internationalem Ruf. Seine Beute waren die Schönsten der Schönen, die Berühmtesten, die Blondesten und mit Vorliebe die, die als unnahbar galten oder die Frauen anderer Männer waren. Erschien er auf einer Party, im Schlepptau immer eine Gruppe junger Männer, die sich die »Jungen Wilden« nannten und ihm folgten wie Pilotfische einem Hai, war seine Wirkung die jenes ewig hungrigen Raubfisches, der mitten in einen Schwarm Sardinen stieß.

Gerüchte umschwirrten ihn wie Fliegen verdorbenes Fleisch. Es hieß, dass er an seinen vier Bettpfosten für jede Eroberung eine Kerbe anbringe, und bereits den dritten Satz Pfosten benötige. Heute noch krümmte sie sich innerlich vor Scham, dass sie noch vor einem Jahr wild entschlossen gewesen war, nicht nur eine dieser Kerben zu werden, koste es, was es wolle, sondern vor allen Dingen, die letzte zu sein.

Ein Naturereignis hatte ihn ihr Adoptivvater Adrian einmal genannt, aber ein höchst unerfreuliches.

»Ich hoffe, du fällst nicht auch auf ihn herein«, hatte der ehemalige General streng hinzugefügt.

Sie hatte spöttisch gelacht. »Roderick Ashburton? Auf diesen Playboy? Ganz bestimmt nicht. Außerdem entspreche ich wohl nicht seinem Beuteschema.«

Nur wenige Monate nach dieser Unterhaltung hatte es sie getroffen. Völlig unvorbereitet. Dabei kannte sie ihn schon seit Jahren, als es passierte. Die Forresters und die Ashburtons waren Nachbarn, und man traf sich gelegentlich auf Partys oder bei irgendwelchen Sportveranstaltungen und redete sich mit dem Vornamen an. Aber Roderick Ashburton, der einige Jahre älter war als sie und gesellschaftlich Welten entfernt, gehörte an den äußersten Rand ihres Lebens. Meist erfuhr sie von seinen Eskapaden durch die Klatschpresse, in der er regelmäßig auftauchte. Sein Leben fand auf der Überholspur statt. Sein Wagemut war legendär und grenzte ihrer Ansicht nach an Todessehnsucht. Ständig forderte er den Teufel heraus, fuhr zu schnell, tauchte zu tief, kletterte zu hoch, und immer hatte er eine Frau im Arm, schwüle, sinnliche Frauen, mit lüsternem Schmollmund und geldgierigen kalten Augen. Er sah blendend aus, ohne Zweifel, um die eins neunzig groß, hellblaue Augen unter dichtem dunklem Haar und ein Freibeuterlächeln, das den Frauen die Knie weich werden ließ. Die Verachtung jedoch, die er dem Leben im Allgemeinen und den meisten Menschen entgegenbrachte, stieß Benita ab.

Bis zu jenem Spätsommerabend in London vor einem Jahr, als sich die ungewöhnliche Hitze in einem Gewitter entlud, das selbst im stärksten Mann die Urangst vor dem Zorn der Götter erweckte. Innerhalb von Minuten war der Tag zur Nacht geworden, der Himmel öffnete sich, und ein Wolkenbruch ging hernieder, der ihr kleines Auto in den herunterstürzenden Fluten jämmerlich verrecken ließ.

Eine Regenbö schlug gegen das Fenster, und ihr Blick glitt ab. Sie schaute in den grauen November hinaus, zurück zu jenem Abend.

Sie war ausgestiegen, um ein Taxi zu suchen, und fand sich in einer Gespensterwelt wieder. Von violetten Stroboskopblitzen wie festgenagelt, blind vom peitschenden Regen, der so dicht war, dass sie meinte, Wasser zu atmen, stand sie mitten auf dem Picadilly Circus unter der goldenen Eros-Statue und fluchte wie ein Bauarbeiter. Nirgendwo war ein Taxi zu sehen, nur gelegentlich huschte trübes Scheinwerferlicht geisterhaft an ihr vorbei und verschwand im silbrigen Grau. Sie schrie und winkte, aber keiner schien sie zu sehen.

Nach einer Ewigkeit rutschte ein flacher Sportwagen an ihr vorbei, der eine Bugwelle vor sich her schob, die ihr bis zur Brust spritzte. Wütend schleuderte sie ihm ein unflätiges Schimpfwort hinterher, da leuchteten die Bremslichter wider Erwarten auf, und der Wagen setzte zurück. Die Tür flog auf, ein Mann lehnte sich heraus und inspizierte sie schweigend.

»Pass doch auf, du Idiot!«, schrie sie ihm entgegen, wischte sich mit beiden Händen ihr nasses Haar aus den Augen, um erkennen zu können, ob der Mann vertrauenswürdig aussah, ob sie wegrennen oder Schutz bei ihm suchen sollte.

»Wasserleichen fluchen nicht, daher schließe ich messerscharf, dass du noch nicht ertrunken bist und es sich lohnt, dich zu retten. Vielleicht bekomme ich ja den Viktoria-Orden dafür.«

Die gedehnte Sprechweise, das Freibeutergrinsen und die unverschämten blauen Augen waren unverkennbar gewesen. Vor Erleichterung hatte sie einen Jauchzer ausgestoßen.

»Roderick! Dem Himmel sei Dank!« Ohne auf seine Einladung zu warten, sprang sie mit einem Satz in den Wagen und schlug die Tür zu. Sein nasser Pullover lag zerknüllt auf dem Boden zu ihren Füßen. Sie schob den Pulloverklumpen beiseite und wandte sich ihm zu. Das schwarze T-Shirt klebte ihm am Oberkörper, und sie konnte nicht umhin zu registrieren, dass sich seine Muskeln höchst aufregend darunter abzeichneten. Die Jeans hatte er aufgekrempelt, weil er bis zu den Knien nass war. Schuhe und Strümpfe hatte er ausgezogen und fuhr barfuß.

Aufatmend lehnte sie sich im cremefarbenen Ledersitz zurück und lächelte ihn fröhlich an. »Du bist ein Held! Das war Rettung in höchster Not. Dir gebührt mindestens der Viktoria-Orden. Ich werde eine Eingabe bei der Queen machen. Hast du vielleicht ein Handtuch an Bord?«

Statt ihr eine Antwort zu geben, betrachtete er mit grimmigem Ausdruck die Pfütze, die sich sofort um ihre Füße gebildet hatte, und den sich rasch verbreitenden nassen Fleck auf den hellen Polstern. Mit einer unbeherrschten Geste schleuderte er seine tropfenden Haare aus den Augen.

»Steig doch ein, liebe Benita, es ist mir eine Freude, mir von dir die Polster ruinieren und mein Auto unter Wasser setzen zu lassen«, knurrte er sie an. Keine Spur von Freundlichkeit milderte den schneidenden Sarkasmus seiner Worte.

Der Ton stachelte sie sofort auf. So konnte er mit den Frauen sprechen, mit denen er gewöhnlich herumzog, aber nicht mit ihr.

»Was ist das für ein lausiges Auto, das nicht einmal ein bisschen Regen vertragen kann? Außerdem hast du deinen Sitz doch auch schon ruiniert.« Kratzbürstig deutete sie auf die Nässe, die sich um seine eigene Sitzfläche ausbreitete.

Er funkelte sie an. »Was ich mit meinem Wagen anstelle, geht dich nichts an, und wenn ich ihn gegen die Wand setze! Von meinen Gästen erwarte ich, dass sie ihn pfleglich behandeln, und du bist nicht einmal ein Gast!«, brüllte er. »Dich nehme ich doch nur aus purer Barmherzigkeit mit! Ich könnte dich hier auch ertrinken lassen!«

»Wo hätte ich mich denn hinsetzen sollen?«, schrie sie zurück. »Auf den Boden? Dir zu Füßen? Das würde dir wohl so passen, du dämlicher Macho! Halt sofort an und lass mich aussteigen! Auf der Stelle!«

Unvermittelt schlug seine Stimmung um. Er schenkte ihr sein breitestes Piratengrinsen und ließ die Zentralverriegelung einschnappen. »Dafür wirst du mir büßen, meine Liebe, ich werde dich entführen und mir eine angemessene Strafe ausdenken.« Dann trat er aufs Gas, und der Porsche schoss vorwärts. Die Motorhaube verschwand fast unter der aufspritzenden Bugwelle.

Es half nichts, dass sie schrie und tobte und ihn mit sehr undamenhaften Namen belegte, er lachte nur lauter und fuhr noch schneller, ließ den schweren Wagen halsbrecherisch um die Kurven schleudern.

Doch plötzlich überkam es sie. In einer Aufwallung von blinder Wut packte sie das Steuer und verriss es. Reaktionsschnell griff Roderick Ashburton sofort nach, konnte aber nicht verhindern, dass der Wagen auf den überfluteten Straßen ins Schleudern geriet, gegen den Kantstein knallte, zurücksprang und quer über die Straße in den entgegenkommenden Verkehr katapultiert wurde. Haarscharf verfehlten sie einen Pkw und schleuderten unaufhaltsam auf einen Fernlaster zu, dessen Fahrer in Panik auf der Hupe lehnte. Wie ein urweltlicher Brunstschrei hallte ihr Dröhnen durch die Dunkelheit, mischte sich mit dem Kreischen von Metall, Rodericks groben Flüchen und ihren Schreien.

Roderick Ashburtons Erfahrungen als Rennfahrer hatte ihnen am Ende das Leben gerettet. Automatisch riss er das Steuer herum, nutzte das Schleudermoment seines schweren Sportwagens und setzte ihn mit der Fahrerseite an eine Hausmauer. Das rote Metall zog eine Leuchtspur von sprühenden Funken, ehe der Wagen mit ohrenzerfetzendem Kreischen langsam zum Stehen kam. Donner krachte, Blitze zuckten durch die gespenstische Regenwelt und erleuchteten das Wageninnere. Langsam erwachte Benita aus ihrer Schreckensstarre und sah zu ihm hinüber. Das Herz hämmerte gegen ihre Rippen.

Roderick Ashburtons Hand zitterte, als er den Motor abschaltete. Er umklammerte das Steuerrad, als müsste er sich festhalten. Sein Kopf war auf die Brust gefallen. Für ein paar Sekunden saß er nur da und atmete tief ein und aus.

Endlich hob er den Kopf und wandte sich ihr zu. Ein Blitz erhellte sein von mörderischem Zorn verzerrtes Gesicht. Unwillkürlich fuhr sie zurück und drückte sich in die äußerste Ecke des Sitzes, war in dieser Sekunde überzeugt, dass er sie schlagen würde. Sie war sich voll bewusst, dass das, was sie getan hatte, nicht zu entschuldigen war. Ihr dummer Anfall von Jähzorn hätte sie beide das Leben kosten können.

»Es … es tut mir leid«, flüsterte sie und berührte ihn mit den Fingerspitzen am Arm.

Die Geste schien ihn noch mehr aufzubringen. Er schüttelte ihre Hand ab. »Bist du völlig verrückt geworden? Oder lebensmüde?«, schrie er sie an. »Ist dir klar, dass wir beide fast draufgegangen wären? Wenn du dich umbringen willst, mach das gefälligst woanders, und verschone mich dabei!« Er lehnte sich abrupt über sie und stieß die Beifahrertür auf. »Raus!«

Sie rührte sich nicht. »Es tut mir verdammt noch mal leid, hörst du?«, zischte sie. »Ich werde den Schaden bezahlen.«

Vor Zorn sprühend, hatte er sie angestarrt. »Na, willst du nicht anfangen zu heulen, um mich weichzuklopfen, oder über die blutige Beule an deinem Kopf lamentieren?« Er zeigte seine Zähne in einem sarkastischen Grinsen. »Willst du dich mir nicht an den Hals werfen und versprechen, alles zu tun, um es wieder gutzumachen? Na, komm schon, so machen das doch alle!«

Jetzt geriet sie wieder in Rage. »Aber nicht ich! Ich denke gar nicht daran, ich bin doch nicht eins von deinen Flittchen«, schrie sie. »Ich steh für das gerade, was ich getan habe. Schick mir die Rechnung, Sir Roderick Mistkerl Ashburton.«

Damit wollte sie aussteigen, aber seine Hand schoss vor und packte sie am Arm.

Für eine Minute starrte er sie an, wortlos, unter gesenkten Brauen, das Gesicht hart, wie aus Granit gemeißelt. Dann beugte er sich vor und hob die andere Hand.

Sie versteifte den Rücken in Erwartung eines Schlages, hatte sich aber so weit in die Ecke gepresst, dass sie nicht mehr zurückweichen konnte. Zu ihrer Verwirrung legte er die Hand sanft an ihre Wange.

Es geschah in diesem Augenblick. Seine Berührung wirkte wie ein elektrischer Schlag, und unvermittelt hatte sie das unwirkliche Gefühl zu fallen, ganz langsam, wie in Zeitlupe, war drauf und dran, in diesen hellen Augen zu ertrinken. Er sagte etwas, was sie nicht verstand, lächelte nicht dabei, sondern hielt sie nur mit diesem unglaublich intensiven Blick fest.

Draußen zerschnitt ein greller Blitz die Schwärze der Nacht, Donner krachte, das Ende der Welt schien gekommen zu sein. Die Hitze seiner Haut brannte auf ihrer, machte sie willenlos, sie hob die Arme und lieferte sich dieser Hitze aus, seinen Händen, seinem Mund, hörte ein raues, kehliges Stöhnen, wusste nicht, ob es seines war oder ihres.

Plötzlich aber stieß er sie von sich, ließ den Motor an, der Wagen kratzte die Mauer entlang, löste sich, und dann trat er aufs Gas, raste durch die Straßen, hielt mit quietschenden Reifen vorm Claridge's, warf dem mit einem großen Regenschirm beflissen herbeieilenden Portier den Schlüssel zu, lief um den Wagen, packte Benitas Hand, zerrte sie durch die aufspritzenden Pfützen ins Hotel in die sonnengelbe Halle, über die schwarz-weißen Art-déco-Fliesen zur Rezeption.

»Jonathan, ist meine übliche Suite frei?«, rief er dem älteren Mann hinter dem Tresen zu.

»Guten Tag, Sir Roderick«, antwortete der Empfangschef würdevoll und reichte ihm den Schlüssel. »Ich wünsche Ihnen einen angenehmen Aufenthalt.«

Roderick nahm den Schlüssel in Empfang, hob salutierend die Hand und schob Benita zum Lift, der sich auf Knopfdruck eines Pagen vor ihnen öffnete. Benita trat ein und lehnte sich an die Wand, weil sie sich ganz und gar nicht sicher war, ob ihre Beine sie tragen würden.

»Ich kenne den Weg«, sagte Roderick trocken zu dem jungen Pagen, der hinter ihnen eintreten wollte, beförderte ihn wieder hinaus und wartete, bis die Tür zugeglitten war. Dann platzierte er seine Hände neben ihren Kopf. Sie schloss die Augen und hob ihr Gesicht. Als nichts passierte, öffnete sie die Lider. Sein Gesicht war nur Zentimeter von ihrem entfernt.

»Ich werde dich jetzt nicht küssen«, flüsterte er heiser, »sonst werden wir beide wegen Unzucht in der Öffentlichkeit verhaftet und in den Tower geworfen.« Sein Atem strich heiß über ihre Haut.

»Das macht nichts, wir lassen uns eine Doppelzelle reservieren«, gluckste sie.

Sein Atem kam immer hastiger, der Puls an seinem Hals hüpfte, die hellblauen Augen glitzerten. Für einige Stockwerke knisterte Schweigen zwischen ihnen, kribbelte auf ihrer Haut wie statische Elektrizität. Zu guter Letzt war sie es gewesen, die sich einfach nicht mehr beherrschen konnte. Sie stellte sich auf die Zehenspitzen und küsste ihn auf den Mund.

Das Nächste, dessen sie sich bewusst wurde, war, dass sie rückwärts auf ein frisch bezogenes, wunderbar weiches, herrlich duftendes Bett fiel, seine Hände über ihren Körper wanderten und sie glaubte, wahnsinnig werden zu müssen vor lauter Wonne.

Während der folgenden Wochen konnte sie dann ihre eigene Liebesgeschichte in den Gesellschaftskolumnen verfolgen. Es war ihr egal. Alles war ihr egal, sie schämte sich nicht dafür. Noch nie hatte sie einen Mann so geliebt und so begehrt, hatte nicht geahnt, dass es so sein könnte.

Doch plötzlich, nach einem halben Jahr etwa, schien Roderick Ashburton das Interesse an ihr zu verlieren. Obwohl sich sein Verhalten schlagartig änderte, wollte sie die ersten Anzeichen nicht erkennen. Er sagte Verabredungen kurzfristig ab, ließ sich verleugnen, war nicht mehr für sie zu erreichen, weder telefonisch noch persönlich, behandelte sie auf eine derart frostige Weise, dass es an Beleidigung grenzte.

Nach einer quälenden Woche glaubte sie zu begreifen, dass er ihrer überdrüssig geworden war. Tief verletzt zog sie sich zurück, hasste sich dafür, dass sie ihm so lange nachgelaufen war. Die Demütigung war schon schlimm genug, aber die hämischen Berichte in den Klatschspalten, die triumphierenden Blicke der anderen Frauen, die wie Schwarmfische um ihn herumschwänzelten, konnte ihr Stolz kaum verkraften. Sie verkroch sich zu Hause, mied alle Veranstaltungen und Orte, wo sie ihm über den Weg hätte laufen können.

Kurz nach ihrer Trennung war Henry in ihr Leben getreten. War Roderick ein Sturm gewesen, der sie von den Beinen gerissen hatte, so war Henry ein laues Frühlingslüftchen, das sie umfächelte. Angesichts der Verwüstungen, die Roderick Ashburton in ihrer Seele und an ihrem Stolz angerichtet hatte und die noch immer abscheulich schmerzten, war sie froh darüber. Ein laues Frühlingslüftchen war genau das, was sie gerade noch ertragen konnte.

Vor wenigen Wochen dann hatte sich die Neuigkeit, dass Roderick Ashburton seinen älteren Bruder als Vorstandsvorsitzenden vertreten würde, bis dieser wieder genesen war, blitzartig in der Bank verbreitet und alle weiblichen Angestellten, ausgenommen Miranda Bell, in mannstolle Flatterwesen verwandelt.

Als Benita davon hörte, geriet sie in Panik und reichte spontan ihre Kündigung ein. Von Roderick kühl nach dem Grund gefragt, hatte sie, restlos entnervt durch den spöttischen Blick aus seinen blauen Seefahreraugen, stotternd eine völlig aberwitzige Erklärung hervorgebracht.

Ausdruckslos hatte er sie angesehen. »Red keinen Unsinn«, war sein einziger Kommentar gewesen. Dann hatte er ihre Kündigung in den Reißwolf gesteckt, und das war's dann gewesen. Seitdem hatte er sich ihr gegenüber immer korrekt benommen, wenn auch deutlich distanziert. Sie war darauf wutentbrannt dazu übergegangen, ihn vor anderen mit Sir Roderick anzureden, wohl wissend, wie sauer ihn das machte.

Sie war geblieben, hatte sich verbissen eingeredet, dass sie sich nicht von einem verdammten Schürzenjäger, einem Schmarotzer und Leichtfuß, ihre Karriere vermasseln lassen würde. Wenn sie sich gelegentlich begegneten, konnte kein noch so genauer Beobachter erkennen, dass sie einmal ein Liebespaar gewesen waren.

Auch jetzt drückte ihre Miene nur neutrales Interesse aus. Um nichts in der Welt hätte sie zugelassen, dass ihr Gesicht verriet, welche Verwüstungen er noch immer in ihr anrichten konnte. »Sechs Jahre ist mein Pass noch gültig«, wiederholte sie.

»Sechs Jahre? Gut«, murmelte Roderick Ashburton, ohne aufzusehen, und hakte diese Position auf einer Liste ab. Er war froh, dass der ausladende Schreibtisch als Barriere zwischen ihnen wirkte, denn es fiel ihm weiß Gott nicht leicht, sie auf Abstand zu halten. Aber er hatte sein Wort darauf gegeben.

Vor einem halben Jahr hatte überraschend sein Telefon geklingelt, und Adrian Forresters Stimme hatte durch die Leitung gedröhnt, dass ihm die Ohren schmerzten.

»Roderick, mein Junge, es gibt ein Problem. Ich erwarte dich in einer halben Stunde im Club.« Damit hatte Benitas Vater aufgelegt.

Verdutzt hatte Roderick den Hörer in der Hand gehalten. Seit dem Tod seines Vaters hatte niemand mehr gewagt, ihn »mein Junge« zu nennen. Adrian Forrester, der wohl zwanzig Jahre älter war als er, kannte er schon seit seiner Kindheit. Er spielte im selben Golfclub und hatte einmal eines von Adrians Pferden beim Polo geritten. Er schätzte den älteren Mann, aber als einen Freund im strikten Sinn hätte er ihn nicht bezeichnet. Umso mehr hatte er sich über den Anruf gewundert und sich, neugierig geworden, umgehend auf den Weg in den Club gemacht, in dem alle männlichen Ashburtons seit jeher Mitglied waren.

Adrian Forrester hatte ihn bereits erwartet. Er musterte ihn mit einem Blick, der keinerlei Freundlichkeit zeigte, und war ohne Umschweife zur Sache gekommen. »Hast du vor, Benita zu heiraten?«

Die stahlgrauen Augen hatten Roderick gepackt, waren auf gleicher Höhe gewesen wie seine, und deutlich erinnerte er sich, wie beeindruckt er von der unglaublichen Stärke gewesen war, die Benitas Vater ausstrahlte. Sie hatte nichts mit seiner durchtrainierten Gestalt und den Muskelpaketen auf seinen Oberarmen zu tun, die sich deutlich unter dem gut geschnittenen Anzug abzeichneten. Man konnte ihn sich leicht an der Spitze eines Heeres vorstellen. Dem Bann dieser Augen ausweichend, hatte er mit der Antwort gezögert. Mit Tricia war das Bedürfnis gestorben, mit einer Frau den Rest seines Lebens zu verbringen, zusammen mit der Fähigkeit, Liebe empfinden zu können. Bevor ihn die richtigen

Worte in den Sinn kamen, hatte Adrian Forrester ihn unterbrochen, und das, was er ihm dann sagte, hatte ihn so tief getroffen, dass er nicht ein Wort davon vergessen hatte.

»Das habe ich mir gedacht«, hatte der General gesagt. »In diesem Fall will ich, dass du deine Finger von meiner Tochter lässt. Solltest du sie nämlich noch ein einziges Mal anrühren, mein lieber Junge, dann werde ich dir jeden einzelnen Finger brechen und anschließend den Hals.«

Roderick hatte ihm aufs Wort geglaubt.

»Du machst auf der Stelle Schluss mit ihr«, hatte der ehemalige General anschließend befohlen. »Das wird ihr zwar wehtun, aber davon wird sie sich erholen. Mach einen klaren Schnitt, verstanden? Besudle sie nicht länger mit deiner … Geilheit.« Der General hatte ihm das Wort wie einen Fehdehandschuh vor die Füße geworfen.

Auch Adrian Forresters abfälliger Ton hatte ihn tief getroffen – was ihn wirklich überraschte, denn für gewöhnlich war er immun gegen derartige Bemerkungen. Es gab genügend gehörnte Ehemänner, die ihm die übelsten Beleidigungen nachgerufen hatten, und nicht wenige, die ihn mit dem Gewehr bedroht hatten. Es hatte ihn stets nur zum Lachen gereizt.

Der General hatte sich schon zum Gehen gewandt, als er sich noch einmal umdrehte. »Noch eins, Roderick. Wage nicht, ihr ein Sterbenswörtchen von dieser Unterhaltung zu erzählen. Haben wir uns verstanden, mein Junge?«

Zu seinem eigenen Verdruss hatte Roderick wie ein von seinem Vater gescholtener Junge folgsam genickt. Adrian Forrester hatte diese Wirkung auf Menschen. Der wirkliche Grund, warum Roderick letztlich das tat, was der alte General von ihm forderte, war jedoch das Wort Geilheit gewesen. Es ließ in ihm ein Bild von sich selbst entstehen, das ihn zutiefst anekelte. Er schämte sich entsetzlich, eine Gefühlsregung, zu der er sich selbst gar nicht mehr für fähig gehalten hatte.

Er hatte einen schnellen Bruch zwischen Benita und sich herbeigeführt, der ihn schlimmer schmerzte als eine Operation ohne Narkose, und war ihr seitdem nur mit distanzierter Höflichkeit begegnet, die ihn jedes Mal ungeheure Anstrengung kostete, nicht nur seelische, sondern tatsächlich körperliche.

»Wozu der Pass?«, fragte Benita jetzt, inbrünstig hoffend, dass eine Auslandsreise dahintersteckte, womit sie zumindest eine vorübergehende Ruhe vor seiner beunruhigenden Nähe hätte. Jedes Mal, wenn sie seiner ansichtig wurde, kam ihr die Galle hoch, auch wenn sie sich innerlich noch so sehr dagegen wehrte, und das störte ihre Konzentration, die sie für ihren Beruf brauchte. Zumindest redete sie sich das ein. Mit seidigem Rascheln ihrer Strümpfe schlug sie die Beine übereinander und zog dann den engen Rock ihres Tweedkostüms glatt.

Roderick Ashburton, der ihre Worte nur im Nachhall verstanden hatte, so tief war er in seinen Erinnerungen verstrickt gewesen, sah hoch, wobei er es geflissentlich vermied, ihre langen, eleganten Beine anzustarren. »Du begleitest mich am Wochenende nach Südafrika. Durban, um genau zu sein. Der Flug geht um halb zehn abends …«

Er sprach weiter, aber seine Stimme rauschte an ihr vorbei. Sie verstand nur ein Wort: Durban. Es durchfuhr sie wie ein Stromstoß. Fassungslos starrte sie ihn an. Für einen endlosen Moment geriet der Boden unter ihr ins Schwimmen. Krampfhaft schloss sie die Augen, um das Gleichgewicht wiederzufinden.

Verdammt, verdammt, verdammt, fluchte sie schweigend. Nicht nach Durban! Nicht zurück in ihr früheres Leben. Ihre Gedanken summten wie ein aufgescheuchter Wespenschwarm, ihr ganzer Organismus war auf Flucht ausgerichtet. Aber sie hatte sich im Griff. Mit keinem Wimpernzucken verriet sie, in welchen Tumult sie die Erwähnung dieser Stadt im äußersten Südosten Afrikas gestürzt hatte. Als Investmentbankerin hatte sie gelernt, ihre Gefühle zu verbergen. Ihr Adoptivvater, ein alter Haudegen, der mit dem dritten Stern auf seiner Generalsuniform und einem legendären Ruf aus dem Golfkrieg zurückgekehrt war, hatte ihr die Grundregeln für ihren Beruf mitgegeben.

»Im Big Business gelten die gleichen Regeln wie in der Kriegführung: Wenn du mit den großen Jungs spielen willst, darfst du nie deine Gefühle zeigen. Sie reißen dich sonst in Stücke«, hatte er gesagt. »Lass sie im Ungewissen. Das verunsichert sie gründlich.«

Sie hatte diesen Rat verinnerlicht. Ihre Stimme klang auch jetzt täuschend emotionslos und klar. »Ich bitte um Entschuldigung, aber meine Gedanken sind gewandert. Könntest du bitte noch einmal den Grund für die Reise nennen?«

Roderick zog irritiert die dunklen Brauen zusammen und zeigte deutlich, es nicht gewohnt zu sein, dass man seinen Worten nicht die volle Aufmerksamkeit schenkte. Seinen Füllfederhalter in den Finger drehend, sah er sie an.

»Ein neuer Klient in Südafrika will, dass wir sein 350-Millionen-Pfund-Projekt finanzieren, ein Gebäude mit dem Namen *Zulu Sunrise,* und das möchte ich mir ansehen. Eine Fehlinvestition können wir uns nicht leisten. Eine derartige Summe würde sogar uns das Rückgrat brechen.«

»Anknacksen«, berichtigte sie ihn automatisch. »Nicht brechen. Wir verfügen über ein äußerst solides Fundament.«

»Danke für die Belehrung. Ich bin froh, dass ich mir darüber nun keine Sorgen mehr zu machen brauche.« Er grinste.

Sein sarkastischer Ton hätte ihr früher die Röte ins Gesicht getrieben. Heute nicht mehr. Sie wertete es als klares Zeichen, dass sie endgültig über ihre Beziehung zu ihm hinweggekommen war, und das erfüllte sie mit tiefer Befriedigung. Ihr gelang sogar ein reserviertes Lächeln.

»Bitte nimm jemand anders mit. Ich bin bereits mit einem Klienten in Aberdeen verabredet. Er will mit mir die Finanzierung für ein großes Hotel besprechen.« Die Lüge kam ihr flüssig über die Lippen, aber es war eine Lüge aus tiefster Not. Aberdeen lag ganz im Norden, weit weg, und wäre ihr auf die Schnelle ein Ort auf den Äußeren Hebriden eingefallen, hätte sie den genannt, nur um deutlich zu machen, dass sie unabkömmlich war. Um seinem Blick zu entgehen, starrte sie auf den Punkt genau zwischen seinen Augen.

Roderick Ashburton wischte ihren Einwand mit einer Handbewegung weg. »Unsinn. Neben Henry bist du die Beste, ich brauche dich, und wenn du tatsächlich«, hier zuckten seine Mundwinkel ironisch, »tatsächlich einen Termin in Aberdeen haben solltest, sag ihn ab. Jemand anders kann den übernehmen. Doktor Rian Erasmus ist ein wichtiger Klient. Offenbar der kommende Mann da unten. Es geht sogar das Gerücht um, dass er sich 2009 zur Wahl zum Präsidenten stellen will.«

Doktor Erasmus? Der Name sagte ihr nichts. Erasmus war ein häufig vorkommender Burenname in Südafrika. Sie zuckte mit den Schultern, erwiderte aber nichts. Aus Erfahrung wusste sie, dass sie nur im Fall einer ernsten Krankheit die Chance haben würde, dieser Reise zu entgehen. Pocken, die schwarze Pest, Lassafieber. So etwas. Aber sie war unheilbar gesund, ihre Rossnatur bot selbst dem bösartigsten Virus Paroli.

Roderick schaute zu ihr hinüber. »Dort fängt jetzt der Sommer an. Pack leichte Sachen ein. Aber das brauche ich dir ja nicht zu erklären. Vielleicht hängen wir ein, zwei Tage dran und machen eine Tour durch das Wildreservat, sehen uns Löwen und Elefanten und dergleichen an.« Mit raschen, energischen Strichen notierte er etwas am Rand eines Dokuments. Was seine Worte in ihr anrichteten, schien er nicht zu bemerken.

»Wildreservat?«, rutschte es ihr heraus. Sie biss sich auf die Zunge, hätte das Wort am liebsten wieder verschluckt, wollte gar nichts Näheres wissen. Aber es war zu spät.

Er nickte. »Ja, irgendwo im nördlichen Natal … Ein privates Wildreservat, der Name ist kompliziert … liegt an der Grenze zu diesem staatlichen Wildreservat mit einem ähnlich komplizierten Namen … irgendetwas mit U … Es soll mitten in Zululand liegen. Doktor Erasmus hat dort bereits einen Bungalow für uns reserviert. Er meint, er möchte uns – ich zitiere – ›das touristische Potenzial‹ seines grandiosen Landes zeigen, damit wir die Kreditwürdigkeit des Projekts besser beurteilen können.«

Zululand. Ihre Heimat. Ihr Puls jagte hoch, das Blut wich ihr aus dem Gesicht, doch abgesehen davon zeigte sie keine Regung. »Mkuze? Oder Hluhluwe-Umfolozi?« Die Worte kosteten sie ungeheure Kraft. Achtzehn Jahre lang hatte sie sie nicht mehr ausgesprochen.

»Das Letztere scheint mir richtig zu sein.«

Sie nickte wortlos.

Er schnippte mit den Fingern. »Jetzt fällt es mir wieder ein: Das private Reservat heißt Inqaba, mit einem Klick darin … Aussprechen kann ich das nicht. Die Zunge der Leute da unten muss anders geformt sein als unsere.« Er rollte die Zunge im Mund und grinste.

»Inqaba!«, wiederholte sie leise mit einem wunderschönen, klaren Klick. Der Name traf sie härter als die Erwähnung von Durban oder Hluhluwe.

Er sah erstaunt hoch. »Das klingt ja faszinierend. Kennst du es?«

O ja, sie kannte Inqaba, besser als jeden anderen Fleck dieser Erde; jeden Halm, jeden Stein kannte sie und damals fast alle Menschen, die dort lebten und auch die meisten der Tiere. Auf Inqaba im Herzen von Zululand war sie aufgewachsen, das war ihre Kinderwelt gewesen, und nichts und niemand würde sie je dazu bewegen können, dorthin zurückzukehren.

Ausdruckslos sah sie ihm in die Augen. »Kaum. Ich bin als Kind ab und zu durchgefahren. Es ist lange her.«

Roderick Ashburton war ein aufmerksamer Beobachter, besonders wenn es Frauen betraf, und die Frau vor ihm kannte er, jeden Quadratzentimeter ihrer goldenen Haut und jede Regung ihres schönen Gesichts. Ihm entging das flüchtige Zucken ihrer Kinnmuskeln ebenso wenig wie das kurze Aufflammen in den grünen Augen. Sie log. Sie kannte die Gegend gut. Adrian hatte ihm das erzählt. Warum bestritt sie es?

»Das ist doch deine ursprüngliche Heimat, oder? Außerdem sprichst du die Sprache. Ein weiterer wichtiger Grund, weswegen ich auf dich nicht verzichten kann.«

Benita schwieg. Ihr Schweigen dehnte sich und füllte den Raum, legte sich ihr auf die Brust und machte ihr das Atmen schwer.

Auch Roderick Ashburton fühlte diesen Druck. Langsam legte er seinen Montblancfüller aus der Hand und sah sie mitfühlend an. »Ist es wegen deiner leiblichen Mutter?« Sein Ton war tastend, vorsichtig, so als wäre sie ein scheues Tier, das er nicht verschrecken wollte.

Trotzdem zuckte sie zusammen, als hätte er sie geschlagen. Sie schwieg weiter und starrte dabei auf ihre verkrampften Hände, zwang sich, sie zu lockern, wollte nicht, dass der Mann auf der anderen Seite des Schreibtisches erfuhr, wie es in ihr aussah.

Es war jetzt knapp drei Monate her, dass ihre ganze private Geschichte über die Titelseiten der Boulevardzeitungen ausgebreitet worden war. Jede widerwärtige Einzelheit. Selbst die seriöse *Times* hatte einen kurzen Artikel gebracht und dazu auch ein Foto von ihr und eines von ihrer Mutter von früher. Ihre Mutter, ihre Umama, stand auf der Krone der Felswand von Inqaba. Sie lachte dem Betrachter über die Schulter zu, die Sonne vergoldete ihre Gestalt, und der Wind blähte ihr weißes Hemd. Ein Journalist war während einer Reportage über die Truth Commission, jener Kommission unter der Leitung Erzbischofs Desmond Tutu, die Südafrikas schwärzestes Kapitel aufgearbeitet hatte, aus reinem Zufall auf ihre Geschichte gestoßen.

Er hatte sie angerufen und Fragen gestellt, Fragen, Fragen, Fragen. Schlag auf Schlag waren diese Fragen auf sie niedergeprasselt und hatten sie wie ein Rudel hungriger Hyänen verfolgt. Viele davon wollte sie nicht beantworten, aber dann waren da jene, die sie nicht beantworten konnte, die ihr bewusst machten, dass der sichere Boden unter ihren Füßen trügerisch war, dass unter ihr ein Abgrund gähnte, der direkte Zugang zum Feuerkern ihrer geheimsten Ängste.

Hals über Kopf war sie damals in das Ferienhaus ihrer Adoptiveltern nach Mallorca geflüchtet, aber selbst da hatten die Zeitungshyänen sie aufgespürt, nach ihr geschnappt, an ihr gezerrt, bis sie hätte schreien können. Es war entsetzlich gewesen. Im Büro, auf Partys, im Laden um die Ecke, sogar in der Untergrundbahn, überall hatte man sie erkannt, überall hatte man sie mit Fragen gequält, sie mit klebriger Anteilnahme überschüttet, hinter der aber nichts als lüsterne Neugier stand. Auch heute noch geschah das gelegentlich, und dann stand sie wieder am Abgrund.

»Du warst doch noch ein Kind, als es passiert ist. Wie lange ist es her?«

Seine Stimme kam aus weiter Ferne. Sie starrte auf ihre Schuhe, wollte ihn nicht ansehen, fürchtete das Mitleid auf seinem Gesicht, hatte Angst, die Fassung zu verlieren. Achtzehn Jahre, drei Monate und zwölf Tage war es her.

»Ich war vierzehn«, flüsterte sie.

»Das ist lange her. Wäre es da nicht an der Zeit, das, was dir und deinen leiblichen Eltern zugefügt wurde, ans Tageslicht zu bringen? Sich der Wahrheit zu stellen?« Sein Tonfall war sanft und leise, trotzdem trat er damit eine Lawine los.

Sie erstarrte.

Feuer, Schreie, dann Lachen.

Grobes, lautes Männerlachen.

Und der Schuss.

Und dann, nichts.

Ein Laut fing sich in ihrer Kehle. Was wusste er von der Wahrheit? Ihr Blick kehrte sich nach innen, hilflos war sie dem Grauen ausgeliefert.

»Welche Wahrheit?«, brach es aus ihr heraus; ihre beherrschte Maske verrutschte.

Er bemerkte es und streckte eine Hand über den Schreibtisch, als wollte er sie streicheln, zog sie dann aber wieder zurück, als er ihre Abwehr spürte. »Du kannst dich an vieles nicht erinnern, nicht wahr? Adrian hat es mir erzählt.«

Kurz nachdem dieser Dreck in den Zeitungen gestanden hatte, hatte er Benitas Vater im Club getroffen und ihn geradeheraus gefragt, ob der Artikel der Wahrheit entspreche. Er hatte angenommen, dass ihm Adrian eine Abfuhr erteilen würde, und war dann umso überraschter gewesen, dass er eine Antwort erhielt, und zwar eine ehrliche. Die Reaktion des ehemaligen Generals hatte die tiefe Verzweiflung deutlich gemacht, die ihn und seine Frau plagte.

»Wir sind am Ende unseres Lateins«, hatte er gesagt. »Sie kann sich nicht erinnern, oder will sich nicht erinnern, wie die Ärzte behaupten, und ihre Angst davor, dass sie sich eines Tages doch erinnern könnte, ihre Angst vor dem, was da hochkommen könnte, macht sie fertig. Wir wissen nicht weiter.«

»Ist sie jemals wieder in Südafrika gewesen?«

»Keine zehn Pferde könnten sie dazu bewegen, dorthin zurückzukehren.« Die Aussage Adrian Forresters war kategorisch gewesen.

Das Ganze hatte ihn mehr bedrückt und beschäftigt, als er erwartet hätte, und mehr als einmal war er versucht gewesen, das Thema bei Benita anzuschneiden, hatte sich aber glücklicherweise immer im letzten Moment beherrschen können. Als er dann vor Kurzem die Anfrage aus Südafrika für den Millionenkredit erhielt, hatte eine Idee begonnen, in ihm Gestalt anzunehmen. Er hatte die Forresters aufgesucht und sich mit ihnen beraten. Nach langem Überlegen stimmten sie überein, dass die einzige Chance, Benitas Gedächtnisblockade aufzuheben, darin bestand, dass sie in ihr Geburtsland zurückkehrte.

Mit wenigen Anrufen hatte Roderick herausgefunden, dass das Projekt *Zulu Sunrise* als ein seriöses galt, und Miranda Bell angewiesen, alles Nötige in die Wege zu leiten, damit er sich noch im Herbst mit dem Antragsteller vor Ort treffen könne, und zwar in Begleitung von Benita.

Kate Forresters Bedenken waren allerdings nicht so leicht zu zerstreuen gewesen. Sie fürchtete, dass ihre Tochter sich endgültig verlieren würde. »Wir dürfen sie nicht begleiten«, sagte sie. »Sie muss es allein packen, sonst wird es nie Wirklichkeit für sie werden. Bei der Vorstellung, was sie dort erwartet, habe ich einfach Angst!«

Adrian Forrester hatte seine Frau in die Arme genommen und sie fest gedrückt. »Roderick wird sie nicht aus den Augen lassen, nicht wahr, mein Junge?«

Der Ton war nachdrücklich gewesen, und die Drohung so eindeutig, dass Roderick sich beeilt hatte, Benitas Eltern zu versichern, dass er ihre Tochter auf Schritt und Tritt begleiten werde.

Besorgt beobachtete er Benita jetzt, sah die Angst in ihren Augen, spürte die ungeheure Beherrschung, die sie dieser erste Schritt in ihre Vergangenheit kosten musste. »Auch Kate macht sich die größten Sorgen«, sagte er leise.

»Beide hatten kein Recht, mit dir darüber zu sprechen«, fauchte Benita und verstummte dann. Ihr Blick glitt ab, ihre Augen richteten sich auf etwas, was nur sie sehen konnte.

Das war das Schlimmste gewesen, dachte sie, dass in der Zeitung Dinge gestanden hatten, an die sie sich nicht erinnern konnte. Sosehr sie sich auch quälte, in ihren eigenen Fußstapfen zurück in die Vergangenheit zu gehen – an einem bestimmten Punkt prallte sie gegen eine unüberwindlich scheinende Mauer. Außer ihren Ärzten wussten bisher nur ihre Adoptiveltern Kate und Adrian Forrester, dass diese Tage, die ihr Leben für immer verändert hatten, offenbar auf ewig aus ihrem Gedächtnis gelöscht worden waren. Mit der Zeit hatte sie gelernt, damit zu leben, hatte gelernt, diese Mauer zu umgehen.

Doch die Worte der Reporter hatten ihr Inneres in ein Schlachtfeld verwandelt. Wie Tretminen lagen Dinge in ihr verborgen, die bei der geringsten Berührung hochzugehen und ihre Seele zu verwüsten drohten. Bald hatte sie Angst vor der Nacht bekommen. Kurz bevor sie in einen unruhigen Schlaf fiel, in diese Grauzone zwischen Wirklichkeit und Traum, war sie hilflos gegen die grellen Bildsplitter, deren Einzelheiten sie nicht erkennen konnte, die von Schreien begleitet wurden, die ihr das Herz zerschnitten.

Allmählich hatte sich diese Angst vor dem, was in dieser beängstigenden Schwärze auf sie lauerte, immer mehr gesteigert und war inzwischen so übermächtig geworden, dass sie schon bei dem Gedanken daran in herzjagende Panik verfiel. Einst war sie ein furchtloses kleines Mädchen gewesen, und auch als Erwachsene kannte sie kaum Angst. Doch jetzt saß die Angst als tonnenschweres Gespenst auf ihrem Rücken, ließ sich nicht mehr abschütteln, lauerte nur darauf, sie zu verschlingen.

Unter größter Kraftanstrengung gelang es ihr trotzdem, ihre Wut zu mobilisieren. Wut auf das, was in Südafrika geschehen war, Wut auf die Reporter, Wut auf alle, die sie bedrängten. Diese Wut, so hatte sie gelernt, bündelte ihre Emotionen, lenkte sie von der Angst ab, die ihre Tage und Nächte vergiftete. Äußerlich bot sie weiter das Bild der ausgeglichenen, erfolgreichen Karrierefrau. Von ihrer inneren Schattenwelt ahnte niemand etwas außer Kate. Zu ihr hatte sie sich in einer besonders schlimmen Nacht geflüchtet, ihr hatte sie alles erzählt.

Kate war eine warmherzige, praktisch veranlagte Person und

hatte ihr als Erstes heißen süßen Tee und ihre legendären Scones mit Schlagsahne verordnet, ihr Allheilmittel gegen jegliche Schmerzen, seelische und körperliche.

Aber Benita hatte nur stumm den Kopf geschüttelt. »Ich kann nicht«, war alles, was sie hervorbringen konnte.

»Flucht vor der Wahrheit«, hatte Kate es genannt. »Du weigerst dich, dich daran zu erinnern, weil diese Wahrheit zu erschreckend ist. Du musst dich ihr stellen, sonst frisst die Angst dich auf.«

Nun hatte Kate sie verraten. So jedenfalls empfand Benita es. Sie presste den Mund zusammen. Wem sonst hatte Kate das wohl anvertraut?

Als Amnesie nach einem massiven Schock bezeichneten es die Ärzte und hatten nach endlosen Sitzungen vorgeschlagen, sie in Hypnose zu versetzen. Mit Händen und Füßen hatte sie sich dagegen gewehrt. Wortwörtlich. Nie würde sie einem anderen Menschen die Verantwortung für sich selbst abtreten und nie zulassen, dass einer dieser Weißkittel sich ihrer Gedanken, ihrer Seele, bemächtigte. Niemandem würde sie je gestatten, diese Macht über sie zu erlangen. Damals nicht und heute nicht. Ein winziger Funken Vergnügen flammte in ihr auf, als sie sich daran erinnerte, wie sie dem Arzt, der mit der Beruhigungsspritze angerückt war, in den Bauch getreten hatte.

Seitdem hatte sie sich erfolgreich geweigert, ein weiteres Mal mit den Ärzten zu sprechen, hatte auch alle Versuche Kates abgeblockt, sie umzustimmen, vergrub sich stattdessen in ihrer Arbeit, saß Abend für Abend noch bis spät in die Nacht vor ihrem Bildschirm, um die internationalen Märkte zu beobachten. Erst wenn sie so müde war, dass die Buchstaben vor ihren Augen verschwammen, schleppte sie sich nach Hause, aß irgendetwas aus der Tiefkühltruhe und spülte danach eine Schlaftablette mit Rotwein hinunter, um in einen bewusstlosen Schlaf zu sinken. Allein. Für Henry blieb ihr weder die Kraft noch die Zeit.

Morgens brauchte sie mehrere Becher Kaffee von Espressostärke, ehe sie einigermaßen einsatzfähig war und den Herausforderungen ihres anstrengenden Berufes gerecht werden konnte. Nach einer Weile hatte Henry heftig protestiert.

»Ich liebe dich, und ich brauche dich«, hatte er vorwurfsvoll ausgerufen, als sie wieder einmal eine Verabredung hatte platzen lassen.

»Ich dich auch«, hatte sie geantwortet, aber gleich gemerkt, wie mechanisch das klang. Sie war zu müde gewesen, um es ihm eine Nacht lang zu beweisen, zu müde, um überhaupt über ihre Beziehung nachzudenken. Tödlich müde. Glücklicherweise verlangte Henry meist außer ihrer körperlichen Anwesenheit nichts von ihr, akzeptierte, wenn sie zu erledigt für die Liebe war. Er war bequem wie ein ausgelatschter Pantoffel, immer da, wenn sie ihn brauchte, immer bereit, auf ihre Stimmungen einzugehen.

Ihre Gedanken sprangen zurück ins zeitige Frühjahr dieses Jahres zu einer gemeinsamen Geschäftsreise in den rauen Norden Schottlands. Als abends der Wind ums Hotel heulte, die Fensterläden klapperten und ihnen die Kälte bis in die Knochen drang, hatten sie sich frierend in ihrem Zimmer vorm flackernden Feuer eines Ruß spuckenden Kamins aneinandergedrängt und waren kurz darauf im Bett gelandet.

Sie hatte es geschehen lassen, weniger aus Leidenschaft als aus dem Bedürfnis nach körperlicher Wärme. Henry zeigte sehr bald alle Anzeichen von großer, romantischer Liebe und redete von seiner Kinderliebe und dem Traum, eines Tages mit ihr ein Haus auf dem Land zu beziehen und eine Familie zu gründen. Er sah gut aus, auf eine glatte, saubere Art, kam aus einer guten Familie, hatte makelloses Benehmen, einen Job mit rosigen Zukunftsaussichten, der es ihm erlaubte, einen Sportwagen zu fahren und ein großes Apartment mit Blick auf die Themse zu mieten.

Sie geriet in Panik. Nichts passte weniger in ihre Lebensplanung als Kinder und ein Haus auf dem Land.

Kate hatte ihn nach seinem ersten Besuch hoffnungsvoll als »hervorragendes Ehemannmaterial« bezeichnet. »Er ist völlig vernarrt in dich. Behandle ihn gut – so einer läuft nicht lange frei herum«, war ihr praktischer Rat.

Henry begann sie zu belagern, führte sie in teure Restaurants aus, und jeder ihrer Freunde, einschließlich Kate und Adrian, nahmen als selbstverständlich an, dass Benita und Henry in absehbarer Zeit heiraten würden. Ganz besonders Henry. Benita dagegen fühlte sich so, als würde sie sich allmählich in einem Netz verfangen, aus dem sie sich irgendwann einmal nicht wieder würde lösen können. Und im Zentrum saß Henry wie eine Spinne.

Sie verlor sich weiter in ihren Gedanken, hatte Roderick Ashburton und seinen Vorschlag vergessen.

Roderick beugte sich vor und versuchte in dem schönen, ausdruckslosen Gesicht vor ihm eine Regung zu entdecken, die er deuten könnte, wurde plötzlich von dem unwiderstehlichen Bedürfnis gepackt, sie in die Arme zu nehmen, ihr zu helfen, sie zu trösten, sie gegen alle Unbill dieser Welt zu schützen. Vorsichtig räusperte er sich, um sie in die Wirklichkeit zurückzuholen.

»Das Land, das dir das angetan hat, gibt es nicht mehr. Andere sind an der Regierung, neue Zeiten sind angebrochen.« Es war als Trost gemeint.

»Ein Mensch hat mir das angetan«, fuhr sie ihm heftig dazwischen, verriet damit zum ersten Mal die Tiefe ihrer inneren Erregung. »Nicht das Land. Ein Mann …«

Das hatte ihr Vater an ihrem ersten Abend in England seinem Freund Adrian anvertraut. Benita hatte es zufällig mitbekommen.

»Ein Mann war es«, hatte er gesagt, »ein perverses Schwein von einem Mann. Er hat sie …«

Um seine nächsten Worte zu übertönen, hatte sie so geschrien, dass ihr Vater und die Forresters schreckensbleich ins Zimmer gestürzt waren. Es hatte Stunden gedauert, ehe sie sich beruhigt hatte, und seitdem lauerte im Hintergrund ihrer Angst eine alles überschattende schwarze Männergestalt.

»Ein Mann …«, wiederholte sie jetzt leise, biss sich auf die Lippen, blockierte den Satz, wollte verhindern, dass er die Mauer zum Einstürzen brachte, hatte panische Angst davor, was sich dahinter verbarg.

Roderick lehnte sich vor. »Es ist dir also doch eingefallen!« So etwas wie Triumph schwang in seiner Stimme. »Weißt du, wer es ist? Erinnerst du dich an den Namen?«

»Nein.« Ein Wort wie ein Peitschenknall.

Als sie weggelaufen war, hatte ein Schuss sie unmittelbar über dem Ohr gestreift. Das hatte man ihr später erzählt. Dabei sei ihr Trommelfell geplatzt. Sie konnte sich an nichts davon erinnern. Die Verletzung war nicht lebensgefährlich gewesen, heilte schnell, aber die Ärzte waren zu dem Schluss gekommen, dass es offenbar dieser Schlag gewesen war, der ihr Gedächtnis ausgelöscht hatte. Die hässliche Narbe auf ihrer Haut war längst von einem plastischen Chirurgen geglättet worden, die auf ihrer Seele wucherte unkontrolliert weiter, bedeckte das, was sie sich zu erinnern weigerte, Schicht um Schicht mit immer neuen hässlichen Verkrustungen.

»Es ist wie eine Eiterbeule«, hatte ihr einer der Ärzte erklärt. »Man muss mitten hineinstechen, um den Eiter abfließen zu lassen.« Er hatte dabei mit dem spitzen Brieföffner auf seinem Schreibtisch gespielt.

Ihr war bei dem Bild prompt übel geworden. Für einen unsinnigen Moment wurde sie von der Vorstellung überwältigt, dass gelber Eiter ihren Körper überschwemmte, in Mund, Nase und Lunge drang, bis sie darin ertrinken würde.

Sie zog sich noch mehr in sich zurück, ließ niemanden an sich heran. Aber manchmal, in dunklen Nächten, auf den Irrwegen durch ihre Albträume, wurde sie von Bildfragmenten gequält, die wie ein Teil eines Puzzles erschienen, irgendwie bekannt, aber doch nicht zu erkennen. Dann hörte sie Geräusche, die so erschreckend waren, dass sie oft schreiend aufwachte. Immer war es Feuer, das sie sah, das Schreien einer Frau, das sie hörte, und dann Männerlachen. Grobes, lautes, höhnisches Männerlachen. Und dann ein einziges Wort, herausgeschrien in höchster Not. Ihr eigener Name, Benita. Danach nichts, nur das Prasseln des Feuers.

Weder Kate noch den Ärzten hatte sie davon erzählt. Sie fürchtete sich davor, diese Gedächtnisfetzen mit Worten beschreiben zu müssen, fürchtete sich davor, was das in ihr anrichten würde.

»Diese Fälle sind doch alle vor der Truth Commission verhandelt worden«, unterbrach Roderick Ashburton ihren Gedankenfluss. »War dieser nicht dabei? Hast du die Übertragungen im Fernsehen nicht verfolgt? Vielleicht hättest du diesen Mann dabei entdeckt. Ich bin mir sicher, dass ich dir die Aufzeichnungen der Verhandlungen besorgen kann.«

»Nein.« Ganz bestimmt nicht. Nie könnte sie ertragen zu hören, was anderen zugestoßen war, zuzusehen, wie die Hinterbliebenen unter der Last der Worte zusammenbrachen, dem Wissen, was ihren Angehörigen zugefügt worden war.

Aber der Mann hinter dem Schreibtisch ließ nicht locker. »Hast du einmal nachgeforscht? Du solltest dir helfen lassen. Dieser Dreck muss raus, Benita. Kate meint, dass du dabei warst, als deine Mutter …«

»Ich will nicht darüber reden!« Wütend ballte sie die Fäuste. Kapierte er das denn nicht?

Roderick begriff das sehr wohl. Sie sieht aus wie ein verschrecktes Kind, das Angst vor Schlägen hat, dachte er, und es drehte ihm das Herz um. So hatte er sie noch nie wahrgenommen. Er schätzte ihre analytische Intelligenz, ihr schnelles Reaktionsvermögen, die ruhige Stärke, die sie in Verhandlungen mit Kunden an den Tag legte. Nie wäre ihm der Gedanke gekommen, sie in der Rolle eines Opfers zu sehen. Beunruhigt nahm er sich vor, noch einmal mit Kate Forrester darüber zu reden. Benita wirkte im Augenblick wie jemand, der nur mühsam die Kontrolle über sich behielt. Als wäre sie aus sprödem Glas, das jeden Augenblick zersplittern konnte. Er senkte die Augen. Ihr hier gegenüberzusitzen, sie nicht einfach in die Arme zu ziehen und ihr Gesicht mit Küssen zu bedecken, überstieg fast seine Kräfte.

»Und ich will nicht, dass du mit meinen Eltern darüber redest. Ich bin erwachsen und für mich selbst verantwortlich. Ich hoffe, du respektierst das«, sagte sie jetzt, als hätte sie seine Gedanken gehört. Sie war wieder ganz die beherrschte Benita Forrester, die er kannte.

Er ließ diese Bemerkung unkommentiert. Stattdessen lächelte er fürsorglich. »Du siehst aus, als könntest du ein wenig Entspannung gebrauchen. Du arbeitest zu viel, Benita.«

Seine ruhige Stimme war weich und warm wie Samt, streichelte sie, weckte in ihr Empfindungen, die ihre Haut prickeln ließen, Empfindungen, die sie längst erloschen glaubte. Sie zog die Schultern zusammen. Entspannung war das Letzte, was sie wollte. Alles, nur keine Muße, nur keine Zeit, um denken zu müssen. Nur dem Horror keine Gelegenheit bieten, wieder über sie herzufallen.

»Das ist meine Sache.«

Warum hörte er nicht endlich auf? Warum konnte er sie nicht in Frieden lassen? Sie fixierte ihn mit einem Blick, der ihm deutlich sagte, dass er sich zurückhalten sollte.

Roderick Ashburton ignorierte diese schweigende Aufforderung geflissentlich. »Kate liebt dich, das weißt du doch, oder? Und Adrian auch. Du sollst dir von ihnen helfen lassen.«

Benita zwang sich zu einer Antwort. »Das weiß ich … Aber Südafrika – das war ein anderes Leben. Es hat mit meinem heutigen Leben und mit Kate und Adrian nichts zu tun. Ich habe es hinter mir gelassen.« Sie holte tief Luft. »Ich will nicht darüber reden, akzeptier das endlich! Es geht dich nichts an«, setzte sie nach winzigem Zögern hinzu.

Sie fand es absolut notwendig, hier einen deutlichen Punkt zu setzen, auch wenn es rüde klang. In ihrer Eigenschaft als seine Angestellte hätte sie sich diesen Ton nicht erlaubt, aber dieses Thema gehörte in den privaten Bereich. Um das zu unterstreichen, schleuderte sie mit einem Ruck ihr widerspenstiges Haar aus den Augen und hob das Kinn, wich seinem Blick dabei nicht aus. Es war eine deutliche Kampfansage.

Roderick Ashburton traf das wie ein Lanzenstich. Diese trotzigstolze Kopfhaltung, die fast an Arroganz grenzte, war ihm unendlich vertraut, und ihre klaren grünen Augen zogen ihn unaufhaltsam in ihren Bann, bis ihr Anblick mit dem Bild einer anderen verschmolz, das er für immer in seinem Herzen trug. Bevor er dem rasanten Horrortrip zum schwärzesten Augenblick seines Lebens Einhalt gebieten konnte, hörte er ihre Schreie, Tricias, die sich mit denen anderer mischten. Wie im Schock glitt sein Blick ins Leere.

Ohne dass es ihm bewusst wurde, schlug er mit seinem Füller einen harten Trommelwirbel auf der Schreibtischplatte, so ungestüm, dass die Kappe zersplitterte. Mit einem Fluch warf er ihn hin. Das Ganze hatte wenigstens zur Folge, dass die Schreckensvisionen in sich zusammenfielen. Trotzdem brauchte er lange, bis er die Schreie in seinem Kopf zum Schweigen gebracht hatte und sich aus dem zähen Morast seiner Erinnerungen lösen konnte. Mit verbissener Konzentration gelang es ihm, sich Benitas letzte Worte ins Gedächtnis zurückzurufen.

Es geht dich nichts an, hatte sie ihm mit funkelnden Augen entgegengeschleudert, und widerstrebend musste er ihr recht geben. Es stand ihm nicht zu, sie zur Auseinandersetzung mit ihrer Vergangenheit zu zwingen, auch wenn er felsenfest daran glaubte, dass eine Reise nach Südafrika der einzige Weg für sie war, die Geister der Vergangenheit ans Licht zu zwingen, sich mit ihnen auseinanderzusetzen und ihnen damit ein für alle Mal ihren Schrecken zu nehmen.

Aber so blieb ihm nur eine Möglichkeit. Er war ihr Chef, sie seine Angestellte, und Henry Barber fiel aus. Er brauchte sie in Südafrika. Selbst wenn Henry Barber verfügbar gewesen wäre, hätte er im Interesse der Bank darauf bestehen müssen, Benita Forrester mitzunehmen, besaß sie doch eine ungewöhnliche Eigenschaft: den unfehlbaren Instinkt, eine Lüge entlarven zu können, so charmant und überzeugend sie auch vorgetragen war.

Es war eine Fähigkeit, die ans Unheimliche grenzte. Er hatte es selbst erlebt. Während kürzlicher Verhandlungen, bei denen es um Investitionen für eine Firmenübernahme ging, hatte sie ruhig danebengesessen, kaum etwas gefragt, aber den Antragsteller nicht aus den Augen gelassen. Unvermittelt war sie mitten in der Besprechung aufgestanden, hatte sich entschuldigt und ihn eine Minute später von Miranda Bells Schreibtisch aus über seine Privatleitung angerufen und ihn gebeten, zu ihr herauszukommen.

»Er lügt«, sagte sie, nachdem er die Tür hinter sich geschlossen hatte, und erklärte ihm, woran sie diese Behauptung festmachte.

Ihn hatten ihre Darlegungen sofort überzeugt, und obwohl sein Bruder vom Krankenbett aus protestierte und seine Mutter ihm versicherte, dass dieser Bauunternehmer regelmäßig für ihr Lieblingswohltätigkeitsprojekt spendete, hatte er Benita vertraut. Eine andere Bank machte das Geschäft, und vor wenigen Tagen hatte die Nachricht, dass dieses Institut auf den Abgrund des Bankrotts zutrudelte, weil sich das gesamte Vorhaben als Luftschloss herausgestellt hatte, die gesamte Branche schockiert.

Er musste eine Entscheidung treffen. Um den Schluss der Diskussion zu markieren, schlug er beide Handflächen auf die Schreibtischoberfläche. »Gut, Benita, wie du willst. Wir treffen uns am Donnerstag um achtzehn Uhr am BA-Schalter, First Class. Heute ist Dienstag, das lässt dir genügend Zeit, die laufenden Vorgänge an Henry zu übergeben. Er kann sich von zu Hause aus darum kümmern. Bis dann also.« Betont wandte er sich seinen Akten zu.

Benita sprang auf. Zutiefst aufgewühlt, gleichzeitig wütend und gefährlich nahe daran, die Fassung zu verlieren, bemühte sie sich, ihre Absage einigermaßen höflich zu formulieren. Sie machte einen Schritt auf den großen Schreibtisch zu, aber während sie noch nach Worten suchte, flog hinter ihr die Tür auf, und ein Schwall von Parfum ergoss sich in den Raum.

Unwillkürlich kräuselte sie die Nase. Niemand außer Gloria Pryce würde tagsüber ein solch schweres Parfum tragen. Gloria Pryce war nicht nur Leiterin der Rechtsabteilung der Ashburton-Bank, sondern auch, wie in den Klatschspalten des *Daily Mirror* wortreich vermutet wurde, die neueste Gespielin Roderick Ashburtons. Benita hasste den Duft, war aber ehrlich genug zuzugeben, dass es eigentlich seine Trägerin war, die sie nicht riechen konnte. Das Parfum wurde, wie Gloria jedem erzählte, eigens für sie von einem französischen Parfümeur zusammengemischt.

»Ein entzückender kleiner Mann in Paris«, sagte sie dann und begleitete diese Worte stets mit einer wegwerfenden Handbewegung, die ausdrücken sollte, dass das in ihren exklusiven Kreisen selbstverständlich sei.

Gloria hatte viele kleine Männer. Einen, der ihre Kleider schneiderte, einen, der ihr Haar stets in glänzender Perfektion hielt, einen, der ihr Haus alle sechs Monate umdekorierte, und einen, der sie zweimal die Woche massierte.

»Also, der hat Muskeln, himmlisch, kann ich Ihnen versichern, und was der mit seinen Fingern vollbringt …«, gurrte sie dann mit bedeutungsvollem Augenaufschlag.

Gereizt drehte Benita sich um. Gloria stand als Vision in Rot und Blond vor ihr. Sonnenblonde, schulterlange Haarmähne, porzellanheller Teint, knallrot geschminkter Schmollmund. Auch das Strickkleid mit dem hohen Rollkragen war knallrot.

Geschmacklos, urteilte Benita schweigend. Zu kurz. Zu eng. Zu rot. Aber sensationell hinsichtlich der Figur, das musste sie zugeben. Ein Zuckerpüppchen, so konnte man denken, ein doofes Blondchen, süß, aber hohl. Uninteressant. Keine Konkurrenz.

So war es ihr gegangen, als Roderick Ashburton mit Gloria im Schlepptau auf der Sommerparty ihrer Eltern, die traditionell im Juli stattfand, aufgekreuzt war. Ihr makelloser Körper hatte in einem futteralengen schwarzen Samtkleid gesteckt, das vorne sittsam hoch geschlossen war, aber einen abgrundtiefen Rückenausschnitt zeigte, der knapp über dem Steißbein mit einem großen Strassstein endete. Alle Blicke der anwesenden Männer waren wie Scheinwerfer auf diesen einen Punkt gebündelt gewesen, und Gloria hatte es offensichtlich genossen. Wie ein eitler Pfau hatte sie ihre Federn geschüttelt und ein Rad nach dem anderen geschlagen.

»Das ist Gloria«, hatte Roderick Ashburton sie kurz vorgestellt, als lohnte es sich nicht, ihren Nachnamen zu erwähnen. Schon damals hatte Benita angenommen, dass sie sein Betthäschen war. Eines von vielen. Sein Ruf als Playboy war, nachdem er mit Benita Schluss gemacht hatte, wieder vollkommen intakt, wie sie fast täglich in den Klatschspalten nachlesen konnte.

Gloria hatte zum Gruß träge mit einer Hand gewedelt und zwei Luftküsschen neben ihre Wangen platziert, eines rechts und eines links, und dabei die Augen, die sie hinter getönten Gläsern versteckte, durch den lichtdurchfluteten Raum streichen lassen, über das üppige Buffet, das funkelnde Silber auf dem Tisch, über die vielen Antiquitäten, die dem Forrester-Haus diese unnachahmliche Atmosphäre gaben, sodass Benita nach einer Weile den unangenehmen Eindruck bekommen hatte, Gloria würde ein Inventar aufstellen. Ihr hatten sich vor Widerwillen die Nackenhaare gesträubt, aber schließlich war Miss Pryce ein Gast im Haus ihrer Eltern, und sie hatte nicht vor, wegen dieser Frau ihre gute Erziehung zu verleugnen.

»Was machen Sie beruflich?«, fragte sie mit eiserner Höflichkeit. »Irgendetwas in der Mode vermutlich, oder Showgeschäft?« Abschätzend hatte sie Glorias so aufreizend gestylte Erscheinung gemustert. »Schauspielerin vielleicht?« Diese kleine Gemeinheit erlaubte sie sich, aber sie wurde überrascht.

»Anwältin«, hatte Gloria geantwortet, mit einer Stimme, die durch Stahl geschnitten hätte. Ihre gespielte Flatterhaftigkeit war schlagartig verschwunden, selbst ihr Äußeres schien weniger üppig, ihre Konturen klarer definiert.

Kein doofes Blondchen, urteilte Benita damals zähneknirschend. Ganz und gar nicht, sondern eine jener gefährlichen Spezies von Frauen, die unter ihrer effektvollen Tarnung als Zuckerpüppchen ausgedehnte Verwüstungen im Leben anderer anrichteten, bevor diese ihre Anwesenheit überhaupt bemerkt hatten. Besonders Männer waren anfällig dafür, das hatte sie schon oft erlebt.

Verstohlen hatte sie sich nach Roderick Ashburton umgedreht, aber der war schon im Gewühl verschwunden. Sie entdeckte ihn hinter einer Kübelpalme tief im Gespräch mit einem schwarzhaarigen Supermodel, das mit nervösen Vogelbewegungen an seinem Champagnerglas nippte und so klapperdürr war, dass Benita die Rippen unter dem durchsichtigen Oberteil zählen konnte. Sie hatte sich wieder Gloria Pryce zugewandt, konnte ihre Neugier einfach nicht bezwingen.

»Juristin? Wie interessant. Welche Fachrichtung?«

»Steuerstrafrecht und Vertragsrecht«, hatte die blonde Anwältin geantwortet und dabei ihre getönte Brille abgenommen und sie angeschaut.

Silbergrau wie Eis unter einem Winterhimmel waren diese Augen gewesen und genauso kalt. Der Schock hatte sie wie ein eisiger Wasserguss getroffen. In einer blitzartigen Rückblende sah sie grellen Feuerschein, der über eine gespenstische Szene irrlichterte, sah mehrere Männer, die laut lachend um einen lichterloh brennenden Scheiterhaufen standen, hörte das Prasseln von hohen Flammen, hörte diese grauenvollen Schreie, hörte die Worte …

Dann war ihr schwarz vor Augen geworden. Mit einem letzten Rest an Bewusstsein hatte sie sich irgendwo festhalten können, bis die schwarzen Flecken vor ihren Augen verblassten.

Eine Entschuldigung stotternd, hatte sie die Anwältin beiseitegeschoben und war anschließend nach draußen auf die Terrasse geflohen. Im Schutz der samtdunklen Julinacht mühte sie sich, ihre Panik unter Kontrolle zu bekommen, zu ergründen, was diesen Anfall ausgelöst hatte.

Sie fand den Grund schnell. Es waren diese tief liegenden, gletscherkalten Augen von Gloria Pryce gewesen, die seit achtzehn Jahren durch ihre schlimmsten Albträume geisterten, und doch konnte es nicht so sein. Sie hatte Gloria Pryce noch nie zuvor gesehen. Sosehr sie sich bis heute ihr Gehirn zermarterte, immer rannte sie gegen diese innere Mauer, die ihr den Zugang zu jenen schicksalhaften Tagen versperrte.

In den Nächten, die auf die Begegnung mit Gloria folgten, hatten diese Augen sie gnadenlos durch ihre Träume getrieben. Mal gehörten sie einer Schlange, mal Wölfen, nie einem Menschen. Nie konnte sie ein Gesicht dahinter erkennen. Nach einer besonders schlimmen Nacht hatte sie in Verzweiflung zu den Beruhigungspillen gegriffen, die ihr von den Ärzten in großen Mengen verschrieben worden waren, die sie bisher aber nie angerührt hatte. Die Tabletten hatten sie dann nicht beruhigt, sondern wie eine Keule getroffen, sodass sie den ganzen folgenden Tag nur im Nebel erlebt hatte. Sie hatte die Pillen wieder abgesetzt und Gloria Pryce wie die Pest gemieden, was sich allerdings als schwierig herausstellte, da sie kurz nach ihrer ersten Begegnung zur neuen

Leiterin der Rechtsabteilung der Ashburton-Bank ernannt worden war.

»Warum starren Sie mich an, als wäre ich ein Geist, Benita? Oder sind Sie neidisch auf mein Kleid?« Damit schob Gloria sie jetzt einfach beiseite, lehnte sich über den Schreibtisch Roderick Ashburton entgegen und zeigte ihm ihre makellosen Zähne in einem angriffslustigen Lächeln.

»Roddy, Darling«, näselte sie in vollmundigem Upperclass-Akzent, »ich habe gehört, dass du am Donnerstag nach Afrika fliegst? Die eiserne Miranda hat's mir gesagt.«

Benita versagte sich eine bissige Erwiderung, und was Miranda Bell betraf, glaubte sie ihr kein Wort. Die eiserne Miranda konnte die Juristin genauso wenig ausstehen wie sie selbst und würde ihr nicht einmal die Uhrzeit freiwillig verraten. Gloria musste irgendwo einen Informanten sitzen haben. Sie nahm sich vor, das im Hinterkopf zu behalten.

»Nun, bekomme ich keine Antwort?« Die blonde Anwältin strahlte eine starke Spannung aus. Ihre Worte fielen in die Stille, die durch das Rauschen des Morgenverkehrs, das gedämpft durch die Panoramascheiben drang, untermalt wurde.

Roderick Ashburton machte in aller Ruhe eine Notiz in seinen Akten, dann hob er kurz den Blick. »Waren wir nicht erst heute Abend verabredet? Im Augenblick bin ich wirklich sehr beschäftigt, wie du siehst«, sagte er mit gewollt abwesender Miene, schrieb weiter, hoffte, sie mit seinem Desinteresse zu vertreiben.

»Roddy, ich warte«, fauchte Gloria.

Er schlug seine Akte zu und fixierte sie. »Hier in der Bank möchte ich dich übrigens bitten, dich etwas zurückzunehmen und mich Roderick zu nennen. Oder Mr Ashburton, du kannst es dir aussuchen.« Der Füller wirbelte zwischen seinen Fingern.

Auf Glorias Hals erblühten rote Flecken. Ihr Blick flackerte zu Benita und wieder zurück zu Roderick. Gereizt bleckte sie ihr perfektes Gebiss. »Mr Ashburton, Roderick, Sir, dieses Mal komme ich mit, das wirst du nicht verhindern können. Abgesehen davon, dass ich als Leiterin der Rechtsabteilung ein Recht darauf habe, bin ich neugierig. Ich will wissen, was du treibst, wenn du für Wochen im Dschungel verschwindest, dich nicht meldest und kein Mensch dich finden kann.« Ihr Ton war so scharf wie der, den sie im Gerichtssaal verwendete, um Zeugen einzuschüchtern. Ihr Gesicht schwebte nur Zentimeter vor seinem. »Wie der Zufall es will, habe ich in den nächsten paar Tagen nichts in meinem Terminkalender, was sich nicht verschieben ließe.«

Roderick Ashburton setzte seine Unterschrift unter ein weiteres Schriftstück und legte den Füller aus der Hand. Er nahm sich vor, Miranda Bell zu beauftragen, ihm eine Ersatzkappe zu beschaffen. Dann lehnte er sich zurück und betrachtete sein Gegenüber mit unverhohlenem Missfallen.

Gloria konnte außerordentlich hartnäckig sein. Eine Eigenschaft, die er sehr an ihr schätzte, solange es um die Belange der Bank ging, die er aber im privaten Leben als außerordentlich lästig empfand. Um Zeit zu gewinnen, stand er auf, zog seine Anzugjacke aus, warf sie auf einen Sessel und lockerte seinen kobaltblau gestreiften Schlips. Anschließend nahm er die Colaflasche, die Miranda Bell jeden Morgen im Sektkühler auf seinen Schreibtisch stellte, und goss sich ein Glas ein. Weder Gloria noch Benita bot er etwas an. Nach einem tiefen Schluck setzt er das Glas wieder ab.

»Es handelt sich lediglich um Vorverhandlungen mit einem mir bisher unbekannten Kunden, der einen ungewöhnlich großen Kredit von der Bank will. Es gibt vorerst nichts für dich zu tun, du würdest dich langweilen.«

»Das lass ruhig meine Sorge sein. Wenn es um Verhandlungen geht, möchte ich dabei sein. Das spart der Bank Zeit und damit Geld. Also, wo geht es hin? Ich war noch nie in Afrika. Kenia? Kongo?« Mit einem Seitenblick auf ihn schnippte sie mit den Fingern. »Uganda! Hab ich recht? Ein Vögelchen hat mir zugezwitschert, dass du dich immer in Uganda herumtreibst. Was machst du da? Versteckst du da eine Freundin? Na? Ich seh's dir doch an, dass du da keine Schmetterlinge jagst. Komm, Roddy, Darling, spuck's aus!«

»Gloria, halt den Mund!« Für eine Sekunde verrutschte die Maske des nüchternen Bankers, und Roderick Ashburtons wahre Persönlichkeit brach hervor. Die hellblauen Augen sprühten vor Wut, und für diese Sekunde war der Raum plötzlich zu klein für die drei anwesenden Menschen. So jedenfalls empfand es Benita.

Gloria Pryce hingegen schien nichts zu merken. Sie knabberte an einem rot lackierten Fingernagel und ließ den Blick auf Benita fallen. Um ihre Frustration loszuwerden, stürzte sie sich auf ihr neues Opfer wie ein Habicht auf eine Maus.

»Oh, Benny, wie beneidenswert braun Sie doch sind – und das mitten im Winter. Aber …«, hier kräuselte ein boshaftes Lächeln ihre Mundwinkel, »aber das sind Sie ja das ganze Jahr über, nicht wahr?« Mit gespanntem Gesichtsausdruck wartete die Anwältin auf die Wirkung ihrer Worte.

Benita, die es hasste, Benny genannt zu werden, spießte Gloria Pryce mit einem Blick auf, der jedem anderen Menschen Angst eingejagt hätte, und zählte dabei schweigend und sehr langsam bis zehn, um sich nicht zu einer unbedachten Erwiderung hinreißen zu lassen. Sie war ihrer Adoptivmutter zutiefst dafür dankbar, dass diese sie gelehrt hatte, Haltung auch unter den schwierigsten Umständen zu wahren, und ihrem Adoptivvater für ihre Fähigkeit, der Welt ein Pokergesicht zu zeigen.

»Wenn Sie darauf anspielen, dass ich eine Straßenkötermischung aller Bevölkerungsgruppen meines Geburtslandes bin, so ist das richtig. Ich bin das, was Sie als Farbige bezeichnen würden, in meinem Geburtsland hat man mich auch Kaffer genannt. Meine Hautfarbe verdanke ich meiner Mutter, die eine geborene Dunn war, Nachfahrin des legendären weißen Häuptlings von

Zululand, John Dunn, und einer Zuluhäuptlingstochter. Die grünen Augen und meinen Vornamen habe ich von meiner Urgroßmutter Benita, einer Britin, meinen eigentlichen Nachnamen von meinem leiblichen Vater, Michael Steinach, meinen Kampfgeist von Catherine, meiner deutsch-französischen Ururgroßmutter, die als achtzehnjährige Waise allein nach Afrika gesegelt ist, in der festen Absicht, dort ihr Leben aufzubauen …« Ihre Augen funkelten, aber sie zwang ihr hitziges Temperament unter Kontrolle.

Glorias Lachen perlte die Tonleiter hinauf und hinunter. »Ach, du meine Güte! Was es doch alles gibt … Sind Sie im Kral aufgewachsen? So mit Baströckchen und barbusig?«

Wie eine Fata Morgana erschien das riedgedeckte weiße Haus vor Benita. Es stand in einer abgelegenen Gegend in Zululand, wo nur Schwarze siedelten und keiner vor Fremden darüber geredet hatte, dass ein weißer Mann dort ein und aus ging. Sie hatte viele Jahre dort gelebt, bevor ihr Leben auseinanderfiel. Eine schattige Veranda zog sich ums Haus, die ihre Mutter mit Dutzenden blühenden Kübelpflanzen geschmückt hatte. Sie erinnerte sich an gestärkte Tischdecken und blinkendes Silber an Sonn- und Feiertagen und den Duft von Engelstrompeten.

Energisch verdrängte sie die Vision und wandte sich wieder der Anwältin zu. »Natürlich, in Afrika leben doch alle Neger im Kral, praktizieren Voodoo und treiben in mondlosen Nächten ihr Unwesen im Busch.« Sie zeigte ihre Zähne. »Sehen Sie sich vor mir vor. Vielleicht werde ich irgendwann in eine Puppe, die so aussieht wie Sie, Nadeln piken und Sie mit einem Fluch belegen oder Ihnen abgehackte Hühnerköpfe auf den Schreibtisch legen und Fledermausherzen und Schlangengalle in den Drink mischen. Dann verwandeln Sie sich über Nacht in ein dummes, flatterndes Hühnchen und werden von schrecklichen, geschuppten Wesen verschlungen.«

Damit schwang sie herum und ging mit zornigen langen

Schritten und kerzengeradem Rücken zur Tür, die sie unsanft ins Schloss fallen ließ. Hinter ihr hörte sie Roderick belustigt auflachen und dann ein harsches Zischen wie von einer großen Schlange. Gloria! In diesem Augenblick war ihr herzlich egal, was Roderick Ashburton über sie denken würde. Ihre Absage bezüglich der Reise würde sie ihm schriftlich zukommen lassen und die Kündigung gleich dazu. Dieses Mal die endgültige, nicht widerrufbare Kündigung ihres Verhältnisses, ihre Arbeit und ihre persönliche Beziehung betreffend. Innerlich vor Wut schäumend, stürmte sie an Miranda Bell vorbei.

»Achten Sie nicht auf diese Frau, Sie haben das nicht nötig«, sagte diese mit unbewegtem Gesicht und schaltete mit einer Taste die Mithöranlage aus, die es ihr ermöglichte, bei heiklen Verhandlungen in Sir Rodericks Büro unsichtbar als Zeugin dabei zu sein.

Benita war zu erschüttert, um sich darüber zu wundern, dass Miranda gelauscht hatte, und brachte nur ein schwaches Antwortlächeln zustande, ehe sie den Gang hinunter in ihr Büro rannte. Immer noch stoßweise atmend, tief verletzt von der Demütigung, die ihr Gloria zugefügt hatte, obwohl sie das nie zugegeben hätte, warf sie die Tür mit einem Fußtritt zu und trat ans Fenster. Sie war froh, dass sie nicht in den hallenähnlichen Sälen der Aktienhändler sitzen musste, sondern als Leiterin ihrer Abteilung die Tür hinter sich schließen konnte.

Sie schaltete ihr Telefon auf Anrufbeantworter und lehnte sich ans Fenster. Draußen schüttete es noch immer. Der Regenfluss leckte die Scheiben hinab und ließ das Scheinwerferlicht der Autos und das der beleuchteten Fenster des gegenüberliegenden Bürohauses als psychedelisches Lichtspiel vor ihren Augen tanzen.

Mit einem Schluchzen in der Kehle presste sie die Stirn an die eiskalte Scheibe und schaute zurück auf die strahlenden Tage ihrer frühen Kindheit, auf dieses ferne, sonnenerfüllte Land, als ihr

Leben noch so war, wie es für ein Kind sein sollte. Den eisigen Novembertag sah sie nicht, hörte nicht den Lärm der Autos und Flugzeuge, nahm die gesichtslose graue Masse Mensch, die sich unter ihr durch Londons Straßen wälzte, nicht wahr.

Vor ihr lag das sonnengebleichte, wogende Grasmeer der afrikanischen Savanne, über ihr glühte das tiefe Blau des afrikanischen Himmels, die Sonne brannte, die Zikaden sirrten, Affen schnatterten schläfrig, und Umama rief sie mit einem hohen, zwitschernden Laut zum Essen.

Sie ballte ihre Hände zu Fäusten. Mit zusammengebissenen Zähnen ertrug sie den Orkan aus widersprüchlichen Gefühlen, ertrug die grelle Angst, die Rodericks Worte ausgelöst hatten, wollte nur weglaufen, irgendwohin, nur raus aus ihrem jetzigen Leben. Weit weg, nach Kalkutta oder Sydney oder Papua-Neuguinea. Nur weg von hier.

Nach Afrika!

Ihr blieb ein Schrei in der Kehle stecken. Der Gedanke hatte sie aus dem Nichts überfallen. Sie presste die Lider fest zusammen, aber die Bilder wollten nicht verschwinden.

Nicht Afrika, dachte sie voller Panik, konnte nicht verstehen, was plötzlich in sie gefahren war. Überallhin, nur nicht nach Afrika! Bitte, bitte, nur nicht Afrika! Ihre Lippe platzte unter dem Druck ihrer Zähne. Sie stand da und ertrug es mit geballten Fäusten. Als sie es nicht mehr aushalten konnte, tastete sie sich blind vor Tränen hinüber zu dem eingebauten Kühlschrank, packte eine Mineralwasserflasche am Hals und trank in gierigen Zügen. Die eisgekühlte Flüssigkeit traf ihren Magen und verursachte einen leichten Krampf. Nach Luft ringend, setzte sie die Flasche ab, wischte sich mit dem Handrücken über die Lippen, schmeckte den Eisengeschmack von Blut auf der Zunge, starrte dabei durch den Regenvorhang auf die Straße, zwang sich, wahrzunehmen, was sie sah. Hastende graue Menschen, nass glänzende Regenschirme, die sich wie eine wandelnde Pilzkolonie über den

Bürgersteig bewegten, Autos, die Stoßstange an Stoßstange dahinkrochen, und darüber der tief hängende schiefergraue Winterhimmel. Abwesend stellte sie die leere Mineralwasserflasche zurück in den Eisschrank.

Natürlich würde sie nicht weglaufen – ihre verdammte Vernunft hielt sie zurück. Und ihr Stolz.

Aber um nichts in der Welt würde sie mit Roderick nach Afrika fliegen.

3

Die schwere Tür fiel hinter Benita so hart ins Schloss, dass die Scheiben der Bücherschränke leise klirrten. Roderick Ashburton sah ihr nach. Sie wirkte unendlich einsam, dachte er und versuchte zu verstehen, warum ein Raum dunkler erschien, wenn sie ihn verlassen hatte, und spürbar kühler. Und vor allen Dingen, warum ihm das erst heute so richtig auffiel. Er grübelte noch über diese Frage nach, als Gloria mit der Hand derart auf seinen Schreibtisch klatschte, dass sein Wasserglas hüpfte und sich eine nasse Lache über die Akten ergoss.

»Unverschämte Hexe«, fauchte die Anwältin und kümmerte sich nicht um den Schaden, den sie angerichtet hatte. Sein Lachen hatte sie doppelt wütend gemacht.

Für Sekunden blitzte Feuer in seinen kühlen Augen auf. »Du hast sie provoziert, und ich finde, du solltest dich bei ihr entschuldigen.«

Gloria sah ihn konsterniert an. »Ich? Ich bitte dich! Bei einer Angestellten? Ich denk ja gar nicht daran. Hast du nicht gehört, was sie über ihren Voodoo-Unsinn erzählt hat? Das war eine Drohung!« Sie holte laut Luft. »Ich und mich entschuldigen! Im Gegenteil, ich hoffe, du wirfst sie raus, nachdem sie sich mir gegenüber derartig benommen hat.«

»Das bist du in gewisser Weise auch. Eine Angestellte, meine ich. Teurer als fast alle anderen, aber doch eine Angestellte.« Sein Ton war spöttisch, sein Blick nicht.

»Red keinen Quatsch. Ich bin die Leiterin der Rechtsabteilung, das ist ja wohl etwas anderes als eine x-beliebige Bankangestellte.« Sie warf sich in einen Sessel und wühlte wütend in ihrer

Tasche, wobei sie gereizt mit der Fußspitze wippte. Mit ärgerlichen, eckigen Bewegungen zog sie eine Zigarette heraus, hielt sie zwischen zwei Fingern und wartete, dass er ihr Feuer reichte.

Er zögerte den Bruchteil einer Sekunde. Ihm lag eine heftige Erwiderung auf der Zunge, aber dann nahm er ihr das goldene Feuerzeug, das ein Geburtstagsgeschenk von ihm gewesen war, aus der Hand, ließ es aufflammen und betrachtete sie durch das Flackern der hellen Flamme.

Sie war schön, sinnverwirrend schön, und sie setzte ihre Schönheit wie eine Waffe ein, privat und geschäftlich, das hatte er schnell gemerkt. Kaum ein Außenstehender vermutete hinter den hellgrauen, katzenhaft schräg stehenden Augen die geschliffene Intelligenz, mit der sie nicht nur alle Mitbewerber auf ihrem Weg an die Spitze der Rechtsabteilung beiseitegefegt hatte, sondern ihre Gegner regelrecht sezierte. Hatte sie sich erst einmal ein Ziel gesetzt, konnte sie nichts mehr davon abbringen. Sie stammte aus völlig verarmtem Landadel, und ihre Eltern hatten jeden Schilling in ihre Ausbildung gesteckt. Außer einem makellosen Stammbaum und einem vom Verfall bedrohten Haus auf dem Land würden sie ihr nichts hinterlassen können. Keinen Penny. Gloria hatte offenbar früh begriffen, worauf es ankam. Sie hatte sich verbissen in ihre Studien gekniet und Schule und Universität mit Bestnoten absolviert. Geschickt hatte sie während ihrer Studienzeit ein Netzwerk an gesellschaftlichen Kontakten ausgebaut und strikt darauf geachtet, dass sie sich nur mit Männern einließ, die ihr das Leben bieten konnten, von dem sie träumte.

Lange Zeit war es ihr gelungen, erfolgreich das flatterhafte Blondchen zu mimen. Ihre Rechnung schien aufzugehen, jedenfalls umschwärmten die Männer sie wie Bienen den Honigtopf. Aber irgendwann hatte sie nicht aufgepasst, und ihr messerscharfer Kommentar zu der äußeren Erscheinung eines aufgeblasenen Grafensohnes, der kundtat, dass ihm ihre Herkunft nicht exklusiv genug sei, hatte diesen zum Gespött der Leute gemacht.

Danach nahmen die meisten Männer, die bisher versucht hatten, sie ins Bett zu bekommen, Reißaus. Sie verdiente selbst sehr gut, aber die Art von Reichtum, die ihr ein Leben ermöglichen würde, das sich zwischen Privatjets und Residenzen in der Karibik, London und Monaco abspielte, würde sie so nie erreichen können. Diese Art Reichtum konnte sie nur erheiraten, und dieses Ziel verfolgte sie mit eiserner Beharrlichkeit.

Nun hatte sie offenbar entschieden, dass er als Erbe einer Privatbank das geeignetste Objekt war, ihr Ziel zu erreichen, und ihn fest ins Visier genommen. Durch einen Zufall hatte er erfahren, dass sie entschlossen war, ihn zu heiraten. Sein Schneider hatte ihn auf die Spur gebracht. Als er letztens bei ihm vorbeigeschaut hatte, um sich ein paar neue Hemden und einen Anzug anfertigen zu lassen, hatte Mr Moreton – ein kugelrundes Männchen, das völlig haarlos war und nicht einmal Augenbrauen besaß – ihn auf eine derart umständliche Weise angesprochen, schwitzend vor Nervosität, mit den Händen flatternd, dass er ihn zu guter Letzt ungeduldig anherrschte, er solle doch bitte zum Punkt kommen, seine Zeit sei knapp. Was folgte, hätte Stoff für eine Komödie geliefert, wenn es Roderick nicht so furchtbar wütend gemacht hätte. Allerdings reizte ihn die Szene jetzt im Rückblick doch zum Lachen.

Der kleine, dicke Mann, der aufs Höchste unglücklich wirkte, steckte den Zeigefinger in seinen Hemdkragen und zerrte heftig daran. »Ja, natürlich, Sir Roderick, selbstverständlich … Es betrifft, nun, es ist natürlich ein Grund zu gratulieren, aber Sie verstehen, ich brauche Zeit … und bis Weihnachten …«

Das Gestotter war wirklich mitleiderregend gewesen und hatte Rodericks Ungeduld auf die Spitze getrieben.

»Was, zum Teufel, wollen Sie mir sagen?«, fuhr er ihn an, während er die gesteckte Anzugjacke auszog. Als er das Kleidungsstück auf den Boden schleuderte, fluchte er gereizt, weil er sich an einer Nadel gestochen hatte.

»Verzeihung, Vorsicht …« Mr Moreton schnellte vor, hob die Jacke auf und presste sie zitternd an seine schmale Brust, während er gleichzeitig einen Sprung aus der Gefahrenzone tat, was ihm wiederum ein grimmiges Lächeln entlockt hatte. Ihm war durchaus klar, dass seine strategischen Wutanfälle den armen Mann nicht nur zu Höchstleistungen antrieben, sondern ihn auch oft zu einem Nervenbündel reduzierten. Bisher hatte ihn das Spielchen amüsiert.

Dieses Mal hatte ihm der Schneider tapfer die Stirn geboten. Er richtete sich auf und stand vor ihm wie ein haarloser kleiner Napoleon.

»Die Hochzeit, Sir Roderick … Ihr Cut …« Mr Moreton war vor Aufregung die Stimme entgleist. Er hatte gequietscht wie eine rostige Tür.

Verständnislos hatte Roderick den stark schwitzenden Mann gemustert. »Wessen Hochzeit?«

»Ich … Ich … Ihre, Sir Roderick.« Wie ein Ballon, aus dem man die Luft herausgelassen hatte, war der kleine Mann in sich zusammengesunken.

Der Effekt dieser Worte war der gleiche gewesen, als hätte der Schneider ihm ins Gesicht geschlagen. Er war auf der Stelle wild vor Wut geworden. »Sind Sie von Sinnen? Ich heirate nicht, das wüsste ich doch. Was soll der Unsinn also?«, hatte er den Mann angeschrien.

Der war knallrot angelaufen und hatte wie ein ängstliches Tier gehechelt. Sein spiegelglatter, eiförmiger Schädel schien tatsächlich von innen zu glühen. »Aber Miss Pryce … ich meine … Ich dachte …« Angesichts Rodericks wutentbrannter Miene, zerflossen die Worte des Schneiders in einem Wimmern.

Der Zorn über Glorias Eigenmächtigkeit, ihre kalkulierende Frechheit, hatte ihm das Blut in den Kopf getrieben, dass er rote

Sterne sah, aber er hatte sich zusammengerissen, schließlich traf den Schneider keine Schuld.

»Nun, lassen Sie sich gesagt sein, mein Lieber, wenn ich heirate, dann werde ich Ihnen das persönlich mitteilen, und zwar so rechtzeitig, dass Sie mir eine ganze Garderobe schneidern können. Guten Tag.« Damit war er aus dem Laden gestürmt und hatte seinen Porsche mit röhrendem Motor durch Londons Straßen gejagt. Nachdem er ihn völlig verkehrswidrig auf dem Bürgersteig geparkt hatte, war er durch die Gänge der Bank gestürmt, vorbei an Glorias entgeisterter Sekretärin, und hatte ihre Tür aufgetreten. Sie hatte einen Mandanten bei sich, den er kurzerhand aus dem Stuhl hochzog und energisch durchs Büro zur Tür schob, die er dann hinter ihm schloss. Nicht gerade leise. Schließlich hatte er sich vor Glorias Schreibtisch aufgebaut.

»Erklär mir bitte, was du dir dabei gedacht hast, meinem Schneider zu sagen, dass wir heiraten werden! Hast du es vielleicht auch meinem Friseur mitgeteilt? Oder meinem Weinhändler? Du kannst mich gern belehren, aber nach meinem Rechtsverständnis müssen beide Beteiligte einer Ehe zustimmen.« Eisige Beherrschung ließ seine Stimme klirren.

Gloria, die wie immer eine Zigarette zwischen den Fingern hielt, sog daran, bis die Spitze rot aufglomm. Sie bewegte sich aufreizend langsam vor, streifte die Asche ab und betrachtete ihn einen Augenblick schweigend durch den aufsteigenden Rauch. Dabei hatte sie mit Schwung ihre Beine übereinandergeschlagen, sodass ihr Rock hochrutschte und ihre bestrumpften Schenkel bis zur spitzenbesetzten Unterhose entblößt wurden. Sie hatte nur gelächelt und den Rock nicht wieder heruntergezogen.

»Roddy, mein Liebling, ich war der Ansicht, dass wir das hatten. Übereingestimmt, meine ich.«

Sie hatte es tatsächlich fertiggebracht, ihn für einen kurzen Moment derart zu verunsichern, dass er mit leichter Panik sein Gedächtnis durchsiebte, ob er letztlich mal wieder zu viel getrunken hatte und ihm einfach die Erinnerung abhanden gekommen war. Aber ihm fiel nichts dergleichen ein, was allerdings keine große Aussagekraft hatte. Er trank oft bis zu Bewusstlosigkeit, bis zum Filmriss. Also hatte er geblufft.

»Du weißt genau, dass das nicht der Wahrheit entspricht.«

Gloria hatte ihn mit ihren kräftigen weißen Zähnen angelächelt. »Nein? Nun, da bin ich anderer Ansicht. Aber lass uns darüber reden. Jetzt.«

Bis heute hatte er sich seine Reaktion nicht verziehen. Er war vor ihr geflohen. Davongelaufen. Von bewaffneten Banden in Afrika hatte er sich nicht einschüchtern lassen, in den Schluchten New Yorks hatte er den Überfall eines Junkies, der ihm eine blutgefüllte Spritze in den Hals stoßen wollte, abgewehrt und den Mann kampfunfähig auf dem Polizeirevier abgeliefert, hatte sich in Kenia einem übel gelaunten Elefantenbullen erfolgreich entgegengestellt, der drauf und dran war, sein Auto zu einem Schrotthaufen zu reduzieren, aber vor Gloria Pryce war er davongelaufen. Er verachtete sich dafür aus tiefstem Herzen. Bis heute stieg ihm die Übelkeit in die Kehle, wenn er daran dachte, empfand es als Verrat. Gegenüber Tricia, natürlich.

Tricia! Sein Hals wurde trocken. Unvermittelt wirbelte sie durch seine Erinnerung, glänzend dunkles Haar, lachender Mund, Honighaut. Ein zauberhaftes Wesen im schimmernden Licht Afrikas.

»Wir kriegen ein Kind«, hatte sie gejubelt, und noch heute hörte er ihr Lachen in der klaren Luft davonschweben. »Fahr nicht so schnell, hörst du? Du musst jetzt vorsichtig sein. Wir bekommen ein Baby.« Bei jedem Wort hatte sie ihn geküsst, ihre Augen funkelten vor Lebensfreude, ihre Stimme war so weich und zärtlich wie ihre Küsse.

Sie war so überglücklich gewesen, und er hatte den Kopf in den Nacken geworfen und einen Schrei schierer Lebenslust ausgestoßen, hatte den Landrover im Überschwang in Höchstgeschwindigkeit über die Waschbrettoberfläche der Urwaldpiste geprügelt, hatte gelacht und gelacht und war immer schneller gefahren, und dann kam die Kurve, und da hatten die Kinder gestanden.

Wie in jener schrecklichen Sekunde spannten sich jetzt seine Nackenmuskeln zum Zerreißen, und ein Schweißausbruch durchtränkte seinen Hemdkragen. Mit aller Kraft stemmte er sich gegen seine Amok laufenden Gedanken. Vergeblich. Er befand sich in freiem Fall ins Zentrum seiner privaten Finsternis.

Wieder fühlte er den Aufschlag, hörte das schrille Kreischen von Metall und gleich darauf ein übelkeiterregendes Schmatzen, als sein Wagen in die Menschengruppe pflügte, und er hörte, wie ihr glückliches Lachen sich in einen grauenhaften Schrei verwandelte, der lauter wurde, sich ausdehnte, bis er sein ganzes Universum füllte. Danach war es still gewesen, bis auf das leise Ticken des leer laufenden Motors, das Wimmern der Kinder und das Dröhnen in seinem versoffenen Kopf.

Immer noch presste er die Zähne zusammen, immer noch raste der Schrei durch seinen Körper, Glorias Anwesenheit nahm er längst nicht mehr wahr. Mechanisch wischte er sich über die Augen, wollte Tricias Anblick fortwischen, so wie sie war, als er sie das letzte Mal gesehen hatte, wollte das fahlweiße Gesicht mit dem vielen Blut fortwischen, die offenen Augen, ihre herrlichen Augen, deren Pupillen sich im Augenblick ihres Todes in bodenlose schwarze Löcher verwandelten.

Aber seine Finger bebten, und seine Hand fiel herunter. Dieses Bild würde er nie fortwischen können, und bis ans Ende seines Lebens würde die Scham auf ihm lasten, dass er ihre Liebe verraten hatte, dass er nicht Klartext mit Gloria geredet hatte, sich einfach von seiner Bequemlichkeit hatte treiben lassen, so wie früher. Wo immer er sich befand, spürte er Tricias Gegenwart in den Schatten, wurde ständig an sie und seinen Verrat erinnert.

Tricia! Allein der Gedanke an sie war ein Schmerz, der nicht auszuhalten war.

Keinem Menschen hatte er von diesem Unfall erzählt, obwohl seine Freunde Tricia kannten, ebenso wie seine Mutter und sein Bruder. Alle hatten sie als eine weitere Kerbe in seinem Bettpfosten eingestuft. Seine Familie war in der ihr eigenen unnachahmlich arroganten Art höflich zu ihr gewesen, hatte ansonsten lächelnd an ihr vorbeigeredet, hatte einfach durch sie hindurchgesehen, als wäre sie aus Glas. Es war viel schlimmer gewesen als eine offene Ablehnung.

Er selbst begriff erst allmählich, dass er seine große Liebe gefunden hatte. Der Gedanke, mit ihr den Rest seines Lebens zu verbringen, war in sein Bewusstsein gesickert, ohne dass er es anfänglich wahrnahm. Aber eines Morgens wachte er auf, und es war da, dieses unvergleichliche Gefühl, nicht mehr allein zu sein, diese tiefe Zufriedenheit, ihren Atem, ihre Wärme neben sich zu spüren, in ihren wunderbaren Duft eingehüllt zu sein.

Es versetzte ihn in Hochstimmung, und an jenem Tag machte er ihr zu seiner eigenen Überraschung einen förmlichen Antrag, und sie warf sich ihm in die Arme und küsste ihn, dass ihm der Atem wegblieb. Darauf hatte er sich glückselig betrunken, und völlig betrunken hatte er sie dann auf die Fahrt in den Urwald mitgenommen. Eine Stunde später war sie tot, und sein Leben lag in Trümmern.

Seine Seele lechzte danach, für den Unfall zu büßen, aber sein ugandischer Freund Milton, ein stets gut gelaunter schokoladenbrauner Riese mit schneeweißem Lächeln, mit dem er schon Eton unsicher gemacht hatte, überzeugte ihn davon, dass ein jahrelanger Aufenthalt in einem ugandischen Gefängnis ihn zerstören würde, und den sieben Kindern, deren Eltern und zwei ältere Geschwister er totgefahren hatte, könnte er dann sicher nicht helfen. Milton, der seine Finger in jedem fetten Pudding in Uganda hatte, regelte die Angelegenheit schnell und unauffällig, Geld ging über den Tisch, Akten wurden in den Reißwolf gesteckt. Der Unfall hatte offiziell nie stattgefunden. Roderick war frei und konnte das Land verlassen.

Seitdem tat er auf seine Art Buße. Er flog regelmäßig nach Uganda, baute den Kindern ein Haus mit allem, was sie brauchten, und bezahlte eine Nachbarin, die ihre eigenen Kinder an Aids verloren hatte, seine Waisen zu versorgen. Natürlich mussten sie ihr Wasser weiter aus dem Fluss holen, selbst Gemüse anbauen und Hühner halten. Anders konnte man im ländlichen Afrika nicht überleben. Aber er kaufte ihnen vier Kühe und legte für jedes Kind ein Konto an. In England, nicht in Uganda, damit garantiert war, dass niemand sich an ihrem Geld vergreifen konnte, dass sie eine gute Ausbildung erhalten und bis dahin nicht verhungern würden.

Bei seinem zweiten Besuch jedoch hatte er plötzlich über zwanzig Kinder vorgefunden, die sich in das Haus einquartiert hatten. Seine erste Reaktion war, sie fortzujagen, aber die Kinder standen wie eine Mauer vor ihm. Über zwanzig Augenpaare fixierten ihn, stumm, ohne das Lachen, das noch Minuten zuvor das Haus erfüllt hatte. Der älteste Junge, er war etwa zwölf, hielt eine Maschinenpistole umklammert, und er hielt sie so und schaute ihn dabei auf eine Art an, dass er überzeugt war, dass der Kleine gewohnt war, mit der Waffe umzugehen.

Mit zusammengebissenen Zähnen hatte er versucht, den unverwandten Blicken der Kinder standzuhalten, aber dann war etwas in ihm geschmolzen. Schließlich hatte er die Augen gesenkt. Er hatte sofort gesehen, dass viele der Kinder erschreckend dünn waren und dass das nicht nur vom Hunger herrühren konnte. Diese Kinder waren krank, und die Vermutung, dass sie an Aids litten, lag mehr als nahe. Das Mitleid fraß sich in seine Seele. Das Leben der Kleinen war fast vorüber, und das, was davon noch da war, würde die Hölle sein, denn niemand wollte ein an Aids erkranktes Kind im Haus haben.

Zum ersten Mal in seinem Leben war er froh darüber, dass er über viel Geld verfügen konnte. Unweit der Stelle, wo der Unfall sein Leben so nachhaltig verändert hatte, ließ er ein ganzes Dorf aufbauen. Er stellte mehrere Frauen ein, die als Hausmütter jeweils einem Haus zugeteilt waren, bezahlte einen Arzt und eine Krankenschwester, damit sie die Kinder regelmäßig untersuchten und sie mit Medikamenten versorgten.

Außerdem engagierte er einen Lehrer und regte an, für das Dorf einen Laden einzurichten, wo die Kinder das, was sie auf ihrem Stückchen Land produzierten, untereinander tauschen und an die Leute der umliegenden Dörfer verkaufen konnten. Einige der Kleinen erwiesen sich als begabte Schnitzer, und er veranlasste den Besitzer eines Reiseandenkenladens in London, der Kunde bei seiner Bank war und dringend einen großzügigeren Kreditrahmen benötigte, mit leisem Zwang, die Schnitzarbeiten in sein Angebot aufzunehmen. Sie verkauften sich zu seiner Freude sehr gut.

Inzwischen lag der Unfall zwei Jahre zurück. Seitdem verbrachte er in regelmäßigen Abständen mehrere Wochen bei seinen Kindern, wie er sie nannte, und längst brauchte er diese Besuche ebenso, wie die Kinder seine Unterstützung benötigten. Zu seinem Erstaunen fand er bei ihnen Frieden, jenen ruhigen, tiefen Frieden, der sich als schimmernder Schleier über seine Seele legte, ein Zustand, nach dem er mittlerweile süchtig war.

War er nicht bei den Kindern, sondern in seinem anderen Leben, trieb er orientierungslos durch seine Tage. Eiskalte Leere hatte sich seiner bemächtigt, eine Leere, die er durch hektische Rastlosigkeit zu füllen suchte, und nach kurzer Zeit war die dunkle Seite seiner Natur erneut durchgebrochen. Er war wieder auf Jagd gegangen. Keine Frau, die einigermaßen ansehnlich war, blieb vor ihm sicher. Er wechselte sie so schnell wie seine Hemden. Wie ein

Feuerbrand fuhr er durch die Londoner Jetset-Society, betrank sich oft bis zur Besinnungslosigkeit, und seine sportlichen Exzesse wurden waghalsiger und immer verrückter; mehr als einmal entkam er dem Tod nur durch sein sprichwörtliches Glück, ein Umstand, der ihn kalt ließ.

Bis zu einem Abend im Spätsommer des vorigen Jahres. Seine Mutter hatte ihm gerade mitgeteilt, dass er sein Leben auf der Stelle ändern müsse, andernfalls werde sie als Verwalterin des Treuhandfonds, den sein Vater für ihn hinterlassen hatte, sein Konto sperren lassen. Die Erkenntnis, dass er nicht wirklich frei war, hatte ihn zu einem Tobsuchtsanfall getrieben. Blindlings war er in einem gerade niedergehenden Wolkenbruch durch London gerast, um den Picadilly Circus herum, und plötzlich war Benita im Licht seiner Scheinwerfer aufgetaucht, durchnässt, hilflos dem tobenden Gewitter ausgeliefert. Schon in diesem Augenblick musste etwas in ihrer Haltung eine Erinnerung in ihm angerührt haben, denn er war unwillkürlich auf die Bremse gestiegen, obwohl er sie in dem dichten Regen noch gar nicht hatte erkennen können.

Das, was dann geschah, war ihm nur noch verschwommen gegenwärtig, wurde von einem Bild verdeckt, das sich kristallklar in sein Gedächtnis eingegraben hatte.

Sein unkontrollierter Zornesanfall, Benita neben ihm im Auto, durchnässt, am Kopf verletzt, offensichtlich zutiefst erschrocken über seine Reaktion, hatte sich trotzdem nicht geduckt, war nicht in Tränen ausgebrochen, wie so viele Frauen es getan hätten. Sie hatte ihm standgehalten, und das war für ihn unwiderstehlich gewesen. Selbstsüchtig hatte er sich in dieses neue Abenteuer gestürzt, hatte Tricia gesehen, wenn er Benita im Arm hielt, bis Adrian Forrester ihn zur Rede gestellt hatte. Erst als sie für ihn unerreichbar geworden war, erkannte er, dass er sich rettungslos in sie verliebt hatte.

Seitdem suchte er nach einem Weg, Benitas Vater verständlich zu machen, dass es den alten Roderick Ashburton nicht mehr gab. Noch hatte er diesen Weg nicht gefunden.

»He, Roddy, komm zurück. Hier bin ich!« Glorias Stimme war scharf. Ihre Zigarette glühte auf.

Der Rauch strich über den Schreibtisch und kitzelte ihn in der Nase. Er musste husten und kam wieder zu sich. Schweigend musterte er die Frau vor sich. Er kannte Gloria Pryce schon seit Jahren, hatte aber lange Zeit nie mehr als nur auf geschäftlicher Ebene mit ihr verkehrt, höchstens bei Reitturnieren oder auf größeren Partys gelegentlich ein paar private Worte mit ihr gewechselt. Dann war das Unvorhergesehene geschehen, sein Leben war völlig auf den Kopf gestellt worden, und es gab nichts, was er dagegen hätte ausrichten können. Seine Gedanken sprangen zurück zu dem Tag, an dem es passierte.

Es erwischte ihn in Uganda. Anfang des hiesigen Sommers war er dem Glitzerleben Londons in den ugandischen Urwald entflohen, um wieder zu sich zu finden. Er saß auf dem schattigen Platz mitten in seinem Dorf im Busch am Lagerfeuer und briet mit seinen Kindern Hühnchen am Spieß, als der Anruf über das Satellitentelefon kam, das seine Nabelschnur zur Außenwelt darstellte. Erst wollte er das Klingeln ignorieren, aber eines der Mädchen rannte in sein Zelt, holte das Telefon und hielt es ihm hin. Knurrend drückte er ihr seinen Hühnerspieß in die Hand und nahm den Anruf an.

»Ja«, blaffte er unfreundlich.

Die energische Stimme seiner Mutter drang, verzerrt durch die schlechte Verbindung, an sein Ohr, was in ihm den Impuls auslöste, auf der Stelle wieder aufzulegen. Seine Mutter hatte die irritierende Gabe entwickelt, ihn überall auf der Welt aufstöbern zu können, wenn sie etwas von ihm wollte, egal, ob er sich dann am Nordpol oder im tiefsten Busch Afrikas aufhielt. Für gewöhnlich erwartete sie, dass er ihren Wunsch erfüllte, und zwar umgehend. Dann benutzte sie das, was er ihre eisgraue Stimme nannte. Durchdringend, glasklar und scharf. Sie hatte auch eine blonde Stimme zur Verfügung. Weich, gurrend, nachgiebig. An dem Tag war ihre Stimme eindeutig eisgrau.

»Was ist?«, grollte er in dunkler Vorahnung.

»Gerald ist verunglückt! Beim Segeln! Bei einer Halse hat ihn der Mastbaum am Kopf getroffen. Er hat einen Schädelbruch, gebrochene Wirbel und was weiß ich noch alles«, schrie sie aus dem Hörer. »Er ist halb tot!«

»Na, großartig!« Wütend trat er gegen einen Blecheimer, der darauf scheppernd über den Platz rollte. Er konnte sich lebhaft ausmalen, was seine Mutter von ihm wollte. »Da hat mein lieber Bruder selbst Schuld. Ich hab ihn immer wieder davor gewarnt, am Fastnet-Rennen teilzunehmen. Wie üblich hat er sich offenbar völlig überschätzt. Er ist total unsportlich.«

Seine Mutter reagierte, wie er es befürchtet hatte. »Du musst nach Hause kommen und dich um die Bank kümmern!« Ihr gebieterischer Ton war selbst durch das Weltraumrauschen der Satellitenverbindung deutlich zu verstehen.

»Ich denk nicht dran!« Mit dem Telefon am Ohr rannte er zornig durch sein Urwaldcamp. Es hatte kurz zuvor einen heftigen Regenguss gegeben, der Boden hatte sich in eine Schlammwüste verwandelt, und es war heiß und feucht wie in einer Waschküche. Mückenschwärme umsirrten ihn, und er entdeckte, dass sich an seinem Unterschenkel ein Blutegel festgesaugt hatte. Während seine Mutter ununterbrochen weiterredete, stampfte er zum Grillplatz, schnappte sich die Plastiktüte, in der er Salz aufbewahrte, und schüttete eine dicke Schicht auf den Egel. Grimmig beobachtete er, wie das Tier unter Zuckungen losließ. Zurück blieb ein juckender roter Fleck. Seine Stimmung war von Sekunde zu Sekunde miserabler geworden.

Eines der Kinder, ein kleiner Junge mit den hoffnungslosen Augen so vieler Kinder auf diesem Kontinent, rannte zu ihm und hielt ihm seinen Finger hin, der aus einem großen Schnitt blutete.

»Warte.« Er steckte den Apparat kurzerhand in die Hosentasche, wo die empörten Proteste seiner Mutter zu einem Zischen gedämpft wurden. Fürsorglich hockte er sich nieder, band dem Jungen sein Taschentuch um den Finger und krönte den Verband mit einer großen, eselsohrigen Schleife.

Über das kleine Gesicht huschte ein schwaches Lächeln, das aber sogleich wieder erstarb. Roderick fischte einen Karamellbonbon aus den Tiefen seiner Tasche und drückte ihn in die krallenähnliche Hand, die sich trotz der Hitze klamm anfühlte. Aids hatte den Jungen bis auf die Knochen abmagern lassen, und Roderick wusste, dass der Kleine Weihnachten nicht mehr erleben würde und auch dass er ihm nicht würde helfen können.

Gereizt holte er das Telefon wieder hervor. »Wenn Gerald so unvernünftig ist, soll er auch die Konsequenzen tragen«, raunzte er.

Seine Mutter schnaubte. »Das sagst ausgerechnet du? Mach dich nicht lächerlich – es ist nun mal passiert. Es hat keinen Zweck, im Nachhinein zu jaulen. Setz dich in Bewegung und komm!«

Er trat den Blecheimer wie einen Fußball vor sich her, zornig auf seinen Bruder, der ihn in diese Lage gebracht hatte, zornig auf seine Mutter, die ein weiteres enervierendes Talent besaß, nämlich ihn höchst geschickt mit Argumenten einzukreisen und keinen Ausweg zuzulassen.

Aber damit wollte er sie nicht durchkommen lassen. Nicht, wenn als Ziel das düstere Büro seiner Vorväter drohte. Schon sah er sich in dunklem Anzug mit beengendem Schlips und Kragen wie festgenagelt hinter dem riesigen Schreibtisch sitzen, der schon seinem Urgroßvater gehört hatte, und unter den Augen seiner Vorfahren, die ihn von den Wänden herunter missbilligend anstarrten, Banker spielen. Allein der Gedanke erfüllte ihn mit Grauen, und er riss sich den Kragen seines Khakihemds auf, als schnürte ihm schon jetzt ein Schlips die Luft ab.

»Nein!«, beschied er sie. Schließlich hatte er eine Mission in Afrika zu erfüllen; nur wollte er ihr das nicht auf die Nase binden.

»Roderick! Denk an das, was dein Vater gesagt hat.«

Er knurrte wie ein wütender Hund. Wie konnte er das je vergessen! Sein Vater hatte ihn gezwungen, Jura zu studieren – ein Fach, das ihn zu Tode gelangweilt hatte –, und ihn in den Semesterferien erbarmungslos durch sämtliche Abteilungen der Bank getrieben.

»Gerald wird den Vorsitz von mir übernehmen, aber sollte er einmal ausfallen, musst du einspringen«, hatte ihm sein Vater, der sehr deutlich machte, dass er nicht viel von ihm hielt, brüsk mitgeteilt, und er hatte sich fügen müssen. Sein Vater hatte altmodische Ansichten, wenn es um Geld ging, und leider brauchte Roderick sein Wohlwollen, wenn er sein Konto wieder einmal hoffnungslos überzogen hatte. Deswegen war er bestrebt gewesen, die ganze Sache so schnell wie möglich hinter sich zu bringen, und hatte sich mit größter Energie in sein Studium und das knochentrockene Bankenwesen gekniet in der sicheren Annahme, dass er nie für Gerald würde einspringen müssen.

»Grabe eine der Mumien aus, die deinen Vorstand bevölkern – die gieren doch danach, einmal den Vorsitz auszuüben«, entgegnete er seiner Mutter kühl.

Das Rauschen in der Übermittlung war stärker geworden, ihre Antwort war kaum noch vernehmlich gewesen, und er wollte schon die Verbindung kappen, als sie plötzlich wieder glasklar zu verstehen war.

»Ich brauche dich, mein Kleiner, komm bitte – so schnell du kannst.« Sie hatte ihre blonde Stimme eingesetzt.

Roderick fluchte und trat den Blecheimer in die Bäume, wo er in den Wedeln einer Palme stecken blieb. Aber er wusste, dass er ihrer Bitte letztlich folgen würde. Mein Kleiner, das war das geheime Passwort, der direkte Draht zu ihrem jüngsten Sohn, den sie wohlweislich außerordentlich selten und nur in Notfällen benutzte. Sein Widerstand brach zusammen. Seine Mutter brauchte ihn, es blieb ihm keine Wahl.

Alle seine Überredungskünste reichten nicht aus, seine Kinder davon zu überzeugen, dass er wiederkommen würde, ganz bestimmt und ganz bald. Stumm starrten sie ihn aus tieftraurigen Augen an.

»Du gehst zurück in deine Welt, wo kein Platz für uns ist«, rief der Älteste und packte seine Maschinenpistole fester, die er sich standhaft weigerte herzugeben.

Mit schlechtem Gewissen ließ er seine Kinder in der Obhut ihrer Hausmütter zurück und machte sich sofort auf den Weg. Nach wenigen Meilen aber wurde er aufgehalten. Ein Baum war quer über die schlammige Urwaldpiste gefallen. Roderick musste aussteigen, um zu sehen, ob und wo er dieses Hindernis umfahren konnte.

Da standen sie plötzlich vor ihm. Zehn Mann in abgerissener Uniform, in den Händen Maschinenpistolen, die Finger am Abzug, an den Gürteln Handgranaten und auf dem Gesicht ein bösartiges Grinsen. Er verspürte keine Angst. Seit Tricias Unfall war ihm sein Leben egal. Gleichmütig übergab er ihnen den Zündschlüssel seines Wagens, seine Rolex, das Satellitentelefon, kurzum alles, was er besaß, auch seinen Pass. Zum Schluss musste er seine Hosen und das Buschhemd mit den vielen praktischen Taschen gegen die zerschlissenen Shorts und das ebenso durchlöcherte, stinkende Hemd eines der Kerle tauschen, aber dabei gelang es ihm, seinen zweiten Pass, den er sich just für derartige Vorkommnisse hatte ausstellen lassen, ungesehen von seinem eigenen Hemd in die Taschen der Shorts zu stecken.

Zu seinem Erstaunen ließen ihn die Bewaffneten lebend zurück und fuhren johlend mit seinem Jeep davon. Obwohl von den Barbareien der Milizen schier unglaubliche Geschichten kursierten, erschütterte es ihn seltsamerweise nicht, wie haarscharf er dem Schicksal einer näheren Bekanntschaft mit dem Tod entronnen war.

Nach tagelangen Gewaltmärschen quer durch dornigen Busch, durch stinkende Sümpfe und Gebiete, wo das gefährlichste Lebewesen ein Kindersoldat mit einer Maschinenpistole war, erreichte er den ugandischen Grenzposten an Kenias Grenze und legte dort seinen Pass vor. Dann erst begannen die eigentlichen Schwierigkeiten, denn natürlich wies dieser Pass keinen Einreisestempel nach Uganda auf. Nur nach seinem Angebot, diesen kleinen Makel mit genügend Geld auszuradieren, erlaubte man ihm, von der antiquierten Telefonanlage im stickigen Grenzhäuschen erst seine Bank in London und dann den Britischen Hochkommissar in Nairobi anzurufen. Milton konnte er zu seinem Leidwesen nicht erreichen. Sonst wäre wohl alles billiger geworden.

Zu guter Letzt gelang es ihm, die Grenzposten davon zu überzeugen, dass das Geld auf ihrer lokalen Bank für sie deponiert worden sei, worauf sie ihn grinsend passieren ließen, aber deutlich machten, dass er sich an ihrem Posten in Zukunft nicht noch einmal blicken lassen solle. Obwohl der Hochkommissar ihm einen Wagen entgegenschickte, dauerte es noch mehrere Tage, ehe er von Nairobi aus nach London fliegen konnte.

Zermürbt von den Bildern aus seinem Dorf und denen aus all den anderen Dörfern, in denen er auf seinem Marsch nur noch fast verhungerte Kinder und halbtote Alte antraf, geschüttelt von fiebrigen Durchfällen und unregelmäßigen Malariaanfällen, entstellt durch unzählige zu Beulen angeschwollene Mückenstiche, landete er in seiner Heimatstadt. Zu seiner Überraschung wurde er dort von Gloria Pryce erwartet, die ihm erklärte, dass seine Mutter sie gebeten habe, ihn abzuholen, da sie an Geralds Krankenbett wache.

Nach einem angeekelten Blick auf sein erschreckend verunstaltetes Gesicht fuhr sie ihn trotz seiner Proteste, dass ihn allein der Geruch einer solchen Einrichtung noch viel kränker machen würde, geradewegs ins Hospital, wo seine Mutter bei seinem jämmerlichen Anblick sofort verlangte, dass ins Krankenzimmer Geralds ein zusätzliches Bett für ihn gestellt wurde.

Entsetzt wollte er auf den Hacken kehrtmachen, wurde aber von zwei Ärzten wieder eingefangen und zurück in Geralds Zimmer geschleppt, wo schon eine Krankenschwester mit einer bösartig wirkenden Spritze wartete.

Gloria jedoch warf ihm einen kurzen, kalkulierenden Blick zu, dann handelte sie. Mühelos setzte sie sich gegen die formidable Isabel Ashburton durch und sorgte dafür, dass Roderick sich, bestens mit Medikamenten eingedeckt, zu Hause auskurieren konnte, wofür er ihr ewige Dankbarkeit schwor. Sogar eine Krankenschwester organisierte sie. Als sie dann jedoch umgehend seiner Haushälterin befahl, das Gästezimmer herzurichten und gleich darauf bei ihm einzog, worauf die Haushälterin, die früher sein Kindermädchen gewesen war, prompt kündigte, hatte er sich vehement gewehrt.

Er hätte sich seinen Atem sparen können. Gloria lachte nur fröhlich, bemerkte, die alte Frau werde doch sicherlich froh sein, endlich in den wohlverdienten Ruhestand zu gehen, und stellte eine neue Haushälterin ein, eine jüngere, die es als selbstverständlich ansah, von ihr Anweisungen zu erhalten.

In Fieberschüben zitternd, gebeutelt von den Durchfällen, fühlte er sich einfach zu schwach, um sich gegen Glorias aggressive Liebesbezeugungen zu wehren. Wie er sich jetzt ehrlich eingestand, hatte er es auch nicht wirklich versucht. Es war angenehm gewesen, umsorgt zu werden, sich ganz darauf konzentrieren zu können, das abzuschütteln, was er sich in Afrika aufgesackt hatte. Ihre physische Attraktivität hatte das Ihre dazu beigetragen. Hinzu kam, dass ihn seine Mutter seit Jahren zu einer Heirat drängte, ständig irgendeine hochwohlgeborene Tochter wie einen saftigen Köder vor seiner Nase baumeln ließ. Bisher war es ihm stets gelungen, dem allem zu entkommen.

Aber er wusste, dass es ihre größte Furcht war, ohne Enkel zu sterben, dass die Bank dann eines Tages nicht mehr von einem Familienmitglied geführt wurde. Er und sein Bruder waren die letzten Ashburtons. Gerald war zwar verheiratet, aber Nachwuchs hatte sich bisher nicht angekündigt, und wenn Roderick sich jetzt seine klapperdürre Schwägerin in ihren Haute-Couture-Kleidchen vorstellte, bezweifelte er, dass sie es zulassen würde, sich ihre Figur mit einer Schwangerschaft zu ruinieren.

Kaum war er dank seiner robusten Kondition innerhalb von einer Woche wieder auf den Beinen, quartierte er Gloria kurzerhand wieder aus. Widerwillig siedelte sie in ihre eigene Wohnung um. Aber bei jedem Besuch ließ sie irgendwelche Sachen bei ihm liegen, aus Versehen, wie sie behauptete.

Schleichende Eroberung seines Territoriums nannte er es und schickte ihr prompt alles zurück. Der Vorfall mit Mr Moreton hatte ihm deutlich gemacht, dass sie ihn als den dicksten Fisch ansah, den sie bisher an der Angel gehabt hatte. Ihm war klar, dass sie ihn hauptsächlich als ihre Eintrittskarte in die High Society betrachtete. Liebe war ein Fremdwort für Gloria. Überflüssigerweise hatte seine Mutter mittlerweile angedeutet, dass ihr sogar eine Schwiegertochter wie Gloria als Mittel zum Zweck recht sei, nämlich der Enkelproduktion.

»Außerdem brauchst du eine Frau, die dich an die Kandare nimmt und aus dir einen vernünftigen, verantwortungsvollen Menschen macht«, erklärte sie ihm.

Das Bild, das sie von seinem zukünftigen Leben als Glorias Ehemann malte, erschien ihm als derartige Schreckensvision, dass er sich Hals über Kopf ins nächste Abenteuer stürzte und Fallschirmspringen als neues Hobby wählte. Bei seinem zweiten Sprung zog er die Reißleine aus schierer Tollkühnheit zu spät und überlebte nur, weil ihn eine Bö in einen sumpfigen Weiher schleuderte. Seine Mutter verlor zum ersten Mal ihre legendäre Haltung und keifte ihn an wie ein Fischweib, dass ihrem Butler die Schamesröte ins Gesicht stieg. Selbst in der Erinnerung daran musste er lächeln.

Glorias laute, wütende Stimme schlug an sein Ohr, aber er verstand kein Wort von dem, was sie hervorbrachte.

»Wie bitte?«, sagte er. Innerlich war er noch viel zu weit entfernt, fand sich nach seiner Reise durch sein bisheriges Leben nur schwer in der nüchternen Wirklichkeit seiner Arbeitswelt zurecht.

Erbost drückte sie ihre Zigarette aus und zog sofort eine neue hervor. »Hast du mir eigentlich zugehört?«, fragte sie.

»Nein, aber ich wünschte, du würdest mit dem Rauchen aufhören. Du wirst noch an Lungenkrebs sterben.« Er grinste. »Außerdem macht es Falten. Bald wirst du aussehen wie ein verschrumpelter Apfel.«

Sie ignorierte seine Bemerkung, inhalierte tief und blies den Rauch in stetem Strom an die Decke. »Ich verlange, dass du diese Benny entlässt oder zumindest in eine deiner Filialen versetzt. Vorzugsweise nach Grönland oder auf die Falklandinseln. Tasmanien wäre auch akzeptabel.«

»Sag mal, hast du heute Morgen statt Kaffee eigentlich Vitriol zu dir genommen? Im Übrigen heißt sie Benita.«

Ein wütender Laut kam aus ihrer Kehle. Sie sprang auf und lief heftig paffend im Raum umher. Sie erwiderte nichts, aber ihre ungestümen Bewegungen drückten deutlich aus, was sie dachte.

Er beobachtete sie gespannt und erwischte sich bei der Überlegung, wie sie wohl reagierte, würde er ihr kündigen. Jetzt, auf der Stelle. Aber er hatte sich noch nie erlaubt, einen Gegner zu unterschätzen. Gloria kannte zu viele Interna der Bank und würde in ihrer Rachsucht imstande sein, der Bank und seiner Familie großen Schaden zuzufügen. Er lockerte seine Muskeln. Gerald würde in absehbarer Zeit an seinen Platz zurückkehren. Sollte doch er sich mit ihr herumschlagen.

Gloria blieb vor seinem Schreibtisch stehen. Misstrauisch blinzelte sie durch den Rauch. »Was starrst du so? Hab ich zwei Köpfe?« Ihre sarkastische Stimme schnitt durch seine Gedanken.

»Eher Giftzähne«, murmelte er, mehr zu sich selbst.

»Wie bitte?«

»Giftzähne, sagte ich. Du benimmst dich unmöglich. Glaubst du ernsthaft, ich würde eine Mitarbeiterin vom Format Benita Forresters entlassen, nur weil sie dir auf den Zeh getreten ist? Du bist diejenige, die sich entschuldigen sollte. Von der Justitiarin dieser Bank kann ich wohl ein wenig mehr Besonnenheit erwarten und von dir als Lady ein besseres Benehmen.« Es bereitete ihm ein unheiliges Vergnügen, dass dieser Seitenhieb offensichtlich gesessen hatte.

Gloria zuckte zusammen, als hätte er ihr einen Schlag versetzt. Interessiert beobachtete er den Kampf, den sie jetzt mit sich austrug. Vor seinen Augen bekam ihre hochmütige Fassade einen Riss, und so etwas wie Angst huschte über die ebenmäßigen Züge. Langsam sank sie auf ihren Stuhl. Roderick registrierte das alles mit Genugtuung. Augenscheinlich hatte sie erkannt, dass sie im Begriff war, ihn zu verlieren. Mit einem winzigen Lächeln in den Mundwinkeln signalisierte er ihr, dass er genau wusste, was in ihr vorging.

Gloria Pryce war eine zu erfahrene Prozessanwältin, um diese Geste zu übersehen. Also brachte sie ihre Mimik wieder unter Kontrolle, nahm einen langen Zug aus der Zigarette und blies einen perfekten Rauchring. Dann fixierte sie ihn.

»Also, wohin fliegen wir? Sag's mir lieber gleich, ich krieg es doch heraus. Es kostet mich nur ein Wort zu Charles Moore.« Sie presste die Lippen zu einem blutroten Schlitz zusammen und trommelte mit den Fingernägeln auf die Stuhllehne.

Roderick Ashburton erkannte, dass sie kurz davor war, einen jener legendären Wutanfälle zu bekommen, die jede Vernunftbremse zur Seite fegten. Außerdem zweifelte er nicht einen Augenblick daran, dass sie Charles Moore, dem Leiter der Kosten- und Reiseabteilung, so lange den Arm umdrehen würde, bis der mit der Wahrheit herausrückte. Moore würde Gloria Pryce keine fünf Minuten standhalten, schätzte er. Grimmig ergab er sich in sein Schicksal.

»Südafrika«, antwortete er. »Sondierungsgespräche wegen eines größeren Kredits, und in diesem Stadium der Verhandlungen ist die Leiterin der Rechtsabteilung noch nicht gefragt. Wenn wir die Verträge aufsetzen, dann rufe ich dich selbstverständlich. Aber danke für dein Angebot. Ich bin ein großer Junge, ich kann das wirklich ganz allein«, fügte er mit einem versöhnlichen Lächeln hinzu. Diplomatischer konnte er sein Friedensangebot nicht formulieren. Zu seinem Erstaunen ging sie nicht darauf ein. Stattdessen reagierte sie seltsam.

»Südafrika.« Mit leeren Augen betrachtete sie einen Moment lang ihre Zigarette und wippte dabei mit den Fußspitzen. »Ich hatte mal einen Bruder, der dort lebte«, bemerkte sie endlich zerstreut. »Trevor.«

Überrascht beugte er sich vor. »Du hast einen Bruder? Was macht der in Afrika?«

»Ich hatte einen Bruder«, korrigierte sie schnell. »Er ist ... verschollen. Was mich nicht sehr traurig macht, um ehrlich zu sein. Er war ein Scheißkerl.«

Der vulgäre Kraftausdruck schien ihr herausgerutscht zu sein, denn sie biss sich auf die Lippen, als wollte sie die Worte wieder zurückdrängen, und beobachtete mit zusammengezogenen Brauen die Glut ihrer Zigarette. Aber in der Tiefe dieser silbergrauen Augen blitzte etwas auf, ein Ausdruck, den Roderick Ashburton zwar nicht zu deuten wusste, der in ihm aber sofort eine Art Jagdinstinkt auslöste.

»Was hat er verbrochen? Deine Puppen massakriert?« Er formulierte die Frage lächelnd als Scherz, hoffte, die ehrliche Antwort aus ihr herauslocken zu können.

Aber ihr Gesicht verschloss sich. Sie nahm ihre Wanderung durch den Raum wieder auf. »Frösche aufgeblasen«, stieß sie nach ein paar Zügen aus ihrer Zigarette hervor, »bis sie platzten, Igeln die Stacheln ausgerissen, Katzen gehäutet, Mäuse seziert – bei lebendigem Leib natürlich. So etwas. Was Jungs eben so machen. Trevor war Spezialist darin.«

Ihr Ton war flapsig, und sie begleitete ihre Worte mit einer wegwerfenden Handbewegung, was Roderick aber nicht für eine Sekunde täuschte. Sieh an, dachte er, irgendwo klapperte da laut und vernehmlich ein Skelett in Glorias Schrank, dessen war er sich sicher.

Neugierig geworden, lehnte er sich wieder vor. »So etwas machen durchaus nicht alle Jungs, jedenfalls keiner, den ich kenne, um ehrlich zu sein. Wann hast du deinen Bruder denn das letzte Mal gesehen?«

Sie ließ sich wieder auf ihren Stuhl fallen. »Daran kann ich mich nicht mehr erinnern. Er ist schon vor fast zwanzig Jahren nach Südafrika gegangen und hat sich nur sporadisch bei meiner Mutter gemeldet. Kurz bevor dieser schwarze Messias in Südafrika an die Regierung kam, ist er verschwunden, und wir haben nie wieder von ihm gehört. Das ist jetzt dreizehn Jahre her. Wir wissen nicht einmal, ob er noch lebt. Ich kann mir kaum noch sein Gesicht ins Gedächtnis rufen. Er ist wesentlich älter als ich, und wir hatten kein besonders gutes Verhältnis.«

»Was hat er da unten gemacht?«

Ihr Blick glitt von ihm ab. Sie zog eine schiefe Grimasse und schien etwas zu sehen, was nur für sie sichtbar war. Dann zuckte sie die Schultern, wobei die Zigarettenasche auf den Teppich fiel. Sie zerrieb sie mit dem Fuß. »Das weiß ich nicht so genau.«

Ihre Körpersprache sagte ihm deutlich, dass sie nicht die Wahrheit sagte. »Du musst doch wissen, welchen Beruf er ausgeübt hat.«

Ihre Zigarette glühte auf. »Beruf? Eigentlich keinen. Er hat mal dies und mal das gemacht … Ich weiß es wirklich nicht. Irgendwann einmal hat er die südafrikanische Staatsangehörigkeit angenommen, was meinen Eltern das Herz brach. Es ist ewig her, dass ich überhaupt an ihn gedacht habe. Für mich ist er tot.« Sie stand auf, warf ihre Mähne zurück und strich den Rock ihres roten Strickkleides glatt. »Wann treffen wir uns wo?«

Einen Augenblick musterte er sie schweigend, überlegte, ob er nachbohren sollte, um mehr über diesen ominösen Bruder herauszubekommen, entschied dann aber, dass es der Mühe nicht wert war. Dieser Mann ging ihn nichts an.

»Donnerstag, siebzehn Uhr am BA-Schalter«, sagte er kurz und wandte sich dann demonstrativ wieder seinen Akten zu.

»Ich werde pünktlich sein. Es wäre gut, wenn ich vorher einige Informationen über diesen Klienten bekäme. Miranda kann mir ja alles, was du über ihn hast, in mein Büro schicken.« Mit diesen Worten drückte sie mit Bedacht ihre Zigarette in seiner blühenden Phalaenopsis aus.

»He, lass das gefälligst«, rief er und ärgerte sich im gleichen Augenblick, dass er sich hatte provozieren lassen. Noch mehr allerdings ärgerte er sich darüber, dass Gloria das wahrgenommen hatte, wie ihr spöttisches Feixen deutlich machte.

Eine Sturmbö pfiff durch die Fensterritzen des viktorianischen Gebäudes und ließ den Regen hart an die Fenster prasseln. Er sah hinaus in die dunkle Winterwelt, und sein Verlangen nach Wärme und Licht drohte übermächtig zu werden.

»Bye, bye, Roddy«, flötete Gloria und fegte mit boshaftem Lächeln aus dem Raum.

Übel gelaunt sah er ihr nach. In seinem Hinterkopf bohrten Kopfschmerzen. Gloria ging ihm schrecklich auf die Nerven. Es war an der Zeit, endgültig Schluss mit ihr zu machen. Aber das musste bis zu ihrer gemeinsamen Rückkehr aus Afrika warten. Missmutig starrte er auf seinen überfüllten Schreibtisch, und plötzlich hielt er es nicht mehr aus. Er sah auf die Uhr. Es war kurz vor zehn. Er stand so heftig auf, dass sein Schreibtischsessel gegen den Bücherschrank hinter ihm rollte.

»Ich bin im Club«, rief er der entgeistert dreinschauenden Miranda Bell zu und stürmte aus seinem Büro.

4

Das Telefon klingelte, als Benita den Schlüssel ins Schloss steckte. Hastig sperrte sie auf, durchquerte mit wenigen Schritten die Diele, schimpfte in sich hinein, weil sie dabei nasse Pfützen auf dem blonden Parkettboden hinterließ, und hob den Hörer aus der Halterung.

»Hallo«, sagte sie und schniefte unterdrückt. Bei Kälte lief ihr immer die Nase.

Die klare Stimme ihrer Adoptivmutter schallte ihr entgegen. »Benita, Liebling, du arbeitest zu lange.«

»Ach, Mum, du bist's!« Sie ließ ihren nassen Mantel von den Schultern gleiten, warf ihn auf einen Hocker und schleuderte ihre Schuhe durch die offene Tür in ihre winzige Küche, wobei schwarzer Matsch über den weißen Fliesenboden und an die Schranktüren aus heller Buche spritzte.

»Na, klasse«, murmelte sie. Heute war eindeutig nicht ihr Tag.

»Wie bitte? Du musst lauter sprechen«, rief Kate Forrester.

»Ich sagte, dass es in der Bank viel zu tun gibt.« Ihre Haare tropften, ihre Nase brannte, und sie spürte ein Kratzen im Hals. Sie hasste dieses Wetter. »Ist bei euch auch so schlimmes Wetter? Wie geht es dir?« Ihr Ton machte deutlich, dass sie wenig Lust auf nichtssagendes Geplauder verspürte.

Kate Forrester, die das wohl heraushörte, kümmerte sich absichtlich nicht darum, sondern lachte ihr ansteckendes, lautes Lachen. »Ich hab schon Schwimmhäute zwischen den Zehen, und wenn es so weiterregnet, wachsen mir noch Flossen! Aber wir Engländer stammen ja ohnehin von Amphibien ab.« Hier legte sie eine winzige Pause ein, ehe sie fortfuhr: »Da hast du es ja besser. Ich habe von Roderick Ashburton gehört, dass ihr nach Südafrika fliegt.«

Tiefes Schweigen sank wie ein Vorhang zwischen sie. Benita ballte die Faust. Die Bemerkung ihrer Mutter war eine Feststellung, keine Frage gewesen. Hatte Roderick Ashburton sich der Unterstützung Kates versichert, damit diese sie überreden sollte, ihn nach Südafrika zu begleiten? Verdammt, warum konnte man sie nicht in Ruhe lassen! Sie schniefte und wischte sich mit dem Handrücken über die Nase und schwieg weiter.

»Wirst du fliegen? Ich hoffe doch sehr. Diese … Sache muss ein Ende haben. Lange stehst du das nicht mehr durch.« Kate Forresters Drängen war von tiefer Besorgnis gefärbt.

Benita presste die Lippen aufeinander und antwortete nicht.

»Benita? Bist du noch dran?«

Um ihren jählings aufwallenden Zorn im Zaum zu halten, klatschte Benita mit der flachen Hand gegen die Wand und verschluckte ein saftiges Schimpfwort. Der Schlag hatte wehgetan. »Ich fliege nicht … Ich kann nicht!«, stieß sie hervor. »Ich will nicht. Das ist endgültig. Wenn du mit Roderick sprichst, mach ihm das klar! Und sag ihm auch gleich, dass er sich aus meinem Privatleben heraushalten soll. Alle sollen sich da heraushalten.«

Kate kommentierte Benitas Ausbruch nicht. »Liebes, setz dich ins Auto und komm zu uns nach Hause. Lass uns reden, bitte. Außerdem ist ein Päckchen für dich angekommen … aus Südafrika, per Luftpost und Einschreiben … Ich muss gestehen, dass ich deine Unterschrift gefälscht habe, um es annehmen zu können.«

»Von wem ist es?«

»Einen Augenblick, ich hole meine Brille.«

Papier knisterte, der Hörer klapperte. »Kann ich nicht erkennen«, sagte Kate nach einer Pause.

Benita überlegte rasch. Die Fahrt nach Hause dauerte im besten Fall über eineinhalb Stunden, bei dem Mistwetter vermutlich drei oder noch länger, je nachdem wie groß der Stau war.

»Schick es mir her, bitte. Dann habe ich es übermorgen.«

Aus dem Hörer drang Gemurmel, ein Geräusch, als schöbe jemand heftig einen Stuhl beiseite, und dann vernahm sie das volltönende Organ ihres Adoptivvaters Adrian. »Benita, Mädel, ich möchte, dass du herkommst, und zwar heute noch.« Klarer, befehlsgewohnter Ton, die Worte barsch.

Benita schmunzelte. Die Absicht dahinter war es nicht, das wusste sie. Seine unerschütterliche Liebe zu ihr war zu einem der seelischen Stützpfeiler ihres Lebens geworden. Der Klang seiner Stimme verursachte ihr ein wohliges Wärmegefühl, das sich in ihr ausbreitete, als hätte sie einen guten Kognak getrunken. Sie musste lächeln und dachte mit Dankbarkeit an ihren leiblichen Vater, der so vorausschauend und weise gehandelt hatte, indem er seinen Freund Adrian und dessen Frau bat, für sie zu sorgen, falls ihm etwas zustoße. Sie hatten sich die Anrede Mum und Dad mit ihrer Liebe und Fürsorge verdient, und sie sprach von ihnen stets als von ihren Eltern.

»Wir essen gemeinsam zu Abend, und du übernachtest hier«, fuhr ihr Vater fort. »Morgen kannst du dann nach dem Frühstück zurück in die Tretmühle. Roderick, der alte Sklaventreiber, kann wohl einen halben Tag ohne dich auskommen.«

»Kann er nicht. Henry hat sich den Arm gebrochen und liegt im Krankenhaus.«

»Wie rücksichtslos von Henry«, dröhnte Adrian Forrester, der es liebte, den polterigen Militär zu mimen. »Dann soll Roderick sich eben selbst vor den Computer setzen, obwohl ich nicht glaube, dass er furzirgendwas davon versteht!« Er lachte, dass es durchs Telefon schepperte. »Heute gibt es Fasan mit Kartoffelbrei, Mandelbutter und Waldpilze in Sahnesoße. Und ich werde Feuer im Kamin anzünden und einen schönen runden Bordeaux für uns aufmachen, dann bekommst du die richtige Bettschwere«, setzte er listig hinzu.

Ihr Lieblingsgericht, und ihr Lieblingswein! Sie konnte das Grinsen in seiner Stimme hören. Er wusste genau, wo er sie zu packen hatte. In ihrem Eisschrank warteten, wie sie sich erinnerte, eine halbe Tiefkühlpizza vom Vortag, ein übersüßer, künstlich schmeckender Joghurt und Rotwein aus dem Supermarkt. Sie hatte nicht die Energie gehabt, sich in einer Weinhandlung beraten zu lassen. Welch ein Yuppie-Klischee, dachte sie. Gegen ihren Willen musste sie lachen.

Ihr Adoptivvater als alter Soldat, der er war, registrierte ihre Schwäche sofort und sprang in die Bresche. »Halb neun, keine Minute später! Und ich werde dich im Schach schlagen«, bellte er fröhlich und beendete die Verbindung.

Benita schaute auf den Hörer in ihrer Hand, schüttelte den Kopf und legte auf. Sie ging ins Schlafzimmer, ein heller, rechteckiger Raum mit demselben – momentan regenverschleierten – Blick über die Themse wie ihr Wohnzimmer. Dafür bezahlte sie monatlich einen Preis, der ihr Budget bis zum Äußersten strapazierte und sie dazu zwang, auf Besuche in den edleren Boutiquen zu verzichten. Ihr Bett war noch ungemacht, auf dem Nachttisch stand ein halb volles Glas Wasser. Es roch nach verbrauchter Luft und dumpf nach benutzter Bettwäsche. Außerdem war es kalt, weil sie vergessen hatte, die Heizung genügend aufzudrehen. Schleunigst holte sie das nach und drehte den Regler auf die höchste Stufe.

Ihr feucht gewordener Pullover kratzte sie am Hals. Mürrisch zog sie ihn über den Kopf, drapierte ihn über die Heizung und rieb sich dann die gereizten Stellen. Plötzlich erschien ihr die Aussicht, bei flackerndem Kaminfeuer gut zu essen, mit ihrem Vater Schach zu spielen und die heutige Nacht in ihrem alten Zimmer, das ihre Eltern noch immer für sie bereithielten, in frisch duftender Bettwäsche zu schlafen, eingehüllt von ihrer fürsorglichen Liebe, ungeheuer verlockend.

Impulsiv riss sie die Schubladen ihres Schrankes auf, warf frische Unterwäsche, Jeans, einen cremefarbenen Kaschmirpullover, ihre Toilettensachen und Schminkutensilien in den Rollenkoffer, schlüpfte in den grob gestrickten, weißen Aranpullover mit dem hohen Rollkragen, fuhr sich mit beiden Händen durch die Locken, zog ihre gefütterten Stiefel an und eilte hinunter zur Garage. Ihre wattierte Winterjacke lag immer im Auto, seit sie im letzten Winter auf dem Weg zu ihren Eltern sechs Stunden lang im Schneetreiben festgesessen hatte und fast erfroren wäre.

Erst als sie schon den Motor angelassen hatte, bemerkte sie, dass sie in der Eile ihren Laptop vergessen hatte. Vor sich hin schimpfend, lief sie noch einmal nach oben. Die amerikanischen Märkte schlossen erst, wenn in England schon tiefste Nacht herrschte, und bevor sie ins Bett fiel, ging sie immer noch einmal ins Internet, um nach dem Rechten zu sehen. Automatisch prüfte sie mit einem Griff in ihre Tasche, dass sie ihren Blackberry eingesteckt hatte. Es war ihre Nabelschnur zu ihrem Büro. Fast überall auf der Welt konnte sie damit ihre E-Mails empfangen und beantworten. Es gab ihr eine Bewegungsfreiheit, von der sie noch vor Kurzem nicht zu träumen gewagt hatte.

Nach zweieinhalb Stunden Fahrt durch prasselnden Regen bei sehr begrenzter Sichtweite fuhr sie die Auffahrt zu ihrem Elternhaus hinauf. Der Regen peitschte gegen das Haus, Schlammströme liefen über den Weg. Der Kies knirschte unter den Rädern, als sie bremste, gleichzeitig flog die schwere Eingangstür des schönen alten Hauses der Forrester-Familie auf, und die schlanke Gestalt ihrer Mutter erschien auf der Eingangstreppe, vergoldet durch den Lichtschein der antiken Hängelampe in der Halle. Kate Forrester spannte ihren Regenschirm auf und lief die Treppe hinunter zum Wagen ihrer Stieftochter, kümmerte sich nicht darum, dass Regen und Matsch ihre Jeans bis zu den Knien durchnässte.

»Na, endlich, Liebes. Welch ein Sauwetter! War es schlimm? Ich habe schon befürchtet, dass es zu schneien anfängt und du deine Nacht wie letztes Jahr in einer Schneewehe verbringen musst.« Sie lachte fröhlich und küsste Benita auf beide Wangen. »Aber keine Angst, ich hätte Suchhunde ausgeschickt, und zwar mit einem dicken Fässchen guten Scotch um den Hals.«

Benita lachte und umarmte Kate, atmete deren angenehmes Parfum ein, das zart nach Orangen duftete. Sie verharrte einen Augenblick in der Umarmung, dann lehnte sie sich zurück und strich sachte über den flauschigen Pullover, den ihre Mutter trug.

»Du siehst blendend aus, Mum. Hellblau steht dir wirklich gut.«

Kate, deren gesunde Gesichtsfarbe verriet, wie viel Zeit sie auch im Winter in ihrem geliebten Garten verbrachte, schüttelte lächelnd ihr halblanges dunkelblondes Haar, in dem die Regentropfen wie Diamanten glitzerten.

»Ah, Joss, gut, dass Sie kommen. Bitte bringen Sie das Gepäck in Benitas Zimmer«, rief sie der knorrigen Gestalt zu, die aus der Dunkelheit auftauchte.

Unter einem vor Nässe tropfenden Schlapphut grinste Benita das wettergegerbte walnussbraune Gesicht von Joss, dem schottischen Faktotum der Forresters, entgegen. »Hallo, Miss Benita«, knarrte der alte Schotte, der Adrian Forrester von Beginn dessen militärischer Laufbahn an als Bursche zur Seite gestanden hatte. »Schön, Sie zu sehen.« Er öffnete die Heckklappe ihres Wagens und hob den Koffer heraus.

Benita wickelte ihren Mantel um den Laptop, um ihn gegen den Regen zu schützen, und folgte ihrer Mutter schleunigst nach drinnen in die Wärme. »Wo ist Daddy?«

»Er ist eben zu den Ballards hinübergefahren. Sie waren am Telefon völlig aufgelöst«, rief ihr Kate über die Schulter zu. »Irgendein Drama mit ihren Pferden, das sie nicht allein bewältigen können. In einer Stunde ist er wieder da. Sagt er jedenfalls.«

Adrian Forrester wurde oft von Nachbarn zu Hilfe gerufen, und in einem Notfall konnte sich Benita niemanden vorstellen, den sie lieber zur Seite hätte als ihn. Manchmal dachte sie darüber nach, wie das Leben ausgesehen hatte, das ihn so hatte werden lassen. Natürlich wusste sie, dass er in beiden Golfkriegen gekämpft hatte, aber während seiner Dienstzeit dort hatte sie strikt vermieden, sich Kriegsberichte in der Zeitung oder im Fernstehen anzusehen. Immer war sie innerlich darauf vorbereitet, von seinem Tod zu erfahren. Freiwillig redete er nicht über diese Zeit. Erst als ihm das Military Cross verliehen wurde, konnte sie in den Zeitungen nachlesen, was er dafür getan hatte. Im Nachhinein wünschte sie sich, sie hätte es nicht gelesen.

Er war unter einen zerfetzten, brennenden Panzer gekrochen, während ihm die Kugeln um die Ohren pfiffen, und hatte vier seiner Leute dem sicheren Tod entrissen. Als er den Letzten befreit hatte und sich rückwärts kriechend mit ihm in Sicherheit bringen wollte, war der Panzer gekippt und hatte ihm die linke Hand zerquetscht.

»Besser die Linke als die Rechte«, war sein knapper Kommentar gewesen. Eine Kurzbeschreibung seines Charakters, dachte sie, während sie ihre Stiefel auszog.

Joss trampelte mit schlammverschmierten Stiefeln die Treppe hoch.

»Sie sollen Ihre Schuhe im Haus doch ausziehen!«, rief Kate hinter ihm her. Lächelnd schüttelte sie den Kopf. »Das kapiert der nie«, sagte sie zu Benita und reichte ihr ein kleines, in braunes Packpapier gewickeltes und mit Paketschnur verschnürtes Päckchen, das sie aus dem Wohnzimmer geholt hatte. »Hier ist das Einschreiben aus Südafrika.«

Benita hielt das Päckchen ins Lampenlicht, um lesen zu können, wer ihr das geschickt hatte. Aber es war unmöglich, den Absender zu entziffern. Schmutzflecken verdeckten die Schrift.

Kate sah ihr über die Schulter. »Man kann es nicht lesen, nicht wahr? Der Absender ist völlig verschmiert. Komischerweise erscheint es mir, als hätte da jemand mit Absicht Dreck draufgerieben. Man muss bei einem Einschreiben ja einen Absender angeben; dieser wollte meiner Meinung nach unbekannt bleiben. Was meinst du?« Sie wandte sich ab, um den Mantel ihrer Tochter auf einen Bügel zu hängen.

Benita antwortete ihr nicht, sondern starrte wie vom Donner gerührt auf das Päckchen – die Worte Kates hallten in ihr nach. Mit einem Fingernagel kratzte sie über die unlesbare Adresse. Kate hatte recht. Das war kein Zufall, die Spuren – gleichmäßig verschmierte Fingerabdrücke – waren zu eindeutig. Ein Schauer lief ihr über den Rücken. *Der Absender ist völlig verschmiert.* Schon einmal hatte sie jemanden diesen Satz sagen hören.

Ihre Hände begannen zu zittern. Es überfiel sie der fast unwiderstehliche Impuls, das Päckchen einfach ungeöffnet aus der offenen Eingangstür in die Dunkelheit zu schleudern, so weit weg wie nur möglich, um anschließend Kate und sich in Sicherheit zu bringen. Ein tiefes Brummen füllte ihren Kopf, und ihr war, als raste ein außer Kontrolle geratener Zug mit ihr ins Verderben. Mit aller Macht stemmte sie sich gegen das, was jetzt mit ihr geschah, aber ihre Kraft reichte nicht aus. Kopfüber fiel sie ins Bodenlose.

Unvermittelt stieg ihr der klebrig-süße Duft blühender Engelstrompeten in die Nase, hörte sie das schläfrige Gackern von Hühnern und sanfte, kehlige Laute in Zulu, der Sprache, die zu ihrer längst vergangenen, so jäh abgebrochenen Kindheit gehörte, zu jener Zeit, als die Welt für sie noch heil war.

Es war an einem wunderschönen afrikanischen Morgen. Sie hatte Ferien und saß im Schneidersitz auf den sonnenwarmen Terrassenfliesen und fütterte ihren zahmen Hirtenstar mit Krümeln ihres Frühstücksbrotes. Ihre Mutter, in Shorts und weißem Top, kam vom Postkasten zurück, der vorn an der Straße stand, und rief ihr fröhlich zu, dass ihnen jemand ein Päckchen geschickt habe.

»Ist es für mich?«, fragte sie und tanzte über den sonnenwarmen Staub zu ihrer Mutter hinüber.

»Nein, Käferchen, dieses Mal nicht. Es ist für mich.« Die Stimme ihrer Mutter klang, als ob eine Lerche sänge. Die kleine Benita konnte ihr stundenlang lauschen.

»Von wem ist es, Umama, von wem?«, zwitscherte sie.

»Ich weiß es nicht, mein Honigkuchen, der Absender ist völlig verschmiert, ich kann ihn nicht lesen …«

Kate, die nichts von dem ahnte, was in Benita gerade vorging, schaute ihr über die Schulter. »Warum sich jemand wohl die Mühe gemacht hat, den Absender unkenntlich zu machen?«

Der Schmerz traf Benita so unvorbereitet, dass er ihr den Atem nahm. Kates Worte rissen mit barbarischer Plötzlichkeit die Schutzmauer ein, die sie so sorgfältig um ihre Vergangenheit gebaut hatte. Mit ohrenbetäubendem Krachen brach die Mauer zusammen, und so überspannt waren ihre Nerven, dass sie tatsächlich Steinstaub auf der Zunge schmeckte. Im Zeitraffer rollte das, was damals, nur wenige Monate vor der eigentlichen Katastrophe, passiert war, noch einmal vor ihren Augen ab.

Ein ohrenbetäubender Knall und ein Blitz hatte sie vorübergehend taub und blind gemacht, und als sie wieder sehen konnte, war da Blut gewesen, auf dem Boden, an den Wänden, an ihren Händen, in ihrem Mund. Überall Blut. Die Augen ihrer Mutter hatten sie aus einer grässlichen, bluttriefenden Maske angestarrt, und dann hatte ein neues Geräusch die Stille durchschnitten, ein hohes, jaulendes Wimmern wie von einer verstimmten Geige. Erst später hatte ihr Ubaba gesagt, dass dieser durchdringende, nervenzerfetzende Ton, der einfach nicht aufhören wollte, ihr eigenes Schreien gewesen war.

Sie stöhnte auf. Das kleine Paket glitt ihr aus den Händen und fiel zu Boden. Mit einem panischen Aufschrei sprang sie zurück, ihr Herz raste.

Aber der Knall blieb aus.

»Mein Gott, Benita, was ist denn mit dir los? Du bist ja leichenblass geworden. Hat dich etwas erschreckt? Komm, setz dich vor den Kamin, du zitterst ja vor Kälte.« Kate Forrester bückte sich und hob das Päckchen hoch. »Hoffentlich ist der Inhalt jetzt nicht zerbrochen. Ich werde es für dich öffnen, in Ordnung?« Sie nahm eine Schere, schnitt das Packband durch und machte sich daran, das Papier aufzureißen.

Benita stand wie versteinert da. »Nicht … nicht …« Ihre Zunge gehorchte ihr nicht. Sie machte einen erneuten Anlauf. »Nicht … vorsichtig …«, stammelte sie unter größter Anstrengung. Mehr brachte sie nicht heraus.

Kate lächelte beruhigend. »Aber ja doch, sicher bin ich vorsichtig. Ich werde nichts zerbrechen.«

Bevor Benita sie daran hindern konnte, hatte sie das Papier entfernt und die darin eingewickelte Schachtel herausgehoben. »Darf ich sie öffnen?«, fragte sie, wartete aber nicht auf Benitas Zustimmung, sondern klappte den Deckel hoch und sah neugierig hinein.

Benita war es in diesem Augenblick nicht möglich zu atmen, nicht möglich, sich zu bewegen. Während in ihren Ohren ihr Schreien von damals gellte, sie wie gelähmt auf die Hände ihrer Adoptivmutter starrte und auf die Explosion wartete, hob diese mit zwei Fingern eine daumengroße, schwarz glänzende Tierfigur heraus und ließ sie auf ihrer Handfläche hin- und herrollen.

»Sieh doch, nein, wie niedlich! Was ist das?« Sie drehte die Figur, um sie besser erkennen zu können. »Ein Hippopotamus, nicht wahr? Oder ein Rhinozeros …?«

Für Benita verschwamm die Gegenwart mit der Vergangenheit. Sie vernahm auf einmal die Stimme ihrer leiblichen Mutter aus der Vergangenheit.

»Das ist Imvubu, das Flusspferd, das magische Tier, das stärkste der Welt, denn es kann in der Luft und im Wasser leben. Meine Seele lebt in diesem Imvubu, und wo du auch hingehst, ich werde bei dir sein und dich beschützen. Für immer.« Die Worte waren so sanft wie die weiche Berührung einer schnurrenden Katze.

Dich beschützen, für immer, hörte Benita das ferne Echo der Worte, die vor vielen, vielen Jahren gesprochen worden waren. Eine Gänsehaut überlief sie. Mit großer Kraftanstrengung gelang es ihr, ihre zugeschnürte Kehle freizuräuspern. Mit einem Finger berührte sie die kleine Figur in Kates Hand.

»Das ist Imvubu«, presste sie hervor. »Das Flusspferd.«

»Was hat das zu bedeuten?«, fragte Kate. »Von wem kommt das? Kennst du es? Du bist ja leichenblass geworden, Benita – sag mir, was ist.« Sie legte Benita einen Arm um die Schultern und zog sie an sich, von jäher Angst ergriffen, dass diese dumme kleine Figur alte Wunden bei ihrer Adoptivtochter aufgerissen hatte, Wunden, von denen sie so sehr gehofft hatte, dass sie längst verheilt waren.

Benita schien sie nicht gehört zu haben. Ihre Finger krampften sich um jene Figur, die sie stets in der Tasche bei sich trug und die auch ein liegendes Hippopotamus darstellte. Ein genaues Gegenstück zu dem, das Kate in der Hand hielt. Die Figur war alles, was ihr von ihrem früheren Leben geblieben war, alles, was sie noch von ihrer leiblichen Mutter besaß.

Vor vielen Jahren hatte diese das Tier aus dem Lehm, den sie am Ufer des Krokodilflusses auf Inqaba gefunden hatte, geformt, gebrannt und dann mit Asche schwarzbraun gefärbt und liebevoll mit Fett und Wachs auf Hochglanz poliert. Drei dieser perfekten kleinen Kunstwerke hatte sie angefertigt. Eines für ihre Tochter, eines für ihren Mann und eines für sich.

»Sieh einmal, auch Ubaba und ich haben jeder ein Imvubu. Es sind Brüder, so bleiben wir untereinander immer in Verbindung, auch wenn uns große Entfernungen trennen. Es wird unser großes Geheimnis sein.« Wie eine Liebkosung spürte sie die zärtliche Stimme ihrer Umama auf ihrer Haut.

Etwas in ihr brach zusammen, und ihr schossen die Tränen in die Augen. Der Zauber der Imvubus hatte versagt. Ihre Mutter und ihr Vater waren tot, und sie lebte unter anderem Namen in einem fremden Land, hatte keine Verbindung zu ihrer leiblichen Familie, keine zu dem fernen Land, in dem sie geboren wurde, keine zu der sonnendurchfluteten Zeit ihrer Kindheit. Das kleine Kind in ihr weinte hemmungslos, und sie drohte in dem Gefühlsstrudel unterzugehen.

Wie eine Ertrinkende schnappte sie nach Luft, war mit wenigen Schritten an der Eingangstür und riss sie auf. Ein Schwall eiskalter Nässe schlug ihr entgegen. Sie rannte hinaus in den strömenden Regen, stand dann mit verschränkten Armen da, den Kopf in den Nacken gelegt, die Augen geschlossen, während ihr das Wasser übers Gesicht in den Pulloverkragen rann.

»Mach die Tür zu, um Himmels willen, das ganze Haus kühlt durch«, rief Kate. »Komm rein, du holst dir noch den Tod!« Sie rannte ihr nach und packte sie an der Schulter.

Benita kam zu sich, schüttelte sich, dass die Tropfen flogen, und ließ sich wieder zurück ins Haus führen. Der Kälteschock hatte sie zur Besinnung gebracht, ihr ermöglicht, innerlich einen Schritt von ihren Erinnerungen zurückzutreten und den Vorfall nüchtern zu beurteilen. Sie hielt Kate die Hand hin.

»Bitte, gib mir die Figur, ich möchte sie mir genauer ansehen.« Bitte, lass es nicht die sein, für die ich sie halte, betete sie schweigend, wollte ihren Verdacht noch nicht in Worte kleiden, fürchtete, mit Fragen bombardiert zu werden, die sie nicht beantworten wollte. Oder konnte, was viel schlimmer war.

Kate Forrester ließ die winzige Tonfigur auf ihre Handfläche gleiten und lehnte sich neugierig vor. Mit fliegenden Fingern zog Benita ihre eigene hervor und legte sie daneben. Die Figuren lagen schwer und warm in ihrer Hand. Langsam fuhr sie mit dem Finger über den eleganten Schwung des ausladenden Hinterteils, die schweren Hautfalten am Hals und die aufgestellten Ohren und großen Nüstern. Ihr Herz stolperte. Die Figuren waren identisch.

Ihre Hand zitterte so stark, dass die Flusspferdchen mit sattem Klang gegeneinanderstießen. Langsam drehte sie sie um, wagte kaum hinzusehen, so groß war ihre Angst, auf der neuen Figur die gleiche Markierung zu finden, mit der ihre Mutter all ihre Statuetten versehen hatte: die Ritzzeichnung eines winzigen, schwirrenden Vogels. Mit angehaltenem Atem schaute sie hin.

Die Vogelzeichnungen waren identisch.

Kate beugte sich vor und strich mit dem Zeigefinger erst über den einen und dann den anderen Vogel. »Sieht aus, als hätte ein und dieselbe Person sie angefertigt. Hübsch, sehr hübsch. Wer immer der Künstler ist, der sie angefertigt hat, er hat großes Talent.« Kate war Vorstand im Kunstverein ihrer Stadt und fachkundiger Gast bei jeder Vernissage.

Benita, keines Wortes mächtig, starrte auf die beiden Flusspferdchen in ihrer Handfläche, ihr Blick durch Ozeane von ungeweinten Tränen getrübt.

»Wenn du je in Not bist, wenn du uns brauchst, schickst du einfach dein Imvubu auf die Reise zu uns, und wir kommen, egal, wo du dich gerade aufhältst.«

Wieder die weiche Stimme ihrer Mutter, so klar, als stünde sie neben ihr!

Ich höre die Stimmen von Toten, dachte Benita, als die Worte ihrer Umama in ihr Bewusstsein sickerten, ich werde verrückt.

In diesem Augenblick jedoch bäumte sich ihr Verstand auf. Sie ballte die Hände, bis die Knöchel knackten, und hackte sich die Fingernägel in die Handballen. »Es kann nicht sein, sie sind tot«, flüsterte sie, legte ihre Hand auf den Bauch, zwang sich, gegen den Druck zu atmen, bis sich ihr jagender Puls allmählich beruhigte und sich aus dem Chaos ihrer Gedanken einer herauskristallisierte.

Jemand musste in den Besitz dieser Tonfigur gelangt sein, die entweder ihrem Vater oder ihrer Mutter gehört hatte. Es musste nach deren Tod geschehen sein, denn keiner von beiden hätte sich je freiwillig davon getrennt, und niemand außer ihnen dreien wusste um die Bedeutung der Tonfiguren.

»Wer ist tot? Von wem redest du?«, fragte Kate neben ihr.

»Sie sind tot«, wiederholte Benita statt einer Antwort. »Von ihnen kann das Paket nicht kommen.« Sie machte eine hilflose Handbewegung.

Kate musterte sie befremdet. »Weißt du, was ich mich frage?«, sagte sie nach kurzem Zögern. »Ich frage mich, woher derjenige, der das Paket geschickt hat, weiß, wer du bist und wo du jetzt lebst … Woher er unseren Namen kennt …« Zu spät bemerkte sie, welch verheerende Wirkung ihre Worte auf Benita hatten. Alarmiert brach sie ab.

Ihre Tochter war gegen die Wand gefallen. Ihre weit aufgerissen Augen waren starr und leer. Sie schien ihre Adoptivmutter gar nicht zu sehen.

»Benita? Liebes? Komm zu dir!« Kate beugte sich besorgt vor und wischte einen Speichelfaden ab, der Benita aus dem Mundwinkel lief. »Benita?« Sie schüttelte sie sanft an der Schulter, aber Benita reagierte nicht, sondern starrte weiterhin schwer atmend auf einen Punkt im Nichts.

»Warte hier, ich sage Abigail Bescheid, dass sie dir einen heißen Tee macht.« Kate wandte sich ab, um in die Küche zu gehen.

Benita bewegte die Lippen, bekam aber keinen Ton heraus.

Ein Knall, der Blitz und Blut. So viel Blut!

Eine Welle unbeherrschbarer Angst überrollte sie. Wer in Südafrika war ihr auf die Spur gekommen? Woher hatte derjenige ihren jetzigen Namen erfahren? Hatte diese Person etwas mit dem Tod ihrer Eltern zu tun?

Das Blut rauschte ihr in den Ohren, ihr Herz raste und verschlang allen Sauerstoff, sodass sie japsend nach Luft rang, als drohte sie zu ertrinken. Plötzlich hörte sie ein grobes Männerlachen, Feuer schien vor ihren Augen zu flackern, überall sah sie Blut, und der widerwärtige Geruch verbrannten Fleisches legte sich als erstickende Decke auf ihre Geruchsnerven. Ihre Hand flog zum Hals, der wie zugeschnürt war, sie bekam keine Luft mehr, Schreie und Bildfragmente explodierten in ihrem Kopf, der Boden unter ihr bewegte sich, kippte, und dann erlosch alles Licht.

Den Aufschlag auf dem Steinboden der Eingangshalle spürte sie nicht mehr. Sie bekam auch nicht mehr mit, dass ihr die beiden Tonfiguren aus der Hand glitten und eine davon in zwei Teile zerbrach.

Kate hatte das Zerbersten der Figur gehört, war mit einem Aufschrei herumgewirbelt, sah Benita umfallen, machte mit ausgestreckten Armen einen Satz auf sie zu, hatte sie aber nicht mehr auffangen können. Das Geräusch, mit dem Benitas Kopf auf den Steinfliesen aufschlug, ließ ihr fast das Herz stehen bleiben. Aber Kate Forrester war eine besonnene Frau. Sie erlaubte sich nur eine winzige Schrecksekunde, hielt sich nicht damit auf, in Panik zu geraten, sondern kniete neben ihrer Tochter nieder und tastete schnell nach dem Puls an deren Hals. Nach anfänglichen Schwierigkeiten fand sie ihn, allerdings pulste er nur noch fadendünn unter ihren Fingern.

Vorsichtig untersuchte sie die Schädeldecke der Bewusstlosen. Nichts, stellte sie grenzenlos erleichtert fest, kein Knirschen von Knochenrändern, nicht einmal eine offene Wunde, nur die pralle, rasch wachsende Beule eines oberflächlichen Blutergusses.

»Joss«, schrie sie. »Kommen Sie sofort herunter!«

Der kleine Schotte polterte die Treppe aus dem Obergeschoss herunter und starrte entsetzt auf Benita. »O Sch…«, entfuhr es ihm. »Entschuldigung, Ma'am.

Kate ignorierte seinen Ausruf. »Holen Sie mir ein flaches Kissen aus dem Wohnzimmer und mein Handy vom Couchtisch. Schnell!«, rief sie ihm zu.

Sekunden später hielt sie beides in Händen. Schon etwas beruhigter schob sie ihrer Tochter das Kissen unter den Kopf und wählte anschließend die Nummer des Hausarztes.

»Ich rufe den General an«, sagte Joss und holte sein eigenes Telefon hervor.

Kate winkte ab. »Das hat keinen Sinn; er sitzt sicher schon im Auto und ist auf dem Heimweg. Und wie immer hat er sein Mobiltelefon im Wohnzimmer liegen lassen.« Sie unterdrückte ihren Unmut. Wie oft hatte sie ihm deswegen schon Vorhaltungen gemacht?

Er brauche nicht ständig erreichbar zu sein, hatte er ihr Bitten kommentiert und hinzugefügt, dass er nun einmal kein Hund sei, den man an der Leine halten müsse. Nun, nach diesem Vorfall würde er sein Verhalten ändern. Dessen war sie sich absolut sicher. Wenn es Benita betraf, stieß er fast alle seine Prinzipien um.

»Holen Sie bitte die Mohairdecke aus der Truhe und das Kopfkissen aus Benitas Schlafzimmer. Wir müssen sie auf die Couch legen«, wies sie Joss an, während sie wartete, dass der Arzt sich endlich meldete.

»Clarence?«, rief sie, als sie seine Stimme hörte. »Hier ist Kate Forrester. Benita ist verunglückt.«

Das Erste, was Benita wahrnahm, war der wohlige Eindruck, in einem sanften, warmen Strom dahinzutreiben. Träge versuchte sie, ihre Lider zu heben, aber es schienen Steine darauf zu liegen. Also gab sie den Versuch auf und ließ sich in die weiche Schwärze davontragen.

Kate hatte bemerkt, dass Benita zu sich kam. »Ruhig, Kleines, bleib einfach ruhig liegen. Kannst du die Augen öffnen?«, fragte sie und strich ihr dabei besorgt die Haare aus dem Gesicht. »Versuch's. Mir zuliebe.«

Widerwillig gehorchte Benita. »Was ist passiert …?« Groggy mühte sie sich, sich auf die Ellbogen zu stützen, wurde aber von einer Hand sanft zurückgedrückt. Die Welt begann sich wieder in rasender Geschwindigkeit um sie zu drehen. Mit einem letzten Rest von Entschlossenheit kämpfte sie dagegen an, und endlich gelang es ihr, die Augen zu öffnen und ihre Umgebung zu erkennen.

Sie lag im Wohnzimmer vor dem knisternden Kaminfeuer auf der Couch, eine leichte Decke war bis zu ihrer Brust hochgezogen, ein Kissen lag unter ihrem Kopf. »Mum, was …?« Wieder drehte sich alles um sie, und dankbar ließ sie sich in die sanfte, seidenweiche Lethargie zurücksinken, wo es keine Kanten gab, nur Rundungen, und ihre Gedanken in einer schmalen, geraden Bahn plätscherten. Aber eine Männerstimme schreckte sie auf.

»Halten Sie ihren Arm, Kate, damit ich ihr die Spritze geben kann.«

Erstaunt erkannte Benita die Stimme des Hausarztes Dr. Clarence Hart und spürte gleichzeitig das sanfte Klopfen von Fingerspitzen in ihrer Ellenbeuge. Plötzlich sickerte die Bedeutung dieser Wahrnehmung in ihr Bewusstsein. Etwas bäumte sich in ihr auf. Sie strampelte sich aus der fürsorglichen Umarmung Kates frei und stieß gleichzeitig die Hand des Arztes mit der Spritze zurück.

»Nein, keine Spritze … keine Pillen … Ich will nicht …«, lallte sie. Aber ihre Kraft reichte nicht, sich gegen den Druck von Dr. Harts Händen zur Wehr zu setzen. Sie fiel zurück ins Kissen.

»Sie muss schlafen, Kate, sie muss Zeit haben, sich zu erholen. Halten Sie ihren Arm ruhig.« Der Doktor sprach mit Kate, als wäre Benita gar nicht anwesend, während er deren Arm leicht überstreckte und die Spritze ansetzte.

Bevor Benita reagieren konnte, glitt die Nadel tief in die Vene. »Nein!«, schrie sie und schlug in ihrer Verzweiflung wie wild um sich. Ein Schlag traf Dr. Harts Hand, bevor er den Kolben vollständig herunterzudrücken vermochte. Ein glühender Schmerz schoss ihr den Arm hoch, der Zylinder löste sich von der Kanüle, und das restliche Beruhigungsmittel spritzte ihr über den Arm. Mit einer heftigen Bewegung riss sie sich die Nadel aus der Vene und schleuderte sie von sich. Die Kanüle blieb im weichen Teppich stecken. Tiefrotes Blut quoll aus der Einstichstelle, die rasch blau anschwoll, und tropfte auf ihren Pullover.

Allein durch die heftige Bewegung wurde ihr wieder schwindelig, und Kates Stimme schien sich zu entfernen. Offenbar hatte sie doch eine gewisse Menge des Medikaments in die Blutbahn bekommen. Die Wirkung setzte bereits ein. Sie schüttelte benommen den Kopf und ruderte ziellos mit den Armen.

»Ich will nicht … Lasst mich … Verdammt!«, schrie sie auf, als sie spürte, wie der Arzt wieder zupackte und ihren Arm streckte.

»Kate, nun halten Sie sie ruhig, sonst geht es wieder schief«, brüllte er. »Ich will sie doch nicht als Nadelkissen benutzen!«

Benita trat um sich, schrie lauter, und plötzlich gab Kate sie frei, wehrte den Arzt ab und richtete sie vorsichtig auf, ihren Arm schützend um ihre Schulter gelegt.

»Nein«, sagte sie laut und drückte Dr. Hart resolut zurück, »nicht gegen ihren Willen. Das lasse ich nicht zu.«

»Aber, meine Liebe, Sie sehen doch, wie verstört sie ist. Sie ist überhaupt nicht in der Lage, etwas zu entscheiden.« Der Arzt hielt die Spritze wie eine Waffe im Anschlag.

»Ein Beruhigungsmittel wird daran nichts ändern. Irgendwann hört es auf zu wirken, und was ist dann? Wie lange wollen Sie Benita denn betäuben? Ihr Leben lang? Ich will, dass wir dieser Sache jetzt auf den Grund gehen. Ich will wissen, warum sie sich bei dem Anblick einer harmlosen Tonfigur fast zu Tode erschreckt und umfällt. Ich will, dass sie endlich zur Ruhe kommt. Sie ist zweiunddreißig Jahre alt, es ist höchste Zeit, dass sie herausfindet, was damals geschehen ist. Es ist ihr Recht!«

Sie stand auf und schob den protestierenden Arzt mit entschiedenem Druck auf seinen Rücken aus dem Zimmer in die Eingangsdiele. »Ich danke Ihnen, Clarence. Wenn wir Sie wider Erwarten doch noch brauchen, dürfen wir Sie doch sicher anrufen?«

»Ja, natürlich, jederzeit … Aber ich muss darauf bestehen … meine Patientin … Ich habe die Verantwortung …« Er wollte sich an ihr vorbei wieder ins Haus drängen.

Kate lächelte ihr unwiderstehlichstes Lächeln – jenes, welches auch den knauserigsten Gast auf einer Wohltätigkeitsveranstaltung veranlasste, seine Taschen zu öffnen – und schob den Arzt energisch zur Tür. »Nicht doch, Clarence«, sagte sie, und jetzt war der stählerne Unterton unüberhörbar. »Ich werde auf Ihre Patientin aufpassen, das versichere ich Ihnen. Sie ist meine Tochter, vergessen Sie das nicht. Auf Wiedersehen, mein Lieber.«

Damit schloss sie die Tür hinter ihm und rannte zurück ins Wohnzimmer, wo Benita leichenblass auf der Sofakante hockte und das unversehrte Imvubu zwischen den Fingern drehte.

Kate kniete vor ihr nieder. »Ich helfe dir, der Sache ein für alle Mal auf den Grund zu gehen, mein Liebling, ich helfe dir, dich zu erinnern. Du brauchst den Weg nicht allein zu gehen, das verspreche ich dir. Adrian und ich werden immer für dich da sein, wenn du uns brauchst.«

»Das hat mir meine Mutter auch versprochen, bevor …« Benita versagte die Stimme. Für eine lange Minute kämpfte sie gegen den Sog, der sie erneut zu verschlingen drohte.

Sie hielt Kate die kleine Figur hin. »Meine Umama hat die Imvubus gemacht«, flüsterte sie rau, unbewusst die Zulu-Ausdrücke ihrer Kindheit benutzend, »und sie hat mir gesagt, wenn ich in Not bin, muss ich meins nur an sie oder meinen Ubaba schicken, und sie würden mir zu Hilfe eilen, egal, wo sie sind, egal, wo ich gerade bin.« Sie sah Kate mit brennendem Blick an. »Aber sie sind tot, meine Umama und mein Ubaba sind tot … Und ich weiß nicht, wer …« Sie holte tief Luft. »Ich weiß nicht, wer der Absender sein könnte, wer meinen Namen kennt … Mum, ich habe Angst.«

Kate Forrester senkte den Kopf, damit Benita die Tränen nicht sah, die sich in ihren Augenwinkeln sammelten. Mit einer brüsken Bewegung glättete sie das Einwickelpapier mit dem verschmierten Absender und studierte den Stempel, der quer über mehrere bunte Briefmarken reichte, bemühte sich, den Namen des Ortes zu lesen, wo das Päckchen aufgegeben worden war.

»Irgendwas und dann Rocks, also vermutlich Umhlanga Rocks«, murmelte sie und blickte ihre Stieftochter zutiefst beunruhigt an. »Wer weiß, wer du bist und wo du lebst? Wer dort unten kennt deinen jetzigen Namen?«, wiederholte sie ihre früheren Fragen. »Dein Vater hat niemandem erzählt, wohin er dich gebracht hat, bevor …« Sie brach ab, ihre Hände flatterten in einer hilflosen Geste. Auch sie konnte das Grauen nicht in Worte kleiden. »Keiner dort kann wissen, dass wir dich adoptiert haben. Dein Vater hatte alle Papiere vorsorglich unterschrieben und beim Gericht hinterlegt, bevor er zurück nach Südafrika gereist ist.«

»Jemand weiß es.« Benitas Stimme war brüchig. Ihre Augen wurden glasig, als die Angst sie wieder zu überwältigen drohte.

Kate bemerkte es, schlang zärtlich beide Arme um sie und zog sie fest an sich, spürte das Zittern, das durch den schlanken Körper lief. Es verursachte ihr körperliche Schmerzen.

»Hör auf zu weinen, Liebling, es wird alles wieder gut, ich versprech's«, flüsterte sie und benutzte all diese hilflosen Floskeln, auf die man in einer solchen Situation zurückgriff, zitterte selbst vor Angst vor dem, was sie herausfinden würden. Ihre Wange in Benitas feuchtes Haar gedrückt, wartete sie, bis sich ihrer beider Zittern gelegt hatte.

Als es an der Tür klopfte, empfand sie das als eine willkommene Unterbrechung.

»Komm herein, Abigail«, rief sie.

Die Tür ging auf, und eine stattliche Frau mit rosigen Apfelbäckchen, das graue Haar zu einem altmodischen Dutt geschlungenen, trat ein und setzte ein Tablett mit Tee vor ihnen ab. Unter den Arm geklemmt trug sie ein Paar grün bestickte, gefütterte Hausschuhe, die sie Benita hinstellte.

»Danke, Abigail, das ist eine prima Idee.« Benita lächelte schwach und zog dankbar die Schuhe an. Ihre Füße waren eiskalt. Nicht nur meine Füße, dachte sie und schlang sich die Arme um den Körper, hatte das Gefühl, dass die Eiseskälte nie wieder weichen würde.

»Was machst du nur für einen Unsinn«, schalt die Haushälterin sie liebevoll. »Einfach so umzufallen … Das kenne ich gar nicht von dir. Du bist doch wohl nicht schwanger, oder? Unverheiratet, wie du bist?« Ihr rundes Gesicht legte sich in sorgenvolle Falten, während sie Tee in eine Tasse füllte.

Jetzt musste Benita unwillkürlich lachen, und der Kältekern in ihr schmolz etwas. Abigail stammte vom Land und hatte sehr strikte Moralvorstellungen. »Nein, bin ich nicht, ganz sicher nicht. Wo denkst du hin! Das würde ich dir nie antun. Ich bin nur ausgerutscht. Wirklich nur ausgerutscht. War dumm von mir.«

»Das kannst du sonst wem weismachen, aber nicht mir«, tadelte Abigail und reichte ihr das dampfende Getränk. »Du bist umgefallen. Bist du dir wirklich sicher, dass du nicht schwanger bist?«

Lächelnd schüttelte Benita den Kopf, nahm die Tasse entgegen und schnupperte daran. Der unverkennbare aromatische Duft von Kognak stieg ihr in die Nase. »Aber Abigail, Alkohol im Tee – und das mitten am Tag? Seit wann sind hier derartig verlotterte Sitten eingerissen?«

Die Haushälterin schaute unschuldig drein. »Altes Hausrezept.« Vorsorglich legte sie noch einen Scheit aufs Kaminfeuer und tätschelte Benita dann die Wange. »Dein Pullover ist ganz nass. Wo sind deine Sachen? Ich werde dir etwas Trockenes zum Anziehen bringen. Soll ich dir ein Bad einlaufen lassen, damit du richtig durchwärmst?«

Benita durchlief ein Frösteln. Allein die Vorstellung, im heißen Badewasser zu liegen, das nach der Kräuteressenz duftete, die Abigails Großmutter angeblich erfunden hatte, hinterher in ein weiches, warmes Bett zu kriechen, umsorgt zu werden, beschützt gegen alles, was von draußen kam, war unbeschreiblich verlockend. Aber erst musste sie das Gedankengewirr ordnen, das in ihrem Kopf herrschte.

Ihre klammen Hände um die dampfende Tasse gelegt, lächelte sie hinauf zu der Haushälterin, die sie seit ihrem ersten Tag im Haus wie eine Großmutter unter ihre Fittiche genommen hatte. »Später gerne, aber ich muss noch etwas mit Mum besprechen.« Vorsichtig trank sie einen Schluck des heißen Gebräus.

»Ich werde dir eine Wärmflasche ins Bett legen«, verkündete Abigail und marschierte festen Schrittes hinaus, drehte sich in der Tür jedoch noch einmal um. »Hast du den Pillendreher weggeschickt?«

»Hab ich.«

»Gut«, brummte die Haushälterin. »Der weiß nämlich gar nichts. Ich kenne ihn schon, seit er noch ein kleiner Hosenscheißer war, und da schon hatte er keine Ahnung von irgendwas.« Die Tür fiel ins Schloss.

»Abigail ist ein Schatz.« Benita nippte an ihrem Tee, erschauerte wohlig, als die heiße Flüssigkeit ihren Magen erreichte und die Wärme sich rasch in ihr ausbreitete, die Kälte weiter zurückdrängte.

»Ein Hausdrachen, aber ein liebenswerter.« Kate nickte. Eine Woge der Erleichterung überschwemmte sie, als sie bemerkte, dass Benita langsam wieder Farbe ins Gesicht bekam und sich der Schleier von ihren grünen Augen hob. Vorsichtig nahm sie die beiden Teile der zerbrochenen Tonfigur hoch und inspizierte den Schaden. »Ich werde dein kleines Flusspferd wieder kleben, dann hast du wieder zwei Imvubus, oder wie die heißen.«

»Izimvubu«, korrigierte Benita automatisch. »Die Mehrzahl von Imvubu heißt Izimvubu …«

»Was zum Henker ist hier passiert?« Eine Stimme, so durchdringend und scharf wie ein Pistolenknall.

Beide Frauen fuhren hoch. Keine von ihnen hatte Adrian Forrester kommen hören. Er stand breitbeinig in der Tür, die Arme in die Seite gestemmt, das Gesicht über dem schwarzen Rollkragenpullover gerötet. Sein Blick fegte durch den Raum, erfasste die leere Spritze, das heruntergefallene Packpapier, die offene Schachtel, und blieb zu guter Letzt an den beiden Tierfiguren hängen, der heilen und der zerbrochenen, die Kate auf den Tisch gelegt hatte. Er sah seine Frau an.

»Was geht hier vor, Kate? Warum sieht meine Kleine aus, als hätte jemand sie durch den Wolf gedreht?« Mit wenigen Schritten war er neben Benita und legte ihr schützend die Hand auf den Kopf.

Mit kurzen Worten beschrieb Kate ihm die Situation. Jahrzehnte der Ehe mit Adrian hatten sie gelehrt, ihre Ausführungen so knapp und klar zu halten, wie er es auch von einem Lagebericht seiner Soldaten erwartet hatte.

»Und dann ist sie einfach zusammengebrochen. Clarence Hart wollte sie mit Beruhigungsmitteln vollpumpen, aber sie hat sich mit Händen und Füßen gewehrt, und da habe ich ihn weggeschickt.«

»Gut, braves Mädchen«, kommentierte ihr Mann trocken. Er war schon immer der Ansicht gewesen, dass Beruhigungsmittel Teufelszeug war, das einen Menschen willenlos machte und anderen ermöglichte, Macht über einen zu gewinnen. »Probleme müssen gelöst werden, nicht verdrängt«, war sein Spruch.

»Komm mal her, mein Mädel«, sagte er zu Benita, nahm ihr die Teetasse aus der Hand und zog sie hoch in seine Arme. Als sie einen leisen Schmerzenslaut ausstieß, weil er versehentlich die Beule an ihrem Hinterkopf streifte, zog er besorgt die Brauen zusammen. Behutsam drehte er sie um und betastete mit federleichtem Druck die Stelle. »Keine offene Wunde, nur eine Beule«, murmelte er. Seine Erleichterung war unüberhörbar. »Ist dir schlecht?« Als sie verneinte, hielt er ihr vier Finger hin. »Wie viel sind das?

Vier, gut. Nun verfolge meinen Finger mit den Augen … Auch gut. Schwindelig?«

»Ich fühle mich, als hätte ich ein paar Flaschen Wein intus.« Sie rieb ihr Gesicht am rauen Stoff seiner grünen Tweedjacke. Er roch nach nasser Wolle und schwach nach Pferd. Ein vertrauter Geruch, ein Geruch, der Schutz und Geborgenheit bedeutete.

Adrian strich ihr übers Haar. »Das geht vorüber. Außerdem kann ich Kognak in deinem Tee riechen. Nach dem Schrecken genügt eine kleine Menge Alkohol, um dich umzuhauen. Soweit ich es beurteilen kann, scheinst du keine Gehirnerschütterung zu haben. Aber ich möchte, dass du das doch noch einmal vom Arzt überprüfen lässt … Benita, jetzt sei nicht schwierig«, rief er streng, als sie abwehrend den Kopf bewegte. »Damit ist nicht zu spaßen.«

Er schob sie ein Stück von sich, senkte die gesträubten Brauen und riss gleichzeitig die Augen auf, ein Trick, den er stets anwandte, um sein Gegenüber einzuschüchtern. Der Effekt hatte früher ganze Kompanien vor Schreck erzittern lassen.

Nicht so Benita. Mit dem Daumen glättete sie liebevoll seine Stirnfalten. »Dad, ich bin's – du weißt, das wirkt bei mir nicht.« Sie wusste, dass sie und Kate die einzigen Menschen waren, die General Adrian Forrester nicht ins Bockshorn jagen konnte. Obwohl er regelmäßig ignorierte, dass sie kein kleines Kind mehr war, sondern eine erfolgreiche Bankerin, eine der besten noch dazu, hatte sie jedoch nie das Bedürfnis, sich seiner wirklich erwehren zu müssen. Was immer er tat, tat er aus Liebe, nicht aus Machtgelüsten.

Sanft löste sie sich aus seinen Armen. »Ich pass schon auf mich auf. Wenn es nötig ist, gehe ich zum Arzt. In Ordnung?«

»Es ist nötig, glaub mir.« Adrian schaute besorgt drein. Er brummte etwas Unverständliches, während er seine Tweedjacke auszog und über einen Sessel warf. Die Hände in die Hosentaschen vergraben, ging er hinüber zu dem schönen alten Mahagonischrank und öffnete die mit eingravierten Motiven verzierten Glastüren. Flaschen und geschliffenes Glas blinkten im Licht des Kaminfeuers.

Benita stellte sich vor den Kamin und streckte ihre eiskalten Hände dem Feuer entgegen. Die Hitze prickelte auf ihrer Haut, Funken sprühten, grelle Flammen züngelten um die Scheite, tanzten vor ihren Augen, verschwammen zu einem Flammenmeer, und plötzlich hörte sie Schreie, die fürchterlichen, lang gezogenen Schreie eines Menschen in höchster Not. Entsetzt zuckte sie zurück, stolperte, wäre fast hingefallen vor Schreck. Eine Windbö jaulte ums Haus, und die Schreie verwandelten sich in das Heulen des Sturms im Schornstein. Zittrig von dem erneuten Schock, ging sie mit unsicheren Schritten zum Sofa und ließ sich in die Polster fallen. Offenbar war sie derartig überreizt, dass ihr die Fantasie einen Streich gespielt hatte. Ein schneller Blick hinüber zu ihren Eltern zeigte ihr, dass diese nichts von der kleinen Szene mitbekommen hatten. Verstohlen atmete sie auf.

»Möchte jemand einen Whisky?« Adrian hielt die Flasche hoch.

Als beide Frauen dankend den Kopf schüttelten, ließ er zwei Fingerbreit der goldenen Flüssigkeit in sein Glas laufen und setzte sich dann Benita gegenüber in seinen Lehnstuhl, in dem er sonst stets das Kreuzworträtsel der Times zu lösen pflegte. Nach einem tiefen Schluck stellte er das Glas auf dem Couchtisch ab, legte seine Fingerspitzen aneinander und konzentrierte sich für einen Augenblick auf das Teppichmuster. Dann hob er den Kopf.

»Drei Fragen stellen sich. Wer weiß, wie du heute heißt? Wer weiß, wo du jetzt lebst, und wer weiß von dem Geheimnis zwischen dir und deinen Eltern?«

Benita setzte sich auf und stopfte sich ein Kissen in den Rücken. Die Sachlichkeit, mit der Adrian das Problem anpackte, half ihr, unter dem Wust ihrer widersprüchlichen Gefühle, den beängstigenden Rückblenden, langsam ihr Gleichgewicht wiederzufinden. »Darüber zerbrechen Mum und ich uns schon die ganze Zeit den Kopf. Die kurze Antwort ist, ich habe nicht die geringste Ahnung. Keiner hat von unserer Flucht gewusst, da bin ich mir sicher, und mein … Vater hätte niemandem erzählt, dass er mich bei euch gelassen hat. Nie! Dafür lege ich meine Hand ins Feuer. Abgesehen davon kann ich mir einfach nicht vorstellen, warum ich für irgendjemanden von Interesse sein sollte.«

»Für irgendjemanden offenbar doch, sonst hätte man dir das Päckchen nicht geschickt.« Kate beugte sich vor, goss ihrer Tochter eine weitere Tasse Tee ein und ließ vier Stück Würfelzucker hineingleiten. »Hier, nach dem Schock braucht dein Körper jetzt etwas Süßes.«

Benita trank folgsam. »Bah, der ist wirklich süß! Aber er tut gut.« Sie wischte sich über den Mund. »Es ergibt alles keinen Sinn. Von der Familie meiner Mutter lebt niemand mehr, jedenfalls nicht von der näheren Verwandtschaft. Von Ubabas Seite habe ich noch eine Cousine, Jill. Sie leitet die Farm Inqaba. Ihre Mutter war die ältere Schwester meines Vaters, und irgendwo gibt es noch Tante Irma. Sie ist Schriftstellerin und hat dicke Bücher geschrieben, aber ob die noch lebt, weiß ich nicht. Sie kam mir damals jedenfalls schon uralt vor.«

»Und diese Jill? Könnte sie wissen, wo du jetzt lebst? Was ist sie für ein Mensch?«, wollte Adrian Forrester wissen.

»Jill?« Benita verstummte und starrte in ihre Teetasse. Dann schüttelte sie den Kopf. »Es ist absolut ausgeschlossen, dass Jill dahintersteckt. Wir mochten uns schon als Kinder, obwohl sie sieben Jahre älter ist als ich. Von … von den … anderen …« Ihre Stimme verlief. Sie holte tief Luft, zwang sich zur Ruhe. »Die Geheimpolizei von damals gibt es nicht mehr«, fuhr sie endlich fort und hielt sich an ihrer Tasse fest wie an einem Anker. »Seit zwölf Jahren wird das Land von einem schwarzen Präsidenten regiert … Es ist vorbei. Wer sollte mir etwas antun wollen? Wobei noch gar nicht sicher ist, dass das Imvubu …«, sie schob die zwei Teile der Tonfigur mit dem Zeigefinger hin und her, »dass es Schlimmes zu bedeuten hat. Vielleicht … vielleicht …« Sie stockte, machte dann eine Handbewegung. »Ich kann mir einfach keine Erklärung zusammenreimen.«

»Was immer es zu bedeuten hat, warum sagt derjenige nicht wie ein anständiger Mensch, was er will?« Adrian Forrester schüttete den Rest des Single Malt Whiskys hinunter und setzte das Glas auf dem Couchtisch ab. »Warum versteckt er sich?«

Benita presste die Lippen zusammen. Es gelang ihr, das Zittern zu unterdrücken, das sich bei dieser Frage wieder ihrer bemächtigen wollte. Sie zog den Rollkragen über ihr Gesicht, atmete durch die Maschen, versuchte verzweifelt, eine Erklärung zu finden, wusste aber keine Antwort auf seine Frage. Sie ließ den Rollkragen zurückfallen und fuhr sich frustriert mit beiden Händen durchs Haar, wobei sie bemerkte, dass absurderweise ihre Haarwurzeln schmerzten. Sie ließ die Hände sinken, die ziellos wie panische Schmetterlinge umherflatterten. Sie setzte sich darauf wie ein kleines Kind. Ratlos schaute sie Kate an.

Kate hatte sie mit wachsender Besorgnis beobachtet, hatte die Anzeichen einer erneuten heftigen Reaktion erkannt. Sie war mit einem Satz neben ihr und nahm sie in die Arme. »Verdammt, Adrian, jetzt ist es aber genug! Du siehst doch, dass es zu viel für sie ist.« Wenn sie wollte, konnte sie sich durchsetzen, auch gegen ihren Mann.

Der Blick, den er ihr zuwarf, war scharf und direkt. »Sie muss darüber nachdenken. Es ist zu gefährlich, den Kopf in den Sand zu stecken. Welche Erinnerung hat die Ankunft des Päckchens ausgelöst? Welche Erinnerung war so schlimm, dass sie dir das Bewusstsein geraubt hat? War es der Tag, an dem das mit deiner Mutter passiert ist? Was war der Auslöser?«

Unsinnigerweise spürte Benita Ärger in sich aufsteigen, Ärger darüber, dass niemand in ihrer Gegenwart es wagte, die Sache beim Namen zu nennen. »Du meinst, was an dem Tag passiert ist, als meine Mutter ermordet wurde?« Die Worte stiegen auf wie eine

Rakete und zerplatzten mit einem ohrenbetäubenden Knall. Für einen langen Augenblick starrten alle einander an.

»Ja«, antwortete ihr Adoptivvater endlich, »ja, genau das meine ich.« Er erhob sich und legte zwei große Holzscheite auf die Glut im Kamin. Sofort züngelten Flammen hoch. »Es geht um den Tag, an dem deine Mutter ermordet wurde. Denk nach! Was ist das Letzte, an das du dich erinnerst, bevor du … umgefallen bist?«

Benita antwortete nicht. Ihre nervös tastenden Finger fanden einen Fussel, der sich aus dem Muster ihres Aranpullovers gelöst hatte. Sie zupfte daran, zupfte und zupfte, zerrte ihn heraus, bis er zerriss und ein Loch im Gestrick verursachte. Mit abwesendem Ausdruck schaute sie ins Leere und wickelte den Faden dabei um ihren Zeigefinger, bis sich das Blut staute.

Kate wagte nicht, sie daran zu hindern, wusste, dass sie etwas sah, was sie und Adrian nicht sehen konnten, dass seine Frage ihre Tochter zurück in diese Zeit gestoßen hatte, als das Grauen für sie begann. Trotz der Hitze, die der Kamin ausstrahlte, bekam sie eine Gänsehaut bei der Vorstellung, in welcher Hölle sich Benita gerade befand. Sie gestand sich ein, dass sie sich davor fürchtete, zu erfahren, was wirklich vorgefallen war, sich so entsetzlich vor den verheerenden Auswirkungen fürchtete, die eine solche Erinnerung in Benita anrichten würde. Fröstelnd rieb sie sich die Arme, beobachtete dabei, wie Benitas Blick langsam aus den Tiefen ihres Unterbewusstseins zu ihnen zurückkehrte und wieder einen Halt in der Wirklichkeit fand.

»Ich weiß es nicht«, flüsterte Benita. »Die Mauer ist noch immer da. Aber das mit dem Päckchen ist mir wieder eingefallen …« Der Faden saß noch immer fest um ihre Fingerkuppe, die bereits blau angelaufen war.

Kate legte sachte ihre Hand auf die ihrer Tochter. »Nicht«, sagte sie und löste sanft den Faden, nahm den Finger zwischen ihre und massierte ihn, um die Zirkulation wieder herzustellen. Benita ließ es teilnahmslos geschehen.

Adrian beugte sich vor. »Was war mit dem Päckchen? Welchen Dreck hat das bei dir aufgewühlt? Wieso hat es dich so erschreckt?« Nur unzulänglich konnte er seine Erregung beherrschen; sein Blick klebte auf dem bleichen Gesicht seiner Tochter, registrierte jede Regung. Er war ein Mann, der gewohnt war zu handeln, körperlich zu reagieren, mit einer Waffe, wenn es notwendig war. Jetzt war er hilflos. Er kannte nicht einmal den Gegner.

Wieder glitt Benitas Blick von ihm ab. Als sie zu sprechen begann, war ihr Tonfall ein monotoner Singsang, ohne Ausdruck, fast wie der eines Roboters. Selbst Adrian Forrester, dem Drei-Sterne-General a. D., verursachte es Beklemmung.

»Ich habe so lange nicht mehr daran gedacht«, sang die Roboterstimme, »und nun hat der Satz genügt, dass jemand absichtlich den Absender unkenntlich gemacht hat, um es wieder ans Licht zu zerren … Ich glaube, ich habe diese Sache nicht wirklich vergessen, so wie … das andere. Ich habe mir nur die größte Mühe gegeben, das Ganze zu verdrängen …« Sie zog die Hand aus der ihrer Mutter und schlang sich die Arme um den Leib, als fröre sie immer noch.

Draußen heulte der Sturm, rüttelte am Haus, ein Fensterladen krachte gegen das Mauerwerk, mit Hagel versetzter Schneeregen prasselte hart gegen die Scheiben. Irgendwo schrappten die Zweige der großen Eiche quietschend über Glas. Benita stand auf, musste sich kurz abstützen, weil der Boden unter ihr zu schwanken schien, dann trat sie ans Fenster und starrte durch das Unwetter hindurch in ein anderes Land, in eine andere Zeit.

Die Forresters hielten den Atem an und rührten sich nicht. Niemand sprach. Nach einer Weile wandte Benita sich wieder vom Fenster ab, ging langsam zurück zur Couch und setzte sich. Mit einer automatischen Geste zog sie wieder den Rollkragen hoch und begrub ihr Gesicht in der weichen Wolle, ließ nur ihre Augen frei. In ihren geweiteten Pupillen spiegelte sich das Kaminfeuer, ihr Blick war nach innen gerichtet.

»Meine Umama hat diese Tonfiguren modelliert«, begann sie im Flüsterton, ihre Stimme gedämpft durch den Rollkragen.

Sie sprach zögernd, stolperte über das Trümmerfeld ihrer Erinnerungen, suchte nach Worten, die es ihr möglich machten, das zu ertragen, was sie ihnen erzählen musste.

»Die Paketbombe ist mehrere Monate vor Umamas Tod angekommen, und wie ich schon sagte, diesen Vorfall habe ich nie vergessen, nur verdrängt. Die Worte, die Mum vorhin benutzt hat, hat auch Umama damals gesagt: Der Absender ist völlig verschmiert. Dieser Satz hat alles freigesetzt, aber die Bedeutsamkeit der unleserlich gemachten Senderadresse ist mir erst heute aufgegangen. Damals habe ich nichts verstanden. Keiner hat mir erklärt, wer Umama das Päckchen geschickt hat, niemand hat mir gesagt, wer sie so sehr gehasst oder gefürchtet hat, dass er sie töten wollte, und ich habe nie darüber nachgedacht – nachdenken wollen.« Sie atmete immer hastiger in ihrer steigenden, inneren Erregung.

»Bis heute weiß ich nicht, was am Ende dazu …«, sie stockte, zwang sich dann aber, es beim Namen zu nennen, »… was am Ende zu ihrem Tod geführt hat. Wer sie umgebracht hat.« Mit der freien Hand zerrte sie nervös am hohen Rollkragen ihres Pullovers, als würde er ihre Atmung behindern. »Warum?«

Das letzte Wort brach wie ein Aufschrei aus ihr heraus. Sie trommelte mit den Fäusten auf ihre Knie.

»Warum hasste jemand meine Umama, meine sanfte, fröhliche Mutter, so sehr?«, schrie sie.

Kate fing ihre Fäuste ein und hielt sie so fest, dass ihre eigenen Knöchel sich weiß abzeichneten. Adrians Gesicht war zu einer Steinmaske geworden. Keiner sagte etwas. In diese Stille explodierte ein Holzscheit im Funkenregen, das Feuer flammte auf. Benita fuhr mit einem Ruck hoch und riss die Hände aus Kates Griff, tastete fahrig nach ihrer Teetasse. Ihre Zähne klirrten auf dem Tassenrand, als sie einen Schluck der erkalteten Flüssigkeit kippte.

»Es ist das erste Mal, dass ich darüber gesprochen habe«, sagte sie. Sie fuhr mit den Fingern das Blumenmuster auf der Tasse nach und versank wieder in Gedanken. »Es tut so weh«, flüsterte sie schließlich. »Ich will nicht darüber reden. Ich will nicht. Nie wieder. Ich will es einfach nur vergessen.« Sie verknotete ihre Beine ineinander und schlang sich die Arme wieder um den Leib, machte sich klein, zog sich in sich selbst zurück.

Kate erkannte, was vor sich ging, dass Benita sich ihnen entzog, in eine Welt entschwand, wohin sie ihr nicht folgen und wo sie sie nicht beschützen konnten, und es brach ihr fast das Herz. Sie blinzelte die Nässe in ihren Augen weg, streckte die Hand aus und legte sie Benita an die Wange. Die Haut war kühl. Es war, als wäre sie für alle unerreichbar hinter einer schweren Tür verschwunden.

»Tu das nicht, Liebes. Das hältst du nicht aus, seelisch für immer auf Tauchstation zu gehen. Du kannst deine Gefühle nicht bis ans Ende deines Lebens unterdrücken. Lass es heraus. Schrei uns an, wirf irgendetwas Entbehrliches an die Wand, tob dich im Fitnessstudio müde – tu irgendetwas, um diese Bilder loszuwerden, aber zieh dich nicht aus der Welt zurück.«

Sie umschlang ihre Tochter, die es teilnahmslos geschehen ließ und wie eine leblose Puppe in ihren Armen lag. Kate erschrak fürchterlich. »Liebes, bitte, du machst mir Angst.«

Benita hob den Kopf und streifte sie mit einem glasigen Blick, der ohne Fokus war. Langsam, aber nachdrücklich stemmte sie sich gegen Kates Umarmung, machte sich los, stand steifbeinig auf, ging durchs Zimmer zu der blau glasierten Bodenvase, die neben dem Kamin stand, und starrte diese brütend an. Nach ein paar Sekunden bückte sie sich, hob die Vase weit über den Kopf und schmetterte sie mit aller Kraft auf den Boden. Sie zersplitterte mit einem ohrenbetäubenden Krachen auf der Fliesenumrandung des Kamins. Langsam, mit gezielten Tritten, trampelte Benita die Scherben zu Tonstaub. Ihre Eltern sahen ihr versteinert vor Schreck zu.

»Und du meinst, das hilft?«, fragte sie ihre Mutter mit trübem Blick und ließ sich auf die Couch fallen.

Kate zuckte hilflos die Schultern. »Ich weiß nicht, ob es hilft, aber ich weiß, dass du ernsthaft krank werden wirst, wenn du dich innerlich so abschottest. Du musst darüber reden, oder schreib es auf, aber lass nicht zu, dass es dich langsam zerreißt.«

Benita antwortete nicht, zwirbelte nur mit abwesender Miene an dem Faden, der aus dem Loch in ihrem Pullover hing. Bleiernes Schweigen senkte sich zwischen sie.

Adrian hatte die Kraft, es als Erster zu brechen. »Wir werden einen Privatdetektiv nach Südafrika schicken. Er wird Nachforschungen anstellen, wer hinter diesem Päckchen steckt und was derjenige damit beabsichtigte. Notfalls wird er ihn der Polizei übergeben.« Er stand reglos da, kerzengerade, in militärischer Haltung, und strahlte ungeheure Kraft und Entschlossenheit aus.

Benita verspürte das Verlangen, sich an ihn zu lehnen, seine Arme um ihren Körper zu spüren und ihm jede Entscheidung zu überlassen. Seinen Vorschlag empfand sie so verlockend wie ein weiches Bett nach einer durchwachten Nacht. Sollte sich ein anderer durch den Dreck wühlen, um die Wahrheit zu finden, sie würde sich dann aussuchen können, was sie wirklich wissen wollte.

Aber sie hatte diesen Gedanken noch nicht zu Ende gedacht, da hatte sie ihn auch schon verworfen. Unbewusst hörte sie auf, an dem Faden zu reißen, und richtete sich auf. Mit einem Schlag wurde ihr klar, dass sie sich nicht erlauben konnte, diesen bequemen Ausweg zu nehmen. Das war sie sich selbst schuldig. Sie schüttelte kurz den Kopf, um diesen Kokon von Erinnerungsfäden zu zerreißen, strich sich die Haare aus dem Gesicht und ordnete ihre Kleidung. Dann wandte sie sich Kate zu und bemerkte bestürzt, dass deren Gesicht nass vor Tränen war. Zärtlich wischte sie die Nässe weg. »Du hast recht, Mum. Es ist Zeit, dass ich es selbst herausfinde. Ich muss es wissen, sonst finde ich nie Ruhe.

Ich will mich nicht mehr verkriechen. Ich fliege nach Südafrika …«

»Nein, Benita, nicht. Lass den Privatdetektiv erst alles herausfinden, dann kannst du immer noch dorthin fliegen.« Die Angst machte Kates Stimme schrill. Die Vorstellung, dass sich Benita allein und ohne Schutz durch den giftigen Schlamm von Südafrikas düsterer Vergangenheit wühlen würde, ließ sie vor Angst erschauern.

»Nein, Mum, es ist Zeit, dass ich es herausfinde. Ich muss es wissen, ich finde sonst nie Ruhe. Es soll so sein. Ich werde wie vorgesehen am Donnerstag mit Roderick fliegen. Wenn wir das Geschäftliche erledigt haben, werde ich mir Zeit ausbedingen, um endlich das herauszufinden, an das …«, wieder stolperte sie über die Worte, »woran ich mich nicht erinnern will.« Sie richtete ihren Blick erneut auf etwas, was Kate und Adrian nicht sehen konnten.

»Ich werde meine Suche auf Inqaba beginnen«, sagte sie leise. »Dort hat alles angefangen. Ich will wissen, wer mir das Flusspferd geschickt hat, ob es das von Umama oder das von Ubaba ist und wie derjenige in seinen Besitz gelangt ist. Wenn ich das herausbekommen habe, bin ich mir sicher, dass ich endlich weiß, was …« Mit einer Handbewegung ließ sie den Satz versickern und hing schweigend ihren Gedanken nach.

Abrupt stand sie auf, aber wieder tanzten schwarze Flecken vor ihren Augen, und sie fiel zurück und vergrub ihren Kopf in den Händen. »Dieser verdammte Doktor«, murmelte sie. »Was war das nur für ein Zeug, das er mir reingejagt hat? Das haut ja ein Pferd um … Ich fühle mich, als hätte mir jemand eins mit einer Keule übergezogen. Hätte ich die volle Dosis abbekommen, würde ich vermutlich für eine Woche außer Gefecht sein.« Sie schaute Kate an. »Machst du mir einen Kaffee, Mum? So stark, dass der Löffel darin steht. Eine ganze Kanne voll. Ich muss wieder zu mir kommen. Der Tee ist viel zu zahm, und von dem Kognak werde ich nur faul und schläfrig.«

Kate stand auf, lehnte sich zu ihr hinunter und küsste sie zärtlich. »Du schaffst es, wir helfen dir.« Mit diesen Worten flüchtete sie in die Küche. Äußerlich bewahrte sie ihre Ruhe, gab nicht preis, wie bestürzt sie wirklich war. Benita war ihr Kind, auch wenn sie schon vierzehn Jahre alt gewesen war, als sie in ihr und Adrians Leben getreten war. Sie hatten das zutiefst traumatisierte Mädchen, das den Anblick von flackerndem Feuer nicht ertragen konnte, sich beim Geruch von gebratenem Fleisch erbrach und nur bei Licht schlafen konnte, sofort in ihr Herz geschlossen. Ein eigenes Kind hatte sie nie gehabt. Kurz nach ihrer Hochzeit hatte ein Autounfall ihrem sehnlichen Wunsch nach einem Kind ein brutales Ende gesetzt.

Adrian liebte Kinder, und ihn hatte es mindestens ebenso hart getroffen. Obwohl er sich bemüht hatte, sein Leid ihr gegenüber zu verbergen, um es ihr nicht noch schwerer zu machen, war es für alle offensichtlich gewesen. Der kleinen Benita mit den großen, leuchtenden Augen, die so grün waren wie das Meer nach einem Sturm, mit den goldbraunen Haaren und einer Haut wie Sahnekaramell war er vom ersten Augenblick in bedingungsloser Liebe ergeben. Und wenn Kate zusah, wie Vater und Tochter zusammen ausritten oder sich gegenseitig im Schach ausmanövrierten, über Gott und die Welt argumentierten, bis sie beide mit hochrotem Kopf die Encyclopædia Britannica durchwühlten, um jeweils dem anderen zu beweisen, dass man recht hatte, traten ihr vor Dankbarkeit die Tränen in die Augen. Keine leibliche Tochter hätte ihnen mehr geben können.

Mit dem Handballen wischte sie sich erneut die Nässe aus den Augenwinkeln, holte Tassen aus dem Schrank, stellte sie auf ein Tablett, zählte acht Löffel Kaffeepulver in einen Papierfilter ab und drückte den Knopf der Kaffeemaschine. Das Wasser begann zu gluckern. Bis es durchgelaufen war, kehrte sie ins Wohnzimmer zurück.

Benita hockte noch immer auf der Couch. Den Kopf in die

Hände gestützt, die glänzenden Locken wirr, die Augen rotgerändert, stierte sie ins Leere.

Lieber Gott, lass sie bei uns bleiben, nimm sie uns nicht weg, betete Kate schweigend und zwang sich trotzdem ein Lächeln ab. »Der Kaffee ist gleich fertig, und wenn er seine Wirkung getan hat, lass uns darüber reden, wie wir dir helfen können. Ich halte es nämlich nicht für eine gute Idee, wenn du jetzt allein nach Afrika fliegst. Am besten machst du für ein oder zwei Wochen Ferien auf Mallorca. Ich rufe Juanita an, dass sie das Haus fertig macht. Die Insel hat im November einen ganz eigenen Reiz, und auf jeden Fall hättest du da Ruhe … Roderick wird in seiner Bank ja wohl noch jemanden finden, der dich ersetzen kann …« Sie redete zu schnell, sie merkte es selbst.

»Nein.« Benita stemmte sich hoch und blieb zu ihrer Erleichterung stehen, ohne dass das Zimmer Karussell fuhr. »Ich fliege nach Südafrika«, sagte sie wieder, dieses Mal nachdrücklich. Mit aller Kraft wehrte sie sich gegen die Vorstellung, was sie dort wohl erwartete.

Aber vergebens. Ihre Fantasie ließ Bilder vor ihr auftauchen, die ihr das Herz bis in den Hals schlagen ließen. Ihre Gedanken rasten in gestrecktem Galopp davon, jagten über zwei Kontinente, bis sie sich an der Passkontrolle allein vor dem Beamten stehen sah, der, von einer dicken Glasscheibe geschützt, in seiner Kabine saß, sah sich den Pass durch die Durchreiche schieben, sah, wie er den Pass nahm, aufblätterte und die Daten in seinen Computer eingab.

Benita Jikijiki Steinach-Forrester.

Ihr voller Name. Ihr Leben in ihrem Namen eingefangen. Die Verbindung zur Vergangenheit ihrer Eltern. Die Worte Ubabas kamen hoch.

»Die Steinachs von Inqaba, das ist ein Begriff, den kennt jeder in Natal, und Jikijiki war eine Vorfahrin deiner Mutter. Eine Frau voller Kraft und Liebe. Ich möchte, dass du weißt, wo du herkommst, ich möchte, dass du das nie vergisst«, hatte er gemurmelt, während er am Esstisch der Forresters einen Satz amtlich aussehender Papiere unterschrieb, damals vor achtzehn Jahren, als sie so überstürzt aus ihrem Geburtsland nach England geflohen waren.

Benita hatte neben ihm gestanden und nicht gewusst, was er meinte. »Was meinst du damit, dass ich nicht vergessen soll, wo ich herkomme? Bleiben wir denn hier in England? Gehen wir nicht nach Inqaba zurück? Warum soll ich Forrester heißen?«

Er hatte sie nur in die Arme genommen und gedrückt, dass ihr die Luft weggeblieben war, geantwortet hatte er ihr nicht. Den flüchtigen Ausdruck von Verzweiflung, der über sein müdes Gesicht huschte und die tiefen Nasenfalten noch verstärkte, hatte sie nicht deuten können. Sie war noch zu jung gewesen. Damals ahnte sie noch nicht, wie das Leben sein konnte.

Wenige Tage später hatte er ihr mitgeteilt, dass er abreisen und sie bei den Forresters lassen würde. »Kate und Adrian Forrester sind meine besten Freunde«, hatte er ihr erklärt, wobei er vermied, ihr in die Augen zu sehen. »Adrian und ich haben zusammen in Cambridge studiert und später gemeinsam Paris unsicher gemacht. Das schmiedet auf Lebenszeit zusammen.« Mit diesen Worten hatte er sie lange und so fest an sich gedrückt, dass sie nach Luft schnappen musste, ihr mit Tränen in den Augen versprochen, sie bald nach Hause zu holen. Dann war er in das wartende Taxi gestiegen und um die nächste Straßenbiegung verschwunden.

Sie blieb zurück, verstört, ängstlich, von entsetzlichen Albträumen geplagt, rief nächtelang nach ihrer Umama, wurde blass und dünn und traurig, und drei Wochen später brach ihre Welt vollkommen zusammen.

In ihrem jetzigen angeschlagenen Zustand hatte sie dem Schwall dieser Erinnerungen nichts entgegenzusetzen. Ihre Knie gaben nach, und sie fiel zurück auf die Couch. Dieser Tag markierte einen dieser tiefschwarzen Momente in ihrem Leben, die wie mit Säure in ihr Gedächtnis geätzt waren. Einer von vielen.

Kate und Adrian, wie sie die Forresters anfänglich nannte, hatten sie an jenem Tag ins Kaminzimmer geführt, sich rechts und links neben sie auf die Couch gesetzt. Kate hatte sie fest umschlungen gehalten, während ihr Adrian mit uncharakteristisch sanfter, leiser Stimme so schonend wie möglich beibrachte, dass ihr Vater nicht mehr wiederkommen würde. Nie wieder.

»Warum nicht?«, hatte sie gefragt. Sie hatte noch nicht begriffen, was geschehen war.

»Er ist tot«, wisperte Kate in ihr Haar, hielt den schmalen Körper fest in ihren Armen, während fürchterliche Weinkrämpfe das kleine Mädchen schüttelten. Tagelang ließen die Forresters die Kleine nicht aus den Augen, wechselten sich nachts an ihrem Bett ab, wachten über sie, bis der Sturm endlich verebbte und Benita zu ihrer Erleichterung vor lauter Erschöpfung eine ganze Nacht und einen Tag durchschlief.

Inzwischen hatte Adrian Forrester das Adoptionsbegehren in die Wege geleitet. Michael Steinach hatte ihnen vor seiner Abreise zwei Daten genannt, die zwei Wochen auseinanderlagen.

»Wenn ich mich bis zu dem ersten nicht gemeldet habe, leitet das Adoptionsverfahren ein. Hört ihr auch bis zum zweiten Datum nichts von mir …«, hier hatte er tief durchgeatmet, ehe er weitersprach, »… dann bin ich nicht mehr am Leben. Dann müsst ihr für meine Benita sorgen.«

Dank seiner Vorsorge ging alles sehr schnell und reibungslos, und in kürzester Zeit hielten die Forresters die Tochter in den Armen, die sie sich ihr ganzes Leben gewünscht hatten. Benita war in Sicherheit.

Auf Anraten Adrians benutzte sie im täglichen Leben nur den Nachnamen ihrer Adoptiveltern, lediglich auf offiziellen Dokumenten musste weiter ihr voller Name erscheinen, also auch in ihrem Pass.

Benita Steinach-Forrester. Sie schluckte. Ein ungutes Gefühl ballte sich in ihrem Magen zusammen. Die Passkontrolle.

»Was ist, Liebes, woran denkst du?« Kate, die sie aufmerksam beobachtet hatte, konnte den Unterton von Besorgnis nicht ganz unterdrücken. Sie lehnte sich vor und nahm Benitas Hände zwischen ihre. Sie waren kalt und klamm, eine Kälte, die von innen kam, die nichts mit der Umgebungstemperatur zu tun hatte. »Sag's uns, bitte.«

Benita zog die Brauen zusammen. »Ich frage mich, ob die Südafrikaner den Namen Steinach noch in ihren Computern gespeichert haben. Der Name ist dort bekannt, oder vielmehr, er war es zumindest in dem Südafrika vor achtzehn Jahren.«

»Den Namen deiner Eltern hatten sie gespeichert, deinen mit Sicherheit nicht«, warf Adrian ein. »Warum auch, du warst ein Kind. Du hattest mit … der ganzen Sache nichts zu tun.«

Sie warf ihm einen dankbaren Blick zu. Er hatte recht. Sie hatte mit der ganzen Sache nichts zu tun. Es betraf ihre Eltern, und die Angst, die sie jetzt verspürte, gehörte zu der Zeit damals. Heute hatte sie keine Bedeutung mehr für sie.

Aber der Damm war gebrochen, die Bilderflut überschwemmte sie und riss sie mit sich weg.

Sie sah sich an der Hand ihres Vaters im geschäftigen Durbaner Flughafen stehen, damals vor mehr als achtzehn Jahren. Ihr Vater, sein Gesicht hinter einer Sonnenbrille und einem wilden Bart versteckt, von dem sie wusste, dass er falsch war, war mit ihr dorthin gefahren. Ihre Umama hatte versucht, ihn daran zu hindern, hatte gebettelt und gefleht.

»Das Risiko ist zu groß, sie werden dich erwischen, und dann …« Den Rest des Satzes ließ sie in der Luft hängen und deutete mit verschwörerischem Blick auf Benita.

»Was ist dann, Umama?«, hatte sie gefragt, aber ihre Eltern schauten weg, und sie bekam keine Antwort. Wie so oft.

»Sie muss es wissen«, hatte ihr Vater nur gemurmelt. »Sie muss es lernen.« Damit hatte er Benita mit sich gezogen und sie ins Auto gesetzt, und sie hatte nicht gewagt zu fragen, warum ihre Umama dort an der Haustür lehnte und weinte.

Die Flughafenhalle war überfüllt gewesen, das Stimmengewirr ohrenbetäubend, überall waren mit Maschinenpistolen bewaffnete Soldaten umhergelaufen, und im Hintergrund waren diese Männer gewesen, in Zivil, die nur herumstanden und ihre Umgebung beobachteten, sonst aber keinerlei Aufgabe zu haben schienen.

Ihr Vater hatte ihre Hand fester gepackt. »Sieh sie dir genau an. Sie sehen so unbeteiligt aus, aber glaub mir, mein Kleines, sie sehen alles«, raunte er ihr ins Ohr. »Du musst lernen, sie zu erkennen. Meist stehen sie ganz still da, nur ihre Augen bewegen sich, hierhin, dorthin, bis sie ein Opfer gefunden haben. Man entgeht ihnen nicht.«

»Warum muss ich das lernen? Wer sind die Männer? Ich will das nicht lernen! Das ist deine Welt, nicht meine, das sagt Umama auch immer …«

Sie hatte geweint und versucht, sich von ihm loszureißen, und einer dieser Männer war aufmerksam geworden und hatte zu ihnen herübergeschaut, ihr direkt in die Augen. Es hatte sie derart erschreckt, dass sie vor Angst gewimmert hatte.

»Reiß dich zusammen, Liebling«, hatte ihr Vater gesagt und dabei mit zusammengebissenen Zähnen gelächelt. Sie hatte gemerkt, dass er diese Männer hinter seiner Sonnenbrille nicht aus den Augen ließ.

Nie hatte sie dieses schreckliche Lächeln vergessen und die Angst, die sich in heißen Wellen um ihn verbreitete, die sie wie Feuerhitze fühlte. Sie war schlagartig verstummt. Ihr Vater hatte einen Arm um sie gelegt und seine Hand so fest in ihrer Schulter verkrallt, dass es ihr wehtat. Langsam hatte er sie durch die Menge zum Ausgang geschoben.

»Siehst du die Kerle?«, hatte er geflüstert, immer noch mit diesem Lächeln auf dem Gesicht. »Dort steht einer und dort und dort auch. Wir gehen nicht eher nach Hause, bis ich überzeugt bin, dass du gelernt hast, diese Männer zwischen anderen Menschen zu erkennen.«

Es hatte nicht lange gedauert, und sie konnte sie aus der Menge herausfinden wie Rosinen aus einem Kuchen. Langsam, angespannt, dass ihr die Kiefermuskeln schmerzten, stolperte sie neben ihm durch die Halle dem Ausgang zu. Sie erreichten die Schwingtür, ohne dass sie aufgehalten wurden. In der Tür hatte ihr Vater sich noch einmal umgedreht und auf den Durchgang zur Passkontrolle gedeutet.

»Das ist die Passkontrolle, und spätestens da erwischen sie jeden. Hier in Durban ist es nicht so schlimm, der Durchgang ist einigermaßen erträglich, aber in Johannesburg, Südafrikas Nadelöhr zum Rest der Welt, ist die Öffnung genauso breit, so klaustrophobisch eng, dass nur ein Mensch auf einmal hindurchpasst, ein normal gebauter Mensch – ein richtig dicker Kerl hätte da schon Probleme.« Seine Hand auf ihrer Schulter krampfte sich zusammen. Es hatte so wehgetan, dass sie unwillkürlich aufgeschrien hatte. Ihr Vater aber schien es nicht gemerkt zu haben. In monotonem Tonfall fuhr er mit seiner Erklärung fort.

»Dann stehst du vor ihren Computern, die mit sämtlichen Daten gefüttert sind, wie eine Maus vor einer Schlange. Die drücken da nur einmal auf die Taste, und schon wissen sie alles über dich.« Bei diesen Worten hatte seine Stimme vor unterdrückter Heftigkeit gebebt, und er hatte mit einem Ausdruck ins Leere gestarrt, der das Angstfeuer in ihr lichterloh aufflammen ließ.

Die, das waren die gesichtslosen Männer, diese bedrohlichen Schatten, die ihre Kindheit verdunkelt hatten. Die von BOSS, dem Bureau of State Security, der Staatssicherheitspolizei. Noch heute rief dieser Name stärkste Beklemmungen bei ihr hervor, hörte sie mitten in den schwärzesten Stunden der Nacht das Hämmern an der Tür, spürte sie die Angst ihrer Mutter, wusste, dass ihr Vater jetzt wieder lange Zeit nicht mehr bei ihnen sein würde.

»Er musste weg«, sagte Umama dann in diesem künstlich fröhlichen Ton, den Benita zu fürchten gelernt hatte. »Geschäftlich«, setzte sie stets hinzu und glaubte offenbar, dass ihre kleine Tochter nicht merken würde, was wirklich los war. Dass ihr Vater mal wieder auf der Flucht vor *denen* war und sie ihn monatelang nicht sehen würde. Irgendwann, oft erst nach einem halben Jahr, war er plötzlich wieder da, stets mit völlig verändertem Aussehen, versteckte sich tagsüber, wagte sich nur nachts hinaus, mied das Licht, blieb im Dunkeln.

Einmal, als sie nicht schlafen konnte, weil die Sommerhitze unter dem Rieddach des kleinen Hauses unerträglich geworden war, war sie aufgestanden. Sie wollte auf die Veranda gehen, um Luft zu schnappen, da hörte sie ihre Eltern flüstern.

»Er ist krank«, vernahm sie die Stimme ihres Vaters, »aber sobald es ihm besser geht, wird er sich mit dem Staatspräsidenten treffen. Es ist der Anfang, du wirst sehen. Bald werden sie ihn entlassen müssen. Der Rest der Welt wird sie dazu zwingen, und dann wird alles gut. Wir werden endlich in Freiheit leben können.«

Die Worte hallten noch heute in ihr nach, und sie knetete mit abwesender Miene ihre klammen Hände. *ER*, dachte sie, *ER*.

Noch ein Wort, das ihr Leben begleitete. Immer in Großbuchstaben. *ER.* Ein fast gesichtsloser Mensch, nur ein unscharfes, altes Schwarz-Weiß-Foto, bei dessen Erwähnen die Augen ihres Vaters glühten, dass deren tiefes Blau schwarz erschien. ER, über den seine Eltern so oft redeten. Was ER tat, was ER dachte, was IHM im Gefängnis angetan wurde. Sie nannten ihn den Black Pimpernel, da er wie die Romanfigur Scarlett Pimpernel der Baroness Orczy im Untergrund operierte, und später erst erfuhr sie, dass sie Nelson Mandela meinten. Damals durfte sie es nicht wissen, es wäre für sie zu gefährlich gewesen.

Mit keiner ihrer Freundinnen durfte sie über das sprechen, was sie aus den Unterhaltungen ihrer Eltern erfahren hatte. Das war eines der ersten Dinge, die sie lernen musste, noch bevor sie zur Schule ging. Absolute Verschwiegenheit. Nichts von dem, was im Haus gesprochen wurde, durfte je nach außen dringen.

»Nichts, hörst du, Benita? Absolut nichts!« Ihr Vater wiederholte das so oft, dass es ihr vorkam, als baute er mit diesen Worten einen Käfig um sie. Einen Käfig ohne Türen.

Ein Frösteln überlief sie, obwohl es im Zimmer durch das Kaminfeuer sehr warm war. Unvermittelt sah sie sich selbst aus der Entfernung über zwei Kontinente und mehr als zwanzig Jahre zurück in der Zeit: ein kleines Mädchen, die wilden Locken in zwei abstehenden Haarbüscheln über den Ohren gebändigt, ein Kind, das immer abseits stand, jeden Tag allein den langen Weg zur Schule gehen musste, das weder zu denen gehörte, die braune Haut hatten, noch zu denen, deren Haut weiß war. In ihr stauten sich so viele Fragen, die sie niemandem stellen durfte, so viele Dinge, über die sie nicht reden durfte, nicht mit ihren Klassenkameraden, ihren Lehrern und auch nicht mit der Nachbarsfamilie, mit der sie sonst alles teilte. Sie musste schweigen und glaubte, an diesem Schweigen ersticken zu müssen.

So wurde sie traurig und still, was die anderen Kinder ihr als Arroganz auslegten, weil jeder wusste, dass sie zu der Eigentümerfamilie von Inqaba gehörte, auch wenn sie deren Namen offiziell nicht tragen durfte, weil sie auf der falschen Seite geboren worden war. Die Gesetze Südafrikas erlaubten das nicht.

Auf diese Weise hatten ihr Wissen und ihre Herkunft sie zu einem sehr einsamen Kind gemacht, einem Kind, das immer das Gefühl hatte, in einem Käfig zu sitzen, zuschauen zu müssen, wie die anderen draußen im Licht standen, miteinander spielten und lachten, unbekümmert wie ein Schwarm kleiner Vögel. Heftiges Mitleid mit jenem kleinen Mädchen überfiel sie so unvermittelt, dass ihr die Tränen in die Augen stiegen. Ungeduldig wischte sie

sie wieder weg, ehe Kate sie bemerken konnte und sie mit ihrer Fürsorge und ihren Fragen überschüttete.

Trotz der Sicherheit ihrer englischen Existenz, wo sie glaubte, unerreichbar für die da unten zu sein, hatte sie auch mit Kate nie über das gesprochen, was sie damals gesehen und gehört hatte. Diese Seite ihres Lebens konnten Kate und Adrian nicht einmal ahnen.

Welche eine wunderbare Vorbereitung für meinen jetzigen Beruf, dachte Benita und presste die Handballen gegen ihre Augen. Die Jagd durchs schwarze Labyrinth ihrer Vergangenheit hatte ihr rasende Kopfschmerzen beschert. Ihr Schädel wurde von einem pochenden Schmerz ausgefüllt, der sich ständig verstärkte, und ihre Gedanken liefen Amok. Erinnerungsfetzen von damals, Bildsequenzen, abgehackt wie Videoclips, liefen in ihrem Kopf durcheinander, sie hörte Stimmen von denen, die längst nicht mehr lebten, hatte plötzlich Gerüche in der Nase, die es hier in England mitten im Winter nicht geben konnte. Süßlich wie von vertrocknetem Gras, würzig nach warmem Holz, frisch und grün und erdig, wie es in ihrer Kinderwelt in Zululand nach einem heftigen Sommerschauer roch. Wieder quollen ihr die Tränen hoch.

»Benita, Liebes …« Kates Stimme holte sie in die Gegenwart zurück. »Bitte überlege dir das gut.«

Konfus schaute Benita sich um, war sekundenlang völlig desorientiert, ehe sie begriff, wo sie sich befand. Was sollte sie sich überlegen? Sie warf einen Blick auf ihren Adoptivvater. Adrian war eine Weile im Zimmer herumgetigert, saß jetzt schweigend mit seinem leeren Whiskyglas in seinem Sessel. Er erweckte den Anschein, sich in einer inneren Welt zu befinden, die nichts mit dem Hier und Jetzt zu tun hatte.

Benita schaute Kate an. »Ist der Kaffee schon fertig?«, fragte sie, um ihre Verwirrung zu überspielen.

»Oh, sicher, den hatte ich ganz vergessen.« Kate sprang auf und verließ das Zimmer. Ihr Abgang wirkte wie eine Flucht.

Benita versank wieder in Gedanken, driftete zurück zu jener Nacht in Zululand, als sie durch ungewöhnlich laute Stimmen geweckt wurde. Es waren die Stimmen ihrer Eltern, die sich stritten. Zuletzt hatte sie ihre Eltern immer häufiger streiten hören, immer heftiger. Sie war leise aufgestanden und den Stimmen gefolgt. Umama und Ubaba hatten sich auf der Veranda im Mondlicht gegenübergestanden. Ihre Haltung war feindselig, als würden sie sich hassen.

Es erschreckte Benita, die hinter der Tür zum Wohnraum stand, unsäglich. Wie festgenagelt hatte sie dagestanden und mit flatterndem Herzen gelauscht.

»Ich ertrag das nicht mehr, diese ständige Angst um dich, und mittlerweile auch um mich, und du weißt genau, dass *die* …« Umama hatte das Wort hinausgeschrien, und ihre Augen, die sonst die Farbe von dunklem Honig hatten, waren fast schwarz geworden vor Angst. »… dass *die* nicht davor zurückschrecken, sich an Kindern zu vergreifen. Sie schicken ihnen vergiftete T-Shirts oder Spielzeug, das in ihren Händen explodiert. Michael, meine Liebe, ich flehe dich an …«

Ihr Vater hatte versucht, sie zu umarmen, sie festzuhalten, sie zu küssen, wohl um irgendwie zu verhindern, dass sie weiterredete, aber sie hatte sich aus seinen Armen gewunden und war einige Schritte zurückgewichen.

»Ich kann einfach nicht mehr!«, hatte sie geschrien. »Versteh das doch bitte. Es ist auch mein Leben, und das von Benita. Lass uns das Land verlassen, lass uns nach Europa gehen, oder Amerika, oder Australien. Es ist mir egal, nur irgendwohin, wo wir in Frieden unser Leben leben können, wo wir nicht dieses gefährliche Versteckspiel aufführen müssen und ich endlich Mrs Steinach und Benita offiziell deine Tochter sein kann … sonst … gehe ich …« Die Tränen waren ihr aus diesen wunderschönen honigfarbenen Augen geströmt und hatten ihre Worte ertränkt.

»Es wird nicht mehr lange dauern«, hatte ihr Vater geantwortet, und selbst Benita, die im Schatten hinter der Tür stand, konnte hören, wie verzweifelt er war. »Halt noch etwas durch. Ich flehe dich an.«

Das war das letzte Mal, dass sie ihre Eltern zusammen gesehen hatte, und hätte sie das damals gewusst, dann hätte sie sich dazwischengeworfen, hätte ihr Leben dafür eingesetzt, den Gang des Schicksals aufzuhalten. Aber sie hatte es nicht einmal geahnt, und so blieb es das Letzte, woran sie sich klar erinnern konnte. Danach gab es ein pechschwarzes Loch in ihrem Gedächtnis.

Und nun hatte jemand sie aufgestöbert, und ihr Leben würde nie wieder das sein, das es in den letzten achtzehn Jahren gewesen war. Ruhig, gleichmäßig, erfüllt von der Liebe ihrer englischen Eltern, großem beruflichem Erfolg und – in letzter Zeit – Henry.

»Henry«, murmelte sie unwillkürlich und seufzte. Für einen erschreckenden Moment konnte sie sich sein Gesicht nicht mehr vorstellen.

Kate kam gerade mit der Kaffeekanne durch die Tür und hatte sie gehört. »Henry? Was ist mit Henry? Kommt er mit nach Südafrika? Mir wäre wirklich wohler, wenn er dich begleiten könnte. Zu dumm, dass er sich ausgerechnet jetzt den Arm gebrochen hat.« Sie setzte sich neben Benita.

Gott bewahre, bloß das nicht, schoss es Benita durch den Kopf. »Das ist ja das Problem. Es ist nichts mit Henry«, sagte sie laut.

»Aber, Liebes, er ist doch …«

»… so ein netter Junge«, ergänzte Adrian ihren Satz. »Um Himmels willen, Kate, hör auf, die beiden zu verkuppeln. Der Junge ist zwar nett, aber sterbenslangweilig. Er kann Benita nicht das Wasser reichen.«

Überrascht sah Benita ihn an. »Danke, Dad. Über Henry werde ich ein anderes Mal nachdenken. Jetzt gibt es wirklich Wichtigeres.«

Ungeduldig wischte sie sich über die Augen. Am wichtigsten war, dass sie unbehelligt nach Südafrika einreisen konnte. Plötzlich setzte sie sich kerzengerade hin. Sie war zwar in Südafrika geboren, reiste aber in der ganzen Welt mit ihrem britischen Pass. Als sie damals das Land verlassen hatte, war das nicht durch das berüchtigte Nadelöhr der Passkontrolle am Johannesburger Jan-Smuts-Flughafen geschehen. Ihr Vater war mit ihr nach Swordana Bay an die Nordküste von Natal gefahren, hatte sich ein Motorboot gemietet – zum Angeln, wie er angab –, hatte seine kleine Tochter heimlich noch im Dunkel der Nacht an Bord gebracht und war mit ihr hinaus auf den Indischen Ozean gefahren, immer weiter, hinein in das rotgoldene Schimmern des afrikanischen Sonnenaufgangs. Dort, noch innerhalb der südafrikanischen Hoheitsgewässer, hatte ein Frachter auf sie gewartet. Sie waren längsseits gegangen, jemand hatte ihnen eine Strickleiter heruntergeworfen, und sie wurden von kräftigen Händen an Bord gehoben. Dann hatte ihr Vater die Leine des Motorboots gekappt, das daraufhin auf den langen Wellen des Meeres ins Nirgendwo davontrieb.

In Sansibar hatten sie den Frachter verlassen, wurden von den Matrosen ans Festland gebracht und waren von Mombasa via Nairobi nach London geflogen. Dort reisten sie mit den Reisedokumenten ein, die ihnen in der britischen Botschaft in Kenia ausgestellt worden waren. Ganz legal.

Benita legte sich auf dem Sofa zurück und verschränkte die Arme hinter dem Kopf. Ein Lächeln zog über ihr Gesicht. Es gab keine offiziellen Dokumente über ihre Ausreise, nicht auf südafrikanischer Seite. Damit fiel das größte Problem weg.

Kate bemerkte dieses Lächeln und schickte ein Dankesgebet zum Himmel. Offensichtlich ging es ihrer Tochter besser. Erleichtert goss sie eine Tasse Kaffee ein, füllte sie mit Milch auf, warf ein paar Stückchen Zucker dazu und reichte Benita dann die dampfende Tasse.

Adrian stemmte sich aus seinem Sessel hoch, ging zum Mahagonischrank und schraubte die Whiskyflasche wieder auf. »Möchtet ihr nicht doch einen?« Als beide Frauen den Kopf schüttelten, füllte er das Glas erneut, diesmal bis zum Rand, das einzige Anzeichen, wie sehr ihn der Vorfall mit dem Päckchen aufgewühlt hatte. Das Glas immer wieder an die Lippen führend, marschierte er vor dem Kamin auf und ab, offensichtlich abermals tief in seinen Gedanken versunken. Schließlich blieb er vor Benita stehen.

»Wenn ich deine Miene korrekt interpretiere, wirst du jetzt tatsächlich nach Südafrika fliegen.« Es war keine Frage. Er hielt ihren Blick mit seinem fest.

Irritiert schaute sie weg. Wie gut er sie doch kannte, so gut wie jeder leibliche Vater. Vielleicht sogar besser. Vorsichtig nickte sie, bekam erneut einen Schwindelanfall und musste warten, bis das Zimmer aufhörte, sich um sie zu drehen. Vielleicht sollte sie doch seinem Rat folgen und einen Arzt konsultieren. Allerdings würde sie nicht zu Clarence Hart mit seiner Vorliebe für Beruhigungsmittel gehen.

»Ich bitte dich, Benita, bleib hier, lass uns jemanden dorthin schicken, der erst einmal … das Terrain sondiert.« Die Tasse, die Kate mit beiden Händen umklammerte, zitterte so, dass die Flüssigkeit überschwappte. »Es gibt dort Schlangen«, setzte sie übergangslos hinzu.

Benita schmiegte sich an sie. »Ich bin in Zululand aufgewachsen, vergiss das nicht. Ich habe keine Angst vor Schlangen.« Es war bekannt, dass für Kate Schlangen alles das verkörperten, was auf der Welt böse war und im Verborgenen lauerte. Sie, die mit fester Hand jedes durchgehende Pferd bändigen konnte, hatte vor Schlangen Angst. Besonders vor den menschlichen. »Ich käme mir feige vor, Mum, und das war ich noch nie«, setzte sie hinzu.

»Außerdem würden es deine Sturheit und dein Stolz nicht zulassen …«, warf Adrian ein.

Benita quittierte seine Bemerkung mit einem winzigen Lächeln, antwortete aber nicht. Er kannte sie wirklich gut.

»Dacht ich's mir.« Wieder lief Adrian, das Whiskyglas in der Hand, mit langen Schritten im Raum herum. Dann ließ er sich in seinen Sessel fallen, dass der krachte. Er trank schweigend ein paar Schlucke und ließ dabei seinen Blick brütend auf seiner Tochter ruhen. Schließlich fasste er das in Worte, was ihn so beschäftigte.

»Ich will, dass du da unten Personenschutz hast. Ich werde dort jemanden anrufen, der dafür sorgen wird. Spar dir deine Widerrede. Sie wird dir nichts nützen.« Es klang wie ein Befehl.

Benita öffnete den Mund, um zu protestieren, schloss ihn aber wieder. Der legendären Willensstärke des ehemaligen Drei-Sterne-Generals fühlte sie sich heute nicht gewachsen. Das musste warten, bis sie sich etwas erholt hatte.

»Gibt es eigentlich einen Ort auf der Welt, wo du keine Kontakte hast?«, fragte sie stattdessen.

Das Netzwerk seiner Freunde, militärischer und privater, und derjenigen, die mit ihm die Schule und die Militärakademie besucht hatten, im selben Golfklub spielten oder ihm einfach nur einen Gefallen schuldeten, reichte einmal um den gesamten Globus. Wenn er es darauf anlegte, konnte sie seiner Überwachung nicht entgehen, darüber war sie sich klar.

Mit einem kleinen Lächeln, das den Faltenkranz um seine schiefergrauen Augen vertiefte, quittierte er ihre rhetorische Frage. »Ich werde dafür sorgen, dass du rund um die Uhr unter Bewachung stehst, und ich werde meine Meinung nicht ändern, egal, wie viel du protestierst.« Kinn kriegerisch vorgestreckt, herausfordernder Blick.

Benitas Kopf ruckte hoch. Das ging ihr nun doch zu weit. Wenn sie ihm nicht gleich Einhalt gebot, würde er dort unten eine Armee für sie aufmarschieren lassen, die sie auf Schritt und Tritt bewachte. Überwachte, wäre der bessere Ausdruck, dachte sie grimmig.

»O nein, Dad, das wirst du nicht«, sagte sie ruhig. »Ich will das nicht, hörst du? Die meiste Zeit werde ich vermutlich auf der Farm meiner Familie verbringen. Da brauche ich keinen Schutz.«

»Darüber reden wir noch«, sagte der General, der in so vielen Schlachten siegreich geblieben war. Es wird getan, was ich sage, hieß das übersetzt, und zwar ohne Widerrede.

Benita, die den Ton nur zu gut kannte und nicht vorhatte, sich von ihm überrumpeln zu lassen, sprang auf. Erleichtert registrierte sie, dass ihr dieses Mal so gut wie gar nicht schwindelig wurde, sie schwankte nicht einmal. Vielleicht war das Ganze also doch nur eine Kreislaufreaktion gewesen, und sie konnte sich den Arztbesuch sparen. Die Hände in die Hüften gestützt, baute sie sich vor ihrem Vater auf.

»Dad, danke für deine Fürsorge, aber ich kann allein auf mich aufpassen. Also, bitte keinen Anruf nach Südafrika zu einem deiner alten Militärfreunde, keine Wachhunde, keinen Personenschutz. Sollte ich je das Gefühl haben, in Gefahr zu schweben, werde ich dir sofort Bescheid sagen, das verspreche ich!«

Allein die Vorstellung, wie ein abgehobener Filmstar überall von einem albernen Bodyguard mit ausgebeulter Jacke begleitet zu werden, der argwöhnisch jeden ihrer Schritte überwachte und unerträglich wichtig tat, verursachte ihr größten Widerwillen.

Adrian Forrester schnaubte und vollführte wieder seinen Trick mit den Augen.

Benita lachte ihn aus. »Dad, ich bin's! Du weißt, das wirkt bei mir nicht.«

Sie kraulte ihn unter dem Kinn, und seine abschreckende Miene schmolz zu einem bittenden Lächeln.

Jetzt lachte auch Kate amüsiert los. Es war nur zu offensichtlich, dass der kampferprobte, eisenharte General Adrian Forrester seiner Tochter gegenüber völlig hilflos war. Eine Welle von Liebe zu ihm und Dankbarkeit, dass das Schicksal ihnen Benita geschickt hatte, wusch über sie hinweg.

»Benita, Liebes …« Adrian Forrester schaute ausgesprochen unglücklich drein. »Bitte.«

Mit einer zärtlichen Geste legte sie ihm die Hand an die Wange, die um diese Tageszeit schon wieder leicht kratzig von seinem kräftigen Bartwuchs war. »Nein, Dad, bitte nicht. Ich möchte es nicht.«

Er schwieg, schaute in sein Whiskyglas und nahm sich vor, am nächsten Tag gleich in der Frühe Roderick Ashburton anzurufen und danach seinen alten Freund in Durban, Neil Robertson. Geheimoperationen hinter den Linien waren im Fall von Gefahr ein vertretbares Mittel, entschied er. Und Gefahr drohte seiner Benita, dessen war er sich sicher. Er würde nie zulassen, dass ihr irgendein Schweinehund auch nur ein Haar krümmte.

5

Ich habe gehört, du willst nach Afrika fliegen.« Isabel Ashburton klang höchst beunruhigt und verärgert. »Das ist ja wohl nicht der richtige Zeitpunkt, Roderick. Du wirst hier gebraucht, die Bank läuft schließlich nicht von allein.«

Sie saß wie jeden Tag in der letzten Zeit am Bett ihres Sohnes Gerald, den immer noch Lähmungserscheinungen im rechten Arm plagten, weil ein Knochensplitter der gebrochenen Rückenwirbel einen Nervenstrang verletzt hatte. Gerade hatte sie ihm jedoch die hoch erfreuliche Nachricht von seinen Ärzten überbringen können, nach der letzten Untersuchung sei sicher, dass er vollständig genesen werde. Es sei eine Frage von Wochen, höchstens drei Monaten. Isabel Ashburton war so erleichtert gewesen, dass ihr die Knie gezittert hatten und sie einen stillen Augenblick gebraucht hatte, um sich zu fassen.

»Nun, Roderick, was hast du dazu zu sagen?« Sie klemmte sich den Hörer zwischen Kinn und Schulter und goss sich und auch ihrem Sohn eine Tasse Tee ein.

Roderick grinste ins Telefon. Der Ton seiner Mutter erinnerte ihn fatal an seine Jugendzeit. Ihre Löwenbändigerstimme hatte er es früher genannt. Er fragte sich, woher sie das mit der Südafrikareise gehört hatte, und vor allen Dingen, woher so schnell. Miranda Bell? Wohl kaum. Charles Moore würde es nie wagen, die Patriarchin des Ashburton-Clans anzurufen, und sonst gab es niemanden, der über seine Reisepläne Bescheid wusste. Doch dann fiel ihm Gloria ein, und er murmelte einen Fluch. Ihr traute er ohne Weiteres zu, seine Mutter anzurufen, sei es nur, um sich scheinheilig zu erkundigen, wie es Gerald gehe, um dann ihr eigentliches Anliegen vorzubringen. Verdammtes Weib! Er verkniff sich, seine Mutter danach zu fragen.

»Geht nicht anders. Jemand will uns dreihundertfünfzig Millionen Pfund aus den Taschen locken. Ich will genau wissen, wofür.«

»Dreihundertfünfzig Millionen!« Isabel Ashburton hielt inne, und Roderick konnte hören, wie sie etwas trank. »Das können wir nicht allein. Da kommt nur ein Konsortialkredit infrage. Wer geht mit?«

»Benita Forrester, sie ist unsere Expertin für Immobilien-Finanzierungen auf internationaler Ebene.«

»Geht Gloria auch mit?«, fragte Isabel Ashburton beiläufig.

Also doch!

»Nein, Gloria Pryce brauche ich erst im Vertragsstadium. Ihre Aufgabe ist es, wasserdichte Verträge aufzusetzen, wie dir bekannt sein dürfte. So weit sind wir noch lange nicht.« Irritiert fragte er sich, warum er selbst heute noch – im reifen Alter von achtunddreißig Jahren – wie ein trotziger Junge auf seine Mutter reagierte.

Isabel Ashburton verfiel in ihren eisgrauen Ton. »Nimm sie mit, Roderick, sie hat einen guten Riecher, was Finanzen betrifft, und sie ist eine verdammt gute Rechtsanwältin. Sagt Gerald auch, und er ist schließlich der Vorstandsvorsitzende unserer Bank. Die beiden Fähigkeiten bilden eine hervorragende Kombination bei ihr, deswegen haben wir ihr damals ja die Leitung der Rechtsabteilung übertragen. Wir denken sogar darüber nach, sie in den Vorstand zu berufen … nicht wahr, Gerald?«

Roderick hörte ein Brummen, von dem er annahm, dass es sein Bruder ausgestoßen hatte. Er packte den Hörer fester. »Darüber müsste der Vorstand abstimmen, und im Augenblick bin ich der Vorsitzende«, knurrte er.

Roderick ärgerte sich zum hundertsten Mal darüber, dass seine Mutter Gerald manipulieren konnte, wie ihr beliebte, und mit seiner Stimme in der Tasche den Rest der Hanswurste seiner verkalkten Verwandten, die den Vorstand bildeten – und die er alle nur als Mumien bezeichnete –, zwingen konnte, alles abzunicken, was sie vorschlug. Er würde sich offenbar darauf einstellen müssen, noch enger mit Gloria Pryce zusammenarbeiten zu müssen als bisher.

Wütend kippte er den Whisky, den er sich gerade eingegossen hatte, hinunter. Ihre tägliche Anwesenheit in der Bank musste er ertragen, aber sobald Gerald wieder auf den Beinen war, gedachte er zu verschwinden. Nach Afrika. Zu seinen Kindern. Zu Tricia.

Um die Bilder nicht aushalten zu müssen, die er in sich trug, heftete er seinen Blick fest auf das Foto einer Schar majestätischer Geier, die sich pyramidenförmig in den tiefblauen Himmel schraubten. Noch tat jeder Gedanke an Tricia weh wie ein Messerstich.

Seine Mutter, die nichts von seinen Gedanken ahnte, redete munter weiter. »Gloria hat den wahren Instinkt eines Hais, und genau diesen Instinkt braucht man, um im Finanzgeschäft erfolgreich zu sein. Sie kann die Chance, viel Geld zu machen, noch in größter Verdünnung riechen wie ein Hai eine Blutspur im Ozean. Gerald sagt, sie kann mit unfehlbarer Sicherheit die Person, die das lukrativste Geschäft verspricht, aus einem Haufen Angeber herausfinden. Du weißt, mein Lieber, dass du dich eigentlich nicht genug für Geld interessierst, um ein wirklicher Finanzhai zu sein. Gloria dagegen ist ein Prachtexemplar der weiblichen Variante.«

Und die setzt diesen Instinkt nicht nur auf geschäftlicher Basis ein, dachte Roderick. Für eine Sekunde sah er Gloria als Haifisch durchs Wasser gleiten, elegant, geschmeidig, ihren schönen Mund zu einem hungrigen Grinsen verzogen, bereit, ihre Fänge in sein Fleisch zu schlagen. Unwillkürlich schüttelte er sich und überlegte fieberhaft, wie er Gloria davon abhalten konnte, ihn zu begleiten. Er wollte das schon allein deswegen verhindern, weil seine

Mutter überzeugt sein würde, dass sie wieder einmal ihren Willen bekommen hatte, und das wurmte ihn jetzt schon. Er knallte das Glas auf den Tisch.

»Ich werde darüber nachdenken. Grüß Gerald schön. Sag ihm, er soll aufhören, faul herumzuliegen, und zusehen, dass er sein Hinterteil hierherbewegt.« Den deftigeren Ausdruck schluckte er herunter. Seine Mutter stand Ordinärem sehr kritisch gegenüber. »Sag ihm, dass mir die regelmäßigen Arbeitszeiten auf die Nerven gehen und ich es hasse, Krawatten zu tragen.«

Das laute, fröhliche Lachen Isabel Ashburtons schallte aus dem Hörer, als er auflegte. Schnell steckte er noch ein paar Papiere in eine Klarsichtfolie, dann stand er mit der Absicht vom Schreibtisch auf, Benita Forrester in ihrem Büro aufzusuchen, um mit ihr das gemeinsame Vorgehen bei den Verhandlungen in Südafrika zu besprechen. Er hatte nicht vor, sich auf eine Diskussion einzulassen, ob sie ihn begleiten würde oder nicht. Er brauchte sie.

Verblüfft hielt er bei dem letzten Gedanken für einen Moment in seiner Bewegung inne. Mein Gott, dachte er, ich brauche sie wahrlich wie die Luft zum Atmen. Der Gedanke überraschte ihn, aber was genau das bedeutete, darauf hatte er für sich keine Antwort, noch nicht. Noch war es viel zu früh, das zu hinterfragen. Noch war da Tricia, und neben ihr war kein Platz. Er ging zur Tür und öffnete sie.

»Miranda, buchen Sie bitte für Gloria Pryce ebenfalls einen Flug nach Durban.«

»Erster Klasse?« Miranda Bell brachte es fertig, ihre Missbilligung in diesen zwei Wörtern klar auszudrücken.

»Natürlich. Sie ist die Leiterin der Rechtsabteilung. Es steht ihr zu.«

In diesem Augenblick klingelte das Telefon. Miranda nahm ab und lauschte. »Einen Augenblick, Sir. Ich sehe nach, ob er da ist.« Sie hielt ihre Hand fest über die Muschel. »Mr Forrester für Sie,

Sir Roderick. Wollen Sie es annehmen, oder soll ich ihm sagen, Sie seien in einer Konferenz?«

Roderick Ashburton sah sie erstaunt an. Adrian Forrester, Benitas Vater. Was wollte der jetzt noch von ihm? »Ich nehme es an. Ach, und hören Sie endlich auf, mich Sir Roderick zu nennen. Das war mein Vater.«

»Ihr Vater war Seine Lordschaft«, stellte Miranda mit unbewegter Miene richtig.

Er lachte. »Oh, Miranda, seien Sie doch nicht so grässlich steif! Vor wenig mehr als zweihundert Jahren waren die Ashburtons noch Straßenräuber und Wegelagerer – und wenn man's recht besieht, sind wir das bis heute geblieben –, und da mein Ururgroßvater einer der erfolgreichsten war, hat ihm Queen Victoria den Titel verliehen. Ich habe nichts dafür getan.«

Er schenkte ihr ein Lächeln, das bei den meisten Frauen Sterne in die Augen gezaubert und zu akuten Schwächeanfällen geführt hätte. Miranda Bell verzog keine Miene.

»Ich stelle Sie jetzt durch, Mr Forrester«, sagte sie ins Telefon und drückte den Knopf. »Bitte, Sir Roderick.« Mit einer Handbewegung wies sie auf das klingelnde Telefon auf seinem Schreibtisch.

»Miranda, Miranda, Sie sind unverbesserlich«, murmelte Roderick Ashburton und ging zurück in sein Büro. In der Tür drehte er sich aber noch einmal um. Seine Augen funkelten vor unheiligem Vergnügen. »Ach, Miranda, könnte es sein, dass auch Sie einmal einen Fehler machen? Dass Sie zum Beispiel eine Anweisung von mir missverstehen, sodass ein Flugticket unglücklicherweise nicht auf die erste Klasse, sondern die Businessclass ausgestellt wird?«

Miranda Bell grinste. »Aber natürlich, Sir Roderick, mit Vergnügen.«

»Perfekt.« Roderick lächelte und zog die Tür hinter sich zu. »Hallo, Adrian, was kann ich für dich tun?«

»Roderick, mein Junge, ich habe eine Bitte. Sie betrifft Benita und eure Reise nach Südafrika.«

Roderick Ashburton setzte sich langsam hin und hörte aufmerksam zu.

Benita hatte nach anfänglichem Widerstand dem Vorschlag ihrer Eltern zugestimmt, sich für die zwei Tage bei ihnen zu erholen. Erst am späten Nachmittag vor dem Abflug fuhr sie zurück nach London in ihr Apartment, um zu packen. Den Abend verbrachte sie vor ihrem Laptop, um sich zu informieren, was sich inzwischen auf den internationalen Märkten getan hatte. Dabei aß sie mit Appetit die Leckereien, die Abigail ihr mitgegeben hatte.

Der Flug am Donnerstag ging erst gegen Abend, und so hatte sie den ganzen Tag, um sich vorzubereiten. Glorias stets hochelegante Erscheinung im Hinterkopf, zog sie für die Reise einen schwarzen Rollkragenpullover mit überlangen Ärmeln über ihre enge schwarze Hose, die sie in hohe Stiefel gesteckt hatte. Als einzigen Schmuck legte sie die Gliederhalskette aus schwerem Gold an, die ihr Adrian geschenkt hatte. Vor der Landung in Südafrika würde sie die Kette abnehmen und in die Tasche stecken, nahm sie sich vor, während sie ihren Koffer aufs Bett stellte und ihre Unterwäsche hineinfaltete. Ein derartig auffallendes Schmuckstück würde Begehrlichkeiten wecken, und das war in ihrer alten Heimat – traute man den Medienberichten, dass Südafrika in einem Meer von Kriminalität versank – nicht sehr ratsam.

Sie richte sich auf und legte ihre Hand auf das hautwarme glatte Gold. Als ob das jemals anders gewesen wäre! Auch damals, als sie noch Kind war, gab es Kriminalität, allerdings wurde nur über die berichtet, durch die Weiße zu Schaden kamen. Die alltäglichen Morde und Grausamkeiten in den Townships, den Schwarzen-Ghettos, die Vergewaltigungen, die im Minutentakt stattfanden, die Brandstiftungen, all das fand unter Ausschluss der Öffentlichkeit statt. Die Polizei schaute nicht hin und betrat die Townships nur, wenn es galt, einen Politischen, wie sie es nannten, zu jagen. Die Zeitungen berichteten nur über besonders bizarre solcher Fälle. Muti-Morde zum Beispiel, wo Sangomas Menschen, meist sehr junge Menschen, die in der Blüte ihres Lebens standen, ermorden ließen, um Teile ihres Körpers zu besonders potenten Medizinen verarbeiten zu können. Dass die begehrten Körperteile aus dem noch lebenden Opfer herausgeschnitten werden mussten, da dessen Lebenskraft noch darin fließen musste, bescherte der weißen Leserschaft dieses wunderbare selbstgerechte Gruseln, das sie denken ließ, ja, wir machen es richtig, wir müssen sie unter Kontrolle halten, es sind mörderische Wilde. Wir bringen ihnen die Zivilisation. Mit der Waffe natürlich, eine andere Sprache verstehen die doch nicht.

So hatte ihr Vater es ihr während der Tage auf dem Frachter, der sie nach Sansibar bringen sollte, und dem anschließenden Flug nach London erzählt.

»Du musst das wissen, und du darfst es nie vergessen, mein kleiner Honigvogel.«

Und sie hatte es nie vergessen, verschlang alle Berichte, die sie über ihre ehemalige Heimat finden konnte, und seit sie mit Computern arbeitete, studierte sie regelmäßig die Tageszeitungen im Internet, und das, was sie las, bestätigte jedes Wort ihres Vaters.

Die National Party hatte Südafrika sauber in unterschiedliche Welten aufgeteilt, hatte er ihr erklärt. In der ersten lebten die Weißen in ihren Vororten in großem Luxus, ihre Frauen behängten sich schon am frühen Morgen, wenn sie zum Shopping aufbrachen, mit Diamanten, und es geschah ihnen nichts. Sie lebten, so erzählte er ihr, von der Polizei beschützt in vergleichsweise völliger Sicherheit.

»Wie auf Inqaba?«, hatte sie gefragt, und er hatte genickt.

»Wie auf Inqaba.«

Dann hatte er ihr von der anderen Welt erzählt, der dunklen

jenseits der schönen Gärten und großen Häuser, wo Schwarze und Farbige ihr Leben in Townships fristeten, wo sie wie die Tiere um das jämmerliche Leben kämpfen mussten, das man ihnen von Staats wegen zugestand.

»Wie in KwaMashu?« Sie war nur ein einziges Mal in dem Township gewesen, und dieser Besuch hatte ihr für Wochen schreiende Albträume bereitet.

Vor ihren Augen war eine Frau von einem Mann – eine schwarze Frau von einem schwarzen Mann – so zusammengeschlagen worden, dass sie sich nicht mehr rührte und als blutiges Bündel wie weggeworfen im Schmutz liegen blieb. Ihr Vater, der sie nach KwaMashu mitgenommen hatte, presste sie fest an sich, damit sie nicht zusehen musste, und versuchte, sich durch die Menge zu drängen, die sich um die Streitenden gebildet hatte. Es gelang ihm, sich und seine Tochter in Sicherheit zu bringen, allerdings nicht bevor sie nicht selbst den Zorn der Menschen gespürt hatten, die sie aufgrund ihrer Hautfarbe als Eindringlinge erkannten.

In einem Hagel von Steinen war er mit ihr die Straße hinuntergeflüchtet, bis er in letzter Sekunde das Haus des Freundes erreichte, den er zuvor besucht hatte. Der Freund hatte sie in seinem Eselskarren unter einer Decke versteckt und schleunigst aus dem Township herausgebracht. Ihr Vater hielt sie während der holprigen Fahrt eng mit den Armen umschlungen und hatte Koseworte gemurmelt, bis ihre verspannten Muskeln sich unter seinem Streicheln gelockert hatten. Dabei hatte er ihr weiter die absurde Gesellschaftsordnung ihres Geburtslandes beschrieben.

Falls es nicht offensichtlich sei, zu welcher Bevölkerungsgruppe ein Mensch gehöre, erklärte er, genüge der Blick in dessen Ausweis. Bei den Weißen stand, dass sie weiß waren, bei Schwarzen stand »Bantu«, und in den Pässen der Inder und Chinesen stand »Asiate«, in denen der Mischlinge »Farbiger«. Alles schön säuberlich aufgeteilt.

Inder, die im Bewusstsein ihrer jahrtausendealten Kultur über ihre meist sehr edel geformten Nasen auf die Schwarzen hinabsahen, wohnten wie die Schwarzen – wenngleich strikt von ihnen getrennt – in für sie begrenzten Stadtteilen, in denen es im Gegensatz zu den Ghettos der Schwarzen Häuser gab, die an Luxus die der Weißen oft noch übertrafen. Inder galten als gerissene Geschäftsleute, was ihnen den Hass der Schwarzen einbrachte, und das war wohl auch der Grund, weshalb die Schwarzenghettos im Süden Durbans, die indischen dagegen weit entfernt im Norden der großen Stadt angesiedelt waren. Das Gleiche galt für die Strände. Es gab Strände für Weiße, für Inder und für Schwarze. Die meisten Strände – vor allen Dingen die schönsten Strände – waren den Weißen vorbehalten.

Japaner galten als Weiße, und ihr Vater hatte sarkastisch hinzugefügt, das sei allein wegen der guten Handelsbeziehungen so. Sie war noch zu klein gewesen, um zu verstehen, was das hieß und warum er bei diesen Worten so furchtbar wütend ausgesehen hatte. In den letzten Monaten ihres gemeinsamen Lebens war er allerdings ständig wütend gewesen. Diese Wut, gepaart mit einer vibrierenden Nervosität, die ihn und ihre Mutter wie ein elektrisch aufgeladenes Feld umgab, übernahm die Herrschaft in dem kleinen weißen Haus.

In den Nächten, in denen ihr Vater zu Versammlungen ging, wie er sie nannte, steigerte sich die Nervosität ihrer Mutter fast zur Panik.

»Es ist zu gefährlich«, beschwor sie ihn dann, »du bist weiß, du kannst dich unter Schwarzen nicht verstecken, und du weißt, wie die Kerle von der State Security mit Weißen umspringen, die politische Versammlungen in einem Schwarzentownship abhalten.«

Sprach sie mit ihm über solche Sachen, hatten sie stets geflüstert, damit Benita nicht mithören konnte. Aber Benita, die auf Inqaba aufgewachsen war, konnte selbst das Rascheln von Ameisen im Gras hören, so gut waren ihre Ohren. Sie bekam jedes Wort mit, verstand aber nicht alles.

Sie merkte immer sofort, wenn ihr Vater sich wieder illegal in die Townships begeben hatte. Es waren die Tage, an denen ihre Mutter wortkarg war und kaum mit ihr spielte. Es waren die Tage, an denen ihre Mutter nach Angst roch. Noch heute saß Benita dieser Geruch in der Nase, ließ ihren Puls galoppieren. Selbst jetzt noch, nach mehr als achtzehn Jahren.

Nur Weiße mit einer besonderen Genehmigung der Polizei durften die Schwarzenghettos betreten. Solche Genehmigungen wurden nur höchst selten und wenn, dann auch nur an politisch gefestigte Personen erteilt, das hieß nur an stramme Anhänger der Nationalen Partei. Und das war ihr Vater weiß Gott nicht gewesen, das hatte sie schon damals gewusst, obwohl sie fast noch ein Kind gewesen war.

Sie hatte sehr wohl mitbekommen, dass kaum ein Weißer den Wunsch verspürte, sich darüber zu informieren, wie seine schwarzen Mitbürger lebten. Heute verstand sie das. Es war nur allzu menschlich gewesen, denn das Leben eines weißen Südafrikaners war außerordentlich bequem. Er brauchte nicht zu befürchten, dass ihm zum Beispiel sein Job als Lastwagenfahrer von einem cleveren Schwarzen oder Inder streitig gemacht wurde. Der Staat hatte bestimmt, dass dieser Job wie alle, die mehr als Hilfsarbeiterjobs waren, für Weiße reserviert war, und obendrein schien die Sonne an 360 Tagen im Jahr. Der Rest der Welt mit seinen Hasstiraden auf Südafrika und Aufrufen zum Handelsboykott war weit weg, so weit, dass man seine Stimme nicht hörte.

Es war alles sehr übersichtlich gewesen, dachte Benita. Von der Polizei gut zu kontrollieren, war jeder innerhalb seiner ihm zugewiesenen Grenzen geblieben. Nur einige wenige Weiße hatten diese Gesetze gebrochen und Grenzübertretungen begangen.

Ihre Eltern hatten dazugehört. Die einzige Möglichkeit, ihre Mutter in Südafrika zu heiraten, wäre für ihren Vater der Schritt gewesen, sich als Farbiger klassifizieren zu lassen. Dann hätte in seinem Ausweis hinter der Rubrik »Rasse« gestanden, dass er Farbiger sei. Er hätte mit seiner Frau zusammen wohnen und zusammen leben und zusammen viele Kinder bekommen können. Im Schwarzentownship, aber nie, nie, nie in einem weißen Vorort, hatte ihr Vater mit einer Stimme gesagt, die rau und voller Emotionen gewesen war, und dabei hatte er im Takt zu seinen Worten mit der Faust auf den Tisch geschlagen. Eines Tages waren ihre Eltern für eine Woche auf Reisen gegangen, und als sie zurückkehrten, hatte ihre Mutter einen Ring getragen und ein so glückliches Lächeln, wie Benita es nie zuvor bei ihr gesehen hatte.

»Wir gehören jetzt für immer zusammen«, hatte sie ihrer Tochter gesagt und den Ring mit den Lippen berührt. Mehr erfuhr Benita nicht.

Mit dumpfem Erstaunen erinnerte sich Benita jetzt an die Intensität ihres Schmerzes, als ihre beste Freundin Joyce, deren Haut nur den Hauch einer Schattierung heller gewesen war als ihre, und auch das nur im Winter, als Weiße eingestuft worden war. Die Eltern waren wegen ihres deutlich sichtbar gemischten Bluts als Farbige klassifiziert worden. Joyce dagegen glich mit den hellen Augen, dem zart gebräunten Teint und dem gewellten hellbraunen Haar eher einem Mädchen mit französischem oder italienischem Blut. Nur deswegen galt sie von nun an als Weiße.

Von dem Tag an trennte die beiden Freundinnen eine unüberbrückbare Schlucht. Joyce durfte nicht mehr in derselben Gegend leben wie ihre Eltern und musste eine andere Schule, eine für Weiße, besuchen.

Joyce ließ ihr altes Leben hinter sich und ergriff die Chance, die sich ihr bot. Sie war ab jetzt weiß, europäisch, wie es absurderweise offiziell hieß. Mit diesem einen Wort öffnete sich ihr die

Zauberwelt der Weißen. Gute Schulen, Universität, eine gute Stellung. Nur ihre eigenen Fähigkeiten würden ihr Grenzen setzen. Eine Vorstellung, die Benita damals schwindelig vor Neid werden ließ.

Ihre Eltern hatten sie christlich erzogen, aber an jenem Tag stürzte ihr ganzes Glaubensgebäude zusammen.

»Warum darf ich nicht in dieselbe Schule gehen?«, hatte sie getobt. »Warum bin ich farbig und sie weiß? Warum habt ihr mich gemacht? Warum lässt Gott so dumme Gesetze zu?«

Umama war in Tränen ausgebrochen, und ihr Ubaba hatte ein Glas gegen die Wand geworfen. Schließlich hatten beide ihre Tochter umarmt und gemeinsam versucht, ihr zerbrochenes Herz zu kitten. Es war der letzte Tag gewesen, den sie gemeinsam verbrachten, der letzte Tag, an den sie sich erinnern konnte. Er endete mit dem Streit ihrer Eltern. Die nächsten Tage waren aus ihrem Gedächtnis gelöscht.

Benita knallte ihren Koffer zu, stand einen Augenblick mit gesenktem Kopf da, nahm plötzlich ein Glas von ihrem Nachttisch und schleuderte es mit aller Wucht auf den Boden. Es zerbarst in einem glitzernden Splitterregen. Mit zusammengebissenen Zähnen holte sie ihren Staubsauger und saugte die Bruchstücke vom Boden, von ihrem Bett und von ihrer Kleidung. Dann nahm sie ihre beiden Flusspferdfiguren, ihre eigene und die aus dem Päckchen, die zerbrochen gewesen war, die Kate aber mit Spezialkleber wieder zusammengesetzt hatte, und hielt sie in ihrer Handfläche. Blind vor Tränen fuhr sie immer wieder mit dem Finger über die blank polierte Oberfläche.

Umama, dachte sie. Ubaba. Nach einer Weile stand sie auf, legte ihre Digitalkamera zu ihrem Laptop, zog eine schwarze Daunenjacke über und rief ein Taxi. Es war Zeit, zum Flughafen zu fahren.

Es schüttete, als sie am Flughafen ankam. Sie schob eilig den Gepäckwagen mit ihrem Koffer auf den Eingang zu. Gleichzeitig mit ihr kam Roderick Ashburton an. In Jeans, Zopfmusterpullover, Cowboystiefeln und abgewetzter Lederjacke war er weit entfernt vom üblichen Bild eines Bankiers. Lächelnd ließ er ihr den Vortritt.

Gloria Pryce, ebenfalls ganz in Schwarz gekleidet, einen blonden Nerz lässig über die Schulter geworfen, war schon vor ihnen eingetroffen. Zu Benitas Verblüffung rannte sie wie eine Furie wild gestikulierend vor dem British-Airways-Schalter auf und ab, wobei sie heftig auf die Frau hinter dem Schalter einredete. Ihre Worte waren für alle Umstehenden klar zu verstehen.

»Was soll das heißen, Businessclass? Sehen Sie ordentlich nach. Für Gloria Pryce! Es muss ein Erste-Klasse-Ticket bestellt worden sein. Von der Ashburton-Bank.«

Die Frau duckte sich unter der schneidenden Stimme. Nervös blätterte sie in ihren Unterlagen, suchte den betreffenden Eintrag und sah erleichtert hoch. »Für Ms Gloria Pryce ist hier ein Businessclass-Ticket hinterlegt worden, gebucht von der Ashburton-Bank.«

Gloria entriss ihr das Ticket, warf einen Blick darauf und knallte es vor der bedauernswerten Bodenstewardess wieder auf den Tresen. »Ich fliege erster Klasse, verstanden? Und jetzt schreiben Sie dieses Ticket um, und zwar auf der Stelle, sonst werde ich ärgerlich, und glauben Sie mir, das wollen Sie nicht!«

Im selben Augenblick entdeckte sie Roderick Ashburton und stieß auf ihn nieder wie ein Falke auf seine Beute. »Roderick, ich werde dieser Miranda Bell eigenhändig das Fell über die Ohren ziehen und es aufs Eingangstor der Bank nageln!«

»Was hat Miranda denn verbrochen, um das herauszufordern?«, fragte er scheinheilig, hoffte inständig, dass die erste Klasse ausgebucht war.

»Sie hat mich in die Businessclass gebucht, diese Schlange!«

»Ach je«, rief Roderick. »Na so was! Das ist ja furchtbar. Bestimmt war das ein Versehen. Nie würde Mrs Bell das absichtlich machen.« Es gelang ihm, ernst zu bleiben, aber in der Tasche hielt er seine Finger dafür gekreuzt, dass seine List klappen würde.

Aber er hatte Pech. Die Bodenstewardess strich nach kurzer Rücksprache mit dem Stationsleiter einem anderen Fluggast das Upgrade in die erste Klasse, verfrachtete ihn zurück in die Businessclass, und setzte dafür Gloria ein.

»Guten Flug, Miss Pryce«, sagte sie und bleckte die Zähne in einem professionellen Lächeln.

Gloria nahm wortlos das Ticket, warf ihre blonde Mähne über die Schultern und stakste zur Sicherheitskontrolle. Der Nerz baumelte wie ein erlegtes Tier über ihren Rücken. Benita musste an klebrig-feuchte Hitze, Flöhe und Kakerlaken denken und schenkte Gloria, die eben ihre Laptoptasche für die Kontrolle öffnete, ein süßes Lächeln. »Hübscher Pelz. Bei über dreißig Grad im Schatten unerlässlich.«

Roderick Ashburton lachte laut, und Gloria warf ihr einen wütenden Blick zu.

Der Flug verlief für Benita angenehm und weitgehend ereignislos. Dazu trug im Wesentlichen bei, dass ihr Chef und Gloria vier Reihen hinter ihr saßen, also nicht in ihrem Blickfeld. Nur als sie sich einmal weiter hinten die Beine vertrat, verursachte ihr der Anblick der beiden einander zugeneigten Hinterköpfe, Glorias goldglänzend, der von Roderick Ashburton dunkel, ein Gefühl, das sie nicht einordnen konnte. Angenehm war es jedenfalls nicht.

Missmutig zog sie eine *Vogue* aus dem überquellenden Zeitschriftenfach neben der Bordküche und ging zurück an ihren Platz. Vorsichtig stieg sie über die ausgestreckten Beine ihres Sitznachbarn, eines korpulenten schwarzen Herrn in farbenprächtigem Kaftan, der restlos darin vertieft war, quakende

Moorhühner auf seinem Bildschirm abzuschießen. Nachdem sie sich gesetzt und den Sitzgurt angelegt hatte, nippte sie an einem Glas Bordeaux und verbrachte einige Zeit mit dem Versuch, dieses Gefühl zu analysieren. Die Zeitschrift lag unaufgeschlagen auf ihrem Schoß.

War sie ärgerlich? Es gab keinen Grund. Frustriert? Wenn ja, warum? Wütend? Böse? Nein und nein, und eifersüchtig war sie schon gar nicht. Ganz bestimmt nicht. Über die Affäre mit Roderick war sie längst hinweg. Mechanisch wendete sie die ersten Seiten der *Vogue*, ohne wirklich etwas zu erkennen. Das ungewohnte Gefühl lag wie eine schwere, heiße Kartoffel in ihrem Magen. Sie schloss die Augen, versuchte es zu greifen, aber sie kam einfach nicht drauf. Ungeduldig stürzte sie den Rest des Bordeaux hinunter. Vermutlich ging ihr einfach der Anblick von Gloria gründlich auf die Nerven, entschied sie und versenkte sich entschlossen in die Laufstegfotos der großen Modehäuser.

Bald wurden ihr die Augen schwer, und die Buchstaben tanzten Polka über die Seiten. Seufzend legte sie das Magazin weg und fuhr ihren Laptop hoch, merkte aber schnell, dass sie sich noch weniger auf die Zahlenkolonnen als auf die neuste Frühjahrsmode konzentrieren konnte. Sie verstaute den Computer wieder und schaltete kurz durch die Filme, die auf dem Bildschirm vor ihr liefen, fand, dass keiner sie genug interessierte, um sie wach zu halten. Sie drückte ein paar Knöpfe, worauf ihr Sessel mit leisem Surren langsam nach hinten wegkippte und sich in ein Bett verwandelte. Die Flugbegleiterin eilte fürsorglich herbei, um Kissen und Decke herzurichten. Benita nutzte den Augenblick, um die Toilette aufzusuchen und sich die Zähne zu putzen.

Als sie zurückkehrte, schlief ihr Sitznachbar bereits, und zwar ziemlich lautstark, wie sie beunruhigt feststellte. Sie quetschte sich vorsichtig vorbei und kroch in ihr Bett, das bequemer aussah, als es tatsächlich war, legte die Schlafbrille an, steckte die Ohrstöpsel ein und schloss die Augen. Eine Weile überlegte sie noch, wo sie mit ihrer Suche nach dem Absender der Tonfiguren anfangen sollte. Von Roderick Ashburton hatte sie sich zwei Wochen Urlaub erbeten, um einige Dinge zu regeln, wie sie ihm sagte. Er hatte ihr den zusätzlichen Aufenthalt sofort gewährt, sogar mit Bezahlung, obwohl sie dagegen protestiert hatte. In Umhlanga Rocks fange ich an, dachte sie. Beim Postamt. Dort ist das Paket mit ziemlicher Sicherheit aufgegeben worden. Die müssten mir helfen können. Dann schlief sie ein.

Sie landeten am frühen Morgen in Johannesburg, und als Benita mit ihrem britischen Pass in der Hand in der langen Schlange zerknautscht und müde wirkender Passagiere vor der Passkontrolle wartete, hatte sie ein beklemmendes Déjà-vu-Erlebnis – es beschlich sie das Gefühl, diese Situation schon einmal erlebt zu haben. Aber sie war noch nie in Südafrika gelandet. Es konnte also nicht sein. Sie kaute auf der Unterlippe.

»Spätestens da erwischen sie jeden. Dann stehst du vor ihren Computern, die mit sämtlichen Daten gefüttert sind. Die drücken nur einmal auf die Taste, und schon wissen sie alles über dich.« Die Stimme ihre Vaters!

»Unsinn, ich hab doch nichts getan. Ich war noch ein Kind, als du mich außer Landes gebracht hast, das geht mich doch alles nichts an«, antwortete sie ihm schweigend.

Wie im Zeitraffer lief ihre damalige Ausreise noch einmal vor ihrem inneren Auge ab: die Fahrt mit dem Motorboot vor Sonnenaufgang, die Angst ihres Vaters, die er vor ihr nicht verbergen konnte, sosehr er sich auch bemühte, das Umsteigen auf den wartenden Frachter, ständig von dem bärtigen Kapitän zur Eile angetrieben, die angespannten Gesichter der Mannschaft, ihre schlecht verhohlene Nervosität, bis sie die südafrikanischen Hoheitsgewässer verlassen hatten. Nairobi, die Botschaft, der Flug nach London, die Landung im Schneematsch und die frostige Kälte, die ihr entgegenschlug, als sie von Bord gingen.

Allein die Erinnerung brachte ihren Blutdruck hoch, und sie brauchte ihre ganze Selbstbeherrschung, um nicht der Panik nachzugeben, die tief in ihrem Bauch eine Erschütterung verursachte, die ihren gesamten Körper zu ergreifen drohte. Energisch zwang sie sich, sich auf ihre Umgebung zu konzentrieren, las jede der Hinweistafeln, die wie Barrieren an den Säulen der Halle angebracht waren, die harte Strafen für jeden androhten, der Käse, Fleisch oder lebende Tiere ohne behördliche Erlaubnis einführte. Als sie bei dem Hinweis angekommen war, dass die Einfuhr von Honig völlig untersagt sei, hatte sie sich beruhigt.

»Ist mit dir alles in Ordnung?« Roderick Ashburton, der in der Schlange rechts neben ihr stand, berührte ihren Ellbogen. »Ich hoffe, du hast einigermaßen geschlafen? Du siehst etwas blass aus.«

»Ja, doch, danke. Ich meine, es ist alles in Ordnung.« Beiläufiges Lächeln, ausdrucksloses Gesicht, fröhlicher, ruhiger Ton. Niemand sollte merken, wie es in ihr aussah.

Noch drei Leute vor ihr, dann war es so weit. *La hora de verdad*, fuhr es ihr durch den Kopf. Die Stunde der Wahrheit, der Augenblick, an dem der Torero dem Stier gegenübersteht. Spontan neigte sie sich zur Seite, um zu sehen, wie ihr Stier aussah. Zu ihrer Überraschung war es kein Mann, sondern eine Frau, und eine schwarze dazu. Eine schmale, jüngere Frau, die ihr stumpfschwarzes Haar zu einer strohdachähnlich abstehenden Haartracht glatt gezogen hatte.

Auch unter den Sicherheitsbeamten, die bis auf einen dicklichen, schnurrbärtigen Weißen alle von dunkler Hautfarbe waren, befanden sich fast ebenso viele Frauen wie Männer. Das gleiche Bild ergab sich beim übrigen Flughafenpersonal. Es verschlug ihr für einige Sekunden die Sprache. Die Frauen wirkten selbstbewusst und resolut, waren es offenbar gewohnt, dass ihre Anweisungen befolgt wurden. Das also war das neue Südafrika! Ihr wurde die Kehle eng. Früher hätten sie noch nicht einmal gewagt, einem Mann in die Augen zu blicken.

Wie wunderbar, dachte sie, du lieber Himmel, wie wunderbar. Hier hatte sich viel verändert. Ihre Panik sank in sich zusammen. Es war alles gut. Nichts würde passieren. Sie war hier unter Freunden. Ein Lächeln überzog ihr Gesicht. Durch ihre Geburt war sie ein Teil der Regenbogennation.

»Mir geht es sehr gut«, beantwortete sie die Frage Roderick Ashburtons noch einmal. »Ganz ausgezeichnet.«

Er nickte und trat auf einen Wink des Passbeamten vor. Gloria war die Nächste hinter ihm. Beide wurden schnell abgefertigt, und Roderick teilte Benita mimisch mit, dass sie sich draußen beim Check-in des Inlandfluges treffen würden. Frohgemut winkte sie ihnen nach.

Kurz darauf war sie an der Reihe. Sie stellte ihren Laptop auf dem Boden ab und schob den Pass in die schwarze Hand. Die Beamtin nahm ihn, blätterte ihn auf, harte, schwarze Augen verglichen ihr Gesicht prüfend mit dem Passbild, dann tippte die Frau etwas in ihren Computer.

»Benita Jikijiki Steinach-Forrester? Geboren auf Inqaba im Bezirk … Zululand?«

Benita nickte. Aus irgendeinem Grund war ihr Hals plötzlich papiertrocken. Ihr Versuch zu schlucken löste sofort einen Hustenreiz aus. Sie schluckte wieder.

Die Beamtin schaute genauer auf den Bildschirm. »Besitzen Sie noch die südafrikanische Staatsangehörigkeit?«

Warum schlug ihr Herz jetzt plötzlich schneller? Es musste der Ton sein, sagte sie sich, dieser aggressive, kalte Beamtenton, der überall auf der Welt gleich war. Sie räusperte sich.

»Warum?«, fragte sie.

»Haben Sie oder haben Sie nicht!« Die schwarzen Augen funkelten aufgebracht.

War sie noch Südafrikanerin? Als sie volljährig wurde, hatten die Forresters ihr alle Adoptivpapiere ausgehändigt. Sie konnte sich nicht daran erinnern, ob ein Widerruf ihrer Staatsangehörigkeit darunter war. Oder verlor man die südafrikanische Staatsangehörigkeit, sobald man eine andere annahm?

Ratlos sah sie die Beamtin an. Ihr Vater war leidenschaftlicher Südafrikaner. Es war unwahrscheinlich, dass er einen so drastischen Schritt unternommen und ihre südafrikanische Staatsangehörigkeit hätte löschen lassen. Außerdem war da noch das kleine weiße Haus am Fluss, das ihrer Mutter gehört hatte. Es war zwar zeitweilig an einen Kleinbauern verpachtet, aber sie war als Besitzerin eingetragen. Das hatte sie ebenfalls an ihrem achtzehnten Geburtstag erfahren.

Sie zwang sich ein Lächeln ab. »Ich weiß, dass das merkwürdig klingt, aber ich weiß es nicht genau. Ich lebe seit achtzehn Jahren in England. Ich bin … adoptiert worden, von einem englischen Ehepaar.«

»Wann sind Sie ausgereist?«

Die Frage ließ den Boden unter ihr schwanken. Unvermittelt sah sie sich wieder auf dem kleinen Motorboot, das Gesicht halb in einer schillernden Ölpfütze liegend, den Geruch von Fisch, Öl und Angst in der Nase, die Stimme ihres Vaters, die ihr zuflüsterte, unten zu bleiben, ruhig zu bleiben, keinen Mucks von sich zu geben.

Benommen schüttelte sie den Kopf. Es war ihr vorher nie in den Sinn gekommen, dass sie je einen Nachweis für ihre Ausreise erbringen müsste. Sie überlegte fieberhaft. In den späten Achtzigerjahren waren viele aus politischen Gründen geflohen, und nach 1994 durften sie wieder zurückkehren. Dieses Problem hatten also außer ihr vermutlich noch unzählige andere. Sofort wurde ihr leichter ums Herz. Es konnte keine Auswirkung haben.

»Irgendwann vor etwa achtzehn Jahren … Ich … Ich kann mich nicht genau erinnern. Ich war noch ein Kind.«

Die Passbeamtin reagierte mit einem bohrenden Blick, dann wanderten ihre Augen zum Computer, dann wieder zurück zu ihr. Sie zwirbelte dabei ihren Kugelschreiber. Benita wurde unter diesem Blick heiß, sie spürte, wie ihre Achselhöhlen nass wurden. Unbehaglich bewegte sie die Schultern. Doch zu ihrer Überraschung klebte die Beamtin ohne ein weiteres Wort einen Zettel in den Pass, schrieb etwas hinein, knallte ein paar Stempel darüber und klappte ihn zu. »Sehen Sie zu, dass Sie sich so schnell wie möglich einen südafrikanischen Pass besorgen.«

»Aber ich …«

»Der Nächste, bitte.« Die Beamtin sah an ihr vorbei auf den Mann, der hinter ihr wartete.

Fassungslos packte Benita ihren Laptop und passierte die Sperre, und nach drei Schritten hatte sie offiziell Südafrika betreten.

»Nadelöhr!«, bemerkte ihr Vater.

Sie schrak auf. Unwillkürlich flog ihr Blick über die Menge, die sich zu den Gepäckbändern bewegte, suchte nach jenen Männern, die diese Aura von wachsamer Reglosigkeit hatten, deren Augen nie ruhig waren und alles sahen. Nur mit Mühe gelang es ihr, sich zur Ordnung zu rufen. Die ganze Sache war ein Missverständnis, niemand hielt hier nach ihr Ausschau, im Gegenteil, freundlich lachende Gesichter wandten sich ihr zu, hier und da grüßte jemand sie mit einem gemurmelten »Willkommen«. An den Koffertransportbändern herrschte ein fröhliches Durcheinander, offenbar waren die meisten der ankommenden Passagiere Touristen, die sich auf ihre Ferien freuten. Sie atmete tief durch und setzte ein freundliches Gesicht auf.

»Kofferträger, Ma'am?« Ein Schwarzer mit sehr dunkler Haut war neben ihr aufgetaucht und deutete grinsend auf das Schild, das an seinen Overall geheftet war. Es informierte darüber, dass er ein offizieller, sozusagen ein akkreditierter Kofferträger sei, und darunter stand, wie viel er für jeden Koffer zu bekommen hatte.

Sie konnte sich ein Lächeln nicht verkneifen. Hier hatte sich in der Tat viel geändert. Dankbar überließ sie ihm ihre Koffer, trug selbst nur ihren Laptop und folgte dem fröhlich vor sich hin trällernden Kofferträger zur Zollkontrolle. Sie hatte nichts zu verzollen, es würde schnell gehen. Der untersetzte Zollbeamte hatte einen millimeterkurzen Bürstenhaarschnitt, das harsche Neonlicht verfärbte seine teigige Haut kittweiß, sein feuchtroter Mund wurde durch einen bleistiftschmalen, an den Enden zu einer Haarschnecke aufgezwirbelten Oberlippenbart eingerahmt.

Ein eitler Mensch, dachte Benita und reichte ihm das ausgefüllte Zollformular. »Ich habe nichts zu verzollen«, sagte sie und wollte durchgehen.

Der Mann hob gebieterisch die Hand, sodass sie stehen bleiben musste. In aller Ruhe las er die Zollerklärung durch, dann ließ er seinen Blick über sie gleiten und blieb an ihrem Laptop hängen. »Ist das ein Notebook?« Er studierte das Zollformular. »Das ist hier nicht angeführt. Packen Sie es aus.«

Sie schluckte eine ärgerliche Bemerkung hinunter und packte es aus. Zollbeamte waren auf der ganzen Welt von Natur aus schlecht gelaunt. Man sollte sie nicht reizen.

»Hm«, machte der Mann, während er mit den Fingern über die Tastatur strich. »Neues Modell, was?«

Sie nickte.

»Sie haben es nicht deklariert. Wollen Sie das Gerät illegal im Land verkaufen?«

»Was?« Sie war so perplex, dass sie das Wort schrie.

»Sie haben mich doch verstanden. Ich glaube, dass Sie das Notebook im Land verkaufen und sich ein nettes Sümmchen nebenbei verdienen wollen, ohne einen Cent Steuern zu zahlen. Die Dinger sind hier nämlich sauteuer.«

»Natürlich nicht! Das ist mein Arbeitsgerät, und es ist über ein Jahr alt, also brauche ich es nicht zu deklarieren. Außerdem sagte man mir an Bord, wenn es für meinen Eigengebrauch ist, müsse ich es ohnehin nicht angeben.«

»Was Ihnen irgendeine Stewardess der British Airways angeblich erzählt hat oder auch nicht, ist mir schnurz. Sie haben das Notebook nicht deklariert! Das ist Fakt. Ihren Pass, bitte.«

Benita händigte ihm das Dokument zögernd aus. Sie sah sich um und suchte Roderick Ashburton und Gloria, die ja immerhin Juristin war, aber beide waren entweder noch bei der Kofferausgabe oder schon durch den Zoll durch. Sie biss sich auf die Lippen.

»Dann deklariere ich es eben jetzt«, presste sie wütend hervor. Südafrikanische Bürokratie war ja noch schlimmer als die englische.

»Im Nachhinein geht das nicht«, informierte sie der Zollbeamte mit einem zufriedenen Lächeln. »Immerhin hatten Sie die Absicht, es ins Land zu schmuggeln.«

»Ich? Schmuggeln?« Ihr fehlten die Worte. Hinter ihr staute sich bereits eine lange Schlange von Passagieren, die deutlichen Unmut erkennen ließen.

»Ich werde das Notebook konfiszieren, und Sie bekommen eine Strafe, die Ihnen klarmacht, dass man auch in diesem Land die Gesetze zu respektieren hat.« Er studierte ihren Pass aufmerksam. »Ich habe die Nase voll von euch Auslandssüdafrikanern«, sagte er dann. »Ihr verdient im Ausland fettes Geld, kommt dann nach Südafrika und glaubt, ihr steht über dem Gesetz!«

»Konfiszieren? Und wie soll ich arbeiten?« Wo zum Teufel war Gloria Pryce? Immer war sie da, wenn man sie nicht brauchte, und jetzt, wo sie wirklich in Not war und juristischen Beistand nötig hatte, war diese Gloria weit und breit nicht zu sehen. »Ich möchte Ihren Vorgesetzten sprechen.«

Der feuchtrote Mund wurde hart, die Bartspitzen vibrierten. »Das kann dauern. Lange. Treten Sie aus der Schlange und warten Sie hier.« Er wedelte sie mit der Hand auf die Seite.

Sein Ton ließ ihr trotz ihrer Empörung eine Gänsehaut über den Rücken laufen, so sehr erinnerte das Ganze sie an Zeiten, von denen sie geglaubt hatte, dass sie ein für alle Mal vorbei waren.

Der Vorgesetzte ließ sie eine halbe Stunde warten, ehe er erschien. Er hörte sich ihre Beschwerde ausdruckslos an, bemerkte, dass alle entsprechenden Gesetze klar und deutlich auf der offiziellen Website von Südafrika beziehungsweise bei jeder Botschaft einzusehen seien und dass sein Untergebener völlig korrekt gehandelt habe. Gerade als Benita Luft holte, um lautstark zu protestieren, dass es erstens erlaubt sei, gebrauchte persönliche Gegenstände zollfrei einzuführen, und dass man zweitens von Touristen nicht erwarten könne, erst diesbezüglich im Internet zu recherchieren, überraschte er sie mit der Aussage, dass er eine Ausnahme machen und ihr ermöglichen werde, eine vorläufige Importlizenz für ihren Laptop zu beantragen. Die Gebühr belaufe sich auf 1852 Rand.

Die Worte blieben ihr in der Kehle stecken, sie starrte ihn völlig sprachlos an, kalkulierte dabei überschlagsmäßig, wie viel das war, und kam auf etwa 175 Pfund. Mit Mühe kämpfte sie die jähe Wut nieder, die in ihr hochschoss, und schaffte es, ihn lediglich mit eisigem Blick zu mustern.

»Der Laptop ist gebraucht, mein persönliches Eigentum und daher zollfrei. Schauen Sie in Ihren Zollvorschriften nach!«

Jetzt lächelte der Vorgesetzte breit. »Sie haben die Wahl. Entweder Sie zahlen, oder wir konfiszieren das Notebook, und Sie bekommen eine Strafe, oder Sie fliegen mit dem nächsten Flug zurück nach England. Was soll's denn sein?« Es war offensichtlich, dass er die Szene genoss.

Besiegt, dachte sie zornig, aber mit gezinkten Karten. Die Jahre in ihrem Beruf hatten sie gelehrt, dass es manchmal ratsamer war, mit Verlust auszusteigen, als zu hoffen, dass sich das Blatt wenden würde. Schließlich zahlte sie mit ihrer Kreditkarte, angesichts des grinsenden Vorgesetzten hochrot im Gesicht vor Zorn und Demütigung. Derselbe Beamte mit dem schmalen Oberlippenbart nahm ihr anschließend feixend das Formular ab, las es sich umständlich durch und warf es auf den Ablagestapel. Benita schnappte sich ihren Laptop und das Handgepäck und verließ mit zusammengebissenen Zähnen die Zollabfertigung. Roderick Ashburton und Gloria Pryce warteten hinter der Absperrung in der Flughafenhalle.

»Es tut mir leid, dass wir meinetwegen unseren Anschlussflug verpasst haben«, presste Benita heraus, und dann berichtete sie ihnen, was vorgefallen war.

»Welch eine bodenlose Unverschämtheit! Das ist ja legalisierter Raub! Ich werde eine offizielle Beschwere einreichen. Vermutlich hat der Kerl das Geld einfach eingesteckt.« Roderick Ashburton war empört.

»Sie hätten Ihren Laptop deklarieren müssen«, belehrte sie dagegen Gloria, die Juristin, und lächelte ihr Haifischlächeln. »So sind nun einmal die Gesetze hier. Mein Notebook habe ich selbstverständlich angegeben.« Sie deutete selbstgefällig auf ihren Computer. »Und meine kleine Kamera auch.«

Benita setzte zu der erbosten Antwort an, dass die Meldepflicht nur elektronische Geräte betreffe, die jünger als ein Jahr seien, weshalb die verhängte Strafe nur eine verdammte Schikane darstelle, verzichtete dann aber darauf und folgte ihnen schweigend, wenn auch innerlich kochend vor Zorn.

Das Flugzeug nach Durban war bis zum letzten Platz besetzt. Benita saß am Fenster neben einem Inder mit einem kunstvoll gewickelten Turban. Der Mann verströmte einen intensiven Curryduft, was sie ein wenig versöhnlicher stimmte, weil dieser Duft sie sehr an ihre Kindheit erinnerte.

Ihren Kopf gegen die vibrierende Scheibe gelehnt, überlegte sie mit einem deutlich unguten Gefühl im Magen, ob diese Aktion beim Zoll gegen alle gerichtet war oder nur gegen die, die Südafrikaner von Geburt waren, aber mittlerweile eine andere Staatsangehörigkeit besaßen, gewissermaßen als Rache, dass sie ihr Geld nicht hierzulande versteuerten. Oder – dieser Gedanke sirrte wie ein lästiger Moskito durch ihre Überlegungen – hatte es vielleicht ihr persönlich gegolten? Nicht Benita Forrester, sondern Benita Steinach, Tochter von Gugu und Michael Steinach? Geboren auf Inqaba in Zululand? Sie setzte sich kerzengerade hin.

Nach einer kurzen, heißen Schrecksekunde verlachte sie sich jedoch selbst, kam zum Schluss, dass es jedem hätte passieren können, an jeder beliebigen Grenze. Die Passbeamtin hatte schlechte Laune gehabt oder Kopfschmerzen oder war einfach nur allergisch gegen gut gekleidete Geschäftsfrauen. Es war nichts spezifisch Südafrikanisches gewesen und schon gar nicht gegen sie persönlich gerichtet. Warum auch, es gab nicht den geringsten Grund. Sie nahm sich vor aufzupassen, nicht dem hiesigen Phänomen zu erliegen, das ihr Vater als das südafrikanische Virus bezeichnet hatte.

»Verfolgungswahn ist hier eine typische Krankheit«, hatte er ihr erklärt. »Hinter den harmlosesten Vorkommnissen wird eine Verschwörung vermutet. Nimm dich davor in Acht, mein Kleines, das Virus ist hochgradig ansteckend, es sickert einem nach und nach in die Adern und kann den ganzen Körper vergiften, und dann kannst du keinen Vorfall mehr unbefangen beurteilen.«

Damals hatte sie nicht begriffen, was er meinte. Jetzt verstand sie ihn. Erleichtert schaute sie auf das Land, das sich tief unter ihr von Horizont zu Horizont ausbreitete. Sie hatte es noch nie von oben gesehen. Es war karg, öde und ausgetrocknet, staubiges Ocker wechselte sich mit einem Grün ab, das durch künstliche Bewässerung entstanden war und unnatürlich wirkte. Immer wieder entdeckte sie merkwürdige kreisrunde, sorgfältig gepflügte Felder, deren Durchmesser sie auf etwa hundert Meter schätzte. Die Wellblechdächer kleiner Gehöfte reflektierten in der Sonne, schmale Flussläufe wanden sich durchs hügelige Gelände, und hier und da leuchtete nahe den Häusern das Türkis eines Swimmingpools wie ein Juwel in grünen Samtpolstern.

Sie musste gedöst haben, denn sie wachte abrupt auf, als die Stewardess nach ihren Getränkewünschen fragte. Sie bestellte Cola und blickte durchs Fenster. Die Landschaft hatte sich dramatisch verändert. Aufgeregt schaute sie hinunter. Schneeweiße Haufenwolken segelten unter ihr, dazwischen schimmerten die weichen Konturen sattgrüner Hügel, an deren Hängen Rundhütten wie Pilzkolonien wuchsen. Glitzernde Flussadern durchzogen das Land. Ihr Herz machte einen Satz. Sie flogen bereits über Natal, dem üppigen Land im Osten des Landes, Südafrikas grüner Edelstein am Indischen Ozean.

Gleich bin ich zu Hause, dachte sie und war erstaunt, dass sie es so bezeichnete. Leicht verwirrt versuchte sie sich England vorzustellen. Als würde sie mühevoll aus großer Entfernung etwas erkennen wollen, musste sie sich stark konzentrieren, um sich die Aussicht von ihrem Apartment auf die Themse in Erinnerung zu rufen, das fahle Novemberlicht, das auf den Wellen spielte, die tuckernden Motorboote und kreischenden Möwenschwärme. In Gedanken wanderte sie anschließend die Straßen hinunter, die sie täglich ging, fuhr in der Untergrundbahn, meinte, sogar den typischen Wintergeruch von feuchter Wolle, Zigarettenrauch und ungewaschener Kleidung zu riechen, und endlich stand sie vor dem imposanten Bankgebäude, in dem sie seit sechs Jahren arbeitete. Sich jede Einzelheit in Erinnerung rufend, ging sie ihren täglichen Weg durch die gewaltige Eingangshalle und fuhr mit dem Aufzug hinauf in ihr geräumiges Büro.

Überraschenderweise kostete diese Gedankenreise sie große Anstrengung, so als gäbe es da einen Spalt zwischen ihr jetzt und ihrem Leben in London, einen Spalt, der sich in Sekundenschnelle verbreiterte, der schon jetzt so weit auseinanderklaffte, dass sie ihn kaum überbrücken konnte. Es erschreckte sie zutiefst.

»Hier in Natal sind Sie geboren, richtig?« Glorias Stimme durchbrach ihre Gedanken. Sie saß im Sitz hinter ihr. »Werden Sie Ihre Stammesgenossen besuchen?«

Miststück, dachte Benita. »Natürlich«, sagte sie. »Ich habe extra meinen Bastschurz eingepackt, damit ich standesgemäß gekleidet auftreten kann.«

Roderick Ashburton ließ ein spöttisches Schnauben hören. »Benitas Familie gehört eine der schönsten Farmen in Südafrika, die in einer der herrlichsten Landschaften liegt.« Er wusste sehr wohl, wie er Gloria beeindrucken konnte. »Sie wird nicht mehr bewirtschaftet, ist aber eine der edelsten Adressen, wenn man auf Safari gehen will.«

Benita wartete auf eine Antwort von Gloria Pryce, aber die blieb aus. Offensichtlich hatte es ihr tatsächlich dieses eine Mal die Sprache verschlagen. Sir Roderick, der Ritter auf dem imaginären weißen Pferd, hatte den Drachen für sie getötet! Bei dieser Vorstellung musste sie giggeln, und sie gefiel ihr sehr.

Die Chamäleonfrau hatte lange gebraucht, um sich einigermaßen von dem zu erholen, was sie bei den Mülltonnen vom *La Spiaggia* in der *Sun* gelesen hatte. Später fing sie am Strand eine durchsichtige Plastiktüte ein, die vom Wind herumgetrieben wurde, und steckte die Zeitung mit dem Bild nach oben hinein, um sie vor Witterungseinflüssen zu schützen. Während sie am Saum des Wassers langsam zu ihrem Schlafplatz wanderte, blieb sie immer wieder stehen und las im Lichtstrahl eines der Strandscheinwerfer, die an den Hotelfassaden angebracht waren und mit kräftigem Strahl bis zum Meer leuchteten, den Artikel, bis sie ihn auswendig hersagen konnte.

Wie jede Nacht schlief sie unter einer Wilden Banane, die am Rand des Dünenwalds mit ihrem dichten Blätterwerk eine regensichere Höhle bildete. Mit der Zeitung in der Hand legte sie sich nieder. Eine zerfledderte Strohmatte benutzte sie als Unterlage, ein zusammengefaltetes Kleidungsstück als Kissen. Die Brandung schlug donnernd aufs Felsenriff, die Wellen rauschten auf den Strand, brachten den groben Sand, der aus glatt geschliffenen

Steinen und winzigen Muschelpartikeln bestand, zum Singen, liefen raschelnd aus und zogen sich mit leisem Seufzen wieder zurück. Sie schloss die Augen, wischte die Tränen, die ihr unter den Lidern hervorquollen, jedoch nicht weg. Das Wiegenlied des Meers lullte sie in den Schlaf, und zum ersten Mal seit langer Zeit war dieser tief und traumlos.

Erst als die vier ortsansässigen Hadidah-Ibisse sie kurz vor Sonnenaufgang mit ihren lauten Trompetenschreien weckten, öffnete sie die Augen. Die Zeitung hielt sie noch immer in der Hand, und auf der Plastikhülle schimmerten ihre Tränen. Sie berührte das Bild zart mit den Fingerspitzen, verstaute es dann in einer großen grünen Einkaufstasche, die das Logo einer der größten Supermarktketten Südafrikas trug und die eins ihrer kostbarsten Besitztümer darstellte. Sie hatte Hunger und schlenderte im pflaumenfarbenen Morgendunst hinunter zum Strand. Es war Ebbe, die beste Zeit, Langusten zu fangen. Zwar war die Langustenfangsaison noch nicht eröffnet – bis zum 1. März bestand striktes Fangverbot –, aber darum kümmerte sie sich ebenso wenig wie um irgendein anderes Gesetz. Wie ein glühendes Kohlestück saß die schwarze Kaposi-Kröte auf ihrer Brust, und seit einiger Zeit hatte das Biest schon Junge bekommen. Ein Schwarm kleiner Kröten, schwarz und giftig wie ihre Mutter, krochen über ihren Bauch, und eine hatte sich in ihrem Hals festgebissen. Sie war schon tot, auch wenn sie noch atmete. Gesetze und Regeln betrafen sie nicht mehr.

Mit einem soliden, langen Stock, an dessen Ende ein Dreizack saß, den sie aus einem Dreierhaken gebastelt hatte, den man benutzte, um Haie zu angeln, und der höchst illegal war, zog sie zwei Langusten, die im schattigen Wasser noch schliefen, und einen sich wild windenden Tintenfisch aus den Felsspalten des Riffs. Ein Festessen! Glücklich humpelte sie zurück zu ihrer luftigen Behausung, zog ihr Messer aus dem Müllsack und machte sich daran, den Tintenfisch zu säubern. Auf einem

Felsen schlug sie das glitschige Tier so lange, bis es mürbe war, dann schnitt sie die Fangarme in Stücke. Danach entfachte sie im Dünensand unterhalb ihres Schlafplatzes aus Driftholz ein Feuer. Die Langusten legte sie in der Schale an den Rand der Glut, den Tintenfisch arrangierte sie auf einem Stück Aluminiumfolie.

Das Mahl mundete ihr köstlich. Sie spülte es mit dem Rest des Weins hinunter, den sie sich von einem Freund aus dem Supermarkt hatte mitbringen lassen. Nach jedem Wochenende durchwühlte sie den Strand in der Badezone nach Geld und wurde eigentlich immer fündig. Selbst ging sie nicht mehr einkaufen, nachdem die anderen Käufer bei ihrem Anblick schleunigst den Laden verlassen hatten, manche schreiend, und der Eigentümer die Polizei gerufen und aufgeregt berichtet hatte, dass sein Geschäft von einem Alien überfallen worden sei.

Als sie sich vorbeugte und Sand über das Feuer schaufelte, um es zu löschen, wurde sie von einem Schmerz überfallen, der wie ein reißender Hund in ihrem Körper wütete. Sie fiel vornüber, schaffte es gerade noch, die Glut zu verfehlen, krümmte sich, keuchte, presste sich die Faust zwischen die Zähne, bis es vorüber war. Schweißgebadet kroch sie in ihr Versteck und fiel auf ihre Schlafmatte. So blieb sie liegen, während der Horizont sich in eine Feuerlinie verwandelte und der Widerschein der Sonne den Himmel vergoldete.

Nach einer Weile stemmte sie sich auf die Knie und angelte aus einem Loch, das sie mit einem Ziegelstein verschlossen hatte, eine Blechdose und entnahm ihr eine selbst gedrehte Zigarette. Ihre Finger zitterten, als sie sie entzündete. Nach den ersten langen Zügen begann die schmerzstillende Wirkung des Haschischs zu wirken. Ihr war kalt, die Sonne wärmte noch nicht richtig, und sie wickelte sich in das übergroße, mit wärmendem Flausch gefütterte schwarze Sweatshirt, das Geschenk eines Freundes, und grub eine flache Kuhle in den noch nachtkühlen Sand. Sie legte sich anschließend hinein und rauchte mit geschlossenen Augen den Joint zu Ende.

Die Brandung unter ihr rauschte hypnotisch, die hohen Schreie der Möwen begrüßten den jungen Tag, und sie schwamm auf ihren Träumen davon. Sie träumte von der Person, die sie auf dem Zeitungsbild erkannt hatte, und im Traum hatte sie keine Chamäleonhaut mehr, keine Kaposi-Kröten, und sie war nicht mehr allein. Alle, die sie liebte, waren bei ihr.

»Linnie.«

Jemand schüttelte sie, und sie grunzte abwehrend.

»Linnie, wach auf!«

»Was ist? Lass mich zufrieden«, knurrte sie, bemüht, ihren Traum festzuhalten.

Aber sie wurde weiter geschüttelt.

Widerwillig öffnete sie ihre verkrusteten Lider, brauchte ein paar Sekunden, ehe ihre Augen sich auf das Gesicht vor ihr einstellten. Sie gähnte.

»Ach, du bist es. Was gibt's, das nicht warten kann, bis ich meinen Schönheitsschlaf beendet habe?« Sie probierte ein Grinsen, das zu einer Grimasse geriet. Mühsam setzte sie sich auf. In letzter Zeit hatte sie so starke Schmerzen in den Knochen, besonders wenn sie eine Zeit lang gelegen hatte, dass jede Bewegung zur Tortur wurde.

Der grauhaarige Zulu in den verwaschenen Jeans und dem schwarzen T-Shirt ließ sich schweigend im Schneidersitz neben ihr nieder. Er zog aus seinem Beutel eine Thermoskanne, schraubte den Verschluss auf und goss den dampfend heißen Kaffee in zwei Pappbecher, die er ebenfalls mitgebracht hatte. Er reichte ihr einen und wickelte zwei üppig mit Schinken belegte Baguettebrötchen aus, bei deren Anblick ihr reflexartig das Wasser im Mund zusammenlief.

»Ich habe etwas gehört. Über den, den du suchst«, sagte der Zulu nach ein paar Schlucken Kaffee.

Sein Ton war so, dass er die Chamäleonfrau veranlasste, sich senkrecht hinzusetzen und energisch den Schleim aus den Augen zu wischen. Vilikazi war ein alter Freund von ihr, vor langer Zeit ein gefürchteter Straßenkämpfer, heute ein bedeutender Mann, ein wichtiges Mitglied des ANC, einer, der für den großen Kampf, der am 16. Juni 1976 endlich wie ein überreifes Geschwür in Soweto aufbrach, alles riskiert hatte. Sie fühlte sich geehrt, dass er sie als seine Freundin bezeichnete. Ab und zu besuchte er sie hier, brachte ihr stets eine Kleinigkeit zum Essen mit. Oft hatte er versucht, sie zu überreden, bei ihm und seiner Frau Sarah zu wohnen, sein Haus sei groß genug.

Aber sie hatte immer abgelehnt. Sie wusste, dass sie eines Tages das Stadium erreichen würde, wo sie ihre körperlichen Funktionen nicht mehr kontrollieren konnte und Hilfe benötigen würde. Sie würde nicht mehr allein gehen können, nicht mehr allein essen, nicht mehr allein ihre Notdurft verrichten. So war es bei den anderen gewesen, die sie gekannt hatte. Es würde nicht sofort passieren, sondern schleichend. Sie würde genug Zeit haben, einen Schlusspunkt zu setzen. Dafür musste sie allein sein, wollte nicht erleben, dass jemand sie daran hinderte oder womöglich ins Leben zurückholte, ohne daran zu denken, welche Hölle sie da erwartete.

»Du hast etwas gehört? Über den Vice-Colonel?«, fragte sie. In ihren Augen glühte das schwarze Feuer des Hasses.

Vilikazi zuckte beim Gedanken daran, warum dieser Mann so genannt wurde, zusammen. Er hatte Linnie gefunden, hatte an den zermalmten Knochen sofort erkannt, dass sie Bekanntschaft mit dem Vice-Colonel und seinem Schraubstock gemacht hatte. Er hatte Linnie zu Thandile Kunene geschafft, der Leiterin des kleinen Krankenhauses in der Nähe von Hlabisa, hatte an ihrem Bett gesessen, während die Ärztin die ausgedehnten Brandwunden behandelte und mit vor Wut aufeinandergepressten Zähnen versuchte, die zersplitterten Knochen wieder zusammenzufügen.

Dabei waren ihr die Tränen über die Wangen geströmt. Der hartgesottenen Frau Doktor Kunene, die nicht einmal bei der Beerdigung ihres über alles geliebten Zwillingsbruders, der an Aids gestorben war, geweint hatte.

Die Chamäleonfrau hatte nicht wahrgenommen, welche bösen Erinnerungen ihre Bemerkung bei ihrem Freund verursacht hatte. Dankbar hielt sie den Becher mit beiden Händen, schlürfte mit offensichtlichem Genuss das belebende heiße Getränk und biss ein großes Stück des Brötchens ab. Sie beschloss, ihm nichts von dem Artikel in der *Sun* zu erzählen. Noch hatte sie nicht verarbeitet, was sie dort gelesen hatte. Es war zu schmerzhaft, zu neu, zu verwirrend. Mit zitternden Fingern wischte sie sich über den Mund. Der Schmerzanfall hatte sie doch stark geschwächt, und jedes Mal merkte sie, dass die Zeit, die sie benötigte, um sich wieder einigermaßen zu erholen, länger wurde und die Erholung weniger tief.

Vilikazi trank seinen Kaffee und wartete geduldig, bis sie ihm antworten konnte. Er hatte viele Menschen an dieser entsetzlichen Krankheit sterben sehen, ahnte die Qualen, die sie durchmachen musste, und ballte die Fäuste, um mit dieser glühend heißen Wut fertig zu werden, die ihn jedes Mal überfiel, wenn er an den Mann dachte, der sie so verstümmelt hatte, dass sie nur noch humpeln konnte und keine Chance gehabt hatte, ihren Vergewaltigern zu entfliehen.

Linnie schluckte den Bissen hinunter. »Er ist hier, in seinem Apartment, schon seit einigen Tagen. So stand es in der Zeitung, und gestern habe ich ihn gesehen.« Sie schloss die Augen und faltete die Hände wie zum Gebet. »Ich habe ihn tatsächlich gesehen! Und was hast du über ihn gehört?«

Die rosafarbene Narbe an Vilikazis Hals, die quer von einem Ohr zum anderen verlief – und die er seit jener dunklen Nacht in KwaMashu, als drei von der Polizei bezahlte Tsotsies versucht hatten, ihm die Kehle durchzuschneiden, als ehrendes Andenken trug – grinste. Sein Mund tat es nicht.

»Er verlässt heute sein Apartment und fährt nach Zululand, nach Inqaba. Er wird sich dort mit jemandem aus England treffen.«

Sie fragte ihn nicht, woher er das wusste. Vilikazi und eine Gruppe anderer ehemaliger Untergrundkämpfer hatten es sich zur Aufgabe gesetzt, diejenigen vor Gericht zu bringen, die damals in den Verhandlungen vor der Truth Commission entweder gelogen hatten, um Vergebung und vor allen Dingen Straffreiheit zu erlangen, oder gar nicht erst erschienen waren. Vilikazis Vereinigung überzog wie ein Netz das ganze Land, überall hatte er seine Augen und Ohren, und immer häufiger verfing sich einer der Gesuchten in diesem Netz. Der wurde dann überwacht, alle Fakten, die über ihn bekannt waren, wurden zusammengestellt, und zum Schluss ging die Akte an den Generalstaatsanwalt. Die Anklage lautet meistens auf vielfachen Mord, und bisher waren alle, die man aufgegriffen hatte, verurteilt worden. Viele zu lebenslanger Haft. In ihrem Staat, im Apartheidstaat, wären sie aufgehängt worden.

Der Mann, der sie damals in der Mangel gehabt hatte – die Bezeichnung »Verhör« betrachtete sie als irreführend harmlos –, war für Jahre untergetaucht gewesen. Als er wieder auf der Bildfläche erschien, hatte er nicht nur einen anderen Namen getragen, sondern auch sein Aussehen drastisch verändert. Aber jetzt, da sie ihn tatsächlich gesehen hatte, war sie sich sicher, dass er es war, dass sie ihn endlich gefunden hatte, und ihr Hinweis endlich hatte Vilikazi auf seine Spur geführt.

»Inqaba«, flüsterte sie, und ein Kribbeln überlief sie. Dieses Leben war so lange her, war so weit von ihr entfernt, weiter als ein Stern am nächtlichen Himmel, und doch begleiteten sie die Erinnerungen jeden Augenblick ihres Tages. »Was hat der Kerl auf Inqaba zu suchen? Wen wird er treffen?«

»Ich habe keine exakten Informationen, wen er treffen will.«

»Ich muss nach Inqaba, Vilikazi«, wisperte sie. »Ich muss dorthin, ich kann aber nicht laufen … Es geht nicht mehr, nicht diese weite Strecke.« Sie wischte sich die Tränen aus den Augen, Tränen, die ihrem verlorenen Leben galten, nicht ihrem jetzigen Zustand.

Er goss ihr schweigend Kaffee aus der Thermoskanne nach. »Ich werde hinfahren, aber erst morgen. Nachts ist es mir zu gefährlich auf den Straßen. Ich habe bereits je ein Zimmer im Haupthaus für uns auf Inqaba gebucht.«

Eine Nacht und einen Tag auf Inqaba, dort, wo sie jedes Geräusch kannte, jeden Duft, jeden Quadratzentimeter. Jede Faser ihres zerstörten Körpers sehnte sich nach diesem Labsal. Es musste jedoch ein unerfüllter Traum bleiben. »Das geht nicht. Ich kann mir dort kein Zimmer leisten.« Ihre Handbewegung umfasste ihre gesamte Habe in der Mülltüte. »Momentan bin ich etwas knapp.« Sie brachte ein schiefes Lächeln zustande.

Vilikazi hatte diesen Einwand erwartet. »Für derartige Gelegenheiten hat unsere Vereinigung einen Fonds.« Die Lüge brachte er leicht über die Lippen. Er bekam als ehemaliger Funktionär eine Pension, außerdem hatten Sarah und er etwas gespart. Er war im Vergleich zu vielen seiner Landsleute gleicher Hautfarbe ziemlich wohlhabend. »Mach dir also keine Sorgen. Es ist alles geregelt. Die wichtigste Frage ist aber, ob du dich stark genug für diesen Ausflug fühlst. Stark genug für diesen Augenblick, wo du ihm gegenüberstehen wirst.«

Seine Worte stießen sie für Sekunden zurück ins Fegefeuer. Mit geballten Fäusten und gesenkten Kopfes hielt sie es aus. Die Feuerhitze, die Schmerzen. Diese unglaublichen Schmerzen. »Ich weiß es nicht«, flüsterte sie heiser, gefangen von ihren Gefühlen. Doch dann zwang sie sich zurück in die Gegenwart. »Ich werde es schaffen. Mach dir keine Sorgen.«

Vilikazi hatte ihren Kampf beobachtet, und das Mitleid, das in ihm hochstieg, verschlug ihm schier den Atem. Aber er berührte sie nicht, wusste, dass sie das nicht wollte, versuchte auch nicht, sie zu trösten. »Hast du ein Kleidungsstück, das dich … ein wenig vor neugierigen Blicken schützt?«

»Hab ich. Eine schwarze Burka. Sie schwamm vor Monaten zwischen den Felsen in der Brandung. Erst dachte ich, dass die Frau, der die Burka einmal gehört haben muss, noch drinsteckte, aber sie hatte sich nur in den Felsen verhakt, sich prall mit Sand gefüllt und wurde vom Wasser hin und her bewegt. Ich habe sie herausgezogen. Sie ist von sehr guter Qualität, ich habe sie getrocknet und geflickt.«

Linnie rappelte sich auf. »Ich werde wohl ein paar Tage weg sein, nicht wahr? Dann werde ich mir Nachschub für meine Trösterchen besorgen müssen.« Ein geisterhaftes Lächeln huschte über ihr zerstörtes Gesicht. »Ich betreibe hier nämlich eine prachtvolle kleine Cannabis-Plantage … Das Zeug ist das Einzige, was mir bei den Schmerzen hilft.«

Er zog ungläubig die Brauen hoch. »Hier? Am Strand? Ist das nicht ein bisschen leichtsinnig?«

Sie kicherte. »Ach wo, kaum einer würde die Pflanzen erkennen, und wenn jemand sie tatsächlich entdeckt, würde er sie allenfalls selbst abernten. Es sind nur ein paar Pflanzen, aber für mich reichen sie aus. Dort.« Sie zeigte auf den Bereich, wo der verfilzte Busch unterhalb des neuen weißen Apartmentgebäudes bis zum Strand herunterwucherte.

Vilikazi schmunzelte. »Die selbstgefälligen Typen, die im Stadtrat sitzen, würden Krämpfe bekommen, wüssten sie davon.«

Linnie nickte. »Einige von denen sind früher ständig in einer Haschischwolke herumgeschwebt, und glaub mir, einige tun das heute noch. Der Geruch, den sie ausströmen, ist genug, um eine Menschenmenge auf Wolke siebenundzwanzig zu katapultieren.«

Auf der Promenade über ihnen joggten zwei junge Mädchen mit Gewichten in den Händen und schwingenden blonden Pferdeschwänzen vorbei. Ihnen folgten drei junge Frauen, deren Haut samtig dunkelbraun schimmerte. Sie waren wohlgenährt und hübsch, kräftig geschminkt, und ihr Haar, das wie sturmgepeitscht vom Kopf abstand, war sorgfältig entkraust. Alle trugen sie Ohrhörer, der iPod hing zusammen mit metallisch glänzenden Handys an ihren Gürteln, an ihren Füßen trugen sie teure Markenschuhe.

Linnie drehte den Kopf und sah ihnen nach. Neid fuhr ihr wie ein Stich durch die Brust. Nicht auf ihren offensichtlichen Wohlstand, nicht darauf, dass sie alles hatten, was sie nie haben würde, sondern darauf, dass sie gesund waren und jung und das Leben mit all seinen herrlichen Möglichkeiten noch vor ihnen lag.

Es kam nicht oft vor, dass sie sich eine derartige Bitterkeit erlaubte, aber nach einem Schmerzanfall wie jener, der sie heute Morgen gelähmt hatte, war sie schwach und weinte auch schon manchmal. Sie verachtete sich dafür. Energisch wischte sie sich jetzt die Nässe aus den Augenwinkeln und blinzelte in den Himmel.

»Die Sonne kommt hoch, ich muss zusehen, dass ich meine Ernte einbringe, ehe es auf der Promenade von Menschen wimmelt.« Ihre Stimme verriet nichts von dem, was in ihr vorging.

Vilikazi stand auf. »Ich warte morgen früh bei Sonnenaufgang oben an der Straße vor dem Durchgang zwischen dem Cabana Beach Hotel und dem *La Spiaggia* auf dich. Bist du satt geworden? Soll ich dir noch etwas besorgen? Im Dorf öffnen bald die Läden.« Seine dunklen Augen glänzten vor Mitgefühl.

»Es hat wunderbar geschmeckt. Grüß Sarah von mir, sag ihr, dass sie ein Genie ist.« Seine Frau Sarah war eine außergewöhnliche Persönlichkeit, die sie sehr mochte. Lächelnd berührte sie mit den Fingerspitzen seine Hand. »Bis morgen. Hambagahle, umngane wami – geh in Frieden, mein Freund.«

Sie sah ihm nach, als er über die Promenade davonschlenderte, erhob sich dann schwerfällig und kroch hinüber, wo sich ihre Cannabisplantage in der Meeresbrise wiegte. Ein brauner Skink huschte vor ihr davon, und im Busch neben ihr schäkerte zärtlich ein Hirtenstarpaar.

Ihr kamen die Tränen.

6

Am frühen Nachmittag zog der Pilot das Flugzeug in eine weite Kurve über dem schaumgekrönten Indischen Ozean und setzte dann zur Landung auf dem Durbaner Flughafen an. Benitas Blick flog über die vorbeihuschende Landschaft. Die hässlichen Industriegebäude der Umgebung nahm sie nicht wahr, was sie sah, waren flache, sattgrüne Hügel, Häuserdächer zwischen Palmenkronen, hier und da das leuchtende Rot blühender Bäume. Es ist November, dachte sie. Flammenbäume blühen im November. Der alte Flammenbaum, der sich wie ein gewaltiger Schirm über dem kleinen, weiß gekalkten Haus am Fluss gewölbt hatte, hatte immer im November geblüht. Als Kind hatte sie sich prächtige Kränze aus den orchideenähnlichen Blüten geflochten, hatte in dem filigranen Schatten seiner Blätterwedel gespielt, und manchmal hatte Umama den Tisch in seinem Schutz gedeckt, dort, wo niemand von der Straße es sehen konnte, und dann war auch Ubaba aus seinem Versteck gekommen, und sie hatten zusammen gegessen.

Benita saß ganz still, ließ es zu, dass ein Bild nach dem anderen aus ihrem Unterbewusstsein auftauchte wie bei einer Diashow. Das riedgedeckte weiße Haus, Umama, die die Hühner fütterte, Ubaba, der lachend mit einem fetten Fisch an der Angel vom Fluss heraufkam. Sie selbst an dem Tag, als sie Ubaba zum Angeln begleiten durfte, der Sonnenaufgang über dem Fluss, der Beginn des Tages, von dem sie in jener Stunde noch nicht ahnte, dass es der Tag vor jenem würde, an dem sie … an dem Umama …

Wie eine Faust traf die Übelkeit sie im Magen. Sie krümmte

sich zusammen. Ich kann das nicht, dachte sie verzweifelt. Ich steh das nicht durch.

Aber es gab kein Zurück mehr. Nur zwölf Stunden nachdem sie das nasskalte London verlassen hatten, schwebte der große Metallvogel im Sinkflug auf das sommerlich sonnige Durban hinab, die Räder kreischten bei der ersten Bodenberührung, der Pilot schaltete den Rückschub ein, die Motoren brüllten, das Flugzeug verlor langsam an Geschwindigkeit, rollte auf das niedrige Flughafengebäude zu und parkte direkt davor.

Fünf Minuten später stand Benita an der Kabinentür und blickte hinaus. Geblendet von der subtropischen Lichtflut, sammelten sich Tränen in ihren Augenwinkeln. Schnell setzte sie ihre große Sonnenbrille auf, die ihre Augen verbarg und ihr halbes Gesicht bedeckte, sodass keiner sehen konnte, was sie jetzt empfand. Auf ihr Pokergesicht konnte sie sich heute nicht verlassen. Dafür flatterten ihre Nerven zu sehr. Sie holte tief Luft und trat hinaus aus dem Dunkel des Flugzeugleibes in die gleißende Helligkeit dieses südafrikanischen Frühsommertages wie ein Schmetterling, der sich aus dem Kokon befreite.

Die Sonne brannte, die Schatten waren kurz und scharf, der Himmel glühte in tiefem Blau. Die feuchtwarme Luft umschmeichelte sie zärtlich, und sie meinte, den Duft der Frangipanis ahnen zu können. Ihre Haut begann zu prickeln, ihre Augen hinter den dunklen Gläsern tränten, und plötzlich löste sich etwas in ihr, brach mit der Wucht eines Erdbebens auf, und alles, was sie so lange unterdrückt hatte, rollte als gewaltige Welle über sie hinweg.

Nichts hatte sie auf diesen Augenblick vorbereitet. Sie rang nach Luft und blieb abrupt stehen. Roderick Ashburton, vorwärtsgeschoben von den nachdrängenden Passagieren, stieß gegen ihren Rücken. Sie stolperte nach vorn und wäre die Gangway hinuntergestürzt, hätte er nicht geistesgegenwärtig seinen Handkoffer fallen lassen und sie mit beiden Händen festgehalten.

»Hoppla, Verzeihung, Benita. Habe ich dir wehgetan?«

Noch immer benommen von jener Gefühlslawine, lehnte sie sich für einen flüchtigen Moment zurück gegen seine Brust. »Nein … nein, überhaupt nicht. Es war meine Schuld … Es war so überwältigend … so hell … so warm … Ich war seit achtzehn Jahren nicht mehr hier …«

Ihre Stimme bebte. Sie brach verwirrt ab und wollte sich wieder aufrichten, aber er hielt sie weiterhin fest. Sehr fest. Bevor sie sich darüber klar werden konnte, was das zu bedeuten hatte, drängte Gloria sie auseinander.

»Roddy, Darling, was ist los? Warum gehst du nicht weiter?« Sie schob ihre Sonnenbrille ins Haar, funkelte Benita kurz an und schaute sich dann missmutig um. »Himmel, ist das heiß hier, und stinken tut's auch noch. Nach Kerosin und so.«

Ihre Worte wirkten wie eine kalte Dusche auf Benita. Der Frangipaniduft verflüchtigte sich, und Kerosingestank brannte ihr plötzlich in der Nase, aber all das half ihr, sich zu fassen. Um keinen Preis würde sie ihren Seelenzustand vor Gloria bloßlegen. Sie lächelte zu Roderick Ashburton hoch.

»Danke für die schnelle Rettung. Ich wäre sonst glatt die Gangway hinuntergepurzelt.« Erleichtert stellte sie fest, dass ihre Stimmlage wieder normal war und dass sie nicht mehr zitterte. Mit Schwung setzte sie den Fuß auf die Treppe, und keine halbe Stunde später schob sie ihren Gepäckwagen durch die überfüllte Ankunftshalle zum Ausgang hin.

Zwei dunkelhäutige, von Diamanten glitzernde Schönheiten, teuer und, wie Benita sofort erkannte, nach der letzten Mode gekleidet, glitten mit trägen Bewegungen an ihnen vorbei. Ihnen folgten zwei Männer, deren Anzüge von einer Eleganz und Qualität waren, dass sie nur von einem der großen italienischen Schneider stammen konnten. Beide trugen brillantblitzende Rolex an den Handgelenken und breite goldene Panzergliedketten am Hals.

Eine Gruppe älterer weißer Frauen fiel Benita auf, alle in altmodischen geblümten Kleidern und Hüten, die den schwarzen Frauen nachschauten. Sie hatten die Schultern hochgezogen, die Gesichter waren von Misstrauen und Abneigung geprägt. Es war offensichtlich, dass sie sich in diesem neuen Südafrika nicht mehr zurechtfanden.

Gloria musterte die vier Schwarzen ungeniert. »Erstaunlich«, murmelte sie. »Außerordentlich erstaunlich. Die stinken ja vor Geld. Ich frage mich, wie die so schnell daran gekommen sind.«

»Bezweifeln Sie, dass Schwarze nicht die geistigen Fähigkeiten haben, Geschäfte zu machen und damit Geld zu verdienen?«, fuhr Benita sie angriffslustig an.

Gloria lächelte kühl. »Nun, soweit ich unterrichtet bin, hatten die … Eingeborenen dieses Landes einen immensen wirtschaftlichen Abstand zu ihren weißen Mitbürgern aufzuholen. Da ist die Frage angesichts dieses offensichtlichen Reichtums und andererseits der sprichwörtlichen Korruption im Land wohl berechtigt. Selbst unsere Zeitungen sind voll davon.«

Benita schoss das Blut so heftig in den Kopf, dass ihr schwarze Flecken vor den Augen tanzten. Diese Frau hatte kein Recht, ihre Heimat zu kritisieren. Sie schob ihr Gesicht ganz dicht an das der Anwältin, zwang sich, in diese gletscherkalten Augen zu sehen, zwang sich, ruhig zu sprechen.

»Ich will Ihnen mal was sagen, Sie eingebildete Pute: Die Eingeborenen, wie Sie diese Menschen in schöner alter Kolonialtradition nennen, mussten ihren weißen Mitbürgern jahrzehntelang die Stiefel lecken, hatten nur als Diener eine Berechtigung, egal, wie intelligent sie waren, hatten keinen Anspruch auf ordentliche Schulbildung, es gab …«

Ihre Beherrschung wankte, die Stimme drohte ihr zu entgleisen, doch plötzlich spürte sie den beruhigenden Druck von Roderick Ashburtons Hand auf ihrem Arm und fing sich. Sie brach ab und atmete tief durch.

»An Ihrer Stelle würde ich mit solchen Aussprüchen vorsichtig sein.« Benita ergriff ihren Gepäckwagen und schob ihn an dem riesigen Seewasseraquarium vorbei auf die Glastüren zu, drückte diese auf, und dann stand sie im Licht. Sonnenhitze überflutete sie wie eine heiße Welle, sie nahm die Sonnenbrille ab, legte den Kopf weit in den Nacken und verlor sich in dem tiefen Blau des afrikanischen Himmels. Ein leichter Wind wehte vom Meer her, fächelte ihr salzige, feuchtwarme Luft ins Gesicht, die mit dem Geruch von Auspuffgasen und überreifen Früchten geschwängert war, aber ganz entfernt meinte sie, doch den Duft der Frangipanis ahnen zu können. Sie schaute sich um, versuchte, sich in der Umgebung zurechtzufinden.

Ein überdachter Gang, der, wie ein Schild verkündete, zu den Autovermietern führte. Auf der anderen Straßenseite hinter einem meterhohen Drahtzaun lag ein unüberschaubar großer Parkplatz. Aufseher in einer Art blauer Uniform standen herum, fast alle schwarz, viele davon weiblich. Außer den kasernenartigen Wohnsilos auf dem gegenüberliegenden Hügel, die früher ein Ghetto für schwarze Industriearbeiter waren und nichts von ihrer abstoßenden Hässlichkeit verloren hatten, erkannte sie nichts wieder, und zu ihrem Erstaunen konnte sie nur zwei Polizisten entdecken.

Damals an jenem Tag, als ihr Vater ihr hier diese unvergessliche Lehrstunde erteilt hatte, hatte es von schwer bewaffneten Polizisten gewimmelt. Das Südafrika, das sie früher kannte, gab es offenbar nicht mehr. So etwas wie Erlösung durchflutete sie bei dieser Erkenntnis. Die hässliche Szene beim Zoll war sicher ein Ausrutscher gewesen, und ihr kam in den Sinn, dass der Mann vielleicht erwartet hatte, sie würde sein Wohlwollen mit einer kleinen Zuwendung erkaufen. Innerlich zuckte sie die Schultern. Derartiges lag ihr nicht. Sie setzte ihre Sonnenbrille wieder auf.

Zwei Hirtenstare landeten zu Füßen der drei Ankömmlinge, schauten sie aus schwarzen Knopfaugen mit schräg gelegtem

Köpfchen an und gurrten leise. Es war ein zärtliches Geräusch, sehr friedlich, und plötzlich musste Benita an Pipo denken, ihren zahmen Hirtenstar, der sie durch Jahre ihrer Kindheit begleitet hatte. Er hatte sie den ganzen Tag umschwirrt, war sogar auf ihrer Schulter mit in die Schule geritten, um es sich dort in dem alten Eukalyptusbaum, der das Klassenfenster beschattete, bequem zu machen. Dort hockte er so lange, bis sie ihn in den Pausen und am Ende des Schultages zu sich rief. Eines Tages war sein Schlafplatz in ihrem Zimmer leer geblieben. Sie hatte nie erfahren, was aus ihm geworden war.

Vermutlich hat ihn ein Raubvogel oder eine Katze erwischt, dachte sie. Er war zu zahm und viel zu neugierig gewesen, um sich rechtzeitig in Sicherheit zu bringen. Wieder gurrten die Stare, und auf einmal umschmeichelte sie der würzige Duft des Eukalyptusbaums, hörte sie das ferne Rauschen des Meeres, die fröhlichen Stimmen ihrer Klassenkameraden. Als hätte jemand ein Wehr geöffnet, stürzte eine Flut von vergessenen Bildern auf sie ein. Zu ihrer Verwirrung stiegen ihr die Tränen in die Augen.

Um sich zu fassen, ging sie in die Knie, streckte den Staren eine Hand entgegen und schnalzte sanft, wurde von der völlig törichten Hoffnung gepackt, dass einer der glänzend braunen Vögel auf ihre Schulter hüpfen würde. Doch die Hirtenstare zeigten deutliches Misstrauen, kamen nie in die Reichweite ihrer Finger, sondern flohen bald unter schrillem Zwitschern auf den nächsten Baum.

Sie stand auf, nahm die Sonnenbrille ab und wischte sich über die Augen, hoffte, dass weder Roderick Ashburton noch Gloria Pryce bemerken würden, wie aufgewühlt sie war. Ein schneller Blick zeigte ihr, dass keiner der beiden auf sie achtete.

Den Schwarzen, der ihr bereits von der Flughalle her folgte, bemerkte sie nicht. Er war nicht groß, aber sehnig, seine Haut war schwarz mit einem blauschwarzen Schimmer, viel dunkler als das Schokoladenbraun der Zulus, denn er kam aus einem Land im

Norden, jenseits des Limpopoflusses. Sein zerfurchtes Gesicht zeugte von einem bewegten Leben, die buschigen Haare waren grau. Obwohl er schon die Sechzig erreicht haben musste, verwischte kein Gramm Fett die klaren Linien seines muskulösen Körpers, die sich unter dem schwarzen T-Shirt deutlich abzeichneten. Er hielt sich im Hintergrund, aber seine intelligenten, wachsamen Augen tranken alles, was um Benita geschah, in sich hinein.

Roderick Ashburton zog sein Jackett aus, öffnete die oberen beiden Hemdknöpfe und krempelte die Ärmel hoch. »Herrlich«, rief er. »Ich liebe Hitze. Übrigens, Miranda hat ein Taxi vorbestellt. Es sollte schon auf uns warten.« Er reckte den Hals und schaute sich um. Dabei entdeckte er einen breit grinsenden korpulenten Schwarzen, dessen rundes Gesicht von einer grasgrünen Mütze mit rotem Bommel gekrönt wurde. Unweit der Flughafentür wedelte er mit einem Pappschild herum, auf dem mit großen Buchstaben der Name der Bank gedruckt war. »Das scheint unser Fahrer zu sein.«

Gloria beäugte den Mann misstrauisch. »Der sieht eher aus, als würde er lieber auf einem Esel reiten. Obwohl so ein Tier unter diesem Schwergewicht vermutlich zusammenbrechen würde. Na, ich hoffe, die eiserne Miranda hat sich vorher informiert. Ich hab gelesen, dass die hiesigen Taxifahrer gerne Ausländer entführen, um sie auszurauben.«

Die diamantenbehängten schwarzen Damen und ihre Begleiter traten hinter ihnen ins Freie, überquerten die Straße und stiegen auf dem Parkplatz in eine schwere Limousine.

»Ein Mercedes S 65 L AMG«, murmelte die Anwältin nach einem Blick aufs Typenschild perplex. »Du lieber Himmel, der kostet so viel wie das Haus meiner Familie!« Ihr Gesichtsausdruck machte deutlich, dass ihr Weltbild gerade restlos ins Wanken geraten war. »Ich wette, die haben vor ein paar Jahren noch im Kral gesessen«, fügte sie giftig hinzu.

»Halt endlich deinen Mund«, fuhr Roderick Ashburton sie an. »Sonst schick ich dich wieder nach Hause. Noch bin ich der Vorstandsvorsitzende, vergiss das nicht.« Dann winkte er den Mann mit dem Pappschild zu sich und nannte seinen Namen.

Der Fahrer grinste breit, begrüßte ihn mit dem traditionellen afrikanischen Dreiergriff, schnappte sich seinen Gepäckwagen und verschwand damit in der Menge. Die Frauen hatte er nicht beachtet.

Gloria Pryce sah ihm mit säuerlichem Gesichtsausdruck nach. »Von Benehmen hat der auch noch nichts gehört«, maulte sie. Sie stellte Roderick kommentarlos ihren Gepäckwagen hin und stakste hinter dem Taxifahrer her. Ihren Pelz hatte sie über die Schulter geworfen, Pelzseite nach draußen.

»Das kann ja noch heiter werden«, murmelte Roderick und beförderte Glorias Wagen mit ein paar Stößen über die Straße. Benita folgte ihm und verzog spöttisch den Mund. Der Taxifahrer war ein Zulu, nicht einer der jungen, die eine westlichere Erziehung hatten, sondern dem Alter nach einer von den traditionellen Zulus. Der würde einer Frau weder die Tür aufhalten noch den Koffer tragen, sondern erwarten, dass sie das für ihn tat. Wenigstens etwas hatte sich nicht geändert. Irgendwie beruhigte sie das.

Gloria würde in den nächsten Tagen zweifellos einige rüde Kulturschocks erleiden, dachte sie mit leiser Schadenfreude. Diese Vorstellung bereitete ihr so viel Vergnügen, dass sich ihr Befinden schlagartig besserte.

Aus den Augenwinkeln bemerkte sie einen älteren Schwarzen, der an ihr vorbeischlenderte und dem Fahrer ein paar Worte auf Zulu zurief, die sie nicht verstand. Der Fahrer antwortete kurz, der Alte nickte und eilte hinüber auf den Parkplatz. Benita registrierte, dass seine Haut ungewöhnlich dunkel war. Der Mann stieg in einen unauffälligen weißen Honda und ließ den Motor an, fuhr aber nicht weg. Benitas Blick wurde von einem glänzend weißen Ibis eingefangen, der auf dem Parkplatz landete, zwischen den parkenden Autos herumstolzierte und damit ein völlig absurdes Bild abgab. Sie vergaß den Schwarzen.

Gloria saß bereits auf dem breiten Rücksitz des Taxis, einem hochrädrigen Geländewagen. Benita setzte sich zu ihr, Roderick stieg vorne ein. Der Taxifahrer hievte den letzten Koffer auf die Ladefläche seines Kleinbusses, knallte die Hecktür zu, warf sich auf seinen Sitz, startete den Motor und scherte in die Straße aus. Der ältere Schwarze, der Benita nicht aus den Augen gelassen hatte, legte den Gang ein und folgte dem Taxi in gebührendem Abstand.

»He, Leute, wo kommt ihr her?«, brüllte der Taxifahrer fröhlich, während er die Klimaanlage auf Sturmstärke stellte. »Großbritannien, was? Lausiges Wetter da, wie ich höre. Mein Cousin wohnt da. Kalt wie in der Tiefkühltruhe, behauptet er. Kann ich ja kaum glauben! Ist man dann so hart wie ein tiefgefrorenes Steak?« Kaugummi kauend, lachte er ein fettes Lachen, das tief aus seinem Bauch kam und seine wohlbeleibte Figur zum Erzittern brachte.

Dieses Lachen löste in Benita eine Empfindung aus, die sie erneut in Verwirrung stürzte. Sie meinte, Rauch zu riechen, Rauch von Holzfeuer, und den Geruch von trockenem Gras, hörte genau so ein Lachen, aber dieses Mal aus der Ferne ihrer Kindheit, und völlig unerklärlich durchströmte sie eine wunderbare Wärme, fühlte sie sich plötzlich geborgen und beschützt. Angestrengt versuchte sie, sich an ein Gesicht zu erinnern, das zu diesem Lachen passte. Aber der Taxifahrer drückte energisch auf die Hupe, schrie etwas aus dem Fenster, und das Gefühl verflog. Sie wischte sich über die Augen. Kaum zehn Minuten war sie im Land, und schon geriet sie aus den Fugen. Wie sollte das nur weitergehen? Sie hatte dieser Lawine nichts entgegenzusetzen.

Ihr Blick hielt sich verzweifelt an den blühenden Flammenbäumen fest, die im satten Grün der Gärten leuchteten, an den flimmernden Schatten ihrer farnartigen Blattwedel, an den kürbisgroßen Dolden der herrlichen roten Orchideenblüten, die in einem Kranz von leuchtend grünem Blattwerk wie kostbare Blumengebinde die flachen Kronen der ausladenden Bäume schmückten. Auf Inqaba gab es einen solchen Baum, ein uraltes, prachtvolles Exemplar. Der Gedanke schoss ihr durch den Kopf, ehe sie ihn abwehren konnte.

Es half nichts. Sie würde ihre Erinnerungen ertragen müssen. Hier konnte sie ihnen nicht mehr entgehen. Schnell setzte sie ihre Sonnenbrille wieder auf, um die aufsteigenden Tränen zu verbergen.

Gloria hielt einen Taschenspiegel hoch und zog sich die Lippen in leuchtendem Korallenrot nach, zupfte ihre Haare zurecht, die in dem eisigen Luftstrom, der aus den Lüftungsschlitzen wehte, wie im Sturm flatterten, klappte den Spiegel zu und sah missgelaunt hinaus. »Meine Güte, wie scheußlich – sieht das ganze Land so aus?«

Sie deutete auf die jämmerlichen Hütten aus rostigem Wellblech und bunten Plastikbahnen, die sich überall ausbreiteten. Wie riesenhafte Amöben krochen die Wohngebilde über die Hügel und verschlangen das grüne Land. Hier und da ragte ein festes Haus aus dem Elendsmeer hervor, wirkte wie ein Tier, das dort gestrandet war und dem Kraken nicht rechtzeitig entkommen konnte. Sie lehnte sich vor und tippte Roderick Ashburton auf die Schulter.

»Roddy, ich hoffe doch, dass wir heute noch weiter zu diesem … Inqaba fahren.« Sie sprach es ohne Klick aus. »In der Nähe dieser Slums mit dem Gesindel, das da haust, bleibe ich keine Minute. Da ist man seines Lebens ja nicht sicher. Das steht auch in den Reisewarnungen des Außenministeriums. Südafrika ist der Staat, der die höchste Anzahl von Morden aufweist. Und Vergewaltigungen«, setzte sie hinzu und schüttelte sich dabei theatralisch, »und am schlimmsten ist es in den drei großen Städten. Johannesburg, Kapstadt und Durban.«

»Wenn ich mich recht erinnere, wolltest du doch unbedingt mitkommen, oder? Was hast du dir vorgestellt? Gepflegtes ›Jenseits von Afrika‹-Ambiente inklusive schwarze Diener mit weißen Handschuhen? Dieses ganze verlogene Memsahib-Getue? Willkommen im wirklichen Leben!«

Roderick Ashburton lachte. Es war kein vergnügtes Lachen, und für eine Sekunde kam der Roderick zum Vorschein, über den Benita seit Jahren in den Klatschmagazinen gelesen hatte. Sarkastisch, scharfzüngig und gelegentlich ausgesprochen unfreundlich.

Gloria warf ihm einen giftigen Blick zu. »Wie weit ist es noch zu dieser Farm?«

»Das wären noch drei Stunden Fahrt, mindestens, je nach Zustand der Straßen«, warf Benita mit bösem Lächeln ein. Sie wünschte sich, dass auf der Stelle ein afrikanisches Gewitter über sie hereinbrechen, der Himmel Blitze schleudern und das Land in einem Wolkenbruch von sintflutartigen Ausmaßen ertränken würde, damit Gloria vor Augen geführt wurde, wie klein und unbedeutend sie doch in Wirklichkeit war. Der Anblick des wolkenlosen, tiefblauen Himmels zerstörte ihre Hoffung jedoch schon im Ansatz. Aber hierzulande änderte sich das Wetter ja oft drastisch und schlagartig, nicht selten innerhalb von fünfzehn Minuten. Vielleicht würden ihre Bitten doch erhört werden.

»Heißt was, bitte?«, fragte Gloria misstrauisch.

»Das heißt, dass die letzte Strecke eine Schotterpiste ist und etwas holprig werden kann. Und wenn es in der letzten Zeit stark geregnet hat, könnte es sogar sein, dass es keine Straße mehr gibt.« Sie verschwieg wohlweislich, dass sich ihr Wissen auf dem Stand von vor achtzehn Jahren befand. Wie Roderick Ashburton machte es auch ihr Spaß, Gloria hochzunehmen.

»Und wie ist das nun wieder gemeint? Keine Straße?«

Roderick drehte sich grinsend zu ihr um. »Liebe Gloria, das, was die Worte bedeuten. Keine Straße. Welt zu Ende. Keine Möglichkeit, mit dem Auto weiterzufahren. Zu Fuß gehen … Benötigst du noch weitere Definitionen?«

»Na, wunderbar«, knurrte die Anwältin und starrte beleidigt aus dem Fenster.

Benita kicherte hinter vorgehaltener Hand und gähnte gleich darauf ausgiebig, hoffte selbst, dass sie die Fahrt nach Inqaba heute nicht mehr bewältigen mussten. Der Gedankenwirbel in ihrem Kopf hatte sie nicht schlafen lassen, und der Ärger bei der Einreise hatte ein Übriges getan. Sie fühlte sich wie gerädert und wollte nichts weiter, als sich irgendwo hinlegen und zur Ruhe kommen. »Fahren wir gleich weiter nach Zululand?«

Roderick winkte ab. »Nein, das *Zulu Sunrise* liegt auf unserem Weg fünfzehn Kilometer nördlich von Durban in diesem Ort, dessen Namen ich nicht aussprechen kann. Benita, wie heißt er noch?«

»Umhlanga Rocks.«

»Genau das. Wir sehen uns das gleich heute an, damit ich weiß, worum es geht, und bleiben die Nacht über dort. Wir können uns nachher im Meer abkühlen und später schön essen gehen.« Er klang versöhnlich. »Ein Freund hat da ein Apartment, direkt am Strand über dem Indischen Ozean. Das hat er uns netterweise überlassen, weil er im Augenblick irgendwo zwischen Bombay und Poona steckt. Morgen geht's weiter auf die Wild-Farm.«

»Ein Apartment? Ist das denn groß genug für uns drei?«, fragte Gloria mit gerunzelter Stirn und einem anzüglichen Seitenblick auf ihre Mitfahrerin.

»Ich denke schon. Ihr Mädels schlaft in einem Zimmer; ich als euer Boss nehme natürlich das Hauptschlafzimmer.« Roderick lachte laut auf, als die beiden Frauen ihn gleichermaßen entsetzt ansahen. »War nur ein Witz! Das Apartment hat fünf Schlafzimmer und fast ebenso viele Badezimmer. Mein Freund ist das, was man als unanständig reich bezeichnen könnte.«

»Ein ziemlich dummer Witz«, fauchte Gloria, aber es war deutlich, dass sie dem Aufenthalt nun beruhigter entgegensah.

Benita sah aus dem Autofenster, bemerkte dabei einen zerlumpten, klapperdürren Mann, der wie betrunken am Straßenrand entlangtaumelte. Er schwankte direkt in den Weg des Taxis.

»Vorsicht!«, schrie sie.

Der Taxifahrer stieg in die Bremsen. Der schwarze Fahrer des weißen Honda hinter ihnen reagierte ebenso prompt und hielt mit einem Ruck. Der Taxifahrer hämmerte auf die Hupe, eine durchdringende Fanfare ertönte, und der dürre Mann stolperte rückwärts und fiel auf den Gehweg. Der Fahrer lehnte sich weit aus dem Fenster.

»Hau ab, du Affe«, brüllte er. »Nicht genug Knoblauch und Zitrone gefressen, was?« Er drehte sich grinsend zu seinen Passagieren um. »Das ist's, was man gegen diese Seuche tun soll, wissen Sie … nur Knoblauch, Zitrone und Rote Bete …, Yes, Sir, so einfach ist das! Stattdessen fressen alle diese Scheißmedikamente, die so teuer sind, dass eine Familie monatelang von dem Geld leben könnte. Dieses Zeug zerfrisst ihre Eingeweide und macht sie kaputt, und dann lassen sie sich vom Staat durchfüttern, bis sie endlich abkratzen. Dabei weiß doch jeder, dass das alles nur ein Teil des Komplotts der weißen Welt gegen uns arme Afrikaner ist.« Er schlug bei jedem Wort mit der Faust gegen das Lenkrad.

»Wovon redet er?«, fragte Gloria laut, als wäre der Mann nicht anwesend.

»Aids. Der hiesige Gesundheitsminister propagiert Naturheilmittel dagegen … Schluck deinen Kommentar runter«, raunte Roderick, als er merkte, dass Gloria eine sarkastische Bemerkung loslassen wollte. »Hier ist nicht der richtige Ort dafür, wir sind schließlich nur Besucher in diesem Land. Das ist nicht unsere Sache.«

Gloria zog eine Zigarette hervor und zündete sie an. »Aber

ganz sicherlich ist das unsere Sache«, sagte sie und blies den Rauch aus der Nase, »wenn man die Auswirkungen auf die Bevölkerung zahlenmäßig berücksichtigt. Denen stirbt eine ganze Generation weg, das hat katastrophale Auswirkungen auf die Wirtschaft. Wenn sich nicht in Kürze etwas drastisch ändert, sind bald nur noch Kinder und ganz Alte übrig. Und wer soll dann die Inlandsnachfrage in Gang halten? Das Land wird wirtschaftlich vor die Hunde gehen und in der internationalen Kreditrangliste ins Bodenlose fallen.«

Vor Roderick tauchte das Gesicht des kleinen aidskranken Jungen in Uganda auf, und ihn packte derart der Zorn, dass er sich bewusst davon abhalten musste, ihr nicht ins Gesicht zu schlagen.

»Reduzierst du eigentlich jedes Problem auf Pfund und Penny? Die Aids-Epidemie ist ja wohl in erster Linie eine menschliche Katastrophe.«

»Es ist ja wohl völlig egal, ob man an Aids oder an Hunger stirbt.« Gloria schnaubte verächtlich durch die Nase.

Roderick ballte die Fäuste, um sich zu beherrschen. »Gefühllose Ziege, du hast doch nicht die blasseste Ahnung, was hier los ist«, knurrte er.

Gloria quittierte seine Bemerkung mit einem maliziösen Lächeln und wedelte mit einer Hand. »Falsches Adjektiv. Ich bin nicht gefühllos, sondern realistisch, und außerdem sollen Ziegen intelligent sein.«

Benita saß mit Schulter und Kopf ans Fenster gedrückt da, ihre Augen hinter der Sonnenbrille versteckt, und schloss die Stimmen aus.

Der Taxifahrer drehte sich an der Ampel um. »Rauchen ist im Taxi verboten«, sagte er mit einem Gesichtsausdruck, der deutlich machte, dass er jedes Wort verstanden hatte. Er ließ alle Fenster herunter und drehte die Klimaanlage auf die höchste Stufe. »Sie müssen die Zigarette ausmachen!«

»Nun mach schon, Gloria, ehe wir hier rausgepustet werden«,

sagte Roderick, nahm ihr die Zigarette aus der Hand und schnippte sie aus dem Fenster.

Das Apartment stellte sich als zweigeschossiges Penthouse mit privatem Swimmingpool auf dem Dach heraus. Unter ihnen befanden sich noch drei Stockwerke, die in Stufen zum Strand hin gegliedert waren. Alle Zimmer lagen zum Meer hin und boten einen sensationellen Blick den Strand hinunter nach Durban im Süden, nach Norden in den weißen Hitzedunst, hinter dem Zululand und der Rest von Afrika lag, und über den Indischen Ozean in die Unendlichkeit.

Es gab fünf Schlafzimmer, und sie einigten sich schnell, wer in welchem schlief. Benita wurde das Zimmer im Obergeschoss zugeteilt. Es nahm die gesamte Breite des Apartments ein, das riesige Doppelbett stand erhöht auf einem Sockel und hatte einen unglaublichen Ausblick direkt von den Kissen aus über die gischtgefleckte tiefblaue Fläche des Meeres. Nur von gemauerten Bogen abgetrennt, auch direkt am Fenster, entdeckte sie einen Whirlpool.

»Meine Güte, wie dekadent.« Roderick, der sie begleitet hatte, lachte. »Weiß der Himmel, was Jason hier treibt.«

Benita antwortete nicht, fragte sich stattdessen, warum sie das schönste Zimmer bekam. Als sie den Rest ihrer Sachen aus der Eingangshalle holte, klärte die Tatsache, dass sich Gloria direkt neben Roderick einquartiert hatte, diese Frage jedoch schnell. Benitas Zimmer war ein Stockwerk von Rodericks entfernt. Sie lächelte grimmig.

Gloria warf ihren Pelz auf einen Stuhl aus weißem Korbgeflecht. »Sensationelles Apartment, netter Freund. Ist er noch zu haben?«, gurrte sie. »Ich werde mich als Erstes im Pool abkühlen.« Mit diesen Worten schloss sie ihren Koffer auf und zerrte einen Bikini, ein winziges smaragdgrünes Etwas, von unten hervor.

Roderick hob die Hand. »Nicht so schnell. Erst die Arbeit,

dann das Vergnügen. Wir treffen uns in einer halben Stunde und sehen uns das *Zulu Sunrise* an. Danach kannst du dann die Männer am Strand verrückt machen.« In der Tür drehte er sich noch einmal um. »Aber schmier dich dick mit Sonnencreme ein, sonst verwandelt sich dein Alabasterkörper in einen, der eher einem gekochten Hummer ähnelt. Mit Blasen, die furchtbar wehtun können.«

Gloria beugte sich weit vor und schaute abschätzend über den Strand. »Na, hier ist doch erst Frühling, oder? So schlimm wird's ja wohl nicht werden«, murmelte sie.

Niemand antwortete ihr. Roderick hatte den Raum schon verlassen, und Benita, die die letzte Bemerkung mitbekam, als sie schon die Treppe zu ihrem Zimmer hochstieg, dachte gar nicht daran, die Warnung zu unterstreichen. Sollte Gloria doch einmal auf drastische Weise die Quittung für ihre ewige Besserwisserei bekommen. Oben angekommen, ging sie schnurstracks auf die Terrasse und schaute sich um, konnte noch immer nicht mit dem Verstand erfassen, dass sie wieder hier war.

Es war ein gleißender Tag, der schon die Sommerhitze ahnen ließ, aber ein feiner Feuchtigkeitsschleier legte sich erfrischend auf ihre Haut. Es schienen Ferien zu sein. Bunte Sonnenschirme tupften den goldgelben Sand, Horden von Kindern bevölkerten den Strand, kletterten im Felsenriff herum, das jetzt bei Ebbe frei dalag, und unterhalb des Beobachtungsturms der Lebensretter lagen die eingeölten Sonnenanbeter aufgereiht wie Sardinen in der Büchse. Davor, in der von Markierungsbaken begrenzten Badezone, wurden Dutzende von Schwimmern von der starken Brandung herumgewirbelt. Ihr entzücktes Kreischen konnte Benita bis hier oben vernehmen.

Draußen, dort, wo die meterhohen Wellen sich zu grünen Wasserbergen türmten, war das Revier der Surfer. Flach auf ihren langen Brettern liegend, ruderten sie mit beiden Armen, bis die perfekte Welle heranrollte. Benita erinnerten sie an die winzigen, frisch geschlüpften Karettschildkröten, die mit allen vieren strampelnd durchs Wasser paddelten. Als kleines Mädchen war es ein Traum von ihr gewesen, ein Surfbrett zu besitzen und auf den wilden Wellen zu reiten wie der Meeresgott persönlich. Aber natürlich war das immer ein Traum geblieben, der letztlich daran scheiterte, dass sie als Farbige in Umhlanga Rocks nicht surfen durfte, und die Strände, die für ihresgleichen bestimmt waren, zu weit entfernt lagen.

Ihre Gedanken wanderten zurück zu ihrem eigentlichen Problem. Brütend schaute sie auf das bunte Treiben unter ihr. Vielleicht war es ja einer der Menschen dort unten, der ihr das Päckchen geschickt hatte. Vielleicht wohnte er in einem der sündhaft teuren Apartmenthäuser, die die Küstenlinie dieser herrlichen Landschaft verschandelten, oder in einem Haus am Hang oberhalb der Autostraße inmitten der tropisch üppigen Gärten. Das Päckchen war hier aus Umhlanga Rocks abgeschickt worden. Das Packpapier mit Adresse, verschmiertem Absender und Poststempel lag in ihrem Koffer. Im Postamt würde man ihr vielleicht weiterhelfen können. Früher zumindest kannte hier in Umhlanga Rocks jeder jeden. Angesichts der unzähligen neuen Apartmentblocks bezweifelte sie jedoch, dass es auch heute noch der Fall war.

Abwesend beobachtete sie einen Terrier, der einen großen schwarzen Sack verbellte, der am Rand des wuchernden Buschs unter den breiten Blättern einer vielstämmigen Wilden Bananenstaude lag.

Ein vergessener Müllsack, dachte sie, der Ratten anziehen wird, wenn er noch länger dort liegt. Man müsste dem Hausmeister des Apartmenthauses Bescheid sagen. Sie wollte sich abwenden, aber dann bewegte sich der Sack, blähte sich im Seewind, schien länger und größer zu werden, was sie sich erst gar nicht erklären konnte, bis sie erkannte, dass es ein Mensch war. Ein Mensch, der von Kopf bis Fuß von einer wallenden schwarzen Burka verhüllt war, vermutlich also eine Frau. Flüchtig wunderte sie sich, was diese veranlasste, sich im Busch zu verstecken. Die Person schlug nach dem Hund, der daraufhin aufjaulend davonschlich. Benita wurde von einer Schule Delfine, die in den weiß schäumenden Wellen auftauchte und mit den Surfern spielte, abgelenkt, und als sie kurz darauf noch einmal nach der Frau in der Burka schaute, war diese verschwunden. Vermutlich hatte sie sich dort im Schatten nur ausgeruht.

Sie stieß sich vom Geländer ab und begab sich zurück ins Schlafzimmer. Bevor sie aus dem Haus ging, musste sie sich duschen. Dringend.

Später standen sie zu dritt vor einer Reklametafel von den Ausmaßen eines Fußballfelds, die in Hochglanzfarben das Gebäude zeigte, von dem sie jetzt noch nichts weiter als den oberen Teil eines Baugerüsts erkennen konnten, und davor gähnte ein Loch, in das ein Ozeandampfer gepasst hätte. Die aufgebrochene Erde wirkte wie eine klaffende Wunde im Grün der gepflegten Umgebung. Sprachlos starrte Benita auf die Abbildung eines Komplexes von vier gigantischen blau verglasten, metallglänzenden Wohntürmen, von denen der größte die drei anderen, zwei kleinere Hochhäuser und, direkt über dem Strand gelegen, eine Reihe zweistöckiger Apartmenthäuser mit Dachterrassen, um vieles überragte.

»Das ist ja absolut grauenvoll«, stieß sie hervor.

»Umwerfend, grandios«, schwärmte Gloria gleichzeitig.

Roderick zählte schweigend die Stockwerke des höchsten Gebäudes auf der Abbildung. »Neununddreißig, vierzig«, murmelte er. »Die sind ja total verrückt geworden. Das passt vielleicht nach Dubai, aber doch nicht hierher.« Seine Handbewegung umfasste den Strand und die trotz der vielen Hotelbauten noch immer ursprünglich wirkende grüne Küste.

»Sie werden alles zerstören«, jammerte Benita. »Das Gebäude

ist so hoch, dass es ab mittags das Riff beschatten wird. Die Seeanemonen werden sterben, die Fische, die Langusten … Es ist zum Heulen!« Ihr standen tatsächlich die Tränen in den Augen.

»Wen interessieren schon die Fische! Stellt euch doch nur diesen Blick vor! Die Apartments werden sich verkaufen wie warme Semmeln«, stellte Gloria unbeeindruckt durch Benitas Äußerung fest. Das Gebäude sprach von Reichtum, Macht und Internationalität. Es gefiel ihr sehr, und sie überschlug im Kopf, ob ihre Finanzen es ihr wohl erlaubten, hier ein Apartment zu kaufen.

»Was ist das?«, fragte sie und zeigte auf die Zeichnung einer Art klobigen Brücke, die von einer runden Plattform hinaus ins Meer führte.

Benita beugte sich vor. »Diese Idioten bauen offenbar eine Aussichtspier, und die wollen sie mitten ins Riff pflanzen. Haben die denn noch nie etwas von Strömungsverhältnissen gehört?«, schrie sie aufgebracht. »Die sind hier durch den hohen Wellengang gewaltig. Tonnen von Sand werden sich verschieben, das Riff wird versanden.« Sie richtete sich auf und kaute aufgeregt auf ihrem Daumen. »Ich kann mir nicht vorstellen, dass es mit rechten Dingen zugegangen ist, hier eine solche Monstrosität zu genehmigen. So dumm können die Leute doch nicht sein!«

»Korruption«, warf Gloria ein und verdrehte anzüglich die Augen. »Ist doch logisch.«

Benita fand keine Antwort. Zu ihrem Verdruss musste sie der Anwältin recht geben; es war die einzig plausible Erklärung. Aber eher hätte sie sich die Zunge abgebissen, als dem laut beizustimmen. Sie war fest dazu entschlossen, vom neuen Südafrika begeistert zu sein.

Roderick beschattete sein Gesicht. Die Sonne stand im Zenit. »Das Verkaufsbüro scheint trotz der Mittagszeit offen zu sein. Wir werden uns die Unterlagen zeigen lassen. Bitte keinen Ton darüber, dass wir von der Bank sind.«

Er lief ihnen voran die Treppen hinunter zu dem arabisch anmutenden weißen Zelt mit goldenen Kugeln auf den Zeltpfosten. Aber er hatte sich geirrt. Vom Verkaufspersonal war nichts zu sehen. Sie trafen nur einen tiefbraun gebrannten Mann an, der am Schreibtisch in irgendwelchen Papieren blätterte und dabei eine Dose Cola trank. Er wirkte nicht wie ein smarter Immobilienverkäufer.

»Das Büro hat geschlossen«, sagte er, ohne aufzuschauen.

»Ist es nicht«, entgegnete Roderick. »Es ist offen, und Sie sind da. Also können Sie uns wohl ein paar Fragen beantworten.«

»Ich bin nur einer der Ingenieure, ich weiß gar nichts.« Der Mann klang unwirsch, seine Miene war abweisend bis unfreundlich.

»Ich bin mir sicher, dass Sie als Ingenieur genau das wissen, was wir erfragen wollten. Wie weit ist der Bau gediehen?«

»Strecken Sie Ihren Hals aus dem Fenster und schauen Sie selbst.« Der Mann machte eine lässige Handbewegung zum Fenster und blätterte weiter in den Papieren auf dem Tisch. »Zählen können Sie doch, oder?«

Roderick trat ans Fenster und spähte hinaus. Das mit Gerüsten ummantelte Skelett der ersten Stockwerke überragte bereits die Palmwipfel, rechts und links erstreckten sich fünfstöckige Apartmentgebäude, die praktisch als Sockel für den Wohnturm dienten. Von der Straße aus war das nicht zu erkennen gewesen. Er wandte sich um und ließ seinen Blick über das billige T-Shirt und die ausgefransten Shorts zu den ausgetretenen Sportschuhen des Mannes wandern, dann griff er in die Tasche und holte ein Bündel Hundert-Rand-Scheine heraus. Während er sie langsam abzählte, beobachtete er den Mann aus den Augenwinkeln. Als er fünfhundert Rand erreicht hatte, leuchteten die wässrigen, geröteten Augen auf. Er legte die fünfhundert Rand auf den Tisch und steckte den Rest wieder in die Tasche. »Nun?«

»Der bestehende und jetzt renovierte Block links und die vorderen, doppelstöckigen Gebäude sind fast fertig.«

»Und die anderen? Mann, lassen Sie sich doch nicht alles aus der Nase ziehen!«

»Für die drei kleineren Türme stehen das Fundament und das erste Geschoss, vom höchsten stehen fünfzehn Stockwerke. Fünfundzwanzig fehlen noch.«

»Wir interessieren uns für die größeren Apartments, unter Umständen auch zusätzlich noch für ein Penthouse im höchsten Turm … Wie heißt das Gebäude doch gleich?«

»*Zulu Sunrise*«, sagte der Mann und zeigte spöttisch auf die meterhohen Buchstaben der Reklametafel. »Sie hoffen wohl auf dicke Geschäfte aus Touristenvermietungen?«

Roderick ignorierte die Bemerkung. »Richtig, *Zulu Sunrise*. Also, wann ist es fertig? Wir müssen natürlich Zeit haben, einige Vermögenswerte zu liquidieren, um flüssig zu sein. Da müssten wir schon ein ungefähres Datum wissen.« Der Bankjargon floss wie dicker Honig aus seinem Mund.

»Ist noch nicht sicher«, murmelte der Mann. Er schaute sie bei den Worten nicht an, sondern studierte seine verdreckten Schuhe.

Benita wurde aufmerksam. Irgendetwas stimmte hier nicht. Der Mann log, das war offensichtlich. Aber warum? Ehe sie darüber nachgrübeln konnte, wurde sie von einem unterschwelligem Grollen aufgeschreckt. Ein Schwarm aufgeregt zwitschernder Hirtenstare stieg aus dem Baum hinter ihr auf, drehte ab und verschwand hinter der nächsten Baumgruppe. Irgendwo fingen Hunde an zu bellen. Sie schaute hoch. War ein Gewitter im Anzug?

Über ihr spannte sich der endlose blaue Himmel Afrikas, keine Wolke war in Sicht, unten krachten mehrere außergewöhnlich hohe Brecher donnernd an den Strand, so stark, dass die Erde unter ihr von der Wucht erschüttert wurde. Sie konnte das tatsächlich spüren. Der Boden schüttelte sich kurz, dann verebbte das Grollen, und der Spuk war vorbei.

War es tatsächlich ein Spuk gewesen? Hatte sie es sich nur eingebildet? Sie hatte schon Erdbeben erlebt, und die hatten sich ähnlich angefühlt. Ihr fiel ein, dass die Fernsehstationen erst vor wenigen Tagen einen kurzen Bericht über ein Erdbeben gebracht hatten, das große Teile von Mosambik verwüstet hatte. Das Land aber lag Hunderte von Kilometern weiter im Norden. Es war doch bestimmt nicht möglich, dass die Ausläufer so weit in den Süden reichten, oder? Mit zusammengezogenen Brauen durchsuchte sie ihr Gedächtnis, ob sie jemals von einem Erdbeben hier an der Küste gehört hatte.

Vergeblich. Verstohlen prüfte sie, ob außer ihr noch jemand etwas gemerkt hatte. Roderick und Gloria kabbelten sich um irgendetwas Belangloses, aber als ihr Blick auf den Ingenieur fiel, stutzte sie. Irrte sie sich, oder war er höchst unruhig geworden, seine Gesichtsfarbe unter der Bräune fahl? Sie öffnete den Mund, um nachzuhaken, aber Gloria kam ihr zuvor.

»Wenn ich etwas an Langstreckenflügen hasse«, sagte Gloria und legte mit Leidensmiene eine Hand an die Stirn, »dann, dass man mindestens für einen Tag ständig das widerliche Gefühl hat, dass man noch fliegt, dass der Boden sich unter den Füßen bewegt … Höchst unangenehm.«

Benitas Kopf ruckte hoch. Natürlich, dachte sie, die Flugbewegung. Also hatte sie sich diese Sache wirklich nur eingebildet. Sie schob die Sonnenbrille ins Haar. Dass ausgerechnet Gloria sie darauf bringen musste! Ihr Blick ging wieder zu dem Ingenieur, und sie registrierte, dass er jetzt wieder eine völlig normale Hautfarbe zeigte.

»Wie ist es mit der Feuergefahr?«, fragte sie, während sie jede seiner Regungen genau beobachtete.

Erneut erbleichte der Mann. Sein Blick flackerte zu ihr herüber. »Feuergefahr?«

»Ja«, sagte sie ungeduldig. »Vierzig Geschosse – was passiert, wenn im zwanzigsten ein Feuer ausbricht?« Plötzlich hatte sie die brennenden Türme des World Trade Centers vor Augen, die fetten schwarzen Rauchwolken und die winzigen menschlichen Figuren, die auf der Flucht vor der Feuersbrunst, die sich unaufhaltsam nach oben fraß, in tödlicher Panik aus den oberen Stockwerken ins Nichts sprangen. »Haben Sie vor, die Feuerlöschgeräte mit dem Hubschrauber hinaufzufliegen, wenn es nötig ist?«

Ein Muskel zuckte unter dem rechten Auge des Mannes. Er versuchte, den Tick wegzureiben. »Wir haben adäquate Feuerschutzvorrichtungen … behördlich genehmigt … Ich muss jetzt gehen.« Damit wirbelte er herum und eilte fluchtartig aus dem Zelt.

Benita sah ihm nach. »Er lügt. Irgendetwas stimmt hier nicht.«

»Mein Gott, Benny, was sind Sie doch für ein Panikhase. Vierzig Stockwerke sind doch nichts. Denken Sie nur an die Twin-Towers in Malaysia.« Abschätzend ließ Gloria den Blick auf die imaginären vierzig Stockwerke klettern. »Dort oben kann man sicherlich den Sonnenaufgang viel eher sehen als von hier unten. Es ist fantastisch, der Glamour, die Exklusivität, diese absolut atemberaubende Lage. Es werden tolle Leute hier kaufen, internationale VIPs, da bin ich mir sicher. Robbie und Elton, vielleicht auch Victoria, die soll ja einen dreistelligen Millionenbetrag als Abfindung einfordern, Pfund natürlich. Solche Leute ziehen wiederum andere VIPs an wie Pflaumenkompott die Wespen. Die Medien werden in Massen hier herumlungern … Jedes Klatschmagazin wird darüber berichten.«

Mit glänzenden Augen nahm sie alles in sich auf. »Wenn mich nicht alles täuscht, liegt dort das Apartment auf dessen Balkon Prinz Harry mit Chelsy geknutscht hat.« Sie zeigte aufgeregt auf ein cremeweißes, in flachen Stufen zum Land hin ansteigendes Gebäude. »Roderick, du solltest nachfragen, ob dein Klient nicht vielleicht das Doppelte an Investition braucht. Es würde sich rechnen … Es würde eine Superrendite bringen …« Sie atmete schwer.

Rodericks Gesicht hatte sich fortlaufend verfinstert. »Das ist Benitas Aufgabe, dich brauche ich allenfalls im Vertragsstadium«, fuhr er sie jetzt an. Damit stapfte er über die Baustelle zum Strand, wobei er seine Mutter und seinen Bruder verfluchte, die ihm Gloria Pryce aufgedrängt hatten.

Benita starrte noch einen langen Augenblick auf den Rohbau des *Zulu Sunrise*, sah im Geiste dahinter den fertigen Turm glitzern, sah Menschen, die jenes aalglatte, glänzende Äußere besaßen, jenen Ansatz von satter Feistheit, der viel Geld verriet, sah teure Autos, klotzigen Schmuck und eine Heerschar von aufgedonnerten Blondinen.

»VIPs!«, sagte sie verächtlich zu Gloria. »Eher die Mafia der ganzen Welt, die hier ihr Geld waschen wird.«

Die Anwältin zeigte sich unbeeindruckt. »Na und? Geld ist Geld!«

Benita reagierte nicht. Mit grimmiger Miene und pechschwarzen Gedanken folgte sie Rodericks Fußspuren im Sand. Er hatte seine Jeans hochgekrempelt, die Leinenschuhe ausgezogen und einen der rund gewaschenen Felsen im Riff erklommen. Dort stand er breitbeinig mit verschränkten Armen und starrte über den Ozean in die Unendlichkeit. Seine Körpersprache verriet ihr, dass auch er beunruhigt war, was sie aber nicht sonderlich überraschte. Sie hatte deutlich gespürt, dass ihn das Verhalten des Ingenieurs skeptisch hatte werden lassen. Auf jeden Fall würde sie ihm dringend davon abraten, sich beim *Zulu Sunrise* zu engagieren. Ihr untrüglicher Instinkt warnte sie, dass hier etwas Grundlegendes verkehrt war.

Sie blieb am Rand der in der Sonne funkelnden Felsenteiche stehen und bückte sich, um ihre Schuhe auszuziehen, damit sie Roderick folgen konnte, hielt dann aber inne. Spontan entschied sie, ihre Bedenken vorläufig für sich zu behalten. Sollte er doch selbst zu dem Entschluss kommen. Sie schaute auf die Uhr. Wenn sie noch beim Postamt vorbeischauen wollte, wurde es höchste

Zeit. Sie wandte sich an Gloria, die sich in einiger Entfernung die Schuhe auszog.

»Sagen Sie Mr Ashburton bitte, dass ich kurz zum Postamt hinübergehe«, rief sie ihr zu. »Es liegt an der Straße gegenüber dem *Zulu Sunrise.*«

Sie nahm an, dass es sich noch im selben flachen Gebäudekomplex auf der anderen Seite des Marine Drive befand, der hinter den Hotels parallel zum Ozean durch ganz Umhlanga Rocks führte. Froh, dass sie einen kurzen Rock mit bequemen Falten trug, der sie nicht behinderte, lief sie schnell über die Promenade, die sich für mehrere Kilometer vor den Gärten der teuren Hotels und Apartments oberhalb des Strandes durch die gebändigten Reste des ehemaligen Küstenurwalds schlängelte. Knorrige Koniferen, großblättrige Wilde Bananen, blau blühende Ranken, mannshohe Kakteen mit leuchtend gelben Blüten, alles wucherte zum Meer hin, aber heute hatte sie kaum Augen für die Schönheit, sah die winzigen Nektarvögel nicht, die über den Kaktusblüten schwirrten, und auch nicht die junge grüne Mamba, die zwischen den Steinen nach Käfern und jungen Eidechsen suchte und bei ihren herannahenden Schritten blitzschnell im dichten Busch verschwand.

Benita eilte den Weg zwischen dem *La Spiaggia* und dem *Cabana Beach Hotel* hoch zur Straße. Unter einem ausladenden Schattenbaum bot ein Inder seine Früchte feil, intensiver Ananasduft erfüllte die Luft. Auf dem breiten Mittelstreifen der zweispurigen Straße blühten die Frangipanis. Sie brach eine der sternförmigen rosaroten Blüten ab und steckte ihre Nase hinein. Das exotische Parfum löste sogleich einen Sturzbach von Bildern von Inqaba aus, auf dessen Hof ein uralter Frangipani stand. Der süße Duft seiner porzellanrosa Blüten war für sie als Kind wie ein Zugang zum Paradies gewesen.

Ein beklommenes Gefühl verdrängte den Gedanken an Inqaba. Jeder Schritt, den sie hier jetzt tat, führte sie auf den Weg durch ihre Vergangenheit. Was würde ihr auf diesem Weg noch alles begegnen? Ihr Herz klopfte heftig, und sie wünschte sich in diesem Augenblick zurück ins regenverhangene London, zurück in die vertraute Umgebung. Nur weg von hier. Langsam ging sie weiter.

Der Standort des Postamts hatte sich tatsächlich nicht verändert, sein Aussehen schon. Zögernd trat sie ein. Heute gab es nur eine Tür für alle Menschen, egal welcher Hautfarbe, und alle warteten vor denselben Schaltern. Damals stand über der Tür, durch die sie gehen musste, das Wort »Coloureds«, der Sammelbegriff für alle, die nicht europäisch weiß waren, und es hatte nur einen einzigen Schalter im dunkelsten Teil des großen Raumes gegeben, der für ihresgleichen bestimmt gewesen war. Für die Weißen hatte es mehrere gegeben.

Sie reihte sich in die Schlange ein. Es dauerte eine halbe Stunde, bis sie vor dem mürrisch dreinschauenden Schalterbeamten stand, einem Inder mit ölig-schwarzem Haar und dicken Brillengläsern. Stirnrunzelnd lauschte er ihrer Bitte. Von Benita gedrängt, nahm er schließlich das Einwickelpapier und studierte widerwillig den Absender.

»Den kann man nicht lesen«, beschied er sie.

»Das sehe ich auch«, sagte Benita geduldig, »aber ich habe gefragt, ob vielleicht Sie oder einer Ihrer Kollegen sich daran erinnern können, wer dieses Päckchen aufgegeben hat. Sehen Sie, es sind mehrere Sonderbriefmarken aufgeklebt. Denken Sie doch bitte nach.«

»Warum wollen Sie das eigentlich wissen?« Seine schwarzen Augen fixierten sie misstrauisch. »Ich möchte Ihren Ausweis sehen.«

Sie verkniff sich die Bemerkung, dass ihn der nichts angehe, und zeigte ihm den Pass. »Ich will mich beim Absender bedanken. Bitte fragen Sie doch Ihre Kollegen.«

Der Postbeamte schob ihr den Ausweis mürrisch zurück. »Das geht nicht, ich kann hier nicht weg.«

Benita nickte hinüber zu den zwei weiteren Schaltern, die besetzt waren. »Es sind doch nur zwei Schritte. Vorher werde ich nicht gehen.«

Aber er blieb stur, und seine Miene wurde zunehmend verdrießlicher. »Nein, Lady, das geht nicht. Außerdem, wie sollen wir uns an eine Person erinnern, die das vor …« Er beugte sich vor, um den Datumsstempel auf den Briefmarken zu entziffern. »… vor gut zwei Wochen hier aufgegeben hat? Das ist unmöglich!« Seine braunen Augen, stark vergrößert durch die Brillengläser, sahen sie vorwurfsvoll an, glitten dann ab zu dem nächsten Kunden hinter ihr, einem älteren Schwarzen, dessen Haut in der kalten Neonbeleuchtung einen bläulich schwarzen Schimmer hatte. »Es stehen hier viele Leute, die es eilig haben«, bemerkte er spitz.

Überraschenderweise lächelte der Mann. »Ich warte nur auf jemanden«, sagte er und trat aus der Schlange zur Seite. Er hatte eine heisere Stimme, rau wie Sandpapier, und seine Augen lächelten nicht.

Hilfe heischend blickte Benita hinüber zu der Beamtin am nächsten Schalter, die gerade einen Stapel Briefe von einer smart aussehenden Inderin entgegennahm, und hielt das Papier hoch. »Kann ich Ihnen das kurz zeigen? Könnten Sie mir sagen, wer das Päckchen eingeliefert hat? Ich kann es nicht entziffern.«

Der junge schwarze Mann in den engen, ausgewaschenen Jeans und mit glitzerndem Gold an Ohr und Fingern, der nach der Inderin an der Reihe war, hatte der Diskussion zugehört. Er schob seine Baseballkappe in den Nacken und lächelte ein schneeweißes afrikanisches Lächeln, das mit seinem Schmuck um die Wette blitzte. »Kein Problem, Lady, wir Afrikaner haben es selten eilig. Das überlassen wir euch Europäern.« Damit ließ er sie vortreten.

»Ich bin keine Europäerin«, sagte sie erstaunt. Sah man das nicht, dass sie zu ihnen dazugehörte?

Wieder blitzte das schneeweiße Lächeln. »Sie benehmen sich aber wie eine.«

Benita verzichtete betroffen auf eine Antwort, wollte jetzt nicht darüber nachgrübeln, warum sie so wirkte. Sie schob der Frau das Packpapier mit der verschmierten Adresse hin.

Aber die Beamtin – und danach auch die dritte, eine freundlich dreinschauende ältere Weiße – schüttelte nur den Kopf. Bedrückt verließ Benita die Post. Ziellos lief sie die Straße hinunter ins Zentrum des geschäftigen Ortes, setzte sich spontan an den von Palmen beschatteten Tisch eines Cafés auf dem belebten Marktplatz, bestellte einen Espresso und einen Muffin und lehnte sich in dem unbequemen Plastikstuhl zurück. Es war ziemlich warm, aber der Wind hatte aufgefrischt und machte die Wärme erträglich.

Während sie wartete, erschien ein Zeitungsverkäufer, der den *Natal Mercury* anpries. Benitas Blick blieb auf den Schlagzeilen haften. In einem Ort namens Promise hatte sich mitten in der Nacht ein bodenloses Loch aufgetan, das zwei Häuser samt deren Bewohnern verschlungen hatte. Nur eine Frau hatte überlebt, die aber nichts hatte retten können als das rosa Nachthemd, das sie auf dem Leib trug. Abwesend spielte Benita mit den Tonfiguren in ihrer Tasche, grübelte darüber nach, ob das wohl ein tektonisches Beben gewesen war oder ein ganz normaler Kaverneneinbruch, wie er dort nicht selten vorkam? In Gedanken zog sie eine Verbindung zu dem seltsamen Grollen und der Erschütterung des Bodens, den sie vorhin beim *Zulu Sunrise* gespürt hatte.

»Ihr Espresso und der Muffin, Madam.« Der Kellner versperrte ihr die Sicht auf die Zeitung, und sie wurde abgelenkt. Der Muffin war überraschend lecker, und kauend überlegte sie, wo sie fortfahren sollte, nach dem Absender des Päckchens zu suchen. Sie zog die beiden tönernen Imvubus aus der Tasche. Von ihrer Körperwärme erwärmt, lagen sie auf ihrer Handfläche. Nur eine haarfeine Linie verriet die Bruchstelle der zerbrochenen Figur.

Nachdenklich ließ sie die Flusspferdchen über den Tisch marschieren.

Eine gewichtige ältere Zulu in einem gut geschnittenen geblümten Kleid und mit dem ausladenden Hut einer verheirateten Frau, das Gesicht in seinem Schatten wie aus braun glänzendem Marmor gehauen, dessen tiefe Furchen den Weg ihres Lebens nachzeichneten, schob sich durch die munter schwatzende Menge von Touristen und Einheimischen. Der Strom trieb sie dicht an den Tischen des Restaurants vorbei. Nur flüchtig wanderte ihr Blick über die Gäste, doch plötzlich stutzte sie, blieb stehen und wandte langsam den Kopf, um auf Benitas Tisch zu starren. Diese bemerkte die Frau nicht, spielte mit den Imvubus und trank ihren Espresso.

Die schwarze Dame – denn das war sie: eine Dame von aufrechter Würde und Haltung – stand noch immer vor ihrem Tisch. Leuten stießen gegen sie, schoben und schubsten sie, aber sie bewegte sich nicht, stand fest wie ein Fels in der Brandung der Passanten. Ihr Blick war an Benita hängen geblieben, sie musterte sie mit einer Eindringlichkeit, die sogar dem Kellner, der von den Stufen des Cafés aus sein Reich überblickte, auffiel. Geschickt schlängelte er sich durch die Tischreihen heran.

»Kann ich Ihnen helfen, Madam?«, fragte er.

Die schwarze Dame riss ihren Blick von Benita los, sah ihn wie in Trance an, und schüttelte den Kopf, als verstünde sie etwas nicht. Dann ging sie, ohne ihm zu antworten, weiter und wurde bald von der bunten Menge verschluckt.

Benita hatte den Vorfall nicht bemerkt. Sie bestellte einen zweiten Espresso. Mittlerweile hatte sich ihre Beklommenheit etwas gelegt. Die Atmosphäre mitten im Ort war schön, und was ihr Herz hüpfen ließ, war, dass sie vieles wiedererkannte, eine Verbindung zu ihrem früheren Leben entdeckte. Auf der gegenüberliegenden Straßenseite, u-förmig eingerahmt von Ladengeschäften, befand sich ein weiteres Café, über dessen Tischen sich alte, zu perfekten Kugeln geschnittene Benjaminfeigen wölbten, die sie noch als spärlich verzweigte Jungbäume kannte. Die Apotheke von Mr Miller schien ihr bis auf die Schaufensterdekoration unverändert zu sein. Einem Impuls folgend, hob sie die Hand und winkte den Kellner heran.

»Gehört die Apotheke noch immer Derek Miller?«

Der Kellner war jung und weiß und trug Sportschuhe mit den drei Streifen. »Miller?« Er schüttelte den Kopf. »Das weiß ich nicht. Tut mir leid. Kann ich Ihnen noch etwas bringen?«

Benita verneinte, zahlte und schlenderte hinüber zur Apotheke. Gelegentlich hatte sie unter Migräneattacken zu leiden, und sie brauchte ohnehin Aspirin. Sie schob die Tür auf und trat ein. Der Laden war im Vergleich zu der Hitze im Freien tiefgekühlt, was ihr eine Gänsehaut bescherte. Sie ging hinüber an den überhöhten Tresen, der die Medikamentenausgabe von dem Teil abtrennte, wo Drogerieartikel angeboten wurden. Der weiß gekleidete Apotheker war schätzungsweise Mitte dreißig. Er war ihr unbekannt.

»Verzeihen Sie, ich suche Mr Miller, Derek Miller. Gehört ihm diese Apotheke noch?«

Ein Schatten lief über das gebräunte Gesicht. »Was wollen Sie von ihm?« Sein Ton war schroff, seine Miene abweisend und misstrauisch.

Benita lächelte. »Nichts eigentlich. Ich … ich habe hier früher öfter meine Ferien verbracht, bin aber seit achtzehn Jahren nicht mehr hier gewesen. Ich habe mich nur gefragt, wie es ihm geht. Er … er war immer sehr freundlich zu mir … Ich habe nie warten müssen …«

Mit ihrem Vater hatte sie die Ferien in dem Haus seiner Tante Irma verbracht, dem Spatzennest, das auf den Dünen hoch über dem Meer stand, und der alte Mr Miller hatte sie wirklich nie warten lassen, bis alle weißen Ladys bedient waren, wie das sonst in den Läden üblich war. Oft hatte er ihr sogar ein Stück Traubenzucker zugesteckt.

Der Blick des Apothekers lief über ihre Erscheinung, die Hautfarbe, die nicht durch Sonneneinwirkung hervorgerufen war, was jedem sofort deutlich sein musste, und seine Miene erhellte sich. »Ja, so war er, mein Vater …«

Benita war sich sehr bewusst, was der junge Mr Miller meinte. Wie alle Südafrikaner erkannte er gemischtes Blut noch in der feinsten Verdünnung, aber sie bemerkte auch, dass er offensichtlich die menschliche Einstellung seines Vater geerbt hatte.

»Aber Sie kommen leider zu spät«, fuhr der junge Mr Miller fort, »er wurde vor vierzehn Jahren ermordet.«

Die Nachricht versetzte ihr einen Stoß. Erschüttert schlug sie die Hand vor den Mund. »Mein Gott, wie furchtbar! Ist es hier passiert, in der Apotheke?« Kaum war die Frage heraus, bedauerte sie ihre Unüberlegtheit. Sie wollte nicht neugierig erscheinen.

Der junge Apotheker presste die Lippen zusammen, und Benita sah, dass er seine Hände zu Fäusten ballte. »Nein, nicht direkt. Er hat gerade mit dem Wagen vor der roten Ampel auf der Hauptkreuzung gehalten.« Er wies mit dem Kinn auf die Straßenkreuzung, die nur fünfzig Meter entfernt war. »Es war am frühen Morgen, er kam, um die Apotheke zu öffnen.« Seine Stimme war trocken und dürr und ohne jede Emotion. »Zwei schwarze Gangster haben sein Seitenfenster mit einer Eisenstange eingeschlagen, ihn aus dem Auto gezerrt und sind selbst hineingesprungen. Obwohl er schon älter war, war er ziemlich fit. Er fiel nicht hin, sondern schrie und hämmerte gegen die Wagentür. Da hat einer der Kerle eine Maschinenpistole aus dem Fenster geschoben und ihm eine Salve zwischen die Beine geschossen. Dann sind sie davongerast.« Seine Fäuste öffneten und schlossen sich. »Er ist verblutet, bevor der Krankenwagen eintraf.«

Impulsiv streckte Benita ihre Hand über den Tresen und drückte seine. Sie war eiskalt. »Es tut mir so furchtbar leid, dass ich Ihnen mit meiner unbedachten Frage so schlimme Schmerzen bereitet habe. Bitte verzeihen Sie.«

Er schüttelte den Kopf. »Ich denke jeden Tag daran, wenn ich über diese Kreuzung fahre. Jeden Tag.« Er kam von seinem Podium herunter und begleitete sie zur Tür. »Kommen Sie bald wieder«, sagte er und lächelte.

Benita vergaß, dass sie eigentlich Aspirin hatte kaufen wollen, und trat hinaus in den strahlenden Sonnenschein. Das Postamt hatte mittlerweile geschlossen. Heute würde sie ihrem Ziel, den Absender herauszufinden, wohl keinen Schritt näher kommen. Ziellos ließ sie sich von der fröhlichen Menge durch den Ort treiben und fragte sich, wie viele solcher Geschichten sich hinter den meterhohen, von Stacheldraht und elektrischem Zaun gekrönten Mauern der luxuriösen Häuser dieser Gegend verbargen.

Die Nachmittagshitze fing sich zwischen den Häusern. Ihr ärmelloses weißes Oberteil war bereits feucht. Offenbar brauchte ihr Körper eine gewisse Zeit, um sich von den Londoner Temperaturen wieder auf afrikanische umzustellen. Vom Meer her wehte ihr ein erfrischender Wind entgegen, weckte in ihr plötzlich das dringende Bedürfnis nach einem Bad in der Brandung. Im Laufschritt eilte sie hinunter zum Strand, vorbei an der weißen Mauer des Oyster Box Hotels, in dessen ehemalig so traumhaftem tropischem Garten, in dem sie oft heimlich Mungos und seltene Vögel beobachtet hatte, zu ihrem Entsetzen drei schrecklich hässliche rosa gestrichene Wohnblöcke gebaut worden waren, die jeweils über zwanzig Stockwerke zählten.

Das eigentliche, niedrige Hotelgebäude lag jetzt am späten Nachmittag in ihrem Schlagschatten. Es war ursprünglich aus einer Bambushütte entstanden, die im Jahr 1869 hier auf der Krone der Düne oberhalb des Felsenriffs als Ausflugscafé gebaut worden war und als einziges Gebäude an diesem Teil der Küste den vorbeiziehenden Schiffen auch als Navigationspunkt gedient hatte. Aber der Leuchtturm, unverändert unten weiß und oben rot gestrichen, dessen Blinklicht seit über fünfzig Jahren seine Warnung übers Meer schickte, glänzte im Sonnenlicht. Ein Trost zumindest.

Ihrem heimlichen Verfolger fiel es nicht schwer, mit ihr Schritt zu halten. Sie ließ sich von Impulsen treiben, blieb immer wieder stehen, um an einer Blume zu riechen oder einer Schule Delfine zuzusehen, die nach Norden zog. Jetzt schlenderte er gemütlich hinter ihr auf der Promenade zu dem Apartmenthaus, wo sie untergekommen war, wie er von dem Taxifahrer erfahren hatte. Als sie im Haus verschwunden war, setzte er sich auf eine Bank mit Aussicht auf die Brandung und dachte an die Zeiten, als auf dieser Bank ein Schild angebracht gewesen war, das ihm verbot, darauf Platz zu nehmen, weil er nicht weiß war.

Die schwarze Dame, die Benita im Café so konsterniert beobachtet hatte, saß in ihrem Haus, das am Abhang über Umhlanga Rocks lag, an ihrem Küchentisch bei einer Schüssel mit Eiscreme und durchforstete ihr Gedächtnis. Irgendwo hatte sie diese kleinen Tierfiguren, mit denen die junge Frau in dem Café gespielt hatte, schon einmal gesehen. Irgendwo. Und mit dieser Erinnerung war etwas verbunden, das wichtig war. Aber es wollte ihr einfach nicht einfallen.

Sie stand schwerfällig auf. Seit einiger Zeit schmerzten ihre Kniegelenke. Kein Wunder, hatte ihr Arzt gesagt, sie sei viel zu schwer. Sie stieß einen Seufzer aus. Der Doktor war weiß, aus irgendeinem kalten europäischen Land und noch nicht lange im Land. Was wusste er schon davon, dass Männer ihres Volkes ihre Frauen gern schön fett haben wollten? Es bewies ihren Wohlstand. Obwohl das heute auch nicht mehr gültig war, korrigierte sie sich schweigend. Selbst in ihrer Verwandtschaft gab es junge Frauen, die sich bis zum Skelett herunterhungerten, um dem Vorbild irgendeiner dämlichen Hollywoodschauspielerin oder Popsängerin nachzueifern. Sie schnaubte verächtlich. Da konnten die Alten reden, was sie wollten. Die Kultur der Zulus war dem Untergang geweiht, dessen war sie sich sicher. Und manchmal, in dunklen Nächten und an trüben Tagen, beschlich sie der Wunsch, dass alles so sein würde wie früher. Zwar würde sie nie vergessen, wie es schmerzte, als minderwertig behandelt zu werden, nur weil ihre Haut dunkel und nicht fischig weiß war, wie es schmerzte, auf alles verzichten zu müssen, auf Bildung, Fortkommen, die freie Wahl, wo und wie sie leben wollte, aber sie konnte auch nicht vergessen, dass diese Umstände ihr Volk zusammengeschweißt hatten, die Wurzeln ihrer Traditionen gestärkt. Zu den Zulus zu gehören, dem Volk des Himmels, hatte jeden stolz gemacht. Heute war das oft anders. Die Mädchen glätteten sich das Haar und benutzen Bleichcremes, die ihnen die Haut zerstörten, und die jungen Männer hatten nichts als große Autos und Mädchen im Kopf.

Wieder schnaubte sie und schleppte sich auf der Suche nach dem Mobilteil ihres Telefons mühsam durch ihren Wohnraum. Als sie es endlich unter einem der Kissen fand, wählte sie die Handynummer einer guten Freundin, die hoch oben in Zululand lebte, hoffte, dass diese nicht gerade Patienten besuchte oder sich in einem der zahlreichen Funklöcher befand.

»Thandile, ich brauche deine Hilfe«, sagte sie, als sich die Ärztin meldete.

7

Am nächsten Morgen, eine halbe Stunde vor Sonnenaufgang, strichen die vier munteren Hadidah-Ibisse über die grünen Hügel hinunter zum Ort, setzten sich auf die Fernsehantenne des Penthouse und ließen pünktlich ihren durchdringenden Weckruf erschallen. Benita lächelte im Schlaf, während Gloria senkrecht im Bett hochfuhr.

»Was um alles in der Welt war das?«, rief sie, völlig gleichgültig gegenüber der Tatsache, dass sie ihre Mitbewohner wecken würde.

»Ibisse«, schrie Benita verschlafen hinunter und wünschte die Hadidahs und die Anwältin zum Teufel. Sie war noch immer hundemüde vom Flug und all ihren Erlebnissen und hätte gern noch länger geschlafen.

»Und wieso blöken sie wie Ziegen? Ibisse sind doch Vögel!«, schrillte Gloria.

»Blöde Henne«, murmelte Benita und wollte sich schon umdrehen, doch im selben Augenblick hörte sie zu ihrem Erstaunen tatsächlich Ziegen blöken. Es war aber nicht das friedliche Meckern von zufriedenen Ziegen, es war der Schrei von Lebewesen in Todesangst, und dann kreischte eine Frau, Männer brüllten, die Ziegen schrien schriller und noch lauter. Aufgescheucht sprang Benita aus dem Bett und lief ins Untergeschoss auf den rückwärtigen Balkon, von wo aus man die Straße überblicken konnte.

Roderick und Gloria hingen bereits überm Geländer, und Gloria, ihr blondes Haar uncharakteristischer zerzaust, deutete fassungslos auf die Szene, die sich im Garten des gegenüberliegenden doppelstöckigen Einfamilienhauses abspielte.

Ein schwergewichtiger Mann in einem Khakianzug mit dem bulligen Körperbau und der glänzend braunen Haut eines wohlgenährten Zulus zerrte eine von einem halben Dutzend schrill schreiender Ziegen von der Ladefläche eines Lieferwagens und weiter über den gepflasterten Weg in sein Haus. Neben dem Lieferwagen stand eine weißblonde Frau in flatterndem weißem Herrenhemd, schrie ihn gestikulierend an und drückte dabei auf drastische Weise ihre Ansicht über sein Tun aus. Ihre Worte waren für die drei auf der Penthouseterrasse durch den Widerhall von den Wänden der umliegenden Häuser überdeutlich zu verstehen.

»Was sollen diese Ziegen? Sind Sie von Sinnen? Es ist gerade Sonnenaufgang. Mein Kind ist aufgewacht!«

Der Zulu hielt eine Ziege, die heftig, aber wirkungslos mit den Beinen um sich trat, an den Hörnern gepackt. »Das tut mir leid«, brüllte er fröhlich und schüttelte die Ziege, die umso heftiger trat und schrie.

Die Frau bekam einen roten Kopf vor Zorn. »Sie haben kein Recht, lebende Ziegen in ein Wohngebiet zu bringen. Die gehören in … in … den Pferch, verdammt! Schaffen Sie diese Viecher auf der Stelle weg, in Ihren Kral oder wo immer Sie sonst leben.« Sie wedelte aufgebracht mit den Armen und zeigte nach Norden, wo die Hügel Zululands blau im Dunst schimmerten.

Mit breitem Grinsen übergab der Zulu die Ziege einem Helfer, stemmte die Arme in die Hüften und beugte sich zu der Weißen hinunter. Er war wesentlich größer als sie. Seine volle Stimme rollte wie ein Trommelwirbel.

»Ich hatte angenommen, dass Sie als Frau eines Mannes, der Stadtrat ist wie ich, mehr Toleranz für die Tradition anderer Menschen zeigen würden.« Er versetzte der Ziege einen Tritt. Das Tier schlitterte bis zur Haustür, wo es ein weiterer Mann von dunkler Hautfarbe auffing und ins Hausinnere zerrte.

»Traditionen?«, kreischte die Blonde. »Was ist traditionell daran, dass Sie hier Ziegen anschleppen? Was wollen Sie mit denen? Einen Ziegenstall im Haus einrichten? Meine Güte, das wird stinken wie in einem … einem … Ziegenstall!« Sie brach in hysterisches Gelächter aus.

Der Zulu richtete sich zu seiner vollen imposanten Größe auf und schaute sehr würdevoll über die Nase auf sie hinunter. »Ein Sangoma wird die Ziegen schlachten, um meinen Vorfahren mitzuteilen, dass ich jetzt weit weg von zu Hause lebe, und sie daran zu erinnern, dass sie mich weiter beschützen und mir ihren Segen gewähren sollen.« Die Worte rollten in seinem volltönenden Bass durch die Straße.

Für Sekunden war die Stadtratsfrau sprachlos. Dann legte sie los. »Sie wollen was? Diese Tiere niedermetzeln? Hier ein Blutbad veranstalten? Ich rufe die Polizei, jetzt auf der Stelle, ich lasse Sie verhaften, wegen Mordes oder unrechtmäßigen Schlachtens oder was immer …« Ihr versagte die Stimme. Das Hemd flatterte im Morgenwind. Die Ziegen blökten zum Gotterbarmen.

Gloria umklammerte das Balkongeländer. »Was will er?«, schrie sie mit ansteigender Stimme. »Die Tiere schlachten? Wie …? Gibt es hier keinen Tierschutzverein? Und was ist ein … Sangoma?«

»Ein Medizinmann, ein Geisterheiler. Er macht es, um seinen Ahnen Bescheid zu sagen, dass er umgezogen ist.«

Beim Anblick von Glorias Gesichtsausdruck überfiel Benita ein hilfloser Lachanfall. Der liebe Gott hatte zwar kein Unwetter geschickt, aber das hier, ein rituelles afrikanisches Ziegenschlachtfest mitten in einer der teuersten Wohngegenden Südafrikas – das war viel, viel besser.

»Er sticht ihnen in die Halsschlagader, und je mehr sie schreien, desto erfreuter werden seine Ahnen sein«, erklärte sie mit spöttischem Funkeln in den Augen und reckte den Hals, um besser sehen zu können.

Unter ihnen aber war Krieg ausgebrochen. Der Zulu brüllte, die Frau kreischte, die Ziegen stimmten in den Chor ein, und aus dem Nachbarhaus stürzte ein Mann mit einem Gewehr im Anschlag.

»Was zum Henker geht hier vor«, donnerte er. »Jenny, sei still! Mbatha, hören Sie auf, meine Frau anzubrüllen!« Dann fiel sein Blick auf die Tiere. »Was sollen diese Ziegen hier?«

Jenny klappte den Mund zu und setzte ein gehässiges Lächeln auf. »Frag ihn auch gleich mal, woher er das Geld hat, sich all das …« Ihre Hand beschrieb einen Kreis, der das Haus und den S-Klasse-Mercedes in der Einfahrt einschloss. »… sich all das plötzlich leisten zu können! Frag ihn das! Wir können das nicht, wie du genau weißt.«

Gloria schlug mit triumphierender Geste aufs Geländer. »Sieh einer an! Sag ich's doch. Die sind korrupt bis in die Knochen.«

Benita lächelte boshaft. »Und nun stellen Sie sich vor, der Mann kauft sich ein Apartment im *Zulu Sunrise!* Reich genug scheint er ja zu sein. Nun frage ich mich, wie der edle, sicherlich verspiegelte Aufzug aussehen wird, wenn er seine Ziegen darin transportiert hat? Wo wird er sie wohl schlachten? Auf der Terrasse? Meine Güte, und dann all das Blut.« Glorias Entsetzen entschädigte sie für vieles.

Unten stieß Jenny ihren Mann in die Seite. »Frag ihn schon … los!«

»Halt den Mund, verdammt, das geht uns nichts an, du bringst uns noch in Teufels Küche«, zischte der Stadtrat seiner Frau zu und senkte das Gewehr. »Mbatha, ich will eine Erklärung!«

Mittlerweile waren alle Ziegen abgeladen, und der Lieferwagen fuhr davon. Aus dem Obergeschoss des Hauses ertönte tierisches Gejammer, und Benita konnte durch das Fenster erkennen, dass ein Zulu im vollen Ornat eines Sangomas seines Stammes seine liebe Mühe hatte, die herumrennenden Tiere daran zu hindern, in Selbstmordabsicht durchs geöffnete Fenster zu springen. Sie verschluckte sich fast vor Lachen.

Der bullige Zulu löste seinen Blick von der Frau, wischte sich die Hände an den Hosenbeinen ab und baute sich vor dem Weißen auf, den er ebenfalls um mindestens eineinhalb Kopf überragte. Der Ausdruck auf seinem dunklen Gesicht verriet tiefste Empörung.

»Stadtrat Mbatha für Sie, Herr Stadtrat Herbert Wood, und ich werde eine offizielle Beschwerde einlegen, dass ich mich als Inkosi, als Oberhaupt einer zahlreichen und bedeutenden Zulufamilie, als Mensch und natürlich als Südafrikaner zutiefst in meiner Würde beleidigt fühle, dass Sie mir das Recht absprechen, in meinem eigenen Land eine traditionelle Zeremonie meines Volkes abzuhalten. Meines Volkes, das seit Anbeginn der Menschheitsgeschichte an dieser Küste lebt, lange bevor ihr Weißen aus euren kalten, dunklen Ländern gekommen seid! Gehen Sie nicht in die Kirche, Mister, zünden Kerzen an und erflehen den Segen Ihres Gottes?« Er äugte auf den sprachlosen Stadtrat hinunter. »Nun, nichts weiter will ich auch tun.«

Damit schwang er herum, stapfte auf sein Haus zu und verschloss im Vorbeigehen seine Mercedes-Limousine mit dem elektronischen Schlüssel. Der Wagen zwitscherte folgsam seine Antwort, und der Zulu knallte die Haustür hinter sich zu.

»Donnerwetter, das war beeindruckend«, sagte Roderick. »Mir scheint, dass das weiße Südafrika noch einen ziemlichen Kulturschock vor sich hat.«

Benita lachte vergnügt los. Sie zollte dem imposanten Zulu schweigend Anerkennung für diese Ansprache und fragte sich nur, wo der Mann diese Rhetorik gelernt hatte. Vermutlich bei den vielen Indabas seines Stammes, wo im Kreise der Ältesten alles ausgiebig diskutiert wurde, was die Belange des Stammes betraf.

»Herbert, tu was!«, schrie die blonde Jenny. Sie merkte erst jetzt, dass ihr Hemd nicht zugeknöpft war, und wickelte es sich hastig um den schmalen Leib.

Herbert starrte seinem Nachbarn mit offenem Mund nach. »Ich werde den Bürgermeister informieren«, sagte er schließlich lahm. Er sicherte sein Gewehr, angelte sein Handy aus der Hemdtasche und wählte. Aufgeregt mit dem Gewehr gestikulierend, verschwand er in seinem Haus. Jenny, die immer noch mit hochrotem Kopf vor sich hinschimpfte, folgte ihm.

»Barbarisch«, murmelte Gloria und wollte sich schon abwenden, als vom Haus von Mr Mbatha ein durch Mark und Bein gehender Schrei ertönte, gefolgt von ersticktem Gurgeln. Sie fuhr herum, und vor ihren entsetzten Augen spritzte Blut durchs offene Fenster auf die Terrassenwand und leckte dramatisch über das weiße Mauerwerk. Das Gesicht der Anwältin nahm einen grünlich-käsigen Ton an.

»Er schneidet den Ziegen wirklich die Kehle durch! Macht ihr das alle so in eurem Stamm?«, fragte sie biestig.

»Täglich«, antwortete Benita mit todernster Miene. »Und dann trinken wir das Blut, das gibt Kraft. Das ist Afrika!« Sie lächelte Gloria fröhlich ins schockierte Gesicht und beobachtete aus den Augenwinkeln, wie Roderick mit vor unterdrücktem Lachen zuckenden Schultern in seinem Zimmer verschwand. Kurz darauf steckte er den Kopf noch einmal aus der Tür.

»Ich gehe jetzt schwimmen, hinterher treffen wir uns in diesem italienischen Strandcafé zum Frühstück, und danach fahren wir nach Zululand. Miranda hat ein Leihauto bestellt. Es wird nach dem Frühstück hierhergebracht. Vergiss deinen Pelz nicht, Gloria. Es sind höchstens dreißig Grad in Zululand.« Vor sich hinglucksend verschwand er, bevor Gloria ihm antworten konnte.

In bester Stimmung lief Benita die Treppe hinauf, um sich zum Schwimmen umzuziehen, warf aber vorher noch einen schnellen Blick übers Geländer zum Meer. Der Indische Ozean glitzerte wie mit Diamanten überschüttet. Es war ablaufendes Wasser, und die ersten Felsen ragten aus der schäumenden Brandung. Trotz der frühen Stunde ging es auf dem Strand zu wie auf einem belebten Marktplatz. Im Süden lag ein lang gezogener Hügelrücken, der Bluff, wie ein gigantischer Wal im Meer und schützte die Bucht von Durban gegen den Ansturm des Indischen Ozeans. Die Hochhäuser der Strandpromenade schimmerten weiß durch die schwefelgelbe Dunstglocke, die über der Stadt lag und in langen Fahnen bis hinaus aufs Meer driftete. Durch den Temperaturunterschied zwischen dem vom Tag aufgeheizten Land und dem kühleren Meer kam meist am Vormittag Wind auf. Der Smog würde sich nicht lange halten. Sie wandte den Kopf, kniff die Augen gegen die gleißende Sonne zu Schlitzen zusammen und schaute den Strand hinauf nach Norden. Das Gold des Sandes, das satte Grün des Küstenurwalds und das Porzellanblau des Himmels verliefen im Schleier des sprühenden Gischtes zu einem leuchtenden Aquarell. Sie atmete tief durch. Ihr Herz pochte aufgeregt. Sie hatte vergessen, wie schön es hier war.

Der Wagen, ein Landrover, wartete nach dem Frühstück vor dem Sicherheitstor des Apartmenthauses. Roderick drückte dem schwarzen Gärtner einen größeren Schein in die Hand, worauf dieser ihr Gepäck in den Hof herunterholte. Roderick gab den Zahlencode für das Tor ein, öffnete die Heckklappe des Wagens, beugte sich hinein und tauchte mit einer kräftigen Eisenstange in der Faust wieder auf. Mit einer Handbewegung bedeutete er dem Gärtner, die Koffer jetzt einzuladen. Die Stange steckte er in die Tasche, die am Rücken des Beifahrersitzes befestigt war.

»Was soll die Eisenstange da?«, fragte Gloria befremdet, während sie sich wie selbstverständlich auf den Beifahrersitz niederließ.

»Man kann nie wissen«, sagte Roderick, während er sich mit den Knöpfen und Hebeln im Wagen vertraut machte. »Man hat mir geraten, etwas, was man als Verteidigungswaffe verwenden kann, im Wagen zu haben.« Er startete den Motor und löste die Handbremse.

»Eine Eisenstange? Was soll das heißen? Besteht denn die Möglichkeit, dass wir überfallen werden?«

Er grinste. »Garantieren kann ich das nicht.« Er stellte den Rückspiegel ein und schaltete durch sämtliche Kanäle des Autoradios, um einen zu finden, der akzeptable Musik bot.

»Sehr witzig«, fauchte Gloria und prüfte nervös, ob alle Türen verriegelt waren.

Benita kletterte nach hinten. Sie ließ die Sonnenbrille über die Augen gleiten und legte den Kopf gegen die Lehne. Eine angenehme Lethargie befiel sie. Ohne Zweifel saß ihr noch der Flug in den Knochen, und der Klimawechsel spielte sicherlich auch eine Rolle, aber nachdem sie fast eine Stunde in der Brandung getobt hatte, mehr unter Wasser als darüber, war es überhaupt kein Wunder, dass ihre übliche Energie etwas nachließ.

Sie hatte ein T-Shirt über den Bikini gezogen, um zu verhindern, dass die Brecher ihn herunterrissen, und sich ausgelassen in die Wellen geworfen, war darunter weggetaucht, hatte darin gespielt, wie es die Delfine taten, und Roderick hatte es ihr gleichgetan. Gloria in ihrem schicken Bikini hingegen war durch nichts dazu zu bewegen gewesen, sich mit ihnen in den meterhohen harten Wellengang des Badestrandes zu wagen. Mit grimmiger Miene hatte sie es vorgezogen, in der schräg zur Wellenrichtung verlaufenden, von massiven Felsenriffen geschützten Zone zu schwimmen, die den bezeichnenden Namen Grannys Pool trug, was so viel hieß, dass hier Großmütter und Kleinkinder badeten.

Ein Gähnen unterdrückend, rollte Benita den Kopf und sah aus dem Fenster. Ihr Gesicht spiegelte sich geisterhaft in der Scheibe. Ihr Haar war zu üppigen Locken getrocknet, die um den Kopf standen wie die eines Rauschgoldengels. Sie zog eine Grimasse. Vor Jahren hatte sie einmal ausprobiert, ihr Haar zu glätten. Das Ergebnis war grauenhaft gewesen, ein strohiger, steifer Haarvorhang, der sich jeder Frisur widersetzte. Frustriert hatte sie sich das Haar streichholzkurz schneiden lassen und sich letztlich mit ihren Locken abgefunden.

Eine Person, die von Kopf bis Fuß in eine schwarze Burka gehüllt war, eine Frau, wie Benita an den schmalen braunen Füßen erkennen konnte, glitt mit abgewendetem Kopf durch ihr Blickfeld auf einen BMW älteren Datums zu und stieg dort ein. Sie trug eine grüne Plastiktüte mit dem Emblem des örtlichen Supermarkts bei sich.

Benita sah ihr nach und fragte sich, ob es sich um dieselbe Frau handelte, die sie von der Terrasse des Penthouse aus unter der Wilden Banane gesehen hatte. Sie überlegte flüchtig, was die Frau unter diesem wallenden, sackartigen Kleidungsstück trug und ob sie wohl lieber in westlicher Kleidung herumlaufen würde. Dann startete Roderick den Wagen und überholte den BMW, an dessen Steuer ein älterer Zulu saß, der gerade auf die Frau in der Burka einredete. Für den Bruchteil einer Sekunde schaute Benita der Frau ins Gesicht, konnte aber hinter dem Stoffgitter nur ein Glitzern erkennen, wo die Augen sein mussten, dann hatten sie den Wagen hinter sich gelassen. Den weißen Honda, der gleichzeitig den Platz unter einem großblättrigen Indischen Nussbaum verließ, auf dem er schon seit längerer Zeit gestanden hatte, und sich jetzt an den Landrover anhängte, beachtete sie nicht.

»Die Straße ist doch hervorragend«, bemerkte Gloria vorwurfsvoll nach einer halben Stunde. »Was sollte das Gerede von Schotterpiste, Benny?«

»Keine Angst, die kommt noch. Noch sind wir in der Zivilisation.« Sie verbiss sich den Hinweis, dass ihr Name Benita war. Gloria würde sie danach sicher mit besonderem Genuss und noch häufiger Benny nennen. Sie schloss die Augen und ließ ihre Gedanken in die Vergangenheit wandern.

Bald konnte sie Traum und Wirklichkeit nicht mehr auseinanderhalten, wusste streckenweise nicht mehr, in welcher Zeit sie sich befand. Immer wieder lösten ein Geräusch, ein Duft oder auch nur der Anblick einer bestimmten Baumgruppe intensive Erinnerungen an ihre Kindheit aus. Bald kam das glitzernde Band des seichten, von raschelndem Schilf gesäumten Tugela-Flusses in Sicht. Ein Geschwader Pelikane landete auf einer der schmalen Sandinseln, die sich während der Trockenzeit im Mündungsdelta des träge dahinströmenden Gewässers gebildet hatten, und begann, sich emsig das weiße Gefieder zu putzen.

Benita kniff die Augen zu Schlitzen zusammen, und die Rinnsale verwandelten sich im Sonnenlicht zu funkelnden Diamantbändern. »Über den Fluss nach Afrika«, murmelte sie mehr zu sich selbst.

Roderick hatte es jedoch mitbekommen. »Was meinst du damit?«

Verwirrt tauchte sie aus ihrer ureigenen Welt auf. »Bitte?«

»Über den Fluss nach Afrika – was meinst du damit? Ergibt eigentlich keinen Sinn.«

»Das haben die weißen Siedler früher gesagt, wenn sie den Tugela überquerten. Er ist auch heute noch die Grenze zu Zululand. Damals war es die Scheide zwischen Zivilisation und der Wildnis. Zumindest nach Ansicht der Weißen.« Ihre Stimme verebbte. Träumerisch verfolgte sie den Flug eines weißen Reihers, der dicht über die Wasseroberfläche strich.

Über zwei Stunden lang fuhren sie durch sanfte Hügel und ausgedehnte Zuckerrohrfelder, vorbei an ländlichen Zulusiedlungen, Farmhäusern und den eintönigen Eukalyptusplantagen der Papierfabriken. Gloria redete fast ununterbrochen auf Roderick ein. Benita träumte, schreckte aber hoch, als ein klappriger Lieferwagen mit lautem Hupen an ihnen vorbeiraste. Sie setzte sich auf und schaute hinaus.

Sie überquerten gerade eine Brücke, die über ein trockenes Flussbett führte. Ein tiefer Riss durchzog die Straßendecke. Offenbar hatte sich der Flussboden gesenkt. Benita verrenkte sich den Hals, um zu sehen, ob der Fluss einen Namen hatte. Sie entdeckte ihn mit weißer Farbe auf einen Felsen gepinselt. Als sie ihn entzifferte, setzte sie sich kerzengerade hin. »Umiyane« stand da.

Plötzlich rauschte ihr das Blut in den Ohren. Sie erkannte die Gegend, wusste, wenn man dem Lauf des Umiyane weiter in Richtung Osten zum Meer hin folgte, würde man irgendwann ein mit Ried gedecktes weißes Haus erblicken, das sich etwa sechzig Meter vom Ufer entfernt unter einem uralten Flammenbaum duckte. Das Haus, in dem sie ihre Kindheit verbracht hatte.

Ihre Hände wurden vor Aufregung feucht. Ehe sie nach England zurückkehrte, musste sie es besuchen. Sie musste es tun, um die Gespenster der Vergangenheit endgültig zu vertreiben. Ihre Müdigkeit war verflogen und hatte einer tief gehenden Aufregung Platz gemacht. Sie mühte sich, dem Flusslauf mit den Augen zu folgen, und bemerkte zu ihrem Erstaunen, dass sein Bett trocken war, dass der Fluss ausgewandert zu sein schien. Gleich darauf entdeckte sie jedoch, dass er sich etwas weiter nördlich heftig schäumend durch eine völlig verkrautete Rinne kämpfte. Sie fragte sich, was hier passiert war und ob das Haus ihrer Eltern überhaupt noch an seinem Ufer stand.

Bis der Umiyane hinter einem Hügel verschwunden war, klebte ihr Blick an dem Flusslauf. Als sie sich abwendete, konnte sie vor Tränen kaum noch etwas erkennen.

Wenig später verlangsamte Roderick die Fahrt. »Hier müssen wir irgendwo abbiegen … in Richtung Hlabisa …« Er spähte die Straße hinunter.

Benita schaute genauer hin. »Da vorn geht's nach links«, sagte sie und konnte dabei kaum atmen. In weniger als einer Stunde würde sie auf Inqaba sein.

Roderick bog ab, und unmittelbar hinter der Kurve landete ihr Auto abrupt mit den Vorderrädern in einem Schlagloch. Er fluchte und gab Gas. Mit kreischenden Reifen schoss er aus dem Loch heraus und drosselte sofort die Geschwindigkeit. Waren sie vorher auf einer relativ gepflegten Autobahn gefahren, bestand der Straßenbelag jetzt zum Teil aus Schotter, zum Teil aus Resten von Asphalt. Unzählige Schlaglöcher bis zu Badewannengröße machten diese ländliche Straße zu einem lebensgefährlichen Risiko.

Die Landschaft, die sich zu beiden Seiten ausbreitete, war zersiedelt. Blechdächer schimmerten in der Sonne, doch hier und da standen noch die traditionellen Bienenkorbhütten der Zulus. Hühner gackerten, Kühe zottelten mit gesenktem Kopf am Straßenrand entlang, manche standen halb auf dem Asphalt und stierten ins Leere, ließen sich von den aufmunternden Schreien ihrer kleinen Hirten nicht beeindrucken. Frauen, die umfangreiche Holzbündel auf dem Kopf balancierten, schritten wie Königinnen neben der Straße einher, unterhielten sich dabei oft über eine Entfernung von mehr als fünfzig Metern. Schulkinder, die in ihren dicken Uniformen schwitzten, marschierten im Gänsemarsch einen schmalen Weg hinunter. An den Straßenrändern hatten fliegende Händler ihre Stände aufgebaut und warteten im Schatten von Büschen und Bäumen dösend auf Kunden für ihre Ananas und Avocados oder Holzschnitzereien.

Roderick nahm die nächste scharfe Rechtskurve in mäßigem Tempo, wurde aber dennoch von zwei Ziegen überrascht, die plötzlich mitten auf der Fahrbahn standen. Es gelang ihm nicht mehr, rechtzeitig zu bremsen. Er fuhr eines der Tiere um, und merkte erst, als splitterndes Holz den Wagen eindellte, dass sie aus Sperrholz bestanden.

»Verdammt!«, brüllte er und ließ das Fenster herunter, um zu sehen, wem diese Spielzeuge gehörten. Das stellte sich schnell als Fehler heraus.

Wie aus dem Nichts stürzte sich plötzlich eine Bande von Kindern auf ihr Auto wie Geier auf ein totes Tier. Sie warfen sich auf die Kühlerhaube, hängten sich an die Türgriffe und hinderten Roderick auf diese Weise, auch nur einen Schritt weiter zu fahren.

Benitas Arm schoss vor. Sie schlug auf den Knopf der Zentralverriegelung, die sofort mit einem satten Geräusch einrastete. »Fenster zu!«, kommandierte sie. »Los!«, fuhr sie Gloria an, die nicht reagiert hatte.

Keines der Kinder, von denen das älteste sicherlich nicht älter als fünfzehn Jahre war und das jüngste knapp dem Kleinkindalter entwachsen, zeigte ein Lachen, nur dumpfe Leere, Hunger und Habgier. Fordernd begannen sie, ans Fenster zu hämmern und mit den Fäusten auf die Motorhaube zu schlagen.

»Ziege, Ziege«, schrien sie.

»Was wollen die?«, fragte Gloria konsterniert.

»Geld«, antwortete Benita. »Willkommen in Afrika. Entweder wir fahren sie um, oder wir bezahlen unseren Obolus.« Sie öffnete ihre Geldbörse. »Ich brauche Münzen, möglichst viele von kleinem Wert.«

Mittlerweile schwärmten die Kinder wie Ameisen über ihr Auto, wischten mit einem dreckigen Tuch auf der Windschutzscheibe herum, mit dem Ergebnis, dass kaum noch etwas zu erkennen war.

Benita ließ das Fenster um zwei Zentimeter herunter.

»Lasst das sein, ihr macht die Scheibe erst richtig schmutzig«, rief sie durch die schmale Öffnung.

Sofort bohrten sich mehrere kleine Hände durch den Spalt. »Fünfzig Cents«, schrie der Kinderchor. »Fenster sauber, fünfzig Cents, Ziege, Ziege.« Sie rüttelten an der Scheibe, schlugen gegen die Tür, einer versuchte auf die Motorhaube zu klettern.

Benita hielt ihren Mitfahrern die Handfläche hin, um das Geld einzusammeln. »Schnell«, drängte sie, als Gloria umständlich die

Cents zusammenklaubte. »Der große Junge dort hat schon einen Stein in der Hand.«

Gloria kippte ihre Geldbörse kurzerhand in ihre Hand aus. Benita drehte das Fenster gerade so weit herunter, dass sie die zwei Handvoll Münzen in den Kinderhaufen schleudern konnte. Sofort ließen die Kinder von dem Auto ab und stürzten sich kreischend auf den Boden, um eine Münze zu ergattern. Benita wurde an einen Schwarm zankender Hirtenstare erinnert, als sich die Kleinen um das Geld prügelten und dabei gegen die Wagenfenster fielen.

»Haut ab, ihr Monster!«, kreischte Gloria. Angst schwang in ihrer Stimme.

»Und wo bleibt Ihr Mitgefühl«, rief Benita aufgebracht. »Sehen Sie sich die Kinder doch nur an, die haben bloß Hunger. Die haben sonst keine Möglichkeit, etwas zu verdienen.«

»Unsinn«, fauchte Gloria. »Das sind kleine Raubtiere, die sich schon gegenseitig auffressen …«

Benita drehte sich um und schaute zurück. Ein größerer Junge rannte lachend mit erhobener Faust davon, verfolgt von den kreischenden Kindern. Er hatte den Kleinen die Münzen gestohlen. Frustriert schlug sie aufs Polster. »Wenn wir nicht dafür sorgen, dass ihre Bäuche gefüllt sind, werden sie eines Tages uns fressen.« Sie entdeckte zwei ältere Jugendliche, sehnige Kerle mit kräftigen Muskeln, die sich bis jetzt offenbar im verfilzten Gebüsch unweit der Straße versteckt hatten. Sie gingen von einem Kind zum anderen und schienen etwas einzusammeln.

Es dauerte einen Moment, ehe sie verstand, was da vor sich ging. »Die kassieren Schutzgeld, diese Gangster, seht euch das nur an! Die knöpfe ich mir vor«, zischte sie und wollte die Tür öffnen, um den Kleinen zu Hilfe zu kommen.

Der kleinere der beiden Jugendlichen bemerkte das und stieß seinen Freund an, der sich blitzschnell bückte, einen Stein aufhob und ausholte.

»Das lässt du schön sein«, sagte Roderick und ließ alle Fenster wieder hochsausen. »Mit denen ist nicht zu spaßen.« Er trat aufs Gas, dass die Räder auf dem Schotter durchdrehten.

Im Rückspiegel sahen sie, wie die Kinder sich erneut um die Münzen balgten, aber die Szene wurde rasch kleiner, bis der aufgewirbelte Staub den Autoinsassen die Sicht nahm.

Zu Benitas Erstaunen lachte Gloria leise. »Geschäftstüchtige Bande«, murmelte sie anerkennend. »Die haben Zukunft. Die haben die Regeln geschäftlicher Transaktionen längst begriffen. Schnapp es dir, bevor es ein anderer tut. In zwanzig Jahren sind das steinreiche Banker und machen der Ashburton-Bank Konkurrenz, in fünfzig wird man sie in den Adelsstand erheben oder was immer man in ihrer Gesellschaft macht.«

Nach einer Überraschungssekunde über diese Aussage brachen alle drei in erleichtertes Gelächter aus.

»Afrika«, gluckste die Anwältin und lachte, dass ihr die Tränen kamen. »Meine Güte. Wer hätte das gedacht!«

Die Straße wurde noch schlechter, und der Asphaltbelag brach völlig ab. Sie konnten sich nur im Schritttempo auf der zerklüfteten Oberfläche vorwärtsbewegen und mussten die tiefen Rinnen, die offenbar von einem Wolkenbruch gegraben worden waren, langsam ausfahren. Benita spürte die steigende Angst Glorias vor den Schatten im Busch, der über die Straßenränder wucherte. Aber außer mehreren Ziegen und einer behäbig dahinmarschierenden Schildkröte begegnete ihnen kein lebendes Wesen.

»Ich werd wahnsinnig«, keuchte die Anwältin auf einmal und deutete mit bebenden Fingern nach vorn. »Sind die echt? Stehen die hier überall herum?«

Benita schaute hin, und als ihr bewusst wurde, was sie da sah, schoss es ihr wie ein Stromschlag durch die Nervenbahnen. Sie warf den Kopf zurück und stieß ein berauschtes Lachen aus. Über den ausladenden Kronen einiger Akazien schwebten die Köpfe zweier mümmelnder Giraffen. Das bedeutete, dass vor ihr Inqaba lag. Die letzten paar hundert Meter waren sie bereits am Zaun, der das ausgedehnte Gebiet Inqabas schützte, entlanggefahren. Zitternd vor Erregung öffnete sie das Fenster, um einzuatmen, was sie, obwohl sie es all die langen Jahre nicht wahrhaben wollte, so sehr vermisst hatte. Den Geruch Afrikas.

Mit geschlossenen Augen ließ sie ihn auf der Zunge zergehen. Sie schmeckte die staubige Süße des dorrenden Grases, die kräftige Würze der Holzfeuer aus den Hütten der Zulus, die Feuchtigkeit der Sumpfniederungen vermischt mit dem schweren Jasminduft der Amatungulus, und ihr liefen die Tränen übers Gesicht.

Roderick beobachtete sie besorgt. Schon vor einiger Zeit hatte er den Rückspiegel so gedreht, dass er sie sehen konnte. Obwohl sie nicht niedergedrückt wirkte, befürchtete er noch immer, einen schrecklichen Fehler begangen zu haben, weil er sie als ihr Arbeitgeber praktisch dazu gezwungen hatte, ihn zu begleiten, befürchtete er, dass sie wieder einen Nervenzusammenbruch erleiden könnte. Adrian Forrester hatte ihm mit knappen Worten berichtet, was passiert war.

»Der unleserlich gemachte Absender auf einem Päckchen und eine kleine tönerne Tierfigur haben genügt, sie fast zu Tode zu erschrecken, und ich habe Angst, dass so etwas jeder Zeit wieder passieren könnte«, hatte er gesagt und ihn dann gebeten, sie nicht aus den Augen zu lassen. Roderick hatte es geschworen.

»Ist dir nicht gut, Benita?«, fragte er jetzt und schaute sie im Rückspiegel an.

»Wie bitte? O doch, doch, es ist alles in Ordnung … Es ist nur so, dass ich so lange weg gewesen bin … Ich hatte verdrängt, wie schön es ist … Hier bin ich nämlich aufgewachsen …« Die letzten Worte kamen in einem Schluchzen heraus.

Beruhigt – denn das waren sicherlich nicht die Worte einer Frau, die kurz vor dem Kollaps stand – konzentrierte sich Roderick auf das, was hier als Straße bezeichnet wurde.

»Gibt's hier Löwen?«, wollte Gloria wissen.

Benita hörte den leisen Unterton von Befürchtung, der in der Stimme der Anwältin mitschwang, und verbiss sich ein Lächeln. »O ja, Leoparden auch. Schauen Sie in die Kronen der Bäume, da schlafen sie tagsüber. Sie dürfen nie unter einer Baumkrone entlanggehen, ohne sich vorher zu vergewissern, dass in den Zweigen kein Leopard lauert.« Amüsiert sah sie, dass Gloria sich vorbeugte und die vorbeiziehenden Bäume einer genauen Inspektion unterzog. Sie dachte nicht daran, sie darüber aufzuklären, dass sie selbst bisher nur ein einziges Mal eine der herrlichen Katzen dort beobachtet hatte, so geschickt verbargen diese sich tagsüber.

Nach einer kurzen Fahrt über eine rote Sandstraße, die auf beiden Seiten von wucherndem Busch begrenzt wurde, erreichten sie das Eingangstor zu Inqaba. Es wurde rechts und links von riedgedeckten, ebenerdigen Gebäuden, dem Büro und einem Toilettenkomplex, flankiert. Roderick verschwand im Büro, um die Formalitäten zu erledigen, während die beiden Frauen die Gelegenheit nutzten, aus dem Wagen zu klettern, um die Beine zu strecken. Benita schlenderte in das dämmerige Innere des Büros. Inbrünstig atmete sie das vertraute süßliche Geruchsgemisch aus trockenem Ried und Bohnerwachs ein. Verstohlen schlüpfte sie aus einem ihrer Schuhe, um die Wärme der ochsenblutroten Steinfliesen unter ihrer Fußsohle zu spüren. Über ihnen lagen die Dachsparren frei, Geckos huschten über die Balken, und ein glänzender, rotflügeliger Starenvogel lärmte zu ihnen herunter. Durch die offene Tür schaute sie nach draußen in die Sonne. Es war dunstig, und die Luft flimmerte. In ein paar Metern Entfernung kniete eine Warzenschweinmutter auf den Vorderläufen und rupfte Gras. Um sie herum tollten vier winzige Miniaturausgaben ihrer selbst.

Glorias laute Stimme zerriss den Augenblick. »Was ist denn das? Die Viecher scheinen mir eine Fehlkonstruktion zu sein.« Sie lachte. »Entweder ist ihr Hals zu kurz, oder ihre Beine sind zu lang, dass sie mit der Schnauze nicht auf den Boden reichen.«

»Wird schon seinen Grund haben«, antwortete Benita unwirsch und stieg wieder in den Wagen. Insgeheim wünschte sie Gloria zum Teufel.

Roderick kam zurück zum Wagen. »Alles in Ordnung. Man wartet schon auf uns.« Er ließ den Motor an.

8

Vilikazis BMW war zwar noch in bestem Zustand, trotzdem kamen sie nur langsam vorwärts. Linnie wurde immer wieder schlecht, auch wenn sie bemüht war, das zu verbergen, und es war notwendig, fast an jeder Tankstelle anzuhalten, damit sie die Toilette benutzen konnte. Vilikazi machte das alles nichts aus. Das Wild, das er jagte, würde ihm nicht entkommen. Mit den Händen in den Hosentaschen seiner hellen Chinos vertrat er sich auf dem Parkplatz der Tankstelle die Beine und dachte nach.

Ihre Absicht, ihren Peiniger vor Gericht zu bringen, hatte Linnie ihm oft genug mitgeteilt. Er befürchtete jedoch, dass durch die Verbindungen des Vice-Colonels, die nicht nur Südafrika wie ein dichtes Wurzelgeflecht durchzogen, sondern bis auf alle anderen Kontinente reichten, schon die ersten polizeilichen Untersuchungen verhindert würden. Außerdem besaß er genügend Geld, um sowohl unliebsame Zeugen als auch belastende Unterlagen mühelos verschwinden lassen zu können. Nie würde dieser Mann vor Gericht gestellt werden, dessen war er sich sicher, denn es gab zu viele Leute, die dem Vice-Colonel einen Gefallen schuldeten, zu viele, die nicht zulassen konnten, dass er redete. Zu viele, die um ihr Leben bangen mussten, wenn sie redeten. Die Gefahr war zu groß, dass er davonkam.

Grimmig schob er einen Stein mit dem Fuß hin und her. Er würde dafür sorgen, dass Linnies Peiniger für alles bezahlen musste, und er nahm sich vor, die Bestrafung selbst vorzunehmen. Er würde dafür sorgen, dass sie so lange dauerte, bis der Vice-Colonel die Rechnung voll beglichen hatte. Vilikazi hatte nicht vor, ihn am Leben zu lassen.

Zunächst musste Linnie ihn eindeutig identifizieren. Der Mann musste ihr Angesicht zu Angesicht gegenüberstehen und erkennen, dass seine Tarnung aufgeflogen war. Er sollte wissen, dass sein Opfer überlebt hatte, sollte wissen, dass er zum Abschuss freigegeben war, dass er nicht mehr entkommen konnte.

Vilikazis Schritte waren schneller geworden. Er rieb sich die breite Narbe am Hals. Sie juckte. Zum ersten Mal seit vielen Jahren. Sein Jagdinstinkt war erwacht. In den Schluchten der Großstadt, in denen er als Jugendlicher gelandet war, und in den langen, gefährlichen Jahren, die er im politischen Untergrund zugebracht hatte, war dieser zu einer gefährlichen Waffe geschliffen worden. Eine Schusswaffe besaß er auch noch. Alle anderen hatte er abgegeben, wie es vom Gesetz gefordert wurde. Aber diese Pistole war nirgendwo registriert; er hatte sie in jener blutigen Zeit Anfang der Neunzigerjahre von einem illegalen Einwanderer aus Mosambik gekauft und sauber gehalten, das heißt, er hatte mit ihr bisher nur zur Übung geschossen. Selbstverständlich hatte er sie immer gereinigt und geölt und in bestem Zustand gehalten. Vor dem Gesetz war diese Waffe noch jungfräulich. Jetzt würde er sie benutzen, und auch sein Messer.

Ein Freund von ihm, ein Gefährte aus der Zeit, kurz bevor der große Mandela wieder in Freiheit war, sollte ebenfalls bereits auf dem Weg nach Inqaba sein. Sein Äußeres würde es ihm leicht machen, sich dem Vice-Colonel zu nähern. Sein Freund war weiß und entstammte einer alten Siedlerfamilie. Er gehörte jener gehobenen Gesellschaftsklasse an, in der sich auch dieser Mann bewegte, der heute einen Burennamen trug, obwohl er kein Bure war. Er würde keinerlei Verdacht hegen, wenn sein Freund ihn – vielleicht mit einem Glas Champagner in der Hand – wie zufällig ansprach. Es war wichtig, dass er nahe genug an den Vice-Colonel herankam, denn er hatte ihm etwas zu zeigen. Er würde es ohne Vorwarnung machen, auf die kleinste Reaktion in diesem von einem plastischen Chirurgen konstruierten Gesicht achten, ein

Zucken der Mundwinkel, das Weiten der Pupillen, irgendetwas, was darauf hindeuten würde, dass dieser begriffen hatte, was man ihm vor die Nase hielt. Das sollte eine zusätzliche Versicherung für Linnie und ihn sein, dass sie in der Tat den Richtigen gefunden hatten.

Linnie humpelte über den Asphalt auf ihn zu. Die schwarze Burka wallte im Wind. »Ich hätte vorher nichts trinken sollen«, murmelte sie.

»Unsinn, ich brauche diese Unterbrechungen auch«, log er und half ihr behutsam ins Auto. »Meine Knochen knacken, schließlich bin ich schon ziemlich alt.«

Es tat ihm weh zu sehen, wie schwer sie sich bewegte, und er erinnerte sich daran, wie sie einmal gewesen war. So jung, so schön, so verliebt in diesen Mann, den sie per Gesetz nicht lieben durfte, so beflügelt von dieser verbotenen Liebe, dass sie jede Vorsicht in den Wind schlug, alle Warnungen, dass der politische Hintergrund ihres Liebhabers auch sie in Schwierigkeiten bringen könnte, in lebensbedrohliche Schwierigkeiten, mit einem Lachen abtat.

Ohne Wissen ihrer Familie und ihrer Freunde waren die beiden heimlich über die Grenze nach Swasiland geflohen, hatten dort geheiratet und waren auf verschlungenen Pfaden wieder in ihre Heimat zurückgekehrt. Vor der Welt außerhalb Südafrikas Grenzen waren sie nun ganz legal Mann und Frau. Linnie hatte Vilikazi strahlend ihre Hand hingehalten und den Ring gezeigt, den ihr Mann ihr am Hochzeitstag angesteckt hatte. Heute trug sie davon nur noch den Abdruck, der durchs Feuer entstanden war.

Die Jugend, hatte er damals gedacht, sie hält sich für allwissend und unverwundbar, und hatte den Dingen ihren Lauf gelassen. Bis heute geißelte er sich dafür. Hätte er sie damals zur Vernunft gebracht, wäre so viel Leid vermieden worden, wäre ihre Liebe noch am Leben und ihre Tochter nicht verschollen.

Er streifte ihre verhüllte Gestalt mit einem Blick. »Willst du dieses Ding nicht ausziehen? Es muss furchtbar heiß darunter sein, und sicher juckt es auf deiner Haut.«

Linnie kicherte, ein schmerzhaft hartes Geräusch, weil beim Einatmen der Feuerhitze ihre Stimmbänder versengt worden waren. »Damit würde Sarah sicher nicht einverstanden sein. Ich habe nichts darunter an.« Aber sie zog den Saum hoch, um wenigstens ihre Beine vom Luftstrom der Klimaanlage kühlen zu lassen, und schloss die Augen. Es gab nichts zu sehen. Zu beiden Seiten der Straße zogen sich lückenlos öde Eukalyptusplantagen hin, die sie zu keinem anderen Gedanken anregten als den, was passieren würde, falls sie einmal Feuer fingen. Explodieren, vermutlich, wie bei den australischen Buschfeuern, die im Fernsehen gezeigt wurden.

Sie musste eingenickt sein – plötzlich wurde sie nämlich von einem Hahnenschrei geweckt. Sie fuhr hoch.

»Transportierst du etwa Hühner hier drinnen?«, rief sie und versuchte auf den Rücksitz zu schauen.

Vilikazi lachte und befreite sein Handy aus der Hosentasche, das gerade wieder außerordentlich naturgetreu krähte. Er drückte auf die Annahmetaste.

»Ja?«

»Wo steckst du?« Die Stimme seiner Frau Sarah.

»Wir passieren gerade die Papierwälder und sind bald da. Gibt's was?«

Einen Augenblick lang war nur Schweigen am anderen Ende. »Sitzt Linnie neben dir? Ja? Dann antworte nur unverbindlich. Ich möchte nicht, dass irgendjemand außer Thandi davon erfährt, bevor ich mir wirklich sicher bin, und sie hat mir auf ihre ärztliche Schweigepflicht geschworen, dass sie nicht darüber spricht.« Sie atmete pfeifend. »Mir ist gestern etwas sehr Merkwürdiges passiert. Im Café auf dem Marktplatz von Umhlanga saß eine junge Frau und spielte mit zwei Tierfiguren aus Ton, zwei kleinen Imvubus ... Erinnert dich das an etwas?«

Flusspferde aus Ton? Ein Bild flimmerte schattenhaft durch sein Gedächtnis, aber sosehr er es durchwühlte, die Erinnerung blieb unbestimmt, das Bild ohne klare Umrisse. Trotzdem war er sich sicher, dass irgendwann in seiner Vergangenheit kleine Imvubus aus Ton aufgetaucht waren.

»Nein, tut mir leid. Ich zermartere mir das Gehirn, aber ich kann mich beim besten Willen nicht erinnern. Womit hat es denn zu tun?«

»Das ist es ja gerade, ich komme einfach nicht darauf ... Ich habe zwar eine Vermutung, aber die ist so abenteuerlich, dass sie mir völlig unwahrscheinlich erscheint. Deswegen habe ich Thandi angerufen, gestern schon, aber sie war unterwegs, und ich habe sie erst heute Morgen erreicht. Sie hält meine Vermutung für ausgeschlossen. Du bist meine letzte Hoffnung. Jetzt denk scharf nach. Jemand in unserem Freundeskreis konnte wunderschön modellieren und schnitzen ... Es ist, als ob meine Gedanken im Nebel verschwimmen ... wenn ich doch nur darauf kommen würde, wer es war ...«

Sie hatte die letzten Sätze lauter gesprochen, und er merkte, dass Linnie neben ihm sich aufsetzte. Offenbar hatte sie die Worte verstanden.

»Lass uns später drüber reden«, unterbrach Vilikazi seine Frau hastig.

Aber es war zu spät. »Modellieren und schnitzen? Ist das Sarah? Worüber redet ihr?«, fragte die Chamäleonfrau. »Was verschwimmt im Nebel? Was soll das? Hat das etwas mit mir zu tun?« Sie hustete heiser. »Gib sie mir mal.«

Ihre Hand, durch die Burka behindert, schoss ungeschickt hervor, wollte das Telefon packen, Vilikazi machte eine unwillkürliche Abwehrbewegung, der BMW krachte in ein Schlagloch und geriet dann unkontrolliert ins Schlingern. Vilikazi ließ das Telefon fallen, steuerte mit aller Kraft dagegen, übersteuerte dabei, die Räder auf der linken Seite gerieten in eine tiefe Rinne, der Wagen kippte, überschlug sich und rollte den Abhang hinunter. Krachend landete er auf dem Dach in einem ausgetrockneten Flussbett.

Sarah am anderen Ende des Telefons hörte nur das Kreischen von Bremsen, das durch Mark und Bein gehende Geräusch von reißendem Metall, die Flüche ihres Mannes und den hohen, spitzen Schrei Linnies. Dann war abrupt Stille, und sie begann am ganzen Körper zu zittern.

»Vilikazi«, ächzte sie und vergaß zu atmen, während sie auf ein Lebenszeichen ihres Mannes lauschte.

»Verdammte Scheiße!«, drang nach einer Ewigkeit die wohlbekannte, heiß geliebte Stimme an ihr Ohr, gefolgt von einer Explosion der farbigsten Flüche, die die Sprache der Zulus hergab. Sarah sank erleichtert am Küchentisch zusammen. Er lebte. Sie vergaß die Imvubus. Er lebte, nichts sonst zählte. Dieses eine Mal würde sie ihn nicht auszanken, weil er einen Fluch der Umlungus, der Weißen, benutzt hatte.

»Vilikazi, hörst du mich?«, schrie sie.

»Bin doch nicht taub«, kam die gegrunzte Antwort. Es hatte eine Weile gedauert, bis er das quakende Handy geortet und in die Finger bekommen hatte.

»Bist du verletzt? Was ist mit Linnie? Was ist passiert? Soll ich einen Krankenwagen rufen? Wo seid ihr?«

»Du schnatterst wie ein Affe«, brummte Vilikazi, dem jeder Knochen wehtat. »Ich muss mich um Linnie kümmern. Ich ruf zurück.« Er drückte den Aus-Knopf und kroch aus dem Auto, blieb einen Augenblick im Gras sitzen, befühlte seine Gliedmaßen, wackelte mit Fingern und Zehen, drehte den Kopf, um herauszufinden, ob er etwas ernsthaft verletzt hatte. Auf seiner Stirn wuchs dort, wo er offenbar aufs Steuerrad aufgeschlagen war, eine unangenehm große Beule heran, und ein paar schmerzhafte Prellungen übersäten seinen Körper. Offenbar hatte er aber keine gebrochenen Knochen, und sein Kopf nebst Inhalt schien in Ordnung zu sein.

Noch etwas unsicher auf den Beinen, umrundete er sein Gefährt, wobei er feststellte, dass es schrottreif war, fluchte ausgiebig darüber und beugte sich schließlich stöhnend zu Linnie hinunter.

Aus dem Gesichtsgitter der Burka glitzerten ihn ihre Augen durch die verschmierte Scheibe zornig an. Ihr Gewand war hochgerutscht, und er sah, dass sie tatsächlich gar nichts darunter trug. Schnell wendete er die Augen ab.

»Hast du noch nie eine nackte Frau gesehen? Zieh das Ding gefälligst herunter und hilf mir hier heraus!« Ihr empörtes Geschrei wurde durch die Scheibe gedämpft.

Grunzend kniete er sich hin und zerrte an der Tür. Sie rührte sich nicht einen Zentimeter. Wütend vor sich hin fluchend, humpelte er zur Heckklappe, fand zu seiner Erleichterung, dass sie durch den Aufprall aufgesprungen war und eine Handbreit offen stand, legte sich auf den Bauch und fischte einen stabilen Schraubenzieher heraus. Er setzte ihn am Türrahmen an, benutzte einen schweren Stein, um ihn in den Spalt zu rammen, und packte ihn mit beiden Händen. Es kostete ihn eine ungeheure Kraftanstrengung, ehe die Tür mit metallischem Kreischen nachgab. Sobald er sie weit genug geöffnet hatte, setzte er sich hin, stemmte beide Füße gegen die Tür und trat sie einfach auf. Dann langte er hinein und zog Linnies Burka, so weit er konnte, herunter.

»Kannst du dich bewegen und allein herauskriechen?«

Linnie versuchte es und schrie auf, biss sich sogleich auf die Lippen, dass es blutete. Ihr Blick glitt zu Vilikazis Gesicht, das verkehrt herum vor ihrem hing.

»Hilf mir schon, du Trottel. Siehst du nicht, dass es nicht geht?«

Wortlos schob er seine Hände unter den ausgemergelten Körper und zog sie Zentimeter für Zentimeter heraus. Es ging ihm durch und durch zu sehen, wie sehr ihr das zusetzte. Vorsichtig legte er sie ins Gras. »Du bleibst jetzt hier liegen. Ich hole einen Krankenwagen.«

»Nein«, rief sie und dachte dabei an die Krankenpfleger, die sie wie ein Stück Abfall behandelt hatten. »Nein«, wiederholte sie und stemmte sich hoch. »Du weißt doch, wie das ist. Ruf Thandi an, sie kann sich das ansehen.«

Er nickte. Er wusste, wie es war, und wählte ohne ein weiteres Wort Doktor Thandile Kunenes Handynummer.

Sie antwortete sofort.

Innerhalb einer Dreiviertelstunde hielt der Krankenwagen neben ihnen, und Dr. Kunene, eine groß gewachsene, bildschöne Zulu mit graziösen Bewegungen, stieg aus, gefolgt von zwei Krankenpflegern und einem stämmigen, schweigsamen Mann, der sich sofort um das verunglückte Auto kümmerte.

Nachdem Dr. Kunene sich vergewissert hatte, dass Linnie und Vilikazi nicht schwer verletzt waren, bestand sie darauf, dass auch Vilikazi sich im Krankenhaus untersuchen ließ. Sie kümmerte sich nicht um seine Proteste, sondern bedeutete ihren beiden Begleitern, dass sie ihn in den Krankenwagen verfrachten sollten. Er wehrte sich anfänglich mit Händen und Füßen, sah dann aber ein, dass es klüger war, nachzugeben, schließlich hatte er noch eine Mission zu erfüllen. Unwirsch schob er die Hände der Krankenpfleger beiseite und stieg allein auf die Trage. Der Vice-Colonel würde ein paar Tage auf Inqaba weilen, das hatte er von seinem Freund Jonas erfahren, der die Rezeption von Inqaba leitete und Herr über alle Buchungen und Termine war.

Viel mehr Sorgen machte er sich um Linnie. Hoffentlich wurden sie nicht so kurz vor ihrem Ziel von diesem verdammten Unfall aufgehalten. Er nahm Linnies schlaff herunterhängende Hand in seine, spürte, dass immer wieder Wellen von Zitteranfällen durch ihren geschundenen Körper liefen.

Dr. Kunene, die mit in den Krankenwagen gestiegen war, sah es. »Ein paar Tage werde ich euch beide bei mir im Krankenhaus behalten … Widerstand nützt dir nichts, Vilikazi. Ihr habt wirklich großes Glück gehabt, ihr habt weder etwas gebrochen noch euch sonst ernstlich verletzt. Nur Prellungen, aber die reichlich, und bei dir unter Umständen eine Gehirnerschütterung.« Sie gab das Zeichen zur Abfahrt.

»Und das Auto?«, ächzte Vilikazi.

»Ich habe Ambrose als Wächter dagelassen, sonst verschwinden die Autoteile schneller, als du Poppycock sagen kannst. Die Hyänen in Gestalt der örtlichen Jugendbanden schnüffeln sicher schon herum. Dann habe ich Sozzos Tankstelle benachrichtigt. Die werden den Wagen abschleppen und auch gleich die Beulen rausschlagen. Er wird etwas mitgenommen aussehen, sagte mir Ambrose, aber offenbar ist er noch fahrtüchtig. Allerdings wird das mindestens eine Woche dauern.«

Sie lächelte und verwandelte sich in die strahlende Frau, die unter dem Namen Yasmin Kun Weltkarriere als Topmodel gemacht hatte, bevor sie sich ihrem eigentlichen Beruf als Medizinerin widmete. »Und nun gibt's eine Spritze.« Sie griente fröhlich, während sie schnell und geschickt zwei Ampullen köpfte und die Spritzen aufzog.

»Welches Teufelszeug ist das?«, knurrte Vilikazi. »Ich will das nicht.« Protestierend hob er die Hände.

Aber Dr. Kunene unterlief seine Abwehr geschickt, stieß die Nadel tief in seinen Oberschenkel und presste den Kolben herunter. Wärme breitete sich in ihm aus, ihm wurde leicht schwindelig, und er vergaß, sich nach den Imvubus aus Ton und Sarahs Anruf zu erkundigen.

»Hinterlistige Hexe«, wollte er sagen, aber seine Zunge versagte. Dann fielen ihm die Augen zu. Das Letzte, was er hörte, war das leise Lachen der Ärztin.

Nachdem Dr. Kunene sich vergewissert hatte, dass beide fest

schliefen, zog sie die Tür leise ins Schloss. Ihre Patienten waren gut versorgt und würden ihrer Heilung entgegenschlafen. Linnie, die Schüttelfrost vor Schock und Schmerzen bekommen hatte, hatte sie zusätzlich ein starkes Schmerzmittel verpasst. Später würde sie ihr ein paar gehaltvolle Aufbaumittel spritzen. Es war das Mindeste, was sie tun konnte.

Benita befand sich in einem Zustand von herzjagender Hochspannung. Je näher sie dem Farmgebäude von Inqaba kamen, desto mehr steigerte sich ihre Aufregung. Vom Eingangstor waren sie noch einige Zeit auf der schmalen, asphaltierten Straße unterwegs, ehe sie den Zaun erreichten, der das Gebiet unmittelbar um die Farmgebäude und Bungalows vom Rest des Reservats abtrennte. Kurz darauf bogen sie in die Einfahrt ein, und Roderick ging mit der Geschwindigkeit bis auf Schritttempo herunter. Der Wagen ratterte über das Bodengitter, das Wildtiere davon abhalten sollte, diesen Bereich zu betreten. Der Zaun, der rechts und links der Sperre im staubigen Busch verschwand, war nicht hoch, und Benita überlegte, ob sie Gloria erzählen solle, dass Wildtiere mit Hufen dieses Bodengitter zumindest anfänglich als Hindernis betrachteten und es auch den weichen Tatzen der Großkatzen unangenehm sei, dass sie aber, wenn ihr Hunger oder ihre Neugier groß genug waren, diese Sperre ohne Weiteres überschreiten würden.

Aber sie unterließ es, obwohl es ihr Spaß machte, Gloria in Angst und Schrecken zu versetzen. Zu sehr war sie mit ihren verwirrenden Gefühlen beschäftigt.

Sie setzte ihre Sonnenbrille auf, weniger um sich gegen die Helligkeit zu schützen, als um zu verbergen, wie sehr ihr alles zusetzte. Der Anblick des durch die Kronen schimmernden Rieddachs von Inqabas Haupthaus ließ sie vor Anspannung zittern, als stünde sie im kalten Winterwind Londons. Gierig suchte sie die Umgebung nach Merkmalen ab, die sie von früher kannte.

Doch außer dem Rieddach erkannte sie nichts. Gar nichts. Die Straße war asphaltiert, und nirgends begrüßten sie die blauen Blüten der Trichterblumenranken, die blühenden Flammenbäume oder die rosafarbenen Bougainvilleabüsche, die Jills Mutter so sehr geliebt hatte. Außer den leuchtenden Flammenblüten des Umsinsi-Baums gab es kaum einen Farbklecks im Grün.

Es hatte angefangen, ganz sanft zu regnen. Lautlos, als fiele nur Tau vom Himmel. Ihre Fahrt führte jetzt wieder durch dichten Busch. Unvermittelt war der Weg zu Ende. Unter tief herunterhängenden Baumkronen parkten bereits einige Autos, darunter auch drei der offenen Safari-Geländefahrzeuge mit erhöhten Sitzen.

Ein rundlicher, bebrillter Zulu in einer Khakiuniform mit kurzen Hosen trat lächelnd an ihr Auto. »Willkommen auf Inqaba, Leute. Bitte steigen Sie hier aus. Die restliche Strecke gehen wir zu Fuß.« Auf der Brusttasche der Uniform und dem linken Ärmel prangte ein aufgesticktes grünes Emblem, die Silhouette eines Nashorns mit dem Namenszug *INQABA*.

»Es regnet«, bemerkte Gloria und berührte ihr Haar. »Was machen wir jetzt?«

Der Zulu lachte, dass sein Bauch wackelte. »Oh, Madam, wir werden nass! Wir sind froh, dass es regnet. Es ist viel zu trocken, und wir alle hier haben Durst.«

Die Anwältin fuhr schlecht gelaunt hoch. »Mein guter Mann, holen Sie uns Schirme. Ich habe nicht die Absicht, mich oder meine Koffer dem Regen auszusetzen. Aber schnell, wenn ich bitten darf!«

Das Lachen verschwand schlagartig. Die schwarzen Augen des Zulus, deren Weiß leicht gelblich und mit roten Adern durchzogen war, schwelten vor unterdrücktem Ärger.

Roderick drehte sich um. »Himmel, Gloria, du bist doch nicht aus Zucker. Stell dich nicht so an! Es nieselt doch allenfalls«, knurrte er voller Spott, während er den Kofferraum öffnete.

»Ich dachte, das hier ist eines der edelsten Wildreservate Südafrikas. Da kann ich doch wohl verlangen, dass man mich mit einem Regenschirm abholt, wenn es regnet.«

»Gibt es Schwierigkeiten?«, meldete sich eine Frauenstimme hinter ihnen.

Alle drei schwangen herum. Die Frau, die eben aus einem Geländewagen stieg, trug Jeans und ein schwarzes T-Shirt, auf dessen Ärmel das gleiche Emblem wie auf der Uniform des rundlichen Zulus gestickt war. Sie war groß und schlank, hatte glänzend schwarzes Haar und leuchtend dunkelblaue Augen. Außer einer sportlichen Uhr aus matt schimmerndem Titan und einem breiten Goldreif an ihrem Ringfinger trug sie keinerlei Schmuck.

Eine Schönheit, dachte Roderick mit Kennerblick, eine Schönheit mit Klasse, sieh an, und das hier mitten im Busch! Ihr Alter konnte er schwer einschätzen. Irgendwo um die Mitte dreißig, vielleicht sogar etwas jünger. Energisch wehrte er sich gegen seine ihm so sattsam bekannte Reaktion auf schöne Frauen, die ihn in der Vergangenheit immer wieder in prekäre Situationen gebracht hatte.

Gloria trat vor. »Gehören Sie hierher?«, fragte sie gereizt und setzte wieder ihren Strafgerichtston ein.

»Die Farm gehört mir. Ich bin Jill Rogge. Nennen Sie mich bitte Jill.« Zähneblitzendes Gastgeberinnenlächeln begleitete diese Worte.

»Es regnet«, sagte Gloria.

Jill Rogge lächelte nachsichtig und streifte dabei Glorias Pelz, den sie über dem Arm trug, mit ausdruckslosem Blick. »Das tut es hier gelegentlich, in den vergangenen Monaten allerdings bei Weitem nicht genug. Bei uns herrscht Dürre, weshalb wir um jeden Tropfen froh sind und hoffen, dass es endlich ausgiebig schüttet. Natürlich nur nachts, damit der Aufenthalt unserer Gäste nicht ins Wasser fällt.« Sie lächelte wieder. »Ziko, bitte schau nach, ob Jonas drei Regenschirme in der Rezeption stehen hat. Sonst nehmen wir die Regenumhänge. Ist Samuel schon mit dem Kofferwagen unterwegs?«

»Yebo, Ma'am.« Ziko warf der Anwältin noch einen flammenden Blick zu, dann machte er sich umgehend auf den Weg.

Roderick trat vor. »Ich bin Roderick Ashburton«, stellte er sich vor, »und das sind Gloria Pryce und Benita Forrester. Wir haben für vier Tage bei Ihnen einen Bungalow gebucht.«

Jill Rogges Augen leuchteten auf. »Ah, Sir Roderick, natürlich. Miss Pryce, Miss Forrester, einen wunderschönen guten Tag. Das ist kein richtiger Regen, sondern nichts weiter als überschüssige Feuchtigkeit in der Luft ...«

»Ach, was ...«, warf Gloria sarkastisch ein. »Erklären Sie mir den Unterschied zu Regen.«

»... es wird gleich wieder trocken sein«, ergänzte Jill ihren unterbrochenen Satz und lächelte beschwichtigend.

Benita öffnete den Mund, probierte zu sprechen, sich zu erkennen zu geben, brachte aber kein Wort hervor. Ihr Hals schien mit einem Pfropfen verschlossen zu sein, heraus kam nur eine Art Schnarren, das Jill aber überhörte, denn sie ging Ziko entgegen, der im Laufschritt mit den Regenschirmen herbeieilte.

Roderick hielt prüfend seine Handfläche hoch. »Jill hat recht. Es ist trocken. Wir brauchen die Schirme nicht.«

Die Herrin über die vielen tausend Hektar dieser herrlichen Farm lachte, ihre blauen Augen tanzten. »Sehen Sie, Miss Pryce, so schnell geht das hier. Bitte kommen Sie mit. Ihre Koffer werden Ihnen gebracht. Waren Sie schon einmal in Afrika, Sir Roderick?«

»Roderick.« Er schmunzelte. »Vergessen Sie das Sir. Ja, in Afrika war ich schon häufiger, in Südafrika allerdings noch nicht. Es scheint ein wunderschönes Land zu sein.«

Hinter ihnen hielt ein weiteres Auto, die Tür klappte.

Gloria drehte sich halb um, stutzte und schaute genauer hin. »Sieh einer an, es ist der Ingenieur vom *Zulu Sunrise* – was macht der denn hier? Hat er gerochen, dass wir von der Bank sind, und will seinen Boss jetzt warnen?«

»Glaub ich nicht.« Roderick warf seine Jacke über die Schulter. »Wahrscheinlich will er ihm nur den wöchentlichen Bericht erstatten oder irgendwelche Unterlagen bringen. Was sonst könnte er wollen?«

»Na, wenigstens hat er sich saubere Sachen angezogen und sieht nicht mehr wie ein Landstreicher aus.« Gloria wandte sich wieder ab.

Plötzlich fiel Benita das dumpfe Grollen ein, blitzte das bleiche Gesicht des Ingenieurs vor ihrem inneren Auge auf, als auch er es bemerkte, und plötzlich war sie sich sicher, dass der Mann aus einem ganz anderen Grund hier war. Spontan nahm sie sich vor, das herauszubekommen.

Wenn sie die nächste Stunde durchgestanden hatte. Wenn sie das Wiedersehen mit Inqaba hinter sich hatte. Wenn sie Jill gesagt hatte, wer sie wirklich war. Sie musste schlucken.

»Einen Augenblick, bitte.« Jill lächelte den neuen Besucher über Benitas Schulter an. »Ich werde Ihnen gleich einen der Wildhüter schicken, der Sie zum Empfang bringen wird. Bitte gehen Sie nicht allein.« Sie deutete mit einer vielsagenden Handbewegung auf ein großes Plakat, das die Umrisse einiger Wildtiere zeigte.

Gloria las den Wortlaut des Plakats mit deutlichem Entsetzen. »Hast du das gelesen, Roddy? Hast du das gewusst? Hier, hör dir das an … Löwe, Leopard, Hippopotamus, Elefant und Nashorn kommen in diesem Gebiet vor. Es gibt keine Zäune im Bereich der Gästebungalows, um sie zurückzuhalten. Also, das glaub ich nicht!« Ihre Stimme kletterte eine halbe Oktave, während ihre Augen über den Rest des Plakates liefen. »Giftige Schlangen kommen in diesem Bereich ebenso vor wie im gesamten Reservat. Giftschlangen! Das kann ja wohl nicht sein, dass wir einer solchen Gefahr ausgesetzt werden. Jill, was denken Sie sich dabei?«

Jills tiefblaue Augen funkelten. »Machen Sie sich keine Sorgen, Miss Pryce, wir haben ausreichend Gegengift im Eisschrank.«

Roderick lachte laut los, und eine kleine Antilope, die im Unterholz gegrast hatte, sprang erschrocken davon. »Ich hoffe, du hast Antimalariapillen genommen? Hier steht nämlich, dass das Reservat in einem Malariagebiet liegt, und im Übrigen«, er verschluckte sich fast vor Lachen, »übernimmt die Geschäftsleitung keinerlei Haftung für Verletzungen, Tod, Verlust oder jedweden anderen Schaden. Und nun kommt's«, breit grinsend betonte er jedes Wort, »unter gar keinen Umständen dürfen die Gäste in der Dunkelheit im Camp umherwandern, es sei denn, sie werden von einem bewaffneten Wächter begleitet. O Gloria, Gloria, das hier könnte dein Waterloo werden, fürchte ich!«

Ehe die erboste Anwältin eine passende Antwort finden konnte, raschelte es im Gestrüpp, und ein struppiges, hässliches Tier mit zwei großen, zottigen Warzen unter den Augen, das nicht größer war als eine Hundewelpe, flitzte urplötzlich wieselflink zwischen die Beine der Gäste, schnappte erst nach Benitas Knöchel, zerrte an Rodericks Hosenbeinen, drehte ab und zwickte dann Gloria kräftig in die Wade. Gloria schrie auf.

»Verdammtes Vieh!« Mit Wucht trat sie zu und traf das Tierchen so hart in der Seite, sodass es auf dem Rücken quer über den Weg schlitterte. Es rappelte sich auf und sauste jämmerlich quiekend davon, das winzige Schwänzchen steil aufgerichtet.

Jills Gesicht versteinerte sich, die dunkelblaue Iris ihrer Augen wirkte fast schwarz. »Miss Pryce, auf Inqaba sind Tiere die Hauptsache, und wir sind dafür da, sie vor Menschen wie Ihnen zu schützen. Tun Sie das nie wieder, sonst sind Sie bei uns nicht mehr willkommen.« Ihre Stimme klirrte, und es war deutlich, dass sie sich nur mit Mühe beherrschen konnte.

»Ist das alles, was Sie zu sagen haben, wenn einer Ihrer Gäste von einem wilden Tier angefallen wird?«, herrschte sie die Anwältin an.

Zornesröte stieg Jill Rogge ins Gesicht, aber es gelang ihr, in zivilem Ton zu antworten. »Das wilde Tier war Pongo, mein zahmes Warzenschweinweibchen, das ich mit der Flasche aufgezogen habe. Es ist völlig harmlos.«

»Pongo«, stieß Benita hervor. »Aber Pongo kann es doch nicht sein. Sie wäre doch heute über achtzehn Jahre alt …«

Die Eigentümerin Inqabas drehte sich ruckartig zu ihr herum, und Benita schnappte nach Luft, als diese blauen Augen sich in ihre bohrten. Es war, als schaute sie geradewegs in die Augen ihres leiblichen Vaters.

Jill Rogge jedoch zeigte immer noch keine Anzeichen von Wiedererkennen, nur Verwirrung. »Sie haben recht«, sagte sie gedehnt, »die erste Pongo wäre jetzt fast neunzehn Jahre alt, das muss mindestens eine Ururenkelin sein. Ich nenne alle Warzenschweine, die mir zulaufen, Pongo … Aber woher wissen Sie das?« Forschend betrachtete sie die Frau vor ihr eingehender, aber ihr Gesichtsausdruck besagte deutlich, dass sie keine Ahnung hatte, wen sie vor sich hatte.

Benita schluckte vor Aufregung. »Ich bin's, Jill, Benita … For…«, sie unterbrach sich, »Benita Steinach …«

Bei diesem Namen zogen sich Jills klar gezeichnete Brauen heftig zusammen. Ihr freundliches Gastgeberinnenlächeln erstarb. »Benita … Steinach? Ich kannte nur eine, die so hieß, und das war die Tochter meines Onkel Michael«, sagte sie gedehnt.

Benitas Augen glänzten vor Tränen. »Ja, die kleine Benita, erinnerst du dich …?«

Jills schönes Gesicht verlor alle Farbe, tiefes Misstrauen ließ ihre Züge erstarren. Mit zusammengebissenen Zähnen fixierte sie die jüngere Frau schweigend. »Natürlich erinnere ich mich …«, sagte sie endlich, »aber das kann nicht sein … Benita ist vor achtzehn Jahren verschwunden …« Wieder fehlten ihr die Worte, und sie sah Benita grübelnd an. »Ich habe noch ein ungewöhnliches Haustier, das schon damals auf der Farm lebte. Wenn Sie Benita sind, müssten Sie es kennen.« Sie ließ ihr Gegenüber nicht aus den Augen. »Ein ist ziemlich großes Tier. Was ist es und wie heißt es?«

Für einen atemlosen, schreckerfüllten Augenblick schien es Roderick, als wüsste Benita keine Antwort. Er machte einen Schritt auf sie zu, bereit sich zwischen sie und die Eigentümerin der Farm zu stellen, deren feindliche Haltung ihm unverständlich war. Die Luft, die sie umgab, schien förmlich vor Aggression zu knistern.

Aber dann huschte ein blasses Lächeln über Benitas Züge, das schnell wieder verschwand. »Es ist ein Nashornbulle namens Oskar. Du hast ihn mit der Flasche aufgezogen, und damals war er unsterblich in dich verliebt. Er lebt also noch?«

Jill zuckte zusammen, als hätte sie einen Schlag bekommen, wurde noch bleicher, machte eine Handbewegung, als wollte sie zuschlagen. Aber die Hand fiel kraftlos an ihre Seite. Als sie ihre Stimme wiedergefunden hatte, war sie rau vor Emotionen. »Aber … Forrester? Wieso nicht Steinach?« Sie schrie den Namen heraus, trat einen Schritt näher und stand jetzt so dicht vor Benita, dass diese die Hitze auf ihrer Haut fühlen konnte. Aber sie wich nicht zurück.

»Wo bist du all die Jahre gewesen, he?« Jill schrie immer noch, atmete dann aber tief durch und fuhr ruhiger fort, obwohl ihr Gesicht vor Hass verzerrt war. »Michael, deinen Vater, konnten wir nicht mehr fragen … nachdem … Aber das weißt du bestimmt, nicht wahr? Und du weißt sicherlich auch, dass mein Bruder Tommy von einer Paketbombe zerrissen wurde …« In den blauen Augen glitzerten Tränen.

Benita wurde schneeweiß, griff wahllos neben sich und bekam Rodericks Arm zu fassen. Sie klammerte sich daran fest wie eine Ertrinkende, bis die dröhnende Leere in ihrem Kopf wich, ließ aber seinen Arm auch dann nicht wieder los. »Paketbombe? Tommy?«, wisperte sie. »Ich hatte keine Ahnung … wann …?«

»1989, nur ein paar Monate nachdem das mit deiner Mutter … nachdem du und dein Vater verschwunden seid. Wir haben alles versucht, ich habe sogar einen Detektiv beauftragt, aber der hat deine Spur schon in Südafrika verloren … Wir wussten nicht einmal, ob du noch lebst!«, stieß Jill heraus. Sie war offensichtlich gefährlich nahe daran, ihre Fassung völlig zu verlieren.

Benita fuhr zurück. »England … ich war in England … Ubaba hat mich nach London gebracht, er hat mich dort zurückgelassen … Und als er… als er … nicht mehr wiederkam«, sie sog zitternd die Luft ein, »haben mich seine Freunde Kate und Adrian Forrester adoptiert …« Doch hier rutschte ihre Stimme weg und brach. Sie verstummte, ihre Augen waren riesige grüne Teiche. »Warum wurde Tommy … Was soll er bloß getan haben? Er … er war doch noch so jung …«

Wieder hob Jill die Hand wie zum Schlag. »Das war er, und er stand am Anfang eines wunderbaren Lebens, und dann kam dein Vater und hat ihn mit Reden von Freiheit und Gleichheit umgarnt, hat ihn verführt …«

»Aber mein Vater hat für die Freiheit gekämpft …«, flüsterte Benita und dachte daran, wie sie als Kind wie ein Hund fortgejagt worden war, als sie im Park bei den weißen Kindern mitspielen wollte, wie ihre Mutter noch als erwachsene Frau von Weißen als Mädchen bezeichnet wurde, dachte an die zwei Eingänge beim Postamt und die Aufschrift auf den Bänken unten auf der Promenade. »Nur für Weiße«, hatte da gestanden, und es hatte furchtbar wehgetan zu begreifen, dass sie und ihre Mutter sich da nicht hinsetzen durften, egal, wie müde sie waren.

Sie hob den Kopf, ihre meergrünen Augen funkelten, und das lag nicht an Tränen, sondern am Stolz auf das, was ihre Eltern durchgestanden hatten. »Mein Vater war ein Freiheitskämpfer, und er hat auch für deine Freiheit gekämpft. Ohne ihn und seine Freunde wäre dieses Land im Blut ertrunken, und dann würde es dich und Inqaba heute vielleicht nicht mehr gegeben.« Das hatte ihr Vater immer gesagt.

»Tom ist heimlich in den ANC eingetreten«, fuhr Jill ihr ins Wort, und massiver Vorwurf färbte ihre Worte blutrot. »Wie es aussieht, ist dein Vater nicht nur verantwortlich für den Tod deiner Mutter, sondern auch für den von Tommy …«

Benitas Augen weiteten sich entsetzt. »Das … kann nicht sein … Er hatte keine Schuld … Das wusste ich nicht …ich hatte keine Ahnung … Ich war erst vierzehn Jahre alt …« Sie brach in verzweifeltes Weinen aus. »Aber wieso denn? Warum soll er Schuld am Tod von Umama gewesen sein?«, schluchzte sie auf und kämpfte mühsam ihre Tränen nieder.

Jill schnaubte durch die Nase. »Das nehme ich dir nicht ab. Du musst doch gemerkt haben, was bei euch zu Hause los war! Als die Kerle von der Polizei zu euch gekommen sind, ist er durch die Hintertür raus und weg, und da haben die Kerle sich an deine Mutter und dich gehalten.«

Schweigen senkte sich über die vier, drückend wie eine Unwetterwolke. Nur Jills rauer Atem war zu hören. Benita zitterte wie Espenlaub, war unfähig, ein Wort herauszubekommen.

Jill fasste sich als Erste. »Weißt du, was dein Vater gemacht hat?« Ihre Stimme wurde schrill. »Er hat meinen Bruder dazu angestiftet, alle Farmarbeiter im ganzen Land zum Streik aufzufordern … Kapierst du, was das hieß? Damals war das sein Todesurteil!« Ihr Blick wurde glasig und kehrte sich nach innen. Für Sekunden schien sie woanders zu sein, nicht mehr wahrzunehmen, was um sie herum geschah. Dann aber kam sie zu sich und richtete die Augen wieder auf Benita.

»Erst Tommy«, flüsterte sie, »dann meine Mutter, und dann Christina … meine ganze Familie … Hör mir gut zu! Meine ganze Familie! Außer mir lebt niemand mehr von den Steinachs, verstehst du?« Jetzt schrie sie. »Und das ist die Schuld deines Vaters!«

Am ganzen Leib schlotternd, hielt Benita diesem wütenden Angriff stand. »Wer ist Christina?« Ihre Stimme war ein Windhauch.

Die Augen ihrer Cousine glitzerten wie harte dunkelblaue Steine. »War. Sie war meine Tochter, meine ungeborene Tochter … Ich habe sie durch den Schock über den Tod meiner Mutter verloren.«

Benita fiel in sich zusammen, sank in die Knie und verbarg den Kopf in den Armen. »Es tut mir leid, es tut mir so unendlich leid …«, wimmerte sie.

Roderick stieß einen wütenden Knurrlaut aus, packte sie unter den Achseln, zog sie hoch und hielt sie im Arm, wie ein Vater seine kleine Tochter halten und trösten würde. Aufgebracht schob er sein Gesicht dicht an Jills. »Jetzt halten Sie mal die Luft an, Lady! Das kann ja kaum Benitas Schuld gewesen sein, da war sie schließlich noch ein Kind. Oder herrscht hier Sippenhaft?« Er hätte sich ohrfeigen können, dass er Benita so selbstherrlich dieser Tortur ausgesetzt hatte.

»Meine Mutter …« Benita schloss die Augen. Tief in ihrem Inneren begann sie zu zittern, und sie wusste, dass es die Vorboten eines größeren Bebens waren. Sie holte tief Luft, um das Zittern zu kontrollieren, das mittlerweile ihren gesamten Körper wie eine Riesenfaust schüttelte. Es gelang ihr nur unzulänglich. Als sie sprach, klapperten ihre Zähne. »Weißt du, was mit meiner Mutter geschehen ist?«

Jill warf ihr einen scharfen Blick zu. »Das musst du doch besser wissen als irgendein anderer Mensch. Du warst doch dabei. Warum fragst du also?«

Als hätte ein Blitz eingeschlagen, knisterte die Luft vor Spannung. Roderick erstarrte. Es gab nichts, was er tun konnte, um die drohende Katastrophe abzuwenden.

Benita schüttelte stumm den Kopf, wieder und immer wieder, wie ein angeschlagener Boxer. Ihr Gesicht nahm die fahle, teigige

Farbe von alt gewordenem Brot an. »Ich kann mich nicht erinnern, ich kann es einfach nicht …« Sie schwankte, als stünde sie im Sturm auf einem Schiffsdeck.

Roderick zuckte zusammen. Seine Hand schoss vor. Er fing sie auf und zog sie fest an sich. »Nun ist aber Schluss!«, brüllte er. »Können Sie nicht sehen, was Sie hier anrichten? Verdammt, Benita leidet unter einem posttraumatischen Stress-Syndrom. Schon mal davon gehört? Das bedeutet, dass sie durch den Schock alles, was damals in den Tagen kurz vor und kurz nach dem Tod ihrer Mutter vor ihren Augen geschah, vergessen hat. Amnesie, verstehen Sie? Es muss so furchtbar gewesen sein, dass ihr Organismus sich dadurch schützt, dass er das Ganze verdrängt. Ich hoffe, Sie kapieren das! Und nun zeigen Sie uns bitte unsere Unterkunft. Wir sind hier mit jemandem verabredet, und das ist leider ungeheuer wichtig, sonst würde ich auf den Hacken kehrtmachen und mit Miss Forrester Ihr so überaus gastliches Etablissement verlassen.«

Jill schwieg und rührte sich noch immer nicht, nur die weißen Knöchel ihrer Fäuste verrieten ihre Anspannung. Benita lehnte an Rodericks Schulter und kämpfte mit den Tränen, die ihr unaufhaltsam aus den Augen tropften. Gloria hatte die Arme vor der Brust verschränkt, die Sonnenbrille wie ein Visier heruntergeklappt und musterte Inqabas Eigentümerin unfreundlich.

»He, was ist hier los?« Der sonnengebräunte Mann in Jeans und dunkelblauem Polohemd, der eben hinter ihnen aus einem Geländewagen gestiegen war, überragte selbst noch Roderick um ein, zwei Fingerbreit. Mit zwei langen Schritten war er bei ihnen und legte besitzergreifend den Arm um Jill. Unter halb geschlossenen Lidern flog sein Blick durch die Runde der Anwesenden, bis er den von Roderick traf. Schweigend maßen sich die beiden Männer.

»Brauchst du Hilfe, Liebling?«, fragte der Neuankömmling schließlich Jill, ohne jedoch den Engländer aus den Augen zu lassen.

Roderick erwiderte den Blick kühl. »Was geht Sie das an? Wer sind Sie?«

Jill gab sich einen Ruck. »Mein Mann, Nils Rogge – unsere Gäste Sir Roderick Ashburton, Miss Gloria Pryce und Benita Forrester, aber eigentlich heißt sie Benita Steinach.«

Der Name verfehlte seine Wirkung auf Nils Rogge nicht. Verblüfft zog er die Brauen zusammen, strich sich mit einer automatischen Geste über die raspelkurzen dunkelblonden Haare. Es gab ein kratziges Geräusch. »Steinach? Wie die Steinachs von Inqaba? Zufall oder verwandt?« Er streckte den Kopf vor und beäugte Benita eingehend. »Ich dachte, es gibt außer dir nur noch Tante Irma. Und weswegen Forrester?«

»Benita ist … meine Cousine. Die Tochter des Bruders meiner Mutter, von Michael Steinach.«

»Die, die eigentlich verschollen ist?« Jetzt trat scharfe Neugier in seinen Blick.

Seine Frau nickte und befreite sich sanft aus seiner Umarmung. »Sie hat … Sie sagt, dass Michael sie damals nach England zu seinen Freunden gebracht hat. Von denen ist sie dann adoptiert worden und hat dort unter deren Namen gelebt. Forrester. Deswegen konnten wir sie nicht finden. Michael hatte ja nirgendwo Unterlagen hinterlassen.«

Jetzt schwenkte Nils Rogge herum und fixierte Roderick. »Und weswegen brüllen Sie dann meine Frau an? Sir … Wie war Ihr Name doch gleich?« Sein Ton und auch die Worte waren eine einzige herausfordernde Unverschämtheit.

Benita, die sich inzwischen wieder einigermaßen gefasst hatte, beobachtete ihn genau. Seine Bewegungen waren träge, seine Sprache ebenfalls, aber er vermittelte trotzdem den unmissverständlichen Eindruck, dass mit ihm nicht gut Kirschen essen war. Und das lag nicht nur an seinem Körperbau, dachte sie. Der Mann strahlte Kraft und sogar Aggression aus.

Roderick ließ sich zwar nicht provozieren, aber Benita war es, als wäre er plötzlich breiter und größer geworden, als er Jills Mann einer kurzen, in ihrer Wirkung jedoch ebenso unverschämten Inspektion unterzog. »Hauptsächlich, um zu verhindern, dass Ihre Frau Miss Forrester weiterhin in einer unerträglichen Art und Weise verletzt. Das werde ich nicht zulassen.« Sein Arm lag noch immer schützend um Benita.

Für Sekunden herrschte frostiges Schweigen. Jill biss sich auf die Lippen. Ihr Mann wollte zu einer hitzigen Erwiderung ansetzen, aber sie hielt ihn mit einer Handbewegung zurück.

»Es ist okay, Nils. Er hat im Grunde recht.« Sie wandte sich Benita zu. »Es tut mir leid, dass ich unsachlich geworden bin. Das war nicht in Ordnung. Ich kann zu meiner Entschuldigung nur anführen, dass ich auch so etwas wie ein Trauma erlitten habe, und das hatte viel mit deinem Vater zu tun, aber natürlich kannst du nichts dafür.«

Gloria Pryce, die es als Anwältin vor Gericht gewohnt war, auf die geringste Regung eines gegnerischen Zeugen zu achten und die Erkenntnis für ihren Fall zu verwenden, hatte Jill nicht aus den Augen gelassen, interpretierte deren Körpersprache jedoch anders als Roderick und reagierte reflexartig in ihrer beruflichen Eigenschaft. Langsam schob sie ihre Sonnenbrille hoch und fixierte die Eigentümerin von Inqaba mit einem direkten Blick.

»Das war eigentlich nicht gegen Benita gerichtet, nicht wahr? Sie haben nie jemanden gehabt, dem Sie die Schuld am Tod des größten Teils Ihrer Familie hätten geben können. Damit werden Sie seit achtzehn Jahren nicht fertig, habe ich recht? Seit achtzehn Jahren brodelt diese Wut in Ihnen, und nun haben Sie ein Opfer gefunden, jemanden, den Sie dafür zur Rechenschaft ziehen können. Das kann ich gut verstehen, aber Benita Forrester ist die Letzte, die irgendeine Schuld trifft. Im Gegenteil, sie ist diejenige, die alles verloren hat, nicht nur ihre Eltern und ihre Heimat, sondern sogar ihre Identität. Sie ist das wirkliche Opfer, nicht Sie. Ihr gebührt unser Mitleid und unsere Fürsorge.«

Roderick und auch Nils Rogge hörten ihrem Plädoyer fassungslos zu. Roderick wollte kaum seinen Ohren trauen. Er öffnete den Mund, aber ihm fiel nichts ein, was er hätte hinzufügen können. Gloria hatte es auf den Punkt gebracht. Seine Mutter und Gerald hatten recht. Gloria Pryce war gut. Sehr gut sogar.

Benitas Mund stand offen, ihre Augen flogen zwischen der Anwältin und ihrer Cousine hin und her, aber auch sie fand keine Worte.

Jill hatte abwehrend die Hände gehoben und setzte zu sprechen an, aber die Stimme versagte ihr. Heftig räusperte sie ihre Kehle frei. »Ich hatte angenommen … Natürlich ist es nicht deine Schuld, Benita … Wir haben gedacht …« Sie brach ab.

Benita befreite sich aus den schützenden Armen Rodericks. »Was habt ihr gedacht?«

»Dein Vater … Wir waren anfänglich überzeugt, dass er abgehauen ist und Tommy buchstäblich in der Scheiße hat sitzen lassen. Unter den Umständen kannst du dir wohl vorstellen, dass wir nicht sehr freundlich über ihn dachten.«

Benita fuhr hoch. »Mein Vater wäre nie weggelaufen. Nie«, sagte sie mit einer Stimme, die mit Empörung und Zorn aufgeladen war. »Hast du uns etwa deswegen von einem Detektiv suchen lassen? Was wolltest du von meinem Vater? Ihn an die Behörden ausliefern?«

Jill wich zurück. Zwei rote Flecke brannten auf ihren Wangen. »Nein, nein … Es geht um das Haus am Umiyane, das Haus mit dem Rieddach, das deinem Vater gehört hat …«

»Das Haus war das von meiner Mutter, und da sie offiziell in Südafrika nicht zur Familie gehörte, hast du gar nichts damit zu tun. Was willst du also?«

Roderick sah ihr zornrotes Gesicht. Mit Genugtuung hörte er, wie wütend sie sich für ihren Vater einsetzte, wusste, dass ihr Kreislauf wieder auf Touren kam und die Gefahr eines physischen

Zusammenbruchs zumindest vorerst weitgehend abgewendet war.

»Es gehörte nicht deiner Mutter, wenigstens nicht auf dem Papier … Es gehörte deinem Vater«, warf Nils Rogge mit milder Stimme ein.

»Aber das tut hier nichts zur Sache«, fiel ihm seine Frau ins Wort. »Jetzt gehört das Haus dir, Benita. Dein Vater ist tot, du bist sein einziges Kind. Wir haben ein Testament gefunden, das meine Mutter als Treuhänderin für dich einsetzt, bis du volljährig bist. Meine Mutter ist kurz nach dem Verschwinden deines Vater gestorben. Dann starb mein Mann … mein erster Mann, und Christina … Es war eine harte Zeit für mich … Mich auch noch um dein Haus und deine Belange zu kümmern war einfach zu viel für mich …« Ihre Hand suchte die ihres Mannes, fand sie und hielt sie fest.

»Seitdem verkommt das Haus«, fuhr sie fort. »Das Rieddach zerfällt, es wimmelt von Schlangen darin, und wo einmal der Garten war, ist jetzt nichts als Wildnis. Ich habe die anfallenden Rechnungen für Grundstückssteuer und so weiter bezahlt. Es war nicht viel, und das ist auch nicht der Punkt …«

»Sondern?« Benita streckte ihr Kinn kriegerisch vor.

Jill hob die Schultern. »Vor zwei Jahren haben es illegale Siedler besetzt. Zeitweilig leben an die zwanzig Leute da, genau weiß ich es nicht. Die Zahl fluktuiert. Sie verbrauchen Wasser und Strom, zahlen aber natürlich nichts, sodass die Rechnungen am Ende bei mir ankommen. Obendrein gehen diese Banditen immer wieder auf Raubzüge, brechen in umliegende Farmen ein und plündern sie aus. Ich bekomme immer wieder bitterböse Anrufe mit der Aufforderung, dafür zu sorgen, dass diesem Zustand ein Ende gemacht wird, und zwar umgehend. Aber um die rechtlichen Schritte in die Wege zu leiten, diese Leute von deinem Land zu vertreiben, brauchte ich deine Unterschrift, und du warst nicht aufzufinden. Die einzige Möglichkeit, die mir offenstand, war, dich für tot erklären zu lassen. Das sollte Ende dieses Jahres geschehen …«

»Du wolltest mich für tot erklären?« Benita schnappte nach Luft. Für eine irre Sekunde sah sie sich selbst, im Sarg im Grab liegend, hörte die Erdklumpen auf den Sargdeckel fallen. Ihr lief eine Gänsehaut über den Rücken, und die feinen Haare auf ihren Armen richteten sich auf.

»Wie lange soll ich hier noch herumstehen? Können Sie Ihr Wiedersehen nicht später feiern? Ich hab's eilig, aber richtig.« Die unwirsche Stimme des Ingenieurs wirkte wie ein Kübel Eiswasser. Seine Hände in die Hosentaschen gebohrt, schaute er streitlustig in die Runde.

»Halten Sie die Klappe«, röhrte Roderick.

Nils Rogge drückte das Gleiche mit einem Blick aus, der Eisen zum Schmelzen gebracht hätte. Dann wandte er sich wieder Benita zu. »Warum sind Sie gerade jetzt nach Inqaba gekommen? Nach all diesen Jahren?«

Sein Blick war weiterhin schläfrig, und die Frage höflich formuliert, trotzdem verursachte er in Benita das abwegige Gefühl, wie ein hilfloser Frosch vor ihm auf dem Seziertisch zu liegen mit dem Skalpell an der Kehle. Sie fragte sich, welchem Beruf dieser Nils Rogge nachging. Als Großinquisitor zumindest wäre er eine Paradebesetzung.

»Wir sind geschäftlich hier«, knurrte ihn Roderick an und vermittelte den Eindruck, dass seine Nackenhaare wie die eines wütenden Hundes gesträubt waren, »und im Augenblick bedaure ich außerordentlich, dass wir nicht woanders unsere Unterkunft gebucht haben.«

»Krieg ich nun mal eine Antwort?«, raunzte der Ingenieur. »Das ist ja vielleicht eine Klitsche hier …«

Roderick machte eine ruckhafte Bewegung, die den Mann sofort veranlasste, den Mund zuzuklappen. Aufgebracht in sich hineinbrummelnd, starrte er auf seine Schuhspitzen.

Jill schien die Unterbrechung gar nicht wahrgenommen zu haben. Ihr Blick hielt den von Benita fest. »Können wir uns heute nach dem Dinner in meinem Haus sehen und über alles sprechen? Allein?«

»Ganz sicher nicht!«, fuhr Roderick dazwischen. »Benita geht nirgendwo allein hin. Ich habe ihrem Vater … ihrem Stiefvater versprochen, auf sie aufzupassen …« Zu spät merkte er, dass er sich verraten hatte.

Jetzt platzte Benita der Kragen. »Ich brauche keinen Wachhund«, fauchte sie und stieß ihn zurück. Wie immer, wenn sie in Rage geriet, fand sie ihre Selbstbeherrschung umgehend wieder. »Was hast du noch alles hinter meinem Rücken mit meinem Vater über mich geredet? Ich finde es unerhört, wie du und mein Vater über mich verfügt, als wäre ich debil oder ein Kind oder beides!«

Roderick hätte sich treten können. Er hatte Adrian das Versprechen gegeben, seine Beschützerrolle so diskret auszufüllen, dass Benita nichts davon merken würde, und jetzt hatte eine kurze Provokation genügt, und er hatte das Versprechen gebrochen.

Bittend legte er ihr die Hand auf den Arm, die sie umgehend wegschob. Er seufzte innerlich. »Adrian hat mich angerufen, Benita, er macht sich solche Sorgen um dich … Mach mir den Vorwurf, nicht ihm, ich habe mich ungeschickt verhalten …«

»Mit anderen Worten, es tut dir nur leid, dass dir das herausgerutscht ist, aber nicht, dass du mit meinem Vater unter einer Decke steckst.« Sie wandte sich Jill zu. »Es ist in Ordnung, ich komme. Allein.«

»Kommt nicht infrage …« Roderick – voller Sorge, weil sie schon wieder beängstigend blass wurde – schob sich zwischen sie und Jill, als müsste er sie unter Körpereinsatz gegen ihre Cousine verteidigen.

»Sie haben doch gehört, was Benita gesagt hat. Sie ist kein Kind und kann selbst entscheiden, mit wem sie reden will.« Nils

Rogges Stimme klang täuschend sanft, seine Miene aber war alles andere als freundlich.

Benita schob Roderick beiseite. »Es ist in Ordnung«, wiederholte sie. »Wirklich …« Sie steckte die Hand in die Tasche ihrer Jeans und umklammerte ihre tönernen Flusspferdchen. Die Zeit war gekommen, ihr Leben zurückzufordern, und sie würde sich allem stellen, Auge in Auge, würde alles ertragen, egal, was es kostete. Ihr Blick lief den Weg entlang, der sich vor ihr durch den Busch wand, flog durch den grünen Tunnel bis zum Ende, wo er in die flimmernde Ferne über wogende goldene Grasspitzen glitt wie ein Vogel, der aus einem Käfig befreit wurde, und sie meinte etwas Flirrendes zu sehen, etwas Weißes, das dort dahinwirbelte, hierhin und dorthin, und sie hörte das klingende Lachen von Umama und die tiefe Stimme ihres Vaters, der sie rief. Sie wischte sich über die Augen und machte instinktiv eine Bewegung, als wollte sie dieser Stimme folgen, fing sich dann aber wieder, ermahnte sich, dass das alles nur Einbildung war.

»He, was ist nun? Ich bin auch noch hier!«, meldete sich der Ingenieur, diesmal deutlich zaghafter.

Roderick fuhr herum und machte einen drohenden Schritt auf ihn zu. »Mann, halten Sie den Mund oder verschwinden Sie.«

Jill griff hastig ein. »Schon gut. Ich bitte um Entschuldigung, das hier war eine Ausnahmesituation. Ziko.« Sie machte eine Kopfbewegung.

Der Zulu, der seine Brillengläser seit mindestens fünf Minuten nervös putzte, verstand. Erleichtert schob er sich die Brille wieder auf die Nase und trat auf den Mann zu. »Ich werde Sie zu Ihrem Bungalow bringen, Sir …«

Der Ingenieur bedachte ihn mit einem bösen Blick und wandte sich an Jill. »Ich bin hier kein Gast. Diese Abzockerpreise könnte ich mir nicht leisten. Nein, ich muss lediglich meinen Chef sprechen. Doktor Erasmus. Doktor Rian Erasmus. Der Name wird Ihnen ja wohl bekannt sein, oder?« Er schob das Kinn vor, als wollte er jeden herausfordern, der die Wichtigkeit seines Anliegens nicht verstand.

Die Eigentümerin Inqabas beeindruckte das offenbar nicht. »Ah, natürlich. Doktor Erasmus. Gut. Ziko finde heraus, ob Doktor Erasmus in Nummer drei einen Mister … Wie war Ihr Name?«

»Porter.«

Jill nickte und zeigte mechanisch ihr Gastgeberinnenlächeln. »Ob Doktor Erasmus einen Mr Porter zu sehen wünscht. Bitte, folgen Sie mir zum Empfang. Sie können sich dort hinsetzen und auf die Antwort warten. Miss Pryce, Benita, Sir Roderick, bitte.« Sie sah ihren Mann an. »Kommst du mit?«

»Ich muss noch einmal los, es wird aber wohl nicht lange dauern. Kommst du allein zurecht? Ruf mich sofort auf dem Handy an, wenn du mich brauchst.« Er bedachte Roderick mit einem finsteren Blick, in dem eine deutliche Warnung lag, lehnte sich vor und küsste seine Frau auf den Mund. Danach stieg er in seinen Wagen. Jill winkte ihm nach und ging dann ihren Gästen voraus durch das Dämmerlicht der überhängenden Zweige zum Haus, das jetzt im strahlenden Sonnenlicht lag.

Der Ingenieur gab ein mürrisches Brummen von sich und marschierte hinterher.

Roderick hielt Benita, die eben ihren Laptop und die Kamera aus dem Wagen geholt hatte, zurück. »Geh nicht zu diesem Treffen, Benita. Es wird dich zerstören. Das stehst du nicht durch. Wer weiß, was dir diese Frau sagen wird.«

Sie befreite sich aus seinem Griff. »Die Wahrheit, hoffentlich. Gloria, Miss Pryce, hat recht. Jill hat mich nur als Stellvertreter für den wirklich Schuldigen benutzt. Ihr sind die Nerven durchgegangen. Sie ist aus heiterem Himmel auch wieder mit ihrer Vergangenheit und den schrecklichen Dingen, die geschehen sind, konfrontiert worden. Sie ist meine Cousine, meine einzige Blutsverwandte. Soweit ich weiß jedenfalls. Ich muss endlich wissen, was ich damals gesehen habe …«

Sie schwieg, sah angestrengt hinunter auf ihre Füße, bewegte die Zehen in den offenen Sandalen. Dann hob sie den Kopf und lächelte Gloria an. »Danke für Ihre Schützenhilfe, Miss Pryce … Das war … sehr freundlich von Ihnen.«

Gloria machte eine wegwerfende Handbewegung und grinste. »Nur ein Reflex. So wie ein dressierter Hund, der Männchen macht. Und nennen Sie mich um Himmels willen Gloria. Miss Pryce aus Ihrem Mund macht alt.«

9

Der grüne Tunnel führte auf das Hügelplateau und öffnete sich auf einen weiten Platz, der mit Blumeninseln und Schattenbäumen unterteilt war, und gab den Blick auf das riedgedeckte Haupthaus von Inqaba frei, das teilweise von einem mächtigen Avocadobaum beschattet wurde. In der Mitte des Platzes prangte wie ein gigantischer Blumenstrauß ein blühender Frangipani. Der berauschende Duft seiner rosa Blütendolden versetzte Benita auf der Stelle zurück in ihre Kindheit. Abermals schossen ihr die Tränen in die Augen. Sie blieb stehen und drehte sich langsam um die eigene Achse, nahm jedes Detail in sich auf.

Hier hatte sich nichts geändert. Selbst den Kern des Hauses, der, wie sie wusste, von ihrem Ururgroßvater Johann Steinach gebaut worden war, konnte man noch gut erkennen. Wie in Trance ging sie auf das Haus zu. Sie kannte es gut, auch von innen. Ihr Vater hatte sie ab und zu hierhergebracht.

»Du sollst wissen, woher du stammst, sollst wissen, dass dieses Haus Stein für Stein von deinem Ururgroßvater aufgebaut worden ist«, hatte er gesagt und ihr die Geschichte von Catherine und Johann Steinach erzählt, die vor hundertfünfzig Jahren in diese Wildnis kamen und nichts weiter mitbrachten als ihren Mut, ihre Tatkraft und ihre Entschlossenheit, Afrika hier ein Leben abzuringen.

»Und sieh, was sie geschaffen haben«, hatte er dann stets stolz hinzugefügt und mit der Hand einen weiten Bogen beschrieben, der das Land bis zum Horizont umfasste.

»Erinnerst du dich noch an das Haus?« Jill war hinter sie getreten. »Heute wohne ich mit meiner Familie dort. Das Empfangshaus und die Gästebungalows liegen dort drüben.«

Sie wies auf den Weg, der sich an ihrem Haus vorbei nach Westen zu einem weitläufigen Holzrahmenbau wand. Eine Weinende Burenbohne über dem Eingang, ein Baum, so hoch und ausladend wie eine der alten Eichen im Garten von Kate Forrester, hielt die Sonnenhitze von dem Gebäude fern. Eine mindestens fünfundzwanzig Meter breite Terrasse aus Holzbohlen zog sich ums ganze Haus. Geschickt war sie um bestehende Bäume und Felsauswüchse herumgebaut worden, unter denen jeweils zwei mit weißem Leinen eingedeckte Tische und bequeme Rattanstühle auf die Gäste warteten. Die Bäume warfen einen flimmernden, grün getönten Schatten auf die Tische, der angenehmer war als der von Sonnenschirmen. Über allem lag die schläfrige Stille der heißen Mittagszeit, nur eine Taube gurrte schlaftrunken. Es war Afrikaromantik pur.

Benita stellte ihren Laptop und die Kamera auf einem der Tische ab und trat ans Geländer. Ihr Blick wanderte über den mit dichtem Busch bewachsenen Abhang, der in weichen Wellen hinunter ins Tal abfiel, verfolgte das sattgrüne Band von dicht an dicht wachsenden Ilala-Palmen und Wilden Bananen, das sich entlang dem Lauf eines schmalen Flusses durch das blassgoldene Grasmeer schlängelte.

»Der Krokodilfluss«, flüsterte sie. Zu ihrem Entzücken entdeckte sie auf dem sandigen Ufer zwischen wogendem Riedgras und Palmenwedeln zwei majestätische Wasserböcke. Ein Stück weiter lärmten Dutzende von Silberreihern in ihren Nistbäumen. Wie übergroße glänzend weiße Blüten hockten sie zwischen dem Blattgrün. Das wogende Gras flimmerte im Mittagslicht, Vögel flatterten in den Halmen, und die Hügel Zululands schimmerten im Hitzedunst. Benitas Herz hüpfte, als sie eine Felsformation wiedererkannte und ihr sofort einfiel, dass der schmale Weg unterhalb des Hauses zum Dorf der Farmarbeiter führte. Überwältigt von Emotionen, trank sie alles in sich hinein.

Ein Hauch von Zitrusduft fächelte ihr in die Nase, und sie wusste, dass ihre Cousine neben sie getreten war. Angespannt wartete sie auf eine Reaktion. Nur ein winziger Abstand trennte ihre beiden Schultern, und unwillkürlich bewegte sie sich ein Stück näher heran und schmiegte ihre Schulter an die von Jill. Zu ihrer Überraschung trat diese nicht zurück. Ein winziges Glücksflämmchen flackerte in Benita auf. Es war ein Anfang.

»Ist es nicht ganz und gar wunderbar?«, flüsterte Jill schließlich. »Lange bevor dieses Haus gebaut wurde, haben Menschen von hier oben das gesehen, was wir jetzt sehen. Seither hat sich kaum etwas verändert.«

Fest aneinandergelehnt schauten sie über das Land, das ihr Vorfahr, Johann Steinach, einst Inqaba, den Ort der Zuflucht, getauft hatte.

»Manchmal, wenn ich hier stehe, fühle ich mich denen, die vor mir auf Inqaba gelebt haben, so nah, dass die Grenzen der Zeit verschwimmen und ich mir nicht mehr sicher bin, welches meine Wirklichkeit ist«, sagte Jill leise. »Die andere Welt hinter den Hügeln, wo es Autos und Flugzeuge und Handys gibt, erscheint mir dann weiter weg als der Mond. Kommt dir das albern vor?«

Benita schüttelte den Kopf. »Überhaupt nicht. Mein … Umbaba hat oft etwas Ähnliches gesagt … Er hat Inqaba geliebt …« Sie zögerte, hatte auf einmal Angst davor, in welche schwarze Tiefen dieses Gespräch sie ziehen konnte.

»Was ist mit dem Haus unserer Großmutter geschehen?«, lenkte sie ab und schaute suchend hinüber zu dem Felsvorsprung, auf dem es gestanden hatte.

»Abgebrannt«, antwortete Jill knapp. Sie biss die Zähne aufeinander und versuchte die Bilder auszublenden, die auf sie einstürzten. In einer Nacht voller Grauen war eine grölende Horde Schwarzer, die von dem Mann bezahlt worden waren, der es auf ihr Land abgesehen hatte, über Inqaba gezogen, hatte die Hütten der Farmarbeiter zerstört und danach mit Brandsätzen ihren Bungalow abgefackelt. Nils und sie hatten es im letzten Moment geschafft, aus dem Fenster des lichterloh brennenden Hauses zu springen.

»Oje, wie ist das passiert? Blitzschlag?«, rief Benita. Brände von Rieddachhäusern durch Blitzeinschläge waren während der extremen Gewitterstürme in Zululand recht häufig. Auch ihre Mutter hatte Angst vor Gewittern gehabt, daran konnte sich Benita gut entsinnen.

Jill hatte sich wieder im Griff. Sie schüttelte den Kopf. »Es war Brandstiftung, aber das ist eine lange Geschichte. Ich erzähle sie dir ein anderes Mal. Seitdem lass ich nur noch Gästehäuser ohne Rieddächer errichten. Nur die allerersten«, sie deutete auf vier kleinere Häuser auf der anderen Seite ihres Hauses, die direkt auf die mächtigen Felsen gebaut waren, die dort am Abhang aus dem Boden ragten, »haben Rieddächer. Sie stehen auf Felsen, da ist die Brandgefahr bei einem Buschbrand nicht so hoch. Außerdem habe ich Beschwerden wegen Schlangen bekommen, die im Rieddach leben.« Sie lachte. »Meine Versicherung, dass die Schlangen dafür sorgen würden, dass sich keine Ratten im Dach einnisteten, traf nicht auf Gegenliebe.« Sie lächelte Roderick zu, der eben die Veranda betrat.

»Für Europäer ist das auch nicht unbedingt ein schlüssiges Argument.« Benita sah hinüber. Es waren hübsche Häuser mit vorspringenden Terrassen. Der Außenputz war mit der roten Erde Afrikas gefärbt, und die warme Terrakottafarbe verschmolz perfekt mit der Umgebung. »Sind wir in einem solchen Haus eingebucht?«

Jill schüttelte den Kopf. »Sie sind zu klein. Das größte davon hat nur zwei Schlafzimmer.« Sie sah ihre Cousine von der Seite an. »Es sei denn, zwei von euch schlafen zusammen ...«

Mit einer Mischung aus Verlegenheit und Verdruss fühlte Benita, dass ihr die Röte ins Gesicht stieg. »Nein, natürlich nicht«, wehrte sie heftig ab und wechselte abrupt das Thema. »Wie geht es Tante Irma? Sie hatte doch ein Haus in Umhlanga. Mein Vater und ich haben da manchmal Ferien gemacht.«

Jill lachte vergnügt. Allein die Erwähnung ihrer Tante schien sie schon in gute Laune zu versetzen. »Sie hat wieder geheiratet und schreibt weiterhin dicke Bücher. Warte, bis sie deine Geschichte hört. Ihre Fantasie wird Purzelbäume schlagen.«

»Bitte erzähle niemandem, wer ich wirklich bin …« Benita sah sie eindringlich an. »Ich weiß es nämlich selbst nicht«, setzte sie leise hinzu. »Ich bin so durcheinander … Ich muss erst herausfinden, was ich … gesehen habe, weißt du … damals …«

Jill legte impulsiv die Hand auf ihre. »Natürlich. Das verspreche ich. Irma würde außerdem nie etwas aus deinem Privatleben verwenden, ohne dich zu fragen.«

Die quengelnde Stimme des Ingenieurs beendete ihr Gespräch. »Wie ist das nun, haben Sie Doktor Erasmus gefragt? Hat er Zeit? Es ist verdammt dringend.«

Jill drehte sich um, runzelte verärgert die Stirn und schaute hinüber zu Ziko. Der schüttelte den Kopf und hob bedauernd die Hände.

»Der Doktor ist noch auf Safari und wird nicht vor elf Uhr zurückerwartet. Ich kann ihn erst dann fragen. Tut mir leid.«

»Das sind ja noch eineinhalb Stunden, und was soll ich so lange hier tun, he? Ich hab meine Zeit nicht gestohlen.«

»Setzen Sie sich doch, Mr Porter, und ich lasse Ihnen ein schönes, kühles Bier bringen.« Das Gastgeberinnenlächeln saß wieder fest an seinem Platz. Sie deutete auf einen bequemen Sessel, der neben einem niedrigen Tisch im tiefen Schatten unter dem Dachüberhang auf der Terrasse stand.

Vor sich hinbrummelnd, setzte sich der Mann. Auf Jills Zeichen brachte ihm eine der Serviererinnen ein Bier und legte einige Zeitschriften dazu, die er missgelaunt aufblätterte.

Jill entfloh ein winziger Seufzer. Gäste zu betreuen war oft schlimmer, als einen Sack Flöhe zu hüten, und gelegentlich fiel es ihr schwer, dabei freundlich und ausgeglichen zu bleiben.

»Mama!« Ein Mädchen von etwa sechs Jahren mit glänzenden dunklen Haaren und dunkelblauen Augen, das mit beiden Armen einen strampelnden Hahn an sich drückte, rannte, dicht gefolgt von zwei kleinen Jungs, einer hellblond und einer kraushaarig mit dunkler Haut, den Weg hinunter, die Treppe zur Veranda herauf und hinüber zu Jill und strahlte sie an.

»Mami, sieh doch. Der arme Hahn!« Atemlos setzte sie das Tier ab und wischte sich die Hände in ihren ausgebleichten Jeans ab.

Der Hahn flappte halbherzig mit seinen von der Mauser zerfressenen Flügeln und humpelte flugs davon. Hübsch war er wirklich nicht: ein mageres Tier mit einer ringförmigen kahlen Stelle am Hals, verschmutztem Federkleid und zwei mattgrünen Schwanzfedern. Sein rechter Fuß war verletzt, und der Kamm hing ihm verwegen über das Auge. Im Baumschatten duckte er sich tief auf die Holzbohlen, wohl in der irrigen Annahme, dass er nun unsichtbar sei.

»Kira, wo hast du den her? Der gehört doch sicher in Nellys Dorf!« Jill bemühte sich, streng auszuschauen.

»Gehört er nicht, der ist im Busch herumgekrochen, und bestimmt hätte ihn bald einer von den Löwen gefressen«, protestierte Kira. »Stimmt's, Dumisani?« Sie stieß den kleinen Zulu in die Seite, der daraufhin eifrigst nickte. »Luca?«

»Löwen fressen«, bestätigte der blonde Junge und steckte seinen Daumen in den Mund.

»Siehst du«, trumpfte die Kleine auf und kraulte dem widerstrebenden Hahn den jämmerlichen Hals. »Was frisst so ein Hahn?«, fragte sie ihre Mutter.

In böser Vorahnung seufzte Jill theatralisch. »Körner, Haferflocken, Brot – so etwas. Übrigens hat er dir auf dein Lieblings-T-Shirt gemacht.«

Kira rieb nachlässig über den schmierigen Fleck. »Wir haben doch eine Waschmaschine!« Sie schaute sich um und erspähte einen Korb mit frischem Brot, den eben eine in Dottergelb gekleidete Zulu vor Roderick auf den Tisch stellte. Kira tanzte hinüber und schenkte ihm ein schmelzendes Lächeln, schnappte sich eine Handvoll Brotscheiben, lief zum Hahn zurück, hockte sich nieder und hielt dem Tier einen Brocken hin.

Der Hahn streckte seinen dürren Hals vor, legte den Kopf auf die Seite und beäugte das Brotstück mit einem starren Auge. Kira zog ihre Hand zurück. Der Hals des Hahnes wurde länger. Sie hielt still. Der Hahn fixierte das Brot, bewegte keine Feder. Urplötzlich pickte er zu, verschlang das Brot und erstarrte wieder zur Statue.

Kira jubelte. »Ist der niedlich, sieh mal, Mami!« Sie wiederholte die Vorstellung, und der Hahn machte mit. »Bitte, kann er hier wohnen? Bitte, lässt du ihm eine Hütte bauen? Oder wo schlafen Hühner?« Sie richtete ihren strahlenden Blick gezielt auf ihre Mutter.

»Wie kannst du ihr nur widerstehen«, raunte ihr Benita hingerissen ins Ohr. »Ist der Kleine dein Sohn? Wie lange bist du schon verheiratet?«

»Seit sieben Jahren«, erwiderte Jill. »Und ja, Luca ist unser Sohn.« Sie strich dem Jungen zärtlich über das blonde Haar. »Kira, mein Schatz, Daddy ist nicht da, und ich werde bestimmt keine Hütte bauen. Bring den Hahn zurück ins Dorf«, beschied sie ihre Tochter fest. »Ich kann doch meinen Ruf, hart wie Granit zu sein, nicht ruinieren«, flüsterte sie hinter vorgehaltener Hand Benita zu.

Plötzlich schwammen die dunkelblauen Augen der Kleinen in Tränen. Flehentlich musterte sie die Runde der Erwachsenen, bis ihr Blick mit sicherem Instinkt an Roderick hängen blieb. Sie lief zu ihm und strahlte ihn auf eine Art an, die alle Anwesenden entzückt aufseufzen ließ. »Guten Tag, ich heiße Kira. Wie heißt du? Kannst du Hütten für Hähne bauen?«

»Kira! Mr Ashburton ist ein Gast«, fuhr Jill energisch dazwischen. »Nimm den Hahn und deinen Bruder und troll dich, aber ein bisschen plötzlich, wenn ich bitten darf. Tut mir leid, Sir Roderick.«

Kira schien ihre Mutter überhaupt nicht gehört zu haben. Die Hände in die Taschen ihrer Jeans gebohrt, heftete sie ihren dunkelblauen Blick fest auf Roderick Ashburton und wartete.

Der konnte nicht anders, er musste lachen. »Ich heiße Roderick und bin ziemlich gut im Bauen von Hühnerhütten«, sagte er und verbeugte sich leicht. »Jill, Ihrer Tochter bin ich nicht gewachsen. Wenn Sie mir ein paar Bretter geben, denke ich, dass ich für diesen jämmerlichen Vertreter seiner Gattung eine Unterkunft basteln könnte.«

»O danke, danke«, jubelte Kira, streckte sich und pflanzte einen schallenden Kuss auf Rodericks Wange.

Der berührte die Stelle, wo ihr Kuss gelandet war und schenkte ihr sein berühmtes Lächeln. »Es ist mir ein Vergnügen, junge Dame.«

Benita hatte der Szene staunend zugesehen, und bei Rodericks Reaktion breitete sich eine eigenartige Wärme in ihr aus. Ihr wurde plötzlich leicht schwindelig, so als hätte sie Champagner auf nüchternen Magen gekippt, und sie spürte eine Handbreit unter ihrem Bauchnabel ein merkwürdiges Ziehen. Irritiert versuchte sie, es wegzureiben, konnte ihre Augen aber nicht von ihm lassen, konnte nicht verhindern, dass ihr Blick auf seine Hände fiel. Hände waren sehr wichtig für sie und oft entscheidend, wenn sie einen Mann kennenlernte. Seine waren kräftig und schlank, sonnengebräunt, ohne ein Gramm Fett, bestanden nur aus Muskeln und Sehnen. Es waren schöne Hände, und sie musste daran denken, wie es sich anfühlte, wenn sie über ihren Körper wanderten, und für eine wilde Sekunde sehnte sie sich nach diesem Gefühl.

Während Benita im Geheimen mit ihren beunruhigenden Emotionen kämpfte, kapitulierte Jill lachend vor ihrer Tochter.

»In Ordnung, in Ordnung, lass den armen Sir Roderick in Frieden. Ich sage Musa, dass er dir eine Hütte bauen soll, aber jetzt verschwinde!« Sie versetzte ihrer Tochter einen sanften Klaps aufs Hinterteil.

»Luca, komm!«, schrie Kira ihrem daumenlutschenden Bruder zu. »Du auch, Dumisani!« Damit schnappte sie sich den Hahn und rannte hinüber zum Privathaus ihrer Eltern.

»Sie wird einmal Aufruhr unter den Männern anrichten, wenn sie sich diesen Blick nicht abgewöhnt«, bemerkte ihre Mutter in komischer Verzweiflung zu Benita. »Ich bin gleich wieder bei euch, ich muss kurz etwas in der Küche erledigen.«

Während sich Jill zwischen den Tischen hindurch zur Küchentür schlängelte, schaute Benita der kleinen Kira nach, die in ihrer Aufregung gerade mit einem älteren Schwarzen zusammenstieß, der plötzlich am Rand des Buschs auf dem Weg erschienen war. Das kleine Mädchen blieb stehen, und Benita hörte, dass sie etwas auf Zulu sagte und dem Mann ihre Hand entgegenstreckte. Als dieser den Kopf schüttelte, lächelte und ihr übers Haar strich, sprang Kira fröhlich lachend davon.

»Was hat sie gesagt? War das Zulu?«, fragte Roderick, der herangetreten war und nun neben Benita am Geländer lehnte.

»Ja, das war es. Kira ist hier auf der Farm aufgewachsen, vermutlich waren die ersten Worte, die sie gesprochen hat, in dieser Sprache. Sie hat ihn Großvater genannt, um Verzeihung gebeten, dass sie ihn gestoßen hat, und gefragt, ob sie ihm wehgetan hat. Wobei Großvater hier natürlich als respektvolle Anrede gemeint ist.« Sie musterte den Schwarzen. »Er ist kein Zulu«, bemerkte sie. »Er hat dafür eine viel zu dunkle Haut, fast blauschwarz. Er kommt bestimmt aus dem Norden.« Sie hob ratlos die Schultern. »Es fallen mir hier ständig so viele Sachen wieder ein … vielleicht …« Sie schaute noch einmal zu dem Schwarzen hinüber, aber der Mann war verschwunden.

Impulsiv legte Roderick seine Hand auf ihre. »Ich werde

immer da sein, wenn du mich brauchst.« Es klang wie eine Bitte.

Für einen Augenblick bewegte sich Benita nicht, genoss zu ihrer eigenen Überraschung das Gefühl, das seine Berührung auslöste, wollte geborgen und beschützt sein, jemanden bei sich haben, bei dem sie sich anlehnen konnte. Aber dann zog sie ihre Hand unter seiner weg und hielt ihn mit einem unverbindlichen Lächeln auf Abstand. »Ich glaube, wir sollten uns jetzt hinsetzen und uns anhören, was Jill zu sagen hat. Außerdem habe ich Hunger.« Damit strebte sie dem Tisch zu, an dem Gloria bereits Platz genommen hatte.

Roderick folgte ihr. Auch ihm stand so etwas wie Verwunderung im Gesicht.

Gloria hatte diese kleine Episode wohl bemerkt. Eine steile Falte bildete sich zwischen ihren Brauen. Schnell schob sie ihren Stuhl so, dass Benita zu ihrer linken, Roderick aber zu ihrer rechten Seite Platz nehmen musste, merkte aber zu spät, dass die beiden sich dadurch Auge in Auge gegenübersaßen. Ärgerlich mit sich, fummelte sie in ihrer Tasche nach einer Zigarette, und kurz darauf breitete sich eine Wolke von Tabakrauch um sie aus. Benita musste husten, stand auf und setzte sich demonstrativ neben Roderick auf Glorias vom Wind abgewandte Seite.

Ziko und zwei weitere Wildhüter erschienen in Begleitung von drei neuen Gästen, einem schwarzen Ehepaar – sie üppig mit Gold behängt, er mit einem Brillantring am kleinen Finger und glatt rasiertem Schädel, der wie eine Billardkugel glänzte –, denen ein einzelner Mann folgte. Er war schlank und blond und strömte den unverkennbaren Geruch nach Geld aus. Benita schätzte ihn auf Anfang vierzig.

Jill bat um Aufmerksamkeit und stellte ihnen die Wildhüter vor, die für die Tage ihres Aufenthalts nur für sie zuständig waren, informierte sie danach über den Zeitablauf.

»Jetzt werden Ihnen unsere Ranger die Bungalows zeigen. Sie

können sich umziehen und frisch machen, nachher werden wir hier auf der Veranda ein leichtes Mittagessen servieren, und dabei wird Ihnen Ihr Game Ranger Rede und Antwort stehen. Um sechzehn Uhr treffen wir uns alle hier zu Kaffee, Tee und Kuchen, um danach die erste Safarifahrt zu unternehmen.« Sie lächelte herzlich in die Runde und entschuldigte sich, um ihrer Tochter zum Haus zu folgen.

»Allein die Erwähnung von Mittagessen ist genug, dass ich Hunger bekomme«, bemerkte Roderick. Er stand auf und zog erst Benitas, dann Glorias Stuhl zurück.

»He, Leute, folgt mir, ich werde auf euch aufpassen und alle Löwen in die Flucht jagen!« Ziko gluckste und hielt sein Gewehr hoch. Seine Augen hinter den Brillengläser funkelten schelmisch, als er den Gästen voran durch den Busch zu den Bungalows marschierte.

Benita folgte ihm die Verandastufen hinunter, erwartete den traumhaft schönen subtropischen Garten zu betreten, der sich hier früher erstreckte, liebevoll gepflegt von Gärtnern und Jills Mutter. Es hatte breite gepflasterte Wege gegeben, üppig blühende Ziersträucher und kurzen, dichten Rasen, der durch ständiges Wässern stets grün war und sich wie ein luxuriöser Teppich unter ihren Füßen angefühlt hatte.

Aber dort, wo sich die Rasenflächen einst erstreckten, wucherte jetzt dichter, verfilzter Busch. Der Weg war nicht mehr gepflastert, sondern nur noch ein schmaler, sandiger Pfad. Es gab keine Bougainvilleen, keine Hibiskusbüsche, dafür aber struppige vielstämmige Wilde Bananen, knorrige Eisenholzbäume und wuchernde Marula. Wo früher Blütenkaskaden leuchteten, waren sie jetzt von Schattierungen von staubigem Grün umgeben. Verblüfft eilte Benita hinter den anderen her.

Ausladende Schattenbäume breiteten ihre Baldachine über die Gästehäuser, von denen nur hier und da ein Stück Mauerwerk durch die Blätter blitzte. Nach etwa fünfzig Metern wies ein kniehohes Schild mit einer »4« den Weg zu ihrem Bungalow. Ein alter Natal-Mahagonibaum, übersät mit gelbgrünen, süß duftenden Blütenbüscheln, wölbte sich über den Eingangsbereich, der sonst frei von jeglichem Buschwerk war. Der Schlangen wegen, vermutete Benita. Auch hier gab es keine Bougainvilleen, deren verschwenderische, leuchtende Blütenfülle sie so geliebt hatte.

»Was ist mit den Bougainvilleen und Hibiskusbüschen und den herrlichen Flammenbäumen geschehen, die es hier früher gab?«

»Wir haben sie herausgerissen und weggeworfen. Es sind fremde Pflanzen. Wir in Zululand dulden nichts Fremdes. Das ist unsere Politik.« Zikos Worte kamen überraschend heftig.

Benita schaute ihn überrascht an. Ob Ziko sich wohl im Klaren darüber war, was er gesagt hatte? Hatte er wirklich nur die Pflanzen gemeint? Vorsichtshalber fragte sie nicht nach. Sie könnte, ohne es zu ahnen, in ein politisches Wespennest treten. Jill würde ihr das genauer beantworten können.

Inzwischen waren sie beim Bungalow angelangt, der auf der Hangseite auf hohen Holzpfählen stand, und stiegen hinter Ziko die Treppe zur rückwärtigen Veranda hinauf. Der Zulu hielt die Tür zum Wohnbereich offen.

»Das Wohnzimmer«, verkündete er.

Der Bungalow war groß und luftig, der gemeinsame Wohnbereich schlicht, aber sehr geschmackvoll mit viel Holz und rauem Stein eingerichtet, auf der Veranda unter dem tief heruntergezogenen Dach standen bequeme Holzsessel und ein großer Eisschrank aus Edelstahl.

Ziko ging ihnen voraus und öffnete die Glasschiebetür auf der anderen Seite.

»Die Aussichtsveranda«, sagte er und trat beiseite, damit seine Gäste den Blick bewundern konnten.

Der Ausblick war atemberaubend. Über die hellrosa Blütenschleier der Wilden Birnen den Abhang hinunter zum Wasserloch und weiter über die sanften Hügel, deren sonnenverdorrtes Gras goldgelb leuchtete, bis zum Horizont.

Benita wurde die Kehle eng. Sie konnte sich an jede Einzelheit von früher erinnern. Es war die Landschaft ihrer Kindheit.

»Wie wunderbar«, flüsterte sie.

Danach zeigte ihnen der Zulu nacheinander die drei Doppelschlafzimmer, die mit geräumigen Badezimmern verbunden waren. Wie der Wohnraum waren auch alle anderen Zimmer bis zum Boden verglast, keines besaß Vorhänge, auch die Badezimmerfenster nicht, die ebenfalls von der Decke bis auf den Boden reichten. Lediglich im oberen Bereich waren die Fenster unterteilt. Dort konnte man sie zum Lüften öffnen.

Gloria warf einen Blick in ihr Badezimmer und protestierte. »Ich veranstalte hier keine Schau für Voyeure!«

»Nur Tiere können Sie hier sehen, Ma'am.« Ziko, der sie hergebracht hatte und offenbar schon auf ihre irritierte Reaktion gewartet hatte, grinste.

Wie um seine Worte zu beweisen, schwang eine Pavianfamilie durch die Krone eines nahen Baums. Mit sehr menschlichen Anzeichen von Neugier spähten die Tiere herüber.

»Schsch«, machte Gloria, klopfte ans Fenster und wedelte erbost mit den Händen.

Die Paviane fanden das Ganze sehr interessant, sprangen vom Baum, hockten sich unweit des Fensters hin und gafften mit funkelnden Augen frech herein. Dabei schnatterten sie auf eine Art, die vermuten ließ, dass sie sich amüsierten. Wie auf Kommando legten sie auf einmal den Kopf schief, betrachteten Gloria, die noch immer mit den Armen ruderte, schnatterten lauter, legten den Kopf dann auf die andere Seite, wobei sie sich am Bauch kratzten. Der größte der halbwüchsigen Affen sauste urplötzlich in einen nahen Baum, ließ sich kopfüber herunterbaumeln und betrachtete die Menschenfrau aus dieser Perspektive. Ein abgehacktes Lachen drang aus seiner Kehle. Er dehnte seine wulstigen Lippen zu einem beklemmend menschlich wirkenden Grinsen.

»Warum starren die so?« Gloria presste empört ihr Gesicht an die Scheibe. »Ich bin doch kein Tier im Zoo.«

»Er mag Sie, er findet Sie lustig«, gluckste Ziko, und sein Bauch bebte vor Lachen. »Hier sind die Tiere draußen, und die Menschen sitzen im Käfig. Gute Sache, das.« Wieder dieses sahnedicke Lachen.

Roderick, die Hände in den Hosentaschen seiner hellen Chinos, wippte auf den Fußballen und amüsierte sich köstlich. »Mir scheint, du hast hier ernsthafte Verehrer gefunden.«

Gloria versetzte ihm einen spielerischen Schlag, dem er mit einem Satz geschickt auswich. Die Affen draußen hüpften vor Freude über das Schauspiel auf und ab und ahmten die Szene nach. Gloria verdrehte die Augen, marschierte zum Eisschrank und zog die Tür auf. Er war randvoll mit jeglichen alkoholischen Getränken. Sie wählte eine Miniaturflasche Remy Martin und trank sie mit einem Zug leer.

»Affen«, murmelte sie erbost.

Roderick wandte sich an Ziko. »Werden Sie uns zum Mittagessen abholen?«

Ziko schüttelte den Kopf. »Das ist nicht nötig. Tagsüber können Sie sich auf den Wegen zu den Bungalows frei bewegen. Nur von sechs Uhr abends bis sechs Uhr morgens begleitet Sie ein Ranger.«

»Was soll das heißen? Ist das Gelände also doch umzäunt? Steht das Schild da draußen, damit sich die Geschäftsleitung vor jeder Haftung drücken kann?« Gloria war zunehmend genervt.

»Cha. Nein, aber tagsüber ist hier zu viel los, das mögen die Tiere nicht.« Seine schokoladenbraunen Augen sprühten vor Spott.

»Und die Affen da draußen und der Bock, der durchs Unterholz gekraucht ist. Das sind doch auch Tiere, wenn ich mich nicht irre. Wissen die das nicht?«

Ziko brüllte los vor Lachen. Seine Augen funkelten. »Ich werd's ihnen sagen. O ja, Madam, das werde ich den Affen sagen.« Dann setzte er etwas auf Zulu hinzu und gluckste noch mehr.

»Sehr witzig«, fauchte die Anwältin. »Was hat er gesagt, Benita? Sie sprechen doch dieses Kauderwelsch.«

Benita konnte vor Lachen kaum antworten. »Dass die Affen darüber fürchterlich lachen werden und ihren befreundeten Affen davon erzählen, die werden es ihren Freunden weitersagen, bis es jeder weiß, und dann wird man in ganz Zululand vor lauter Gelächter kein Wort mehr verstehen. So ungefähr jedenfalls.«

»Jill Rogge wird schon wissen, was sie tut. Sie wird nicht riskieren, dass einer von uns den Löwen zum Opfer fällt, dann bleibt sie nämlich auf der Rechnung sitzen«, witzelte Roderick, der befürchtete, dass seine Justiziarin kurz davorstand, einen ihrer Wutanfälle zu bekommen. »Wir kommen schon zurecht.« Er steckte Ziko einen Geldschein zu.

Ziko erfasste mit einem Blick, dass es ein Fünfzig-Rand-Schein war. »Eh, ngiyabonga«, rief er und verließ mit Schritten, unter denen die Veranda erzitterte, das Haus. Die Eingangstür ließ er offen stehen.

Gloria rannte sofort zur Tür und knallte sie zu, suchte aber vergeblich einen Schlüssel. »He«, rief sie hinter dem Zulu her, »wir haben keinen Schlüssel!«

Ziko drehte sich mit schneeweißem Grinsen zu ihr herum. »Madam, hier gibt es keine Schlüssel. Das ist nicht notwendig. Die Affen kommen auch so rein.« Damit schulterte er sein Gewehr und marschierte fröhlich pfeifend davon.

»Ich verklag die«, knirschte Gloria.

»Die Affen?«, japste Benita, erntete aber nur einen pechschwarzen Blick.

Die Anwältin schleppte einen Stuhl heran und schob ihn mit der Lehne unter die Türklinke. »So, den Biestern werde ich den Spaß verderben, und allen anderen auch!«

Roderick schmunzelte hinterhältig. »Vor Affen und menschlichen Einbrechern habe ich eigentlich keine Angst, aber ich frage mich, ob so ein Löwe oder ein Rhinozeros nicht einfach durch die Scheibe in unser Wohnzimmer marschiert, wenn man uns als Leckerbissen ausgemacht hat. Was meinst du?« Er spähte hinaus.

»Rhinozerosse fressen Grünzeug«, schnaubte Gloria, schaute dabei aber ungewohnt verunsichert drein.

»Vielleicht gibt es ja inzwischen Mutationen. Wer weiß schon, was sich da alles im Busch herumtreibt«, sagte Roderick grinsend, zog den Stuhl beiseite und öffnete die Tür.

Warme, würzige Luft strömte herein. Auf der Veranda zog er einen der Korbsessel heran, warf sich hinein und legte seine langen Beine aufs Geländer.

»Seid mal still. Hört ihr die Musik Afrikas?«, flüsterte er und lauschte mit geschlossenen Augen.

Zikaden sangen ihr einlullendes Lied, irgendwo lachte eine Hyäne, und über ihnen schrie ein großer Raubvogel im kobaltblauen Himmel. Ein lautes Knacken im Unterholz unmittelbar neben der Veranda veranlasste ihn, die Augen aufzuschlagen. Keine drei Meter entfernt staksten zwei zierliche Impalas mit vorsichtigen Schritten vorbei. Unvermittelt überfiel Roderick ein derart intensiver Schmerz in der linken Brust unter dem Rippenbogen, dass er leise aufstöhnte.

Tricia, dachte er und schaute einer Wolke gelber Schmetterlinge nach. Tricia. All das wollte er ihr zeigen, all diese Herrlichkeiten. Unter gesenkten Lidern blinzelte er ins Gegenlicht. Benita lehnte in einiger Entfernung am Geländer. Sonnenstrahlen blitzten durch die Bäume, vergoldeten ihre Silhouette, die ihm plötzlich unendlich weit entfernt zu sein schien. Der Schmerz unter dem Rippenbogen verstärkte sich, aber er zwang sich auszuhalten, was jetzt auf ihn einstürmte. Nie hätte er geglaubt, dass Einsamkeit so schmerzen konnte.

Als es vorbei war, schwang er seine Beine vom Geländer herunter und stand auf.

»Ich gehe jetzt duschen«, sagte er schroff und verschwand.

Als sie zu ihrem Tisch auf der Veranda des Empfangshauses geführt wurden, wartete schon der Wildhüter auf sie, der sie während ihres Aufenthaltes betreuen würde. Er stellte sich mit Mark vor und war, wie Gloria mit geübtem Blick erkannte, ein wahres Prachtexemplar. Mitte dreißig, breitschultrige Sportlerfigur, ein offenes, jungenhaftes Lachen, helle Augen unter sonnengebleichtem Haar. Erfreut setzte sie sich auf, drückte den Rücken durch, schob die Brust vor und fuhr sich mit einer lasziven Geste mit beiden Händen durch ihre Haarmähne. Ihr knallrot geschminkter Mund lächelte süß.

»Setzen Sie sich doch, gleich hier.« Sie zeigte auf den Stuhl neben ihr. »Nehmen Sie auch Ihr Schießgewehr mit, um uns vor hungrigen Löwen zu beschützen?«

Mark tat wie geheißen. »Ich schieße grundsätzlich nicht auf Tiere, Ma'am«, sagte er grinsend.

Während sie Salat und Impala-Carpaccio vertilgten und dazu einen federleichten Rosé tranken, erklärte er ihnen, dass sie heute nach dem Tee rund vier Stunden durchs Gelände fahren würden.

»Die letzten eineinhalb bis zwei Stunden werden eine Nachtfahrt sein, was besonders aufregend und schön ist. Bis dahin haben Sie frei.« Er lächelte. »Dort drüben liegt unser Pool. Wenn Sie etwas zu trinken oder zu essen haben möchten, sagen Sie bitte einfach Thabili Bescheid.« Er deutete auf eine dralle, untersetzte Zulu, die Rock und Weste in Weinrot über einer weißen Bluse trug. »Sie ist die Seele unseres Betriebes.«

»Wir haben also drei Stunden süßes Nichtstun vor uns«, sagte Roderick nach dem Essen mit einem Blick auf seine Armbanduhr.

»Ich würde vorschlagen, wir kühlen uns im Pool ab. Lasst uns alle zusammen zum Bungalow gehen … Ihr wisst ja, wenn wir zu dritt sind, kann so ein Löwe sich vielleicht nicht entscheiden, wen von uns er fressen will, und wir schaffen es in den sicheren Bungalow.« Angesichts der sauren Miene, die Gloria zog, musste er laut lachen.

Der Schwarze, den Kira Großvater genannt hatte, folgte den drei Engländern unterdessen lautlos zum Bungalow, wobei er das Blättergewirr des nahen Buschs als Tarnung nutzte. Als Benita im Inneren verschwunden war, kauerte er sich im Schatten zusammen und wartete.

»Ich bin in fünf Minuten fertig«, rief Benita und stieß die Tür zu ihrem Zimmer auf. Sie zog die verschwitzte Hose und das Spaghettiträger-Top aus und stieg in den reichlich knappen smaragdgrünen Bikini, den sie in Umhlanga Rocks gekauft hatte. Bei einer schnellen Pirouette vor dem Spiegel stellte sie zufrieden fest, dass er perfekt saß, und fand, dass er besonders gut zu ihrer Hautfarbe passte. Mit geübten Handgriffen nahm sie ihr Haar zu einem Schopf am Hinterkopf zusammen, wickelte einen Gummi darum und bestrich anschließend ihre Lippen mit einem getönten Sonnenschutzstift. Ihr knielanges Strandhemd aus weißem Batist knöpfte sie nur in der Taille zu. Zum Schluss packte sie ein Taschenbuch, das ihr Adrian mitgegeben hatte, und ihre Sonnencreme in die geräumige Leinentasche und gesellte sich auf der Veranda zu Roderick.

»Ist Gloria noch nicht da?«

Roderick, der sein inneres Gleichgewicht wiedererlangt hatte, goss sich gerade eine große Cola ein und warf eine Handvoll Eiswürfel dazu. »Nein. Willst du in der Zwischenzeit auch eine Cola?«

Automatisch registrierte er, wie hinreißend das Grün des Bikinis, der unter dem Strandhemd hervorleuchtete, ihren goldenen Hautton unterstrich. Unwillkürlich glitten seine Augen zu ihren vollen, gewölbten Lippen, was so etwas wie einen elektrischen Schock durch seinen Körper jagte. Sein Blick fiel hastig zu ihrer

Brust und landete schließlich bei den langen braunen Beinen, ehe es ihm gelang, sich energisch zur Ordnung zu rufen. Es war ein Reflex, den er als Relikt aus seinem anderen Leben mitschleppte, sagte er sich. Benita war eine schöne Frau, und zwar eine sehr schöne, und schöne Frauen musste er einfach anschauen. Mit der Zeit würde das hoffentlich nachlassen.

»Nein, danke. Ich werde mir eine am Pool bestellen.« Sie ging dicht an ihm vorbei, um sich auf einen der freien Stühle zu setzen.

Ihr Duft wehte ihm in die Nase, ein süßer, prickelnder Hauch, der ihn jählings ein Jahr zurückversetzte, an den Abend, als er sie am Trafalgar Square aufgelesen hatte, und das Verlangen, sie zu berühren, die seidige Glätte ihrer Haut zu fühlen, überfiel ihn mit einer Leidenschaftlichkeit, dass es ihm nahezu den Atem verschlug und ihm unmissverständlich klar wurde, dass Benita Forrester für ihn nicht nur irgendeine schöne Frau war.

Um seine tiefe Verwirrung zu verbergen, nahm er einen Schluck aus seinem Glas. Seine Gefühle für sie hatten sich, seit er Adrian Forrester das Versprechen gegeben hatte, sie nie wieder anzurühren, nicht verändert. Im Gegenteil. Der Schock, der durch Tricias Tod ausgelöst worden war und der ihn noch vollkommen beherrscht hatte, als er mit Benita ins Bett gefallen war, hatte sich schnell zu einem völlig widersprüchlichen Knäuel von Empfindungen zusammengeballt. Zuerst hatten ihn reine Begierde und der Wunsch zu vergessen bewogen, sich mit ihr einzulassen. Allmählich, ohne dass es ihm anfänglich bewusst wurde, hatte sich ein Gefühl herauskristallisiert, das klar war und alles überstrahlte. Die Gewissheit, dass er sie liebte und mit ihr den Rest seines Lebens verbringen wollte.

Und jetzt war sie unerreichbar für ihn. Damit musste er in Zukunft klarkommen. Er hatte nicht die geringste Ahnung, wie er das schaffen sollte. Nicht, wenn er praktisch jeden Tag mit ihr zusammen war, in London in der Bank und jetzt hier Tag und Nacht Tür an Tür. Verdrossen trank er seine Cola mit einem Zug leer.

Laute Stimmen, die von der benachbarten Veranda zu ihnen herüberschallten, unterbrachen seine Grübeleien. Der Nachbarbungalow war zwar so weit entfernt, dass er die Privatsphäre garantierte, aber ein derartiges Gebrüll war selbst auf diese Entfernung unüberhörbar. Leute, die sich in der Öffentlichkeit nicht beherrschen konnten, waren ihm ein Gräuel, und Leute, die schlechte Manieren an den Tag legten, noch mehr. Er schaute ärgerlich hinüber. Vier Männer hielten sich dort auf. Zwei kahl rasierte, muskulöse Kerle saßen rechts und links der Glasschiebetür und ließen die zwei anderen, die sich wie Kampfhunde gegenüberstanden und laut stritten, nicht aus den Augen. Der ältere Mann, elegant gekleidet, weißhaarig, mit Sonnenbrille, brüllte den an, der in geduckter Haltung vor ihm stand und es nur gelegentlich schaffte, ein Wort einzuwerfen. Sein weißhaariger Widersacher, dessen Gesicht über dem militärisch geschnittenen Safarihemd krebsrot angelaufen war, war nicht viel größer als er, strahlte aber unbedingte Autorität aus.

»Da drüben scheint es Streit zu geben.« Neugierig geworden, lehnte Benita sich vor. »Das ist ja dieser unangenehme Ingenieur. Meine Güte, der scheint aber Ärger mit seinem Boss zu haben.«

Auch Roderick hatte sich vorgebeugt. »Und da das Bungalow Nummer drei ist, wird der Weißhaarige mit ziemlicher Sicherheit unser Geschäftspartner, Doktor Erasmus, sein. Guter Gott, ist der Mann wütend. Ich würde gern wissen, was diesen Ausbruch hervorgerufen hat und ob es etwas mit dem *Zulu Sunrise* zu tun hat.«

Benita erschrak. Hatte es doch einen Erdstoß gegeben? Besorgt versuchte sie, einige Worte zu verstehen, aber die beiden Männer hatten inzwischen ihre Stimme gesenkt, obwohl der Streit in unverminderter Heftigkeit weitertobte.

Die Glasschiebetür wurde geöffnet, und eine junge Frau mit schulterlangem platinblondem Haarvorhang in äußerst knappen Shorts und offenem weißem Hemd kam aus dem Haus und fläzte sich am anderen Ende der Veranda auf einen Sessel. Sie zog eine Pralinenschachtel heran und knabberte Süßigkeiten, während sie in einer Zeitschrift blätterte. Auf die Streitenden achtete sie nicht.

»Wie ich sehe, hat er eine Frau dabei, aber die ist zu jung und zu blond, als dass sie die Ehefrau sein könnte. Vielleicht ist sie ja der Grund, weshalb Doktor Erasmus sich hier versteckt.« Vielsagend lächelnd wies Roderick auf die Blonde.

Benita taxierte sie abschätzend. »Das ist keine Frau, das ist ein Mann – oder besser gesagt, ein Junge. Aber ich denke nicht, dass es sein Sohn ist. Merkwürdig.«

Roderick sah genauer hin. Erst jetzt nahm er die knochigen Knie wahr, den Adamsapfel an dem schlanken Hals, die flache Brust unter dem offenen Hemd. »Tatsächlich. Sieh einer an. Nun, was immer es ist, es ist die Privatsache des guten Doktors.«

Auf der Nachbarveranda spitzte sich der Streit zu. Der Platinblonde erhob sich aus seinem Sessel und stakste hinüber zu den beiden Kontrahenten. Er sagte etwas zu dem Weißhaarigen, der seinen Zorn prompt auf ihn richtete. Auf ein gebrülltes Wort und eine herrische Handbewegung von ihm schnappte sich der junge Mann die Champagnerflasche und die Pralinen vom Verandatisch und trollte sich mit provozierendem Hüftschwung.

Der muskelbepackte Kerl, der neben der Tür saß, ließ ihn ins Haus. Weder er noch sein Partner, der aufgestanden war und auf der gegenüberliegenden Seite der Veranda an der Hauswand lehnte, beteiligten sich an dem Streit, der sich unmittelbar vor ihren Augen abspielte. Stattdessen beobachteten sie scheinbar teilnahmslos die Umgebung des Hauses. Beider Gesicht war seltsam ausdruckslos.

Benita erkannte sofort, welche Funktion diese Männer hatten. »Er hat Bodyguards. Warum das wohl?«

»Bodyguards? Das glaube ich nicht. Wozu? Hier ist doch für Sicherheit gesorgt.« Rodericks Miene drückte Zweifel aus.

»Die Frage kann ich nicht beantworten, aber glaub mir, das sind Bodyguards.«

»Woher willst du das wissen?« Interessiert lehnte er sich wieder vor und studierte die beiden. »Sie sind offenbar sehr kräftig, das ja, aber Bodyguards?« Selbst bei genauerem Hinsehen konnte er nichts weiter entdecken als das, was er schon vorher wahrgenommen hatte. Zwei kahl rasierte Männer in leichten Anzügen und offenen Hemdkragen. Derjenige, der den jungen Mann ins Haus gelassen hatte, saß jetzt halb auf der Balustrade, der andere lehnte neben der Tür.

»Es sind ihre Augen«, sagte Benita. »Man erkennt sie an ihrer Haltung und ihren Augen. Sieh doch, sie stehen ganz still, nur ihre Augen bewegen sich, hierhin, dorthin …«

»Sie tragen Sonnenbrillen!«

»Trotzdem. Es ist so. Beobachte nur, wie sie ständig leicht den Kopf bewegen. Jeder hat einen begrenzten Teil der Umgebung in seinem Blickfeld. Mein Vater hat mir beigebracht, solche Leute zu erkennen.«

»Aha.« Roderick bedachte sie mit einem forschenden Blick und überlegte, ob er an dieser Stelle nachbohren sollte, um herauszufinden, warum ihr Vater es für nötig befand, dass sich ein kleines Mädchen ein derartiges Wissen aneignete, aber er beschloss, das auf später zu vertagen. Er stand auf und stützte sich neben ihr auf das Verandageländer.

»Nun, ich habe gehört, dass Doktor Erasmus vorhat, 2009 für die Wahl zum Präsidenten zu kandidieren. Wenn das stimmen sollte, könnte das die Erklärung sein. Aber ich möchte doch für mein Leben gern wissen, was da drüben gerade los ist. Es hat bestimmt etwas mit dem Bau zu tun. Schließlich ist der Mann offenbar der verantwortliche Ingenieur vom *Zulu Sunrise.*« Roderick kniff die Augen gegen die Helligkeit zu schmalen Schlitzen zusammen. »Leider scheinen sie kein Englisch miteinander zu reden, ich verstehe kein Wort …«

»Sie sprechen Afrikaans …«

»Afrikaans! Und? Verstehst du, was sie sagen? Du bist doch hier zur Schule gegangen.«

»Mein Vater hat mir verboten, Afrikaans zu lernen. Es sei die Sprache der Unterdrücker … Erinnerst du dich an Soweto?«

»Natürlich … Und was hat das damit zu tun?«

»Nun, die Situation in Soweto ist deswegen explodiert, weil die Regierung alle Schwarzen gezwungen hat, ihren gesamten Unterricht in Afrikaans abzuhalten … Und nachdem das Bild von Hector Pieterson, dem ersten schwarzen Schüler, der im Feuer der Polizei starb, um die Welt gegangen ist und alle auf die Situation aufmerksam gemacht hat, gab es keinen Weg mehr zurück für Südafrika.« Sie verstummte für ein paar Sekunden. »Das Jahr 1976 wurde bei uns – bei denen, die gegen die Regierung gekämpft haben – das ›Jahr des Feuers‹ genannt. Ich war damals gerade erst auf die Welt gekommen, aber mein Vater hat mir immer wieder erzählt, wie es den Nichtweißen damals erging, damit ich als Erwachsene darauf achte, dass so etwas nie wieder geschehen kann. Natürlich habe ich mich in der Schule geweigert, Afrikaans zu lernen. Ich spreche es also nur unzulänglich, verstehe es aber trotzdem ganz gut.«

Auf der Nachbarveranda brüllte der Weißhaarige wieder los. Seine Worte wurden von der leichten Brise herübergetragen. »Jou verdomte gat!«, schrie er und schlug seinem Angestellten mit der Rückhand ins Gesicht.

»Hoppla!«, sagte Roderick. »Das sind ja raue Sitten. Was hat er gesagt? Ich kann deinem Gesicht ansehen, dass du das verstanden hast.«

»Du verdammtes Arschloch«, antwortete Benita trocken. »Frei übersetzt … Dieser Mr Porter erklärt ihm gerade, dass irgendwo ein Riss aufgetreten ist …«

»Im *Zulu Sunrise?*« Roderick beugte sich alarmiert vor.

Benita schaute ihn verunsichert an und musste an das dumpfe

Grollen denken, daran, wie sich der Boden unter ihr kurz geschüttelt hatte und wie bleich der Ingenieur geworden war. Oder hatte sie sich getäuscht? Sie hob die Schultern. »Ich weiß es nicht. Das hat er nicht ausdrücklich gesagt.«

Jetzt stieß Doktor Erasmus den protestierenden Mr Porter so grob ins Innere des Bungalows, dass dieser über die Türschwelle stolperte. Benita konnte noch sehen, dass er auf die Knie fiel, dann wurden die Türen fest geschlossen und die wütenden Stimmen abgeschnitten.

Roderick hatte die unschöne Szene mit zusammengezogenen Brauen verfolgt. »Unser Geschäftspartner scheint ziemlich grobe Manieren zu besitzen. Das sollten wir im Hinterkopf behalten. Ein Vorteil ist, dass er nicht weiß, dass wir den Streit mit angesehen haben. Immerhin wissen wir jetzt, dass er da ist, und ich werde ihm eine Nachricht schicken, damit wir uns möglichst schnell treffen können. Dann wird vermutlich unsere Safari ausfallen, aber die können wir ja morgen noch nachholen.«

Mit diesen Worten ging er in den Wohnraum, hob das Telefon ab und sprach ein paar Worte mit der Rezeption. »Man wird uns die Antwort an den Pool schicken«, rief er Benita zu.

Gloria verließ gerade ihr Zimmer, als der Game Ranger die Stufen zur Veranda heraufstieg.

»Ich dachte, ich zeige Ihnen den Weg zum Pool, damit Sie sich nicht verlaufen«, sagte er grinsend und ließ den Blick blitzschnell über das laufen, was unter Glorias rotem Pareo hervorlugte. »Haben Sie Getränke an den Pool bestellt? Sagen Sie mir, was Sie wünschen, dann gebe ich es per Funk an die Bar weiter.«

Der Pool war in den Abhang gebaut. Nur drei weitere Paare lagen unter den Sonnenschirmen auf den bequemen Liegen auf dem hölzernen Sonnendeck, das in mehreren breiten Stufen die sanfte Anhöhe hochkletterte. Tabletts mit abgegessenen Tellern, kalten Getränken und Champagnerkübeln standen neben ihnen. Benita zog ihr Batisthemd aus und sprang mit einem eleganten Satz ins glitzernde Wasser. Sie schwamm bis zum äußeren Rand, legte ihre gekreuzten Arme darauf und trank den berauschenden Blick über das Land bis in die hitzeflimmernde Ferne in sich hinein.

Gloria knotete ihren Pareo auf und enthüllte einen feuerroten Bikini. Sie musste feststellen, dass ihre winterweiße Haut im grellen Licht Afrikas unvorteilhaft fahl wirkte. Wie ein Fischbauch, dachte sie übellaunig und beneidete Benita zum ersten Mal um das Goldbraun ihres Körpers. Mürrisch begann sie, sorgfältig ihre Sonnenschutzmilch aufzutragen. Anschließend reichte sie Roderick die Tube und drehte ihm den Rücken zu. »Kannst du mich bitte eincremen?« Sie hob ihren blonden Haarschopf an, damit er ihren Nacken erreichen konnte.

Er erledigte diese Aufgabe schnell, mit wenigen Handstrichen, zeigte nicht mehr Gefühl, als würde er eine Wand anstreichen. Sie merkte es wohl und zog sich wütend auf eine Liege in der äußersten Ecke des Sonnendecks zurück, direkt an den Rand, der an den dichten Busch grenzte, weitab von den anderen Gästen. Mit einem Aufseufzen legte sie sich zurück und schloss die Augen.

Schon kurze Zeit später fiel ein Schatten auf sie. Lächelnd sah sie hoch und glaubte zunächst, dass es Roderick war. Vor ihr stand jedoch eine fremde Frau in einem schwarzen Einteiler, die mit Sommersprossen übersät war.

»Ich möchte Sie ja nicht stören, geschweige denn beunruhigen«, begann die Frau in einem verschwörerischen Ton, wobei ihr lauernder Ausdruck verriet, dass sie genau das wollte, »aber ich würde mich nicht so weit weg von uns anderen legen. Könnte gefährlich werden.«

Gloria, die ihre Lider in der festen Absicht, die Frau zu ignorieren, wieder zusammengepresst hatte, konnte diesem Satz nicht widerstehen und setzte sich auf. »Was soll das heißen?«

Die Frau klatschte freudig in die Hände. »Sie haben es also noch nicht gehört? Vor zwei Wochen hat sich eine Frau hier beim

Pool allein in die Sonne gelegt, genau da.« Sie zeigte auf Glorias Liegestuhl und senkte dramatisch die Stimme. »Man hat nur noch Teile von ihr gefunden. Später hat man rekonstruiert, dass sie von einer Löwin zerrissen wurde … am helllichten Tag!« Mit funkelnden Vogelaugen beobachtete sie die Wirkung ihrer Worte auf Gloria.

Gloria reagierte zu ihrer vollsten Zufriedenheit. Sie schoss so abrupt hoch, dass Cremetube und Brille zu Boden fielen, und starrte entgeistert auf die Bohlen, als erwartete sie, noch Blutspuren zu sehen.

»Sie haben die Bohlen ausgetauscht«, bemerkte die Frau, die ihrem Blick gefolgt war.

»Was?«

»Sie haben die Bohlen hier ausgetauscht. Das Blut war zu tief eingedrungen. Die Frau war völlig ausgeblutet.«

»Das darf doch nicht wahr sein! Sind Sie sich da sicher? Wo sind wir denn hier?!«, schrie die Anwältin.

»In Afrika«, entgegnete die Frau, glücklich über die durchschlagende Wirkung ihrer Neuigkeiten.

Mit einem bösen Blick auf die Überbringerin dieser Information raffte Gloria ihre Sachen zusammen und rannte hinüber zu Roderick und Benita, die eben aus dem Pool stiegen. Empört berichtete sie Roderick, was sie gehört hatte. »Man darf ja wohl erwarten, dass alle Vorkehrungen getroffen werden, um Gäste davor zu schützen …«

»… von Löwen verspeist zu werden?«, ergänzte Roderick in scheinheiligem Ton. »Nun, du darfst nicht vergessen, dass du hier …«

»Wenn du mich jetzt darauf hinweist, dass ich hier in Afrika bin, fange ich an zu schreien und werfe mit harten Gegenständen!«

»Es ist aber so, und offenbar ist es das Bestreben der Hiesigen, uns Ausländern Afrika in seinem Urzustand vorzuführen, und da gab es nun mal Löwen und keine Zäune. Komm, reg dich ab, setz dich zu uns. Ich werde jeden Löwen in die Flucht schlagen, der sich über dich hermachen will. Ich schwör's!« Seine hellblauen Augen tanzten, und auf seinen Wangen erschienen lange Grübchen.

Benita wandte sich schnell ab. Sie war diesen Grübchen einmal verfallen gewesen und wollte nicht daran erinnert werden. Es ärgerte sie, dass eine derartige Kleinigkeit genügte, um sie aus dem Gleichgewicht zu bringen.

Eine der Serviererinnen schleppte ein Tablett mit kalten Getränken und dem Champagner heran, den Gloria bestellt hatte, und setzte es auf dem Tischchen neben Roderick ab.

»Nachricht von der Rezeption, Sir, bitte, Sir«, verkündete sie, langte in die Tasche ihrer dottergelben Uniform und reichte ihm einen Zettel.

»Danke.« Roderick nahm den Zettel entgegen. »Bitte bringen Sie den Liegestuhl von dort hierher.« Er wies auf Glorias verwaiste Liege, und während die Zulu gemächlich hinüberschlurfte, las er die Botschaft mit zunehmend düsterer Miene.

»Dieser Doktor Erasmus ist ein viel beschäftigter Mann, scheint mir. Er hat noch eine längere Besprechung und bedauert, dass er uns heute nicht mehr empfangen kann. Wir sehen uns morgen.« Er warf den Zettel hin und schnaubte spöttisch. »Die platinblonde Besprechung haben wir ja gesehen. Nun, wir können ihn schließlich nicht an den Haaren herbeischleifen. Also sollten wir die freie Zeit genießen. Aber bevor wir auf Safari gehen, treffen wir uns im Bungalow, um das Projekt *Zulu Sunrise* noch einmal durchzusprechen. In einer halben Stunde.« Er hechtete in den Pool, tauchte durch die gesamte Länge und kraulte zurück.

Mit beiden Armen schaufelte er eine Wasserwelle vor sich her, deren Schwall über Benita und Gloria zusammenschlug. »Kommt rein, das Wasser ist lauwarm«, prustete er.

Hätte eine der Frauen hinter sich geschaut, wäre ihr vielleicht der Schwarze aufgefallen, der dicht neben dem Sonnendeck im Busch stand. Aber vermutlich hätte sie ihn gar nicht entdeckt, denn der Mann hatte sich sehr geschickt an einen Baumstamm gelehnt, wo er absolut bewegungslos verharrte, obwohl auch er von dem Wasserschwall getroffen wurde, sodass er völlig mit seiner Umgebung verschmolz. Er war ein blauschwarzer Stein im staubigen Grün. Seine wachsamen, intelligenten Augen aber waren überaus lebendig.

»Der Geschäftsplan ist beeindruckend«, bemerkte Gloria und schob die Papiere über den Tisch zu Roderick. »Auf dem Papier sind bereits zwanzig Prozent der Apartments verkauft. Ein gutes Geschäft für uns.«

Sie saßen im Schatten des Baums, der nach Norden hin seine Zweige schützend über die Veranda ihres Bungalow breitete. Roderick hatte den Tisch aus dem Wohnzimmer nach draußen geschleppt und vorsorglich Kaffee und Sandwiches bestellt, die bereits auf dem Tisch standen.

Benita biss in ein Roastbeefsandwich und studierte dabei noch einmal eingehend die Pläne des Komplexes. Je länger sie sich darin vertiefte, desto mehr verdüsterte sich ihre Miene. Schließlich legte sie das angebissene Sandwich auf den Teller und schaute ihren Chef an. »Ich glaube, es wird eine Seifenblase werden. Sieh dir Umhlanga Rocks an, Roderick. Ehemals war es ein idyllischer kleiner Ort, der mit den vielen Hochhäusern heute aber immer mehr Miami ähnelt.« Sie legte ihm ein Foto vor, das 2001 aufgenommen worden war – sie hatte es sich noch in London aus dem Internet heruntergeladen –, und ein zweites, das nur wenige Monate alt war. Daneben breitete sie eine detaillierte Karte der Gegend aus.

»Hier, diese, diese und diese Wohnblocks sind in den letzten zwei bis drei Jahren gebaut worden.« Sie deutete auf verschiedene

Hochhäuser. »Hier, das sind die Oysters. Sie stehen im ehemaligen Garten des Hotels Oyster Box, und soweit ich unterrichtet bin, haben die derzeit Schwierigkeiten, ihre teuersten Apartments loszuwerden.« Sie ließ diese Fakten einen Augenblick einsinken, dann fuhr sie fort: »Ich habe mir die Bebauungspläne der vergangenen fünf Jahre durchgesehen. Die Apartmentzahl ist explodiert, das heißt, der Immobilienmarkt dieser Gegend ist mit Apartments überflutet worden. Gab es anfänglich nur eine sehr begrenzte Anzahl von Ferienwohnungen, steht jetzt ein Vielfaches zur Disposition.«

Sie trommelte in Gedanken mit einem Stift auf den Tisch. Dann blickte sie Roderick an.

»In Südafrika sterben täglich über tausend Menschen an Aids … für nächstes Jahr wird von weit über einer halben Million Neuinfektionen ausgegangen!« Benita hackte mit dem Stift auf die Tischplatte. »Denen stirbt eine ganze Generation weg! Zusätzlich wird die offizielle Arbeitslosenquote Südafrikas mit über fünfundzwanzig Prozent angegeben, obwohl unter Experten die Meinung herrscht, dass diese Zahl erheblich geschönt ist …«

»Sie vergessen die neue südafrikanische Oberschicht, und zwar die weiße wie die schwarze«, unterbrach Gloria sie herablassend. Ihr stand das Bild der zwei goldglitzernden schwarzen Paaren am Flughafen vor Augen und die Limousine, in die sie gestiegen waren.

»Unsinn, die ist hauchdünn, und diese Leute kaufen meist im sicheren Ausland«, sagte Benita kühl. »Mir drängt sich die Frage auf, wer um alles in der Welt diese Apartments, die zum Teil mehrere Millionen US-Dollar kosten, kaufen soll. Die Antwort ist, dass Doktor Erasmus auf sehr kaufkräftige Ausländer angewiesen ist. Und schon baut sich das nächste Problem auf: Es gibt Pläne der südafrikanischen Regierung, Immobilienkäufe von Ausländern entweder völlig zu unterbinden oder auf jeden Fall wesentlich einzuschränken.«

Bei den Zahlen, die Benita nannte, hatte sich die Miene von Roderick zusehends verdüstert. »Das sieht nicht gut aus.«

»Ach, das ist doch Panikmache.« Gloria schüttelte vehement den Kopf. »Das Objekt erfüllt die Hauptkriterien für Immobilien, die drei großen L. Lage, Lage, und noch einmal Lage. Sieh dir das doch nur an, Roderick. Du hast einen Blick nach Norden die Küste hinauf, im Süden kannst du Durbans Goldene Meile sehen, und der Hauptblick geht über den Indischen Ozean in die Unendlichkeit. Allein die Vorstellung, dort oben einen Sonnenaufgang zu erleben, jagt mir eine Gänsehaut über den Rücken.«

Roderick rieb sich die Nase. »Vielleicht sollten wir an einen Konsortialkredit denken …«

»Aber mit uns als Konsortialführer, damit wir die Fäden in den Händen halten«, unterbrach ihn Gloria hitzig. »Immer wenn ein Haufen Banken ihre Finger im selben Pudding haben, geht was schief. Irgendeine Bank, die gefährlich nahe an ihr Limit gerät, wird dann nervös, und wenn eine der Banken nervös wird, dann stirbt der Patient eines schnellen Todes, wie wir alle wissen, sprich, alles bricht auseinander und alle verlieren. Keine Bank kommt ungeschoren davon.«

Benita war aufgesprungen und lief auf der Veranda hin und her. Ihre Miene spiegelte höchste Konzentration wider. »Ach, und was passiert, wenn der Ölpreis steigt? Dieses Jahr hat er die achtzig Dollar schon angekratzt, ist dann zwar gesunken, aber die Januarkontrakte liegen schon wieder deutlich höher. Was ist, wenn er wesentlich zulegt?« Sie breitete die Arme demonstrativ aus. »Die Flüge werden teurer, Energie wird teurer. Die Apartments sollen mit hochwertigen Klimaanlagen versehen werden, das heißt, die Betriebskosten explodieren, und das müssen natürlich die Eigentümer tragen, und die meisten haben ihre Immobilie bis übers Dach hinaus verschuldet.« Zu schrillem Zikadengesang und gelegentlichen schläfrigen Vogelrufen hämmerten ihre nackten Füße einen dumpfen Trommelwirbel auf die Holzbohlen der

Veranda. »Wenn es dann wirtschaftlich in der Welt wackelig wird, werden derartige Luxusbehausungen als Erstes verkauft, und plötzlich wird hier alles zu verkaufen sein. Die Preise werden abstürzen, die Banken werden mit in den Strudel gerissen. Muss ich noch mehr sagen?«

Niemand kommentierte die Ausführung. Roderick fixierte einen Punkt im Nirgendwo, Gloria zwirbelte ihren Kugelschreiber in den Fingern. Schließlich blieb Benita stehen und packte ihre Stuhllehne, als brauchte sie Halt. Ihre Stimme war eindringlich, als sie sprach. »Es ist nicht nur der begrenzte Markt, auch nicht die Tatsache, dass diese hohen Gebäude nachmittags ein riesiges Strandareal und das Riff in Schatten tauchen und Fauna und Flora zum Absterben bringen werden, was wiederum die Touristen verjagen wird, was mich am allermeisten beunruhigt, sondern dass ich mir sicher bin, dass irgendetwas mit dem Bau nicht stimmt!« Der Rattanstuhl ächzte, als sie sich erregt hineinwarf. Sie stützte die Ellbogen auf den Tisch. »Auf der Baustelle habe ich eine Bodenbewegung gespürt wie einen Erdstoß. Auch der Ingenieur hat es wahrgenommen, da bin ich mir sicher. Er war äußerst beunruhigt. Vielleicht hat das Beben unterirdische Schäden verursacht. Wir müssen uns genau erkundigen, beim geologischen Institut zum Beispiel. Sonst könnten wir alles verlieren.«

»Ach, Benny, ich hab's schon mal gesagt, Sie sind einfach ein Panikhase«, bemerkte Gloria belustigt und rückte ihr Spaghettiträgeroberteil zurecht.

Den Blick, den ihr Benita zuwarf, hätte jede andere zum hastigen Rückzug bewegt. Gloria verzog lediglich ihren sündig rot geschminkten Mund zu einem vergnügten Lächeln und sog mit herausfordernd laszivem Blick an ihrer Zigarette.

»Bei dreihundertfünfzig Millionen ist es wohl angesagt, sehr vorsichtig zu sein«, fauchte Benita und warf sich wieder in ihren Stuhl, der unter der Wucht laut über den Boden scharrte. »Und machen Sie Ihre Zigarette wieder aus, sie stinkt.«

Die Anwältin ignorierte die Bemerkung, streifte die Asche sorgfältig ab und schenkte Benita wiederum ein sonniges Lächeln. »Ach was, wir stipulieren im Vertrag, dass wir erst, wenn dreißig oder vierzig Prozent der Apartments verkauft sind, Geld auskehren, und schon ist alles in Butter. Roddy, es rechnet sich, glaub mir. Wir können uns das Geschäft nicht entgehen lassen. Das ist im Gigabereich!«

Benita lehnte sich vor. »Meine Güte, Gloria, es dreht sich doch hier nicht um Peanuts, das ist ernsthaftes Geld. Sie können doch nicht so kurzsichtig sein, dass Sie die Probleme einfach beiseitewischen! Ich hätte Sie für cleverer gehalten.« Wieder hielt sie es auf ihrem Stuhl nicht aus und nahm abermals ihre Wanderung über die Veranda auf. Achtzehn Schritte die eine Richtung, Kehrtwende, achtzehn Schritte in die andere Richtung.

Gloria blies einen Rauchring. »Bleiben Sie sitzen, Benny. Kriegen Sie Ihre Tage, oder warum sind Sie so kratzbürstig?«

Benita wirbelte herum und funkelte sie an, verstand jetzt die Bedeutung der Formulierung »Mord im Affekt«. Unter Aufbietung ihrer gesamten Selbstbeherrschung zwang sie jegliche Emotion aus ihrem Gesicht, bis es eine freundliche, unverbindliche Maske war.

»Nein, aber ich bekomme meine Tage wenigstens noch«, flötete sie süß und freute sich über die zornige Röte, die Glorias ebenmäßiges Gesicht überschwemmte. Zufrieden nahm sie wieder Platz, zog die Platte mit den Sandwiches heran, wählte eines mit gebratenem Hähnchen und Chutney und biss hinein. »Das ist gut«, sagte sie. »Sollten Sie mal probieren, Gloria.«

»Hört auf, euch wie zwei rivalisierende Katzen zu benehmen! Wir sind hier, um zu arbeiten«, fuhr Roderick dazwischen. Energisch sammelte er alle Papiere ein und legte sie zurück in den Hefter. »Warten wir ab, bis wir mit Doktor Erasmus gesprochen haben. Der scheint sich seiner Sache ja sehr sicher zu sein, wenn er uns wegen dieses platinblonden Wesens warten lässt. Ich werde einen Termin für neun Uhr morgen früh ausmachen.«

Er ging hinein zum Telefon und wählte die Rezeption an. »Bitte verbinden Sie mich mit dem Bungalow von Doktor Erasmus.«

»Wird gemacht, Sir Roderick.«

Erst nachdem das Telefon länger geklingelt hatte, meldete sich eine grobe männliche Stimme. »Ja?«

»Hier ist Roderick Ashburton, Ashburton Bank. Doktor Erasmus, bitte. Ich bin mit ihm verabredet.« Seine Stimme klirrte.

»Moment.« Der Hörer wurde zugehalten. Sekunden später war der Mann wieder dran. »Es tut mir leid, Sir, Doktor Erasmus ist zurzeit nicht anwesend. Kann er Sie zurückrufen?« Seine Stimme klang deutlich höflicher.

Roderick gab dem Mann die Nummer seines Bungalows. »Er kann mich bis kurz vor vier Uhr und heute Abend ab ungefähr acht Uhr erreichen. Sagen Sie ihm bitte, dass es dringend ist.« Er legte wieder auf und starrte mit verbissenem Gesicht hinaus in den stillen Busch. »Ich hasse Unzuverlässigkeit«, murmelte er. »Doktor Erasmus ist nicht da, angeblich zumindest. Er wird zurückrufen. Bis dahin legen wir die Diskussion auf Eis.«

Weder Benita noch Gloria erwiderten etwas. Erstere stützte sich aufs Geländer und beobachtete konzentriert ein Nashornweibchen, das mit seinem Jungen am gegenüberliegenden Hang graste, und Gloria prüfte ebenso konzentriert ihr Make-up in einem Taschenspiegel und besserte mit Hingabe ihren leuchtend roten Lippenstift aus. Die Spannung zwischen ihnen war greifbar.

Das spürte auch Roderick. Er wünschte sich zum wiederholten Mal, dass er dem Vorhaben seiner Mutter, Gloria mitzunehmen, nicht nachgegeben hätte. Sie war hier überflüssig. Immer noch gereizt von dem Verhalten von Doktor Erasmus, nahm er den Hefter auf, um ihn in seinem Schlafzimmer in den Safe zu legen. Bevor er das tat, zog er noch einmal die zwei Fotos hervor, die Benita vorgelegt hatte, und betrachtete sie genau. Das Bild aus dem

Internet musste nachmittags aufgenommen worden sein, denn ein Großteil des Strandes nördlich und südlich des Strandwachtturms lag im Schatten der Hochhäuser.

Grübelnd studierte er es genauer. Benita hatte ein starkes Argument. Das *Zulu Sunrise* würde mit seiner Höhe die Lichtverhältnisse am Strand mit Sicherheit verändern. Besonders in den kühleren Wintermonaten, wo die Schatten früher kamen und kälter waren, würde das Leben im Riff negativ beeinflusst werden, ganz abgesehen davon, dass die Schattenflächen sonnenhungrige Touristen vom Strand vertreiben würden.

Nachdenklich ließ er die vielen abschreckenden Beispiele am Mittelmeer vor seinem inneren Auge vorbeiziehen, wo aggressive Bautätigkeit Orte von einst malerischer Schönheit in kürzester Zeit vernichtet hatte und die Touristenströme, deren Auftreten diese Bebauung erst ausgelöst hatte, sofort versiegten, nachdem die Idylle lärmender Hässlichkeit gewichen war. War der Zauber dieser Küsten erst zerstört, war die internationale Reisekarawane einfach zum nächsten Ziel weitergezogen. Es gab immer noch Dutzende schöne, noch unberührte Küsten auf der Welt.

Er legte den Hefter in den Safe, schloss ihn und stellte die Kombination ein. In Gedanken versunken, ging er zum Fenster und blickte über den Abhang hinunter zum Wasserloch, nahm aber weder die Impala-Herde, die dort graste, noch die zwei Giraffen wahr, die mit dem Kopf putzig aus einer flachen Baumkrone ragten.

Die Fotos, die Benita vorgelegt hatte, und ihre Beweisgründe gingen ihm nicht aus dem Kopf. Zog er alle Argumente in Betracht, musste er davon ausgehen, dass ein Großteil der Käufer aus dem Ausland kommen musste. Anfänglich wäre das wohl kein Problem, denn einige Zeit würde es sicherlich gut gehen, Südafrika bot immerhin einiges mehr als nur einfachen Strandurlaub. Es bot neben grandioser Natur die unterschiedlichsten Kulturen und das, was Afrika so einmalig machte, jene überschäumende, ansteckende Lebensfreude seiner Menschen, gleichgültig wie das persönliche Schicksal aussah.

Seine Gedanken flogen weit nach Norden ins Herz Afrikas zu seinen Kindern, die unvorstellbar Schreckliches erlebt hatten, aber trotzdem noch den Augenblick genießen und lachen konnten. Manchmal fragte er sich, wie sie das bewerkstelligten, trotz der Umstände immer zu glauben, dass ihre Zukunft hell und aufregend sei. Unbewusst lächelte er, als er an Nelson dachte, einen der kleineren Jungen. Seine Mutter, die wie der Rest der Familie längst gestorben war, hatte ihn nach dem großen Nelson Mandela benannt. Als der Kleine ins Dorf kam, war er ein spindeldürres Kind gewesen, das kaum ein Wort sprach, körperliche Berührung nicht ertragen konnte, verschlossen und aggressiv reagierte. Wochen später, bei seinem nächsten Besuch, erkannte Roderick ihn kaum wieder. Der Kleine kam herbeigehüpft, stellte sich in kerzengerader Haltung vor ihn und schenkte ihm ein scheues, aber ungeheuer charmantes Lächeln.

»Ich will dem Mann, der jetzt mein Vater ist, mitteilen, dass ich Arzt studieren werde«, verkündete er und stob davon.

Für diesen verzauberten Augenblick hatte ihm der Junge einen Blick in seine Welt gewährt, ihm ein kostbares Stück seiner Kraft geschenkt, und Roderick nahm den Eindruck von Licht und Wärme und Lebensfreude mit nach England in sein hektisches, unfrohes Leben. Es blieb ein winziger, eingekapselter Edelstein in seiner Seele, der strahlend funkelte, wann immer er ihn hervorholte und betrachtete.

Verträumt schaute er den beiden Giraffenköpfen nach, die über den Baumkronen davonschwebten, fand widerwillig zurück in die Gegenwart zu seinem jetzigen Problem.

In Südafrika florierte die Wirtschaft, das Land war in Aufbruchstimmung, und eigentlich waren das die besten Voraussetzungen für Investoren, private wie auch geschäftliche. 2010 würde hier die Fußballweltmeisterschaft stattfinden, das ganze Land fieberte bereits darauf hin, und er hatte kürzlich von der schwindelerregenden Summe von 450 Millionen Pfund gehört, die allein in KwaZulu-Natal investiert werden sollten. Aber niemand konnte voraussagen, wie es hier politisch weitergehen würde. Die Situation war unbeständig, und das nicht nur, was das Ausmaß der Schwankungen von Preisen, Aktien und dem Devisenkurs anging. Dieser Zustand konnte jedem Banker eiskalte Angstschauer über den Rücken jagen.

Auf der gegenüberliegenden Wand flitzte ein rosafarbener Gecko hinter einem Bild hervor, überfiel einen unvorsichtigen Nachtfalter, der nichts von dem kleinen räuberischen Reptil hinter dem Bild ahnte, und verspeiste ihn auf der Stelle. Anschließend leckte sich der Gecko genüsslich seine gepanzerten Lippen. Roderick meinte, ihn schmatzen zu hören, und fühlte sich auf unangenehme Art an die Situation im Land erinnert.

Seit dem ersten Kontakt mit Doktor Erasmus hatte er es sich zur Gewohnheit gemacht, im Internet südafrikanische Zeitungen zu durchstöbern, und es hatte ihn entsetzt, welches Gewaltpotenzial hier kochte. Wie ein Vulkan, der unsichtbar unter einer idyllischen Oberfläche brodelte. Ein größerer Ausbruch, und das internationale Geld würde Südafrika so schnell verlassen wie Ratten das sinkende Schiff. Sicherheit musste also eine große Rolle bei der Gewährung des Kredits spielen. Er machte sich eine Notiz, Doktor Erasmus intensiv nach der Lösung dieses Problems zu befragen.

Auf der Fahrt nach Umhlanga Rocks und innerhalb des Ortes waren ihm Dutzende Apartmentanlagen aufgefallen, die sich hinter stacheldrahtgekrönten, meterhohen Mauern und elektrischem Draht verschanzt hatten. Es gab ganze Wohnviertel mit Einzelhäusern, Doppelhäusern, mehrstöckigen Apartmentanlagen und Golfplatz, die derart geschützt hinter Mauern lagen. Um hineinzugelangen, musste man an einem bewaffneten Wachtposten vorbei, der nicht selten darauf bestand, das ganze Auto zu durchsuchen. Das war allerdings nicht besonders ungewöhnlich, derartige Anlagen hatte er in vielen Ländern gesehen.

Der Gecko, noch immer nicht satt, erspähte ein weiteres Opfer, eine große Motte, riskierte einen gewagten Sprung, verschätzte sich, verlor den Halt und fiel von der Wand ihm vor die Füße. Für einen langen Augenblick lag das Tier wehrlos da, er hätte es ohne Weiteres zertreten können, aber natürlich tat er es nicht. Das Reptil kam zur Besinnung und raschelte blitzschnell über den Boden davon und wieder die Wand hinauf zu seinem Bildversteck.

Roderick fiel ein, dass sie im Empfangshaus zur Safari erwartet wurden. Er sah auf die Uhr. Gleich vier. Zeit, sich auf den Weg zu machen.

10

Der Geländewagen, mit dem sie sich zu ihrer ersten Safari-Fahrt aufmachten, war reichlich unbequem, wie Gloria laut bemerkte. Der Einstieg lag sehr hoch, einen mehrstufigen Tritt gab es nicht. Murrend packte die Anwältin das Sitzgeländer und zog sich hinauf, schaffte es aber nicht, ohne dass Roderick mit beiden Händen zugriff und sie hochwuchtete. Benita, die nicht nur größer und kräftiger als die Anwältin war, sondern auch wesentlich fitter, hatte keinerlei Schwierigkeiten. Die erhöhten Sitze waren schmal und hart, nur mit einer Art Pferdedecke bedeckt, die so kratzig war, wie sie aussah. Benita war froh, Jeans angezogen zu haben. Jill war offensichtlich versessen darauf, ihren Gästen möglichst authentische Verhältnisse zu bieten.

Mit einer Grimasse drückte Gloria ihren breitkrempigen Sonnenhut auf den Kopf. »Als hätte ich das geahnt, nicht einmal ein Schattendach ist vorhanden«, murrte sie. »Luxuriös sind in diesem Laden wohl nur die Preise.«

»Das ist Lokalkolorit«, sagte Benita, wickelte sich den Riemen ihrer neuen Digitalkamera ums Handgelenk, um sie nicht zu verlieren, und stemmte sich mit den Knien seitwärts ab. Die Fahrt würde eine holprige Angelegenheit werden.

Mark, der blonde Ranger, setzte sich hinters Steuer, klemmte sein Gewehr in die Haltevorrichtung auf der vorderen Ablagefläche und steckte den Schlüssel ins Zündschloss. Ziko prüfte, ob seine Brille fest saß, und stieg dann auf den schmalen Schalensitz, der sich links über dem Vorderrad befand. Ein Fernglas baumelte an einem Riemen von seinem Hals.

»Ziko ist unser Kundschafter«, sagte Mark. »Ihm entgeht nichts. Er ist der Beste.«

Gloria beschattete ihre Augen und betrachtete missmutig die Wolke, die sich langsam über den Horizont schob und zunehmend eine giftige violettgraue Farbe annahm. »Was machen wir, wenn es regnet?«

Während Ziko in sich hineinlachte, zuckte Mark mit den Schultern und grinste unbekümmert.

»Sagen Sie jetzt bloß nicht, dass wir dann eben nass werden«, fuhr ihn Gloria an. In ihrer Pose lag jetzt nichts Verführerisches mehr.

»Aber nicht doch«, beschwichtigte sie der Wildhüter. »Wir werden unsere Gäste doch nicht den Elementen aussetzen. Es ist für alles gesorgt. Unter der Sitzbank liegen Regenumhänge. Im Übrigen möchte ich Ihnen noch einschärfen, dass Sie, egal, was passiert, immer sitzen bleiben müssen. Tiere, besonders Löwen, nehmen Sie nicht als Beute wahr, wenn Sie die gleichmäßige Linie des Umrisses, den der Wagen bietet, nicht unterbrechen. Wenn Sie aufstehen, werden Sie sofort ihre Aufmerksamkeit erregen, und Sie können mir glauben, dass das nicht in Ihrem Sinn ist, wenn ein Löwe sich für Sie interessiert. Die denken nämlich nur ans Fressen. Bleiben Sie also bitte unbedingt sitzen.«

»Weiß der Löwe das auch?« Ein sarkastisches Lächeln verzog Glorias roten Mund. »Ich meine, woher wollen Sie das wissen, dass er weiß, dass ich kein Futter bin? Ich jedenfalls fühle mich hier oben überhaupt nicht sicher, wenn alles, was zwischen mir und einem hungrigen Löwen steht, Ihre Überzeugung ist, dass er mich nicht als etwas Fressbares erkennt.« Sie rüttelte versuchsweise an der niedrigen Seitenwand des Wagens. Sie klapperte beunruhigend.

»Glauben Sie mir, Ma'am, so ist es. Der Löwe erkennt keine Einzelheiten, der sieht uns in diesem Geländewagen als ein riesengroßes Tier, eins, das viel zu groß für ihn ist. Deswegen wird er nicht angreifen. Hier ist noch nie jemand von Löwen gefressen worden.«

»Da habe ich aber etwas ganz anderes gehört. Wie war das mit der Lady am Swimmingpool?«

Der Ranger wandte sich in seinem Sitz um. »Die lag im Liegestuhl, und die Löwin ist, soweit wir wissen, vom Norden des Krügerparks heruntergewandert. Dort sind die Löwen durchweg Menschenfresser.« Zufrieden registrierte er, welchen Eindruck seine Worte auf seine Gäste machten. Touristen liebten solche Geschichten. »Eine unbekannte Anzahl von illegalen Einwanderern kommt monatlich über die Grenze am Limpopo«, fuhr er mit ernster Miene fort. »Sie schlagen sich durch den Busch im Krügerpark nach Süden zu den Städten durch. Keiner weiß, wie viele dieser armen Hunde dabei draufgehen. Leider kommt es gelegentlich vor, dass eine der Raubkatzen den großen Zaun überwindet und in unser Gebiet streunt. Meist wildern sie nur in den Viehherden der Dorfleute, aber es ist nicht zu leugnen, dass auch schon Menschen getötet wurden. Aber keine Sorge«, fügte er hastig hinzu, weil Gloria aufgestanden war und Anstalten machte, vom Geländewagen hinabzuspringen, »mittlerweile haben wir die betreffende Löwin erschossen.«

Mit dieser beruhigenden Auskunft schaltete er sein Funkgerät ein und hakte das Mikrofon aus, ließ es aber noch einmal sinken. »Denken Sie jedoch daran, dass ein ausgewachsener Löwe etwa zweihundertfünfzig Kilo wiegt und unglaublich schnell ist. Zwanzig, dreißig Meter schafft er in der Zeitspanne eines Lidschlags und ist Ihnen an die Kehle gesprungen, bevor Sie Mamma mia sagen können.«

Bedeutungsvoll sah er jeden seiner Passagiere der Reihe nach an, um seinen Worten genügend Gewicht zu verleihen. Dann hob er das Mikrofon und sprach hinein. »He, Johnny, sind irgendwo Löwen in Sicht? Wir fahren jetzt von der Basis los.« Er lauschte der Stimme, die leise durch das Knacken und Knistern drang. »Links oder rechts davon?«

Das Funkgerät spuckte ein paar Worte aus.

»Prima. Und Elefanten?« Wieder lauschte er dem Stakkato aus dem Mikrofon. »Wunderbar. Habt ihr auch den großen Leoparden auf dem Kieker? Nein? Okey-dokey«, rief er und hängte das Gerät wieder in die Halterung, wo es weiter vernehmlich vor sich hinschnatterte.

»Hinter der Felswand«, sagte er zu Ziko und startete den Wagen.

Benita war eigenartig enttäuscht. Sie war noch nie auf Safari gewesen, weder zu Fuß noch im Auto, und deshalb davon ausgegangen, dass man sich langsam an die Wildtiere heranpirschte. Natürlich konnte sie sich vorstellen, dass es unter Umständen Tage dauerte, bis man einen der Big Five sah, und natürlich war ihr klar, dass viele Besucher diese Trophäen möglichst schnell abhaken wollten und völlig zufrieden waren, wenn sie zu Hause eindrucksvolle Fotos vorzeigen konnten. Es war ihnen egal, ob gleichzeitig mehrere andere Geländewagen mit Dutzenden von Touristen um einen einsamen Löwen herumstanden. Auf dem Foto würde man das nicht sehen. Das allein zählte.

Ernüchtert spähte sie zu dem Fluss tief unterhalb des Weges hinunter. Am sandigen Ufer entdeckte sie zwei Krokodile, und etwas weiter flussabwärts suhlte sich ein Flusspferd im seichten Wasser. Morgen würde sie Jill fragen, ob es möglich sei, zu Fuß durchs Gelände zu streifen, obwohl sie sich nicht der Illusion hingab, das wie früher allein tun zu können. In ihrer Kindheit lebten weder Löwen noch Elefanten noch Büffel auf Inqaba. Ein Flusspferd gab es, Mungos und kleinere Antilopen, gelegentlich Leoparden und natürlich Unmengen verschiedener Vögel. Damals erstreckten sich weitläufige Ananasplantagen und Maisfelder in der Gegend, und Mr Court, Jills Vater, betrieb obendrein Rinderzucht. Jedes Tier, das diesen Betrieb bedrohte, wurde abgeschossen. Das richtige, das wilde Afrika gab es nur im Wildreservat, und dort war sie nie gewesen. Ihr Vater hatte andere Sachen im Kopf gehabt, und Nichtweiße, wie ihre Mutter und sie selbst, waren im Camp nicht zugelassen, es sei denn, sie gehörten zum Hauspersonal.

Mittlerweile hatte Gloria ihr Regencape hervorgezogen. Es war aus dunkelgrünem Plastik und nicht sehr sauber. Sie roch daran und verzog angeekelt das Gesicht. Empört zeigte sie es Roderick, der aber nur die Schultern zuckte und darauf verzichtete, sie noch einmal darauf hinzuweisen, dass man sich eben in Afrika befand und dass in Afrika andere Dinge nun einmal wichtiger waren als ein gut riechender Regenschutz für die Gäste, egal, wie viel sie zahlten.

Mark, der Wildhüter, entpuppte sich als verhinderter Rennfahrer. Er jagte den hochrädrigen Geländewagen gnadenlos über Stock und Stein, durch Senken und über Bodenwellen, schleuderte um Biegungen, schrie dabei fast pausenlos in sein Funkgerät und hatte an allem offenbar einen Mordsspaß. Seine Passagiere klammerten sich an den Sitzen fest, wurden aber trotzdem heftig durchgeschüttelt. Glorias Sonnenhut flog schon auf den ersten hundert Metern davon, und als sie befahl, sofort anzuhalten, wies Ziko nur mit dem Daumen nach hinten und grinste fröhlich. Gloria fuhr herum und erhaschte gerade noch einen Blick auf einen Pavian, der sich den Hut übergestülpt hatte und vor Vergnügen kreischend hin und her sprang.

»Blödes Vieh«, schrie sie ihm hinterher.

Der Affe lachte, zeigte sein gelbes Gebiss und kratzte sich mit beiden Händen in den Achselhöhlen.

Gloria zeigte ihm den Stinkefinger.

Mark raste weiter. Gelegentlich trat er hart auf die Bremsen, um seinen Gästen eine Herde Impalas oder eine Gnu-Familie zu zeigen oder ihnen zu erklären, wie die Ameisen ihre Hügel bauten und was die Pillendreher mit ihren Dungkugeln veranstalteten.

Bald ließen sie das Grün der Flusstäler hinter sich. Durch die tiefen Rinnen, die die Wassermassen des letzten Regensturms in die geröllbedeckten Wege gegraben hatte, schaukelte der Wagen aufwärts in höher gelegenes Gebiet. Hin und her flogen die Passagiere, die Sonne brannte ihnen aufs ungeschützte Gesicht, der Fahrtwind kam offenbar direkt aus der Wüste, so heiß und trocken war er. Ihre Schleimhäute schienen zu schrumpfen. Gloria schaute drein, als überlegte sie, wie sie Mark am besten umbringen konnte.

»Geht's nicht ein bisschen langsamer?«, rief sie.

»Ich brauch den Schwung, um den Abhang da vorn zu packen«, rief Mark zurück und trat aufs Gas.

Auf einmal blockierten die Hinterräder und kamen ins Rutschen. Der Geländewagen knallte mit den Vorderrädern in eine Senke, und die Passagiere flogen alle ruckartig nach vorn, wobei Gloria sich mit den Vorderzähnen so heftig in die Zunge hackte, dass das Blut herausspritzte. Sie schrie dem Game Ranger ein derartig unflätiges Schimpfwort zu, dass dieser völlig verschreckt in die Bremsen stieg.

»Aber, Ma'am«, rief er schockiert.

»Hören Sie mal zu, Sie verdammter Cowboy«, fauchte Gloria, während ihr das Blut ungehindert aus dem Mund auf ihren sündhaft teuren Safari-Anzug tropfte. »Sie werden jetzt langsamer fahren, damit wir die Tiere in Ruhe sehen können, jede Kurve mit Gefühl nehmen, und Sie werden sofort das verdammte Funkgerät ausschalten, sonst lernen Sie mich erst richtig kennen.«

Offensichtlich entsetzt von der Aussicht, starrte der Wildhüter sie entgeistert an.

Ziko fiel vor Lachen fast von seinem Sitz. Er stieß ein gellendes Wiehern aus und hopste auf und ab, als säße er auf einem Pferd. »Cowboy!«, gluckste er und wischte sich die Lachtränen vom Gesicht.

»Haben wir uns verstanden?«, sagte Gloria in täuschend mildem Tonfall.

Mark biss die Zähne zusammen und nickte.

»Gut, das möchte ich Ihnen auch raten. Und jetzt hoffe ich für Sie, dass Sie einen Erste-Hilfe-Kasten an Bord haben, sonst haben Sie nämlich eine Klage wegen fahrlässiger Körperverletzung am Hals, von der Sie sich nicht mehr erholen werden.«

Roderick hatte sich zurückgelehnt und beobachtete voller Genuss, wie die Anwältin in ihrem Element war. Sie ist wirklich gut, dachte er, es muss ein Vergnügen sein, sie vor Gericht und bei Verhandlungen in Aktion zu erleben. Ob er wollte oder nicht, er musste dem Urteilsvermögen seines Bruder und seiner Mutter Respekt zollen. Gloria an der Spitze der Rechtsabteilung zu haben war tatsächlich von großem Vorteil für die Bank. Er weidete sich an der Vorstellung, wie sie – gekleidet in dieses aufreizende Rot, das sie bevorzugte – die Zigarren rauchenden, Kognak schwenkenden Mumien im Vorstand aufmischte.

Eine halbe Stunde später hob Ziko die Hand, und Mark bremste sanft. »Löwen«, flüsterte er.

Es dauerte einige Momente, ehe die Gäste die großen Katzen in den flirrenden Sonnenflecken ausmachten. Ein prachtvolles Männchen mit schwarzer Mähne lag auf dem Rücken im Gras, ein wohlgenährtes Weibchen mit goldschimmerndem Fell wenige Meter weiter. Der männliche Löwe rollte sich herum, streckte sich mit einem Schnurrlaut und gähnte, wobei er sein furchterregendes Gebiss entblößte, dann schlenderte er zu dem Weibchen hinüber und beschnupperte es.

»Ich glaube, sie werden sich gleich paaren«, flüsterte Ziko und grinste. »Babys machen, verstehen Sie? Chackachacka!« Er schlug mit der flachen Hand auf die zur Faust geballten anderen, und sein rundlicher Körper bebte lautlos vor Lachen.

Als Benita ihre Kamera hob, blinkte die Anzeige, dass die Batterie leer war. Sie verfluchte sich für ihre Nachlässigkeit, die Batterieladung nicht rechtzeitig überprüft zu haben. Ihren Blick fest auf die Löwen geheftet, setzte sie in Windeseile die Ersatzbatterie ein und schloss erleichtert die Klappe. Gloria hatte ihren Apparat bereits im Einsatz und schoss im Stakkato ein Foto nach dem anderen, wobei sie Benita völlig die Sicht nahm. Aufgeregt rutschte sie zur Seite, aber da war der Hinterkopf Rodericks im Weg, und versetzt davor der von Mark.

Später konnte sie nicht mehr nachvollziehen, warum sie sich so verhalten hatte, so sehr war es gegen ihre Natur, aber auf einmal schnellte sie hoch, und zwar gerade in dem Augenblick, als Mark sich mit Schwung über den Beifahrersitz lehnte, um etwas aus der Seitentasche zu angeln. Das Auto wackelte, Benita schwankte, griff mit einem gemurmelten Schimpfwort nach der Vorderlehne, verlor das Gleichgewicht und kippte vom Wagen. Ihr rechter Fuß blieb an der Tür hängen, und sie landete mit dem Oberkörper auf der harten Erde. Sie stieß einen schrillen Schreckenslaut aus. Voller Panik verdrehte sie die Augen, um zu sehen, wie der Löwe reagierte.

Die Raubkatze riss den Kopf herum, ließ von seiner Löwin ab und richtete seine bernsteingelben Augen auf sie. Benitas Atem kam in kurzen Stößen, und vor lauter Angst, die große Katze zu reizen, verschluckte sie sich in dem Bestreben, die Luft anzuhalten, und wurde gleich darauf von einem krampfhaften Husten geschüttelt.

Gloria schrie gellend auf, starrte für den Bruchteil einer Sekunde entsetzt auf Benita hinunter und fuhr dann ebenfalls im Sitz hoch.

Mark, der nicht mitbekommen hatte, dass Benita dem Löwen praktisch direkt vor die Füße gefallen war, nahm nur wahr, dass Gloria fast in ihrem Sitz stand, und stieß sie grob zurück.

»Runter!«, zischte er. »Sind Sie wahnsinnig?« Noch immer bemerkte er nichts von der brisanten Situation.

Roderick hatte Benitas Aufschrei vernommen, saß aber zu weit entfernt, als dass er ihren Fall hätte verhindern können. Machtlos musste er mit ansehen, wie sie vom Wagen fiel. Als der Löwe aufsprang und sich in Bewegung setzte, blieb ihm fast das Herz stehen. Mit aller Kraft warf er sich seitwärts, erwischte Benitas rechtes Bein, packte mit beiden Händen zu und zog, dass ihm vor Anstrengung die Adern an den Schläfen hervortraten und Sterne vor den Augen tanzten.

Tief aus der Brust des Löwen drang ein mörderisches Knurren. Auf weichen Tatzen kam er ein paar Schritte näher. Etwa fünf Meter von ihnen entfernt, hielt er inne und sog die Luft zwischen den Zähnen in sich hinein. Eine flinke Windbö tanzte übers Gras. Benita japste, als ihr der beißende Raubtiergeruch in die Nase blies.

Ziko zeigte vor Schreck das Weiße seiner Augen. Er hatte keine Möglichkeit, seinen Sitz zu verlassen, um sich im Wagen in relative Sicherheit zu bringen, ohne vorher auf den Boden zu springen und vor der Nase der Raubkatze um das Gefährt herumzulaufen. Endlich fand er seine Stimme wieder. »Mark, Achtung, hinter dir!«

Erst jetzt bemerkte der Ranger das Drama, das sich im rückwärtigen Teil des Wagens abspielte.

»Runter mit Ihnen«, zischte er. Er langte nach hinten, stieß auch Roderick in dessen Sitz, warf sich über die Lehne, packte mit beiden Händen zu und hievte die strampelnde Benita mit einem gewaltigen Ruck, der ihr fast die Fußgelenke ausrenkte, in den Wagen, warf sie wie einen Kartoffelsack auf den Boden und drückte auf den Anlasser. Der Motor hustete einmal und starb.

Zikos Haut hatte den Farbton von nasser Asche angenommen. Wie versteinert hockte er auf seinem exponierten Ausguck, während der Löwe in halb geduckter Haltung, den Hals weit vorgestreckt, näher kroch und Ziko ins Visier seiner gnadenlosen Augen nahm. Gloria war in Schreckensstarre verfallen, Benita wagte nicht, zu atmen, auch Roderick rührte keinen Muskel.

»Er wird springen, gleich!«, keuchte Ziko. »Mach zu, Mann!«

Mark knurrte frustriert und drehte unablässig den Zündschlüssel. Nach nervenzermürbenden Sekunden, in denen der

Anlasser nur ein metallisches Klicken erzeugte, sprang der Motor stotternd an, spuckte, verreckte, spuckte wieder, und dann endlich nach einer Ewigkeit, wie es allen erschien, lief er rund. Mark, das Gesicht zu einer Maske aus Furcht und Wut verzerrt, trat aufs Gas, und der Motor heulte auf. Mark ließ die Kupplung springen und jagte den Wagen mit Höchstgeschwindigkeit rückwärts den zerklüfteten Weg entlang. Der Geländewagen schlingerte gefährlich, geriet immer wieder in Schlaglöcher und einmal sogar in eine prekäre Schräglage.

Benita umklammerte die vordere Sitzlehne und beobachtete wie hypnotisiert den lautlosen Galopp der großen Raubkatze, die mit offensichtlicher Leichtigkeit immer mehr auf den Wagen aufholte. In letzter Minute erreichte Mark eine Stelle, wo sich der Weg verbreiterte, riss das Steuer herum, der Wagen schleuderte um neunzig Grad, und dann trat der Ranger den Gashebel bis auf den Boden durch. Der Löwe blieb zurück.

Für mindestens zwei Kilometer verringerte er seine Geschwindigkeit nicht, egal, wie sehr seine Gäste durchgeschüttelt wurden. Erst dann steuerte er in eine Wende und stellte den Motor ab. Ziko sprang wortlos von seinem Sitz und verschwand über den sandigen Weg zu einer Hütte, deren Umrisse sich durch einen dicht gesteckten Holzzaun abzeichneten. Sekunden später hörten die Wageninsassen, wie er sich übergab.

Steifbeinig stieg Mark vom Wagen. Mit wutverzerrtem Gesicht marschierte er um das Auto herum zu Benita und riss den Verschlag auf.

»Raus!«, war alles, was er sagte. Dann zerrte er Benita am Arm von ihrem erhöhten Sitz herunter.

Sie verschluckte sich an einem Schmerzenslaut und hustete. »Es tut mir leid, dass ich uns alle in Gefahr gebracht habe«, vermochte sie endlich zu stammeln. »Ich weiß wirklich nicht, was in mich gefahren ist.«

Sie biss die Zähne zusammen, um zu verhindern, dass sie klapperten, spürte, dass ihr zu allem Überfluss die Tränen in die Augen stiegen, hasste sich für ihre Schwäche, hasste sich vor allem für ihre Dummheit. Mit dem Handrücken wischte sie sich das Gesicht trocken. Sie wünschte sich weit weg von hier.

Mark brummte ein unverständliche Antwort und lockerte den Griff an ihrem Oberarm leicht. »Kommen Sie.«

Roderick jedoch sah den Schmerz und die Tränen in ihren Augen, und plötzlich überkam ihn der Drang, dem Wildhüter eine zu versetzen. Bevor er darüber nachdenken konnte, flankte er über die niedrige Wagentür. Mit ein paar Sätzen hatte er Benita und den Ranger eingeholt und riss diesen an der Schulter herum. »Lassen Sie Miss Forrester auf der Stelle los!«

Mark ließ daraufhin Benita so abrupt los, dass sie stolperte. Auge in Auge standen sich die beiden Männer gegenüber. Der Wildhüter war zwar etwas kleiner als Roderick, aber ebenso breitschultrig. Sicherlich war er es gewohnt, sich körperlich durchzusetzen.

»Hände weg«, befahl er.

Benita versuchte, sich zwischen die beiden zu drängen. »Lass das, Roderick, ich werde schon allein damit fertig. Es war schließlich meine Schuld.«

Aber die beiden Männer knurrten sich weiterhin an wie bissige Hunde. Der Ranger senkte die Stirn und fixierte den Banker. Benita wurde an einen wütenden Büffel erinnert. Die Luft knisterte.

»Lassen Sie Miss Forrester los, habe ich gesagt«, grollte Roderick und pumpte seine Brust auf.

Benita nahm aus den Augenwinkeln wahr, dass auch Gloria vom Auto gestiegen war. Die Arme in die Hüften gestemmt, beäugte sie die explosive Situation mit gerunzelter Stirn.

»Männer«, murmelte sie, marschierte zum Geländefahrzeug, öffnete die Heckklappe, wühlte darin herum und tauchte mit einem Gefäß im Arm wieder auf, das Benita bei näherem Hinsehen verblüfft als einen Kübel mit Eiswürfeln erkannte. Bevor sie sich wundern konnte, wo Gloria mitten im Busch Eiswürfel aufgestöbert hatte, marschierte diese energisch hinüber zu den beiden und goss den klingelnden Inhalt über ihnen aus.

Tropfnass fuhren die beiden herum und richteten ihre Wut auf sie.

»Gloria, was soll das, verdammt noch mal?«, brüllte Roderick und fischte einige Eisstücke aus seinem Hemd.

»Männer«, wiederholte Gloria und ging zufrieden lächelnd zurück zum Wagen.

Wie die begossenen Pudel starrten ihr die Streithähne nach. Der Game Ranger fasste sich als Erster. Er trat einen Schritt zurück, seine Haltung entspannte sich.

»Ich habe Miss Forrester etwas zu zeigen. Sie können uns ja begleiten.« Damit legte Mark Benita die Hand auf die Schulter, als befürchtete er, sie könnte weglaufen. Er führte sie über den Sandweg durch spärliches Buschland, bis sie auf eine weite, gerodete Lichtung kamen, auf der – umgeben von einem meterhohen Staketenzaun aus geschältem Holz – mehrere grasgedeckte Rundhütten und einige europäisch anmutende rechteckige Häuser mit rostigen Wellblechdächern standen. Benita kam die Anordnung der traditionellen Rundhütten irgendwie bekannt vor. Während sie noch darüber grübelte, ging Mark auf eine der Hütten zu.

»Ich bin's«, rief er und öffnete die Brettertür, deren einstiges Hellblau nur noch in Flecken vorhanden war. Im Inneren der Hütte war es düster, und für einen Augenblick konnte Benita kaum etwas erkennen. Nachdem sich ihre Augen an das gedämpfte Licht, das durch das fliegenverdreckte Fenster fiel, gewöhnt hatten, sah sie ein Bett, das auf Ziegelsteintürmchen von einem Meter Höhe stand, daneben eine schmale Kommode, die ehemals wohl lindgrün gewesen war. Zwischen Brotkrümeln lag ein zusammengeknülltes Tuch, eine Blechschüssel mit angetrocknetem Haferbrei stand daneben.

Unter der zerwühlten Bettdecke lag eine jüngere Frau.

Mark schob Benita vorwärts, bis sie direkt vor dem Bett stand. »Sehen Sie genau hin«, forderte er grimmig.

Die Frau stierte stumpf unter halb geschlossenen Lidern hindurch ins Leere, ihre Hände flatterten über ihren Körper. Benitas Blick sprang vom rechten Arm, der zwei tiefe, lange Narben trug, zur Hand der Kranken, der zwei Finger fehlten, weiter zu dem anormal dünnen linken Bein, an dem der Fuß nutzlos herunterhing. Unterhalb des rechten Knies war nichts.

Sie fuhr zurück. »O mein Gott, was ist mit ihr passiert?«, flüsterte sie Mark zu.

»Löwe«, antwortete er knapp. Die Rage war aus seinem Gesicht gewichen, jetzt las sie darin nur Schmerz und Mitleid. »Die Löwin, die sie so zugerichtet hat, haben wir erschossen. Es war wohl dieselbe, die auch die Frau am Swimmingpool angegriffen hat.« Er fing die Hände der Verletzten ein und nahm sie in seine. »Das Tier hat gelernt, dass es leichter ist, einen Menschen zu jagen als eine flinke Antilope. Die Löwin hätte von diesem Augenblick an immer nur Menschen als Beute gesucht. Unser Löwe da draußen hat dank Ihres Leichtsinns zum ersten Mal erkannt, dass auf den Wagen, denen er fast jeden Tag in seinem Revier begegnet, Beute sitzt. Es kann passieren, dass wir auch ihn erschießen müssen.«

Seine Stimme war lauter, aggressiver geworden. »Abgesehen davon, dass uns diese Tatsachte alle hier in Lebensgefahr bringt, können Sie sich vorstellen, was das für Inqaba wirtschaftlich bedeutet? Er ist ein Prachtexemplar, der Pascha unseres Rudels. Sie sind hier in Afrika, nicht im Hyde-Park in London, Benita, verhalten Sie sich gefälligst dementsprechend.«

Benita war das Blut ins Gesicht geschossen. »Es tut mir leid«, stammelte sie noch einmal. Sie zitterte am ganzen Leib.

Roderick drückte sich zwischen sie und den Ranger, schützte sie mit seinem Körper und drängte den anderen Mann zurück.

»Nun ist es aber genug. Sie hat gesagt, dass es ihr leid tut. So ein Fehler kann schließlich jedem passieren«, fuhr er den jungen Wildhüter an.

Mark hielt noch immer die Hand der Verletzten. »Hier in Afrika kann ein Fehler schnell tödlich sein. Merken Sie sich das.« Er beugte sich vor und strich der Frau über die Stirn. »Es wird alles gut, Busi«, flüsterte er.

Benita schob Roderick beiseite. »Danke, aber er hat doch recht«, sagte sie. Noch einmal trat sie an das schmale Metallbett mit der schmutzigen Matratze, streckte ihre Hand aus und fuhr mit den Fingerspitzen sachte über die Wange der Frau. Die Haut war heiß und trocken, der Puls am Hals weich und schnell. Auf einmal stutzte sie und beugte sich hinunter, blickte der Kranken ungläubig ins abgemagerte Gesicht.

»Busi?«, flüsterte sie. »Busi, bist du es?« Wie selbstverständlich war sie ins Zulu gewechselt.

Der Wildhüter, der nicht mitbekommen hatte, was sie gesagt hatte, schüttelte den Kopf. »Busi wird Sie nicht verstehen. Seit dem Angriff ist sie nicht mehr klar im Kopf, aber sie weiß, wenn jemand bei ihr ist.«

Benita richtete sich auf. »Es ist Busi Dlamini, nicht wahr?« Ihre Stimme geriet ins Wanken. Sie sah die kleine Busi vor sich, deren Beine so lang und zierlich wie die einer Gazelle gewesen waren, die kleine Busi, die damals mit ihr auf dem Weg zum Fluss um die Wette gelaufen war und immer gewonnen hatte.

Der Wildhüter warf ihr einen verblüfften Blick zu. »Wo haben Sie Zulu gelernt, und woher kennen Sie Busi?«

»Wir sind … wir waren Freundinnen. Ich bin hier geboren.«

»In Südafrika?«

»Auf Inqaba.« Benita lehnte sich über die Kranke, küsste ihre alte Freundin auf die Wange, streichelte ihr Gesicht und ihre Hände. »Ich komme wieder, Busi, bald, das verspreche ich dir.« Damit verließ sie die karg ausgestattete Hütte. Draußen wartete sie, bis der Ranger die knarrende Brettertür hinter sich geschlossen hatte, und wirbelte dann zu ihm herum. Ihr strömten die Tränen übers Gesicht.

»Warum ist sie nicht im Krankenhaus? Warum bekommt sie keine Prothese oder einen Rollstuhl?«, fuhr sie den konsterniert dreinschauenden Wildhüter an.

Ziko, der eben aus der Nachbarhütte kam, hörte ihre Worte und fixierte sie mit einem heißen Blick, der ihr wie ein Feuermal auf der Haut brannte.

»Das geht Sie nichts an. Ihr Überseeleute versteht das nicht«, knurrte er wütend. »Busis Seele wandert über die Hügel. Bald wird sie in den Schatten verschwinden und sich zu unseren Ahnen gesellen.« Er faltete die Hände über seinem stattlichen Bauch und fügte salbungsvoll hinzu: »Beine, die nicht aus ihrem Fleisch sind, würden sie daran hindern, und die Ahnen würden sie nicht erkennen.«

»Quatsch«, erwiderte Benita aufgebracht auf Zulu. »Versuch gar nicht erst, mit mir diese theatralische Zulu-Masche abzuziehen. Ich bin keine von euren rührseligen Touristinnen. Busi könnte sich mit einer anständigen Prothese bestens im Alltag zurechtfinden!«

Vor zwei Jahren hatte sie die Patenschaft für einen kleinen Jungen aus Mosambik übernommen, dem die Beine von einer Landmine abgerissen worden waren. Danach hatte der Junge einfach nur sterben wollen. Er hatte sich auf seiner Schlafmatte zur Seite gedreht, Essen und Trinken verweigert und auf den Tod gewartet. Mit ihrer finanziellen Unterstützung hatten Ärzte ihm Prothesen angepasst. Einer der Ärzte hatte diesen Augenblick in einem Foto festgehalten und es ihr geschickt. Ein fröhlicher kleiner Junge strahlte sie an, seine schwarzen Augen blitzten voller Lebensmut. Heute ging er jeden Morgen auf seinen neuen Beinen zur Schule und schrieb ihr regelmäßig. Das Foto trug sie in ihrer Brieftasche immer bei sich.

»Ich kenne mich mit neuen Beinen aus, und ihre Ahnen werden Busi eines fernen Tages genauso erkennen, wie sie dich erkennen werden, obwohl du Augen aus Glas trägst!« Herausfordernd deutete sie auf seine Brille.

Ziko riss die Brille herunter und starrte sie mit parodiehaft geweiteten Augen an. »Wo haben Sie Zulu gelernt?« Es war mehr als offensichtlich, dass er sich zutiefst beleidigt fühlte.

Verlegen räusperte sie sich. Wie konnte sie nur vergessen, welch stolzes Volk die Zulus waren, wie empfindlich sie auf alles reagierten, was ihre Würde verletzen könnte. »Bei meiner Mutter und Nelly und Ben Dlamini, Busis Eltern«, antwortete sie schnell. Das würde alles erklären. Jeder in dieser Gegend kannte Nelly und Ben Dlamini.

Während sie auf Zikos Antwort wartete, schaute sie sich um, und ganz allmählich, wie ein Foto im Entwicklerbad, baute sich ein Bild vor ihr auf. Das hier war das ursprüngliche Dorf der Farmarbeiter gewesen, und in Nelly Dlaminis Hütte hatte sie Unterschlupf gefunden, wenn ihr Vater wieder einmal auf der Flucht gewesen war und auch ihre Mutter für einige Zeit verschwinden musste.

Ihre Gedanken tauchten ab in die stille Tiefe ihrer Erinnerungen. Nelly – Nelindiwe, wie ihr Zuluname lautete – war auf der Farm geboren worden, war die Nanny von Jill und ihrem Bruder gewesen und vorher die von deren Mutter und auch von Michael, ihrem Ubaba. Sie sah die massige Gestalt der alten Zulu vor sich, diese von innerer Kraft strotzende Frau, das vom Leben verwitterte dunkle Gesicht mit den großflächigen Wangenknochen, die schwarzen Augen, die so temperamentvoll funkelten, der breite Mund, der so herrlich lachen konnte. Immer war die Zulu für sie da gewesen, unverrückbar wie ein lebenswarmer kaffeebrauner Monolith.

Nelly hatte die kleine Benita sofort in ihr großes Herz aufgenommen, hatte sie getröstet und ihre Tränen getrocknet, wenn sie

Heimweh nach ihren Eltern hatte, hatte abends bei ihr gesessen, wenn sie nicht einschlafen konnte. In ihren Kaross gewickelt, hatte sie ihr mit sanfter Stimme vorgesungen und ihr die Fabeln ihres Volkes erzählt, die von versunkenen Zeiten handelten, als der Mensch noch eins war mit der Natur und im Paradies lebte. Tagsüber weihte sie das kleine Mädchen in die Geheimnisse der Kräuterkunde ein, bis Benita sich im Busch fast ebenso gut auskannte wie Nellys eigene Töchter.

Ihr Mann Ben wiederum, der der Häuptling des Dorfes war, hatte ihr alles beigebracht, was sie jetzt über ihre Heimat wusste. Er hatte ihr das Wesen der Tiere und Pflanzen erklärt, so wie es die Zulus sahen, hatte sie die Namen gelehrt und wie man sie erkannte. Seine Geschichten entführten sie in das Reich der Magie, der Märchen, wo Tiere zu sprechen vermochten und Pflanzen eine Seele besaßen. Die Tage auf Inqaba waren immer warm und hell gewesen, und sie hatte in diese Welt gehört. Schaute sie jetzt zurück, erschien ihr die Zeit so fern und flüchtig wie der Widerschein der untergehenden Sonne am Horizont.

Nur um eines machte sich besonders Nelly ständig Gedanken. Benitas Seelenheil und ihren Platz dereinst unter ihren Ahnen.

»Du bist keine echte Zulu, Jikijiki, weder außen noch innen. Unsere Ahnen werden dich nicht erkennen. Wir müssen die alte Lena bitten, mit deinen Ahnen zu reden, damit sie dir trotzdem wohlgesinnt sind«, teilte sie Benita mit. »Wird wohl ein paar Zigaretten oder ein Huhn extra kosten – das ist schließlich ein schwieriger Fall«, hatte sie sorgenvoll hinzugefügt. »Vielleicht muss dein Vater sogar eine Ziege kaufen, damit Lena sie den Ahnen opfern kann. Es müsste eine ziemlich gute Ziege sein.«

Die alte Lena, eine Sangoma, zelebrierte allerlei geheimnisvolle Riten, opferte Tiere und stand mit ihren Vorfahren in Verbindung, behauptete, deren Botschaften deuten zu können, was ihr große Macht über ihre Stammesgenossen gab. Diese Macht weitete sie noch weiter aus, indem sie allerlei Tricks benutzte, um den übersinnlichen Mythos, der sie umgab, noch dichter zu weben.

Versonnen in sich hineinhorchend, erinnerte Benita sich, wie sie damals auf Nellys Vorschlag reagiert hatte.

Die Worte der alten Zulu hatten das Bild der rituellen Tötung einer Kuh heraufbeschworen, der sie als kleines Mädchen einmal heimlich beigewohnt hatte. Das Schreien der Kuh, der Anblick des Blutes, das aus dem Hals des Tiers spritzte, hatten sich unauslöschlich in ihr Gedächtnis gegraben.

»Ich geh in die Kirche. Gott passt auf mich auf«, hatte sie Nelly daraufhin fest entgegnet.

»Man kann nie wissen.« Nelly hatte ihr allwissendes Zulugesicht aufgesetzt, sich ein strampelndes Huhn unter den Arm geklemmt und Benita zur Sangoma geschleppt.

Bis heute konnte Benita den Tiergestank heraufbeschwören, der die Sangoma umwehte. Als sie damals der verschrumpelten Zulu-Geisterheilerin ansichtig wurde, deren mumienhafter Körper von Lagen stinkender Lumpen und Tierhäute bedeckt war, war sie schreiend davongelaufen. Wochenlang war sie nicht mehr zu bewegen gewesen, Nelly zu besuchen. Jahrelang hatte dieses bizarre Wesen noch in ihren Träumen gelauert, gleichgültig wie häufig ihr Nelly versicherte, dass sie von der Heilerin nichts zu befürchten habe.

»Ich geh in die Kirche«, beharrte Benita und hatte sich durchgesetzt.

»Ben Dlamini?« Zikos ungläubige Stimme riss sie aus ihrem Rückblick. Er starrte sie an, biss dabei in einen Brotkanten.

Der Geruch von frisch gebackenem Brot stieg ihr in die Nase und stieß sie sofort wieder zurück in die Vergangenheit. Benitas früheste Erinnerung an Nelly Dlamini war untrennbar mit diesem köstlichen Duft verbunden. Bei ihrem ersten Besuch im Dorf hatte ihr Vater sie zu Nelly in die Küche gebracht. Die Zulu hatte sie in ihre kräftigen Arme gezogen und herumgeschwenkt, hatte dabei gelacht und getanzt und ihr dann ein frisches Brot dick mit Butter und Honig gestrichen. Bis zum heutigen Tag versetzte sie frisches Brot mit Butter und Honig in eine wunderbare Stimmung, und sie aß es automatisch, wenn sie Trost brauchte.

Instinktiv schlang sie die Arme um sich, wollte die Erinnerung an die Wärme von Nellys Umarmung, dieses Gefühl von Geborgenheit, heraufbeschwören. Verwirrt schüttelte sie den Kopf und zwang sich zurück in die Gegenwart.

Ziko stand da, sein ausdrucksvolles Gesicht verschlossen, die Arme vor der Brust verschränkt, sah sie nur an, sagte nichts, kaute nur.

»Nelly und Ben Dlamini haben mir Zulu beigebracht«, wiederholte sie erwartungsvoll. Aber sie erntete nichts als schwelende Blicke und dickes, schwarzes Schweigen.

Es war nicht schwer zu verstehen, was er ihr sagen wollte: Egal, wer du als kleines Kind gewesen bist, jetzt gehörst du nicht mehr zu uns. Es geht dich nichts an. Lass uns zufrieden.

»Wie geht es Nelly? Und Ben?«, sagte Benita im Versuch, ihn zu beschwichtigen.

»Ben ist tot. Nelly ist krank.« Seine Stimme war wie ein Peitschenschlag.

Sie zuckte zurück, als hätte er ihr eine Ohrfeige versetzt. In gewisser Hinsicht traf das auch zu. Eine heiße Welle der Scham stieg in ihr auf. Für eine Zulu war es Pflicht, sich um ihre Eltern und Großeltern zu kümmern, wenn diese nicht mehr für sich selbst sorgen konnten. Seit Jahren hatte sie nicht mehr an Nelly und Ben gedacht. Zusammen mit ihrer Vergangenheit hatte sie auch die Erinnerung an diese beide Menschen, von denen sie nur Liebe und Zuneigung erhalten hatte, verdrängt. Plötzlich erschien ihr die Person, die sie in London war, kaltherzig, oberflächlich und sehr weit entfernt.

»Ich …«, begann sie, stockte, wollte ihm sagen, dass sie zu ihnen gehörte, ihm erklären, warum sie sich nicht um die Dlaminis gekümmert hatte, aber unter dem flammenden Blick des Zulus vertrockneten ihr die Worte im Mund. Sie machte nur eine hilflose Handbewegung. »Also, ist Busi deine Frau?«, fragte sie schließlich auf Zulu, um das dichte Schweigen zwischen ihnen zu brechen.

»Yebo.« Der Schwarze warf ihr einen gereizten Blick zu. »Wir haben kein Geld. Es reicht nur fürs Nötigste.« Er sagte es auf Englisch.

Benita wurde sich schmerzlich bewusst, dass die Verwendung dieser Sprache und sein herausfordernd vorgeschobenes Kinn, der aufsässige Blick, eine scharfe Grenze zwischen ihnen zogen. Mehr als deutlich gab er ihr damit zu verstehen, dass er ihre Einmischung als Anmaßung empfand. Kleinlaut senkte sie die Augen. Sie hatte diese Grenze gedankenlos überschritten. Automatisch hatte sie vorausgesetzt, dass Ziko sie als eine der Seinen betrachtete. Gloria hatte die Zulus als ihre Stammesgenossen bezeichnet, und früher waren sie das auch gewesen, nicht nur kraft der Apartheidgesetze. Sie hatte zu diesen Menschen gehört. Früher! Sie schluckte den Kloß hinunter, der ihr im Hals saß. Früher war vorbei. Für immer.

Für ihn war sie offensichtlich nur eine von diesen Überseeleuten, wie die Südafrikaner alle Touristen aus anderen Kontinenten nannten, die sich besserwisserisch in alles einmischten, die die Schablone ihres europäischen Lebens und Denkens über das der Afrikaner legten, ohne sich die Mühe zu machen, die hiesige Kultur und die Traditionen zu verstehen. Und genau so hatte sie sich verhalten. Ihr Gesicht brannte vor Schuldbewusstsein. Sie setzte an, um etwas zu sagen, aber eine Bewegung im Eingang der Nachbarhütte, aus der Ziko gekommen war, erregte ihre Aufmerksamkeit. Schemenhaft nahm sie die Gestalt einer erkennbar hochschwangeren jungen Frau wahr.

Jetzt ging Benita ein Licht auf. Bei der Frau handelte es sich mit Sicherheit um Zikos zweite Frau oder auch die dritte, und bald würde es einen weiteren hungrigen Mund zu stopfen geben. Kein Wunder, dass kein Geld für Busi übrig war.

»Wer ist die Frau in der Hütte?«, fragte Roderick leise, der ihrer anfänglichen Unterhaltung in Zulu, die mit Klicks und lang gezogenen gutturalen Vokalen gespickt war, mit Faszination gelauscht hatte.

»Die Kranke? Das ist Zikos Frau Busi, eine Freundin von mir aus meiner Kinderzeit.« Sie senkte die Stimme und zog ihn etwas beiseite, um zu verhindern, dass Ziko mithören konnte. »Die andere ist auch seine Frau. Viele Zulus haben mehrere Frauen. Das ist hier noch immer Sitte. Selbst der König hat sechs Königinnen. Je mehr Frauen ein Mann hat, desto mehr Kinder werden für ihn im Alter sorgen können.« Sie machte eine resignierte Handbewegung. »Und in diesem Zustand kann Busi nicht mehr ihren Beitrag zur Familie leisten …« Traurig ließ sie den Satz im Nichts hängen.

Roderick, dem ihr Kummer mitten durchs Herz schnitt, beschloss, sowie sie in die Zivilisation zurückgekehrt waren, seine Kreditkarte zu strapazieren. »Wir werden den Hut herumgehen lassen. Deine Freundin wird ein neues Bein und medizinische Betreuung bekommen.« Tröstend legte er ihr die Hand auf den Arm.

»Nein«, fiel sie ihm schnell ins Wort und schüttelte die Hand ab. »Nein. Keine Almosen. Es würde Zikos Stolz verletzen. Er müsste annehmen, dass wir ihn nicht für fähig halten, die eigene Familie zu ernähren. Ich muss einen anderen Weg finden.«

»Mein Gott, wie kompliziert.« Gloria war unbemerkt hinzugetreten. »Alles hat schließlich seinen Preis. Soll er doch froh sein, wenn wir ihm helfen.«

»Die Zulus sind ein sehr stolzes Volk. Sie hassen jegliche Einmischung, besonders von uns …« Ihre Zunge stolperte. »… besonders von uns Ausländern«, beendete sie den Satz. Von uns Weißen, hatte sie sagen wollen. Erschüttert stellte sie fest, dass Zikos Haltung es bewirkt hatte, dass sie hier in ihrem Geburtsland, der Regenbogennation, zum ersten Mal wieder diesen Unterschied machte und dass sie sich jetzt auf der anderen Seite stehend empfand.

»Fragen Sie Jill«, mischte sich Mark ein. »Sie wird von allen hoch geachtet, und sie hat einen besonderen Draht zu den Zulus. Vielleicht weiß sie Rat. Und jetzt steigen Sie bitte wieder ein. Auf dem Programm steht nun ein Picknick im Busch. Ein wunderbares Erlebnis, das kann ich Ihnen garantieren.«

Mit kräftigem Griff half er Gloria und Roderick auf die Vorderbank, setzte sich hinters Steuer und ließ den Motor an. Er war offensichtlich bestrebt, einen Schlusspunkt unter die Episode zu setzen.

Benita kletterte allein auf die Rückbank. Ziko trat heran und schlug mit Schwung hinter ihr die Wagentür zu. Es knallte, dass der Wagen erzitterte. Seiner verschlossenen Miene und den hochgezogenen Schultern nach zu urteilen, zürnte er ihr immer noch. Impulsiv lehnte sie sich vor und berührte ihn am Oberarm. Er wandte den Kopf, kein Lächeln erhellte sein Gesicht. Schnell nahm sie ihre Hand wieder weg.

»Bitte verzeih mir, Ziko, ich war nicht mehr hier, seit ich ein Kind war. Ich war weit weg, so weit, dass ich mein Land aus den Augen verloren und vieles vergessen habe«, sagte sie auf Zulu.

Seine Miene blieb undurchdringlich. »Woher kannten Sie Nelindiwe und Ben?« Er antwortete auf Englisch. Noch war er offensichtlich nicht bereit, sie zu akzeptieren.

Ruhig erwiderte sie seinen misstrauischen Blick. »Der Name meiner Mutter war Gugu, sie gab mir den Namen Jikijiki.«

Der Name Jikijiki gehörte zu den Geschichten, die die Alten in hellen Nächten am Feuer unter dem Indaba-Baum erzählten. Ihre Mutter hatte ihr Jikijikis Geschichte erzählt. Sie war eine schöne, junge Zulu gewesen, die Mitte des 19. Jahrhunderts auf Inqaba lebte, ihrer Ururgroßmutter Catherine Steinach im Haus half und deren erste Freundin wurde. Ihr Leben endete, als sie von ihrem Vater dem Zulukönig Mpande als Geschenk übereignet werden sollte. Der Überlieferung nach floh Jikijiki mit ihrem heimlichen Verlobten, einem stattlichen Zulu, in den Busch. Der König setzte seine Hyänenmänner, seine Henker, auf sie an, und die beiden Flüchtigen mussten ihren Ungehorsam mit dem Leben bezahlen. Diese Geschichte hatte sie schon als kleines Mädchen stark beschäftigt. Sie hatte sich ausgemalt, wie verzweifelt die junge Zulu über die Aussicht gewesen sein musste, für den Rest ihres Lebens die Leibeigene des fetten, alten Zulukönigs zu sein.

Bei dem Namen stutzte Ziko, und ein schwer zu deutender Ausdruck huschte über sein Gesicht. Er kniff die Augen zusammen, als wüsste er nicht, wovon sie redete. Lange sah er sie so an.

»Gugu?«, murmelte er dann. »Gugu! Eh, das ist lange her.« Doch jetzt leuchtete sein Lächeln auf. Er nickte. Mehr nicht. Aber das Lächeln strahlte noch aus seinen Augen, als er seinen Ausguck erklomm.

Zutiefst erleichtert und mit dem verwirrenden Gefühl, zu Hause angekommen zu sein, lehnte sich Benita auf der unbequemen Bank zurück. Was das zu bedeuten hatte, musste sie erst in Ruhe überdenken.

Bald hielten sie auf einem niedrigen Plateau mit freiem Blick über die flache Savanne. Grüne Inseln von undurchdringlichem Busch schwammen im goldenen Grasmeer. Eine Herde Gnus, die aus der Ferne so groß wie Spielzeugfiguren wirkten, zog grasend vorbei, im Schatten der Schirmakazien lagerten Büffel. Zwischen den meterhohen konischen Termitenhügeln, die sich aus der roten Erde wie Schlossbauten erhoben, grub eine Warzenschweinfamilie nach Essbarem. Über allem lag tiefe Ruhe, eine singende Stille, die von den Zikadengesängen, dem Knistern der trockenen Halme und den hohen Schreien eines Adlers, der als winzige schwarze Silhouette am Himmel dahinsegelte, unterstrichen wurde.

Benita – ihre Gedanken tief in der Vergangenheit verstrickt –

atmete diese Ruhe ein, driftete dahin, losgelöst von Zeit und Raum, wünschte sich Flügel, um davonzuschweben, um für immer von Erdenschwere frei zu sein. Ich möchte aus meiner Puppenhülle kriechen, dachte sie, ich möchte wissen, wie es ist, ein Schmetterling zu sein.

Roderick lehnte sich über die Rücklehne und legte seine Hand auf ihre. »Wunderschön, nicht wahr? Wie ein Hauch von Ewigkeit …«

Bevor Benita darauf eingehen konnte, schwankte der Wagen, weil Mark vom Wagen sprang, und der Augenblick war zerstört. Der Wildhüter hängte sich sein Gewehr über die Schulter, ging zum Heck und half Ziko, einen großen Picknickkorb unter den Sitzen hervorzuziehen.

»Herrschaften, mein Rücken fühlt sich an, als wäre ich gerädert worden!«, jammerte Gloria, bog ihre Wirbelsäule durch und dehnte sich stöhnend. Ihr blondes Haar stand, vom Fahrtwind zerzaust, in alle Richtungen. »Sollen wir hier etwa aussteigen?« Misstrauisch ließ sie den Blick über die Umgebung schweifen, als erwartete sie, dass jeden Augenblick ein wildes Tier sie anspringen könnte.

»Ich sagte doch, dass noch ein Picknick auf dem Programm steht. Sie können aussteigen und sich die Beine vertreten. Und sollten Sie mal müssen, können Sie sich hinter den Busch hocken.« Er wies auf eine Buschgruppe, deren spärliches Grün wenig Sichtschutz bot.

Die Anwältin musterte ihn aufgebracht. »Das kann nicht Ihr Ernst sein. Ich soll mitten zwischen Löwen und Büffeln pinkeln gehen?«, rief sie, lachte aber spöttisch auf, als sie sah, wie Mark bei diesem undamenhaften Wort zusammenzuckte. »Oder gibt es hier einen Zaun, der uns schützen könnte? Ich sehe allerdings keinen.«

Mark klopfte grinsend auf den Kolben seines Gewehrs. »Keine Angst, Ma'am, ich komme mit und passe auf Sie auf.«

Glorias Miene machte deutlich, was sie von diesem Vorschlag hielt. »Das würden Sie wohl gern«, murmelte sie. »Was ist das?«, fragte sie dann laut und deutete auf zwei mächtige Felsen, die in rund hundert Meter Entfernung nebeneinander auf der roten Erde lagen.

»Zwei Nashörner im Verdauungsschlaf«, antwortete Ziko. »Sind ungefährlich, wenn sie so herumliegen. Ich werde mal pfeifen, dann wachen sie vielleicht auf und kommen her. Das gibt schöne Fotos.«

»Sind Sie verrückt? Unterstehen Sie sich! Die Biester sind doch gefährlich. Was machen Sie denn, wenn denen nicht passt, dass wir in ihrem Schlafzimmer parken, und sie uns angreifen?«

»Dann springen wir schnell zum Wagen und machen uns unsichtbar.« Der Zulu gluckste.

»Ach ja, das war ja die Sache, dass wir dann nicht mehr als Beute zu erkennen sind.« Glorias Worte troffen vor Spott.

»Richtig«, sagte Mark, der immer noch übers ganze Gesicht grinste. Es schien ihm großes Vergnügen zu bereiten, mit Gloria die Klingen zu kreuzen.

Benita, die seit dem Besuch bei Busi kein Wort mehr von sich gegeben hatte, stand mit hölzernen Bewegungen auf. Roderick eilte zu ihr, um ihr über den Tritt herunterzuhelfen.

»Danke, geht schon«, wehrte sie ab und sprang auf den Boden.

Mittlerweile hatte Ziko einen niedrigen Klapptisch aufgestellt und eine dunkelgrün gemusterte Decke darübergeworfen. Sorgfältig strich er die Falten glatt, dann stellte er kleine Teller hin, legte Besteck gefällig im Fächermuster daneben und trat schließlich einen Schritt zurück, um sein Werk zu betrachten. Zufrieden brummend schraubte er nacheinander mehrere große Blechdosen auf und kippte deren Inhalt auf separate Teller.

»Bitte bedienen Sie sich. Es gibt Nüsse, Trockenfrüchte, Oliven und luftgetrocknetes Fleisch vom Kudu und vom Büffel. Dieses Fleisch wird hier Biltong genannt. Was würden Sie gern trinken?«

Es gab alles reichlich, besonders Alkohol. Gloria ließ sich einen Cocktail mit dem vielsagenden Namen »Schwanz des Löwen« mischen. Deftig leerte Ziko verschiedene kleine Schnapsfläschchen in ein Glas und goss mit Cola auf. Mehr als ein Esslöffel passte nicht mehr hinein. Dann spähte er missmutig in seinen Korb.

»Irgendjemand hat meine Eiswürfel geklaut«, beklagte er sich. »He, Mark, Mann, erzähl mir nicht, dass es die Affen waren, das glaub ich nämlich nicht.«

»Das war ich«, warf Gloria trocken ein. »Es gab einen Notfall.«

»Notfall? Für Eiswürfel?« Der Zulu beäugte sie wie ein seltenes Tier, bekam aber keine Antwort, und niemand machte Anstalten, ihn über das Wesen des Notfalls aufzuklären. Er zuckte die Schultern. »Dann gibt's eben kein Eis. Ich hoffe, Sie mögen warme Drinks.« Er reichte der Anwältin das Glas mit dem Löwenschwanz. Sie kippte es in einem Zug und schüttelte sich anschließend.

»Fruchtsaft mit Sprudel«, bestellte Roderick.

»Keinen Whisky oder Kognak?« Mark wirkte ehrlich erstaunt. »Vielleicht einen Wodka? Den riecht man nicht.«

»Zu früh, zu heiß und nicht die richtige Gelegenheit«, wich Roderick lächelnd aus und nahm dann das Glas mit dem perlenden Fruchtsaft entgegen.

Benita kaute mit abwesendem Blick auf einem Stück Kudu-Biltong, dessen Geschmack sie geradewegs in ihre Kindheit zurückversetzt hatte. »Kann ich auf Inqaba Amasi bekommen?«, fragte sie unvermittelt. »Ich habe das oft bei Nelly getrunken. Sie hat immer welches in einem Tontopf für mich bereitgestellt.« Amasi – geronnene Milch – war ein Grundnahrungsmittel der Zulus.

»Ich habe selbst welches angesetzt und werde es dir von zu Hause mitbringen.«

Benita lächelte erleichtert. Zikos Zorn auf sie war augenscheinlich verebbt. Kauend schaute sie den Gnus zu, die in der

Ferne grasten, registrierte, dass jeweils ein Tier in regelmäßigen Abständen als Wächter postiert war. Dieses kehrte seiner Herde den Rücken zu und ließ die menschlichen Eindringlinge nicht aus den Augen. Plötzlich wurde einer der Wächter unruhig, tänzelte auf der Stelle, schlug mit dem Kopf aus, machte deutlich, dass er sich durch irgendetwas bedroht fühlte. Prompt hörten alle Tiere auf zu grasen, drängten sich Rücken an Rücken näher aneinander und zeigten eine Mauer von wehrhaften Gehörnen.

Benita suchte das flirrende Gras nach den verräterischen schwarzen Ohrspitzen von Löwen ab, aber außer einem Paradieswitwenvogel, der immer wieder aus dem wogenden Grasmeer hochflatterte, konnte sie beim besten Willen nichts entdecken. Sie wollte eben ihr Getränk aufnehmen, als ein Ausruf von Roderick sie veranlasste, sich umzudrehen.

Was sie nun erblickte, jagte ihr einen Adrenalinstoß durch die Adern. Wie aus dem Nichts standen auf einmal zwei Schwarze in grünbraun gefleckten Anzügen vor ihnen, schwer bewaffnet mit Maschinenpistolen und Revolvern. Selbst aus der Nähe gesehen, lösten sich ihre Konturen vor dem Hintergrund von Busch und Grasland auf. Ihre Tarnung war perfekt.

»Was wollen diese Kerle hier?« Roderick klang aggressiv. Mit einem Satz stellte er sich schützend vor die beiden Frauen, Kopf angriffslustig gesenkt, Arme in die Hüften gestemmt.

»Vermutlich eine Inszenierung für uns dumme Touristen«, spottete Gloria, zog sich aber doch ein paar Schritte zurück.

Mark hob beschwichtigend die Arme. »Keine Angst, das sind zwei Männer unserer Wildererpatrouillen.«

Roderick wich nicht zurück. Auf ihn wirkten diese Männer wie Soldaten, und er fragte sich, was wohl wirklich ihre Aufgabe war. Zumindest ihre Haltung und die Bewaffnung erinnerten ihn unangenehm an jene Milizen, die ihn in Uganda überfallen hatten. Erst als beide Uniformierte mit zwei Fingern ihre Käppis berührten und grüßten, entspannte er sich etwas.

»Alles in Ordnung hier?«, fragte einer den Wildhüter auf Zulu, und als Mark bejahte, winkte er ihn zur Seite.

Der Ranger kam der Aufforderung nach und hörte sich mit zunehmend ernster werdenden Miene das an, was die beiden ihm mitzuteilen hatten. Schließlich winkte er Ziko heran.

Benita, der die Uniformierten ebenfalls einen gehörigen Schrecken eingejagt hatten, lauschte angespannt und übersetzte dann leise für Gloria und Roderick.

»Da muss etwas passiert sein. Sie sagen, dass das Löwenrudel einen …« Sie neigte sich vor, um jedes Wort mitzukriegen. »Irgendetwas mit einem Löwenrudel … einen Menschen …«

»Um Himmels willen, haben die etwa einen Menschen gerissen?« Gloria war kreidebleich geworden und mit einem Satz auf den Wagen gesprungen. Sie hockte auf dem höchsten Platz und zog die Beine an, als würde sich vor ihr schon ein Löwe zum Sprung bereitmachen. »Ich will jetzt auf der Stelle zurück zum Haus fahren. He, Mark, kommen Sie her!«

Aber der Wildhüter hob abwehrend eine Hand, während er weiter leise mit den beiden im Tarnanzug redete.

Auch Benita war erschrocken. Der vereitelte Angriff des Rudelpaschas saß ihr noch tief in den Knochen. »Warte, Gloria, ich hab nicht alles mitgekriegt … Ich bin mir nicht sicher …«

»Gloria, bleib im Wagen«, sagte Roderick. »Ich finde heraus, was passiert ist. Benita, komm bitte mit, falls die mich auf Zulu abwimmeln wollen.«

Die vier Männer – Mark, Ziko und die beiden Uniformierten – verstummten, als sich Roderick und Benita ihnen näherten.

Roderick hatte seinen Arm um Benitas Schultern gelegt. Es war eine automatische Geste, und sie ließ es geschehen. »Ist etwas passiert?« Einen nach dem anderen musterte er die vier.

Seine Frage wurde mit Schweigen begrüßt. Jeder einzelne der Männer wich seinem fordernden Blick aus. Mark war bleich geworden. Er hatte seine Schirmmütze tief in die Stirn gezogen und die Hände in die Taschen seiner Khakihose gerammt. Endlich räusperte er sich.

»Nichts ist passiert.« Sein Ton war abweisend, aber seine Miene strafte die Worte Lügen. »Wir fahren gleich weiter. Ich habe nur kurz etwas zu besprechen. Entschuldigen Sie uns bitte so lange.« Demonstrativ drehte er seinen Gästen den Rücken zu.

Aber Roderick rührte sich nicht vom Fleck. »Wir haben ein paar Worte aufgeschnappt. Hat es Ärger mit den Löwen gegeben?«

»Verstehen Sie etwa Zulu?«, fragte einer der Bewaffneten misstrauisch und verriet sich damit.

»Ich verstehe Zulu«, sagte Benita. »Mir scheint, dass einer der Löwen einen Menschen gerissen hat. Ist das wahr? Und wenn ja, wie ist es um unsere Sicherheit bestellt?«

Roderick verschränkte die Arme vor der Brust und streckte herausfordernd das Kinn vor. Dieser Wildhüter ging ihm gründlich gegen den Strich.

»Sie haben sich verhört, wir haben nicht über Löwen gesprochen. Es geht um … äh … verwaltungstechnische Schwierigkeiten, über die ich mit Jill sprechen muss«, antwortete Mark ausweichend. »Ich fahre Sie jetzt zu der Stelle, wo Sie den schönsten Sonnenuntergang Ihres Lebens erleben werden. Das verspreche ich Ihnen. Kommen Sie.« Er lächelte beschwichtigend, nahm sein Gewehr von der Schulter und hielt es locker in der einen Hand. Mit der freien anderen Hand winkte er den beiden im Tarnanzug. Sie winkten zurück und entfernten sich, und obwohl Benita genau hinschaute, konnte sie die Männer nach nur wenigen Sekunden im staubigen Grün nicht mehr ausmachen.

»Verwaltungstechnische Schwierigkeiten, den Euphemismus werde ich mir merken, den kann man auf alles anwenden«, grollte Roderick.

»Er sagt nicht die Wahrheit«, flüsterte ihm Benita wie zur Bestätigung zu.

»Natürlich nicht. Ich könnte sie allenfalls aus ihm herausprügeln, sonst aber gibt es nichts, was wir dagegen ausrichten können.« Er nahm Benitas Arm, führte sie zurück zum Wagen und half ihr hinauf.

Mark startete den Motor und fuhr an. Eine Weile hing jeder seinen Gedanken nach. Irgendwann fing Ziko an, leise zu singen. In seinem volltönenden Bass erzählte er auf Zulu vom Leben seiner Familie im Dorf, vom Unglück, das seine erste Frau getroffen habe, seiner Arbeit und dass er bald genügend Lobola, Brautgeld, zusammenhaben würde, um sich eine neue Frau kaufen zu können. Benita schloss die Augen. Der ruhige Rhythmus hüllte sie wie ein sanfter Schleier ein, und Zikos Worte, die wie Sahne über sie hinwegflossen, trugen sie zurück in die Zeit, als ihre Welt noch in Ordnung war, und nach einer Weile löste sich auch der heiße Knoten in ihrer Magengegend auf.

Der Zauber Afrikas wirkte noch immer.

Als der Wildhüter anhielt und den Motor ausstellte, schlug sie die Augen auf und schaute sich um. Sie hielten auf einem von Felsen gekrönten kleinen Hügel. Wie Scherenschnitte zeichneten sich die Baumkronen vor dem glühenden Horizont ab, zwei Kraniche flogen mit trägen Flügelschlägen ins feurige Licht. In einem Feuerwerk von sprühenden Farben fiel die Sonne wie ein glutroter Ball über den Rand der Erde, der Himmel stand in Flammen, und für einen atemlosen Augenblick herrschte unirdische Stille auf der Welt.

Unvermittelt setzte der Chor der Nachttiere ein. Baumfrösche sangen in klarem Sopran, die Zikaden fiedelten, und aus dem nahe gelegenen Wasserloch dröhnte der Bass der Ochsenfrösche. Jemand hustete. Ein hartes, sägendes Husten, nicht wie das eines Menschen.

»Leopard«, flüsterte Benita und erschauerte. Es war die Stunde, in der die Tiere aus ihrer Hitzestarre erwachten und die großen Katzen auf Jagd gingen, die Stunde zwischen Tag und Nacht, in der die geheimnisvollen Schatten, die sich wie Gespinste zwischen den Zweigen verfingen, den Busch in eine Fabelwelt verwandelten, in der sich Wesen herumtrieben, die unsichtbar waren, aber deren Stimmen schaurig in ihren Ohren hallte. Eine Welt, die ihr Dinge vorgaukelte, die es nicht wirklich gab. Es war die Stunde, in der die Geschichten, die ihr ihre Umama erzählt hatte, zum Leben erwachten. Geschichten aus der Zeit, als die ersten Menschen hier siedelten, Geschichten, nach denen selbst sie an den bösen Mantindane geglaubt hatte, der nachts das Fleisch von lebenden Menschen aß, und an den Tokoloshe, den bösen Wassergeist, der den Sangomas zu Diensten war.

»Verdammt, hier gibt's Mücken!« Glorias harte, klare Stimme fuhr wie ein Blitz herab und zerstörte jählings die Stimmung. Die Anwältin schlug sich heftig auf den Arm. Es klatschte unangenehm.

»Da, ich hab sie erwischt. Das Biest ist ganz vollgesogen mit meinem Blut!« Anklagend hielt sie ihre Handfläche hoch. Auf dem verschmierten Blutfleck klebten noch Flügel und Beine des Insekts.

Benita hätte sie erwürgen können.

Der Wildhüter nahm die Unterbrechung zum Anlass, den Motor wieder zu starten. »Ist es nicht grandios? Wir Südafrikaner sehen es als Privileg an, in diesem herrlichen Land geboren worden zu sein und so etwas erleben zu dürfen. Wir danken Gott dafür. Jeden Tag«, sagte er mit theatralischer Miene.

»Das haben Sie aber schön gesagt«, kommentierte Gloria trocken und zerdrückte eine weitere Mücke.

Mark verzog eingeschnappt den Mund, wendete den Geländewagen und fuhr – offensichtlich eingedenk Glorias Ausbruch – mit gedrosselter Geschwindigkeit weiter.

Innerhalb von zehn Minuten wurde es dunkel. Ziko holte seinen Handscheinwerfer hervor. Wie ein weißer Finger strich der Lichtkegel über die Umgebung, hierhin, dorthin, hinauf in die

Baumkronen, erleuchtete jeweils nur für Sekundenbruchteile suppentellergroße Bereiche, um dann sofort weiterzuhuschen.

»Ich seh überhaupt nichts«, sagte Roderick. »Es ist mir schleierhaft, wie Ziko auf diese Weise etwas entdecken will. Wir fahren doch viel zu schnell. Fahren Sie doch bitte langsamer, Mark. Sonst sehen wir heute nichts mehr.«

»Abwarten«, war die gelassene Antwort.

Prompt drehte sich Ziko um und richtete seinen Scheinwerfer auf die unteren Zweige eines Baums am Wegesrand, den sie bereits hinter sich gelassen hatten. »Stopp«, kommandierte er. »Zurück, etwa zwanzig Meter. Jetzt halt.« Er wandte sich an die drei Gäste. »Dort, sehen Sie? Dort, wo ich hinleuchte.«

Benita lehnte sich vor und schaute genau hin, aber trotzdem dauerte es einen Augenblick, bis sie zwischen den Blättern den blau schillernden Vogel mit den goldgelben Bauchfedern entdeckte. »Es ist ein Eisvogel, sieh nur, Roderick, ein winziger Eisvogel. Der ist ja kaum länger als mein Zeigefinger.« Im Überschwang hatte sie den Arm um Roderick geworfen. Hastig zog sie ihn jetzt zurück, während ihr die Hitze ins Gesicht stieg.

Roderick hatte das wohl mitbekommen, und ein kleines Lächeln bog seine Mundwinkel nach oben.

»Es ist ein Pygmäeneisvogel«, erklärte Mark. »Der wird nicht größer. Auch ich hätte den nie entdeckt. Ziko ist der Meister in solchen Dingen.«

Mit neuem Respekt betrachteten die drei Touristen ihren Kundschafter, der nun seinen Scheinwerfer wieder über die Landschaft wandern ließ. Es wurde eine kurzweilige Fahrt. Kurz vor Ende der Safari entdeckte Ziko einen Leoparden, der auf dem dicken Ast eines Mahagonibaums kauerte und an einem Antilopenbein kaute. Als Mark den Motor abstellte, hob die große Katze langsam den Kopf von ihrem Mahl und richtete ihre im Scheinwerferlicht glühenden Augen auf die Eindringlinge.

Benita erschauerte. »Ein herrliches Tier«, flüsterte sie.

»Es stinkt«, bemerkte Gloria mit gerümpfter Nase, als ein schwacher Windzug Aasgeruch herüberwehte.

»Halt den Mund, Gloria«, zischte Roderick.

Wieder einmal hatte Gloria sie in die nüchterne Wirklichkeit zurückgestoßen. Verstohlen sah der Wildhüter auf seine Uhr. »Es wird Zeit, wir müssen zurück ins Camp«, flüsterte er und ließ den Motor an. Der Leopard verfolgte sie mit den Augen, bis die Büsche den Blick auf ihn verdeckten.

Plötzlich fing das Funkgerät an zu schnarren, und der Ranger nahm das Mikrofon auf. »Mark hier. Wir sind schon auf dem Weg.« Er hängte das Mikrofon wieder ein und gab Gas.

Im Camp angekommen, hielt er neben dem Eingang und sprang aus dem Wagen. Er schien es eilig zu haben. »Ich sehe Sie alle beim Essen«, rief er und verschwand im Laufschritt um die Ecke des Empfangshauses, wo sich das Büro seiner Chefin befand.

Grübelnd schaute Benita ihm nach. Es musste etwas geschehen sein, auch wenn der Wildhüter versucht hatte, es herunterzuspielen. Verwaltungstechnische Schwierigkeiten? Ein Wortvorhang, nichts weiter. Eine Nebelwand. Sie packte ihre Digitalkamera mit der linken Hand und ergriff mit der rechten die Hand, die ihr Roderick anbot, setzte den Fuß aufs Radgehäuse und sprang leichtfüßig auf den Boden.

»Ich möchte noch mit meiner Cousine sprechen«, sagte sie, während sie ihr herausgerutschtes T-Shirt zurück in den Bund ihrer Jeans stopfte. »Ziko kann mich ja zum Empfangshaus begleiten, bevor er euch dann weiter zum Bungalow bringt.«

»Versuch herauszufinden, was da los war«, sagte Roderick leise und hielt dabei immer noch ihre Hand.

Sie machte sich von ihm los und unterrichtete Ziko von ihrer Absicht. Er schob seine Brille zurecht, nahm das Gewehr von der Schulter und hielt es locker an der Seite und marschierte ihnen dann voraus, wobei er mit einer starken Taschenlampe auf den

Weg leuchtete. Aus dem Busch stieg modrig-feuchter Dunst auf, es raschelte und wisperte, eine winzige goldbraune Antilope stob erschrocken davon. Gloria schaute sich mit deutlicher Beunruhigung um.

»Das scheint hier ja von Viechern nur so zu wimmeln. He, Ziko, was passiert, wenn hier ein Leopard wartet, bis Sie vorbeigegangen sind, und uns dann auf den Kopf springt?«

Der Zulu sah sie todernst an. »Dann packt er Sie, schleift Sie auf seinen Fressbaum in seine Speisekammer und verspeist Sie Stück für Stück, die saftigen Teile zuerst, die anderen lässt er hängen, bis sie schön reif sind.« Er lachte, dass ihm der Bauch wackelte und der Strahl der Taschenlampe wie eine weiße Schlange durch die Dunkelheit zuckte.

Roderick prustete los, Benita kicherte, und auch Gloria lachte schließlich, wenn auch etwas gekünstelt, und tat so, als hätte sie die Frage bloß aus Spaß gestellt. Sie gingen weiter durch die samtige Nacht. Über ihnen funkelte der sternenübersäte Nachthimmel Afrikas, Fledermäuse jagten lautlos ihre Beute, gelegentlich glühten die Augen eines Nachttiers auf.

Auf der Veranda wurden sie von leuchteten Kerzen auf den Tischen begrüßt. In Haltern auf dem Geländer steckten brennende Fackeln und warfen ihr flackerndes Licht über die Veranda und die Unterseite der Schattenbäume. Benita entdeckte in den Zweigen die glitzernden Augen mehrerer Affen, die offenbar genau wussten, wann der Tisch für sie gedeckt wurde. Einige der Gäste standen bereits in einer Gruppe an der Bar. Man unterhielt sich und trank Champagner oder Bier.

Roderick und Gloria verabschiedeten sich und folgten Ziko zu ihrer Unterkunft. Benita lief ums Haus herum zu Jills Büro, aber zu ihrer Verwunderung kam ihr diese schon eilig entgegen. Innerlich wappnete sie sich gegen die Standpauke, die ihr Jill ohne Zweifel wegen ihres Verhaltens halten würde. Aber sie wurde überrascht.

Jill warf ihr ein blasses Lächeln zu. »Mark hat schon Bescheid gegeben, dass ihr wieder zurück seid. War es schön? Der Sonnenuntergang war doch spektakulär heute, oder? Habt ihr viele Tiere gesehen?« Sie redete schnell und wirkte nervös. In Gedanken schien sie mit etwas anderem beschäftigt zu sein. »Ach, übrigens, wir müssen unser Gespräch leider auf morgen Abend verschieben. Einer unserer Gäste feiert Geburtstag und hat alle – auch euch – dazu eingeladen. Ihr braucht natürlich nicht mitzumachen, wenn ihr nicht wollt, aber wir werden einen wunderbaren afrikanischen Abend im Busch inszenieren. Du kannst mir glauben, es wird sich lohnen.«

»Ich werde Roderick und Gloria fragen. Allein kann ich das nicht entscheiden«, antwortete Benita, die ziemlich erleichtert war, dass ihr nicht die Leviten gelesen wurden. Offenbar hatte Mark seiner Chefin doch nicht von ihrer Dummheit berichtet. Um dem Ranger zuvorzukommen, schnitt sie das Thema selbst an und schaute dabei angestrengt auf ihre Schuhspitzen.

»Ich habe gehört, dass etwas passiert ist. Ist denn jemand von Löwen gefressen worden? Hat … hat das …« Sie musste tief durchatmen. »Hat das vielleicht etwas mit meinem dummen Verhalten zu tun …?«

»Unsinn, und sprich um Himmels willen leiser. Davon kann keine Rede sein, und ich will nicht, dass die anderen Gäste in Panik geraten. Außerdem, von welchem dummen Verhalten redest du da eigentlich? Komm!« Jill zog sie auf die andere Seite der Veranda, wo sie nicht Gefahr liefen, dass andere ihr Gespräch mitbekamen.

Mit knappen Worten berichtete ihr Benita von dem Vorfall, wobei sie nichts beschönigte. »Ich komme mir fürchterlich dämlich vor, aber es war eine völlig unwillkürliche Reaktion, weil mir Gloria und Roderick die Sicht versperrt haben. Mein Gehirn hat einfach für einen Augenblick abgeschaltet. Es tut mir wahnsinnig leid.«

»Ach, so was passiert doch öfter. Ich werde mit Mark reden. Es geht nicht, dass er dich derart abkanzelt und grob behandelt, und er hatte kein Recht, dich auf diese Weise mit Busi zu konfrontieren. Schließlich bist du hier bei uns Gast, und er hat sich höflich zu verhalten.«

»Nein, bitte nicht, er hat sich richtig verhalten«, wehrte Benita hastig ab. »Außerdem habe ich dadurch Busi wiedergesehen. Es hat mir den Magen umgedreht. Ich möchte deinen Rat, wie ich ihr zu einer Prothese und einer Behandlung in einem guten Krankenhaus verhelfen kann, ohne dass ich Ziko in seiner Ehre kränke. Möglicherweise kann das linke Bein mit der richtigen Behandlung sogar wieder voll funktionstüchtig gemacht werden.«

»Ach, Busi hatte schon mal eine Prothese und sogar einen Rollstuhl. Die neue Regierung sorgt gut für die Behinderten. Aber die Sachen sind ihr geklaut worden. Ich habe in ihrem Namen längst einen erneuten Antrag für beides gestellt, komme aber einfach nicht weiter. Wenn du da helfen willst, fände ich das wunderbar. Es wird sich mit Sicherheit ein Weg finden lassen, dass auch Ziko deine Hilfe akzeptiert. Ich werde darüber nachdenken. Kommst du also zu dieser Feier?« Sie wandte sich schon ab, um zu gehen.

»Okay, mit Vergnügen. Für Roderick und Gloria kann ich allerdings noch nicht zusagen. Kannst du mir jetzt noch erklären, was vorgefallen ist? Irgendetwas haben die Männer von der Wildererpatrouille nämlich zu Mark gesagt, was den ziemlich beunruhigt hat. Und du wirkst ehrlich gesagt auch reichlich nervös.«

Jill scharrte eine Zeit lang mit den Fußspitzen, ehe sie die Augen hob. »Na gut. Erinnerst du dich an den Mann, der so ungeduldig nach einem Gast gefragt hat? Der, der zusammen mit euch angekommen ist?«

Benita nickte abwartend. »Ja, Mr Porter, nicht wahr? Er ist Ingenieur auf der Großbaustelle in Umhlanga, die wir gestern besucht haben. Was ist mit ihm?«

»Er ist verschwunden. Das heißt, er ist weg, hat aber das Gebiet nicht durch unser Tor verlassen.«

Benita riss die Augen weit auf. »Heißt das, dass der allein einen Nachtspaziergang durch den Busch macht? Der muss verrückt sein.«

»Eigentlich bedeutet es nichts weiter, als dass wir nicht wissen, wo er sich aufhält. Das Tor ist um diese Zeit bereits geschlossen. Die Frage ist, wo genau er sich jetzt herumtreibt. Schon der Gedanke, dass er irgendwo allein auf dem Gelände herumirrt, lässt mir eine Gänsehaut den Rücken runterlaufen. Ein paar unserer Leute durchkämmen Inqaba mit Scheinwerfern. Vom Wagen aus natürlich. Wir haben schon die Ranger von Hluhluwe zu Hilfe gerufen.«

»Warum rufst du nicht die Polizei? Die könnte doch das Gelände mit Hubschraubern absuchen.«

»Man merkt, wie lange du nicht mehr hier warst. Wir können froh sein, wenn die lokale Polizei ein funktionierendes Fahrzeug hat und auch das Benzin dazu, um damit zu fahren. Das ist die Wirklichkeit des neuen Südafrikas. Nein, solche Dinge müssen wir selbst in die Hand nehmen. Abgesehen davon kann man nachts vom Hubschrauber aus so gut wie nichts sehen, und es ist auch zu gefährlich für die Besatzung.«

»Vielleicht hat der Ranger, der das Tor bewacht, nur einen Augenblick nicht aufgepasst, und Mr Porter ist an ihm vorbeigefahren. Wäre das nicht möglich?«

»Nein. Völlig unmöglich. Das Tor muss vom Wärterhäuschen durch Umlegen eines Hebels geöffnet werden, und das Tor wird von zwei Leuten bewacht. Aber mach dir keine Gedanken, das alles hat mit euch nichts zu tun.«

»Noch etwas. Mark hat erwähnt, dass im Krügerpark alle Löwen Menschenfresser sind … dass es hier so viele illegale Einwanderer gibt, die von Norden durch den Krügerpark kommen … Stimmt das?«

Ein ärgerlicher Schatten huschte über Jills gebräuntes Gesicht. »Mark hat wieder einmal sein Maul zu weit aufgerissen. Es ist nicht gerade förderlich für den Tourismus, wenn derartige Gerüchte in die Welt gesetzt werden. Ich werde ihn mir vorknöpfen.«

»Es sind also nur Gerüchte?«

Jill warf ihr einen kurzen Blick zu und schaute dann weg. »Ja, ja, natürlich. Aber ich wollte dich auch etwas fragen. Weswegen seid ihr eigentlich hier? Wer ist dieser Sir Roderick? Ein gut aussehender Mann übrigens.«

Benita war sich sicher, dass ihre Cousine, was die Löwen im Krügerpark betraf, nicht die Wahrheit sagte, ließ die Sache aber vorläufig auf sich beruhen und beantwortete stattdessen die Frage. »Vorstandsvorsitzender einer Privatbank in London, für die ich als Investmentbankerin arbeite. Wir treffen hier einen Klienten.«

»Ach! Etwa Doktor Erasmus?«

Benita zögerte eine Sekunde mit der Antwort. Dinge, die die Bank betrafen, waren vertraulich zu behandeln. Jedem gegenüber. Noch die kleinste Information, die nach außen drang, konnte genutzt werden, um jemandem zu schaden oder – wie im Börsengeschäft – um Insider-Geschäfte zu tätigen. Sollte die Ashburton-Bank Doktor Erasmus einen Millionenkredit gewähren, würde das mit Sicherheit die Immobilienpreise in Umhlanga Rocks beeinflussen.

Ihre Cousine hatte sie aufmerksam beobachtet. »Bankgeheimnis, ich verstehe. Du brauchst nicht zu antworten. Es war nur reine Neugier meinerseits. Du willst jetzt bestimmt zurück in deinen Bungalow und erst mal duschen. Ziko wird dich hinbringen, und um Viertel vor acht kommt jemand, um euch abzuholen. Wir treffen uns dann auf der Veranda, um gemeinsam zum Fest zu fahren.«

Während Benita auf Ziko wartete, entdeckte sie im Hintergrund Jills Kinder, die mit ihrem schwarzen Kindermädchen an einem Tisch saßen und ihre Mahlzeit einnahmen. Auf einem Hocker zwischen ihnen thronte der jämmerliche Hahn und verfolgte aufmerksam jede Bewegung der Menschen um ihn herum, kommentierte sie mit sanften Gurrlauten, gelegentlich aber auch mit lautem Gegacker. Dass er ein Hühnervogel war, schien ihm nicht bewusst zu sein.

»Der glaubt, er ist ein Mensch«, sagte jemand neben ihr spöttisch. Es war der blonde Mann, der Neuankömmling, den sie bei der Informationsstunde gesehen hatte. »Niedliche Kinder, nicht wahr?«

Sie lächelte ihre Zustimmung, hob einem plötzlichen Impuls folgend ihre Kamera und schoss ein paar Bilder von der Szene. Die kleine Kira verfütterte gerade die restlichen Krumen ihres Baguettebrötchens, worauf der Hahn, offenbar gesättigt, von seinem Sitz herabstieg und mit vorgestrecktem Hals geschäftig auf der Veranda herumlief, bis er dicht beim Haus einen Baum mit niedrigen dicken Ästen fand. Mühevoll flatterte er hinauf und steckte dann den Kopf unter die Flügel. Kira klatschte glücklich in die Hände, bevor sie ihre Nanny gehorsam hinüber zum Elternhaus begleitete.

»Ma'am, würden Sie mir bitte folgen?«

Sie wandte sich um. Ziko war gekommen, um sie zum Bungalow zu bringen. Er schwenkte sein Gewehr und lief ihr voraus in den dunklen Busch hinein.

11

Ein Fest?«, rief Gloria und steckte den Kopf aus ihrem Zimmer. »Wunderbar. Endlich mal eine vernünftige Idee.« Die Tür fiel wieder ins Schloss, und kurz darauf rauschte ihre Dusche.

Benita vergaß, ihr zu sagen, dass das Fest mitten im Busch stattfand und eine ziemlich rustikale Angelegenheit zu werden versprach. Ihre Haut juckte, ihre Jeans stanken nach den Decken vom Geländewagen. Sie sehnte sich nach einer Dusche und frischer Kleidung. Missmutig betrachtete sie sich im Badezimmerspiegel. Ihre Frisur konnte man nicht mehr als solche bezeichnen. Die goldbraunen Locken waren klebrig von Staub und Schweiß und standen in alle Richtungen ab.

Sie drehte die Dusche auf, verteilte Shampoo in ihrem Haar, wollte es gerade ausspülen, als der ohnehin schon dünne Duschstrahl sich in ein müdes Tröpfeln verwandelte und jeden Augenblick ganz zu versiegen drohte. Das Shampoo tropfte ihr in die Augen, und sie drehte wütend den Hahn bis zum Anschlag auf. Aber es nutzte nichts. Gloria hatte offenbar alles Wasser für sich aufgebraucht. Frustriert wrang sie ihr Haar aus. Zum Glück fiel ihr ein, dass jedes Zimmer mit einer Minibar ausgestattet war. Shampookleckse auf den Fliesen hinterlassend, tappte sie hinüber ins Zimmer, wo sie in dem Kühlschränkchen zwei Mineralwasserflaschen vorfand. Zurück im Badezimmer, kippte sie sich das eisgekühlte Wasser über die Haare.

Es gelang ihr zwar, das Shampoo herauszuwaschen, aber ihre Stimmung war auf den absoluten Nullpunkt gesunken. Sie trocknete sich ab und zog nach kurzem Überlegen ihre bestickte Jeans und ihre weiße Seidenbluse an. Sie legte einen breiten, spitz zulaufenden, mit Goldornamenten verzierten Gürtel an und wählte bequeme flache Slipper.

Roderick saß bereits im Wohnzimmer und blätterte gelangweilt in einer Zeitschrift fürs Hochseeangeln. Die Anwältin tänzelte kurz darauf in einem schulterfreien, bodenlangen Etuikleid in seidig glänzendem Königsblau aus ihrem Zimmer. Der seitliche Schlitz des Rocks reichte bis zur Mitte ihres Oberschenkels. Sie hob die Arme und drehte eine schnelle Pirouette.

»Holla!«, kommentierte Roderick. »Sehr sexy.« Aber sein Blick war auf die schlanke Gestalt in bestickten Jeans, weißer Seidenbluse und der glänzenden Masse goldbrauner Locken gerichtet.

»Besudle sie nicht mit deiner Geilheit«, meldete sich Adrian Forresters harte Stimme.

Das hatte ihn getroffen, und er rief sich energisch zur Ordnung, nahm sich vor, Gloria als Schutzschild gegen Benitas Attraktion zu benutzen. Das würde ihn aus der Gefahrenzone heraushalten.

Benita musste bei Glorias Anblick an hungrige Mückenschwärme denken und die Tatsache, dass sie mit Sicherheit eine Strecke zu Fuß durch den Busch laufen mussten. Ein bodenlanges, enges Kleid und hochhackige Riemchensandalen würden dabei nicht gerade praktisch sein, und wie sie Jill und deren Mannschaft einschätzte, würden die darauf bedacht sein, ihren Gästen möglichst authentische Eindrücke von Afrika zu verschaffen. Sie wollte schon den Mund öffnen, um Gloria zu warnen, aber dann fiel ihr die tröpfelnde Dusche ein und wie Gloria ihr die Stimmung beim Sonnenuntergang so gründlich zerstört hatte. Sie klappte den Mund wieder zu.

»Schick«, sagte sie und lächelte süß.

Gloria begutachtete ihren Aufzug mit gerunzelter Stirn. »Jeans und Bluse – geht's nicht ein bisschen festlicher?«

»Ich habe mein Abendkleid leider vergessen«, antwortete Benita, was tatsächlich der Wahrheit entsprach.

Ihre Vorahnungen, was die authentischen Eindrücke betraf, erfüllten sich im Übermaß. Mark wartete schon mit dem Geländewagen, mit dem sie kurz vorher noch auf Safari gewesen waren, nur mussten sie die harten Sitze dieses Mal mit einem halben Dutzend der anderen Gäste teilen. Glorias grimmige Miene deutete darauf hin, dass nur die Anwesenheit der anderen sie daran hinderte, Mark zu massakrieren. Sie fluchte hörbar in sich hinein, nachdem der zarte Stoff ihres Abendkleides an einem hervorstehenden Nagel hängen geblieben war. Ein schneller Blick sagte ihr, dass niemand sonst ähnlich gekleidet, wie sie war.

»Diese Leute mögen Geld haben, aber sicherlich keinen Stil«, fauchte sie, dass alle es hören konnten, und klemmte sich anschließend in wütendem Schweigen zwischen Roderick und Benita.

Nach zwanzig Minuten Fahrt schimmerten Lichtpunkte durch den Busch. Mark hielt an, schaltete den Motor aus und stieg aus. »Wir sind da, alles aussteigen!«, rief er seinen Gästen fröhlich zu und half den Damen mit galanter Verbeugung von ihren Sitzen herunter.

Gloria bedachte ihn mit einem mörderischen Blick und schlug seine Hand aus. Sie zog den Rock ihres Kleides bis zu den Oberschenkeln hoch und bewerkstelligte auf diese Weise den Abstieg.

»Hier entlang, bitte folgen Sie mir.« Mark, der seine Rangeruniform trug – jetzt allerdings mit langen Hosen –, führte sie durch ein Fackelspalier eine längere Strecke über Stock und Stein durch den Busch, bis sie eine gerodete Lichtung erreichten, die ebenfalls von flackernden Lichtern begrenzt war.

»Voilà, da wären wir!«, sagte er und wies mit stolzem Lächeln auf die Tische, die im sanften Schein der unzähligen Fackeln unter den Bäumen aufgebaut waren. »Falls jemand die Toilette benutzen möchte, wir haben für die Damen dort für etwas Privatsphäre gesorgt.« Mit einer Handbewegung deutete er auf eine Art Sonnensegel, das zwischen zwei Bäumen aufgespannt worden war. »Die Herren benutzen bitte den Baum auf der rechten Seite.«

Übers ganze Gesicht grinsend, zeigte er auf einen Baum, an dessen Fuß eine schüsselgroße Vertiefung gegraben worden war. Es war offensichtlich, dass er diesen Witz schon häufiger angebracht hatte.

»Meint der das ernst?«, fragte Gloria, die sich keinerlei Mühe gab, ihre Stimme zu dämpfen.

»Durchaus«, sagte Benita fröhlich. »Wir sind hier im afrikanischen Busch, wir sollten das bis zur Neige auskosten. Ist doch sehr romantisch, oder?«

Statt zu antworten, stelzte Gloria hinüber zu einem der langen Tische, wo bereits mit raffiniert gefalteten weißen Stoffservietten und blitzendem Besteck eingedeckt war, und nahm Platz. Vom üppigen Büfett wehte der anregende Duft exotischer Gewürze herüber. Dahinter hatte das schwarze Küchenpersonal in einer der Länge nach durchgeschnittenen Tonne ein höllenheißes Holzkohlenfeuer entfacht. Fliegenschwärme summten um Berge rohen Fleisches herum, und eine Köchin, ein Schwergewicht mit beachtlichen Muskelpaketen, wartete mit aufgepflanztem Messer darauf, das Fleisch nach den Wünschen der Gäste zuzubereiten.

Auf einmal schoss ein kleiner Affe mit silbernem Fell aus einem der Bäume hinüber zu den Fleischbergen, schnappte sich todesmutig ein Steak, flüchtete wieder hinauf und wurde dort vom aufgeregten Geschnatter seiner Großfamilie begrüßt. Die Köchin schrie wie am Spieß und schlug zwei Topfdeckel aneinander, um die Affen zu verjagen. Die Affen antworteten mit empörtem Gekreisch. Die Gäste waren hingerissen.

»Das ist Afrika«, seufzte eine Frau verzückt.

Die dicke Köchin lachte ein fettes Lachen und warf ein Dutzend Steaks auf den Grill. Es zischte, und eine aromatische Rauchwolke stieg auf. Benita wendete abrupt den Kopf ab und wedelte mit einer Grimasse den Rauch weg.

Roderick sah es und erinnerte sich daran, wie ihr zumindest früher immer vom Geruch gebratenen Fleisches schlecht geworden war. »Komm, wechseln wir die Plätze«, sagte er und stand auf. »Hier riecht es nur nach Nashorn.« Er zeigte grinsend auf einen fußballgroßen Kotballen.

Überrascht von seinem Einfühlungsvermögen, sah Benita erstaunt hoch und nahm sein Angebot mit dankbarem Lächeln an. Gloria kochte noch immer. Sie war auf ihren hochhackigen Schuhen mehrfach umgeknickt, und in ihrem rechten Knöchel pochte ein dumpfer Schmerz. »Wenn ich mir hier die Beine breche, verklage ich diese Jill auf jeden Penny, den sie besitzt.«

Roderick, der seinen Blick nicht von Benitas Schönheit wenden konnte, lachte trocken. »Das wird keine Aussicht auf Erfolg haben. Erinnerst du dich noch an die Tafel am Eingang? Dort steht, dass die Geschäftsleitung keinerlei Haftung für Verletzungen, Tod, Verlust oder jedweden anderen Schaden übernimmt. Damit haben die sich gegen alles abgesichert.«

Gloria warf ihm einen verächtlichen Blick zu. »Ich krieg die, darauf kannst du dich verlassen! Ich bin gut, das weißt du.«

»Du lieber Himmel, wer hätte gedacht, dass ich ein solches Juwel mitten im Busch finden würde«, bemerkte eine tiefe männliche Stimme. »Ist der Platz neben Ihnen noch frei?«

Gloria sah hoch und erfasste mit einem Blick, dass der Abend sich doch noch zum Angenehmen wenden könnte. Der Grund strahlte sie aus blauen Augen anerkennend an, war breitschultrig, braun gebrannt, hatte sonnengesträhntes, weit in die Stirn fallendes, sorgfältig geföhntes Haar und besaß eine Aura, die sie glaubte greifen zu können. Nicht im landläufigen Sinne ein schöner Mann, urteilte sie schnell, aber ein Mann, und was für einer! Allein die Augen verursachten ihr Herzflattern. Sie suchte ein Wort, um deren Farbe zu beschreiben. Himmelblau war das einzige, das ihr dazu einfiel, auch wenn das für ihr nüchternes Gemüt kitschig klang. Blau wie der Frühlingshimmel waren sie. Erfreut zeigte sie auf den Rattanstuhl neben ihr. »Bitte, setzen Sie sich.«

Der blonde Mann verbeugte sich lässig, lächelte in die Runde und zeigte dabei sehr weiße Zähne. »Jan Mellinghoff, ich wünsche einen guten Abend«, stellte er sich vor und nahm den angebotenen Stuhl, der unter seinem Gewicht leicht knarzte.

Gloria schenkte ihm ein glänzend rotes Lächeln. »Gloria Pryce.« Mit einer Handbewegung deutete sie auf ihre beiden Begleiter. »Das sind Benny Forrester und Roderick Ashburton. Wir kommen aus London. Nennen Sie mich bitte Gloria.« Sie musterte ihn ungeniert und stufte ihn sofort als einen der Männer ein, die es darauf anlegten, einer Frau so schnell und nachhaltig wie nur möglich den Kopf zu verdrehen. Nun, dachte sie vergnügt, dieses Spiel können zwei spielen. Sie neigte sich zu ihm.

»Haben Sie sich ganz allein in den Busch gewagt, Jan? Fürchten Sie sich nicht vor den Raubkatzen?«

»Ich liebe Raubkatzen«, schnurrte Jan Mellinghoff.

Benita beobachtete amüsiert, wie Gloria ihr Rad schlug. Das musste man der Anwältin lassen, sie kam gleich zur Sache. Sie unterließ es, ihren Namen zu korrigieren. Dieser Mr Mellinghoff war nicht wichtig genug. Einige Zeit lauschte sie noch dem anzüglichen Geplänkel zwischen ihm und Gloria, wobei sie sich fragte, ob dieser nicht auffiel, dass das breite Lächeln Jan Mellinghoffs selten dessen wachsame Augen erreichte, dann schweiften ihre Gedanken ab, und ihr fiel ein, dass sie Roderick noch nicht von dem verschwundenen Mr Porter berichtet hatte. Sie wartete, bis die schwarze Serviererin, die für ihren Tisch zuständig war, die Getränke eingeschenkt hatte, dann erzählte sie es ihm.

»Ich bin immer noch davon überzeugt, dass die Wächter am Tor in der Hitze eingedöst sind und nicht bemerkt haben, wie Mr Porter den Park verlassen hat. Bestimmt hatte er es eilig, die Wächter haben geschlafen oder waren einfach nicht da, und er hat den entsprechenden Hebel einfach selbst umgelegt. Er lebt in Natal, bestimmt war er schon öfter hier und kennt sich aus.«

Roderick zog die Brauen zusammen, dann schüttelte er den

Kopf. »Mit dem Auto kann er den Park nicht verlassen haben. Als wir zum Buschfest abgefahren sind, stand sein Wagen immer noch dort, wo er ihn bei unserer gemeinsamen Ankunft geparkt hat.«

Jetzt bekam Jills Sorge eine neue Dimension. »Das heißt, dass Mr Porter tatsächlich zu Fuß im Reservat unterwegs ist, aus welchem Grund auch immer.« Benita schaute sich nach ihrer Cousine um, konnte sie aber nirgends entdeckten. »Jill ist nicht da«, stellte sie fest. »Vermutlich beteiligt sie sich an der Suche. Kein Wunder, dass sie so nervös war.«

Tief in Gedanken versunken, zwirbelte Roderick seine Serviette zu einem dicken Strick. »Doktor Erasmus und er haben sich ernsthaft gestritten, das war ja deutlich. Wo ist der eigentlich?« Er erhob sich halb, um einen besseren Rundblick zu bekommen, sank dann wieder in den Stuhl zurück. »Der scheint auch nicht da zu sein.«

»Das ist doch logisch. Der Ingenieur war sein Angestellter. Er wird sich große Sorgen machen.«

»So schätze ich den Herrn eigentlich nicht ein. Der würde sich nur Sorgen machen, wenn es um hartes Geld geht. Mitarbeiter sind dem schnuppe. Die sind leicht zu ersetzen, nur dazu da, benutzt zu werden. Er macht auf mich den Eindruck eines völlig skrupellosen Machtmenschen.«

Benita rief sich die Szene noch einmal ins Gedächtnis. Die groben Worte, der Stoß, der den Ingenieur zu Fall gebracht hatte, die verächtliche Art, wie Doktor Erasmus seinen platinblonden Freund verscheucht hatte. Ja, sie konnte den Eindruck, den Roderick bekommen hatte, nachvollziehen. »Dann sollten wir das nicht vergessen, wenn wir mit ihm verhandeln.«

»Was hat Skrupellosigkeit mit einem Kredit zu tun?«, mischte sich Gloria ein, die offenbar den letzten Wortwechsel mitbekommen hatte. »Das lässt doch nur darauf schließen, dass er ein gewiefter Geschäftsmann ist, und das wiederum sagt mir, dass unser

Kredit bei ihm sicher wäre. Mit Menschenfreundlichkeit allein lässt sich kein Geld verdienen.«

Rodericks Blick war sehr kühl. »Für diese Diskussion ist das hier nicht der richtige Ort. Wir werden es morgen in Ruhe besprechen, da können wir Doktor Erasmus dann selbst hören und uns ein besseres Bild machen.« Sein Ton duldete weder Widerspruch noch eine Fortsetzung des Themas.

Gloria spannte die Lippen, zuckte dann aber mit den Schultern und wandte sich wieder ihrem Tischnachbarn zu.

Benita drehte ihr Champagnerglas zwischen den Fingern und fragte sich zum hundertsten Mal, was damals zwischen ihr und Roderick eigentlich schiefgegangen war. Aber sie kam nicht dazu, diese Überlegung länger zu verfolgen.

Ein vibrierendes Summen füllte auf einmal die Luft, ein tiefer, voller Ton, der anschwoll und lauter wurde und sich dann allmählich in einzelne Töne auflöste, hohe und tiefe, getragen von den wunderbar sahnigen Stimmen der Zulus. Der Gesang kam näher und wurde schneller, der typische synkopische Rhythmus stärker. Dann löste sich eine Gruppe Zulus aus dem Schatten der Bäume und tanzte mit trägen Bewegungen auf den Platz.

Benita erkannte die Köchin, mehrere der Serviererinnen, Ziko und einen weiteren schwarzen Ranger. Offenbar hatte auf Inqaba ein jeder mehrere Aufgaben zu erfüllen.

Die Frau, deren Geburtstag heute gefeiert wurde – eine lebensfrohe üppige Blondine aus Amerika in hautenger Hose und türkisfarbenem Rüschenoberteil –, sprang mit einem Begeisterungsschrei auf und gab sich voller Energie mit geschlossenen Augen dem sinnlichen Tanz hin. Auch Roderick wurde angesteckt. Mit den Fingern trommelte er den Takt auf die hölzerne Tischplatte. Benita summte leise mit, instinktiv nahm ihr Körper den Rhythmus auf, ihre Finger schlugen den Gegentakt. In Nellys Dorf hatte sie schon als kleines Kind mitgetanzt, wenn abends nach der Arbeit eine der Frauen zu singen anfing und die anderen einfielen, bis sich niemand dem Sog der Melodie entziehen konnte. Es waren magische Abende voller Wärme und Poesie gewesen, an denen sie wusste, wer sie war.

»Ach je«, murmelte Gloria neben ihr, »jetzt wird's wieder afrikanisch. Seht doch, ist der da nicht eigentlich unser Kundschafter?« Sie deutete auf Ziko.

Roderick brach den Trommelwirbel mit den Fingern ab. »Mein Gott, Gloria, halt doch endlich einmal deinen Mund.«

»Wenn Sie dieses Land besuchen, sollten Sie doch wenigstens einen kleinen Eindruck von seinen Menschen bekommen.« Jan Mellinghoff klang milde, aber die Worte enthielten einen deutlichen Tadel.

Gloria schaute ungläubig drein. »Aber das hier ist doch nicht echt, das ist doch nur für uns Touristen …«

»Nein«, widersprach ihr Benita, die immer noch an die Abende in Nellys Dorf denken musste. »Absolut nicht, es ist einfach Ausdruck unserer …« Sie verbesserte sich: »… ihrer Lebensfreude. Diese Lieder erzählen eine Geschichte, sie sind der Zement der Gemeinschaft …« Ihre Stimme verlor sich in ihren Erinnerungen.

Jan Mellinghoff warf ihr einen erstaunten Blick zu. »Sie wissen sehr gut Bescheid und haben offenbar viel Gefühl für die hiesige Kultur. Das kommt bei Touristen selten vor.«

Gloria öffnete schon den Mund, um eine spöttische Bemerkung zu machen, als sich Rodericks Hand schmerzhaft um ihren Arm schloss. »Wenn du jetzt einen Ton sagst, gibt es Ärger«, zischte er und ließ sie nicht frei, bis er spürte, dass ihre Muskeln weich wurden und sie klein beigegeben hatte.

Benita hatte dieses kurze Geplänkel nicht mitbekommen. Neugierig drehte sie sich zu Jan Mellinghoff um. »Leben Sie hier?«

»O ja! Der erste Mellinghoff ist 1878 aus Deutschland hierhergekommen.« Er lächelte. »Der Liebe wegen übrigens.«

Obwohl er ganz ruhig dasaß, strahlte er eine unbändige Energie aus, vermittelte den Eindruck von kraftvoller Bewegung und etwas, was Benita nicht einzugrenzen vermochte. Als wäre das strahlende Äußere, das er der Welt präsentierte, nur die Oberfläche, als existierte darunter der wahre Jan Mellinghoff, der völlig anders war.

»Er heiratete Maria, die Tochter eines der ersten Siedler in dieser Gegend. Sie muss eine temperamentvolle Schönheit gewesen sein.«

Sie war fasziniert, nicht nur von der Bemerkung über den verliebten Vorfahren. Gerade wollte sie ihn fragen, was das mit der Liebe und dem ersten Mellinghoff in Afrika auf sich gehabt hatte, als die Zulu-Sänger näher kamen.

Mit genau abgezirkelten Schritten bewegten sie sich von einem Gast zum anderen und besangen ihn mit Hingabe. Ihre Augen funkelten vor Vergnügen, und ihre Zähne glänzten schneeweiß in ihren dunklen Gesichtern. Sie sangen und tanzten und lachten dabei, und nach jedem Vers riefen sie: »Shosholoza!«, machten einen Luftsprung und wanden ihre Körper wie geschmeidige Schlangen.

Benita verstand jedes Wort und hatte ihre liebe Mühe, ihr Gesicht so weit zu beherrschen, dass sie nichts verriet, denn die Zulus beschrieben das Aussehen ihrer Gäste, deren Charakter und wie sie sich benahmen, verglichen sie – nicht immer vorteilhaft – mit Beispielen aus der Tierwelt. Das umfangreiche Geburtstagskind bezeichneten sie als fett wie Imvubu das Flusspferd.

»Sie ist der große Kürbis Afrikas, der auf zwei Beinen läuft«, sangen sie, und als die Amerikanerin vor Begeisterung quietschte, lachten sie, dass sie am ganzen Leib bebten.

Das Ganze war so rasend komisch, dass Benita sich eine Hand auf den Mund pressen musste, damit sie nicht laut losprustete. Auch das Zulu-Ehepaar, das natürlich ebenfalls alles verstand, krümmte sich vor lautlosem Lachen, während die Sänger Gloria umtanzten.

»Sie ist weiß wie ein Fischbauch«, sangen die Zulus, »und dünn wie eine hungrige Ziege. Ihr Blöken ist in allen Ecken des Landes zu hören … Shosholoza!« Die Sänger sprangen hoch. »Und ihr Haar ist wie verdorrtes Gras … Shosholoza!«

Gloria klatschte ihnen begeistert zu. Die Zulus warfen den Kopf in den Nacken und lachten mit spottfunkelnden Augen, stampften auf den Boden und tanzten dann hinüber zum nächsten Gast. Zwei nicht mehr so junge und nicht mehr so schlanke Frauen unter den Gästen hielten es nicht mehr auf ihren Stühlen aus. Sie sprangen auf.

»Shosholoza!«, schrien sie, warfen die Arme in die Luft und drehten sich im Kreis. Ihre Bewegungen waren im Vergleich zu denen der Schwarzen eckig und ungelenk, aber sie hüpften ohne Hemmungen herum und amüsierten sich köstlich.

Es versprach ein gelungenes Fest zu werden.

Immer schneller wurde der Tanz, die schwarzen Gesichter glänzten im Fackellicht, die drei Köchinnen hämmerten den Takt mit Metalllöffeln auf umgedrehten Blechschüsseln mit, die Frauen stießen ein vibrierendes Trillern aus, das allen in den Ohren klingelte.

Der Rhythmus fuhr Benita in die Beine, zuckte durch sie hindurch, schoss ihr wie elektrischer Strom die Adern entlang. Sie konnte sich nicht mehr wehren und überließ sich der Musik, tanzte, bis die pulsierende Melodie jede Faser ihres Körpers zum Schwingen brachte, tanzte, bis ihr Herz jagte und ihr schwindelig wurde, ihre tiefe Angst für diesen einen magischen Augenblick ausgelöscht war und sie nur noch aus Musik und Gefühl bestand.

Die Gäste waren begeistert, trampelten mit den Füßen und klatschten stürmisch Beifall, feuerten sie mit schrillen Pfiffen an, und am lautesten klatschte und schrie und pfiff Roderick Ashburton mit glühendem Gesicht und blitzenden Augen.

Der Gesang, das Geschrei, das Trillern, die Pfiffe, alles zusammen steigerte sich zu einem Crescendo, das selbst die Zikaden verstummen ließ. Am Schluss tanzten die Zulus mit immer leiser werdendem Gesang unter rauschendem Beifall davon, verschmolzen mit den Schatten und waren verschwunden. Augenblicke später kamen sie zurück, hatten sich wieder in Köchinnen, Serviermädchen oder Wildhüter verwandelt. Auch Benita kam zur Besinnung. Mit einem verlegenen Lachen ließ sie die Arme sinken und setzte sich wieder.

»Meine Güte, Benny, da ist ja wohl das Erbteil Ihrer Mutter mit Ihnen durchgegangen, was?« Gloria lächelte süffisant. »So was kann man nicht lernen, das muss man mit der Muttermilch eingesogen haben.«

Benita begegnete diesen Worten schweigend, dachte an das, was die Zulus über sie gesungen hatte, und kicherte. »Imbuzi«, sang sie auf Zulu und zog provozierend die Brauen hoch. »Ziege, blökende, dumme Ziege!« Sie wusste, dass sie sich kindisch benahm, aber es tat gut.

Gloria merkte wohl, dass Benita sich auf ihre Kosten amüsierte, und bedachte sie mit einem giftigen Blick, ehe sie sich wieder dem Flirt mit Jan Mellinghoff hingab, der allerdings damit beschäftigt war, Benita über ihre Schulter hinweg lange und nachdenklich zu mustern.

Benita merkte nichts davon. Sie stand auf und steckte ihre Bluse wieder in die Hose. »Ich habe Hunger. Wer begleitet mich zum Buffet?«

Roderick war sofort neben ihr. »Welch eine wunderbare Vorstellung! Du tanzt einfach hinreißend.« Spontan beugte er sich vor, konnte sich erst im letzten Augenblick davon abhalten, sie hier vor allen Leuten zu küssen. Mit angehaltenem Atem erwartete er, dass sie vor ihm zurückzuckte. Sie tat es nicht, sondern schenkte ihm sogar ein schnelles, intimes Lächeln. Sein Herz tat einen Sprung. Er hatte allmählich große Schwierigkeiten, sich alle guten Vorsätze und Versprechungen, die er Adrian gegeben hatte, zu vergegenwärtigen. Unwillkürlich trat er einen Schritt beiseite und vergrößerte den Abstand zu ihr, wie um sie vor sich selbst zu schützen.

»Ich nehme ein Lammkotelett und ein Steak«, sagte Benita zur Köchin »Und was ist das?« Sie deutete auf feinfaseriges, zartrosa Fleisch.

»Warzenschwein.«

Auch davon bestellte sie ein Stück. »Solange ich den Rauch nicht in der Nase habe, ist es in Ordnung. Essen kann ich gebratenes Fleisch, nur eben nicht riechen, da wird mir sofort grauenvoll schlecht. Keine Ahnung, warum. Das kam irgendwann, ganz plötzlich, vor vielen Jahren«, raunte sie Roderick zu.

Er schloss sich ihrer Bestellung an, und während sie warteten, luden sie sich geröstete Maiskolben auf den Teller, die sie auf der Stelle abnagten.

»Lecker«, murmelte Benita. »Nelly hat die immer für mich gemacht.«

»Wer ist Nelly?«

Benitas Hand mit dem Maiskolben blieb in der Luft stehen. Sie hatte gar nicht gemerkt, dass sie laut gesprochen hatte. »Jemand, den ich sehr geliebt habe«, sagte sie schließlich und senkte die Stimme am Ende des Satzes. Sie hatte nicht die Absicht, ihm zu erklären, wer genau Nelindiwe Dlamini war und was diese ihr bedeutet hatte.

Roderick merkte, dass sie sich wieder verschloss, und wechselte hastig das Thema. »Ich vermisse Doktor Erasmus«, bemerkte er, während sie vor dem Grill darauf warteten, dass die bestellten Lammkoteletts gar wurden. »Offenbar liegt ihm nichts an folkloristischen Darbietungen.«

»Er lebt hier, vielleicht interessieren sie ihn deshalb nicht. Im Übrigen frage ich mich, warum wir uns nicht in Umhlanga Rocks treffen. Da hat er schließlich seine Geschäftsräume und könnte uns sein Projekt wesentlich besser vorführen.« Sie lachte spöttisch. »Vielleicht glaubt er, uns mit dem romantischen Zauber Afrikas einlullen zu können.«

»Gut möglich, aber ...«

Ein tiefes, erderschütterndes Röhren unterbrach sie. Alle anderen Laute verstummten schlagartig, die Gäste fuhren erschrocken hoch, auch Benita zuckte zusammen. Wieder rollte das Gebrüll durch die Nacht.

»Löwen«, murmelte Benita. »Sind aber weit entfernt.«

Einer der weiblichen Gäste hatte verstanden, was sie gesagt hatte, aber offenbar nur die Hälfte. »Löwen?«, kreischte sie, ließ ihren gefüllten Teller fallen und warf wilde Blicke um sich. »Um Gottes willen. Wo? Löwen!«, schrie sie den anderen zu. »Wir sind von Löwen umzingelt!«

Noch einmal erschallte das tiefe Röhren des Rudelpaschas und ließ selbst Roderick die Haare zu Berge stehen. Gleich darauf trug der Nachtwind das aufgeregte hohe Lachen jagender Hyänen und die markerschütternden Schreie von Schakalen herüber. Die in kopflose Panik geratenen Gäste drängten sich in der Nähe des Grills auf einen Haufen zusammen. Entsetzte Schreie wurden laut, als wütendes Knurren und Grollen der Löwen sich mit dem hysterischen Geschrei der Hyänen mischte. Es waren die unverwechselbaren Geräusche eines fürchterlichen Kampfes, der unter den Raubtieren tobte.

»Sie zankten sich um ihre Beute«, flüsterte Benita und verspürte Mitleid mit der Kreatur, die dort ihr Leben lassen musste.

»Kommt alle hierher, Feuer hält sie ab ...«, rief jemand.

»Hat denn niemand ein Gewehr?«, brüllte ein anderer. »Ich verlange, dass Sie uns sofort unter bewaffnetem Schutz von hier wegbringen!«

Mark, der Ranger, sprang auf einen der Tische. »Leute!«, brüllte er und hob die Hand, bis er die Aufmerksamkeit aller hatte. »Leute, regt euch ab. Die Löwen werden eine Antilope gerissen haben, aber weit genug entfernt von uns, und außerdem sind wir hier in einer Boma, also völlig sicher …«

»Was zum Teufel ist eine Boma?«, brüllte der Mann, der nach Gewehren geschrien hatte. »Wollen Sie uns verscheißern?«

Mark hob wieder die Hand. »Es ist ein eingezäunter Platz, in den wir sonst Tierherden treiben, die wir einfangen müssen. Hören Sie? Der gesamte Platz hier ist weiträumig eingezäunt, Sie sind also vollkommen sicher hier! Das ist Afrika. Schätzen Sie sich glücklich, so etwas gehört zu haben. Nicht vielen ist das vergönnt.«

Die Gäste murrten, Stimmen wurden laut, dass das ja unerhört sei, aber andere lachten mit glänzenden Augen, und meinten, das sei doch großartig, Afrika in Reinkultur, und wo erlebe man schon so was und was habe man jetzt alles zu erzählen! Die Begeisterten setzten sich schließlich durch, und der Haufen löste sich aufgeregt schnatternd auf.

»Na, die haben Nerven«, bemerkte Gloria gedehnt, die mit Jan Mellinghoff die Einzige gewesen war, die sich nicht von ihrem Sitz gerührt hatte.

Auf ein Zeichen von Mark eilten die Serviermädchen mit uncharakteristischer Schnelligkeit herbei. Bewaffnet mit jeweils zwei Flaschen Wein, einem roten und einem weißen, liefen sie geschäftig zwischen den Tischen umher, schenkten nach, lachten die noch immer aufgewühlten Gäste an, und allmählich sank der allgemeine Geräuschpegel auf das normale Maß. Die ersten drängelten sich hungrig um den Grill.

»Wir kriegen ja allerhand für unser Geld geboten.« Roderick grinste spöttisch. »Da müssen wir Doktor Erasmus wohl dankbar sein. Ohne ihn wären wir nicht hierhergekommen. Wir sollten darüber nachdenken, ob wir nach den Verhandlungen nicht noch einen Tag länger bleiben …«

»Da kommt Jill«, unterbrach ihn Benita.

Roderick drehte sich um. Ein offener Geländewagen fuhr

mit hoher Geschwindigkeit die Fackelallee herauf. Kaum war er mit rutschenden Reifen zum Stehen gekommen, da öffnete die Fahrerin bereits die Tür. Sie sprang mit einem Satz heraus und steuerte geradewegs auf Mark zu, der am Grill begehrlich ein brutzelndes Steak auf seinen Teller lud. Es hing, wie es ein anständiges Steak nach seiner Meinung sollte, rechts und links eine gute Handbreit über den Tellerrand. Er bedankte sich und wollte gerade zum Tisch zurückgehen, als Jill ihn erreichte, ihm kurzerhand den Teller aus der Hand nahm und auf dem nächsten Tisch abstellte. Kurz angebunden forderte sie ihn auf, ihr zu folgen. Für Benita und Roderick hatte sie nur ein Kopfnicken übrig.

»Holla, da muss aber doch etwas passiert sein«, murmelte Roderick. »Inqabas Herrin scheint ja völlig aus dem Häuschen zu sein. Ich möchte wirklich wissen, was da im Gange ist.«

Inzwischen hatte Jill ihre gesamte Mannschaft um sich versammelt und redete auf sie ein, wobei sie ihre Worte mit kurzen, abgehackten Bewegungen begleitete. Einige der übrigen Gäste hatten ebenfalls bemerkt, dass hier irgendetwas vor sich ging. Sie stießen ihre Nachbarn an, zeigten auf Jill, steckten die Köpfe zusammen, und es war deutlich zu merken, dass die Angst wieder stieg.

»Was ist hier eigentlich los?«, rief der Mann, der Gewehrschutz verlangt hat.

Jill schaute hoch und überblickte sofort, dass die Stimmung umgeschlagen war. Leise sagte sie etwas zu ihrer Mannschaft, dann trat sie vor. »Wenn Sie auf die Geräusche im Hintergrund anspielen, das Löwengebrüll, das kann ich Ihnen erklären. Die Löwinnen unseres Rudels haben Beute geschlagen, das liegt in ihrer Natur. Deswegen bezeichnet man sie als Raubtiere.« Sie lächelte. »Bitte machen Sie sich keine Sorgen. Ich bin nur hier, um mich zu vergewissern, dass es Ihnen an nichts fehlt.«

Wieder strahlte sie in die Runde, hob die Arme und strich mit einer weichen Bewegung ihr Haar nach hinten. Dabei streckte sie ihren Körper, dessen elegante Kurven sich unter dem schmal geschnittenen Safari-Anzug sofort deutlich abzeichneten.

Benita zollte ihr schweigend Anerkennung. Es war eine meisterhafte Art, die Aufmerksamkeit zumindest aller männlichen Gäste von der prekären Situation abzulenken. Jetzt schlenderte ihre Cousine gelassen plaudernd von einem Tisch zum anderen, erkundigte sich nach dem Befinden der Gäste und ob sie zufrieden seien, hörte sich mit schmeichelhafter Aufmerksamkeit Berichte von Erlebnissen an, und es dauerte nicht lange, und der weite Platz zeigte wieder das Bild einer gelungenen Party. Jill war ein Profi. Von der verwöhnten Tochter des reichen Farmers, die sie einmal gewesen war, war nichts mehr zu merken, dachte Benita. Das Leben hatte ihren wirklichen Charakter unter der glatten Oberfläche herausgeschält.

»Was ist wirklich passiert?«, fragte sie ihre Cousine, als diese an ihrem Tisch haltmachte. Sie hatte ihre Stimme so gesenkt, dass nicht einmal Roderick neben ihr die Frage verstand.

Jill Augen blitzten warnend auf. »Nicht jetzt, nicht hier«, flüsterte sie. »Außerdem bin ich mir noch nicht einmal sicher, dass etwas passiert ist. Es hat im Übrigen nichts mit euch zu tun.« Ihre Züge verdüsterten sich. »Ausgerechnet heute ist Nils nach Johannesburg geflogen, und die letzte Maschine ist überbucht. Er kommt erst morgen früh wieder.«

»Typisch Mann«, frotzelte Benita. »Nie da, wenn man sie braucht. Ich glaube, die haben von Geburt an eine eingebaute Antenne für derartige Situationen.«

Wie beabsichtigt, entlockte der kleine Scherz ihrer Cousine ein Lächeln, wenn auch nur ein blasses. »So ist es. Immer dasselbe mit den Männern. Amüsier dich noch gut. Ich wünsche Ihnen einen schönen Abend, Sir Roderick.«

»Den werde ich nur haben, wenn Sie den ›Sir‹ fallen lassen. Der verursacht mir Zahnschmerzen.« Zur Illustration blies Roderick eine Wange auf. »Um es gleich hinzuzufügen, Mr Ashburton hat den gleichen Effekt. Ich heiße Roderick.«

Jetzt musste auch Jill lachen. »Das kann ich natürlich nicht verantworten. Ich werde es mir merken, Roderick.« Mit einem warmen Lächeln verabschiedete sie sich.

Nachdenklich sah ihr Benita nach, während sie der Serviererin ihr Glas hinhielt. »Roten, bitte.« Die neue Jill gefiel ihr viel besser, befand sie.

Das Fest um sie herum war wieder in vollem Gang. Alles schien so zu laufen, wie Jill es beabsichtigt hatte. Ein zufälliger Blick nach oben zeigte ihr jedoch, dass die Natur offenbar nicht mitzuspielen gedachte. Hinter dem Licht der vielen Fackeln verblasste das Gefunkel des Sternenhimmels, und niemandem war bisher aufgefallen, dass pechschwarze Gewitterwolken die Sterne ausgelöscht hatten. So wurden alle von dem kolossalen Donnerschlag überrascht, der kurz darauf loskrachte. Ehe sich die Gäste von diesem neuen Schreck erholt hatten, rauschte der Regen herunter und durchnässte alle, bevor man unter Geschrei zu den Geländewagen fliehen konnte.

»Ich schreib dieser Jill einen geharnischten Brief, wenn ich wieder in der Zivilisation bin«, klang die Stimme Glorias dumpf unter dem Regencape hervor.

»Das ist Afrika«, schrie Benita vergnügt zurück. »Nehmen Sie es sportlich.«

Gloria stieß ein Knurren aus, das einer wütenden Löwin Konkurrenz gemacht hätte. Benita lachte amüsiert.

Eine Dreiviertelstunde später waren alle Gäste im Empfangshaus unter dem überdachten Teil der Veranda versammelt. Die meisten waren ziemlich nass geworden, was aber ihrer aufgekratzten Stimmung keinen Abbruch tat. Sie belagerten die Bar, und ihre Unterhaltung hatte eine Lautstärke erreicht, die es fast unmöglich machte, den Nachbarn zu verstehen.

»Unsere Wachen sind jetzt bereit, Sie in Ihre Bungalows zu

bringen«, brüllte Mark über die Menge hinweg. »Mit Regenschirmen«, setzte er mit einem Seitenblick auf die tropfnasse Gloria grinsend hinzu.

Es nahmen jedoch nur wenige Gäste sein Angebot an. Das Geburtstagskind, das Benita seit der Gesangsdarbietung der Zulus in Gedanken nur noch als »Happy Hippo« bezeichnete, ließ eine Runde ausgeben, und als die Gläser leer waren, noch eine, und rief nach Musik. »Jetzt wird getanzt!«, sagte sie gebieterisch und rotierte wie ein monströser Kreisel zwischen den Tischen. »Hier, fasst alle mit an!«

Auf ihr Kommando wurden sämtliche Möbel beiseitegeschoben, und Mark musste in aller Eile einen Stapel CDs aus seiner privaten Sammlung herbeizaubern. Tanzabende waren hier im Wildreservat eigentlich nicht vorgesehen. Kurz darauf hämmerte Rockmusik aus den Lautsprechern, und das Happy Hippo schnappte sich ihren widerstrebenden Ehemann, einen korpulenten, untersetzten Menschen, von dessen Glatze der Schweiß nur so tropfte. Sie zerrte ihn in die Mitte der freien Fläche und schwenkte ihn enthusiastisch herum.

Drei halbwüchsige Affen, die auf einem Schattenbaum über einem der Tische hockten, betrachteten das merkwürdige Geschehen unter sich mit neugierig funkelnden Augen und fanden zunehmend Gefallen daran. Bald fegten sie, aufgeregt schreiend, über den Köpfen der Tanzenden von Baumkrone zu Baumkrone und bewarfen sie mit offensichtlichem Vergnügen mit Aststücken und Blättern.

»Voetsek!«, brüllte Mark, nahm eine Banane aus der Dekoration an der Bar und warf sie nach ihnen. Die Affen kreischten entzückt, stürzten hinterher und stritten sich lautstark um die Frucht.

Danach gab es kein Halten mehr. Die Stimmung kochte, der Alkohol floss in Strömen, und das Happy Hippo seufzte glücklich, dass sie noch nie so einen wunderbaren, wunderbaren Geburtstag gehabt habe und was könne sie jetzt nicht alles ihren Freunden zu Hause erzählen.

Auch Gloria hatte sich schließlich mit der Situation versöhnt. Sie reckte die Arme über den Kopf und schlängelte sich wie eine königsblaue Schlange um Jan Mellinghoff. Roderick zog Benita auf die Tanzfläche. Sie tanzten, ohne sich zu berühren, lächelten sich manchmal zu, sprachen aber nicht, was bei dem Krach auch kaum möglich gewesen wäre.

In längeren Abständen stoppte Mark die Musik, um den Tanzenden eine Pause zu verschaffen. Er wirkte zufrieden mit dem Verlauf des Abends und goss sich einen doppelten Wodka ein. Bevor er ihn allerdings hinunterkippen konnte, schnarrte sein tragbares Funkgerät los. Schnell legte er eine weitere CD auf, suchte sich einen Platz abseits am Geländer und nahm den Ruf an.

Benita beobachtete ihn über die Köpfe der schwankenden Menge, sah, wie sich seine Miene verfinsterte und er mit allen Anzeichen von Nervosität auf das Verandageländer trommelte. Sein Verhalten bestärkte sie in der Überzeugung, dass etwas Ernstes geschehen war, zumindest etwas, was Jill und ihre Leute deutlich beunruhigte. Sie machte erst gar nicht den Versuch, den Ranger auszuhorchen, war sich sicher, dass sie auf eine Mauer des Schweigens stoßen würde.

Roderick passte sich ihren Tanzschritten an und hob dabei lächelnd die Hände. »Vor drei Tagen waren wir noch im wintrigen London. Kommt es dir nicht auch so vor, als wären wir in eine andere Welt, in eine andere Zeit gereist?« Er musste sich dicht an ihr Ohr beugen, damit sie ihn verstand.

»Aber wir haben unsere Probleme mit uns geschleppt. Wir hätten sie in London lassen sollen«, erwiderte sie ihm kryptisch.

Ehe er ihr antworten konnte, fetzte ein Tango aus den Lautsprechern hinaus in die stille afrikanische Nacht. Roderick erkannte ihn sofort als eines seiner Lieblingsstücke. *Hernando's Hideaway.* Der aufpeitschende Rhythmus fuhr ihm in die Beine, schoss durch seine Adern, brachte jedes Nervenende zum Singen. Für Tricia und ihn war dieser Song ein ganz besonderer gewesen, und in einer Gefühlsaufwallung, die untypisch für ihn war, ergriff er Benita und zog sie mit einem Ruck in seine Arme. Seine Seefahreraugen sprühten, und er lächelte dieses verwirrende Lächeln, das ihr das Blut ins Gesicht trieb und ihren Herzschlag aus dem Takt brachte.

»Kannst du Tango tanzen?«

»Olé«, kicherte sie, versank erst in einen eleganten Hofknicks und baute sich dann in der klassischen Tangopositur auf. Schweigend dankte sie Kate und Adrian, die sie, wie das bei Töchtern ihres Standes üblich war, zum klassischen Tanzkurs geschickt hatten.

Zu ihrer Überraschung legte er seine Lippen auf ihr Ohr und murmelte etwas. Sie spürte die feuchte Wärme seiner Worte, aber verstand sie nicht. »Wie bitte?«

Aber Roderick antwortete nicht, sondern zog sie fest an sich, presste seinen muskulösen Körper der Länge nach an ihren, bewegte sich langsam im sinnlichen Rhythmus des Tangos, bis ihr Körper sich seinem angepasst hatte.

»I know a dark secluded place …«, sang er leise, tief in der Kehle, *»… it's called Hernandos' Hideaway. Olé!«* Mit einem geschmeidigen Ruck bog er sie weit zurück, und seine Hände waren überall, warm und voller Zärtlichkeit.

Ihr wurde heiß und kalt zugleich, aber sie ließ es einfach geschehen und schloss die Augen, ließ sich führen, verlor sich in der Musik, bis ihr ein Schauer nach dem anderen über die Haut lief und sie nichts mehr sagen konnte.

Lange noch, als die Musik längst verstummt war, hielt er sie im Arm, ganz ruhig, ganz fest, und sie verspürte zum wiederholten Male in diesen Tagen das verrückte Gefühl, nach Hause gekommen zu sein. Sie lehnte ihren Kopf an seine Schulter.

»I know a dark secluded place …«, summte Roderick.

»Darf ich Ihre Dame entführen?« Jan Mellinghoff legte Benita urplötzlich die Hand auf den Arm.

Durch Rodericks Gestalt ging ein Ruck, er wischte Mellinghoffs Hand weg und packte Benita unwillkürlich fester, dass diese über seinen harten Griff erschrak und unsanft zu sich kam, sich plötzlich bewusst wurde, dass sie in Rodericks Armen lag und drauf und dran war, sich wieder an ihn zu verlieren. Sie machte sich steif und blieb stehen. Seine Muskeln unter ihren Händen spannten sich, als sammelte er sich zum Sprung.

Ihr Blick glitt zu Jan Mellinghoff. Er stand leicht zurückgelehnt da, ein herausforderndes Halblächeln auf den Lippen, seine himmelblauen Augen fest auf sie gerichtet. Der Rivale fordert den Platzhirsch heraus, fuhr es ihr durch den Kopf, und für einen Moment befürchtete sie, dass die beiden Männer hier in aller Öffentlichkeit ein Duell um sie austragen würden. Aber der Südafrikaner vollführte lediglich eine überraschend altmodische Verbeugung, ergriff ihre Hand und zog sie aus Rodericks Armen.

»Danke, das … war schön«, konnte sie noch stottern, bevor Jan Mellinghoff sie in einer rasenden Pirouette herumwirbelte, dass ihr schwindelig wurde. Rodericks Gestalt wurde von dem Gewühl der Tanzenden verdeckt.

»Nun erzählen Sie mir, woher Sie Zulu sprechen können«, sagte Jan Mellinghoff, seinen Mund dicht neben ihrem Ohr.

Mit einem Schlag war der Zauber des Abends zerstört. Abwehrend bog sie den Kopf zur Seite. Sie wollte keine Fragen nach ihrer Herkunft beantworten, wollte nicht daran erinnert werden, warum sie aus dem Land fliehen musste und warum sie jetzt wieder zurückgekehrt war. Nicht hier, nicht heute Abend, und obendrein ging es diesen Mann nichts an. »Wie kommen Sie auf diese Idee?«, wich sie aus.

»Die blöde Ziege.« Jan Mellinghoff grinste.

Mit großen Augen sah sie ihn an. »Ich weiß wirklich nicht, was Sie meinen.«

Er betrachtete sie ein paar Sekunden stumm, dann nickte er. »Wie Sie wollen, Benny … Ist das Ihr richtiger Name? Benny? Passt nicht zu Ihnen. Ist zu läppisch für eine Frau wie Sie.«

Benita reagierte nicht. Aus den Augenwinkeln beobachtete sie, dass Roderick wieder am Tisch saß, wo Gloria sich auf seinen Schoß setzte und ihn zu küssen versuchte. Es gelang der Anwältin zwar nicht, weil er sie einfach von seinen Knien schob, aber die Welle von Eifersucht, die so völlig überraschend über ihr zusammenschlug, erschütterte sie derart, dass sie stolperte und ihrem Tänzer mit Schwung auf die Füße trat.

»Verzeihung«, murmelte sie und verrenkte sich den Hals in dem Bemühen, zu erkennen, was da am Tisch vor sich ging, als sie bemerkte, dass eine der vorbeitanzenden Frauen Roderick hinter dem Rücken ihres Partners schöne Augen machte. Es traf sie wie ein eiskalter Wasserguss.

Das ist Roderick, der Frauenheld, der jede kriegt und jede hatte und der dich schon einmal sitzen lassen hat, ermahnte sie sich und zwang sich bewusst, die Demütigung ins Gedächtnis zu rufen, die er ihr damals zugefügt hatte, die hämischen Bemerkungen der anderen, deren Getuschel. Es war keine schöne Erinnerung. Sie biss sich auf die Lippen. In diesem Augenblick wandte sich Roderick um und blickte zu ihr herüber.

Ihre Haut kribbelte. Mit einer koketten Drehung lehnte sie sich in Jan Mellinghoffs Armen zurück und lächelte ihm in diese unmöglich blauen Augen. »Ich heiße Benita.«

Jan Mellinghoff stutzte. »Na, das ist ja ein Zufall. Benita ist ein häufig gebrauchter Name in unserer Familie. Meine Ururgroßtante hieß Benita, Benita Steinach. Sie ist die Ururgroßmutter mütterlicherseits der jetzigen Inhaberin. Woher kommt Ihr Name?«

Benita war wie vom Donner gerührt. Jan Mellinghoff war also ihr Cousin, wenn auch ein entfernter. Verwandt mit ihr wie Jill. Das war natürlich nicht überraschend. Catherine und Johann

Steinach hatten drei Kinder gehabt, Viktoria, Stefan und Maria, die alle heirateten und wiederum eine sehr große Anzahl Kinder in die Welt gesetzt hatten. Vier Generationen weiter konnten ohne Weiteres weit über hundert ihrer Nachkommen existieren. Eine genauere Vorstellung, wie ihr Stammbaum aussah, hatte sie nicht.

»Oh«, sagte sie, schüttelte ihr Haar nach hinten und lächelte ihn an. »Woher soll ich das wissen? Wer kann schon nachvollziehen, wie Eltern auf den Namen ihrer Kinder kommen?«

»Es wäre ja auch zu viel des Zufalls gewesen, wenn wir verwandt wären.«

»Ururgroßtante? Das kann man wohl kaum noch als Verwandtschaft ansehen, nicht wahr?« Sie fragte sich, ob er wusste, dass Benita Steinach wie sie leuchtend grüne Augen gehabt hatte. Ihr Vater hatte ihr davon vorgeschwärmt.

»Eine Schönheit war sie«, hatte er ihr erzählt. »Alle Männer lagen ihr zu Füßen.«

»Ich bin froh, dass wir nicht verwandt sind«, murmelte Jan Mellinghoff ihr ins Ohr. Urplötzlich riss er sie mit einem Ruck in seine Arme, presste sie der Länge nach an sich, dass sie ihn mehr als deutlich spürte, zwang sie in atemlosem Tempo über die Tanzfläche. »Gott sei Dank, dass wir nicht verwandt sind«, wiederholte er. »Wer weiß, was alles noch passieren kann … zwischen uns.« Beim letzten Wort hob sich seine Stimme, machte die Bemerkung zur Frage.

Sie antwortete nicht.

Als die Musik aufhörte, geleitete er sie ans Geländer. »Ich glaube, wir brauchen etwas zu trinken. Was möchten Sie?«

»Irgendeinen Saft, ohne Alkohol.« Ihr schien es angeraten zu sein, heute Abend einen klaren Kopf zu behalten. Sie wandte sich um und schaute hinaus in die samtene Dunkelheit, genoss diesen Augenblick allein. Hier und da glühten Augenpaare auf, aber sie konnte nicht erkennen, welche der nächtlichen Jäger dort auf

Beutesuche waren. Ein riesenhafter, lautloser Schatten strich an ihr vorbei, kurz darauf quietschte ein kleines Tier in Todesangst, dann war wieder Stille. Eine Eule hatte offenbar ihr Opfer gefunden.

Unbemerkt von ihr, fing Roderick Jan Mellinghoff hinter einer Palme ab und machte ihm mit kurzen, prägnanten Worten klar, dass er seine Finger von Benita lassen solle.

Jan Mellinghoff sah ihn für einen Augenblick ausdruckslos an, für Sekunden straffte er die Schultern, ballte er die Hände zu Fäusten, aber dann lachte er laut und vergnügt. »Kein Problem, entspannen Sie sich. Ich werde nicht in Ihrem Territorium wildern.« Mit einem spöttischen Lachen verschwand er in der Menge.

Kurz darauf entdeckte ihn Roderick mitten auf der Tanzfläche. Mellinghoff hielt Gloria im Arm, ließ sie ein paar schnelle Pirouetten drehen, ehe er ihren schlanken Körper an sich drückte und sie zu dem sinnlichen Rhythmus eines Blues über die Veranda schob. Gloria hielt die Augen geschlossen, ihre Lippen waren halb geöffnet und nur Zentimeter von denen Jan Mellinghoffs entfernt. Die Luft um sie herum schien vor Erotik zu knistern. Roderick spürte flüchtig ein gewisses Mitgefühl für den Südafrikaner. Aus eigener Erfahrung kannte er Glorias unersättlichen Hunger. Aber der Mann hielt sie ihm zumindest vom Leib. Er ließ den Blick über die hüpfenden Köpfe schweifen, bis er Benitas Silhouette vorn am Geländer entdeckte. Entschuldigungen murmelnd, drängte er sich zwischen den Tanzenden hindurch, bis er sie erreichte.

Viel später bekam er zufällig mit, wie Gloria mit Jan Mellinghoff im Empfangshaus verschwand, und ihm fiel ein, dass dieser dort sein Zimmer hatte. Er lächelte in sich hinein. Gloria hatte offenbar Beute gemacht.

Der Abend wurde lang und laut, und alle amüsierten sich wunderbar und tranken zu viel. Irgendwann tauchten Jan Mellinghoff und Gloria wieder auf. Seine Hand lag auf ihrem Nacken, ihre Mundpartie war gerötet und sah wund aus, aber sie strahlte, und ihre Laune sprudelte über. Roderick nahm sein Champagnerglas und salutierte ihr. Sie quittierte seinen Salut mit einem Lächeln, das jedem Haifisch Ehre gemacht hätte und deutlich verkündete, dass sie ihre Beute vernascht hatte.

Erst um Mitternacht verstummte die Musik, erloschen die Lichter, und die Gäste stolperten trunken hinter ihren Führern durch die sternenklare afrikanische Nacht zu ihren Bungalows.

12

Mitten in der Nacht wachte Benita vom lauten Pochen ihres Herzens auf. Sie brauchte eine Minute, um sich zurechtzufinden. Der Tango mit Roderick fiel ihr ein und dass sie erst nach Mitternacht in ihr Bett gefunden hatte. Doch nicht ihr Herzklopfen hatte sie aufgeweckt, sondern der harte, den Blutdruck hochtreibende Ton von Trommeln, der in der stillen Nachtluft klar zu ihr herübergetragen wurde. Lauschend hob sie den Kopf.

Das Geräusch kam aus der Richtung des Farmarbeiterdorfes. Es waren nicht die Tanztrommeln mit ihrem tiefen, resonanten Ton, die dort geschlagen wurden, das hörte sie sofort, der Klang dieser Trommeln war heller, wurde auf stramm gespannten Fellen erzeugt und trug viel weiter. Kriegstrommeln, überlegte sie überrascht, doch die wurden heute sicherlich nur noch zur rituellen Nachrichtenübermittlung oder zu Festen benutzt. Vielleicht stand das Dorf in einem Funkloch, und der Empfang für Mobiltelefone war nicht möglich, weshalb dort jemand auf diese Art eine Botschaft in die afrikanische Nacht schickte. Sie kicherte schläfrig. Welch ein Land. Hier Handys und E-Mails, dort Trommeln. Sie warf einen Blick auf ihre Uhr. Halb zwei erst. Zufrieden sank sie zurück und schlief sofort wieder ein.

Kurz nach zwei zerriss ein schrilles Geräusch ihre Träume, das sie senkrecht im Bett hochfahren ließ.

»Himmel, was war das?«, hörte sie gleich darauf Gloria im Nachbarzimmer kreischen. Sekunden später knallte eine Tür. »Roderick, wach auf, da ist was! Da bringt jemand jemanden um!«

Nur mäßig beunruhigt, beschloss Benita nachzusehen, was sie so unsanft geweckt hatte. Sie schlug die Bettdecke zurück, rutschte vom Bett und tappte ins Wohnzimmer.

Gloria flatterte in einem kurzen, weißen Hemd wie ein panischer Nachtfalter im hellen Mondlicht, das durch die Panoramafenster strömte, und hämmerte an Rodericks Tür. Ein großer Ast klopfte im Wind gegen die Scheibe im Nordfenster, als begehrte jemand Einlass, und harte Schatten gaben der Szenerie etwas Unheimliches.

Dann polterten Möbel, und Roderick fluchte verschlafen. Er riss seine Schlafzimmertür auf, steckte den Kopf heraus und starrte sie aus rotgeränderten Augen sichtlich genervt an.

»Was ist los?« Er zog seine dunkelblauen Boxershorts höher. Sonst trug er nichts. »Wie spät ist es eigentlich?«

»Da hat wer geschrien! Wie ein Mensch.« Gloria war ungewöhnlich aufgeregt.

Roderick rieb sich übers Kinn. Es gab ein kratzendes Geräusch. »Hab nichts gehört«, brummte er missmutig und machte sich daran, wieder zu Bett zu gehen.

Doch da ertönte das Geräusch wieder, diesmal überdeutlich und ganz in der Nähe. Benita prustete los, und Roderick verdrehte die Augen.

»Gloria, verflucht, das war ein Hahn! Ein männliches Huhn, verstehst du. Gack gack gack!« Er flappte mit den Armen, als wären es Flügel. »Vermutlich ist es Kiras Gockel. Kannst du nicht mal ein Huhn von einem Menschen unterscheiden? Gib endlich Ruhe, ich brauche meinen Schönheitsschlaf!«

»Ich dreh dem Vieh den Hals um«, knirschte die aufgebrachte Anwältin und strebte mit hochrotem Gesicht ihrem Zimmer zu. »Hackfleisch mache ich aus dem.«

Unvermittelt rollte ein neuer Ton durch die Hügel. Ein tiefes, heiseres, abgehacktes Röhren. Das große Fenster klirrte leise. Alle fuhren zusammen, auch Roderick. Gloria wirbelte herum.

»Löwen?«, hauchte sie und sah zum ersten Mal wirklich ängstlich aus.

»Es werden dieselben sein, die sich am Abend um die Beute gestritten haben«, knurrte Roderick unwirsch. »Vielleicht sind sie aufgewacht und putzen jetzt den Rest weg.«

Benita schüttelte den Kopf. »Sie sind näher dran, nicht sehr weit entfernt, und die Beute von vorhin haben sie bestimmt längst bis zum letzten Knochensplitter aufgefressen. Jetzt hatten sie neues Jagdglück, oder es sind andere Löwen. Allerdings glaube ich, dass auf Inqaba nur Platz für ein einziges Löwenrudel ist.« Sie schob den Riegel der Verandatür zurück, um hinauszugehen, aber Gloria stürzte vor und riss sie zurück.

»Benny, sind Sie wahnsinnig geworden? Diese Tür bleibt zu! Da draußen sind wilde Raubtiere, und wenn sie hier in der Nähe sind, dann haben wir sie womöglich gleich im Haus ... Roderick, ruf das Empfangshaus an, die sollen einen bewaffneten Wächter schicken. Oder am besten gleich zwei. Männer, meine ich, mit Waffen.« Ihre Pupillen waren vor Schreck geweitet, das blonde Haar hing in schlaffen Strähnen herab.

»Ach, Gloria, sei nicht albern!«

Draußen jaulten Hyänen, Schakale lachten ihr irres Lachen, Löwen knurrten, kurze, harsche Laute von ungeheurer Aggressivität. Es waren die gleichen markerschütternden Geräusche, die sie auf dem Fest in der Boma erschreckt hatten. Obwohl Benita wusste, was da unten vor sich ging, dass das der Lauf der Natur war, lief ihr ein Schauer den Rücken hinab. Wieder hatte ein Geschöpf sein Leben verloren.

»Sie werden halt noch einmal eine Antilope oder so gerissen haben«, sagte Roderick achselzuckend. »So ist die Natur, meine Liebe. Fressen oder gefressen werden. Wie im Bankgeschäft, und um einen tierischen Vergleich zu ziehen, da bist du die Hyäne, genauso gierig, genauso erbarmungslos.« Er grinste anzüglich.

»Red keinen Unsinn«, fauchte Gloria, sah aber absurderweise geschmeichelt aus.

Benita ließ ihre Augen über die nachtschwarze Landschaft wandern. Das Mondlicht hatte den Busch in geheimnisvolle Fabelwesen verwandelt, seine runden Formen muteten wie die Rücken urweltlicher Riesen an. Die Konturen der Baumkronen waren schwarze Spitzenmuster auf dem dunklen Samt des Nachthimmels, und ein bleiches Schimmern sagte ihr, wo das Wasserloch lag, Einzelheiten konnte sie nicht ausmachen. Unerwartet wurde im Bungalow neben ihnen Licht eingeschaltet, blendete sie kurz, und ihre Nachtsicht war dahin. Für eine Sekunde sah sie drei Männer am Fenster stehen, erkannte, dass der mittlere weißes Haar hatte, dann schaltete jemand das Licht aus, und das Haus versank wieder im Dunkel. »Doktor Erasmus ist wieder da«, sagte sie. »Ich habe ihn und seine Bodyguards ganz kurz am Fenster gesehen.«

»Umso besser. Dann lasst uns zusehen, dass wir Schlaf bekommen, um morgen fit für die Unterredung zu sein. Und, Gloria, wenn dieser Hahn noch mal kräht, lass ihn verdammt noch mal krähen. Das stört mich nicht, im Gegensatz zu deinem hysterischen Geschrei. Steck dir Ohropax in die Ohren.«

Als Antwort flog Glorias Zimmertür krachend ins Schloss.

»Schlaf gut«, flüsterte er Benita zu.

»Schlaf gut«, murmelte sie und verschwand ebenfalls in ihrem Zimmer, hörte noch, wie Gloria ihre Tür verriegelte. Obwohl sie hundemüde war, fand sie keinen Schlaf. Ihr Puls hämmerte im Tangorhythmus, die Bilder des vergangenen Tages drehten sich in ihrem Kopf, um und um, endlos wie ein Karussell. Nachdem sie fast eine Stunde lang nachgedacht hatte, brach sie eine Schlaftablette, von der ihr bekannt war, dass sich deren Wirkstoff schnell abbaute, in zwei Teile und schluckte einen. Bald entspannten sich ihre Muskeln, die Tangomelodie wurde leiser, und die Bilder zerflossen in einem Wirbel von Licht. Dann schlief sie ein.

Die Schüsse, die wenig später durch die Nacht peitschten, erreichten sie in ihren Träumen nicht.

Der nächste Tag begann wie fast jeder Tag auf Inqaba. Kurz vor Sonnenaufgang landeten zwei Hadidah-Ibisse auf dem alten Mangobaum vor Jills Schlafzimmerfenster, flappten mit den Flügeln und kreischten, als würde ihnen jemand die Gurgel durchschneiden. Jill fuhr mit einem Aufschrei aus dem Tiefschlaf, taumelte aus dem Bett zum Fenster, tastete nach dem Katapult, das eigens für diese Gelegenheit auf dem Fensterbrett lag, und legte einen kleinen Stein ein. Sorgfältig zielte sie durch die Gitter des offen stehenden Fensters und schoss. Daneben.

»Ha-ha-ha-di-dah«, lachten die großen Vögel zufrieden und glitten mit langsamen Flügelschlägen über die Baumkronen ins Licht.

»Ach, gib's auf, Mami«, murmelte eine verschlafene Kinderstimme aus den Kissen, »die tricksen dich doch immer aus. Steck dir was in die Ohren, Kaugummi oder so, dann hörst du sie nicht.«

»Verdammte Mistviecher! Eigentlich hatte ich die für später bestellt«, knirschte Jill und küsste ihre Kinder, rieb ihre Wange an der seidenweichen, süß duftenden Kinderhaut. Wenn Nils nicht da war, durften sie in seinem Bett schlafen. »Eine Viertelstunde hätten sie mir noch gönnen können! Nun lohnt es sich nicht mehr, wieder ins Bett zu gehen.«

Erbost öffnete sie die Terrassentür. Die Sonne stieg wie ein Feuerball in den Himmel, dessen weißes Flimmern bereits die Bruthitze des Tages ankündigte. Gierig sog das Sonnenfeuer den letzten Rest von Feuchtigkeit des nächtlichen Regens aus der Erde. Ihr wurde das Herz schwer. In ihrem früheren Leben, als sie noch Jill Court war, die behütete Tochter des Eigentümers von Inqaba, hatte sie sich nie Gedanken darüber gemacht. Hitze war etwas, dem man mit einer Klimaanlage, einem erfrischenden Bad, leichter Kleidung und kühlen Getränken begegnete. Hitze empfand sie nicht als Bedrohung ihrer Existenz, hatte die besorgte Miene ihres Vaters nie wahrgenommen, hatte den Bratengeruch, der in solcher Zeit aus einiger Entfernung zum Haupthaus herüberwehte, nicht darauf zurückgeführt, dass ihr Vater die Kadaver seiner verdursteten Rinder verbrennen musste. An solchen Abenden war er in sich gekehrt gewesen, hatte kaum gesprochen, während ihre Mutter über die neuesten gesellschaftlichen Ereignisse plauderte und den aktuellen Klatsch wiedergab. An solchen Tagen hatte sich Phillip Court früh in sein Arbeitszimmer zurückgezogen und war dort die ganze Nacht geblieben. Es schmerzte sie heute, wenn sie daran dachte, wie einsam er gewesen sein musste.

Aus der Ferne lachten die Hadidahs sie spöttisch aus. Sie wandte sich ab. So war Afrika. Sich dagegen aufzulehnen war zwecklos, eine einzige Kraftvergeudung, das hatte sie schon früh in ihrem Leben gelernt. Afrika gewann immer. Gähnend zog sie sich das ärmellose blaue Baumwollhemd über den Kopf, warf es auf den Haufen schmutziger Kinderwäsche, der vor dem Schrank lag, streckte sich ausgiebig und marschierte dann entschlossen ins Badezimmer. Sie drehte den Kaltwasserhahn auf, schloss die Augen und ließ das lauwarme Wasser über ihren Körper strömen.

Kurz darauf klopfte es an die Duschkabine, und Kira hielt ihr das Mobilteil des Telefons hin. »Irgendein dummer Mann, der dich schon so früh sprechen will«, sagte sie laut genug, um am anderen Ende verstanden zu werden. Dann trollte sie sich wieder ins Bett.

Jill wischte sich eine Hand ab und nahm den Hörer. »Ja?«, sagte sie. Sie zog ein Handtuch heran und begann, sich mit der anderen Hand abzutrocknen.

»Neil hier. Tut mir leid, dass ich so früh anrufe, entschuldige mich bitte auch bei Kira, aber ich mache mir die größten Sorgen.«

»Neil!« Neil Robertson war ein Freund ihrer Eltern gewesen, längst aber auch zu einem ihrer besten Freunde geworden, obwohl er fast fünfundzwanzig Jahre älter war, vielleicht aber auch gerade wegen des Altersunterschieds. Er war der Fels in der Brandung, wenn sie Halt brauchte, und ihr wurde plötzlich die Kehle trocken. Neil Robertson war sicherlich der nervenstärkste Mensch, den sie kannte. Wenn der sich Sorgen machte, musste es wirklich ernst sein. »Was ist los? Ist etwas mit Tita?«

»Nein, nein, uns geht es gut. Mein Problem ist ein bisschen komplizierter. Bei dir ist doch sicher eine Benita Forrester abgestiegen, nicht wahr? Du weißt, wer sie wirklich ist? Benita Steinach, Michaels Tochter. Sie hat es dir gesagt? Gut.« Deutlich erleichtert fuhr er fort:

»Also, der englische Vater Benitas, Adrian Forrester, ist ein guter und alter Freund von mir. Wir haben uns vor Jahren während einer Reportage im ersten Golfkrieg kennengelernt. Adrian hat mich vor ein paar Tagen angerufen und mir erzählt, dass seine Benita vorhatte, nach all diesen Jahren wieder nach Südafrika zu reisen, nach Inqaba. Das Ganze sei durch eine höchst beunruhigende Nachricht, die sie erhalten hat, ausgelöst worden. Was genau die war, weiß ich nicht, aber es hat etwas mit dem Schicksal ihrer leiblichen Eltern zu tun. Jedenfalls macht sich Adrian fürchterliche Sorgen, dass sie schlafende Hunde weckt, und darum hat er mich gebeten, für ihren Schutz zu sorgen.« Er machte eine Pause.

In der Leitung war nur leises atmosphärisches Rauschen zu vernehmen. Im Hintergrund konnte Jill die Stimme von Tita Robertson hören, die ungeduldig nach ihren Hunden rief. Trotz ihrer Anspannung durchströmte sie ein warmes Gefühl. Tita war der liebenswerteste Mensch, den man sich vorstellen konnte, und beide, Tita und Neil, ersetzten ihr seit dem Tod ihrer Eltern die Familie. Ihre Gedanken wanderten zurück in die Vergangenheit, aber Neils tiefe Stimme holte sie zurück.

»Bist du noch da? Hast du verstanden, was ich so weit gesagt habe? Ja, also. Lange Rede, kurzer Sinn: Ich habe Twotimes auf Benita angesetzt – ein schrecklicher Ausdruck, ich weiß, aber sie durfte nichts davon merken, da sie sich jegliche Fürsorge ausdrücklich verbeten hatte. Er hat mich tagsüber nur in größeren Abständen angerufen, aber abends immer. Gestern Abend ist sein Anruf ausgeblieben, und auf seinem Handy meldet sich nur die Mailbox. Er war auf Inqaba. Hast du ihn gesehen?«

Sie erschrak bis ins Mark. Sie kannte Twotimes, solange sie denken konnte. Er war ein faszinierender Mensch, schweigsam, aber solide wie Granit, einen, den man in einer brenzligen Situation neben sich haben wollte. Nach außen wirkte er geheimnisvoll, verschlossen, abweisend. Bis er lächelte. Ein wunderbares Lächeln, das sich langsam über sein Gesicht ausbreitete, bis er von innen zu leuchten schien. Neil war er im Untergrund ein getreuer Weggefährte gewesen. Die beiden Männer waren den größten Teil ihres Lebensweges gemeinsam gegangen. Außer Tita war er noch heute sein engster Vertrauter.

»Er war hier? Nein, ich habe ihn nicht gesehen, und wenn jemand anders ihn bemerkt hätte, wüsste ich davon. Wir haben es eigentlich nicht so gern, wenn jemand auf Inqaba ist, der sich nicht angemeldet hat.« Sie konnte den leisen Vorwurf nicht aus ihrer Stimme verbannen.

»Ich weiß, und es tut mir leid. Spätestens heute hätte ich dir Bescheid gesagt. Ich bin der Ansicht, dass Benita auf Inqaba wirklich keinen Schutz braucht. Jill, ich habe Angst, dass Twotimes etwas zugestoßen ist.«

Für eine schreckliche Sekunde meinte sie, Löwen brüllen zu hören, das hohe Jagdgeläut der Hyänen und den Todesschrei einer Kreatur. Auch sie war nachts durch den Hahnenschrei geweckt worden und hatte die Geräusche der tierischen Fressorgie gehört, aber das waren vertraute Nachtgeräusche auf Inqaba. Sie hatte dem keine weitere Bedeutung zugemessen. Die Zunge klebte ihr plötzlich am Gaumen, während ihr Tausende von eiskalten Ameisenfüßchen über den Rücken trippelten.

»Vielleicht ist seine Batterie leer, oder er hat in einem Funkloch gesessen. Du weißt, dass wir hier nur an wenigen Plätzen Empfang haben. Um unsere Gebäude herum ist er leidlich, aber ein paar hundert Meter weiter im Busch ist man auf Trommeln angewiesen«, sagte sie und war sich augenblicklich bewusst, dass der kleine Scherz jetzt unangebracht war. »Entschuldigung«, murmelte sie.

Neil ging gar nicht darauf ein. »Dann hätte er einen anderen Weg gefunden. Jill, ich kenne Twotimes seit bald vierzig Jahren, ich kenne ihn so gut wie mich selbst, obwohl er ein viel besserer Mensch ist als ich. Glaub mir, die Tatsache, dass er sich nicht gemeldet hat, bedeutet Schlimmes. Ich fahr gleich los und bin in zweieinhalb, höchstens drei Stunden bei dir.« Es klickte in der Leitung. Neil hatte aufgelegt.

»Mist, verdammter«, fluchte Jill leise. »Verdammt, verdammt, verdammt.« Sie schaltete das Telefon aus und legte es weg.

Sie schaffte es nur noch, sich die Zähne zu putzen. Gerade als sie in ihre Jeans stieg, schlug jemand einen harten Trommelwirbel gegen die Tür. Erschrocken fuhr sie zusammen. Das versprach ein ziemlich scheußlicher Tag zu werden. Keiner ihrer Angestellten würde es wagen, sie morgens vor dem Frühstück zu stören, wenn es nicht dringend war.

»Was ist? Ich bin noch nicht angezogen«, rief sie, zog hastig die Jeans hoch und schloss den Reißverschluss mit einem Ruck.

»Ärger, Jill. Großer Ärger.« Marks Stimme, todernst. »Du musst kommen, und zwar sofort.«

Ihr lief ein Schauer der Vorahnung über den Rücken. »Gut, gib mir zwei Minuten, dann bin ich da.«

Mit zwei Schritten war sie bei ihrem Kleiderschrank, zog wahllos ein T-Shirt heraus und schlüpfte hinein. Dann ging sie hinüber zum Bett, beugte sich über die Kinder, strich über ihre verschwitzen Haare. »Kira, Luca, ich muss rüber. Mark braucht mich. Schlaft noch ein bisschen. Wir sehen uns nachher zum Frühstück.«

Als sie die Eingangstür ihres Hauses hinter sich schloss und über den Hof hinüber zum Empfangshaus lief, fehlten noch zehn Sekunden an den zwei Minuten. Die Ameisenfüßchen tanzten einen Stepptanz auf ihrem Rücken.

Mark kam ihr bereits entgegengelaufen. Sein sonst so jungenhaft fröhliches Gesicht war zutiefst besorgt. Er streckte ihr einen dampfenden Becher mit Kaffee und ein doppeltes Sandwich hin. »Hier, damit du wenigstens etwas im Bauch hast. Wir müssen gleich los.«

»Danke.« Sie warf ihm ein kurzes Lächeln zu und trank im Gehen gierig einen Schluck Kaffee, verbrannte sich prompt den Mund, spuckte erst den Kaffee und dann ein Schimpfwort aus. Während sie ihm im Laufschritt folgte, biss sie in das Sandwich. »Also, raus damit, was ist passiert?«, sagte sie kauend.

Aber sie konnte die Antwort bereits in seinem Gesicht lesen, weil Neil sie angerufen hatte. »Die Löwen? Ein Mensch …?« Sie konnte nicht verhindern, dass ihre Stimme bebte.

Mark trat aufs Gas. »Ja beziehungsweise nein. Erst hat man ihnen das Genick gebrochen, dann wurden sie gefressen.«

Jill erstarrte. »Sie? Plural? Zwei Menschen?« Als Mark stumm nickte, fiel sie in ihren Sitz zurück. »O mein Gott, was ist da passiert? Was heißt das, man hat ihnen das Genick gebrochen? Löwen ersticken ihre Beute.«

»Genau, und sie fesseln ihnen auch nicht vorher die Hände auf dem Rücken, um ihnen dann erst den Hals zu brechen.«

Langsam dämmerte Jill, was Mark ihr mitzuteilen versuchte. »Du meinst, die – wer ist es überhaupt? –, die sind ermordet worden?«

»Genau«, sagte Mark.

»Ist einer davon ein Schwarzer?«

Erstaunt wandte er sich ihr zu. »Woher weißt du das?«

Sie ballte die Fäuste. Twotimes! Erst vor zwei Wochen hatte sie ihn bei den Robertsons getroffen. Ihre Kehle war wie zugeschnürt. Sie setzte an zu sprechen, brachte aber keinen Ton heraus. Stattdessen nahm sie einen Schluck Kaffee, der aber nur unzureichend half. Ihr saß noch immer ein Kloß im Hals. Mit fliegenden Fingern tippte sie Neils Nummer in ihr Handy, bekam aber kein Signal. Sie saß im Funkloch. Mal wieder. Frustriert steckte sie das Gerät wieder weg. Es blieb ihr nichts anderes übrig, als zu warten, bis sie wieder beim Haus war.

»Wer hat sie gefunden?«

»Unsere Wildererpatrouille. Sie haben die Fressgeräusche gehört und waren neugierig. Als sie endlich erkannten, was die Löwen zwischen den Zähnen hatten, haben sie die Raubtiere verjagt. Einer hat Wache gehalten, und der andere ist auf eine Anhöhe gestiegen, bis sein Handy Empfang hatte, und hat mich angerufen.«

»Hast du die Polizei benachrichtigt?«

Mark verlangsamte die Fahrt, um nicht in eine tiefe Rinne zu geraten. »Natürlich. Nachdem ich dich angerufen habe. Sie kommen, haben sie gesagt, allerdings nicht, wann. Ich habe Ziko, Musa und ein paar von den Farmarbeitern am Tatort gelassen, um Aasfresser fernzuhalten, aber ich befürchte, gegen die Armeen von Ameisen, die bereits im Anmarsch sind, können sie nichts ausrichten. Wir müssen die Leichen so schnell wie möglich abtransportieren, sonst ist nichts mehr übrig, was die Polizei untersuchen könnte.«

Hastig kippte Jill den letzten Schluck Kaffee, ehe sie ausstieg und zur Gruppe der Ranger um Ziko und Musa hinüberging, die neben einem Geländewagen standen. Unter ihnen erkannte sie auch die beiden Männer der Wildererpatrouille in ihren Tarnanzügen.

»Wo liegen sie?«, fragte sie ohne Umschweife.

Die Gruppe öffnete sich, und Musa, ein breitschultriger Zulu um die dreißig in langen Khakihosen und olivfarbenem Schlapphut, zeigte auf das Ufer eines Wasserlochs, das zu einer Schlammsuhle eingetrocknet war. Widerwillig näherte Jill sich dem, was da auf der roten Erde lag. Sie wurde sich eines bösartigen lauten Summens bewusst, registrierte, dass es von den Fliegenschwärmen herrührte, die sich an dem Blut der Toten delektierten. Angeekelt wedelte sie mit den Armen. Die Fliegen stiegen auf, drehten eine Runde und fielen erneut über ihre Mahlzeit her. Ihr Magen zog sich zusammen. Ihr drohte das Sandwich wieder hochzukommen. Wenige Meter von den Toten entfernt blieb sie stehen. Sie hielt den Gestank kaum noch aus.

Die Überreste zweier Menschen lagen dort, durcheinandergeworfen, ein Bein hier, der Torso dort. Die eine Leiche hatte sehr dunkle Haut, und sie nahm an, dass es Twotimes war, obwohl der Kopf nicht mehr vorhanden war. Sie musterte die zweite Leiche, erkannte aber nur an der Haarfarbe, dass es ein Weißer war. Die Hautoberfläche der Leiche schien zu leben. Obwohl Jill genügend tote Tiere gesehen hatte, um zu wissen, dass die Natur in Windeseile dafür sorgte, dass die Knochen blank genagt und die Überreste vertilgt wurden, war es doch ein Schock zu sehen, dass Millionen von Ameisen sich bereits über die Toten hergemacht hatten. Ein dichter Insektenpelz wimmelte über die Körper, gab ihnen den Anschein, als bewegten sie sich noch. Schlagartig wurde ihr wieder übel, und sie musste die Hand vor den Mund pressen.

»Es ist dieser Ingenieur aus Umhlanga«, rief ihr Mark zu.

Sie nickte und wandte sich ab, aber dann entdeckte sie Twotimes' Kopf. Er lag abseits. Ein krabbelnder Ameisenpelz ließ nur die Augen und die im Todeskampf zu einem schrecklichen Grinsen gebleckten Zähne frei. Keuchend vor Entsetzen, starrte sie auf ihn hinunter. Immer wieder fand sie tote Tiere in verschiedenen Stadien der Verwesung, das war sie gewohnt. Aber dieser Anblick berührte sie körperlich. Die Hand fest auf den Mund gedrückt, gelang es ihr, sich zu beherrschen, sich nicht zu übergeben. Sie atmete tief durch.

»Können wir nicht irgendwie verhindern, dass sie von Ameisen aufgefressen werden, bevor die Polizei hier ist?«, rief sie Mark zu.

Der Wildhüter nickte. »Ich habe Regenumhänge im Wagen, wir könnten sie abdecken. Vielleicht hilft das.« Gemeinsam mit Musa und Ziko breitete er die Umhänge über die Überreste der beiden Männer aus und wies die anderen dann an, große Steine zu besorgen, um die Ränder zu beschweren. Er richtete sich auf. »So, hoffentlich wird es den Fliegen und Ameisen zu ungemütlich darunter.« Er zeigte auf die Sonne, die sich eben über die Baumkronen schob. »Gleich wird's heiß werden. Gott, ich hoffe, die Polizei kreuzt bald auf!«

Sie lehnten sich an ihren Wagen. Mark zog eine Zigarette aus der Packung und zündete sie an. »Muss diesen Geruch aus der Nase bekommen«, murmelte er und sog den Rauch tief in die Lunge.

»Ich nehme an, die Polizei wird erst zum Haupthaus fahren«, sagte Jill. »Ich werde dort auf sie warten, bleib du bitte hier. Postiere jemanden dorthin, wo er mit dem Mobiltelefon empfangen kann, damit wir in Verbindung bleiben. Ich rufe dich an, sobald ich Neues weiß.« Sie ließ den Motor an, wendete den Wagen und fuhr mit fest zusammengepressten Lippen so lange, bis sie sich sicher war, das niemand ihrer Leute sie beobachten konnte. Dann hielt sie an und konnte sich gerade noch aus dem Wagen beugen, ehe sie sich in hohem Bogen übergab. Den Kopf aufs Lenkrad gelegt, kämpfte sie die aufsteigende Panik nieder, versuchte, nicht daran zu denken, dass auf ihrer Farm ein Mörder frei herumlief, versuchte, sich nicht auszumalen, was geschehen würde, wenn die Buchungen der Touristen ausblieben, versuchte einfach, gar nicht zu denken.

Nach einigen Augenblicken wischte sie sich das Gesicht ab, entfernte die schwarzen Ränder, wo die Wimperntusche verlaufen war, und ordnete ihre Haare, bevor sie den Wagen wieder startete. Sie lebte in einer Männerwelt, und es hatte sie viel gekostet, die Spielregeln der großen Jungs zu lernen. Die erste, die allerwichtigste war, dass man keine Schwäche zeigen durfte. Kurz darauf bog sie auf die lange Auffahrt zum Haupthaus ein.

Die meisten ihrer Gäste saßen bereits beim Frühstück, einige Tische aber waren leer, und ihr fiel siedend heiß ein, dass sich wohl mehrere Gäste bereits auf Morgensafari befanden. Sie machte sich schleunigst auf den Weg zur Rezeption und kam dabei im Empfangshaus an einem Gepäckstapel vorbei. Schon von Weitem erblickte sie Jonas, der vor seinem Computer saß und die Finger über die Tasten fliegen ließ.

Eigentlich war Jonas, der Enkelsohn von Nelly und Ben Dlamini, der eine abgeschlossene Hochschulausbildung als Bauingenieur und Architekt hatte, als Empfangschef restlos überqualifiziert. Doch als Jill Inqaba als privates Wildreservat mit Gästehäusern aufbaute, war er auf Jobsuche gewesen, und sie hatte ihm den am Empfang gegeben in der festen Annahme, dass er sie bald wieder verlassen würde, um eine Stellung anzutreten, die seiner Ausbildung entsprach. Er war jedoch geblieben, und es gab keinen Tag, an dem sie ihm nicht dankbar dafür war. Er war einfach unersetzlich.

»Morgen, Jonas, wer reist heute ab?«

Der schlanke Zulu hinter dem Tresen der Rezeption schaute hoch. »Morgen, Jill, was ist los? Du siehst aus, als wärst du einem Geist begegnet.«

Sie zog eine Grimasse. Jonas schien die Gabe zu haben, in ihrem Gesicht wie in einem Buch zu lesen. Sie deutete auf sein Büro, das hinter der Rezeption lag, folgte ihm hinein und zog die Tür fest hinter sich zu. Dann erzählte sie ihm, was geschehen war.

Jonas hörte ihr mit wachsendem Entsetzen zu. »Twotimes, mein Gott, was hatte er hier zu suchen, warum hat er sich nicht bei uns angemeldet?« Er beäugte sie besorgt durch seine runde Brille.

Jill zögerte, ihm das zu berichten, was Neil ihr anvertraut hatte. Sie wich seiner Frage aus. »So genau weiß ich es auch nicht, wir müssen wohl die Untersuchung der Polizei abwarten.«

»Heute reisen insgesamt fünf Gäste ab. Gleich nach dem Frühstück.« Das Motorengeräusch zweier Wagen unterbrach ihn. Er lehnte sich vor und spähte aus dem Fenster. »Na, wenn man vom Teufel spricht …«

Er wies auf den Parkplatz, der vom Büro aus durch die Bäume teilweise einsehbar war. »Die Herren Inspectors Goodwill Cele und Farouk Suleman aus Ulundi sowie unsere verehrte Boss-Polizistin Captain Fatima Singh von der Kripo.«

Aus dem ersten Auto, einem Streifenwagen, waren zwei Uniformierte ausgestiegen, ein baumlanger Schwarzer und ein Polizist indischer Herkunft, aus dem zivilen Wagen kletterte eine kleine, rundliche Frau, die sich kerzengerade hielt. Sie war nicht uniformiert. Alle drei machten sich auf den Weg zum Empfangshaus.

»Ich werde sie abfangen, bevor sie unsere Gäste einlochen«, rief Jill und eilte, um die drei Gesetzeshüter ums Haus herum zur Rezeption zu lotsen. Sie rannte quer durch den lichten Busch und schnitt ihnen den Weg ab.

»Captain, guten Morgen, danke, dass Sie so schnell gekommen sind.« Sie lächelte und hoffte, dass Captain Fatima Singh in guter Stimmung war. Zwar war mit ihr auch nicht zu spaßen, wenn sie gut gelaunt war, aber bei schlechter Laune musste man richtig in Deckung gehen. Das hatte sie schon bei früheren Gelegenheiten erfahren.

Captain Singh baute sich vor ihr auf und unterzog sie einer genauen Prüfung, schweigend, langsam von oben bis unten und wieder zurück. Ohne Hast. Es war ein Trick, um ihr Gegenüber zu verunsichern, und sie beherrschte ihn bis zur Perfektion.

Aber Jill konnte damit umgehen. In der Vergangenheit hatten schon andere vergeblich versucht, sie einzuschüchtern. Sie begegnete dem Blick der Polizistin, ohne zu blinzeln, nahm sich ihrerseits Zeit, ihr Gegenüber genau zu betrachten. Captain Singhs Augen waren so kohlschwarz wie ihre Haare, die sie so kurz trug, dass sie sich wie ein Nerzfell um ihr mahagonibraunes Gesicht schmiegten. Sonst war sie mit ihren vorstehenden Zähnen und dem deutlichen Damenbart ziemlich unansehnlich.

Fatima Singh hatte die Inspektion Jills beendet. »Mrs Rogge, erklären Sie uns, was geschehen ist, und beschreiben Sie uns den Weg zum Tatort«, befahl sie.

»Die … Leichen liegen in der Nähe des Wasserlochs westlich von hier«, sagte sich Jill. Während sie den Weg genau erklärte, brachte sie es fertig, den Captain und die Inspectors Cele und Suleman von der Veranda und somit von den Gästen fernzuhalten. Vorläufig zumindest. »Werde ich am Tatort gebraucht?«, fragte sie.

»Nein, aber halten Sie sich zur Verfügung. Wir brauchen eine Liste Ihrer Gäste, Namen, Adressen und so weiter, und die Ihrer Angestellten, mit anderen Worten: von jedem menschlichen Wesen, das sich auf der Farm befindet.« Die Stimme der Kriminalbeamtin war hoch und hart, ihr Ton befehlsgewohnt. »Bevor ich nicht mit jedem gesprochen habe, ist es allen untersagt, die Farm zu verlassen.« Sie stieg auf den Beifahrersitz des Streifenwagens und winkte mit gebieterischer Geste den beiden Polizeibeamten.

Jill beugte sich zu ihr hinunter. »Fünf unserer Gäste, allesamt aus Übersee, hatten eigentlich vor, sofort nach dem Frühstück abzureisen. Soweit ich unterrichtet bin, fliegen sie heute Abend zurück nach Europa. Könnten Sie diese Leute bitte zuerst verhören?«

Ein Ausdruck von Verdruss huschte über das mahagonifarbene Gesicht. »Sie werden warten müssen, bis ich so weit bin.«

Jill unterdrückte einen Seufzer. Captain Singh spielte ihren Rang bei jeder Gelegenheit aus und konnte ungeheuer empfindlich reagieren, wenn sie glaubte, dass man sie nicht genügend respektierte. Eine Eigenart, die sie mit vielen Vertretern des neuen Südafrikas gemein hatte.

»Captain, diese Gäste sind Touristen aus Übersee, die Devisen ins Land bringen«, sagte Jill. »Solchen Gästen ist es zu verdanken, dass Zululand hoffen kann, dass die Tourismusbranche auch hier so lukrativ wie in Kapstadt werden wird. Mit anderen Worten, solche Touristen schaffen Arbeitsplätze, und sie werden zu Hause positiv über die Kompetenz unserer Polizei berichten, wenn man ihnen gestattet, rechtzeitig ihren Flug zu erreichen.«

Captain Singh schoss ihr einen kohlschwarzen Blick zu und brummte. Dann räusperte sie sich. »Gut, ich werde diesen Umstand in meine Überlegungen einbeziehen. Sagen Sie den Leuten, sie sollen sich bereithalten.« Mit einem Handzeichen gab sie Inspector Cele den Befehl zur Abfahrt.

Halleluja, dachte Jill erleichtert. »In Ordnung«, sagte sie laut und trat beiseite. Manchmal konnten sie solche Situationen, die ihr im Umgang mit den heutigen Behörden häufig begegneten, schier zur Verzweiflung treiben. Natürlich war es leicht nachzuvollziehen, warum Captain Singh so empfindlich war. Sie war farbig und eine Frau. In Apartheidzeiten war das die unterste Stufe in der menschlichen Hackordnung des Landes gewesen, und von den meisten Weißen war ihr sicherlich nichts als Verachtung entgegengebracht worden. Trotzdem war es sehr schwierig, einen sicheren Weg durch dieses Feld unsichtbarer Gefühlsminen zu finden.

Sie wartete, bis das Gefährt außer Sichtweite war, dann wählte sie Marks Handynummer. Während es klingelte, betete sie, dass er tatsächlich jemanden auf dem Hügel postiert hatte. Zwei Morde waren geschehen, der Mörder lief frei herum, und da draußen befanden sich mindestens fünf ahnungslose Gäste und vier Ranger.

»Ja.«

Es war Mark selbst. Erleichtert atmete sie auf. »Captain Singh und ihre Mannen sind auf dem Weg. Sieh zu, dass du die beiden anderen Wagen per Funk erwischst. Sie sollen schnellstens zur Basis zurückkehren, aber sag ihnen nicht, warum.«

»Yup«, sagte Mark und unterbrach die Verbindung. Er wusste

ungefähr, wo sich die beiden Geländewagen mit den Gästen, die zur Morgensafari aufgebrochen waren, aufhielten. Es war nicht weit von seinem Standort. Er erledigte seinen Auftrag und bekam die Zusicherung, dass die Ranger mit ihren Passagieren sofort zum Empfangshaus fahren würden. Jetzt konnten die Polizisten kommen.

Vilikazi Duma schaltete mit zufriedener Miene sein Mobiltelefon aus, drückte die Tastenverriegelung und steckte es in die Hosentasche. Dann verließ er sein Zimmer und klopfte an die Tür des Zimmers, in dem Linnie untergebracht war. Sie war unverschleiert und trug nur ein kurzes weißes Krankenhausnachthemd, saß auf der Bettkante und baumelte wie ein kleines Mädchen mit den Beinen. Sie hörte ihn erst, als er neben ihrem Bett stand.

»Kannst du nicht anklopfen?«, sagte sie gereizt und zerrte den Saum des Hemdchens vergeblich nach unten.

»Schlecht geschlafen?«, erwiderte er und grinste. Ihre schlechte Laune nahm er nicht ernst. Linnie war vor ihrem ersten Kaffee nicht zu genießen.

»Ja, wenn du es wissen willst. Sauschlecht. Was willst du?« Sie sah ihn scharf an. »Ist etwas passiert?«

»Nein, nichts. Außer dass ich Thandi gerade eben unsere Entlassung aus der Nase gezogen habe. Dieser Dragoner wollte uns tatsächlich übers Wochenende hierbehalten …«

»Dann wäre der Vice-Colonel vermutlich weg«, unterbrach sie ihn heftig, »und so schnell bekomme ich nicht wieder die Gelegenheit, ihn mir vorzuknöpfen.« Mit den Händen knetete sie einen Zipfel der Bettdecke, knetete und knetete, drehte ihn zu einem festen Strick. »Weißt du, dass ich seine Stimme immer noch im Schlaf höre? Er sprach mit einer Art Zischen, einem heiseren Flüstern … Ich weiß nicht, ob er nicht anders reden konnte oder ob er das nur getan hat, um mich fertigzumachen.« Der Stoffzipfel riss hörbar ein. Sie warf ihn hin. »Das ist ihm auch gelungen. Zum Schluss hat mir seine Stimme so wehgetan, wie Messerschnitte … So muss sich die chinesische Wasserfolter anfühlen.« Im Netz ihrer Gedanken gefangen, verstummte sie.

Vilikazi lächelte grimmig. »Er ist noch da … das heißt, er ist nicht da, aber da ist er …«

Die dunklen Augen in dem zerstörten Gesicht glitzerten. »Vilikazi Duma, was redest du nur für einen Unsinn! Hat dir Thandi den Kopf verdreht, oder waren es die Spritzen? Was soll das heißen: Er ist nicht da, aber da ist er?«

»Das heißt, dass er noch auf Inqaba wohnt, aber im Augenblick nicht da ist.«

»Warum sagst du das nicht gleich?« Sie glitt von der Bettkante herunter und sah ihn bedeutungsvoll an. »Ich muss mich anziehen.«

»Natürlich, klar, bin schon weg. Wir müssen noch so einen Wisch unterschreiben, dass wir die Verantwortung tragen, wenn wir tot umfallen, weil wir nicht lange genug hiergeblieben sind. Ist dir das recht?« Als sie nickte, verließ er den Raum, pfiff dabei eine monotone Melodie zwischen den Zähnen.

»Organisiere mir einen Kaffee«, schrie sie ihm nach. »Stark und süß!«

Er nickte. Das hatte er ohnehin vorgehabt.

Eine Stunde später saßen sie in einem Leihwagen und waren auf dem Weg nach Inqaba. Es hatte ihn nur einen einzigen Telefonanruf gekostet, um den Wagen zu bekommen. Er gehörte einem Freund. Hier in Zululand hatte er viele Freunde. Hier war er zu Hause. Mit Schwung wich er einem klapperdürren Hund aus, der mitten auf der Straße stand und ihm entgegenglotzte. »Voetsek«, schrie er.

»Jonas, bitte gib mir Bungalow vier.« Jill lehnte am Tresen der Rezeption.

Jonas reichte ihr den Hörer des Hoteltelefons und wählte die gewünschte Nummer.

»Ja, bitte?« Roderick Ashburtons Stimme.

»Guten Morgen, hier ist Jill. Ich möchte bitte Benita sprechen.« Sie merkte selbst, wie schroff ihr Ton war, und bedauerte es sofort. Schließlich war Sir Roderick ein Gast, und den Gast sah sie als König an. »Ich hoffe, ich störe nicht«, setzte sie schwach hinzu.

»Keine Sorge, wir sind alle wach«, sagte Roderick Ashburton und rief nach Benita. Eine Tür klappte, und Augenblicke später meldete sich ihre Cousine.

»Hi, Jill, wo brennt's?« Ein herzhaftes Gähnen drang durch den Hörer. »Ich hab das Gefühl, es ist noch mitten in der Nacht.«

Jill hielt sich nicht mit Höflichkeiten auf. »Benita, hör mal, es ist etwas passiert, worüber ich mit dir reden muss«, sagte sie und dachte, wie unzureichend diese Beschreibung doch für das war, was sich zugetragen hatte. »Kannst du bitte zur Rezeption kommen?«

»Jetzt gleich? Ich muss mich erst anziehen.«

»Bitte. Jetzt gleich. Ich schicke jemanden, der dich holt. Es ist wirklich dringend.«

»Wenn du dafür sorgst, dass ich auf der Stelle eine Tasse Kaffee bekomme, sonst bin ich nämlich nicht ansprechbar«, scherzte Benita. Weil ihre Cousine nicht darauf reagierte, beschlich sie das unangenehme Gefühl von aufziehendem Unheil. »Es ist nicht nötig, jemanden zu schicken. Es ist doch helllichter Tag. Ich bin gleich da.«

Langsam legte sie auf. In ihrer Magengegend ballte sich diese Vorahnung zu einem heißen Knoten zusammen. Ihr Magen war schon immer ein zuverlässiger Indikator gewesen, wenn etwas nicht stimmte.

»Ich treffe mich kurz mit Jill an der Rezeption. Es wird vermutlich nicht lange dauern«, sagte sie zu Roderick, der im Sessel saß. Er hatte die langen Beine auf den niedrigen Tisch gelegt und blätterte in Geschäftspapieren.

Er schaute hoch. »Etwas Unangenehmes?«

»Das weiß ich nicht. Irgendetwas Privates wohl«, flunkerte sie und verzog dabei keine Miene. Erst wollte sie von Jill genau hören, was vorgefallen war.

»Na gut. Ich werde mich inzwischen um ein Treffen mit unserem Klienten bemühen, möglichst noch heute Vormittag.«

Benita verschwand in ihrem Zimmer und wusch sich das Gesicht mit kaltem Wasser. Anschließend suchte sie ihre Kleidung zusammen, die sie in der Nacht irgendwo hingeschleudert hatte, stieg in ihre Bermudashorts, zog ein grasgrünes T-Shirt über und schlüpfte in die Leinenschuhe. Nach einem Blick in den Spiegel auf ihr übernächtigtes Gesicht tuschte sie die Wimpern und bürstete sich das Haar, wobei sie sich zum wiederholten Mal fragte, was ihre Cousine so früh am Morgen schon auf dem Herzen hatte, dass sie es unbedingt vor dem ersten Kaffee besprechen musste. Eigentlich hatten sie vorgehabt, sich erst am heutigen Abend zusammenzusetzen. Sie schloss ihre Zimmertür.

»Ich treffe euch zum Frühstück auf der Veranda«, rief sie und lief den Weg hinunter. Der heiße Knoten in ihrem Magen drohte sich zu Golfballgröße auszudehnen. Was konnte auf der Farm vorgefallen sein, das sie in irgendeiner Weise berührte? Busi fiel ihr ein und wie Mark sie für ihr Verhalten auf der Safari heruntergeputzt hatte. Vielleicht wollte Jill ihr wegen ihres dummen Verhaltens noch einmal ins Gewissen reden. Sie musste zugeben, dass sie sich eine Gardinenpredigt redlich verdient hatte. Das musste die Erklärung sein! Damit konnte sie umgehen. Erleichtert spürte sie, wie sich ihr Magen normalisierte.

Die Sonne strahlte von einem wolkenlosen Himmel. Hunderte türkisfarbene Schmetterlinge saßen wie schillernde Perlen aufgereiht am Rand der großen Pfütze, die vom Wolkenbruch der letzten Nacht auf den bemoosten Steinen zurückgeblieben war. Verzaubert blieb sie stehen. Auch das Gras war noch nass, und das Grün der Bäume war mit funkelnden Wassertropfen übersät.

»I know a dark secluded place …«, sang sie leise, legte den Kopf in den Nacken und schaute in dieses tiefe, brennende Blau über ihr. Es versprach, ein wunderschöner Tag zu werden.

Jill nahm sie bereits auf der Veranda in Empfang. Ihre Miene war erschreckend ernst. »Komm«, sagte sie. »Wir gehen in mein Büro.« Bevor sie die Rezeption betraten, blieb sie stehen. »Kannst du dich noch an Jonas erinnern? Nellys Enkelsohn?«

»Jonas …« Benita durchsuchte ihr Gedächtnis. »Langer, dünner Bengel, der gern Schach gespielt hat und immer alles besser wusste?«

Jill lachte auf. »Das ist Jonas, wie er leibt und lebt. Er ist noch immer lang und dünn und hat sich auch sonst nicht geändert. Er weiß immer noch alles besser und das aus gutem Grund. Ohne ihn und sein Organisationstalent würde auf Inqaba alles zusammenbrechen.« Sie betrat den Bereich des Empfangs. »Jonas, hier ist jemand, der dir guten Tag sagen möchte.«

Aber die Rezeption war leer. »Oh, er ist im Augenblick nicht da. Nun, du kannst das ja nachholen. Komm bitte.« Sie führte Benita durch die Rezeption in einen großen, hellen Raum, der sowohl den Eingangsbereich als auch den Parkplatz und einen Teil des Hofs ihres Privathauses überblickte.

»Setz dich.« Sie selbst ließ sich in ihren Schreibtischsessel fallen und drehte ihn so, dass sie aus dem Fenster schauen konnte. Eine Weile blickte sie hinaus, ohne wirklich etwas zu sehen, dann drehte sie sich zurück, ihrer Cousine zu.

»Wusstest du, dass dein Vater – Adrian – einen Freund in Durban darum gebeten hat, dich durch eine Art Bodyguard beschützen zu lassen?«

Benita war wie vom Donner gerührt, gleichzeitig stieg Zorn in ihr hoch. Obwohl es ihr klar war, dass Adrian es nur aus Liebe getan hatte, fühlte sie sich von ihm hintergangen. »Nein, ich hatte es ihm ausdrücklich verboten. Woher weißt du davon?«

»Sagt dir der Name Twotimes etwas?«

Benita durchforstete ihr Gedächtnis. Langsam schüttelte sie den Kopf. »Twotimes, zusammengeschrieben, als Name? Nie gehört. Mensch, Tier oder Sache?«

»Mensch«, erwiderte Jill heftig. »Ein Mensch, ein guter Mensch, und nun ist er tot.« Ihre blauen Augen glühten fast schwarz vor innerer Erregung.

Benita erschrak zutiefst über die ihr unverständliche Reaktion. »Das … das tut mir leid, sehr … Aber was hat das mit mir zu tun?«

Ihre Cousine erzählte es ihr, zwang sich dabei, ruhig und sachlich zu sprechen, schließlich war es weiß Gott nicht Benitas Schuld, sondern eine Verkettung grausamer Umstände, die zu Twotimes' Tod geführt hatte. Benita hörte ihr wie versteinert zu.

»Ich wollte, dass du Bescheid weißt, bevor die Polizei dich ausquetscht«, schloss Jill. »Der Boss ist eine Frau, und ich kann dir sagen, die hat nicht nur Haare auf der Oberlippe, sondern auch auf den Zähnen. Sieh dich also vor.«

Benita fragte sich, wovor sie sich vorsehen musste, war sie sich doch wirklich keiner Schuld bewusst. Trotzdem dehnte sich das ungute Gefühl in ihrem Magen wieder aus. Sie dachte an die Passbeamtin und deren Bemerkung, dass Benita die südafrikanische Staatsangehörigkeit beantragen solle, dachte daran, dass der Zollbeamte sie des Schmuggels bezichtigt hatte. Das ungute Gefühl wurde zu einem deutlichen Schmerz, der von ihr Besitz zu ergreifen drohte.

»Es ist ein Virus«, hörte sie die Stimme ihres Vaters. »Sein Name ist Verfolgungswahn. Nimm dich davor in Acht, es ist hochgradig ansteckend, und wenn es dir erst in die Adern sickert, wirst du keinen Vorfall mehr unbefangen beurteilen können.«

Sie horchte betroffen in sich hinein. Verfolgten die Passbeamtin und der Zollbeamte gemeinsam ein ihr unbekanntes Ziel? Braute sich hinter ihrem Rücken ein Gewitter zusammen? Hatte sie sich mit dem Virus angesteckt?

»Meine Güte, du bist ja ganz käsig geworden. Keine Angst, du hast nun wirklich nichts mit der Sache zu tun.« Jill zwang sich zu einem kleinen Lächeln.

Benita wendete ihren Blick ab. »Ja, ja, natürlich nicht … Ich musste gerade nur an etwas denken, was mein Vater vor vielen Jahren einmal zu mir gesagt hatte …« Sie zögerte, redete dann aber weiter. »Er hat mich davor gewarnt, dass Paranoia eine typisch südafrikanische Krankheit ist, und ich mich davor hüten soll …«

Überrascht schaute Jill sie an. Dann nickte sie nachdenklich. »Ja, so ist es in Südafrika, damals wie heute. Insofern hat sich nichts geändert.«

»Oh.« Das hatte Benita nicht erwartet. »Trotzdem, es war sehr aufmerksam von dir, mich zu warnen. Weißt du, wie Twotimes umgekommen ist?« Plötzlich fiel ihr der nächtliche Lärm ein. »Er war doch nicht etwa im Busch, er ist doch nicht … heute Nacht … Da waren Löwen, weißt du, und Hyänen … Hast du sie nicht auch gehört?«

Jill trommelte mit den Fingern auf den Schreibtisch. »Ja, das haben wohl alle gehört. Aber Gott sei Dank war er schon vorher tot … Die Vorstellung, dass er …« Ein Schauer lief durch ihren schlanken Körper hindurch. Sie vergrub den Kopf in den Händen, brauchte eine lange Zeit, um die Bilder zu verscheuchen, die sich ihr aufdrängten. Als sie den Kopf wieder hob, waren ihre Augen nass. »Wir haben zwei Leichen gefunden, nebeneinander, und die zweite war die von Mr Porter.«

»O Gott, wie entsetzlich!«, entfuhr es Benita. »Wie …?«

»Die Hände hatte man ihnen gefesselt, das Genick gebrochen. Sie sind ermordet worden.«

Der Gedanke an Mord fuhr Benita in die Glieder, jagte nervöse Stiche ihre Nervenbahnen entlang. Sie schnappte nach Luft, während ihre Gedanken wie Konfetti im Wind durcheinanderwirbelten. Dieser Twotimes war ihr Beschützer gewesen, auch wenn sie davon nichts geahnt hatte. Hatte sein Tod etwa mit ihr zu tun? Wieder drohten ihre Gedanken außer Rand und Band zu geraten. Mühsam riss sie sich so weit zusammen, dass sie wieder sprechen konnte. »Jill …« Sie stockte und nahm erneut Anlauf. »Es kann doch nichts mit mir zu tun haben? Oder etwa doch?« Ihre Stimme wurde schrill.

Jill zuckte mit den Schultern. »Kann ich mir nicht vorstellen, nicht im Entferntesten, ehrlich gesagt. Aber Captain Singh wird so lange herumstochern, bis sie auch die Tatsache ans Licht befördert hat, dass Twotimes dein Wachhund war. Und dann wird sie wissen wollen, warum. Kannst du mir das beantworten? Warum war jemand, der dich beschützen sollte, ohne mein Wissen auf meiner Farm? Und wovor sollte er dich bewahren? Vor wem?«

Benita war wie versteinert vor Schock. Alles würde aufgewühlt werden, der ganze Dreck würde an die Oberfläche gespült werden, und sie war machtlos, den Lauf der Dinge aufzuhalten. Ihre Gedanken preschten unbarmherzig voran, und jetzt konnte sie ihnen nicht mehr Einhalt gebieten, sie rasten immer weiter, direkt auf den schwarzen Abgrund ihrer bruchstückhaften Erinnerungen zu. Ein Wimmern drang aus ihrer Kehle. »O Gott«, wisperte sie wieder.

»Was ist? Wovor hast du Angst?« Die Stimme ihrer Cousine kletterte beunruhigt in die Höhe. Sie lehnte sich vor und fixierte Benita mit einem argwöhnischen Blick. Es konnte doch nicht sein, dass Michael Steinachs Tochter etwas mit diesen Morden zu tun hatte!

Benitas Lippen zitterten. »Ich habe solche Angst, Jilly, ich habe solche Angst vor dem, woran ich mich nicht erinnern kann … nicht will … O Gott …«

Jill warf ihr einen scharfen Blick zu. »Du kannst dich wirklich an nichts erinnern? An gar nichts?«

Benitas Hände flatterten wie aufgescheuchte Schmetterlinge durch die Luft. »Nein … doch … das heißt, Bruchstücke …« Sie verstummte, starrte blicklos vor sich hin.

Jill sah, wie sich die Tränen in Benitas weit aufgerissenen Augen sammelten, und wurde von einer Welle von Mitleid überschwemmt, sah das kleine, hilflose Mädchen, das ihre Cousine damals gewesen war, als ihr Leben auseinanderbrach. Sie langte über den Tisch und ergriff Benitas Hände.

»Mach dir keine Sorgen … Es wird alles gut.« Sie biss sich auf die Lippen, merkte, wie banal und lächerlich das unter diesen Umständen klang. »Der Freund, den dein englischer Vater um Hilfe gebeten hat, war Neil Robertson. Er und Twotimes waren seit über vierzig Jahren unzertrennlich. Und er ist zudem ein sehr guter und sehr alter Freund von mir und meiner Familie. Er ist auf dem Weg hierher. Vielleicht solltest du mit ihm darüber reden.«

»Ja … ja, natürlich … gern … Sag mir bitte Bescheid, wenn er da ist«, antwortete Benita fahrig und erhob sich. Sie musste sich kurz auf dem Schreibtisch abstützen, weil ihr die Knie zitterten. Ihr T-Shirt und der Bund der Shorts waren von Schweiß durchtränkt, und sie konnte ihre eigene Angst riechen. Es war ekelhaft. »Bevor ich mich mit zivilisierten Leuten an den Tisch setzen kann, muss ich zurück in den Bungalow und mir andere Klamotten anziehen. Ich muss stinken wie ein Ziegenbock.« Es gelang ihr, halbwegs scherzhaft zu klingen. »Ich werde dann mit Roderick und Gloria zum Frühstück kommen.« Wankend ging sie zur Tür.

Auch Jill war aufgestanden. »Lass uns jemanden finden, der dich hinbringt. Keine Widerrede«, sagt sie, weil Benita protestieren wollte. »Du hast so etwas wie einen Schock gehabt. So was hat auch körperliche Auswirkungen. Ich kann nicht verantworten, dass du mutterseelenallein irgendwo mitten im Busch zusammenklappst. Ich werde mich bedeutend wohler fühlen, wenn dich jemand begleitet.« Sie hob den Telefonhörer auf und sprach hinein. »Gut«, sagte sie. »Sofort, bitte.«

Sie legte ihren Arm um Benita, die mit hängenden Schultern und leerem Gesichtsausdruck vor ihr stand. »Jabulani wird dich hinbringen. Vielleicht erinnerst du dich an ihn? Er ist Busis älterer Bruder.«

Ein Hauch von einem Lächeln glitt über das fahle Gesicht ihrer Cousine. »Doch, ich entsinne mich. Er war ein frecher, aufschneiderischer Bengel, der Busi und mich ständig gepiesackt hat.«

Jabulani stellte sich als stattlicher Mann mit einem anziehenden, blendend weißen Lächeln heraus. In seiner gebügelten Wildhüteruniform machte er eine gute Figur. »Guten Morgen, Ma'am, bitte folgen Sie mir.«

Benita sah ihm in die Augen, setzte an zu sprechen, wollte ihn fragen, ob er sich an sie erinnern konnte, schluckte ihre Worte dann aber hinunter. Es ging noch nicht. Es war alles noch zu viel. Mit einem kaum erkennbaren Kopfschütteln und einer Handbewegung bat sie Jill schweigend, nicht zu erwähnen, wer sie war. Ihre Cousine nickte und strich ihr zum Abschied über die Wange.

Während Benita dem Bruder Busis folgte, dachte sie insgeheim, wie ähnlich er doch seinem Vater Ben war. Er hatte dessen Größe, die gleichen sanften dunklen Augen, das gleiche Lächeln. Wie Ben lächelte er mit dem ganzen Körper, verströmte Lebensfreude aus jeder Pore. Sie hatte Bens Lächeln geliebt. Mühsam verdrängte sie die aufsteigende Erinnerung. Es war zu viel, sie konnte das jetzt nicht ertragen.

Am Bungalow angelangt, trat Jabulani zur Seite, schenkte ihr sein strahlendes Lächeln und wies die Treppe hinauf. »Ich warte, bis Sie im Haus sind, Ma'am.«

Sie dankte ihm, war froh, dass er keinerlei Anzeichen des Wiedererkennens gezeigt hatte, und stieg die Holztreppe zur Veranda hinauf. Roderick stand in der geöffneten Glastür und machte den Eindruck, als hätte er auf sie gewartet.

»Benita, gut, dass du da bist«, rief er ihr entgegen und gab ihr keine Gelegenheit, zu erzählen, was sie erfahren hatte. »Ich dachte schon, du wärst im Busch verloren gegangen. Ich habe das

Frühstück hierher in den Bungalow bestellt. Wir müssen uns beeilen, um elf Uhr treffen wir uns nämlich mit Doktor Erasmus. Während wir essen, sollten wir noch eine kleine Lagebesprechung abhalten. Gloria hat eine Webkarte für ihren Computer mitgebracht und ist über GPS ins Internet gegangen, um ein paar Zahlen abzurufen. Ah, da kommt das Frühstück anmarschiert. Wunderbar!«

Benita wandte sich um. Drei Serviererinnen näherten sich mit schwer beladenen Tabletts. Mit allen Anzeichen der Ungeduld stand Roderick daneben, während die Frauen den Tisch eindeckten, hübsch, mit lachsrosa Decke, blitzendem Silber und einer kleinen Vase mit einem duftenden Amatunguluzweig darin.

»Es ist nicht nötig, dass von Ihnen jemand zum Servieren hierbleibt, das schaffen wir allein.« Roderick lächelte und gab einer der Frauen ein großzügiges Trinkgeld. »Bitte teilen Sie das unter sich auf.« Dann rief er ins Haus hinein: »Gloria, mach Schluss, wir wollen frühstücken!«

»Komme gleich! Ich muss nur noch kurz den Laptop runterfahren.«

Er setzte sich, entfaltete seine Serviette und hob neugierig den Kuppeldeckel von seinem Teller. Der intensive Duft gebratenen Specks verbreitete sich.

Benita ergriff die Gelegenheit. »Ich muss jetzt unbedingt meine Klamotten wechseln.« Sie lief in ihr Zimmer, entledigte sich in Windeseile ihrer verschwitzten Sachen, duschte kurz und zog sich anschließend von Kopf bis Fuß frisch an. Bevor sie sich zu den anderen gesellte, hielt sie für ein paar Sekunden die tönernen Flusspferdchen in der Hand, ganz fest, mit geschlossenen Augen. Dann steckte sie beide in ihre Hosentasche und ging hinaus, wo Roderick und Gloria bereits vor gefüllten Tellern saßen.

Es gab Rührei und Speck in unglaublichen Mengen, frischen Fruchtsalat, Joghurt, Croissants, Marmelade, kleine Kuchen und was sonst noch alles zu einem luxuriösen Frühstück unerlässlich war. Sie goss sich als Erstes einen Kaffee ein, den sie schweigend hinunterstürzte.

»Das hab ich gebraucht«, murmelte sie, während sie die Tasse erneut auffüllte. »Jetzt kann mich nichts mehr erschüttern, auch kein Doktor Erasmus.« Sie füllte Fruchtsalat in eine Schüssel und löffelte Joghurt darüber. Erst musste sie etwas im Magen haben, ehe sie darüber sprechen konnte, was in dieser Nacht auf der Farm geschehen war.

Roderick hatte sein Rührei bereits aufgegessen. Er schob den Teller beiseite und machte sich über den Fruchtsalat her. »Um elf treffen wir uns in unserem Bungalow mit unserem Klienten. Gibt es noch etwas, was unklar ist?«

»Kleinigkeiten«, antwortete Gloria zwischen zwei Bissen. »Wirklich nur Kleinigkeiten.«

Doch aus dem Treffen wurde nichts. Nachdem Benita ihren dritten Kaffee ausgetrunken und die ersten Bissen Rührei vertilgt hatte, wollte sie gerade dazu ansetzen, Roderick und Gloria von den Geschehnissen im Busch zu berichten, als Jill anrief, um Benita mitzuteilen, dass man sie in wenigen Minuten abholen und zum Empfangshaus bringen werde. Captain Singh wolle mit jedem einzelnen Gast sprechen.

»Wir brauchen doch tagsüber keinen Geleitschutz.«

»Captain Singh will es so. Solange hier ein Killer herumläuft, will sie nicht riskieren, dass ihre Zeugen verschwinden. So hat sie das ausgedrückt.« Benita hängte ein.

»Erzähl mir jetzt nur nicht, dass Doktor Erasmus wieder abgesagt hat«, sagte Roderick mit gerunzelter Stirn.

»Nein … nein … Captain Singh will uns verhören.«

»Welcher Captain Singh? Was ist hier überhaupt los? Was will der von uns? Was soll das eigentlich alles?«, fauchte Gloria.

»Captain Singh ist eine Frau«, sagte Benita und erzählte in wenigen, dürren Worten, dass man zwei Leichen gefunden habe, die des Ingenieurs und die eines anderen Mannes. »Ein Schwarzer«, sagte sie und stockte, erwähnte weder, dass sie wusste, wer Twotimes war, noch, warum er sich auf Inqaba aufgehalten hatte.

Gloria fuhr hoch. »Na und? Das ist natürlich alles sehr traurig, besonders für die zwei Dahingeschiedenen, aber was hat das mit uns zu tun? Wir haben doch brav in den Betten gelegen!« Sie schüttelte eine Zigarette aus der Schachtel und zündete sie an.

Roderick zog die Brauen hoch. »Genau das müssen wir der Polizei beweisen. Du solltest das doch am besten wissen und auch, dass überall auf der Welt, wo eine Gewalttat passiert, die Polizei alles von jedem erfahren will, der in unmittelbarer Nähe war. Wir werden uns wohl oder übel damit abfinden müssen.«

»Das hat mir zu meinem Glück noch gefehlt!« Erregt stieß Gloria dichte Rauchwolken aus. »Es ist wie verhext. Wir sind fast zwei Tage hier, wohnen direkt neben unserem Mann, kriegen aber kein Treffen zustande.« Sie warf einen Seitenblick auf Benitas enge weiße Leinenbluse, die über der langen hellen Hose geknöpft war. »Ich zieh mich um«, verkündete sie und ließ ihre Tür knallen.

Auch Roderick erhob sich aus dem bequemen Sessel. »Das werde ich auch. Badeshorts und nackte Brust machen sich nicht gut vor der Polizei, und schon gar nicht vor einem weiblichen Captain. Abgesehen davon, sollten wir uns keine Sorgen machen. Die ganze Vernehmung, und das ist es ja wohl, kann nicht lange dauern, wir haben schließlich nichts mit dieser schrecklichen Sache zu tun.«

Bei diesen Worten schüttelte Benita ein Frösteln, aber sie klärte ihn nicht darüber auf, dass sie sehr wohl einiges mit den Vorkommnissen verband.

Das ungute Gefühl in ihrem Magen hatte sich mittlerweile zu einem heißen Kloß verdichtet, der ständig zu wachsen schien. Etwas, was nahe an Panik grenzte, machte sich in ihr breit. Vergeblich rief sie sich ins Gedächtnis, dass sie nichts zu befürchten hatte. Ihr Geburtsname – und wer demnach ihre leiblichen Eltern waren – würde mit Sicherheit die Aufmerksamkeit der Polizei erregen. Zwar war das im heutigen Südafrika wohl eher ein Vorteil, aber trotzdem erfüllte es sie mit Beklommenheit.

Langsam kristallisierte sich die Gewissheit heraus, dass sie in Wirklichkeit Angst davor hatte, etwas zu erfahren, was sie damals verdrängt hatte, etwas, was so furchtbar gewesen sein musste, dass ihr Unterbewusstsein eine Mauer darum gebaut hatte. Etwas, was sie auch heute nicht würde verarbeiten können. Das wollte sie nicht. Das konnte sie nicht. Sie würde es nicht verkraften, dessen war sie sich sicher. Das würde sie nicht aushalten können.

Nervös auf ihrem Daumen kauend, stand sie am offenen Fenster und sah hinaus in den herrlichen afrikanischen Morgen. Es war völlig windstill. Hinter dem nächsten Hügel stieg der Rauch aus den Kochhütten der Farmarbeiter kerzengerade in den gläsern-klaren Himmel. Noch waren die Temperaturen angenehm, kein Hitzeschleier verhüllte das helle Blau. Es war so schön, so unverdorben, so weit entfernt von der hässlichen Realität, dass sie es kaum ertragen konnte. Wieder fröstelte sie.

Roderick, der ihre körperliche Reaktion mitbekommen hatte, war stehen geblieben. Wie musste es nur jetzt in ihr aussehen? Für sie musste die Begegnung mit der Polizei traumatisch sein. Adrian hatte ihm erzählt, dass die für den entsetzlichen Tod ihrer Mutter verantwortlichen Kerle zu einer Spezialeinheit der Polizei gehört hatten. Das und die abenteuerliche Flucht Benitas übers Meer wäre genug, um jedem noch so starken Menschen einen lebenslangen Albtraum zu bescheren. Und nun hatte er sie ausgerechnet hierhergezerrt. Zerfressen von Reue, legte er ihr die Hand sanft auf die Schulter.

»Es wird schnell vorbei sein, mach dir keine Sorgen. Es hat nichts mit uns zu tun. Wir werden sagen, was wir gehört und gesehen haben, und das wird's gewesen sein.« *Du brauchst keine Angst zu haben, ich bin bei dir, ich beschütze dich.* Das hätte er ihr gern gesagt, unterließ es jedoch. Es war noch zu früh dazu.

Sie lächelte gequält, antwortete aber nicht. »Unsere Eskorte ist im Anmarsch«, sagte sie stattdessen zur Ablenkung.

»Sag ihm, er soll einen Moment warten. Ach ja, und vergiss deinen Pass nicht. Den will die Polizei mit Sicherheit sehen.«

Die Erwähnung des Passes versetzte Benita einen Stich. Die Szene an der Passkontrolle stand ihr wieder klar vor Augen. Gleichzeitig bäumte sich etwas in ihr auf. So kann es nicht weitergehen, dachte sie, während sie in ihr Zimmer ging, um den Pass zu holen. Sonst würde es nicht mehr lange dauern, bis sie ein sabberndes Nervenbündel war und einfach auseinanderbrach. Für ein paar Sekunden lehnte sie ihren heißen Kopf an die Fensterscheibe und besann sich auf das, was sie von Adrian gelernt hatte.

Sie entspannte ihre Gesichtszüge, spürte dankbar, wie ihre Muskeln sich lockerten, spürte, dass sich ihr Herzschlag, der ihr in den Ohren gedröhnt hatte, normalisierte. Zum Schluss atmete sie tief durch und ging zurück auf die Veranda. Sie würde Captain Singh nicht das Vergnügen gönnen, schlotternd vor Angst vor ihr im Stuhl zu kauern.

Kurz darauf eilten sie schweigend hinter ihrem Begleiter, einem krummbeinigen, weißhaarigen Zulu namens Thengani, zum Haupthaus. Insgeheim war sie froh, dass es nicht Jabulani war. Einen weiteren Trip in ihre Vergangenheit würde sie momentan nicht durchstehen. Roderick Ashburton lief in grimmigem Schweigen vor ihr, die Hände in den Hosentaschen vergraben, versunken in seiner eigenen Gedankenwelt. Gloria stakste, die unvermeidliche Zigarette paffend, mit hochgezogenen Schultern und einem Donnerwettergesicht wie die personifizierte Empörung als Schlusslicht hinter ihnen her.

»Kannst du nicht mal Pause machen mit der Raucherei?«, raunzte Roderick. »Deine Rauchschwaden verpesten die ganze Luft.«

Gloria murmelte etwas und schleuderte ihre brennende Zigarette mit einer unbeherrschten Bewegung in den Busch.

Der alte Zulu hatte es wohl aus den Augenwinkeln gesehen, jedenfalls fuhr er herum. Mit einem Knurrlaut machte er einen Satz und zermalmte den Stummel unter seinen schweren Stiefeln. »Das ist nicht gut. Wenn der Busch brennt, können wir alle sterben«, sagte er und beäugte Gloria mit einem zornigen Funkeln in seinen schwarzen Augen. »Macht man das so in Ihrem Land? Wirft man da brennende Zigaretten in den Wald?«

Er erntete einen wütenden Blick von der Anwältin. »Reden Sie doch keinen Sch… Mist! Hier ist doch alles quatschnass. Wie soll das denn wohl brennen, was?« Erregt befingerte sie die breite Goldkette, die sie um den Hals trug.

»Aber Gloria, wo bleibt deine hochgelobte Kinderstube?«, feixte Roderick.

»Halt ja deinen Mund«, fuhr sie ihn an.

13

Außer ihnen war noch keiner der Gäste anwesend, dafür drängten sich die Serviermädchen um die Bar. In ihren dottergelben Unformen wirkten sie wie verschreckte Küken. Jill lehnte an der Wand, Arme verschränkt, Miene grüblerisch, Blick nach innen gekehrt. Sie nickte, als sie Benitas und ihrer Begleiter ansichtig wurde.

Ein baumlanger, massiger Schwarzer in Uniform versperrte den Neuankömmlingen den Weg. »Gäste? Ihre Ausweise, bitte.« Er ließ sich die Pässe aushändigen, blätterte erst in dem von Roderick, prüfte mit einem schnellen Blick, ob er seinem Foto ähnelte. Dann tat er das Gleiche mit Gloria, die ihn provozierend anlächelte. Schließlich hielt er Benitas Pass in der Hand.

»Benita Steinach-Forrester«, murmelte er, während er das Dokument durchblätterte. Dann schaute er sie scharf an. »Verwandt mit den Steinachs von Inqaba?«

Benita räusperte sich. »Ja. Entfernt.«

»Hm«, machte er. »Captain Singh wird Sie vermutlich als Erste sprechen wollen. Folgen Sie mir.«

Natürlich! Wie könnte es auch anders ein. In ihrem Magen fing es an zu brodeln, aber sie hatte sich im Griff. Bewusst entspannte sie ihre Gesichtsmuskeln und setzte ihr Pokergesicht auf. »Kein Problem«, sagte sie und folgte ihm über die Veranda.

Der Inspector hielt ihr die Tür zu dem als Vernehmungsraum umfunktionierten Büro auf, und sie trat ein.

Fatima Singh, die nicht uniformiert war, stellte sich als Captain der Kriminalpolizei vor und wies Benita an, sich ihr gegenüber zu setzen. Der Stuhl war niedriger als der, auf dem die Polizistin saß. Benita registrierte das sofort. Also spielte Captain Singh die üblichen Spielchen. So hatte ihr Vater die Einschüchterungstaktiken der Polizei beschrieben, ganz genau so.

Nicht mit mir, dachte sie jetzt und setzte ein unverbindliches Lächeln auf, merkte gar nicht, dass sie Fatima Singh instinktiv als Gegnerin betrachtete.

Die Kriminalbeamtin hielt ihren Pass in den Händen und wendete langsam die Seiten. Im Raum war nur das trockene Rascheln der Papierseiten zu hören. Benita schwieg und wartete, war sich bewusst, dass auch das zur Taktik der Frau vor ihr gehörte.

Endlich legte Captain Singh den Pass auf den Tisch, ließ ihren Zeigefinger jedoch noch zwischen den Seiten stecken, als läge dort ein Problem. »Sie sind in Südafrika geboren?«

Was sollte die Frage? Es stand doch in ihrem Pass. »Ja, Ma'am.«

»Also sind Sie Südafrikanerin«, stellte die Polizistin fest. »Warum reisen Sie mit einem englischen Pass?«

Es blieb ihr nichts übrig, als ihr dieselbe Antwort zu geben, die sie schon der Passbeamtin bei der Einreise gegeben hatte. »Ich bin vor achtzehn Jahren von einem englischen Ehepaar adoptiert worden.« Sie hoffte, dass sich die Polizistin damit zufriedengeben würde. Doch sie wurde schnell eines Besseren belehrt.

»Wann ist Ihre südafrikanische Staatsangehörigkeit widerrufen worden?«

Benita schaute sie stumm an. Was sollte sie ihr antworten? »Ich weiß es nicht«, sagte sie leise.

»Sie wissen es nicht! Sie haben kein diesbezügliches Dokument?«

»In meinen Unterlagen nicht. Meine leiblichen Eltern sind seit achtzehn Jahren tot. Ich war damals noch ein Kind. Um solche Dinge habe ich mich nie gekümmert. Ich war zu beschäftigt, mich in meinem neuen Leben zurechtzufinden.«

Fatima Singh klappte den Pass zu und legte ihn beiseite. »Sie müssen sich schleunigst um die Angelegenheit kümmern.«

Benita zog die Brauen zusammen. »Was heißt das?«

»Entweder Sie geben Ihre südafrikanische Staatsangehörigkeit auf und gelten dann als Touristin mit einem begrenzten Touristenvisum, oder Sie beantragen beim Home Office einen südafrikanischen Pass. Nur den dürften Sie dann in Zukunft zur Ein- und Ausreise benutzen. Sollten Sie das nicht tun, bekämen Sie ernsthafte Schwierigkeiten.« Die kohlschwarzen Augen bohrten sich in ihre. »Und ich meine wirklich ernsthafte Schwierigkeiten.«

Die Drohung, die in der Stimme der Kriminalbeamtin schwang, war unüberhörbar, und Benita konnte sich der Wirkung nicht entziehen. Ein winziges Prickeln lief ihr über den Rücken, als wäre ein eisiger Wind darübergestrichen. Ausdruckslos hielt sie dem Blick von Captain Singh stand.

»In Ordnung. Kann ich bitte meinen Pass wiederhaben?«

Fatima Singh legte eine Hand auf den Pass. »Zu gegebener Zeit, Miss Forrester. Zu gegebener Zeit.«

Es war, als schlüge die Eisentür einer Zelle zu. Benita ertrug die Erschütterung mit zusammengeballten Fäusten. Auch das hatte sie damals gelernt. Ohne Pass war sie der Willkür der Behörden hilflos ausgeliefert. Ohne Pass bist du Freiwild, hatte ihr Vater gesagt. Eine weitere Tretmine im Feld meiner Erinnerungen, fuhr es ihr durch den Kopf, und der Klumpen in ihrem Magen begann zu brennen.

»Ich werde mich an den englischen Botschafter wenden und um konsularischen Beistand bitten.« Es gelang ihr, diesen Satz ruhig herauszubringen, obwohl ihr das Blut in den Ohren rauschte.

Fatima Singh sah sie scharf an. »Das steht Ihnen natürlich frei.« Sie schob den Pass in eine Klarsichthülle, dann schrieb sie einen Vermerk auf eine Haftnotiz und klebte sie auf die Hülle.

Verstohlen versuchte Benita zu lesen, was darauf stand, aber die Polizistin verdeckte die Schrift mit einem Stück Papier. Das war's also. Benita sank wie betäubt in ihrem Stuhl zurück. Was war hier gerade passiert? In einer Art blitzartigen Rückblende sah sie sich mit Kate und Adrian im hell erleuchteten Wohnzimmer der Forresters sitzen. Draußen stürmte es, im Kamin flackerte ein helles Feuer und verbreitete wohlige Wärme. War das wirklich erst Donnerstagmorgen gewesen? Vor nur drei Tagen? Oder war alles nur ein Traum? Ihr anderes Leben, das in England, schien sich immer weiter von ihr zu entfernen. Schon konnte sie bestimmte Einzelheiten kaum noch erkennen. Ihre Welt brach auseinander, und der Spalt zwischen dem Dort und Hier weitete sich in rasender Geschwindigkeit aus. Mit fast übermenschlicher Anstrengung zwang sie sich zurück in die Wirklichkeit und sah ihrer Situation ins Auge.

Sie saß in einem Zimmer mit einer hochrangigen Kriminalbeamtin, die sie zu zwei Morden vernahm und gerade ihren Pass eingezogen hatte, und ihr Leben drohte auseinanderzufallen. Unwillkürlich steckte sie eine Hand in ihre Hosentasche und berührte die kleinen tönernen Flusspferde. Jetzt wurde die Frage, wer ihr diese Figur geschickt hatte, umso brennender.

»So, Miss Steinach-Forrester, nun zu den Vorgängen der letzten Nacht.«

Die Fragen der Kriminalbeamtin kamen schnell und präzise, kreisten ein Subjekt ein, kamen von vorn, von hinten und – wenn Benita es am wenigsten erwartete – wie ein Uppercut von unten.

Benita antwortete auf gleiche Weise. Schnell, präzise und hochkonzentriert. Auf die Frage, ob sie einen Mann namens Julius Mukwakwa kenne, konnte sie mit bestem Gewissen sagen, dass er ihr gänzlich unbekannt war.

»Er war auch unter dem Namen Twotimes bekannt.« Captain Singh funkelte sie an.

»Twotimes? Nein«, sagte Benita fest. »Nie gehört.« Ihre Stimme war gleichgültig, ihre Miene drückte höfliches Interesse aus. Sie war stolz darauf.

Captain Singh fixierte sie für volle zwei Minuten. Schweigend.

Trommelte dabei nur mit den Fingernägeln auf den Tisch. Es klang wie Pferdetrappeln im Fernsehen.

Benita brachte es fertig, den Blick ihres Gegenübers unbefangen zu erwidern und nicht zu zeigen, welch herkulische Anstrengung sie das kostete.

»Nun gut«, sagte Fatima Singh. Ein Hauch von Enttäuschung schwang in den Worten mit. »Wie ist es mit John Porter? Kennen Sie den?«

»Das ist der Ingenieur, nicht wahr? Kennen wäre zu viel gesagt. Ich habe ihn lediglich kurz in Umhlanga auf der Baustelle zusammen mit meinem Boss, dem Vorstandsvorsitzenden der Ashburton-Bank, und unserer Justiziarin gesprochen. Ach, und bei seiner Ankunft auf Farm habe ich ihn aus der Entfernung gesehen, aber nicht gesprochen. Das ist alles.«

Wieder versuchte Captain Singh den Trick mit dem Niederstarren, aber Benita ließ sich nicht einschüchtern, und nach zwanzig Minuten war die ganze Befragung vorbei.

»Sie können gehen«, sagte die Polizistin unvermittelt und schob ihr eine Visitenkarte hin. »Wenn Ihnen noch etwas einfällt, rufen Sie mich an.«

Für einige Sekunden glaubte Benita, sich verhört zu haben, aber Captain Singh deutete auf die Tür. Die Tatsache, dass sie eine Cousine der Eigentümerin von Inqaba war, schien keinerlei Rolle zu spielen. Hastig stand sie auf und steckte mit fahrigen Bewegungen die Karte ein.

»Danke«, murmelte sie, während sie dem Ausgang zustrebte.

Fatima Singh wartete, bis sie die Tür geöffnet hatte. »Miss Steinach-Forrester!«

Wie von einem Stein getroffen, blieb Benita stehen und drehte sich langsam um. Kam jetzt der Fangschuss? Aber zu ihrer sprachlosen Überraschung streckte ihr die Kriminalbeamtin nur ihren Pass hin. Ihr braunes Gesicht zeigte keinerlei Ausdruck. »Erledigen Sie das so schnell wie möglich.«

Benita war mit einem Satz beim Schreibtisch und schnappte sich das Dokument, wurde von der Angst überschwemmt, dass sich Fatima Singh es doch noch anders überlegen könnte. »Danke«, presste sie hervor und stürzte dann aus der Tür. Sie musste ihre ganze Selbstbeherrschung aufwenden, um nicht vor Erleichterung in Tränen auszubrechen. Ihren Pass fest an die Brust gepresst, stieß sie Inspector Cele, der breitbeinig im Weg herumstand, ohne Entschuldigung zur Seite und lief schnurstracks zur Bar, wo Jill gerade eine Flasche öffnete.

»Ich brauche einen Kognak, einen doppelten, und das blitzschnell.« Ihr Atem kam stoßweise.

Ihre Cousine nickte schmunzelnd, während sie die Flasche abstellte, um nach der Kognakflasche zu greifen. »Die Wirkung hat Captain Singh oft auf ihre Opfer. Aber du hast Glück, du lebst ja noch. Fatima Singh ist dafür bekannt, dass sie Verdächtige zum Frühstück verspeist. Wie ich sehe, besitzt du auch noch alle Gliedmaßen. Du musst wirklich unschuldig sein.« Unvermittelt biss sie sich auf die Lippen. »Entschuldige die flapsigen Bemerkungen unter diesen Umständen, aber … ich kann es sonst nicht ertragen …« Ihre blauen Augen waren fast schwarz vor Emotionen.

»Danke, das kann ich verstehen, mir geht es haargenau so«, sagte Benita und kippte den Kognak, den Jill ihr gereicht hatte, und bekam anschließend einen heftigen Hustenanfall, während sich der Alkohol wie Feuer in ihrem Magen ausbreitete. Mit tränenden Augen schüttelte sie sich. »Mich hat Captain Singh jedenfalls wieder ausgespuckt. Ich scheine ungenießbar zu sein. Hat sie dich schon in der Mangel gehabt?«

»Sicher, und ebenso sicher wohl nicht zum letzten Mal. Sie ist sehr hartnäckig.« Jill goss ihr Kognak nach.

Auch den schüttete Benita hinunter. »Bah. Ich werde gleich nur noch lallend hier herumtorkeln. Das wird einen wunderbaren Eindruck auf die Polizei machen.« Sie sah sich unter den Gästen um. »Wo ist eigentlich dein Mann?«

Jill verdrehte die Augen. »Nicht hier, natürlich. Aber er ist auf dem Weg. Ich habe ihn angerufen.«

»Alles in Ordnung?«, flüsterte Roderick, der herangetreten war.

»Alles in Ordnung, ich habe es überlebt«, antwortete Benita mit schiefem Lächeln und nippte den Rest des Alkohols. Allmählich baute sich ihre innere Nervosität ab, der glühende Golfball im Magen schrumpfte, und sie fand wieder Boden unter ihren Füßen. Erste Runde durchgestanden, dachte sie und stellte das leere Glas auf den Tresen.

»Willst du noch einen?« Jill hob die Flasche.

Benita schüttelte stumm den Kopf.

»Miss Pryce, Sie sind die Nächste«, tönte die laute Stimme des baumlangen Zulu-Inspectors über die Köpfe der Menge.

Gloria zerdrückte ihre Zigarette in einem Palmenkübel, straffte die Schultern, warf ihre blonde Mähne zurück und prüfte den Sitz ihres eleganten Safarianzuges im Fenster. Dann marschierte sie mit entschlossenem Gesichtsausdruck in den Raum, wo die Kriminalbeamtin auf sie wartete.

»Um Gloria mache ich mir keine Sorgen«, sagte Roderick. »Eher um Captain Singh. Ich bin mir sicher, dass unsere Gloria irgendwo Menschenfresser in ihrem Stammbaum hat.« Zu seiner Erleichterung zauberte diese Bemerkung ein Lächeln auf Benitas Gesicht.

Nach und nach kamen auch die anderen Gäste an, und bald summte die Veranda vor Aufregung. Vermutungen schwirrten umher wie aufgeregte Wespen, die Kognakflasche leerte sich in Rekordzeit, und die nächste wurde geöffnet. In weiser Voraussicht ließ Jill ein paar Häppchen bringen, damit die Gäste der strengen Captain Singh nicht stark angetrunken gegenübertreten würden.

Jonas steckte den Kopf um die Ecke. »Jill, Mr und Mrs Duma, das Ehepaar, das eigentlich vor zwei Tagen kommen wollte, dann aber einen Unfall hatte, ist da. Thandi hat deswegen angerufen. Jabulani holt sie ab. Sie hatten zwei Zimmer gebucht, keinen Bungalow. Ich habe ihnen die vorderen Zimmer mit der gemeinsamen Veranda gegeben.« Er setzte seine Brille ab, putzte mit einem Taschentuch die Gläser und schob sie wieder auf die Nase. »Ach, übrigens, die Dame trägt eine Burka. Thabili sollte sich erkundigen, ob sie ihre Speisen halal haben möchte.«

»Ich werde es ihr sagen.« In Mtubatuba gab es einen Schlachter, der Produkte für Muslims anbot. Das würde also kein Problem darstellen.

»Und du sollst Neil Robertson zurückrufen. Er ist offenbar auf dem Weg hierher, will dich aber vorher noch mal sprechen. Ich habe seine Handynummer notiert.«

Sie biss sich auf die Lippen. Im ganzen Trubel hatte sie völlig vergessen, Neil anzurufen. »Ich komme«, sagte sie und wandte sich dann an ihre Cousine. »Entschuldige mich bitte, ich muss mich um einige Sachen kümmern.« Sie war schon ein paar Schritte gegangen, da drehte sie sich noch einmal um. »Das hätte ich fast vergessen. Ich habe noch eine kleine Kiste hier, die dir gehört. Dein Vater hat sie mir zur Aufbewahrung gegeben, bevor er … nun, als ich ihn zum letzten Mal sah. Ich lasse sie dir in den Bungalow bringen, ist dir das recht?«

»Von meinem Vater … natürlich, danke.« Ihr lief eine Gänsehaut den Rücken hinab, als hätte jemand sie dort berührt. Was mochte ihr Vater ihr hinterlassen haben? Was würde sie jetzt erfahren? Würde der Inhalt nur wieder neue Fragen aufwerfen, die er ihr nicht mehr beantworten konnte?

Jill nickte und eilte ins Büro, nahm von Jonas den Zettel mit Neils Nummer entgegen und wählte, wobei sie ungeduldig mit ihrer Fußspitze auf den Holzboden trommelte. Neil meldete sich umgehend.

»Neil, Jill hier. Was gibt's?«

»Die weiche braune Masse ist am Dampfen«, antwortete er

grimmig. »Ich hab eben einen Anruf von einem weiblichen Captain namens Singh bekommen. Sie hat Twotimes' Mobiltelefon gefunden und einfach auf Wahlwiederholung gedrückt und ist bei mir gelandet. Ich soll gleich bei meiner Ankunft auf Inqaba bei ihr antanzen.«

»Mist!« Jill warf sich krachend auf einen Stuhl. Sie bedeutete Jonas mit einer Handbewegung, dass er sie einen Augenblick allein lassen solle, und wartete, bis er die Tür hinter sich geschlossen hatte, ehe sie antwortete. »Dann wird rauskommen, warum er hier war … die Verbindung zu Benita … Neil, sie tut mir so leid, sie kann sich nicht daran erinnern, was sie damals gesehen hat, als … du weißt schon, das mit ihrer Mutter. Hast du das gewusst?«

»Ihr Stiefvater hat es angedeutet.«

»Anfänglich habe ich geglaubt, sie versteckt sich hinter einer Lüge, aber es ist wirklich so. Sie hat so entsetzliche Angst vor dem, was sie hier herausfinden könnte … Und wenn Fatima Singh erst zugebissen hat, lässt sie nicht mehr locker, ich kenne sie. Ehe sie nicht den letzten Stein umgedreht und den letzten Tropfen Wahrheit aus uns herausgequetscht hat, gibt sie keine Ruhe. Und leider muss ich sagen, dass sie meistens bekommt, was sie will.«

»Himmelherrgott noch einmal, so eine verdammte Sch…« Neil unterbrach sich. »Verzeihung, Jill.« Er schwieg, und für lange Augenblicke war nur das Fahrgeräusch seines Wagens zu hören.

Jill brach das Schweigen. »Was ist, wenn Twotimes ihretwegen ermordet wurde?« Ihre Stimme schwankte, verriet ihre eigene Angst. Die ganze Tragödie war zusätzlich eine Katastrophe für Inqaba. Sie schrieb mit ihrem Unternehmen zwar seit zwei Jahren schwarze Zahlen, hatte bislang aber von ihren Schuldenbergen kaum die Spitze abgetragen. Sie räusperte sich energisch. »Könnte das der Fall sein?«

Nach längerem Schweigen antwortete Neil. »Ich bin alle Möglichkeiten im Kopf durchgegangen, und nein, das halte ich für unmöglich. Außerdem bleibt dann immer noch die Frage offen, was der andere dort zu suchen hatte und warum er ebenfalls ermordet wurde. Wie heißt er eigentlich, wer war er?«

»Porter, Ingenieur aus Umhlanga Rocks. Vom *Zulu Sunrise.*«

»Sagt mir nichts. Nun, ich werde abwarten müssen, was mich Captain Singh fragt. Allerdings sehe ich keine Möglichkeit, ihr zu verschweigen, warum Twotimes hier war. Sie anzulügen wäre dumm und würde Benita nur noch mehr ins Kreuzfeuer rücken.«

»Ja … nein, natürlich nicht … Bis bald.« Sie legte auf und blieb mit geballten Fäusten einen Augenblick reglos sitzen. Herrgott, warum konnte nichts in ihrem Leben glattgehen? Warum? Sie hieb so heftig auf Jonas' Schreibtisch, dass seine Teetasse überschwappte. Warum zum Teufel musste immer etwas dazwischenkommen?

Jonas riss die Tür auf. »Alles in Ordnung, Jill? Ist etwas passiert?« Er zog ein Tuch aus seiner Hosentasche und wischte den Tee auf.

»Nur die übliche Scheiße«, antwortete sie und verließ den Raum.

Jonas starrte ihr konsterniert nach. Dieses Wort hörte er jetzt erst zum zweiten Mal aus ihrem Mund, und das besorgte ihn zutiefst. Das erste Mal hatte sie sich dazu hinreißen lassen, als bei einem Überfall Molotowcocktails auf ihren Bungalow geworfen wurden, woraufhin dieser bis auf die Grundmauern abgebrannt war.

Roderick hatte fassungslos zugesehen, wie Benita am frühen Morgen einen Kognak nach dem anderen heruntergekippt hatte, als wäre es Wasser. Besorgt betrachtete er ihr bleiches Gesicht. Vielleicht hatte sie ja einen Kater. Am Vorabend hatte sie einen Schwips gehabt, was an sich schon ungewöhnlich für sie war. Die anderen waren betrunken gewesen, manche sogar so stark, dass sie nur mit tatkräftiger Hilfe zu ihren Bungalows fanden. Benita war nur fröhlich gewesen, hatte viel gelacht und getanzt. Mit ihm getanzt. Mit zusammengebissenen Zähnen versuchte er die Gefühle, die in ihm aufwallten, unter Kontrolle zu bringen. Er musste jetzt einen klaren Kopf behalten, sonst konnte er ihr nicht helfen. Zärtlich nahm er ihren Arm, drückte ihn vorsichtig an sich und führte sie an den Tisch, der am weitesten von der Bar entfernt war. »Setzen wir uns. Möchtest du vielleicht einen Kaffee oder Wasser?«

Benita schüttelte den Kopf und setzte sich. Gedankenverloren spielte sie mit einer rosa Blüte, die von irgendwoher auf den Tisch geweht war, grübelte darüber nach, was die Kiste, von der Jill gesprochen hatte, wohl enthalten mochte. Vielleicht doch Antworten auf ein paar der vielen Fragen, die sie ihrem Vater so gern noch gestellt hätte? Mit abwesender Miene schaute sie zwei Büffeln zu, die sich unter ihnen dem Wasserloch näherten, das zu einem Viertel seiner ursprünglichen Größe eingetrocknet war. Die frühe Sonne warf noch lange Schatten, aber ihr Widerglanz ließ die massigen Leiber wie poliertes Ebenholz glänzen. Die Büffel senkten den Kopf mit den ausladenden, mächtigen Hörnern und tranken in tiefen Zügen. Ihr Anblick strahlte Ruhe und Frieden aus, eine flüchtige Ahnung vom Paradies, und urplötzlich packte sie die Angst, dass aus der Tiefe ein Krokodil hervorschießen könnte, um das Idyll zu zerstören. Für immer.

Hinter ihr fiel die Tür zum Vernehmungsraum laut ins Schloss. Der Knall zerriss ihr Gedankengespinst. Glorias schnelle, harte Schritte näherten sich, verrieten ihr, in welcher Stimmung sich die Anwältin befand. Benita blickte hoch.

»Meine Güte, welch ein Drache diese Frau ist! Man sollte meinen, dass ich einen Massenmord begangen habe.« Mit diesem Ausruf ließ sich Gloria in den freien Stuhl neben Roderick fallen und fuhr sich mit beiden Händen durch ihre blonde Mähne.

»Ich brauche etwas zu trinken, etwas Großes, Kaltes. Ich hab einen schlechten Geschmack im Mund.« Sie hob die Hand. »Jill, lassen Sie mir eine eiskalte Cola bringen, ohne Zitronenscheibe«, rief sie über die Veranda. Sie fächelte sich mit der Speisekarte Kühlung zu und sah sich dabei suchend unter den Gästen um. »Es ist fast Mittagszeit. Ist Doktor Erasmus schon hier aufgekreuzt? Wenn er kommt, sollten wir sofort ein neues Treffen vereinbaren.«

»Der muss dich gehört haben. Da kommt er«, sagte Roderick. »Mit seinen Wachhunden und dem süßen Jüngelchen. Welch eine Prozession!«

Die beiden Frauen drehten sich um. Ziko, das Gewehr in der Faust haltend, stieg die Treppen zur Veranda hinauf, hinter ihm ging einer der Bodyguards, dann folgten der weißhaarige Doktor Erasmus und der platinblonde Jüngling, der mit dem gebauschten weißen Hemd, den hautengen schwarzen Hosen und dem blitzenden Ohrring wie ein hübscher Pirat ausschaute. Die Nachhut bildete das andere Muskelpaket.

»Ich frage mich, wozu man in dieser Umgebung Leibwächter benötigt. So ein Wichtigtuer«, spottete Gloria.

Inspector Cele stand breitbeinig an der Treppe wie Zerberus, der den Eingang zur Unterwelt bewachte, und fing sie ab. Wie bei allen anderen Gästen, sammelte er die Pässe ein. Nur bei Doktor Erasmus machte er eine Ausnahme. Er salutierte.

»Guten Abend, Sir, bitte warten Sie eine Minute, ich werde Captain Singh davon unterrichten, dass Sie anwesend sind.«

»Der Doktor scheint eine bekannte Person zu sein«, sagte Roderick. »Interessant. Es sei denn, er hat auf andere Weise mit der Kripo Bekanntschaft gemacht.«

»Dann würde der Dicke bestimmt nicht salutieren. Und da Erasmus für die Präsidentschaft kandidieren will, kann man einen gewissen Bekanntheitsgrad sicherlich voraussetzen, sonst wäre er von vornherein chancenlos, und als ein Traumtänzer erscheint er mir nicht«, warf Gloria trocken ein, die bereits an ihrer nächsten Zigarette nuckelte. »Ich werde ihn mir jetzt aus der Nähe ansehen und gleich einen neuen Termin ausmachen.« Sie stand auf. »Auf geht's.«

Hüftenschwingend schlängelte sie sich durch die Tische, bis sie den Doktor, der ihr den Rücken zuwandte, erreicht hatte. Seine Kleidung, schwarzes Hemd und schwarze Hose, war von feinster Qualität. Sie hatte ein Auge dafür. Es war noch nicht lange her, seit sie genug verdiente, um sich ähnliche Qualitätsprodukte leisten zu können. Mit einer Reflexbewegung prüfte sie den Sitz ihres ärmellosen weißen Tops, das sie unter der kurzärmeligen Jacke ihres Safarianzuges trug.

Einer seiner Leibwächter, die Gloria für sich kurz als Muskeln ohne Hirn bezeichnete, stand ihr im Weg. Als sie ihn kurzerhand beiseiteschob, bemerkte sie, dass er offenbar gegen einen harten Gegenstand gelaufen war. Von seiner Braue zog sich die halbe Wange ein Bluterguss hinunter, das Auge war zugeschwollen, die Lippe war geplatzt.

»Das muss aber wehtun – Sie sollten es kühlen«, kommentierte sie fröhlich, erntete aber nur ein unverständliches Grunzen. Achselzuckend wandte sie sich seinem Boss zu. »Guten Morgen, Doktor Erasmus.«

Der Angesprochene, der nur wenig größer als sie war, wandte sich um und starrte sie sekundenlang ausdruckslos aus eisgrauen Augen an, dass sie sich schon fragte, ob ihr eine zweite Nase gewachsen wäre. Dann schob er die Sonnenbrille von der Stirn herunter, und sie sah nur noch ihr doppeltes Spiegelbild.

»Ich bin Gloria Pryce von der Ashburton-Bank.« Sie verzog ihren knallrot geschminkten Mund zu einem verführerischen Lächeln. Ihrer Erfahrung nach verwirrte das ihre männlichen Klienten derart, dass diese oft alle geschäftliche Vorsicht fallen ließen und sich wie Schlachtochsen am Nasenring herumführen ließen.

Aber ihr Gegenüber, anders als erwartet, erwiderte ihr Lächeln nicht. Sein Gesicht war bar jeder Regung, während er sie weiterhin unverwandt fixierte. »Mrs Pryce?«, sagte er schließlich.

Seine Stimme war eigenartig. Ein scharfes Flüstern, eigentlich mehr ein Zischen, das ihr sofort unangenehm war. Wie kaltes Wasser auf einem kariösen Zahn, dachte sie. Irgendetwas an diesem Mann bereitete ihr überraschend Unbehagen. Sie zog an ihrer Zigarette, kniff die Augen zu Schlitzen zusammen und musterte ihn unverhohlen durch die Rauchwolke hindurch. War es sein Gesicht, das eine Erinnerung in ihr berührte? Das war schwer abzuschätzen, weil sie den Ausdruck seiner Augen nicht erkennen konnte, und ohne die Augen wirkten Gesichter für sie wie Masken. Die Gesichtsform war ein längliches Oval mit überraschend kantigem Kinn, die Nase unauffällig, der Mund ebenfalls. Nichts Besonderes, eher Durchschnitt.

»Miss«, korrigierte sie ihn schließlich kühl. Dieses Mal lächelte sie nicht. Sosehr sie sich auch bemühte, die Erinnerung blieb undeutlich, ein flüchtiger Schatten ohne Konturen. Es ärgerte sie, denn ihr Gedächtnis war ausgezeichnet. Noch Jahre später konnte sie sich zum Beispiel Gespräche Wort für Wort vergegenwärtigen, und sie war stolz darauf, dass sie nie ein Gesicht vergaß. Aber dieses hier war ihr offenbar entfallen. Unzufrieden streifte sie die Asche ihrer Zigarette in einem Palmenkübel ab und fuhr schweigend mit der Bestandsaufnahme fort. Kurz geschorenes weißes Haar, und seine Haut zeigte jene tiefe Bräune, die man nur durch ständigen Aufenthalt im Freien bekam. Ihr Blick wanderte weiter. Kräftige Schultern, nicht auffällig breit, trotzdem wirkte er durchtrainiert. Sicherlich spielte er Golf oder Tennis.

»Kennen wir uns?«, fragte sie geradeheraus.

Nun lächelte Doktor Erasmus tatsächlich, allerdings etwas steiflippig, was in Gloria sofort den Verdacht erweckte, dass er sich hier und da einen kleinen operativen Abnäher hatte setzen lassen. Das war zumindest eine Information, die sie speichern würde. Der Doktor war ungewöhnlich eitel für einen Mann. Dafür sprach auch die breite Goldkette, die unter dem Hemdkragen hervorblinkte. Von der Öse, die zu sehen war, schloss sie, dass er, verdeckt vom Hemd, einen Anhänger trug.

»Dessen kann ich mich nicht entsinnen, und eine so schöne Frau wie Sie würde ich nie vergessen«, war seine elegant gezischte Antwort. »Darf ich Sie zu einem Champagner einladen?« Er hob sein Glas, das fast leer war.

Sie wedelte lässig mit einer Hand. »Champagner? Ein bisschen früh dafür, oder? Besonders unter diesen Umständen.«

»Champagner ist immer gut. Außerdem regt er den Kreislauf an.« Er schnalzte mit den Fingern, deutete auf sein Glas und hielt zwei Finger hoch.

Sie runzelte die Stirn. Wer in ihrer Vergangenheit hatte auf die gleiche Weise mit den Fingern geschnalzt? An wen erinnerte sie dieser Mann nur? Waren es seine Bewegungen? Bewegungen verrieten die meisten Menschen, das und die Stimmmodulation. Angestrengt durchsuchte sie ihr Gedächtnis, wollte seine Erscheinung einem Namen zuzuordnen. Es gelang ihr nicht. Natürlich blieb noch die Möglichkeit, dass er einfach jemandem, den sie kannte, ähnlich sah. Trotzdem war sie davon überzeugt, dass sie diesem Mann bereits einmal persönlich begegnet war. Frustriert drückte sie ihre Zigarette im Palmenkübel aus und nahm das Glas Champagner vom Tablett, das die dottergelb gekleidete Serviererin präsentierte.

Sie prostete ihm kurz zu und trank einen Schluck. »Ich würde Sie gern dem Vorstandsvorsitzenden unserer Bank, Sir Roderick Ashburton, und Miss Benita Forrester vorstellen, die unsere Expertin für internationale Immobilieninvestitionen ist. Sie sitzen dort drüben.« Sie zeigte auf den Tisch, an dem Benita und Roderick mit dem Rücken zur Veranda saßen und sich unterhielten.

Er nickte zustimmend, sagte etwas zu seinen Begleitern, was sie nicht verstehen konnte, und folgte ihr. Der Mann mit dem blauen Auge trottete wie ein treuer Wachhund in einem Abstand von wenigen Metern hinter ihm her.

Lächerlich, dachte Gloria.

Roderick sah sie kommen und stand auf, auch Benita erhob sich und sah ihrem Geschäftspartner neugierig entgegen.

»Doktor Erasmus, Sir Roderick«, stellte Gloria die beiden mit einer Handbewegung vor. »Und Miss Forrester.«

»Sir Roderick, es ist mir ein Vergnügen.« Der Doktor war mit einem routiniert verbindlichen Lächeln dicht an Roderick herangetreten. »Es tut mir unendlich leid, dass wir nun schon den zweiten Termin verpasst haben. Ich hoffe, beim dritten klappt es dann.« Er begrüßte Benita mit einer knappen Verbeugung. »Miss Forrester.«

Roderick machte einen Schritt zurück. Er verabscheute es, wenn Menschen die Linie seiner persönlichen Distanz überschritten und in den intimen Kreis eindrangen. Es machte ihn aggressiv, und wenn er es recht überlegte, war es auch das, was ihn unterschwellig an Gloria störte. Sie trat ihm ständig zu nahe. Oder um einen Begriff aus dem Tierreich zu entlehnen: Sie unterschritt seine Angriffsdistanz. Und das tat auch dieser Doktor. Außerdem fand er es unhöflich, dass der Mann seine verspiegelte Sonnenbrille aufbehielt. Roderick zwang sich jedoch zu einem Lächeln. Schließlich ging es hier um ein Geschäft, ein Riesengeschäft, wenn es klappen sollte.

»Doktor Erasmus. Ich freue mich, dass wir uns endlich kennenlernen. Ich hoffe, wir können uns auf einen Termin im Lauf des Tages einigen. Direkt nach dem Mittagessen vielleicht? Unser Aufenthalt in Südafrika ist leider zeitlich begrenzt.«

»Natürlich. Unglücklicherweise muss ich heute im Anschluss an diese traurige Sache hier« – er machte eine knappe Handbewegung – »nach Umhlanga Rocks … Sie wissen vermutlich, dass einer der Toten mein Ingenieur ist. Nun, das ist natürlich eine Tragödie, ganz furchtbar, und ich spreche der Witwe mein ganzes Beileid aus. Aber das Leben geht weiter, und ich muss schleunigst für Ersatz sorgen, sonst läuft der Laden nicht.«

Er bellte einen Laut, der wohl ein Lachen sein sollte. »Glücklicherweise verfügt mein Unternehmen über ausgezeichnete Mitarbeiter, aber ich muss den Ersatzmann kurz einweisen. Wäre es Ihnen übermorgen um zehn Uhr in meinem Bungalow recht?«

Das war es nicht. Roderick hatte wenig Lust, noch länger untätig auf Inqaba herumzusitzen und Zeit zu vergeuden. Außerdem wollte er das Benita nicht zumuten. Aber die Forderung von Doktor Erasmus war nur billig, und unter den gegebenen Umständen blieb ihm nichts übrig, als zähneknirschend zuzustimmen. Schließlich war es nicht die Schuld des Doktors, dass sein Ingenieur ermordet worden war. Das nahm er zumindest an. »Gut. Natürlich. Hoffen wir, dass nicht noch einmal etwas dazwischenkommt. Wir haben einiges zu besprechen. Es geht ja schließlich nicht um Peanuts.« Eine Spur Sarkasmus konnte er sich nicht verkneifen.

Doktor Erasmus quittierte die unterschwellige Drohung mit einem leichten Kopfneigen und seinem wie angeklebt wirkenden, verbindlichen Lächeln. »Ich habe eine Ergänzung zu dem Geschäftsplan, den Ihnen meine Firma vorgelegt hat, ausarbeiten lassen. Ich werde ihn Ihnen zum Bungalow bringen lassen. Er spricht für sich selbst. Vielleicht finden Sie ja bis übermorgen Zeit, sich den Plan anzusehen.«

»Worauf Sie sich verlassen können«, antwortete Roderick. Seine Stimme klang nicht sonderlich freundlich. Er verzichtete auf eine weitere Bemerkung, weil sich Jill gerade mit hoch erhobenem Tablett ihren Weg durch die Tische bahnte.

Sie servierte Gloria die bestellte Cola und schaute anschließend in die Runde. »Soll ich etwas zu essen bringen lassen? Es ist Mittagszeit, und wer weiß, wie lange das hier noch dauert. Ein Steaksandwich mit Salat vielleicht oder eine Mangosuppe mit Kokoscreme? Doktor Erasmus, für Sie auch etwas?«

»Ja, einen Salat bitte, aber erst in einer Stunde in meinem Bungalow. Ich gehe davon aus, dass ich bis dahin mit Captain Singh gesprochen haben werde.«

Jill nickte bestätigend, nahm die Order von Roderick für Steaksandwiches mit Salat, eine weitere Cola und eine große Flasche Mineralwasser auf und ging.

Benita hatte während der Unterhaltung Gelegenheit gehabt, sich eindringlich mit Doktor Erasmus zu befassen. Der Mann strahlte eine Dynamik aus, die sie geradezu körperlich spürte. Bulldozermentalität nannte sie jene gebündelte Energie, die ihr oft bei Männern begegnete, die große Unternehmen aus dem Nichts aufgebaut hatten. Sie umfasste Zielstrebigkeit, bedingungsloses Durchsetzungsvermögen und Rücksichtslosigkeit nicht nur gegen andere, sondern auch besonders gegen sich selbst. Eine gute Eigenschaft für einen Unternehmer, also ein Pluspunkt für Doktor Erasmus.

Insgesamt allerdings war er ihr nicht unbedingt angenehm. Auch sie erkannte sofort, dass er sich vermutlich das Gesicht hatte liften lassen. Es hatte etwas Maskenhaftes an sich. Aber vielleicht sollte man das nicht gegen ihn halten, dachte sie. Es gab heutzutage viele Männer, die sich einer Schönheitsoperation unterzogen, man musste nur an Berlusconi in Italien denken. Trotzdem konnte sie sich des Eindrucks nicht erwehren, dass er bestrebt war, etwas mehr zu verbergen als die Zerstörungen, die fortschreitendes Alter anrichtet.

Eine verhuschte Bewegung am Rand ihres Gesichtsfelds zog ihre Aufmerksamkeit an. Sie entdeckte einen jungen Affen, der im Papaya-Baum direkt über Doktor Erasmus saß und mit beiden Pfoten eifrig eine reife gelbe Frucht abdrehte. Der Affe zwirbelte die Frucht immer schneller, und plötzlich war sie frei. Sie rutschte ihm durch die Finger und landete mit matschigem Geräusch auf der Schulter des Doktors.

Der reagierte mit einer geschmeidigen Abwehrbewegung, die so schnell war, dass Benita sie nur verwischt wahrnahm, riss sich dabei aber versehentlich die Sonnenbrille von der Nase. Sie fiel zu Boden. Sein Leibwächter – der mit dem blau geschlagenen Auge – hatte die Pistole schon in der Hand und drehte sich wie ein Kreisel, um den vermeintlichen Angreifer ins Visier zu bekommen.

Doktor Erasmus schlug die Waffe heftig zur Seite und bleckte die Zähne. »Steck die Waffe weg, du Vollidiot, das war nur ein Affe«, zischte er. »Bald ist das Maß voll. Noch einen solchen Patzer, und du fliegst! Hol mir Wasser und ein Handtuch, und zwar plötzlich!«

Der Mann erbleichte, steckte die Pistole unter den Gürtel und hastete in Richtung Küche davon.

Benita sah Doktor Erasmus verstört an. Diese blitzschnelle Reaktion und sein Tonfall hinterließen einen Nachgeschmack, der ihr auf der Zunge brannte. Was war ihr aufgestoßen? Der Ton? Die Worte? Diese unglaublich schnelle Bewegung, die an einen Kampfsportspezialisten oder durchtrainierten Soldaten erinnerte?

Soldat? Sie zog die Brauen zusammen. Das wäre eine Erklärung. Jeder gesunde Südafrikaner im Alter dieses Mannes hatte ein militärisches Training durchlaufen. Sie nahm ihn noch genauer in Augenschein.

»Verfolgungswahn«, sagte ihr Vater.

Erschrocken atmete sie durch. Natürlich. So war es. Wieder war sie in diese Falle geraten.

Immer noch deutlich wütend, bückte sich der Doktor nach seiner Sonnenbrille. Als er sich wieder aufrichtete, hoben sich für eine Sekunde die schweren Lider über seinen tief in schattige Höhlen gebetteten Augen, und sein Blick bohrte sich in den von Benita.

Es verschlug ihr glatt den Atem, und sie keuchte, als hätte er ihr in den Magen geschlagen. Seine Augen waren silbergrau, wie schmutziges Eis, ihr Ausdruck auf furchterregende Weise leer.

Unbarmherzig wie die eines jagenden Wolfes. Es waren die Augen aus ihren Albträumen.

Ein Vorhang schwarzer Flecken senkte sich über ihren Blick, Schweiß prickelte ihr über den Rücken. Wieder begann der Boden unter ihr zu schwimmen. Sie musste ihre ganze Kraft darauf konzentrieren, aufrecht stehen zu bleiben. Unter Aufbietung jedes Quentchens Selbstbeherrschung schaffte sie es, nicht in die Knie zu gehen.

Stehend ertrug sie den Sturmangriff der Dämonen, ertrug die Bilder vom Feuer und dem Scheiterhaufen, ertrug die Schreie und das höhnische Lachen der Männer. Sie hielt die Luft an und ertrug alles.

Ihrem Gefühl nach dauerte es eine Ewigkeit, bis sich die Flecken wieder lichteten, aber es war wohl nur eine Zeitspanne von wenigen Sekunden vergangen. Sie atmete langsam aus, zwang sich dabei, ihm in die Augen zu blicken, die Sonnenbrille saß jedoch wieder an ihrem Platz, und nur ihr eigenes Gesicht schaute sie aus den verspiegelten Gläsern an. Zu ihrer Beruhigung bemerkte sie, dass sie mit keiner Miene ihre tatsächliche Verfassung verriet.

So etwas wie Stolz durchströmte sie. Es war das erste Mal, dass sie diesem inneren Orkan standgehalten hatte, ohne zusammenzubrechen. Von nun an würde sie nicht mehr bei jedem Paar grauer Augen völlig aus den Fugen geraten. Triumph sang in ihren Ohren. Sie war so erleichtert, dass sie am liebsten laut gejubelt hätte. Die Dämonen der Vergangenheit begannen das Licht zu fliehen. Es war vorüber! Sie setzte ein wohldosiertes Lächeln auf.

»Es freut mich, Sie kennenzulernen«, sagte sie und hörte mit Genugtuung, wie ruhig das klang, wie sicher ihre Stimme war.

»Wie ich höre, sind Sie die Spezialistin für Auslandsimmobilien. Klingt faszinierend. Ich bin beeindruckt. So jung und schon eine derartige Position.«

»Ich bin eben ein frühentwickeltes Wunderkind«, konterte sie süß lächelnd. Sie verabscheute gönnerhaftes Machogehabe.

Wie schwarze Scheinwerfer richteten sich die Sonnenbrillenaugen auf sie, tasteten ihr Äußeres ab, von oben nach unten, langsam und mit Bedacht, und kehrten abschließend wieder zu ihrem Gesicht zurück.

Die verspiegelten Gläser funkelten sie an. »Waren Sie schon einmal in Südafrika?«, fragte er dann überraschend, wobei er die Zähne zu einem Lächeln bleckte, das ihr einen Schauer über den Rücken jagte.

Erschrocken sah sie ihn an. Bildete sie sich das nur ein, oder schwang in der Frage ein gewisses Misstrauen, ja sogar Aggressivität mit? Hatte er einen bestimmten Grund, sich danach zu erkundigen? Dann wurde sie sich bewusst, wie unsinnig ihre Überlegungen waren. Eine harmlose Frage, und sie suchte schon wieder nach einer versteckten Bedeutung. Sie hatte den Mann erst gestern zum ersten Mal gesehen – warum also sollte er irgendwelche verborgenen Absichten mit der Frage verfolgen? Meine Güte, dachte sie, es ist schon wieder so weit. Ubaba hatte recht gehabt, Paranoia war hochgradig ansteckend, und das Virus hatte sie offenbar tatsächlich bereits befallen.

Doktor Erasmus' Leibwächter, der mit einer Schüssel Wasser und einem Tuch herbeigerannt kam, enthob sie glücklicherweise der Antwort. Der Mann begann sogleich, mit dem tropfenden Tuch auf den Papayaflecken herumzureiben. Im Nu breitete sich ein großer nasser Fleck auf dem schwarzen Hemd aus.

»Willst du mich ertränken? Nimm gefälligst weniger Wasser!«, knurrte sein Arbeitgeber. Er schien Benitas Anwesenheit vergessen zu haben. »Gib her!« Unbeherrscht riss er dem Leibwächter das Tuch aus der Hand und machte sich daran, die Papayareste selbst zu entfernen.

Benita wartete mit angehaltenem Atem, ob er seine Frage wiederholen würde, aber er schien sie zumindest vorübergehend vergessen zu haben. Sie nahm sich vor, sich für die Zukunft eine passende Antwort zurechtzulegen, nicht nur für ihn. Diese Frage würde ihr mit Sicherheit noch häufiger gestellt werden.

Vor vielen Jahren, als Kind, bin ich einmal hier gewesen, so würde sie ihm antworten und erklären, dass sie sich kaum an etwas erinnern könne.

Die Frage, warum sie sich scheute, eine wahrheitsgetreue Antwort zu geben, konnte sie sich selbst nicht beantworten.

14

Inzwischen waren alle Gäste zum Empfangshaus gekommen und standen in Grüppchen herum. Jeder hatte ein Glas in der Hand, jeder stellte lebhafte Spekulationen darüber an, was da im Busch geschehen sein mochte. Immer aufgeregter wurde die Unterhaltung, Augen glänzten, Münder lachten, und es herrschte bald fast so etwas wie Partystimmung.

»Ich hab's gehört«, berichtete die dicke Frau, die am Abend zuvor so überschwänglich ihren Geburtstag gefeiert hatte, mit wichtigtuerischer Miene. »Ich hab gleich gewusst, dass da was Schreckliches im Gang ist … Duke, hab ich gesagt – Duke, das ist mein Mann –, also Duke, hab ich gesagt, da passiert was Schlimmes, tu was! Aber natürlich konnten wir nichts tun, unsere Magnum liegt zu Hause in Texas … Mein Gott, wenn man sich das vorstellt …« Ihr Gesicht zeigte deutlich, dass sie es sich gerade vorstellte.

Inspector Cele pflügte wie ein Schlachtschiff mit weit ausholenden Armbewegungen durch die Menge der Gäste und blieb schließlich vor dem Doktor stehen.

»Doktor Erasmus, Sir, Captain Singh bittet Sie, kurz darzulegen, ob und was Sie gesehen haben. Es wird nicht lange dauern. Würden Sie mir bitte folgen? Hier entlang, bitte, Sir.« Mit einer Verbeugung trat er beiseite und geleitete Doktor Erasmus dann zum Verhörraum, wo er mit einer unterwürfig wirkenden Geste die Tür für ihn aufriss.

»Gleich küsst er ihm die Füße«, murmelte Gloria verächtlich.

»Vielleicht spendet er üppig für die Weihnachtsfeier der Polizei und den Fonds der Witwen und Waisen«, ergänzte Roderick.

Auch Benita fand die Art des Inspectors unerträglich kriecherisch, ihr drängte sich urplötzlich die Frage auf, wer dieser Doktor Erasmus wirklich war, um eine derartige Reaktion bei der Polizei auszulösen. Sie hatte den deutlichen Eindruck, dass sich die beiden Männer kannten, und zwar gut, obwohl sie sicherlich keine Freunde waren. Es erinnerte eher an ein Verhältnis von Vorgesetztem zu Untergebenem. Liebend gern hätte sie gesehen, wie sich wohl Captain Singh dem Doktor gegenüber verhielt. Sie hegte den Verdacht, dass Fatima Singh auf Männer mit herablassendem Machogehabe nicht sonderlich erfreut reagieren würde, schon gar nicht, wenn die eine weiße Hautfarbe hatten.

Die Sonne, die längst den Morgennebel verschlungen hatte, stieg rasch höher, vergoldete die Hügelkuppen und Baumkronen. Die Schatten wurden kürzer, und die Wärme nahm deutlich zu. Benitas Blick wanderte über den sonnenüberfluteten Abhang hinunter zum Wassertümpel. Die Büffel hatten sich Gras rupfend entfernt. Gerade trat ein Springbock aus den Bäumen, der erst mit erhobener Nase die Luft prüfte, um kurz darauf mit zierlichen Schritten zum Rand des Pfuhls zu trippeln, gefolgt von seiner Herde, die rund fünfzehn Tiere umfasste. Am Rand des Wassers, spreizten sie die Vorderbeine graziös ab, ehe sie, den eleganten Hals weit vorgestreckt, in gierigen Zügen tranken. Die auf Inqaba ansässige Elefantenfamilie kündigte sich mit einem Trompetenstoß an, der selbst über diese Entfernung deutlich zu ihr heraufschallte. Die Büsche in der Nähe des Wasserlochs wackelten auf einmal wie wild, dann tollten drei winzige Elefantenbabys übermütig aus dem Grün und schreckten einen Schwarm Webervögel auf, der wie Goldflitter durch die Morgensonne schwirrte. Die Oberfläche des Tümpels blieb glatt. Kein Krokodil zerstörte die friedliche Szene.

Es mutete sie an, als würde ihr noch einmal ein Blick in jene andere Welt gewährt, in der unter den Lebewesen im Paradies noch Frieden herrschte und niemand von der Schlange wusste, die im Verborgenen lauerte. Sie stützte den Kopf in die Hände und wünschte sich zurück in die Zeit, als das ihre Welt gewesen war. Der Busch, die Tiere und darüber nichts als der endlose Himmel. Sie hob die Augen zu diesem strahlenden Blau, und unvermittelt wurde sie von einer gewaltigen Welle der Traurigkeit gepackt, die sie mitzureißen drohte. Die Stimmen der anderen Gäste entfernten sich, sie war allein in ihrer versunkenen Welt, ließ sich wie ein Staubkorn durch die blaue Unendlichkeit wirbeln, zurück in die Zeit, als sie noch nichts von dem ahnte, was hinter jenen Hügeln, die ihren Horizont begrenzten, auf sie lauerte.

Ein sanftes Schnattern erreichte sie in ihren Träumen und lenkte ihren Blick in den Baum, der ihren Tisch beschattete. Aus den Blättern funkelte sie just jener junge Affe an, der zuvor Doktor Erasmus mit der Papayafrucht bekleckert hatte. Jedenfalls nahm sie an, dass es derselbe war. Unterhalb der Veranda schlugen auf einmal die Zweige der Bäume heftig hin und her, graue Schatten huschten durch die Zweige, sprangen meterweit von Baumkrone zu Baumkrone. Der Affe über ihr keckerte laut, und innerhalb weniger Augenblicke hatten sich fünf seiner Familienmitglieder zu ihm gesellt. Sie sah auf die Uhr. Um diese Zeit kehrten die Gäste für gewöhnlich von der Morgensafari zurück, um auf der Terrasse einen Imbiss einzunehmen. Die Affen schienen den Zeitplan genau im Kopf zu haben. Ein schneller Blick in die anderen Bäume zeigte Benita, dass hier augenscheinlich ein eingefahrenes Ritual ablief. In jedem Baum saßen mehrere Affen, und es war offensichtlich, dass sie auf das Mittagessen warteten.

Die junge Zulu mit der hochgezwirbelten Frisur näherte sich mit einem Tablett. Mit einem hübschen Lächeln servierte sie ihnen die bestellten Steaksandwiches, die unter Edelstahlhauben warm gehalten wurden, dann öffnete sie die Cola und schenkte auch das Mineralwasser ein.

»Ich habe plötzlich einen Bärenhunger«, verkündete Roderick, hob die Wärmehaube und schnupperte anerkennend. »Riecht wunderbar.« Er drehte sich zur Serviererin um, die bereits auf dem Weg zur Küche war, um sie um Salz zu bitten. Dabei ließ er seinen Teller für eine Sekunde aus den Augen, und das war ein Fehler. Die Affen hatten offensichtlich nur auf eine derartige Gelegenheit gewartet.

Lautlos fegten sie vom Baum, rissen das Sandwich vom Teller, einer grapschte die Tomate und das Salatblatt und stieß dabei die Cola um, und schließlich entwischten sie alle mit einem triumphierenden Kreischen in die Zweige. Gierig stopften sie sich das triefende Brötchen ins Maul und spuckten Gloria anschließend die durchgekauten saueren Gurken und Zwiebeln auf den Schoß, stritten sich schreiend um das Steak.

Gloria sprang auf, wobei sie mit Schwung ihren Stuhl umstieß. »Dieses verfluchte, widerliche Vieh!« Ihre Lautstärke übertraf locker die der Affen.

»Aber, aber, denk an deine Kinderstube«, raunte Roderick ihr grinsend zu und signalisierte Thabili, dass sie ihm noch ein Sandwich bringen solle. »Vergiss nicht, das hier ist Afrika.«

»Ich hasse Afrika!« Glorias Nerven schienen derart mitgenommen zu sein, dass sie sich sofort eine Zigarette ansteckte und zornig bläuliche Rauchwolken ausstieß. Die Affen über ihr schnupperten und niesten. Gloria schoss Roderick einen giftigen Blick zu und schob ihm ihren Teller hin, der noch unter der Haube stand. »Hier, nimm meins, mir ist der Appetit vergangen.«

»Unsinn, du brauchst was im Magen. Jetzt stell dich nicht so an. Es war ja nicht dein Sandwich.« Er schob den Teller zurück.

Durch die Rauchschwaden, die sie aus ihrer Nase strömen ließ, betrachtete Gloria die beiden Leibwächter von Doktor Erasmus, die sich breitbeinig zu beiden Seiten der Vernehmungsraumtür aufgestellt hatten. Beide hatten die Hände auf die Griffe ihrer Pistolen gelegt, die sie im Gürtel trugen.

»Alberne, hirnlose Fleischklopse mit ihren Kanonen«, spottete sie, während sie ihre Zigarette ausdrückte. »Glauben die, dass Captain Singh ihren Boss verspeist? Was hältst du von ihm, Roderick?« Sie hob die Haube von ihrem Sandwich und roch vorsichtig daran.

»Doktor Erasmus? Schwer zu sagen. Eigenartiger Kerl. Sympathisch ist er mir nicht, muss ich gestehen …«

»Na, du sollst ihm ja nur einen Kredit gewähren, nicht ihn heiraten«, witzelte Gloria. Offenkundig hatte sich ihre Laune gebessert. Sie stocherte in dem Sandwich herum, zog eine saure Gurke und die Zwiebeln hervor und legte sie säuberlich auf den Tellerrand. Dann schnitt sie ein Stück von dem Sandwich ab und kaute es nachdenklich. »Ich kenne ihn irgendwoher«, sagte sie zwischen zwei Bissen, »aber mir fällt ums Verrecken nicht ein, woher, und das wiederum nervt mich. Sonst vergesse ich nämlich kein Gesicht.«

Benita sah sie erstaunt an. »Mir geht es ebenso. Irgendetwas an ihm kommt mir bekannt vor. Es hat irgendetwas mit seinen Augen zu tun. Aber eigentlich ist das Unsinn, denn wo sollte ich diesem Mann schon einmal begegnet sein? Vermutlich bilde ich mir das nur ein.« Von ihren Albträumen erwähnte sie nichts.

»Ich nicht«, sagte Gloria. »Und ich werde es schon noch rauskriegen, wo ich ihn bereits gesehen habe.«

Am Ende der Veranda öffnete sich die Tür zu dem provisorischen Verhörraum, und die schwarz gekleidete Gestalt von Doktor Erasmus trat heraus. Er sprach kurz mit seinen Vasallen, winkte dann Ziko heran und strebte der Treppe zu. Inspector Suleman steckte den Kopf aus der Tür und bedeutete einem der Leibwächter einzutreten. Der andere lehnte sich erneut neben der Tür an die Wand und erstarrte zur Statue.

Gloria kaute geistesabwesend, verfolgte den Doktor mit zusammengekniffenen Augen und gerunzelter Stirn, schüttelte dann leicht den Kopf, schaute wieder hin, schüttelte wieder den Kopf. »Ich komm noch drauf«, murmelte sie.

Jan Mellinghoff, lässig in hellen, über die Knöchel hochgekrempelten Baumwollhosen und offenem Hemd, wurde von der Menge an ihren Tisch gespült. Im Gegensatz zu den meisten anderen Gästen sah er munter und ausgeschlafen aus.

»Oh, hallo, Jan«, begrüßte ihn Gloria. »Warst du schon in der Schlangengrube?«

Der Südafrikaner runzelte fragend die Stirn. »Schlangengrube?«

Gloria machte eine Handbewegung. »Im Vernehmungsraum bei Madame Singh, unserer Königskobra. Sieh dich vor, sie hat ihre Giftzähne poliert, und ihre Giftsäcke sind prall gefüllt.«

Er lachte laut los. »Welch ein wunderbarer Vergleich. Ich fürchte allerdings, dass die Polizei an mir nicht viel Vergnügen haben wird. Ich war wie vom Donner gerührt, als man mir erzählt hat, dass hier zwei Tote gefunden wurden. Ich habe geschlafen und rein gar nichts gehört. Hat einer von Ihnen etwas mitgekriegt?«

»Setzen Sie sich doch zu uns«, sagte Roderick.

Dankend zog Jan Mellinghoff einen Stuhl heran und setzte sich schräg zum Tisch, um seine langen Beine ausstrecken zu können. Wie Roderick trug auch er keine Strümpfe in seinen Docksides. »Man hört die schrecklichsten Gerüchte. Von Löwen und einer Fressorgie.«

Gloria verzog das Gesicht zu einer Grimasse und wischte sich den Mund mit der Stoffserviette ab. »Nachdem uns dieser verwünschte Hahn aus dem Schlaf gerissen hat, haben wir Geräusche gehört, die nur von einem Festmahl der Löwen stammen konnten. Ich weigere mich, mir vorzustellen, was sie gefressen haben.« Sie schüttelte sich.

Jan seufzte. »Nicht einmal das habe ich gehört, geschweige denn den Hahn. Neben mir könnte eine Bombe hochgehen, wenn ich schlafe, dann schlafe ich. Punktum.« Er grinste in die Runde.

»Jan.« Eine ruhige, tiefe Stimme ertönte hinter ihnen.

Benita schaute sich um und entdeckte einen älteren, gut gekleideten Zulu, der durchs Gewühl auf sie zukam. Der Mann besaß jene natürliche Autorität, die andere dazu veranlasste, wie selbstverständlich beiseitezutreten, um ihm den Weg freizugeben, obwohl er mit keinem Wort, mit keiner Geste darum bat. Interessiert betrachtete sie ihn. Sein eiförmiger kahler Kopf war spiegelblank, unter dem Kinn zog sich eine hässliche hellrosa Narbe halbmondförmig von einem Ohr zum anderen.

Es dauerte einige Sekunden, bis ihr klar wurde, dass irgendjemand versucht haben musste, diesem Mann die Kehle durchzuschneiden. Sie fragte sich, ob es bei einem Überfall oder einem Bandenkrieg gewesen war. Eine andere Möglichkeit erschien ihr unwahrscheinlich. Aus irgendeinem Grund, den sie nicht artikulieren konnte, war sie davon überzeugt, dass diesem Mann Gewalt nicht fremd war. Trotzdem wirkte er sympathisch auf sie.

»Jan«, rief der Zulu noch einmal und winkte auffordernd.

Jan Mellinghoff schaute hoch, und ein freudiger Ausdruck trat auf sein Gesicht. Er stand auf und verbeugte sich leicht in die Runde, wobei er sein Hemd in die Hose stopfte. »Entschuldigen Sie mich bitte. Ein Freund möchte mich sprechen.« Zielstrebig ging er auf den kahlköpfigen Mann zu und begrüßte ihn mit dem traditionellen Dreiergriff der Afrikaner. Erst packte er den rechten Daumen, dann die Handfläche, dann wieder den Daumen, während sich beide breit angrinsten.

»Sawubona, umhlobo omdala«, grüßte er ihn.

Gloria sah dem Ganzen interessiert zu. »Was hat er gesagt?«

»Ich grüße dich, alter Freund«, übersetzte Benita. »Mehr kann ich nicht verstehen. Hier ist es einfach zu laut.« Sie sah Jan Mellinghoff und seinem Freund nach, die in der Menge untertauchten. Beide schienen sich sehr gut zu kennen, denn der Weiße hatte dem Zulu den Arm um die Schultern gelegt, und sie redeten angeregt miteinander.

Inzwischen waren offensichtlich beide Leibwächter des Doktors verhört worden, und man hatte ihnen die Waffen abgenommen, wie Benita sofort entdeckte. Ihres Halts an den Pistolengriffen beraubt, ließen sie die Arme seltsam hilflos herunterhängen, und auch ihre Haltung hatte das Militärische, Bedrohliche verloren. Sie standen mit gesenktem Kopf abseits der übrigen Gäste an der Treppe, die zu den Bungalows führte, und tuschelten erregt.

Kurz darauf kam Inspector Cele an ihren Tisch. »Roderick Ashburton zu Captain Singh«, bellte er.

Roderick warf seine Serviette hin, spülte den letzten Bissen seines Sandwiches mit einem langen Schluck Cola hinunter und drückte sich aus dem Stuhl zu seiner vollen Länge hoch. Er und Inspector Cele waren gleich groß, allerdings war der Inspector bulliger als der schlanke und sehnige Roderick. Für ein paar Sekunden verhakten sich ihre Blicke, dann trat der schwarze Polizist zur Seite.

»Sollte nicht lange dauern«, sagte Roderick in die Tischrunde und folgte dem Polizisten dann.

Benita wischte den Fleischsaft ihres Steaks mit dem Brot auf, aß den Rest ihres Salats, tupfte sich schließlich den Mund mit der Serviette ab und schob ihren Stuhl zurück. »Ich hab genug von dem Theater, ich lass mich zum Bungalow begleiten.« Sie warf die Serviette auf den Tisch.

»Gute Idee, ich komme mit.« Gloria drückte ihre Zigarette aus, rief Thabili mit einem Handzeichen heran und bat sie, einen Ranger zu schicken, der sie hinüberbrachte.

»Ich hole Jabulani«, sagte die Zulu und präsentierte ihr die Rechnung für die Steaksandwiches. Während die Anwältin unterschrieb, räumte die Zulu die abgegessenen Teller ab. »Heute fällt die Abendsafari aus. Die Polizei sucht noch nach Spuren«, informierte sie die Gäste, während sie den Tisch sauber wischte. »Sie krabbeln wie die Heuschrecken durch den Busch, aber sie werden nichts finden, die Hyänen waren längst da. Und die Fliegen.« Mit dieser Bemerkung entfernte sie sich.

Es war dem angeekelten Ausdruck Glorias unschwer anzusehen, welche Bilder sie jetzt vor ihrem inneren Auge sah.

Wieder sprach Benita Jabulani nicht an, sondern lief mit gesenktem Kopf hinter ihm her. Noch war sie dazu nicht bereit. Es herrschte ein Chaos in ihren Gedanken und Gefühlen, wie sie es noch nie erlebt hatte. Ihr kam es so vor, als hätte sich der sichere Boden unter ihr plötzlich in Treibsand verwandelt. Erst jetzt erkannte sie, wie sehr sie ihr früheres Leben ausgeblendet hatte. Als wäre sie erst zu dem Zeitpunkt, als ihr Vater sie nach England brachte, geboren worden, hatte sie von diesem Augenblick an immer nur nach vorn geschaut, nie zurück. Fast die Hälfte ihres Lebens hatte sie so tief in sich begraben, dass sie jede Verbindung dazu verloren hatte. Und jetzt schwemmten an jeder Wegbiegung auf Inqaba die Laute und Gerüche neue Erinnerungen frei, und die Konfrontation mit Jill, Busi und nun auch Jabulani hatte sie dermaßen aufgewühlt, dass sie sich selbst nicht im Klaren war, wohin sie gehörte, und das jagte ihr eine Heidenangst ein.

Im Bungalow angekommen, fanden sie einen Umschlag vor, der auf dem Wohnzimmertisch lag. Gloria öffnete ihn und überflog ihn dann. »Der Zusatz zu dem Geschäftsplan«, murmelte sie, während sie ihr blondes Haar aus dem Gesicht hielt. »Statistiken über das Touristenaufkommen … beeindruckend … Korrektur der Baukosten nach oben … weniger schön … Prozentrechnung ist nicht meine Stärke, aber das sind wohl fast zwanzig Prozent Steigerung der Kosten. Das liegt wohl auch an der hiesigen Inflationsrate … Ah, sieh mal an, das ist ja interessant!« Sie wedelte eines der Blätter. »Die Verkaufszahlen der bisher veräußerten Apartments. Hier«, sie steckte die Papiere in den Umschlag und reichte ihn Benita. »Sie können sich die ja auch schon mal durchsehen, bevor die Königskobra unseren Boss aus ihren Fängen entlässt. Wenn sie ihn am Leben lässt«, setzte sie trocken hinzu und gähnte dabei hinter vorgehaltener Hand. »Ich glaube, ich lege mich einen Augenblick hin. Ich leide unter akutem Schlafdefizit, und dann bin ich nicht funktionsfähig. Wecken Sie mich bitte, wenn meine Anwesenheit erforderlich ist.« Sie stand auf, dehnte und streckte sich, sodass Benita Gelegenheit hatte, ihre perfekte Figur zu bewundern, und strebte ihrem Zimmer zu.

Benita warf den Umschlag auf ihr Bett, schlüpfte in Shorts und T-Shirt und ließ sich in einen der bequemen Sessel fallen, hängte die Beine über die Lehne, legte den Kopf zurück und schloss die Augen.

Keine Minute später sprang sie voller nervöser Energie wieder auf. Die Unterlagen würde sie später ansehen, jetzt hatte sie einfach nicht die Ruhe dafür. Ihr Blick streifte ihre Digitalkamera, und ihr fiel ein, dass sie auf Inqaba erst ein paar Fotos gemacht hatte. Sie prüfte, wie viel Bilder sie auf der Chipkarte frei hatte und ob die Batterie aufgeladen war. Dann schlenderte sie auf die Veranda.

Die Sonne stand im Zenith, alle Konturen waren klar und scharf gezeichnet. Eingebettet in staubigem Grün, glitzerte das Wasserloch unter ihr, über ihr spannte sich der afrikanische Himmel, nur zwei einsame Geier zogen ihre Kreise, und außer ein paar Gnus, die im Schatten eines ausladenden Baums dösten, war kein weiteres Tier zu sehen. In der Mittagshitze hatten sich selbst die Vögel und Affen ins kühle Blättergewirr im Busch zurückgezogen.

Undeutliches Stimmengemurmel vom Nachbarbungalow lenkte ihre Aufmerksamkeit hinüber. Doktor Erasmus war offenbar noch nicht nach Umhlanga abgefahren. Er saß zusammen mit einem anderen Mann, der ihr den Rücken zuwandte, am Tisch auf der Veranda. Erst auf den zweiten Blick erkannte sie, dass es Jan Mellinghoff war, der dem Doktor nachdrücklich gestikulierend ein Schriftstück oder ein Foto – genau konnte sie es nicht erkennen – vor die Nase hielt. Der Doktor, die Arme in Abwehrhaltung vor der Brust verschränkt, schien kurz davor zu sein, seinem Gegenüber an die Gurgel zu springen.

Sie zuckte unbewusst die Schultern. Was immer er mit Jan Mellinghoff zu schaffen hatte, ging sie nichts an, und dass die beiden sich kannten, war kein Wunder. In Natal kannte man sich, unter den Weißen wie unter den Schwarzen. Die ersten Weißen waren Anfang und Mitte des 19. Jahrhunderts ins Land gekommen, und die, die heute hier etwas zu sagen hatten, konnten ihre Abstammung fast alle auf diese ersten Familien zurückführen. Das Gleiche galt auch für die Zulus. Die Namen der rund zwei Dutzend großen Clans, die damals das Land unter sich aufgeteilt hatten, waren in Zululand noch heute tonangebend.

Die Familie ihrer Mutter gehörte dazu. Umama hatte ihr viele Geschichten darüber erzählt. John Dunn, der berühmte weiße Häuptling, dessen Machtbereich Dunnsland der größte in Zululand war, war ihr Ahnherr. Noch heute lebten die Dunns an der Küste Zululands auf Dunnsland, so wie die Steinachs auf Inqaba. Die Dunns und die Steinachs, meine Familie, dachte sie und verspürte erstaunt so etwas wie ein Glücksgefühl.

Doch dann sah sie sich wieder als kleines Mädchen, das nirgends dazugehörte, das im grausamen Niemandsland zwischen den Rassen aufwachsen musste. Ihr Blick glitt ab, fiel auf die zwei tönernen Flusspferde, die auf ihrem Nachttisch standen, und die verzweifelte Sehnsucht nach ihren Eltern, nach Umama und Ubaba, überfiel sie. Sie hatte so viele Fragen, auf die sie Antworten brauchte, und es gab keinen, der sie ihr geben konnte.

Mit gesenktem Kopf hielt sie ihre tobenden Gefühle aus. So ist es eben, dachte sie. Ich muss damit leben; es hat keinen Sinn, Vergangenem hinterherzuweinen. Sie hob die Kamera und, einen Dreiviertelkreis beschreibend, machte jeweils leicht überlappende Bilder des gesamten Panoramas, die sie später zusammengesetzt in ihr Büro zu hängen gedachte. Zur Vorsicht wiederholte sie den Vorgang, und danach schoss sie noch zwei Dutzend weitere

Aufnahmen. Nahaufnahmen eines Schmetterlings mit elegantem Schwalbenschwanz, ein kurzes Video von einem Schwarm blaugrün schillernder Glanzstare und zum Schluss Zoomaufnahmen der goldgelben Rispenblüten des Kiaatbaums, die über einen Teil von Doktor Erasmus' Veranda hingen.

Durch den Sucher sah sie, dass der Doktor aufgesprungen war. Seiner Gestik konnte sie entnehmen, dass er Jan Mellinghoff aufforderte, sein Haus zu verlassen, und zwar sofort. Es war offensichtlich, dass sich die Männer ernsthaft gestritten hatten. Jan Mellinghoff schnellte ebenfalls hoch, stieß seinen Stuhl krachend ans Geländer und baute sich dicht vor dem Doktor auf, sagte etwas, was sie nicht verstehen konnte. Aber es veranlasste Doktor Erasmus, einen seiner Bodyguards heranzupfeifen, der sich Jan Mellinghoff mit unmissverständlicher Drohhaltung näherte. Darauf drehte der sich abrupt um, stürmte die Stufen der Veranda zum Weg hinunter, wobei er eine junge Impalagazelle aufstörte, die daraufhin mit eleganten Sprüngen im Busch verschwand.

Sein wilder Ausbruch erstaunte sie. Nach seinem leidenschaftlichen Flirt mit Gloria war ihr Jan Mellinghoff eher als Playboy vorgekommen, einer, der viel Geld hatte und durchs Leben schlenderte, stets auf der Suche nach Abwechslung, um sein leeres Leben auszufüllen. Einer, der keine Frau in Ruhe lassen konnte, und wenn er sie erobert hatte, gelangweilt zur nächsten flatterte. Ihr fiel wieder der ältere Zulu ein, mit dem er sich getroffen hatte und der offensichtlich sein Freund war, und allmählich beschlich sie die Erkenntnis, dass das Playboy-Image aufgesetzt sein könnte und als Tarnung diente. Als Tarnung für etwas, was ihn mit diesem Zulu auf der einen Seite und Doktor Erasmus auf der anderen verband. Komischerweise hatte sie nicht den Eindruck, dass es auf der Veranda gerade um etwas Geschäftliches gegangen war. Es musste etwas anderes gewesen sein.

Schon wieder Fragen, auf die ich keine Antwort habe, dachte sie und drückte mehrmals automatisch auf den Auslöser, bis auf dem Display ihrer Kamera die Anzeige erschien, dass ihre Chipkarte voll war. Sie legte den Apparat weg, nahm sich aber vor, die Bilder bei der nächsten Gelegenheit auf ihren Laptop zu überspielen. Vielleicht konnte sie Jill ja bitten, ihren Drucker benutzen zu dürfen.

15

Zwei Männer zogen Benitas Blick auf sich. Sie näherten sich auf dem Weg vom Empfangshaus ihrem Bungalow, mussten mit einem Satz vor Jan Mellinghoff, der mit kurzem Kopfnicken schweigend an ihnen vorbeistürmte, ins Grün ausweichen. Sie erkannte Roderick, der von einem ihr unbekannten älteren Mann in dunkelblauem Hemd und hellen Hosen begleitet wurde. Seine Statur war kräftig wie bei jemandem, der Sport trieb oder körperliche Arbeit verrichtete, sonst wirkte er wie ein farbloser Gelehrter: blasse Haut, blassgraue Augen, die Haare ebenfalls blass – nicht weiß, eher durchsichtig – und raspelkurz geschnitten. Während er näher kam, kam er ihr vage bekannt vor, aber das war ihr ja schon mit Doktor Erasmus so gegangen. Offenbar war ihr Gehirn so überreizt, dass sie überall nach Spuren ihrer Vergangenheit suchte. Als der Besucher jetzt schnurstracks auf sie zusteuerte, sah sie ihm erstaunt entgegen.

»Benita, du wirst dich nicht mehr an mich erinnern, du warst noch zu klein, als wir uns das letzte Mal gesehen haben. Dein Vater hatte dich zu einem Besuch bei uns mitgebracht. Ich bin Neil Robertson.« Er lächelte ein herzliches, anziehendes Lächeln, und seine blassen Augen waren auf einmal nicht mehr blass, sondern funkelten vor Intelligenz und Lebendigkeit.

Neil Robertson? Sie runzelte die Stirn. Dann fiel es ihr ein. Neil Robertson, den ihr Stiefvater um Hilfe gebeten hatte, Neil Robertson, der Freund von Twotimes.

»Oh«, sagte sie. Mehr nicht.

»Ich glaube, du solltest wissen, dass Adrian Forrester mich vor ein paar Tagen angerufen und um Hilfe gebeten hat.«

»Setzt euch doch«, unterbrach ihn Roderick und wies auf die Korbsessel, die auf der Veranda standen. »Was kann ich Ihnen zu trinken anbieten, Neil? Whisky, Gin, Wein?«

»Ein Ginger Ale wäre angenehm.«

»Benita?«

»Dasselbe, bitte.« Ingwerbier war das Lieblingsgetränk ihres Ubaba gewesen. Wieder etwas, was sie vergessen hatte.

Roderick stellte die Gläser auf den Tisch, in denen Eiswürfel klingelten. Sofort bildete sich eine Kondenswasserpfütze. »Wo ist Gloria?«, fragte er.

»Sie leidet unter Schlafdefizit, sagt sie, und hat sich hingelegt.« Benita nahm einen Schluck und schaute angespannt zu Neil. »Mr Robertson, davon wusste ich nichts. Ich habe es erst von Jill Rogge erfahren.«

Neil Robertson lachte vergnügt. »Damals hast du mich Onkel Neil genannt, wie wär's, wenn du jetzt einfach den Onkel weglässt? Das andere macht wirklich alt.«

Ungeduldig wegen der Unterbrechung fuhr sie fort: »Also gut, Neil. Warum hat mein Stiefvater dich angerufen?«

»Er hat mich um Schutz für dich gebeten.«

Aufgebracht fuhr sie hoch. »Das darf doch nicht wahr sein! Er hat mir versprochen, nichts zu unternehmen. Und dieser Twotimes sollte auf mich aufpassen? Mein Beileid übrigens. Jill sagte, er wäre ein sehr alter Freund von dir gewesen.« Einen Augenblick versank sie in Gedanken, malte abwesend Kringel ins Kondenswasser. »Ich hoffe nur, dass er schon tot war, bevor ihn die Löwen erwischt haben …«

Weder Neil Robertson noch Roderick kommentierten diese Bemerkung. Jeder hing seinen Gedanken nach, und nach ihren Mienen zu urteilen waren es keine angenehmen.

Benita hatte hauptsächlich Mühe, ihre aufwallende Wut zu unterdrücken. Schließlich hatte Neil nur einem Wunsch Adrians entsprochen. Wenn sie zurück in England war, würde sie ihrem

Stiefvater ein für alle Mal klarmachen, dass sie es nicht dulden werde, wenn er derartige Dinge in Zukunft einfach über ihren Kopf hinweg entschied.

Sie blickte Neil an. »Was glaubt Adrian denn, was mir hier passieren könnte? Was hat er dir als Grund genannt?«

Neil lehnte sich im Korbstuhl zurück und schlug die Beine übereinander. »Als er mir gesagt hat, wer du bist, brauchte er mir nichts zu erklären. Ich kenne deine Geschichte.«

»Du glaubst also auch, dass ich hier in Gefahr sein könnte? Hier auf Inqaba? Ich halte das für blanken Unsinn.«

»Wenn du etwas weißt, auch wenn du dich derzeit nicht daran erinnern kannst, könntest du gewissen Leuten selbst heute noch sehr unbequem sein. Ihre Reaktion wäre nicht vorauszusehen, und sie könnte …«, er zögerte, »… sie könnte wirklich unangenehm für dich werden.«

»Welch ein verdammter Euphemismus«, fuhr Roderick dazwischen.

Benita erschrak über seinen heftigen Ton und knetete mit abwesendem Blick ihre Finger. Langsam schüttelte sie den Kopf. »Nein. Ich weiß nichts … Es ist, als würde mir eine … Wand den Zugang zu meiner Vergangenheit versperren.«

Feuer, Schreien, Männerlachen.

Ihr prickelte der Schweiß im Nacken. »Ich weiß nichts«, wiederholte sie mit fester, etwas zu lauter Stimme. »Nichts. Außerdem kann ich mir nicht einmal vorstellen, was das sein sollte, was jemanden dazu bringen könnte, mich … mir …« Sie stockte. »… mir zu schaden«, beendete sie ihren Satz. Eine glatte Lüge, dachte sie und schaute zur Seite, um Neils eindringlichem Blick auszuweichen. »Woher kennst du Adrian?«, fragte sie ihn.

»Aus dem Golfkrieg. Ich war Korrespondent, er der legendäre General Forrester. Ich bin durch eigene Schuld in einen Bombenhagel geraten, und er hat mich am Schlafittchen aus der Gefahrenzone geschleift und mir drastisch klargemacht, dass ich da nichts zu suchen habe. Ehrlich gesagt, er hat mich geschüttelt wie einen jungen Hund.« Er grinste. »Wir mochten uns auf Anhieb.«

Das Bild, das er malte, ließ sie auflachen. »Typisch mein Vater. Er hat eine unwiderstehliche Art, seine Meinung deutlich zu machen. Woher kennen Sie … kennst du …«

Abrupt brach sie ab und sah ihn an. Ihr Gedächtnis öffnete sich. Ein weißes Haus auf einem Hügel, eine Frau mit kupferrotem Haar und lautem, herzlichem Lachen, Kinder, zwei Jungen, ein Mädchen. Neil Robertson! Neil, der kämpferische Journalist, verheiratet mit Tita, der Tochter des reichsten Mannes von Südafrika.

»Jetzt hab ich's wieder!«, rief sie. »Tante Tita, wie geht es ihr? Sie hatte so schöne grüne Augen, nicht wahr?«

Neils Zähne blitzten. »Hat sie immer noch. Bildschön. Es geht ihr blendend, danke. Ich soll dich herzlich von ihr grüßen.«

Benita nickte ihren Dank und sah ihn neugierig an. »Und woher kanntest du meinen richtigen Vater?«

Neil wurde schlagartig ernst. »Von der Schule, vom Kricket, und später haben wir für die gemeinsame Sache gekämpft. Er war neun Jahre jünger als ich, aber unsere Familien waren befreundet, mir wurde er ein sehr guter Freund und Vertrauter. Als man damals seine Leiche fand, hat Tita versucht, dich zu erreichen. Keiner von uns ahnte, dass du bei den Forresters lebst. Michael hat niemandem etwas gesagt, was im Grunde klug von ihm war, aber für uns warst du bis heute verschollen.«

Benita war erstarrt. »Was meinst du … als man damals seine Leiche fand …? Die meines Vaters?«

Niemand hatte ihr je gesagt, dass man Ubabas Leiche gefunden hatte und wie er zu Tode gekommen war. Es gab niemanden, den sie hätte fragen können. Auch ihre englischen Eltern wussten es nicht. So hatten sie es ihr jedenfalls gesagt. Er war tot. Das war alles, was sie erfahren hatte, und jedes Mal, wenn sie sich fragte, was ihm zugestoßen sein könnte, wenn sie alle möglichen Varianten durchspielte, drohte ihre Fantasie aus dem Ruder zu geraten, und sie hatte sich gezwungen, nicht mehr zu grübeln. Es hatte sie Jahre gekostet, auch das in dem inneren Müllhaufen zu vergraben, wo all die anderen Scheußlichkeiten gelandet waren.

Sie versuchte, die Antwort in Neils Gesicht zu lesen, aber es spiegelte nur tiefes Mitgefühl wider, und voller Verwunderung verspürte sie plötzlich den Drang, alle Angst und Sorgen bei ihm abzuladen. »Keiner hat mir gesagt, wie er gestorben ist … Ich wusste nicht einmal, dass seine … Leiche gefunden wurde … Bitte …« Ihre Stimme gehorchte ihr kaum.

»Man fand ihn am Strand.«

»Es war also ein Unfall? Ist er ertrunken?« Aus irgendeinem Grund konnte sie besser damit umgehen, wenn er bei einem Unfall umgekommen war. Ertrunken. An dieser wilden Küste war das nichts Ungewöhnliches.

Neil Robertson schüttelte den Kopf. »Wohl nicht. Es sei denn, das Meer hatte da, wo er hineingefallen ist, solide Balken. Er hatte keinen heilen Knochen mehr im Leib.«

Sie weigerte sich zu verstehen, was er da sagte. »Aber das Riff! Die Brandung wird ihn aufs Riff geworfen haben, daher könnten die Knochenbrüche doch rühren …« Ihre Stimme, ihre Haltung bettelte um Trost.

Schweigend starrte Neil Robertson über die Landschaft, suchte einen Fixpunkt, an dem er seinen Blick festmachen konnte, suchte einfach den Halt, den er brauchte, um ihr die Wahrheit zu sagen. Es gelang ihm nicht. Mit dem Zeigefinger schob er sein Glas hin und her. Hin und her. Eine Taube gurrte nahebei, verstummte wieder. In der plötzlich eingetretenen Stille war nur das schabende Geräusch des Glases zu hören.

Die offizielle Version hatte tatsächlich auf Unfall gelautet, aber er kannte die Wahrheit. Er hatte überall Freunde gehabt, sogar bei der Polizei. Was Michael Steinach hatte ertragen müssen, war unbeschreiblich grausam gewesen. Man hatte ihm erst die Arme zertrümmert und dann mit jeder Antwort, die er denen, die ihn verhörten, schuldig blieb, ein paar weitere seiner Knochen, bis er schließlich an den ausgedehnten Blutergüssen, die seine Haut fast vollständig blauschwarz gefärbt hatten, verblutete. Danach hatte man ihn ins Meer geworfen, darauf vertraut, dass die Strömung ihn hinaustragen würde und die Haie den Rest erledigten.

An dieser tückischen Küste änderte sich die Richtung der Strömung täglich. Der Tote war wenige hundert Meter weiter in der Nähe der Umgenimündung weit hinauf auf den Strand geworfen worden. Man fand ihn innerhalb kürzester Zeit. Sein Körper glich dem einer mit Sand gefüllten Puppe, doch offene Wunden hatte er kaum, und in seiner Lunge befand sich kein Wasser. Er war schon vorher tot gewesen.

Benita, die Neil nicht aus den Augen gelassen hatte, wurde unruhig. Sein Gesicht war völlig ausdruckslos, die blassgrauen Augen leer, es war ihr unmöglich, eine Gefühlsregung darin zu erkennen, von der sie hätte ableiten können, ob er die Wahrheit sagte oder ob sich hinter seinen Worten etwas verbarg, was er ihr verheimlichen wollte. Zum ersten Mal versagte ihr sonst so untrüglicher Instinkt.

Neil kehrte aus seiner inneren Welt zurück und studierte die verzweifelte schöne Frau vor ihm. Unter ihrer natürlichen Hautfarbe war sie jetzt bleich und wirkte aufs Äußerste angespannt, so als erwartete sie von ihm einen Schlag ins Gesicht.

Und genau das wäre die Beschreibung vom Tod ihres Vaters, dachte er. Bis ans Ende ihres Lebens würde sie diesen Schmerz nicht vergessen können. Jede Nacht würden sie die Bilder von dem, was man ihm angetan hatte, bis in ihre Träume verfolgen. Niemand hätte etwas davon. Er traf eine Entscheidung.

»Ja«, antwortete er. »So wird es gewesen sein. Niemand weiß etwas Genaues, aber nichts anderes wurde auch offiziell angenommen. Schließlich hat die Brandung am Riff eine ungeheure

Kraft und könnte innerhalb kürzester Zeit ein ganzes Schiff in Stücke hauen. Keiner weiß, ob er beim Schwimmen abgetrieben wurde oder ausgerutscht und vom Felsen gefallen ist.«

Vergib mir diese Lüge, Michael, ich kann nicht anders, bat er schweigend.

»Ertrunken«, wisperte sie, und für einen Augenblick herrschte absolute Stille, selbst die Zikaden schwiegen. Sie stützte den Kopf in die Hände. Seit achtzehn Jahren wusste sie, dass ihr Vater tot war, aber nun endlich hatte sie erfahren, wie das passiert war, nun sah sie ihn vor sich, wie er am Strand lag, angeschwemmt wie Treibgut.

Ihre Augen füllten sich mit Tränen und liefen über, ohne dass sie es merkte. Er hatte das Meer so geliebt, und plötzlich wünschte sie sich, dass es ihn zu sich genommen und mit hinausgetragen hätte in seine blauen, stillen Tiefen, bis er sich in dem Blau aufgelöst hätte. Jeder Tropfen in den Meeren der Welt würde seine Erinnerung in sich tragen. Wo immer ihre Füße den Saum des Meeres berührten, würde er bei ihr sein. Ihr nächster Atemzug geriet zu einem Schluchzen.

Roderick bemühte sich, nicht durch eine unbedachte Reaktion zu verraten, dass ihm im Gegensatz zu Benita das Zögern Neil Robertsons nicht entgangen war. Er vermutete, dass der Journalist die Wahrheit verschwieg, um Benita zu schonen. Allein dafür war er bereit, den Mann zu mögen. Er zog ein zusammengefaltetes weißes Taschentuch aus seiner Hosentasche und reichte es Benita wortlos.

»Danke.« Sie putzte sich die Nase und wischte ihr Gesicht trocken. »Es tut mir leid, dass ich die Fassung verloren habe, aber … ich hab das nicht gewusst … Ertrunken! Geht das schnell?«, fragte sie mit hoher Kinderstimme.

»Ganz schnell«, mischte sich Roderick schnell ein. »Der erste Atemzug, den man unter Wasser tut, füllt die Lunge, und dann ist es sofort aus. Es soll ein angenehmer Tod sein.«

»Dein Vater hat nicht gelitten«, log Neil, und als er sah, dass Benita vor Erleichterung ihre Schultern straffte und die Tränen versiegten, wusste er, dass seine Notlüge gerechtfertigt war. Jetzt durfte er nur nicht vergessen, Tita und auch Jill davon zu unterrichten, dass sie nicht aus Versehen mit der Wahrheit herausrückten. Außer ihnen dreien war die Wahrheit nur wenigen Leuten bekannt, und mit denen würde Benita nie Kontakt haben. Dessen war er sich sicher.

Den Hauptschuldigen, den notorischen Vice-Colonel, hatte man weder aufgestöbert noch von ihm gehört, und es wurde angenommen, dass er entweder das Land verlassen hatte oder von denen, die wussten, was er getan hatte, unauffällig umgebracht und irgendwo in der Wildnis vergraben worden war, so wie er das auch mit seinen Opfern getan hatte. Inbrünstig hoffte er, dass das Letztere zutraf. Es würde nicht nur für Benita, sondern für viele Leute und auch für sein Land besser sein.

Benita unterbrach seine Überlegungen. »Ich muss herausfinden, wo mein Vater liegt … Ich weiß es gar nicht … Weißt du, wo er begraben wurde?« Wieder schwammen ihre Augen in Tränen.

Neil Robertson dachte flüchtig an den monatelangen Kampf, den er und Jill Rogge mit den Behörden ausgefochten hatten, damit Michael Steinach nicht in einem anonymen Grab verscharrt wurde, und wie lange es gedauert hatte, bis sie endlich erreichten, dass ihnen die Leiche überlassen wurde. Das Wissen darum würde er Benita ersparen. Es war nicht notwendig, dass sie davon erfuhr.

Er lächelte sie an. »Auf Inqaba. Wir haben ihn auf Inqaba beerdigt.«

Das Lächeln begann mit einem Zittern in Benitas Mundwinkeln, breitete sich langsam über ihr Gesicht aus, erreichte ihre Augen, bis sie von innen zu strahlen schien. »Auf Inqaba … Das ist … wirklich … schön.« Sie sprach nicht weiter, schaute nur von einem zum anderen.

Für einen wunderbaren Augenblick spürte Roderick eine Wärme, die nichts mit der Temperatur zu tun hatte, und war sich sicher, dass die Luft, die sie umgab, schimmerte. Er starrte sie an und atmete hörbar ein, blieb aber auch stumm.

Neil, auf dessen Zügen ebenfalls ein Abglanz dieses Lächelns lag, räusperte sich. »Tita fragt, ob du Zeit hast, uns zu besuchen.«

Benitas grüne Augen leuchteten auf. »Das würde ich gern, danke. Ich habe genügend Zeit«.

Roderick meldete sich zu Wort. »Der Termin mit unserem Klienten ist leider erst übermorgen früh, das wäre am Dienstag, und ich glaube, dass wir die Verhandlungen nicht an einem Tag über die Bühne bringen. Hier scheint alles einen etwas gemächlicheren Gang zu gehen, also werden wir vermutlich nicht vor Samstag fliegen. Ich werde Miranda anrufen, damit sie die Flüge umbucht. Das ließe dir den Freitag frei. Einen Tag werde ich dich entbehren können.« Er lächelte sie an.

»Dir ist offenbar entfallen, dass ich noch zwei Wochen hierbleiben werde, um mich um meine Angelegenheiten kümmern zu können. Wenn ihr am Samstag fliegt, könnte ich die Robertsons doch an dem Tag besuchen. Neil?«

Neil nickte. »Natürlich. Tita wird sich sehr freuen. Soweit ich es überblicken kann, wäre Samstag perfekt. Ruf uns an, ich werde dich abholen. Warte … ich habe meine Karte da.« Aus der Hosentasche förderte er ein schwarzes Lederetui zutage, an dem ein Kugelschreiber klemmte, und entnahm ihm seine Karte.

»Da hast du alle Nummern. Und diese hier …«, rasch schrieb er eine Nummer auf die Rückseite der Karte, »das ist meine private Handynummer. Da erreichst du mich immer. Hast du eine Nummer für mich, unter der ich dich anrufen kann?«

»Ich habe meine Visitenkarten im Zimmer, einen Augenblick, bitte.« Sie stand auf und verschwand im Haus.

Roderick wartete, bis die Tür hinter ihr zugefallen war, und beugte sich dann vor, konnte seine Besorgnis nur schlecht verbergen. »Sie haben gelogen, nicht wahr? Ihr Vater ist ermordet worden.«

Neils Augen blitzten anerkennend auf. »Sie haben es gemerkt. Alle Achtung. Ich hoffe allerdings sehr, dass Benita meine Notlüge entgangen ist. Die Wahrheit ist zu bestialisch.«

Roderick verspürte einen Stich im Magen. Zum wiederholten Mal verfluchte er sich selbst. Wie hatte er nur so arrogant über ihr Schicksal verfügen können? Mit einem Seitenblick auf den Journalisten fragte er das, was ihn am meisten Angst einjagte. »Hat der Tod Ihres schwarzen Freundes etwas mit Benita zu tun?«

Die blassen Augen sprühten plötzlich. »Ich werde nicht ruhen, ehe ich das herausgefunden habe. Mit anderen Worten, ich weiß es nicht. Das, was im Augenblick dagegenspricht, ist der gleichzeitige Mord an diesem Ingenieur.«

Roderick nickte. Darüber hatte er sich auch schon den Kopf zerbrochen. Es ergab einfach keinen Sinn. Aber erleichtert war er nicht. »Wie können Sie sich sicher sein, dass sie nie die Wahrheit über den Tod ihres Vaters erfahren wird?« Seine unverblümte Frage traf ins Schwarze.

»Doch, ich bin mir da recht sicher. Außer mir wissen es nicht einmal eine Handvoll Leute, und die werden nie Benitas Weg kreuzen.«

Die Tür klappte. »Wer wird meinen Weg nicht kreuzen?«, fragte Benita und legte ihre Visitenkarte auf den Tisch.

»Die Schatten der Vergangenheit«, sagte Neil Robertson geistesgegenwärtig und lächelte ihr in die Augen.

Erneut schluckte Benita die Lüge. »Unter meiner Handynummer erreichst du mich immer. Wenn nicht, kannst du mir auf die Mailbox sprechen. Ich höre sie auch hier jeden Tag ab.«

»Wo wirst du in den zwei Wochen wohnen?«, sagte Roderick und warf Neil einen fragenden Blick zu, ohne dass Benita es sah. Der nickte sofort.

»Ich suche mir ein Hotel in Umhlanga«, sagte Benita. »Das sollte nicht schwierig sein.«

Neil lächelte sie an. »Ich glaube, Tita wäre zutiefst beleidigt, wenn du nicht bei uns wohnst. Sie liebt es, Gäste zu haben. Tu uns doch den Gefallen.«

Benita zog die Brauen zusammen, machte eine unwillkürliche Abwehrbewegung. Sie wollte frei und ungebunden sein, wollte niemandem Rechenschaft schuldig sein, und sei es nur, wenn sie zu spät zu einer Mahlzeit erschien.

»Wir haben ein Auto in der Garage, das niemand braucht«, sagte Neil schnell. »Du könntest es haben, und ich biete dir meine Kontakte an, die in jede Bevölkerungsschicht reichen.«

Es klang zu verlockend. Was die Verhandlungen mit dem Home Office wegen ihrer Staatsangehörigkeit betraf, konnte sie jede Unterstützung gebrauchen. Sie sagte es Neil. »Ich weiß nicht, ob mein Vater meine Staatsangehörigkeit widerrufen hat, jedenfalls hat Captain Singh angedeutet, dass mir eine empfindliche Strafe droht, sollte ich das nicht regeln.«

»Davon hast du mir nichts erzählt!« Roderick fühlte sich auf paradoxe Weise hintergangen.

»Nein, es hat ja auch nichts mit dir zu tun.«

»Was passiert, wenn du das nicht machst?«

Benita zögerte. So klar war auch ihr das noch nicht. »Soweit ich verstanden habe, könnte ich Schwierigkeiten bei der Ausreise bekommen, was immer das heißt. Die können mich doch nicht einfach festhalten, oder?« Hilfesuchend wandte sie sich an Neil.

Der zog die Brauen zusammen. »Einem Freund von mir, der von Geburt Südafrikaner ist, aber in London lebt und inzwischen einen englischen Pass hat, wurde die gleiche Auskunft bei der Einreise gegeben. Während seines Aufenthaltes hier – er hat an einem großen Familienfest teilgenommen – hat er sich nicht weiter darum gekümmert. Das wollte er von London aus bei der Botschaft machen. Nun ja, sie haben ihn tatsächlich gezwungen, sein Gepäck wieder von dem startbereiten Flugzeug ausladen zu lassen, und haben ihn festgehalten …«

»Was heißt ›festgehalten‹ in diesem Zusammenhang?«, unterbrach ihn Benita. Für eine flüchtige Sekunde richteten sich Neils helle Augen ins Leere, seine Miene wurde ausdruckslos, und sie hatte den deutlichen Eindruck, dass er etwas vor sich sah, wovon er nicht sprechen wollte. Aber sie ließ nicht locker. »Neil, was meinst du damit?«

»Sie haben ihn in Abschiebehaft genommen, aber es hat reichlich diplomatischen Wirbel gegeben, weshalb er letztlich nur zwei Nächte im Gefängnis verbracht hat. Eine Woche später ist er abgeflogen, nachdem er eine vorläufige Reiseerlaubnis vom Home Office bekommen hat. Was genau vor sich gegangen ist, weiß ich aber nicht.«

»Na, klasse«, murmelte Benita und sah schon vor sich, wie sie beim Einchecken verhaftet und dann ins Gefängnis gesteckt wurde, brachte es aber fertig, ihre Fantasie an diesem Punkt aufzuhalten. »Ich weiß ja nicht einmal, ob ich wirklich noch Südafrikanerin bin.«

»Bei meinem Freund hatte das vielleicht obendrein mit einem unglücklichen Zusammentreffen zu tun«, warf Neil ein. »Die Passbeamtin war eine giftige Hexe, die darauf aus war, ihm Schwierigkeiten zu machen …«

»Wieso?«, fiel ihm Benita ins Wort. »Ist das Gesetz nicht eindeutig?«

Ein grimmiges Lächeln umspielte Neils Lippen. »Gelegentlich interpretieren einige Beamte die Gesetze …«, er machte eine vage Handbewegung, »… individuell.«

»Das ist Willkür!«, rief Benita.

Es dauerte einige Momente, bis sie die Antwort bekam.

»Das ist Südafrika«, sagte Neil mit sanfter Stimme. »Ich glaube allerdings, dass du eher bei einer weiteren Einreise Schwierigkeiten bekommen könntest. Du besitzt hier ein Haus, das wird Anlass zu Fragen geben. Übrigens hat sich Jill an mich gewandt, weil dort plötzlich illegale Siedler aufgetaucht sind und sich eingenistet haben. Warst du schon dort?«

»Nein, aber ich muss es sehen. Unbedingt. Jill sagt, dass es mir gehört. Daran habe ich nie gedacht. Ich werde etwas dagegen unternehmen müssen.« Sie drehte ihr Handgelenk und schaute auf die Uhr. »Es ist ein Uhr. Ich hätte noch gut sechs Stunden Tageslicht. Roderick, kannst du mich und den Wagen für heute Nachmittag entbehren?«

»Kommt nicht infrage, allein lasse ich dich nicht dorthin fahren. Adrian würde mich in der Luft zerreißen. Ich fahr dich.« Roderick schlug mit der Hand auf den Tisch. »Ich habe Adrian versprochen …«

»… Kindermädchen für mich zu spielen, ich weiß … Und ich werde mit ihm Schlitten fahren, wenn ich nach Hause komme.«

»Vielleicht darf ich einen Vorschlag machen«, unterbrach sie Neil. »Ich muss ohnehin noch nach Hluhluwe rein – den Ort, nicht das Naturschutzgebiet –, um etwas abzugeben. Wir können gemeinsam fahren. Ich liefere dich hinterher wieder an der Rezeption ab.«

Ihr Temperament begann zu kochen. »Jetzt ist aber Schluss, ich bin eine erwachsene Frau. Wenn ich den Wagen nicht haben kann, leihe ich mir Jills Auto oder rufe mir ein Taxi. Keiner von euch hat das Recht, mir Vorschriften zu machen … Basta!«

Überraschenderweise fing Neil an, laut zu lachen. »Du klingst wie dein Vater. Basta! Das hat er ständig gesagt. Sei nicht unvernünftig, Benita. Allein zu dem Haus zu fahren ist für dich tatsächlich viel zu gefährlich, nicht zuletzt weil du eine Frau bist. Verzeih, wenn ich brutal sein muss, aber jeder dritte Südafrikaner ist mit HIV infiziert … Bei einer Vergewaltigung …« Er beendete den Satz mit einer abrupten Handbewegung.

Benita hob das Kinn. »Fährt Tita allein zum Einkaufen?« Langsam wurde sie ernstlich wütend.

Neil hob die Hände. »Natürlich, aber das ist etwas ganz anderes. Du bist schließlich …«

Das Telefon klingelte und unterbrach ihn. Benita stand direkt daneben und nahm automatisch ab. »Hallo?«

»Benita, bist du es? Hier ist Jill. Hör mal, möchtest du nicht herüber zum Haus kommen, dann kann ich dir die Kiste geben, und wir können kurz miteinander reden. Leider werde ich nicht lange Zeit haben, hier ist der Teufel los.«

»Wunderbar, ich komme gern. Bis gleich!« Sie legte auf. »Ich möchte mich in fünf Minuten mit meiner Cousine im Haus treffen. Oder brauchst du mich hier, Roderick?«

»Nein, heute nicht mehr. Geh nur. Wir sollten alle versuchen, etwas Abstand zu dieser Tragödie zu bekommen.« Er war froh über den Anruf Jills, der sie von der Fahrt zum Haus offenbar abgelenkt hatte. »Haben Sie noch etwas Zeit, Neil? Dann würde ich mich gern noch mit Ihnen über Ihr Land und die Aussichten hier unterhalten. Wollen wir uns in die Bar setzen?«

Neil warf einen Blick auf seine Uhr. »Es ist ja noch Mittag, da habe ich noch Zeit. Ich komme gern.«

»Gut.« Roderick stand auf. »Ich muss noch zwei Telefonate erledigen und Gloria einen Zettel unter die Tür schieben, sonst meldet sie uns als vermisst, wenn sie aufwacht, und schickt die Kavallerie hinter uns her. In einer Viertelstunde etwa bin ich fertig. Wollen Sie hier warten, Neil? Die Minibar steht Ihnen zur Verfügung.«

Auch Neil war aufgestanden. »Nein, ich habe noch etwas im Empfangshaus zu erledigen. Ich muss herausfinden, wann Captain Singh mich sprechen will, und dann sollte ich wohl besser stocknüchtern sein.« Er schmunzelte.

»Abgemacht. Wir treffen uns also in etwa zehn Minuten. Und, Benita, sehen wir uns zum Abendessen?«

»Natürlich«, rief sie über die Schulter. »Ich werde pünktlich sein. Versprochen.«

Roderick nickte. Er zog sich in sein Schlafzimmer zurück, und kurz darauf hörte man ihn am Telefon sprechen. Seinen ständigen Wiederholungen war deutlich anzuhören, dass die Verbindung lausig sein musste.

16

Benita lief in ihr Zimmer. Für das, was sie vorhatte, brauchte sie strapazierfähigere Kleidung als die Shorts, Sandalen und das ärmellose Top, das sie trug. Um keine Fragen von Roderick und Neil zu provozieren, stopfte sie die Laufschuhe, die Jeans und auch das Khakihemd, das sie als Schutz gegen die Mittagssonne brauchte, jedoch zunächst einmal in ihre Tasche und schloss den Reißverschluss.

Draußen klappte eine Tür, und Schritte entfernten sich, trotzdem spähte sie erst vorsichtig in den Wohnraum, um sich zu vergewissern, dass sie tatsächlich allein war. Als weder Roderick noch Neil zu sehen waren, rannte sie erleichtert über die Veranda auf den Weg. Eine Eidechse mit kobaltblauem Schwanz huschte vor ihr über den Sandweg, Schwalbenschwänze gaukelten in der warmen Luft, und in der Wilden Banane entdeckte sie einen fliegenden Edelstein, einen grün schillernden Nektarvogel, der über der blauweißen Kranichblüte schwirrte und mit seinem langen, gebogenen Schnabel den Honig aufsaugte. Wie aus dem Nichts fiel ihr der Name ein. Es war ein männlicher Malachit-Nektarvogel, und die Eidechse war ein Regenbogenskink, das hatte ihr Ben damals beigebracht.

Verblüfft blieb sie stehen. Als wäre eine verborgene Tür aufgestoßen worden, kamen die Erinnerungen an ihr afrikanisches Leben zurück. Würde es ihr gelingen, auch die Mauer einzureißen, die ihr den Zugang zu jenen Tagen vor achtzehn Jahren verwehrte? Plötzlich lief ihr ein Schauer über den Rücken. Aber es war nicht Angst, sondern Aufregung, weil sie zum ersten Mal spürte, dass ihr Wille, alles zu erfahren, größer war als ihre Angst davor.

Langsam ging sie weiter, genoss jeden Schritt. Jede Pflanze, jedes Tier, jeder noch so flüchtige Geruch erlaubten es ihr, tiefer in ihre Vergangenheit einzudringen.

Sie brauchte für die kurze Strecke zu Jills Haus fast eine halbe Stunde, aber auf diesem Weg fand sie die Verbindung zu ihrem früheren Leben wieder. Als sie das Rieddach durch die Bäume schimmern sah, strömte eine wilde Freude durch ihre Adern, ihre Augen glänzten. Ihr Vater hatte ihr eine Kiste hinterlassen. Vielleicht würde sie jetzt die Mauer niederbrechen können. Sie blieb am Rand des gepflasterten Hofs stehen und schaute sich um. Viel hatte sich hier nicht verändert.

Im Anbau rechts vom Eingang lag noch immer die Küche, der Geruch nach frisch gebrühtem Kaffee, der herüberzog, war unverkennbar. Ein leises Wiehern verriet ihr, dass Jill sich, wie deren Eltern auch, Pferde hielt. Die Reitställe, die sich am anderen Ende des Vorplatzes befanden, schienen relativ neu zu sein. Sie waren gemauert und mit Ried gedeckt. Zu ihrer Zeit waren es offene Holzverschläge gewesen.

Sogar der große, alte Frangipani, dessen betäubend süß riechende Blüten in dichten Büscheln zwischen den ledrigen dunkelgrünen Blättern wuchsen, stand noch da. Eine Familiensage erzählte, dass Catherine Steinach vor mehr als hundertfünfzig Jahren den ersten Frangipani von einem indischen Kaufmann geschenkt bekommen und an diese Stelle gepflanzt hatte. Der jetzige Baum war zwar nicht mehr Catherines Frangipani, der war im Krieg 1879 zerstört worden, aber sie hatte ihn durch einen anderen ersetzt, und jedes Mal, wenn einer der herrlichen Bäume das Ende seiner natürlichen Lebenszeit erreicht hatte, wurde ein neuer gepflanzt, immer in demselben Pfirsichrosa. Sie hob eine der sternförmigen Blüten auf und sog mit geschlossenen Augen den unvergleichlichen Duft ein.

Wütendes Hundegebell riss sie grob aus ihren Gedanken. Sie blieb stehen. Zwei pechschwarze Dobermänner schossen um die

Hausecke, stoppten mit aufgestellter Kruppe dicht vor ihr und verbellten sie, fletschten anschließend knurrend ihr gefährliches Gebiss.

Aber sie hatte sich noch nie vor großen Hunden gefürchtet. Also blieb sie ruhig und redete leise auf die Tiere ein, machte kleine Schnalzgeräusche mit der Zunge, und allmählich verstummte ihr Bellen, ging in kurzes Jaulen und dann verlegenes Gähnen über.

»He, was seid ihr doch für prachtvolle Kerle«, flüsterte sie und hob mit Bedacht eine Hand, um sie dem Rüden hinzuhalten. Der streckte den Hals weit vor und schnupperte vorsichtig. Sie ließ ihre Finger langsam über die Schnauze wandern, bis sie die weiche Stelle hinter seinem Ohr fand. Sachte begann sie, ihn zu kraulen. Der Dobermann verdrehte schnaufend die Augen.

Jill tauchte im Eingang auf, betrachtete ihre genießerisch grunzenden Hunde und lachte. »Roly und Poly, schämt euch! Ihr seid als furchtbar böse Wachhunde angestellt, nicht als Schoßhündchen, ihr Verräter! Wie ich sehe, hast du immer noch diese besondere Art, mit Tieren umzugehen, liebe Cousine. Das konntest du schon als Kind. Komm herein.« Sie trat beiseite.

Eine laute Frauenstimme, unverkennbar die einer Zulu, tönte durchs Haus. »Boss, wir werden hier bald einen See haben, und was machen wir dann? Fische reinsetzen? Gibt es keinen Fußabtreter in unserem Haus?«

»Nelly.« Jill kicherte und legte einen Finger an die Lippen. »Kannst du dich an sie noch erinnern? Sie hat Nils in ihr Herz geschlossen, behandelt ihn wie einen Sohn. Einen ungezogenen kleinen Sohn. Sie zanken sich ständig.«

»Nelly! Natürlich! Wie könnte irgendjemand Nelly je vergessen.« Vorsichtig lugte Benita um die Ecke. Da stand Nelly, die mächtigen Arme in die Hüften gestemmt, und beäugte den grinsenden Nils mit gerunzelter Stirn, aber ihre Mundwinkel zuckten verräterisch, und ihre Augen sprühten. Offenbar bereitete ihr die Szene einen Riesenspaß.

»Ziko sagt, sie wäre so krank. Ich habe erwartet, sie bettlägerig vorzufinden«, raunte Benita ihrer Cousine zu.

Jill antwortete ebenso leise. »Sie ist immer krank, wenn sie etwas durchsetzen will, aber ich glaube, sie wird ewig leben. Hoffentlich. Ich weiß nämlich nicht, was ich ohne sie machen würde.«

Nils Rogge grinste die alte Zulu fröhlich an. »Nelly, mein Schatz, hast du ein neues Kleid? Zeig's mir, dreh dich mal, du Prachtweib.« Er drehte einen Kringel mit der Hand, schaute dabei über Nellys Schulter und entdeckte seine Frau. Frech zwinkerte er ihr zu, um ihr zu zeigen, dass er Nelly um den Finger wickeln konnte.

Geschmeichelt glucksend legte die schwergewichtige Zulu eine Hand hinter den Kopf, hob mit der anderen den Zipfel ihres Rockes und tanzte lachend eine Pirouette, wobei sie aufreizend mit ihrem massigen Hinterteil wackelte, dass ihr ganzer Körper schwabbelte.

Nils setzte einen selbstzufriedenen Ausdruck auf und wollte sich eben verabschieden, da schob Nelly ihr Gesicht auf Nasenlänge an seines heran. »Wir haben immer noch einen See hier im Haus …«

»Bongi kann …«, begann Nils.

»Bongi kann nicht«, knurrte Nelly. »Bongi ist einkaufen. Wir haben jetzt ein neues Südafrika, Master, Boss Nils, Sir … Da steht im Gesetz, dass Weiße ihren Dreck selbst wegwischen …« Nelly verschränkte die Arme über ihrer ausladenden Brust und bemühte sich, zornig auszusehen.

Jill fiel fast um vor Lachen, während Nils, die Augen verdrehend, einen Stapel Papierhandtücher aus der Gästetoilette holte und murrend den Boden aufwischte. Nelly stand derweil da und überwachte streng sein Tun.

»Da sind noch welche«, sagte sie und zeigte mit der Fußspitze auf ein paar Spritzer.

Nils bückte sich gehorsam und wischte. »Du bist ein Drache, Nelly«, sagte er, als er sich wieder aufrichtete. »Weißt du, was ein Drache ist, he? Ein hässliches, Feuer spuckendes grünes Tier, so groß wie ein Haus«, er breitete die Arme weit aus, »mit Schuppen wie ein Krokodil und einer gezackten Flosse auf dem Rücken.« Mit besorgter Miene strich er ihr über den Rücken. »Da, ich wusste es, sie wachsen schon!«, murmelte er.

Entsetzt griff sich Nelly ins Kreuz. Als ihr bewusst wurde, dass sie auf einen seiner Scherze hereingefallen war, warf sie den Kopf zurück und lachte ihr herrliches Lachen, das tief aus ihrem Bauch kam und in Wellen durch sie hindurch bis in die Fingerspitzen lief. »Hohoho«, lachte sie und schlug sich auf die Schenkel. »Master Nils, hoho! – Aii«, seufzte sie schließlich und rieb sich die Lachtränen aus den Augenwinkeln.

»Du sollst nicht Master zu mir sagen.«

»Yebo, Master Nils.« Noch immer in sich hineinglucksend, drehte die alte Zulu sich um, und erst jetzt entdeckte sie, dass noch jemand anwesend war. Sie setzte ein Lächeln auf, murmelte einen Gruß und wollte schon den Raum verlassen, aber Benita versperrte ihr den Weg. Schüchtern lächelnd streckte sie eine Hand nach der Zulu aus.

»Nelly …«, flüsterte sie. »Nelly, Sawubona, ugogo wami.«

Meine Großmutter, hatte sie gesagt. Atemlos wartete sie auf die Reaktion, aber kein Funke des Wiedererkennens leuchtete in den rotgeäderten Augen auf. Sie zog ihre Hand zurück.

Das Lächeln der Alten erstarb allmählich, und Misstrauen breitete sich an seiner Stelle über ihre Züge aus. Sie musterte die junge Frau vor ihr eindringlich. Schließlich schüttelte sie den Kopf, ihre Miene wurde abweisend, und als sie antwortete, tat sie das ebenfalls auf Zulu. »Und wer sollst du sein, dass du glaubst, mich Großmutter nennen zu dürfen, he? Großmutter! Ha! Das müsste ich doch wissen, wenn ich deine Großmutter wäre.« Aufgebracht verstummte sie.

Benita streckte der Zulu wieder die Hand entgegen. »Ich bin's, Benita Jikijiki. Gugus Tochter.«

Zu Benitas Entsetzen verwandelte sich das Gesicht der Zulu vor ihren Augen in aschgrauen Stein. Die runden Schultern fielen nach vorn, der Atem rasselte in ihrer Brust, und Benita befürchtete schon, dass die alte Frau auf der Stelle der Schlag treffen würde. Erschrocken machte sie einen Schritt auf sie zu und ergriff ihren Arm, um sie zu stützen.

»Weg ... weg ...«, stammelte Nelly mit allen Anzeichen von tiefer Angst, machte sich los und stieß Benita mit einer Bewegung von sich, als drohte ihr schlimmstes Unheil von ihr. Schweißperlen bildeten sich auf ihrer Oberlippe. Ihre Hände zitterten, der ganze Körper bebte.

»Jikijiki ist tot ... Sie hat sich vor langer Zeit zu unseren Ahnen gesellt ...«, keuchte sie stoßweise.

Nils legte ihr besorgt einen Arm um die Schultern. »Nelly, das ist wirklich Benita, die Tochter von Michael und Gugu. Sie ist kein Geist, glaub mir.« Er packte Benitas Hand und legte sie in die von Nelly. »Sieh, sie ist warm, nicht kalt und starr, lebendig, nicht tot. – Wie könnt ihr Nelly nur so erschrecken«, knurrte er Benita und Jill wütend an. »Sie ist nicht mehr die Jüngste, das hätte glatt ihr Tod sein können.«

Nelly atmete noch immer schwer und konnte für Minuten kein Wort hervorbringen. »Jikijiki«, wisperte sie schließlich, verfiel aber gleich wieder in brütendes Schweigen. »Das war mein kleines Mädchen«, sagte sie nach einer langen Pause und runzelte die Brauen. »Wo bist du gewesen, wenn du Jikijiki bist?« Ihre Stimme hatte an Kraft gewonnen.

»In England ...«, stotterte Benita.

Die alte Zulu machte sich energisch von Nils los. Ihr Kampfgeist erwachte zum Leben und funkelte ihr aus den Augen. »So, in England bist du gewesen«, fauchte sie. »Gibt es keine Telefone in dem Land? Hast du vergessen, dass du in der Schule das Schreiben gelernt hast? Hast du vergessen, dass es deine Pflicht ist, dich um deine Älteren zu kümmern?«

Benita wurde das Herz schwer. Was sollte sie darauf antworten? Wie sollte sie Nelly Dlamini erklären, dass sie jeden Gedanken an ihr früheres Leben vermieden hatte, weil jeder dieser Gedanken ihr eine Fahrt ins feurige Zentrum ihrer Hölle beschert hätte? Wie sollte sie ihr erklären, dass sie diese Tage vor achtzehn Jahren nicht mehr aus ihrem Gedächtnis abrufen konnte? Wie sollte sie ihr das erklären?

Mittlerweile ging Nellys Atem leichter. Sie schien sich gefangen zu haben. Immer noch sehr zornig, stemmte sie die Arme in die Seiten. »Jedes Jahr habe ich unseren Ahnen ein Huhn geopfert, damit sie dich in ihrer Mitte aufnehmen, und ein weiteres, damit sie darüber hinwegsehen, dass dein Vater ein Weißer war! So viele Hühner!« Sie fuchtelte mit den Armen vor Benitas Nase herum. »Einen ganzen Stall würden sie füllen… Hätte ich sie selbst gegessen, wäre ich jetzt schön fett und begehrenswert, hätte einen neuen Mann gefunden … Und von ihren Eiern hätte ich wieder Hühner gezüchtet, mehr Hühner, als Maiskörner in meiner Vorratshütte sind …« Sie hatte sich in Rage geredet und dabei das Gesicht dicht vor das von Benita geschoben. »Mehr Hühner, als Wassertropfen im Umfolozi schwimmen!«

Benita starrte die Zulu perplex an, während sie diese Tirade verdaute. Ein Kichern kitzelte ihre Kehle. Langsam verdichtete sich das Kichern zu einem Lachen, das aus der Tiefe ihres Bauches hochdrängte wie eine dicke Luftblase, die durchs Wasser hochstieg, und dann brach es aus ihr heraus. Sie lachte und lachte, sie schüttelte sich vor Lachen, lachte so sehr, dass ihr die Tränen über die Wangen liefen. »Nelly, ich werde dir einen großen Stall mit Hühnern als Entschädigung kaufen, die kannst du dann aufessen … allesamt. Du wirst so fett werden, dass wir dich auf einem Holzkarren herumfahren müssen, weil du nicht mehr laufen kannst … Und eines Tages wirst du platzen … peng, wie ein Luftballon …« Hilflos vor Lachen lehnte sie an der Wand.

Die Zulu beäugte sie mit einem schlauen Ausdruck in ihren rotgeäderten Augen. »Und einen Hahn dazu.« Es war keine Frage, sondern eine Forderung. »Ich mag Eier.« Sie klopfte auf ihren umfangreichen Bauch.

»Meinetwegen auch zwei Hähne«, rief Benita und hatte jenes überwältigende Gefühl, mit dem sie überhaupt noch nicht umgehen konnte, jetzt endgültig zu Hause angekommen zu sein.

Ein Lächeln erhellte Nellys dunkles Gesicht. Sie breitete die Arme aus. »Eh, Benita Jikijiki, komm her, komm zu Umama Nelly … Lass mich das Wunder fühlen, dass du von den Ahnen zurückgekehrt bist …« Damit packte sie Benita mit kräftigem Griff bei den Schultern und zog sie an ihre gewaltige Brust, bis Benita nach Luft japsen musste.

Schließlich ließ Nelly sie frei, wischte sich über die nassen Augen, strich ihr geblümtes Kleid glatt und ging dann den Gang zur Küche hinunter, wobei sie alle paar Schritte einen kleinen Hüpfer machte, der schief geriet, weil ihr das rechte Knie wehtat. »Einen Stall voller Hühner«, sang sie vor sich hin, »und einen großen, kräftigen Hahn … hehe … Das gibt viele Eier …«

Benita lachte und schluchzte gleichzeitig, wusste nicht, wohin vor Glück. »Einen ganzen Stall voller Hühner und zwei Hähne … meine Güte …«

»Nelly, Nelly«, seufzte Jill und lachte auch. Ihr Ton machte deutlich, dass sie diesen Seufzer öfter tat.

Nils schmunzelte. »Na, das hätten wir dann ja auch geklärt. Bin gleich wieder da, muss nur noch duschen.« Er warf Jill einen Kuss zu und eilte dann an den beiden Frauen vorbei in den hinteren Teil des Hauses.

»In Ordnung, aber mach's kurz. Wasser ist knapp«, rief Jill ihm noch nach. »Ich bezweifle allerdings, dass es ihn daran hindern wird, wie üblich eine Dreiviertelstunde zu duschen«, bemerkte sie zu Benita, während sie flüchtig ihre Post durchging, die im Eingang auf dem Tisch lag. »Keine Mahnungen«, murmelte sie, lächelte aber, als sie Benitas erstaunten Blick auffing. »Es ist noch ein zu frisches Gefühl, nur Rechnungen und keine Mahnungen zu erhalten, als dass es bereits zur Routine geworden wäre. Die ersten paar Jahre sind beinhart gewesen, kann ich dir sagen, und die Nächte, die ich vor unbezahlten Rechnungen gesessen und versucht habe, sie so zurechtzurechnen, dass ich zumindest glauben konnte, es zu schaffen, Inqaba zu erhalten, liegen noch nicht sehr lange zurück.« Ihre Miene verdüsterte sich unvermittelt. »Obwohl diese Morde das alles wieder zunichtemachen könnten. Die meisten Gäste wollen vorzeitig abreisen … Es könnte sich zu einer Katastrophe für Inqaba ausweiten …« Sie stieß ein freudloses Lachen aus. »Aber ich bin ein Stehaufmännchen. Auch das wird vorbeigehen, irgendwie geht es weiter … muss es weitergehen«, setzte sie leise hinzu.

»Das Gedächtnis der Menschen für Katastrophen ist überraschend kurz«, versuchte Benita sie zu trösten. »Denk an die Tsunami in Südostasien. Kaum hat sich das Wasser zurückgezogen, sind schon wieder Touristen zwischen den Trümmern herumgelaufen. Selbst die gelegentliche Leiche, die am Strand angespült wurde, konnte sie offenbar nicht davon abhalten, dort ihren Urlaub zu genießen.«

»Hoffentlich hast du recht. Nun komm aber, wir holen deine Kiste.« Jill ging Benita voraus den Gang hinunter.

Benita folgte ihr langsam über die honigfarbenen Fliesen. Von dem langen Gang gingen die Türen zu den verschiedenen Räumen ab. An den Wänden hingen, von Spots beleuchtet, unzählige Bilder, meist alte Fotos der Familie, aber auch Zeichnungen und Ölbilder. Aufgeregt betrachtete Benita jedes einzelne. Vor einem verfleckten, bräunlich vergilbten Foto blieb sie stehen.

»Das ist Catherine Steinach, nicht wahr?«, rief sie Jill hinterher.

Jill, die eben einen Raum betreten wollte, drehte sich in der

Tür um. »Ja, unsere gemeinsame Ururgroßmutter. Sie muss eine Schönheit gewesen sein.«

Benita strich mit dem Zeigefinger über das Glas, das das alte Bild schützte. Die junge Frau darauf stand auf einer niedrigen Erhebung, der Wind blähte ihr helles Kleid, unter ihr lag das Land, das ihr Mann Johann Inqaba genannt hatte. Mit großen Augen schaute sie direkt in die Kamera. Sie lachte nicht, aber ihre Schönheit war augenfällig.

»Sie sieht dir sehr ähnlich. Sie muss eine außergewöhnliche Frau gewesen sein.«

Jill kam zurück. »Das war sie wohl. Ihr Leben liefert den Stoff für viele Legenden. Das hier«, sie zeigte auf die Zeichnung, die neben Catherines Foto hing, »das ist Johann, ihr Mann. Sie hat es gezeichnet. Er hatte diesen herrlichen Flecken Erde von Mpande, dem König der Zulus, als Geschenk dafür bekommen, dass er dessen Lieblingssohn das Leben gerettet hat, aber die Geschichte kennst du wohl. Leider ist das Papier so schlecht, dass ich Angst habe, dass es irgendwann zerfallen wird. Ich werde es einem guten Restaurator geben müssen.«

»Wenn du das tust, könnte ich dann eine Kopie bekommen? Ich bezahle sie natürlich.« Benita trat näher. Die Zeichnung zeigte einen Mann in Reithosen und Joppe, der in der Rechten ein Gewehr hielt. Sein Blick war in die Ferne gerichtet, seine Haltung drückte Mut und Stärke aus. »Was hat er dafür getan? Wie hat er dem Jungen das Leben gerettet?«

»Er hat den Leoparden getötet, der dabei war, den Jungen zum Frühstück zu verschlingen. Es muss ein Meisterschuss gewesen sein.«

Sachte ließ Benita die Fingerspitzen auf dem Bilderrahmen ruhen. »Ich bin stolz auf das, was ich von ihnen geerbt habe«, flüsterte sie und fühlte die Kraft, die sie unvermittelt durchströmte, wurde von dem außergewöhnlichen Gefühl erfasst, dass ihr Wurzeln wuchsen und sich unlösbar fest im Boden unter ihr verankerten. »Ich bin so froh, wieder zu Hause zu sein«, setzte sie leise hinzu.

Jill warf ihr aus den Augenwinkeln einen Blick zu. »Wirst du bleiben?«

»Du meinst, ob ich ganz zurück nach Südafrika komme?« Noch vor zwei Tagen wäre ihre Antwort auf diese Frage ein klares, festes und sehr schnelles Nein gewesen, aber jetzt zögerte sie. »Ich weiß es nicht. Es ist noch zu früh. Vorerst bleibe ich die zwei Wochen, um … um etwas herauszufinden.« Noch konnte sie über die Sache mit den tönernen Flusspferdchen nicht sprechen.

»Mami! Wo ist mein Hahn?«, erschallte Kiras helles Stimmchen. Sie fegte wie ein Wirbelwind von draußen herein, erblickte Benita und blieb stehen. »Oh, hallo, guten Morgen. Wie heißt du?«

Benita lächelte ihre Nichte an. »Benita. Hallo, Kira.«

Die Kleine sah sie an. »Gehörst du zu uns?«

»Ja … ja, ich glaube schon …«, stotterte Benita erstaunt.

»Sie ist deine Tante«, warf Jill ein.

Kira musterte sie eingehend. »Wie Tante Irma?«

»Wie Tante Irma«, bestätigte Jill lächelnd.

Kira strahlte Benita an. »Prima, ich mag Tanten. Weißt du, wo mein Hahn ist?«

»Hoffentlich auf dem Weg in den Suppentopf«, raunte Jill ihrer Cousine zu und lächelte. »Keine Ahnung, mein Schatz«, sagte sie laut. »Vielleicht ist er wieder dahin gegangen, wo er zu Hause ist.«

Benita streichelte der Kleinen über den seidenweichen Haarschopf, der wie poliertes Ebenholz glänzte, wie das Haar ihrer Mutter. »Ich kann dir sagen, wo dein Hahn ist. Er hat es sich in einem Baum auf der Veranda des Empfangshauses bequem gemacht und klaut den Gästen die Brotkrumen vom Tisch.«

»Da gibt es Schlangen«, kreischte Kira und hüpfte auf und ab. »Die werden ihn fressen … Mami, du hast versprochen, dass Musa ihm eine eigene Hütte macht! Oder kann er in meinem Zimmer schlafen?«

»Ganz bestimmt nicht!« Jill seufzte und verdrehte die Augen. »Lauf zu den Ställen und bitte Musa darum. Ich habe vergessen, es ihm zu sagen. – Kinder!«, murmelte sie und schaute ihrer Tochter liebevoll nach, die, gefolgt von Luca und Dumisani, über den Hof rannte. »Hat euch das vermaledeite Federvieh auch geweckt?«

»Aber sicher.« Benita lachte. »Aber das macht nichts. Deine Kinder sind hinreißend. Alles andere ist nebensächlich. Ich beneide dich …« Sie hielt verwirrt inne. Auf einmal wurde ihr klar, dass sie das wirklich meinte, dass sie sich danach sehnte, so ein kleines, warmes Wesen im Arm zu halten und sagen zu können: »Das ist mein Kind.«

Dieses Gefühl war ihr völlig neu.

»Nach Christinas Tod habe ich geglaubt, keine Kinder mehr bekommen zu können … Es ist ein Wunder … immer noch.« Jills Augen glänzten verräterisch. »Bist du … ich meine, hast du jemanden …?« Sie beendete den Satz mit einer Handbewegung.

Benita versuchte, sich Henrys Gesicht vorzustellen, aber es wollte ihr nicht gelingen. Es blieb undeutlich, und immer wieder schob sich ungebeten das von Roderick darüber. Es machte sie ärgerlich. Unwirsch wehrte sie ab. »Nein, ich bin frei und ungebunden. Niemand in Sicht.«

»Tatsächlich?« Ein kleines Lächeln spielte um Jills Lippen, ihre blauen Augen funkelten. »Wenn ich an Sir Roderick denke, hätte ich das so nicht eingeschätzt.«

Um Jill von diesem Thema abzulenken, griff Benita nach einer Fotografie von Nils. Breitbeinig, Hände in den Hosentaschen vergraben, stand er vor der Kamera und lachte den Betrachter an. Seine blauen Augen glänzten vor Lebensfreude.

»Luca und er sehen sich wirklich ähnlich«, sagte sie. »Dein Mann ist sehr nett, wenn auch gelegentlich etwas ruppig. Welchen Beruf hat er?«

Jills Gesicht leuchtete auf. »Er ist Fernsehreporter. Ursprünglich ist er nach Inqaba gekommen, um einen Film über das neue Südafrika zu drehen. Da hat es zwischen uns gefunkt, und er ist geblieben.« Sie nahm ihr das Foto aus der Hand und hängte es zurück an seinen Platz zwischen den Bildern von Kira und Luca, wo sie es liebevoll ausrichtete.

Benita warf ihr einen schnellen Blick zu. Ihre Cousine wirkte wie eine satte, zufriedene Katze, die sich schnurrend das Fell leckte, und sie fragte sich irritiert, warum sie das so verdross. Das Verheiratetsein musste etwas damit zu tun haben. Diese Aura von satter Selbstzufriedenheit hatte sie auch bei einigen ihrer Freundinnen wahrgenommen, kaum dass sie den Ring am Finger hatten. Ungeduldig wechselte sie erneut das Thema. »Ich hätte da übrigens eine Bitte. Kann ich mir für den Nachmittag dein Auto leihen? Ich … ich will nach Mtubatuba, alte Erinnerungen auffrischen.«

Jill warf ihr einen scharfen Blick zu. Etwas in Benitas Stimme sagte ihr, dass sie nicht die ganze Wahrheit sagte. »Du willst doch nicht etwa allein zu deinem Haus fahren?«

»Bin doch nicht blöd«, fauchte Benita heftiger als beabsichtigt. Es machte sie wütend, dass offenbar jeder darauf bedacht war, sie in Watte zu packen. Langsam bekam sie Atembeschwerden, so eingeengt fühlte sie sich!

Zweifelnd nagte Jill an ihrer Unterlippe. »Selbstverständlich kannst du mein Auto haben, aber ich kann dich nur davor warnen, dich allein mit den Kerlen anzulegen, die sich illegal in deinem Haus eingenistet haben. Es sind üble Genossen.«

Benita verschränkte kämpferisch die Arme vor der Brust. »Jill, ich bin zweiunddreißig Jahre alt, höchst erfolgreich in einem Beruf, den man nur als Kampf im Haifischbecken beschreiben kann, also absolut imstande, selbst auf mich aufzupassen. Ich habe gelernt, mit den großen Jungs zu spielen. Ich brauche keinen Wachhund.«

Jill quittierte das Ganze mit einem verständnisvollen Nicken, hörte das Echo ihrer eigenen Worte, aber der Zweifel stand ihr noch immer ins Gesicht geschrieben. »Bei diesen Leuten schon, glaub mir das. Denen ist ein Menschenleben nicht viel wert.«

Benita schwieg und starrte sie rebellisch an.

Schließlich hob Jill die Schultern. »Aber, na gut, du musst wissen, was du tust, und in gewisser Weise kann ich dich verstehen. Würde man versuchen, mich einzusperren, würde ich auch jede Mauer eintreten. Muss was Genetisches sein. Catherine soll so gewesen sein.« Sie kicherte und langte in ihre Hosentasche. »Hier hast du den Schlüssel. Es ist der Geländewagen, der bei den Ställen steht. Nur zu deiner Information: Im Handschuhfach liegt eine Sprühdose mit K.-o.-Gas. Falls dir jemand näher kommt, als dir angenehm ist.« Sie wurde ernst. »Benita, mach jetzt keinen Mist, hörst du? Hier ist nicht Europa. Das solltest du nie vergessen. Außerdem kannst du die Farm nicht verlassen, ohne Captain Singh um Erlaubnis zu fragen.«

Benita nickte. Ihrer Miene war nicht anzusehen, was sie dachte. Kommentarlos nahm sie den Schlüssel und steckte ihn ein. »Kann ich jetzt die Kiste sehen? Nur ganz kurz, um zu wissen, was drin ist. Ich werde sie mir genauer anschauen, wenn ich wieder zurück bin. Und ja, ja, ich werde vor achtzehn Uhr durch dein Tor fahren. Versprochen.« Sie wollte jetzt nur noch weg.

»Komm mit, die Kiste ist im Geschichtenzimmer.« Jill ging über den Flur, öffnete eine Tür und trat ein.

Benita folgte ihr aufgeregt. Das Geschichtenzimmer! Die Sonnenstrahlen, die durch die hohe Glastür fielen, die zur Veranda führte, malten Goldkringel auf den dunklen Holzboden, und der Geruch, der ihr entgegenschlug – der Honigduft des Bienenwachses, mit dem die Holzdielen poliert waren, vermischt mit dem modrigen Geruch der alten Bücher, die in der Luftfeuchtigkeit Schimmel angesetzt hatten –, trug sie wie auf einer Wolke zurück in glückliche Tage ihrer Kindheit.

Versonnen ließ sie den Blick im Raum umherwandern. Stunden hatte sie hier mit ihrem Vater verbracht, hatte mit stummem Staunen die Bilder betrachtet, die dicht an dicht die eine Wand bedeckten, hatte sich in der Welt verloren, die sie zeigten. Jede Person auf den sepiabraunen Fotos kannte ihr Vater mit Namen, erzählte von ihrer Zeit, als das Land noch wild war und das Leben hart, als ihre Vorfahren dem Kontinent jeden Zentimeter Land abringen mussten. Sogar ein Bild von John Dunn hatte dort gehangen. Sie ließ die Augen über die Wand fliegen und fand es zu ihrer stillen Freude hoch oben in der ersten Reihe.

Ihr Vater hatte ihr erlaubt, sich Bücher aus den Regalen zu nehmen, die die Wände bis zur Decke bedeckten, und sie hatte sich dann in die offene Glastür gesetzt, voller Staunen die knisternden Seiten gewendet und die Wunder darin in sich aufgenommen. Dann versank die Welt hinter den Hügeln Inqabas, sie wurde Teil der Märchen und Abenteuer. In diesem Zimmer stand die Zeit still, und der Rest der Welt mit seinem täglichen Grauen blieb draußen. Es war ein Ort der Zuflucht. Johann Steinach musste das gespürt haben, als er seinem Land den Namen Inqaba gab und dann sein Haus um diesen Raum gebaut hatte. Sie konnte sich nicht erinnern, jemals glücklicher gewesen zu sein als hier.

Über ihr huschte ein Gecko lachend durchs Regal, in den Sonnenstrahlen tanzte goldener Staub. »Das Herz Inqabas«, flüsterte sie.

Jill warf ihr einen erstaunten Blick zu. Auch für sie war das Geschichtenzimmer immer das Herz des Hauses gewesen. Dass Benita ebenso empfand, überraschte sie. Sie gestand sich ein, dass sie Benita jetzt zum ersten Mal wirklich als Familienmitglied sah. Ihre Cousine trug das Erbe von Catherine und Johann in sich, genau wie sie und ihre Kinder.

Sie räusperte sich etwas verlegen und zeigte auf eine rechteckige Kiste, die auf dem Boden vor dem Regal stand. Kiste war vielleicht nicht der richtige Ausdruck. Es war eine kleine, perfekt geschreinerte Truhe aus glänzend rotblondem Holz mit kunstvollen Intarsien, die Blütenranken, Vögel und Schmetterlinge darstellten. Das Schlüsselloch war mit rotem Siegellack verschlossen. »Da ist deine Kiste. Du wirst sie aufbrechen müssen. Ich weiß nicht, wie wir das Siegel entfernen können, ohne sie zu beschädigen, und außerdem habe ich keinen Schlüssel.«

Aber Benita war geschickt. Mit einem scharfen Messer entfernte sie das Siegel in einem Stück, und nachdem sie die letzten Reste vom Holz gekratzt hatte, hebelte sie mit dem kräftigen Messerrücken sehr behutsam den Deckel hoch, bis sie den Dorn des Schlosses beiseitedrücken und den Deckel anheben konnte. »Er war gar nicht verschlossen«, murmelte sie und schaute ins Innere.

Soweit sie erkennen konnte, enthielt die Truhe nur Papiere, und ein kurzer Blick auf ihre Uhr sagte ihr, dass ihr jetzt keine Zeit blieb, sie alle durchzusehen.

»Es sind Briefe, irgendwelche offiziellen Papiere, ein Buch, ziemlich alt, glaub ich, von Termiten angefressen ...« Sie blätterte sie mit dem Daumen durch. »Die Geschichte einer Familie Alvaro de Vila Flor ... nie gehört ... Kennst du die?«

Als Jill stumm den Kopf schüttelte, legte Benita das Buch beiseite und hob ein Heft mit einem offensichtlich selbst gemachten Einband aus Leinen heraus, der sich schon aufzulösen schien. »Catherines Kräuterbuch«, las sie leise und wendete die Seiten vorsichtig um. Das Heft enthielt erstaunlich naturgetreue Zeichnungen verschiedener Pflanzen, die von Texten in einer schwungvollen Schrift eingerahmt wurden. Sie legte es zurück. »Ich werde mir alles nachher in Ruhe ansehen.« Sorgfältig packte sie auch das Buch und die Papiere wieder in die Truhe und klappte den Deckel zu. »Ich nehme sie mit, wenn ich zurück bin, ist das in Ordnung?«

»Natürlich. Und ich kann dich nur noch einmal warnen: Fahr nicht allein zu dem Haus.«

»Ach, ich wüsste ja nicht einmal den Weg, das ist viel zu lange her«, log Benita, unterdrückte den Impuls, ihrer Irritation über die ewige Fürsorge nachzugeben und laut zu werden. »Bis später dann.«

Sie hob die Hand zum Gruß, verließ das Zimmer schleunigst durch die Glastür und lief über die Veranda hinüber zum Empfangshaus. Captain Singh war nicht mehr anwesend, nur ein misstrauisch dreinschauender Inspector Cele.

»Ich wollte Ihnen nur mitteilen, dass ich für ein paar Stunden die Farm verlassen werde.«

Das großflächige braune Gesicht des Polizisten war ohne Ausdruck. »Sie haben uns nichts mitzuteilen, Miss – es ist an uns, Ihnen Erlaubnis zu geben«, fuhr er sie an.

Ihr stieg die Röte ins Gesicht. Sie hätte sich dafür ohrfeigen konnten, dass sie so wenig Einfühlungsvermögen bei ihrem Anliegen gezeigt und nicht daran gedacht hatte, wie empfindlich das Selbstbewusstsein der Hiesigen sein konnte.

»Verzeihen Sie, Inspector, dass ich anmaßend war. Natürlich wollte ich Sie erst um Erlaubnis fragen. Ich habe mich nur ungeschickt ausgedrückt, und da Doktor Erasmus von Bungalow drei vorhin ebenfalls die Farm verlassen hat, war ich davon ausgegangen, dass es kein Problem geben würde.«

Der Inspector kommentierte die Entschuldigung mit einem Knurren. »Wohin wollen Sie fahren?«, fragte er dann.

Benita hatte nicht die geringste Absicht, ihm die Wahrheit aufzutischen. »Das weiß ich nicht so genau. Ich möchte mir nur die Gegend ansehen, vielleicht ins Hluhluwe-Umfolozi-Wildreservat fahren. Das soll doch eins der schönsten Wildreservate der Welt sein, nicht wahr?«

Den zuckertriefenden Köder schluckte der Inspector sofort. »Hm«, machte er wieder und strich sich übers Kinn. Seine Hände waren riesig, die Fingernägel zeigten schwarze Trauerränder, und die Schwielen auf der Handfläche erzählten ihr die Geschichte, dass Inspector Cele in seiner freien Zeit wohl auf dem Feld arbeitete. Bedächtig zog er sein Mobiltelefon hervor und drückte eine Taste. Er wendete sich ab, während er leise hineinsprach. »In Ordnung, Captain«, sagte er zum Schluss und klappte das Telefon zu.

»Sie müssen heute Abend rechtzeitig wieder auf Inqaba sein, bevor die Tore schließen. Ist das klar?« Er schob sein Kinn vor und fixierte sie streng.

»Selbstverständlich, Inspector. Herzlichen Dank!« Damit machte sie schleunigst, dass sie wegkam. Im Laufschritt lief sie zu Jills Haus und dort die Treppe zur Veranda hinauf. Wenn ihr Gedächtnis sie nicht trog, gab es auf der anderen Seite eine Treppe, die eine Abkürzung zu den Ställen war.

Die Treppe war noch da, und sie stellte erfreut fest, dass sich hier auch sonst nichts geändert hatte. Unterhalb der Veranda schützte die dichte Amatunguluhecke das Haus mit ihren zentimeterlangen Dornen vor Eindringlingen. Der intensive Jasminduft ihrer schneeweißen Blütensterne, der Benita entgegenfächelte, weckte heftige Erinnerungen. Über das Geländer schäumten Kaskaden von Bougainvilleen, und auf dem Sonnendach aus Bambusstangen, das die Westseite beschattete, glühten die orangeroten Blütentrauben des Flammenweins. Nur der grüngelb blühende Natal-Mahagoni, der neben der Treppe auf die Veranda ragte, war ein einheimischer Baum. Der Vernichtungswut der Puristen hatte Jill offenbar hier Einhalt geboten.

Eilig überquerte sie den Hof und überlegte dabei, wo diese Leute die Zeitgrenze ziehen wollten, um zu entscheiden, welche Pflanze einheimisch und welche eingewandert war. Um 1850, als der erste große Schwung Einwanderer aus der alten Welt kam und die Samen allerlei Pflanzen mitbrachte? Oder früher, irgendwann im 17. Jahrhundert nach Ankunft der großen Handelsschiffe, oder vielleicht doch noch viel, viel früher, als das erste Schiff an diesen Küsten gestrandet war und seine Spuren nicht nur in der Pflanzenwelt hinterlassen hatte, sondern mit Sicherheit auch im Blut der wenigen Menschen, die damals in diesem paradiesischen

Land lebten? Wollten sie auch alle Pflanzen ausrotten, deren Samen irgendwo auf der Welt ins Meer gefallen und hier an den Strand gespült worden waren? Wie oft hatte sie Kokosnüsse am Saum des Wassers oder zwischen den Felsen des Riffs gefunden. Sie zuckte unbewusst die Schultern. Fanatiker waren ihr auf jedem Gebiet unheimlich.

Der Geländewagen stand an dem Ort, den Jill angegeben hatte. Sie schaute sich kurz um, ob sie unbeobachtet war, und zog sich dann hinter den Ställen blitzschnell ihre Jeans und Laufschuhe an. Die Bermudas und Sandalen stopfte sie in die Tasche und warf sie dann auf den Rücksitz, stieg ein und startete den Motor. Langsam fuhr sie vom Hof, über die lange Sandstraße bis zum Tor, wartete, bis der Wächter die Schranke öffnete, grüßte und lenkte das Auto schließlich nach Osten, zum Meer hin.

17

Benita hatte keinerlei Anpassungsschwierigkeiten an den Verkehr, da in Südafrika wie in England Linksverkehr herrschte. Die Straße war von Schlaglöchern durchsetzt, sie musste sehr aufpassen und kam nur langsam vorwärts. Außerdem bereiteten ihr die Scharen von Ziegen und Kühen, die die Straßen bevölkerten, Probleme.

»Hau ab!«, schrie sie einen besonders stur dreinschauenden Ochsen an, der mitten auf der Straße stand und sich nicht rührte, obwohl sie die Hand auf die Hupe gepresst hielt. Sie stieg aus und marschierte entschlossen auf das Tier zu. Der Ochse senkte die Hörner. Benita blieb stehen. Am Straßenrand schaute eine Gruppe Jungen dem Treiben interessiert zu. Großspurig standen sie da, einige rauchten, manche kauten auf Zuckerrohrstängeln, die Kleinsten lutschten am Daumen. Mehrere der größeren Jungen trugen Schuluniform.

»Gehört der euch?«

Als Antwort erntete sie vielstimmiges Gelächter und ein paar rüde Bemerkungen. Sie unterdrückte ein Lächeln. Es war die Fortsetzung der Nummer mit den Sperrholzziegen.

»Nun«, sagte sie dann laut wie zu sich selbst, während sie zurück zu ihrem Wagen schlenderte, »derjenige, der dieses Rind von der Straße schafft, könnte sich fünf Rand verdienen ... Allerdings sehe ich hier nur Kinder, die Angst vor einer jämmerlichen Kuh haben ...«

Weiter kam sie nicht. Zwanzig Hände zerrten den lammfrommen Ochsen von der Straße, zwanzig Hände, die rosa Handflächen nach oben, streckten sich ihr hin, Stimmen schrien durcheinander, große, hungrige Augen bettelten, aber keiner wurde aggressiv. Keiner hob einen Stein.

Brennendes Mitleid stieg in Benita hoch, und sie fühlte sich in einer Zwickmühle gefangen. Gab sie den Kindern Geld, lernten die, dass es leichter war, auf diese Weise an Geld zu kommen, als in der Schule einen zukünftigen Beruf zu erlernen. Der Ochse würde bald wieder mitten auf der Straße auf den nächsten Autofahrer warten. Und es würde nicht lange dauern, und einer der Jungen würde eine Waffe benutzen, um seine Forderungen durchzusetzen. Sie umkrampfte das Steuerrad, versuchte, diesen traurigen, bettelnden Augen auszuweichen.

»Verdammt, verdammt, verdammt«, fluchte sie leise und suchte fünf Rand in kleineren Münzen aus ihrer Geldbörse. Obwohl sie wusste, dass sie ausgetrickst worden war, wusste, dass es falsch war, drehte sie die Scheibe herunter und verteilte das Geld. Sie warf es ihnen nicht hin, sie drückte die Münzen in die kleinen Hände, die sich ihr unter vielstimmigen Kreischen hinstreckten. Einige der Kinder bedankten sich, und gleich darauf erhielt sie freie Fahrt. Sie trat so heftig aufs Gas, dass die Räder durchdrehten.

Nach mehreren Kilometern drosselte sie die Geschwindigkeit und hielt schließlich an. Sie stieg aus, warf die Tür zu und ging auf einen flachen Felsvorsprung zu. Hier, hinter der Bodenwelle, versteckt durch Buschwerk, musste der Zugang zu dem Grundstück sein, und eigentlich sollte hier der Umiyane-Fluss fließen, aber sie konnte kein Wasser entdecken. Eine schlammige Flussrinne zwar, aber keinen Fluss.

Merkwürdig, dachte sie, erinnerte sich jedoch dann daran, dass er weiter westlich bei der Brücke seinen Lauf verändert hatte. Sie folgte einem steinigen Sandpfad, der sich durch hohes Gras und lichtes Gebüsch wand. Schließlich erreichte sie den Rand eines wogenden Grasfeldes. Es war heiß und still, und alle Tiere schienen sich in den kühlenden Schatten zurückgezogen zu haben.

Kein Vogel war zu sehen, kein Laut drang Benita an die Ohren. Mitten am Tag herrschte leblose Stille. Zu ihrer Rechten wuchsen entlang des alten Flussbetts niedrige Palmen. Ihre vertrockneten, toten Wedel raschelten im Hitzewind. Offenbar bekamen ihre Wurzeln kein Wasser mehr, seit sie der Fluss verlassen hatte.

Benita drehte sich einmal um die eigene Achse und suchte die Gegend ab, konnte aber nirgends das Haus entdecken. Eigentlich musste es rechts von ihr liegen. Es sei denn, überlegte sie, sie befand sich auf dem falschen Grundstück – dort, wo das Haus hätte stehen sollten, wuchs jetzt nur ein alter Natalfeigenbaum aus dem Buschgewirr hervor.

Etwas jedoch an diesem Baum erregte ihre Aufmerksamkeit, und sie schaute genauer hin. Dann wurde ihr klar, was sie vor sich hatte.

»Heiliger Strohsack, der Baum frisst ja mein Haus auf!«, rief sie laut, obwohl niemand da war, der sie hätte hören können.

Der Anblick war einfach zu grotesk. Mit Wurzeln wie dicke hellgraue Schlangen hatte der Feigenbaum ihr Haus im Würgegriff. Den Flammenbaum, der einst neben dem Haus stand, hatte die Feige offenbar seit Langem umgebracht. Von ihm war nichts als der Hohlraum zwischen den mörderischen Schlingwurzeln übrig. In den oberschenkeldicken Zweigen, die schwer auf dem Hausdach lasteten, das längst kein Ried mehr deckte, sondern rostiges Wellblech, machte Benita zwei schattige Gestalten aus.

Sie kniff die Augen zusammen, konnte aber dennoch nichts genau erkennen. Die grelle Sonne blendete sie. Zwei große Tiere vielleicht. Leoparden waren es nicht, möglicherweise waren es zwei in den Zweigen hockende Geier oder Paviane.

In diesem Moment bewegten sich die Gestalten und wurden zu Menschen. Sie sprangen auf den Boden und kamen auf sie zu. Es waren zwei Männer mit schwarzer Haut, und an der Seite des größeren der beiden sah sie etwas aufblitzen. Erschrocken erkannte sie, dass er ein Messer trug, und spürte, wie sie heftig zu zittern anfing. Immer schon hatte sie diese panische Angst vor Messern gehabt, von frühester Kindheit an. Selbst wenn heutzutage Kate neben ihr in der Küche mit einem großen Messer hantierte, war ihr immer unbehaglich zumute.

Die Hände in den Gürtelbund gehakt, das Kinn gehoben, schlenderten die Männer auf sie zu. Ihre Haltung war eine einzige Provokation. Der Größere warf sein Messer im Takt seiner Schritte hoch und fing es wieder auf.

Statt so schnell ihre Füße sie trugen, zurück zum Wagen zu rennen und im Höchsttempo davonzufahren, blieb Benita stehen, ganz ruhig, und sah ihnen entgegen, obwohl ihr das Herz schmerzhaft gegen die Rippen hämmerte.

»Nicht wegschauen, nicht blinzeln, lächle, aber nur leicht. Das verunsichert sie. Das ist die richtige Art zu bluffen.« Adrians Stimme!

Als er ihr das geraten hatte, war nur ein ganz und gar unblutiges Pokerspiel gemeint gewesen. Sie unterdrückte ihr Zittern und bewegte sich um keinen Millimeter. Jetzt waren die Männer auf zwanzig Meter herangekommen. Sie sahen aus, wie Hollywood schwarze Gangster charakterisieren würde. Muskulös waren sie beide, der eine ein Klotz von einem Mann mit einem schmutzigen Lappen als Schweißband um den Kopf. Beide trugen zerlumpte Hemden, aber brandneue Hosen und Schuhe. Es waren teure Oxfordschuhe, wie sie erkannte. Adrian trug auch solche.

Geklaut, urteilte sie und verstand nicht, warum zum Teufel sie sich nicht auf der Stelle schnellstens davonmachte. Stattdessen blieb sie weiter stehen, als hätte sie Wurzeln geschlagen. Es war Umamas Haus gewesen, jetzt war es ihres. Die Kerle hatten kein Recht, hier zu sein, und sie hatte fest vor, sie zur Rede zu stellen. Sie umklammerte ihre beiden Imvubus in der Hosentasche. »Helft mir«, flüsterte sie.

»He, weiße Schlampe, was willst du hier?«, schrie der Große.

Das Wort fegte alle Angst beiseite, zündete blitzartig einen

Wutfunken in ihr. Sie holte tief Luft. »Ich bin nicht weiß«, schrie sie hitzig.

Im selben Augenblick hätte sie sich am liebsten geohrfeigt. Es klang, als würde sie sich vor diesen Gangstern rechtfertigen, und das war das Letzte, was sie beabsichtigte.

Der Große ließ in aufreizender Manier seinen Blick über ihre Gestalt laufen und taxierte sie wie ein Käufer ein Stück Vieh. »Du bist reich, und schwarz bist du nicht, also gehörst du zu denen, nicht zu uns …«

Benita schnappte nach Luft. Da stand sie wieder wie das kleine Mädchen da, das sie einmal gewesen war. Mitten im Niemandsland, gehörte weder hierhin noch dorthin. Aber im Gegensatz zu damals schoss nun ein leidenschaftlicher Widerstand gegen diese Ausgrenzung wie eine Stichflamme in ihr hoch. Herausfordernd stemmte sie die Arme in die Hüften. »Das ist mein Land und mein Haus. Was tut ihr hier? Ihr habt hier nichts zu suchen.«

Angriff sei die beste Verteidigung, predigte Adrian immer. Jedenfalls beim Kartenspiel, dachte sie. Der Große hielt das Messer noch in der Hand, aus dem Gürtel des anderen ragte griffbereit ein Pistolenknauf. Sie schluckte krampfhaft, ließ sich aber nichts anmerken.

Die beiden Männer warfen den Kopf zurück und brüllten vor Lachen. Das Geräusch erinnerte sie an das Röhren der Löwen. »Dein Land? Hier ist Zululand, das Land gehört uns, den Zulus … Hoho … Du bist keine Zulu, du gehörst nicht hierher …« Sie hielten sich die Seiten.

Obwohl alles in ihr danach schrie zu fliehen, zwang sie sich zu warten, bis das Gelächter verstummte. »Das Land gehörte meiner Mutter. Meine Mutter ist tot, also gehört es jetzt mir. So steht es im Kataster. Ich will mein Haus sehen. Jetzt, sofort!« Es war ihr schleierhaft, woher sie den Mut für diese Worte genommen hatte, aber sie schienen eine gewisse Wirkung auf ihre Kontrahenten zu haben.

Die beiden Gangster waren stehen geblieben und diskutierten leise miteinander, der kleinere fuchtelte mit den Händen und redete auf den großen ein. Der hörte sich nur kurz an, was der andere zu sagen hatte, dann schob er ihn beiseite. Die Hand auf sein Messer gelegt, kam er auf sie zu.

Benita stand noch immer wie gelähmt da. Ihr Herz tat einen Satz, dass ihr die Luft wegblieb, und verfiel in Galopp. Es war zu spät, um zu fliehen. Sie hatte ihre Chance vertan. Der Vergleich mit der Schlange und dem Kaninchen fiel ihr ein. Sie hatte die Reaktion des Kaninchens nie nachvollziehen können, konnte nicht begreifen, warum es nicht einfach wegrannte, obwohl es doch viel schneller war als eine Schlange. Jetzt wusste sie es. Es konnte sich einfach nicht mehr bewegen.

»Wer war deine Mutter, he? Eine Zulu, etwa?«, höhnte der Gangster.

»So ist es. Der Name meiner Mutter ist …« Sie unterbrach sich, weil die Züge des Kerls sich plötzlich verkrampften. Ein Stöhnen unterdrückend, presste er ein verdrecktes Tuch auf seine rechte Schulter. Es färbte sich auf der Stelle rot.

Benita starrte auf den roten Fleck. Der Mann war offensichtlich verletzt. Instinktiv machte sie einen Schritt auf ihn zu. »Lassen Sie mich das ansehen«, flüsterte sie und streckte eine Hand aus.

Der Mann wich zurück, der andere legte seine Hand auf den Pistolenknauf. Der verletzte Mann hielt sie mit seinem schwarzen Blick im Bann und rührte sich nicht mehr. Nur der Blutfleck auf seiner Schulter breitete sich schnell aus.

Vilikazi klopfte an Linnies Tür. »Bist du okay?«

Als Antwort hörte er ein ungeduldiges Grunzen.

»Mach auf, Linnie, ich habe keine Lust, mit dir durch die Tür zu reden.«

»Sie ist offen!«, kam die unwirsche Antwort.

Er drückte die Klinke nieder und trat ein. Linnie kauerte mit angezogenen Beinen auf einem der Korbsessel ihrer gemeinsamen Veranda. Dadurch dass die schwarze Burka ihre Gestalt vollständig verhüllte, ähnelte sie einem großen schwarzen Vogel. Ihre Augen funkelten ihn durchs Gesichtsgitter an. »Ich hab Hunger. Seit dem Krankenhausfrühstück habe ich keinen Bissen mehr gegessen.«

»Selbst schuld. Ich hab gesehen, dass du den Porridge hast stehen lassen.«

Innerlich atmete er auf. Linnies grantige Art war der beste Beweis, dass es ihr wirklich besser ging. Er marschierte hinüber zum Tisch und griff nach dem Telefon.

»Was willst du haben? Eier? Steak? Oder willst du unten auf der Veranda essen? Dich einmal von vorn bis hinten bedienen lassen?«

»Natürlich nicht.« Sie legte den Kopf schief. »Spiegeleier mit Speck«, sagte sie verlangend. »So lange schon träume ich von Spiegeleiern mit Speck, Bratkartoffeln, gebackenen Bohnen in Tomatensoße und hinterher irgendetwas Süßem, Ungesundem.«

Vilikazi wählte schmunzelnd die Zimmerservicenummer und gab die Bestellung weiter. »Nein, das ist nicht nötig, danke«, sagte er ins Telefon, legte auf und drehte sich zu Linnie um. »Kommt in einer halben Stunde. Ich bin übrigens gefragt worden, ob wir unsere Speisen halal wünschen. Deine Verkleidung ist offenbar perfekt.«

»Wann gehen wir zu ihm?« Linnie hatte den Kopf abgewendet und schaute hinunter auf die Gäste. Ihre Zimmer lagen im Empfangshaus oberhalb der Veranda. »Ich glaube, ich habe ihn vorhin gesehen. Nur seitlich von hinten, aber er war genauso groß, er hat sich genauso bewegt, und er hatte genau die gleiche gottverdammte arrogante Kopfhaltung.« Sie schwieg und atmete schwer. »Ist er jetzt irgendwo da unten? Ich will endlich sein Gesicht sehen.«

»Nein, er ist nicht da. Ich habe vorsichtig nachgefragt und erfahren, dass er wohl erst heute Abend wiederkommt, allerdings später, nachdem die Tore geschlossen sind. Sobald er wieder da ist, werden wir ihn besuchen, aber erst, wenn alles schläft. Die Dunkelheit wird uns Schutz geben. Keiner wird uns sehen. Keiner darf uns sehen.«

»Gut«, flüsterte Linnie. »Das ist gut. Ich will, dass es endlich vorbei ist. Für immer.«

Gloria rauschte in der ihr eigenen besitzergreifenden Art auf die Veranda. Außer Roderick und Neil saßen nur noch zwei weitere Gäste dort. Die, die nicht abgereist waren, hatten sich in der Mittagshitze entweder in ihre Bungalows oder an den Pool zurückgezogen.

»Bekomme ich noch etwas zu essen?« Die Anwältin gähnte und zerdrückte eine Mücke auf ihrem Arm. »Ich möchte eine Suppe, einen Salat, Mineralwasser und danach einen Kaffee, der so stark ist, dass der Löffel drin stehen bleibt.«

Roderick hob den Arm, um Thabili, die an der Bar lehnte, herbeizurufen.

»Kein Problem«, sagte Thabili, als er die Bestellung aufgab. »Kommt sofort.«

»Wenigstens das klappt«, murmelte Gloria. Sie kramte in ihrer Tasche, holte die Zigarettenschachtel hervor und klopfte eine Zigarette heraus. Beide Männer lehnten sich vor, um ihr Feuer zu geben. Sie ließ den Rauch durch ihre Nase hinausströmen und machte eine schnelle Bestandsaufnahme von dem Mann, der neben Roderick saß. »Ich glaube nicht, dass wir schon das Vergnügen hatten? Sind Sie Gast hier?«

»Entschuldige.« Roderick machte eine Handbewegung. »Das ist Neil Robertson, einer der bekanntesten Journalisten Südafrikas und ein Freund von Adrian Forrester. Gloria Pryce, die Justiziarin unserer Bank.«

Gloria lächelte Neil an. »Sind Sie Zeitungs- oder Fernsehjournalist?«

Sie unterhielten sich einige Zeit angeregt über das Mediengewerbe und die Politik, bis Thabili mit Glorias Essen kam.

»Guten Appetit, Ma'am.« Thabilis rundes Gesicht strahlte, als ihr Gloria einen Zehnrandschein in die Hand schob. »Danke, Ma'am.« Sie schenkte Neil und Roderick Wein nach und entfernte sich dann wieder.

Gloria drückte ihre Zigarette aus und machte sich hungrig über die Suppe her. Zu guter Letzt brach sie ein Stück frisches Brot ab und wischte den Teller aus. »Kochen können die hier, das muss man denen lassen. Übrigens, Doktor Erasmus ist offenbar nach Umhlanga gefahren und hat seine Wachhunde und den niedlichen Jungen mitgenommen. Wann haben wir unseren Termin doch gleich?«

»Übermorgen um zehn Uhr. Er kommt morgen Abend erst so spät wieder, dass es keinen Zweck hat, auf ihn zu warten, sagte er.«

»Richtig. Also, man sollte meinen, wir wollen etwas von ihm, so wie der uns behandelt. Kreditbewerber treten sonst anders auf.«

»Nun, seine Gründe waren einleuchtend. Nach dem Mord an seinem Ingenieur muss er wohl nach Umhlanga und nach dem Rechten sehen. Schließlich ist er der Boss.«

»Hm«, murrte Gloria. »Wo ist eigentlich Benita? Schwimmen?« Sie schaute sich suchend um.

Roderick schüttelte den Kopf. »Nein, sie ist bei ihrer Cousine in deren Privathaus. Sie haben viel zu bereden, schließlich haben sie sich seit achtzehn Jahren nicht mehr gesehen.«

Gloria lehnte sich in ihrem Stuhl zurück und spähte hinüber zu Jills Haus. »Da kommt Jill, aber Benita ist nicht bei ihr.«

Roderick drehte sich um. »Vielleicht ist sie im Haus geblieben? Sie hat mir erzählt, dass ihr Vater ihr eine Kiste mit Papieren hinterlassen hat. Die wird sie durchsehen wollen.« Aus einem ihm unerklärlichen Grund hatte er jedoch auf einmal ein ungutes Gefühl. Er warf Neil einen schnellen Blick zu und las auf dem blassen Gesicht beunruhigt die offenbar gleiche Befürchtung.

Neil schaukelte mit abwesender Miene mit seinem Stuhl. »Ich hab vorhin Jills Auto wegfahren sehen, aber Jill ist noch hier. Gefällt mir nicht. Wenn ich so zurückdenke, war Benita schon als Kind ziemlich eigensinnig.«

»So ist sie heute noch. Stur wie ein Maultier, wäre der treffendere Ausdruck«, knurrte Roderick. »Ich dreh ihr den Hals um, wenn sie tatsächlich allein dorthin gefahren ist.«

»Wohin?«, fragte Gloria, die dem Wortwechsel interessiert zugehört hatte. »Und warum willst du ihr den Hals umdrehen?«

»Sie hat von ihrer Mutter ein Haus geerbt, etwa eine halbe Stunde von hier entfernt, hat sie gesagt. Seit zwei Jahren halten illegale Siedler das Haus besetzt, üble Kerle offenbar. Jill hat schon viel Ärger mit ihnen gehabt. Wenn Benita allein dorthin gefahren ist, begibt sie sich ernstlich in Gefahr.«

Neil kippte seinen Stuhl wieder nach vorn, dass es krachte, und stand auf. »Worauf warten wir dann noch? Ich fahre, ich kenne den Weg.«

»Ich würde ja erst einmal Jill fragen, ob sie weiß, wohin ihre Cousine gefahren ist, ehe ihr euch auf eure Rösser werft, um die Jungfrau vor dem Drachen zu retten. Wenn sie überhaupt weg ist.« Glorias Stimme troff vor Hohn. Es ärgerte sie maßlos, dass Roderick und dieser Robertson sich derart um Benita sorgten. »Unsere Benny wirkt vielleicht wie ein kleines, verletzliches Mädchen, aber ich versichere dir, Roderick, die kann prima auf sich selbst aufpassen. Außen Seide, innen Stahl, wenn du weißt, was ich meine.«

»Du hast nicht die geringste Ahnung, wovon du da redest!« Roderick war bereits den halben Weg über die Veranda geeilt und fing Jill ab, bevor sie in ihr Büro ging. »Ist Benita noch bei Ihnen?« Sein Ton war schroff.

Jill sah die Sorge in Rodericks Gesicht, und mit einem sinkenden Gefühl im Magen erkannte sie, dass ihre Cousine sie offenbar ausgetrickst hatte. »Benita? Nein, sie ist mit meinem Wagen nach Mtubatuba gefahren … sagt sie jedenfalls.«

»Mtuba… was? Davon weiß ich nichts. Hat sie das Haus ihrer Mutter erwähnt?«

Jill nickte. »Ich habe ihr aber das Versprechen abgenommen, nicht allein dorthin zu fahren. Es ist einfach zu gefährlich. Die Kerle, die sich da eingenistet haben, habe ich zwar nur einmal gesehen, aber das hat mir gereicht. Ohne Polizeischutz würde ich da nicht mehr hingehen.« Sie biss sich auf die Unterlippe. »Benita hatte schon als Kind einen beachtlichen Dickschädel. Ich hätte es ahnen müssen und sie nicht fahren lassen sollen, aber sie ist schließlich über dreißig, ich kann ihr doch keine Vorschriften machen.« Sie hob die Hände, Handflächen nach oben, in einer Geste der Entschuldigung und Hilflosigkeit.

Roderick brachte ein Lächeln zustande. »Sie trifft keine Schuld. Glauben Sie mir, wenn Benita sich etwas in den Kopf gesetzt hat, dann führt sie es durch, und nichts und niemand kann sie aufhalten. Sie ist …«

»… stur wie ein Maultier«, beendete Jill mit einem schiefen Lächeln seinen Satz. »Wie ihr Vater. Der war in dieser Beziehung auch unmöglich.« Sie seufzte. »Wollen Sie ihr nachfahren?«

»Ich fahre.« Neil hatte sich mittlerweile dazugesellt. »Ich kenne den Weg. Ich rufe nur kurz Tita an und melde mich ab. Sonst macht sie sich Sorgen.« Er zog sein Mobiltelefon aus der Hosentasche und wählte. Als er die Stimme seiner Frau hörte, erklärte er ihr kurz, was geschehen war und was er vorhatte. »Mehr als eine oder eineinhalb Stunden sollte es nicht dauern … Ja, ich melde mich wieder, wenn ich auf dem Heimweg bin.« Er steckte das Handy wieder weg. »Tita hat mich gern an der kurzen Leine«, sagte er grinsend. Dann wurde er ernst. »Spaß beiseite, seit wir am helllichten Tag auf dem North Coast Highway überfallen worden sind, ist sie immer unruhig, wenn ich auf dem Land unterwegs bin.« Er machte eine Handbewegung. »Roderick, wir können fahren.«

Jill hielt ihn auf. »Wartet. Ich gebe euch noch Mineralwasser mit. Wer weiß, wie lange das dauert, und in dieser Hitze dehydriert man schnell.« Damit lief sie in die Küche. Keine fünf Minuten später präsentierte sie Neil einen geschlossenen Picknickkorb. Sie hob den Deckel. »Mineralwasser und ein paar Sandwiches, die vom Mittagessen übrig geblieben sind, und Bananen als Wegzehrung. Man weiß nie.«

»Der Ausspruch hätte von Tita sein können.« Neil nahm ihr lächelnd den Korb ab. »Aus mir unerfindlichen Gründen ist sie stets darum besorgt, dass ich genug esse.« Er klopfte sich auf seinen kleinen Bauchansatz. »Das ist das Ergebnis. Aber, danke, Jill, man weiß wirklich nie.«

Jill nickte. »Bitte ruf mich an, wenn ihr sie gefunden habt … Ich mache mir fürchterliche Vorwürfe.«

»Mach dir keine Sorgen, wir finden sie«, beschwichtigte Neil sie und legte mehr Selbstvertrauen in seine Stimme, als er tatsächlich verspürte. Er mochte nicht einmal daran denken, was Benita alles zustoßen konnte, sollte sie wirklich so verrückt gewesen sein, es allein mit den Hausbesetzern aufzunehmen. »Gehen wir.«

Die beiden Männer verließen die Veranda und hasteten den Weg hinunter zum Parkplatz, wo Neils Auto stand.

Jan Mellinghoff lächelte Jonas an. »Es ist also kein Problem, dass Mr Duma mit seiner Frau einen weiteren Tag hier verbringt?«

Jonas rückte seine Brille mit dem Zeigefinger zurecht und warf einen kurzen Blick auf das aufgeschlagene Buchungsbuch. »Nein, das kann ich arrangieren. Durch den Mord sind überraschend Zimmer frei geworden. Es ist kein Problem.«

»Bitte schreiben Sie den Preis auf meine Zimmerrechnung.«

Jonas verbarg sein Erstaunen, nickte nur. »Auch kein Problem. Was soll ich sagen, wenn Mr Duma danach fragt?«

»Sagen Sie ihm, dass Sie übersehen haben, dass derzeit Nebensaison ist und die Zimmer deshalb preisgünstiger sind.«

»In Ordnung. Ich hab's übersehen. Auch kein Problem.« Der Zulu grinste ihn an.

»Danke«, sagte Jan Mellinghoff und ließ einen Zwanzigrandschein auf dem Tresen liegen. Dann stieg er hinauf in den ersten Stock, klopfte leise an Vilikazis Tür und wartete, bis dessen dunkles Gesicht im Türspalt auftauchte.

»He, Jan, was ist? Ärger? Komm rein.« Der Zulu öffnete die Tür ganz. Er trug ein buntes Hemd, das ihm offen über die Jeans hing, und lief barfuß.

»Wie man's nimmt.« Der hochgewachsene Weiße trat ins Zimmer und schloss die Tür hinter sich. »Hallo, Linnie. Wie geht es dir? Hast du dich von eurem Unfall erholt?«

Linnie, die, bekleidet mit einem weiten dunkelblauen Kaftan aus dünnem Baumwollstoff, unverschleiert im Sessel am Fenster saß, wandte ihm ihr zerstörtes Gesicht zu. Jan Mellinghoff kannte sie schon lange; er würde vor ihrem Aussehen nicht erschrecken.

»Es ist alles bestens, danke, nur mein Herz tut weh«, erwiderte sie leise und schaute hinaus, wo die Sonnenstrahlen durch das Blätterdach der Bäume flirrten. »Es sind die Erinnerungen, weißt du. Die tun weh, viel mehr als diese lächerlichen paar Kratzer.« Sie verzerrte den Mund zu einem Lächeln. »Aber darüber wolltest du sicher nicht mit uns sprechen. Was gibt es, Jan?«

»Er hat die Farm verlassen, um in seiner Firma nach dem Rechten zu sehen. Der Ingenieur, der umgekommen ist, war sein leitender Techniker.« Er musste nicht näher erklären, wen er damit meinte.

Vilikazi wippte auf den Fußballen, während er seinen Freund musterte. Seine Narbe zuckte. »Wird er wiederkommen?«

»Ja, aber erst morgen Abend. Ich habe mir deshalb erlaubt, euren Aufenthalt hier zu verlängern. Einige Gäste haben die Farm vorzeitig verlassen. Wegen der Morde. Deswegen ist es kein Problem, und ihr könnt euer Zimmer behalten.«

»Du hast ihn gesehen, nicht wahr? Ist er es?« Linnie sah ihn bei der Frage nicht an.

»Ich habe ihm dein Foto gezeigt und ihn dabei beobachtet. Er ist es, da bin ich mir sicher. Seine Reaktion war außergewöhnlich heftig.«

Linnie nickte schweigend. Sie wirkte ruhig und zufrieden. »Dann ist es bald zu Ende, und ich werde endlich Ruhe finden. Was ist dieser Tag im Vergleich zur Ewigkeit.«

Über ihren Kopf hinweg trafen sich die Blicke des Weißen und des Zulus. Beiden war ihre Besorgnis deutlich anzusehen. Linnie hatte eigenartig geklungen. Vilikazi schüttelte leicht den Kopf, machte eine Handbewegung, deutete zur Tür.

Jan Mellinghoff nickte. »Gut. Wir sehen uns wohl morgen. Bis dann.« Er wandte sich zum Gehen.

»Ich schließe hinter dir ab«, sagte Vilikazi mit einem verstohlenen Blick auf Linnie und begleitete ihn zur Tür. »Keine Sorge, ich werde sie danach nicht aus den Augen lassen«, flüsterte er seinem Freund zu. »Ich werde nicht zulassen, dass sie sich etwas antut.«

Jan Mellinghoff starrte kurz auf seine Fußspitzen. »Es fragt sich nur, ob wir das Recht dazu haben, sie zu zwingen, in diesem Körper weiterzuleben«, gab er ebenso leise zurück.

»Ich werde sie mit zu Sarah nach Hause nehmen, wenn wir das hinter uns haben, und ich werde mit Thandile Kunene reden. Vielleicht kann sie helfen, wenigstens so weit, dass Linnie keine Schmerzen mehr leiden muss.«

»Vilikazi, was flüstert ihr da?« Linnie erhob sich schwerfällig von ihrem Stuhl und humpelte auf sie zu.

Jan warf ihr ein strahlendes Lächeln zu. »Männersachen, Linnie, geht dich nichts an. Bis morgen, meine Freunde.«

»Hamba kahle«, sagte Vilikazi leise, bevor er die Tür hinter ihm schloss und Linnie wieder zu ihrem Sitz führte. »Ich werde uns jetzt eine Flasche Wein bestellen, mitten am Tag. Das nennt man Luxus, was?« Seine Worte waren laut und fröhlich und klangen selbst in seinen Ohren unecht.

»Haben Sie eine Waffe?«, fragte Roderick, als er in Neils Wagen stieg.

Neil ließ bereits den Motor an. »Nein. Unsere Waffengesetze sind sehr strikt geworden. Was allerdings nicht heißt, dass nicht Millionen illegale Waffen im Land sind, und zwar meist in der Hand von Kriminellen.«

»Na, klasse«, murmelte Roderick. »Aber in solchen Sachen habe ich Übung. Ich bin in Uganda einmal über eine Horde zugekiffter Kindersoldaten gestolpert, und alles, was ich hatte, um mich aus dieser Situation zu retten, war ein Taschenmesser. Und mein schnelles Mundwerk«, setzte er hinzu und grinste schief.

Neil warf ihm einen Seitenblick zu, während er ein Schlagloch umkurvte. »Scheint genug gewesen zu sein.«

»Ich mag Kinder …«

Neil wartete, dass Roderick den Satz beenden würde, was dieser aber nicht tat. »Nur mit Worten sind Sie davongekommen?«

Roderick schaute aus dem Fenster. »Und einer Tasche voll Schokolade. Ist aber nicht zur Nachahmung zu empfehlen. Ich hab mir dabei fast in die Hose gemacht.«

Neil warf ihm einen erstaunten Blick zu. »Und ich hatte Sie für einen reichen, verweichlichten Banker gehalten, der nur Maßanzüge trägt und sein Konto im Blickfeld hat. Aber offenbar haben Sie doch einiges vom Leben kennengelernt. Was hat Sie nach Uganda verschlagen?«

Roderick hatte das Kinn in die Hand gestützt und den Kopf ans Fenster gelehnt, sah aber nicht die vorbeifliegende Landschaft, sondern schaute zurück in die Vergangenheit, zurück zu dem Augenblick, in dem sein Leben auseinanderbrach.

»Das ist eine lange Geschichte …«, sagte er schließlich. »Ihr

Bild von mir ist nicht völlig falsch. Damals bin ich dorthin gefahren, um meinen Spaß zu haben … und habe dabei durch meine Schuld das Liebste verloren, was ich auf der Welt hatte … Seitdem kümmere ich mich dort um ein paar Kinder, die allein in einem Dorf im Urwald leben.«

»Ist es schlimm dort?«

Wieder dauerte es einige Augenblicke, bis Roderick antwortete. »Die Kinder können nicht mehr weinen. Wir weinen mit unserem Herzen, damit es niemand sieht, hat mir ein kleines Mädchen einmal gesagt. Sie war acht Jahre alt. Sie schlief jede Nacht mit Dutzenden anderen Kindern in einem Abwasserrohr, in dem immer eine Handbreit Dreckwasser stand, weil sie Angst hatte, von den Rebellen entführt zu werden und irgendeinem Kerl als Hure und Kindersoldatin dienen zu müssen. Acht Jahre.« Er schlug mit der Faust gegen das Fenster.

Beide Männer hingen schweigend ihren Gedanken nach.

Neben der Straße marschierten vier schwarze Frauen hintereinander einen Feldweg entlang, wobei sie scheinbar mühelos Kochtopfstapel, wagenradgroße Schüsseln mit Ananas und meterlange Bündel mit Feuerholz auf dem Kopf balancierten. Die älteste Frau, eine breithüftige Zulu, transportierte auf diese Weise einen Teil ihres Hausstands, der in ein großes Tuch eingewickelt war, bestehend aus einem Schränkchen, einem Wasserkocher und einer Schüssel, in der ein Sack steckte, aus dem der Kopf eines Huhns ragte, das empört gackernd gegen diese Behandlung protestierte.

Roderick sah ihnen nach und grinste. »Ich hab das mal in Uganda probiert. Mit einem vollen Eimer Wasser. Ich glaube, die lachen immer noch über mich.« Er musste sich am Sitz festhalten, weil der Wagen mit dem Vorderrad in ein Schlagloch geriet.

Neil nickte nur, fragte nicht nach. Es war offensichtlich, dass sein Begleiter nicht weiter über seine Erfahrungen im Herzen Afrikas reden wollte. Nach einer Viertelstunde zeigte er auf einen felsigen Vorsprung, der aus einer flachen Bodenerhebung ragte. »Dort ist es. Wir können aufs Grundstück fahren.« Der Boden von Benitas Land war uneben, und der Wagen kam stark ins Schaukeln.

»Da steht ein Wagen. Es wird Jills sein, also ist Benita tatsächlich hier. Verdammt!« Roderick hieb mit der Faust auf sein Knie. »Ich hatte wirklich gehofft, dass sie nicht so dumm sein würde.«

Sie hielten neben dem abgestellten Geländewagen, stiegen aus und gingen um das Gefährt herum. Roderick öffnete die Türen und spähte hinein. »Sie ist nicht da«, bemerkte er überflüssigerweise.

Neils Miene zeigte eine gelinde Verwirrung. Sein Blick suchte das Land ab. »Es könnte sein, dass das hier nicht das richtige Grundstück ist. Eigentlich war hier ein Fluss …« Mit der Hand beschrieb er einen Halbkreis und ging stirnrunzelnd ein paar Schritte. »Es muss aber hier sein«, murmelte er, mehr zu sich selbst.

»Und wo ist dann das Haus?« Roderick drehte sich um die eigene Achse wie schon zuvor Benita. »Ich sehe nichts, nicht einmal eine Ruine.«

Auch Neil brauchte einige Zeit, um das Haus auszumachen, und es gelang ihm nur, weil er wusste, wo er zu suchen hatte. Er zeigte auf die Stelle. »Dort, sehen Sie es? In den Fängen des Feigenbaums. Kommen Sie, wir nehmen den Wagen.« Er kletterte wieder auf den Fahrersitz.

Roderick musste sich mit beiden Händen abstützen, so uneben war der Boden unter den Rädern. Kahle Stellen, so rot wie Wunden, wechselten mit Geröll und niedrigem Bewuchs ab. Hüfthohes Gras schlug gegen die Seite, und mehr als einmal huschte ein länglicher Schatten über den Weg ins schützende Grün.

»Schlangen?«, fragte Roderick.

»Oder Ratten.« Neil war vollauf damit beschäftigt, verborgene Löcher im Boden zu entdecken, bevor er den Wagen versehentlich hineinfuhr und stecken blieb. Langsam näherten sie sich dem Haus. Noch war kein Mensch zu sehen.

Roderick wies auf eine schattige Gestalt in den Zweigen der Natalfeige und zog den gleichen Schluss, wie Benita es getan hatte. »Ist das ein Affe? Er erscheint mir reichlich groß dafür.«

Neil stieß ein kurzes, böses Lachen aus. »Lassen Sie das bloß niemanden hier hören. Das ist ein Mensch, einer der illegalen Mieter von Benita vermutlich. Der hat uns bestimmt schon entdeckt, als wir noch eine Meile entfernt waren.« Neil stoppte etwa zwanzig Meter vom Haus entfernt und zog die Handbremse an. »Auf geht's. Lassen Sie uns den Herren unsere Aufwartung machen und höflich anfragen, ob Benita hier ist oder hier gewesen ist.«

Sie stiegen aus und gingen mit vorsichtigen Schritten aufs Haus zu. Roderick sah etwas im Gras, bückte sich unvermittelt, und als er sich aufrichtete, hielt er ein blutgetränktes Tuch in den Händen. Entsetzt starrte er es an.

»O Gott«, keuchte er. Dann begann er zu rennen, entdeckte immer wieder Blutspritzer im Gras, konnte kaum atmen vor Angst. Das schwere Schnaufen hinter ihm verriet, dass Neil ihm dichtauf folgte. Kurz darauf spürte er, wie ihn dieser am Hemd festhielt.

»Vorsichtig. Ich höre Stimmen«, flüsterte Neil.

Lautlos krochen sie näher zum Haus, bis sie rechts und links eines verschmierten Fensters standen. Bedacht darauf, nicht gesehen zu werden, lehnten sie sich nur um Zentimeter vor und spähten hinein.

Ein Mann stand am Fenster, drehte ihnen aber den Rücken zu. Er war nicht sehr groß, aber muskulös, und der Pistolenknauf in seinem Gürtel war deutlich zu erkennen. Ein anderer Mann saß auf einem Stuhl. Er war gebaut wie eine Bulle mit mächtigen Schultern, einem runden Kopf, die Hände waren muskulöse Pranken. Aber das war es nicht, was die beiden Beobachter erschreckte. Es war die Tatsache, dass seine Kleidung mit Blut befleckt war und vor ihm ein blutiges, unangenehm großes Messer auf dem Tisch lag.

Unwillkürlich zog Roderick zischend die Luft durch die Zähne. Er musste den Impuls unterdrücken, in das Haus zu stürmen, um nach Benita zu suchen.

Neil stieß ihm den Ellbogen in die Seite. »Da ist sie«, flüsterte er.

Benita kam in ihr Blickfeld. Auch ihre Hände, in denen sie ein verbeultes Blechgefäß trug, waren blutverschmiert. Sie stellte es auf den Tisch. Ihnen den Rücken zukehrend, wrang sie einen Lappen in der Schüssel aus, den Roderick als nicht sehr sauberes Unterhemd identifizierte, und befahl dem Bulligen mit einer Handbewegung, sein Hemd auszuziehen. Als er damit Schwierigkeiten hatte, half sie ihm. Eine hässliche Wunde mit zackigen Rändern kam zum Vorschein, die eine knappe Handbreit unterhalb der linken Schulter saß und bereits zu eitern begonnen hatte. Sie lehnte sich vor und entfernte mit großer Behutsamkeit Blut, Eiterkrusten und den Dreck, der noch im Fleisch saß.

»Was zum Henker macht sie da?« Roderick beugte sich vor.

Neil gluckste ungläubig. »Ich glaube, sie verarztet gerade diesen Gangster …«

Der Verletzte stöhnte auf, und Benita sagte etwas auf Zulu. Das Stöhnen hörte sofort auf, der Mann presste die Kiefer zusammen.

»Was hat sie gesagt?«, flüsterte Roderick.

»Ich dachte, du wärst ein starker Mann, aber du jaulst wie ein Baby«, übersetzte Neil und konnte ein anerkennendes Lächeln nicht unterdrücken. »Alle Achtung, sie weiß, wie sie so einen anpacken muss. Es scheint, als hätte unsere Benita alles im Griff.«

Rodericks ließ erleichtert die Schultern nach vorn sacken. »Gehen wir rein?«, fragte er leise.

Neil konnte nicht mehr antworten. Der Mann am Fenster musste irgendetwas gehört haben, oder sein sechster Sinn hatte ihm verraten, dass sie Gesellschaft bekommen hatten. Er zog seine Pistole so schnell, dass ihnen keine Zeit blieb zu reagieren. Der Schuss dröhnte ihnen in den Ohren, und er war noch nicht verhallt, da riss Roderick bereits die Haustür auf und stürzte hinein, rannte durch den Eingangsraum bis zu dem Zimmer, in dem der Schuss gefallen war, und warf sich gegen die Tür, die krachend nachgab. Er landete, die Arme ausgestreckt, mit der zersplitterten Tür bäuchlings zu Benitas Füßen, so nah, dass er ihren Fuß hätte berühren können.

Das Messer blitzte durch die Luft und fuhr direkt neben seinem Kopf mit einem satten Laut in den Boden und nagelte eine Ärmelfalte seines Hemdes fest. Für ewige Sekunden war das surrende Vibrieren der großen Klinge der einzige Laut im Raum. Dann herrschte Stille, die nur von dem eintönigen Piepsen eines Vogels, der in der Würgefeige saß, unterbrochen wurde. Außer Benitas Füßen, konnte Roderick nichts sehen. Seine Gedanken rasten, sein Herz hämmerte, aber ehe er wirklich begriff, was passiert war, ehe er auch nur einen Muskel regen konnte, schoss eine braune Faust vor und zog das Messer heraus.

»Umdrehen«, befahl eine tiefe Stimme. »Langsam. Hände hoch, wo ich sie sehen kann.«

Er tat wie geheißen, drehte sich im Zeitlupentempo auf den Rücken und schielte mit erhobenen Händen hoch. Die Pistole war auf ihn gerichtet, zielte genau zwischen seine Augen, und die Spitze des Messers schwebte nur Zentimeter über seinem Hals. Die Messerklinge war spitz und mindestens dreißig Zentimeter lang, und jemand hatte die Schneiden sorgfältig geschliffen. Er erstarrte, wagte nicht zu atmen. Absurderweise schoss ihm die Frage durch den Kopf, wer von den beiden Kerlen schneller sein würde. Der mit dem Messer oder der mit der Pistole.

Als Benita klar war, wer vor ihr lag, schrie sie auf. »Roderick, verdammt! Was machst du hier?« Sie schob die Faust mit dem Messer beiseite. »Das ist mein Boss. Der tut euch nichts, der ist harmlos«, beeilte sie sich den beiden Schwarzen zu erklären und erntete höhnisches Gelächter.

»Was glaubst du denn?«, brüllte Roderick aus seiner heiklen Lage zurück. »Wir haben dich da stehen sehen, die Hände voller Blut, und dann schießt dieser Verrückte um sich … Glaubst du, ich steh da draußen und seh zu, wie du niedergeknallt wirst?« Die Demütigung, wie ein hilfloser Käfer vor ihr auf dem Rücken zu liegen, stachelte seine Wut an. Aber er war sehr erleichtert, dass das Messer jetzt wieder auf dem Tisch lag und die Pistole im Hosenbund des kleineren Mannes steckte.

»Die Tür war offen, du hättest lediglich die Klinke herunterdrücken müssen«, sagte Benita mit einem milden Tadel in der Stimme, als spräche sie mit einem Kind. Sie beugte sich über ihn und betrachtete kritisch seinen ausgestreckten rechten Arm. »Du hast dir einen Splitter ins Handgelenk gezogen. Steh auf, dann hol ich den heraus.«

Blutiges Wasser tropfte von ihren Händen auf sein Hemd. Er konnte die Nässe auf der Haut spüren, und ihm fiel ein, dass er erst kürzlich in der Times gelesen hatte, dass jeder dritte oder vierte Südafrikaner mit Aids verseucht war. Erschrocken rollte er sich zur Seite, sein Blick flog zu Benita und ihren blutbesudelten Händen, und erst jetzt bemerkte er mit großer Erleichterung, dass sie Einweghandschuhe trug. Er öffnete den Mund, aber seine Kehle war wie zugeschnürt. Kein Wort drang heraus.

»Wie Roderick gesagt hat, wir haben zunächst nur den Schuss gehört. Die Situation war unübersichtlich. Wir dachten, Benita wäre in Gefahr.« Neil stand im zertrümmerten Türrahmen. Seine Hände waren zur Seite weggestreckt, Handflächen nach oben, um zu zeigen, dass er unbewaffnet war.

Niemand sprach, niemand rührte sich. Der Bullige starrte ihn aus blutunterlaufenen Augen an. Wortlos hob er sein Messer und zeigte auf einen Punkt dreißig Zentimeter über Benitas Kopf. Aller Augen folgten dem Hinweis.

»Scheiße«, entfuhr es Roderick. »Eine Schlange.«

Der zuckende Schlangenkörper baumelte von einem der Dachsparren. Er war olivbraun und mindestens zwei Meter lang. Wo der Kopf des Reptils gesessen hatte, war jetzt nur noch ein zerfetzter Halsstumpf.

»Eine Mamba«, knurrte der Verletzte. »Sie mag keine Menschen in ihrem Schlafzimmer.« Er deutete auf einen blutigen Klumpen, der unter den Tisch gerutscht war.

Der hundeschnauzenähnliche Kopf der Mamba war eine Handbreit hinter den harten Kinnbacken abgetrennt, das Maul im Todeskampf aufgerissen, und im rauchschwarzen Rachen, dem die Schlange ihren Namen »Schwarze Mamba« verdankte, glänzten die Giftzähne.

Eine Mamba. Die aggressivste und tödlichste Schlange Afrikas. Als Roderick verstand, was da fast passiert wäre, welchem Schicksal Benita und er nur durch die Geistesgegenwart und Reaktionsschnelligkeit des Zulus entgangen war, wurde er von einer Emotion gepackt, die ihm seit Langem fremd war: Angst, nackte, kreatürliche Angst.

Auf ein Handzeichen des Verletzten stemmte er sich langsam hoch. Er fühlte sich gedemütigt, als er merkte, dass ihm die Beine zitterten. Selbst in Uganda, als ihn die Milizen nach dem Unfall gestellt hatten und niemand für sein Leben auch nur einen Pfifferling gegeben hätte, war ihm das nicht passiert. Aber die Situation war anders gewesen, von Anfang an hatte er gewusst, dass er die Situation mit Geld würde regeln können. Geld hatte er zu Genüge. Seine Reaktion jetzt verwirrte ihn gründlich. Sein Blick wanderte zu Benita, und auf einmal wusste er, wo der Unterschied lag. Damals war ihm sein Leben egal gewesen. Heute war es das nicht mehr.

»Was … wer …«, stotterte er. »Was machst du hier«, brachte er endlich heraus und funkelte sie an, während er sein zerfetztes Hemd wieder in den Hosenbund stopfte. »Warum zum Teufel hast du niemandem Bescheid gesagt?«

»Was ich hier mache? Das siehst du doch! Ich reinige seine Wunde, damit er keine Blutvergiftung bekommt. Und warum hätte ich dir Bescheid sagen sollen? Ich bin in meiner Freizeit hierhergefahren. Ich bin doch nicht die Leibeigene der Bank und deine schon gar nicht!« In ihrer Stimme schwang nichts als Wut und Vorwurf, aber ganz tief in ihrem Inneren musste sie sich eingestehen, wie sehr es ihr auf eine absurde Weise gefiel, dass er wie ein mittelalterlicher Ritter zu ihrer Rettung herangeprescht war.

Meine Höhlenweibcheninstinkte scheinen noch höchst lebendig zu sein, fuhr es ihr durch den Kopf, und der Gedanke entlockte ihr ein heimliches Lächeln.

Roderick lehnte sich neben ihr an die Wand und war dankbar für die weiche, feuchte Luft, die durch die zerbrochene Tür strömte und den ekelhaft süßlich-dumpfen Gestank von Blut und Eiter vertrieb. Selbst seine Zeit in Uganda, wo er genügend offene Wunden gesehen hatte, deren Zustand noch viel schlimmer gewesen war, hatte ihn nicht immun gegen diesen Gestank machen können. Außerdem starrte der Raum vor Dreck. Essensreste, über denen Schwärme von blauschwarzen Schmeißfliegen wimmelten, und eine bräunliche Substanz, die er nicht zu genau analysieren wollte, übersäten Tisch und Boden. Er schluckte ein Würgen hinunter. Diese Blöße wollte er sich nicht geben, nicht vor Benita, die offenbar völlig unbeeindruckt davon war. Er wischte sich mit dem Arm übers Gesicht, spürte dabei etwas Nasses, entdeckte, dass er sich einen stark blutenden Ratscher an seinem Unterarm zugezogen hatte.

In diesem Augenblick bemerkte es auch Benita. Sie beugte sich vor. Ein weiterer Splitter hatte ihm die Haut aufgerissen, und ein Teil davon steckte noch darin.

»Es sieht so aus, als hätte ich noch einen Patienten«, wandte sie sich an Neil. »Hast du noch Desinfektionsmittel in deinem Verbandskasten im Auto? Ich habe das, was Jill in ihrem Wagen hatte, bereits aufgebraucht.«

Neil hatte die Szene mit ausdrucksloser Miene beobachtet, war völlig von dieser neuen Benita überrascht. »Ich werde nachschauen.« Er machte eine Bewegung zur Tür, sah aber urplötzlich die Mündung der Pistole vor sich und blieb stockstill stehen.

»Wenn ich kein Desinfektionsmittel bekomme, bist du in zwei Tagen nichts weiter als ein Stück verrottendes Fleisch«, zischte Benita den Bulligen an. »Ach, und Wasser brauche ich auch. Das findest du hinter dem Haus in dem Topf, der auf dem Feuer steht, Neil. Wasser und Strom gibt's hier schon lange nicht mehr.«

Der Schwarze knurrte etwas, und sein Partner senkte die Pistole langsam. Neil ließ den Mann jedoch nicht aus den Augen, während er sich zur Tür bewegte.

»Shesha!«, sagte der Bullige.

Neil zog die Augenbrauen hoch, drehte sich auf den Hacken um und bewegte sich im Laufschritt zu seinem Wagen.

»Was hat er gesagt?«, flüsterte Roderick.

»Dass er sich beeilen soll«, sagte Benita. »In Befehlsform.«

Es dauerte kaum eine Minute, bis Neil wieder in der Tür erschien und schweigend ein braunes Fläschchen auf den Tisch stellte. Dann musterte er die beiden Gangster. »Willst du uns nicht vorstellen?«, fragte er Benita.

»Natürlich.« Sie deutete auf die beiden Zulus. »Das sind Phika Khumalo und sein Freund Themba.«

Neil zuckte bei dem Namen leicht zusammen und musterte den Mann scharf.

Der Bullige bemerkte die Reaktion und lachte laut los. »Er kennt mich, er weiß, wer vor ihm steht. He, weißer Mann, hast du jetzt Angst?« Herausfordernd hob er das Kinn und fixierte Neil dabei mit einem spöttischen Blick.

Der erwiderte seinen Blick kühl. »Der Phika Khumalo, von dem ich gehört habe, dass er ein Verbrecher ist, der unzählige Raubüberfälle begangen hat und den man Imfene nennt, den Pavian, weil er wie ein Affe klettern kann und nichts vor ihm sicher ist? Er wird seit zwei Jahren von der Polizei gesucht, weil er aus dem Gefängnis ausgebrochen ist und dabei einen Wärter erschlagen hat.«

Seine Worte vibrierten durch den Raum. Der Kleinere, den Benita als Themba vorgestellt hatte, hielt plötzlich seine Pistole wieder in der Faust und zielte auf die drei Weißen. Schlagartig verstummten alle Geräusche. Jeder im Raum hielt den Atem an, und Benita kam es so vor, als wäre sie in ein Hochspannungsfeld geraten. Niemand sprach, keiner rührte sich. Aller Augen waren auf Phika Khumalo gerichtet.

»Yebo.« Er grinste stolz. »Der bin ich. Imfene.«

Benita hielt noch den blutigen Lappen in der Hand. »Und woher kommt das?«, wollte sie wissen und zeigte auf die Wunde in seiner Schulter. Es blieb ihr keine Zeit, sich darüber zu wundern, dass sie keine Angst verspürte, nur fürchterliche Wut und das Gefühl, hintergangen worden zu sein.

»Dorthin hat sich eine Kugel verirrt«, war die zähneblitzende Antwort. In Phika Khumalos Augen stand nichts als Belustigung über die Reaktion der Weißen.

Benita zog die Brauen zusammen. »Sie haben also irgendwo wieder jemanden überfallen …«

»… ein Haus«, unterbrach sie Phika Khumalo. »Ich bin in ein Haus eingebrochen. Überfallen habe ich niemanden.«

Unbeirrt fuhr sie fort: »Und dabei hat der Besitzer Sie angeschossen? Oder ein Polizist?«

»Yebo. Die Leute waren zu Hause und sind aufgewacht. Eine Frau hat geschossen. Konnte gut mit dem Gewehr umgehen.« Seine Stimme drückte doch tatsächlich Hochachtung aus.

Benita warf ihm den blutigen Lappen vor die Füße. »Ich denke ja gar nicht daran, einem Gangster zu helfen, noch dazu einem, der mir mein Haus gestohlen hat. Ich will, dass Sie von hier verschwinden, und dann rufe ich die Polizei.«

»Benita, reiz den Kerl nicht«, flüsterte Roderick.

Prompt schwang die Pistole herum und zeigte auf einen Punkt in der Mitte seiner Stirn, und er hielt die Luft an.

»Ich hab den Wärter nicht erschlagen«, sagte Phika Khumalo plötzlich. »Die Wärter haben sich untereinander gestritten, und einer hat einen anderen mit dem Kopf gegen die Wand gerammt, dass der sich das Genick gebrochen hat. Alle haben herumgeschrien und sind durcheinandergelaufen, und für einen Augenblick hat sich keiner um uns Gefangene gekümmert. Da bin ich getürmt. Natürlich haben sie mir den Mord in die Schuhe geschoben. Hat sich ja angeboten. Aber ich habe es nicht getan. Der Mörder ist einer der Wärter.« Er verstummte. »Ich kenne ihn, ich weiß seinen Namen«, setzte er leise hinzu. »Ich werde ihn nicht vergessen.«

Roderick lief es eiskalt den Rücken hinunter. Er war froh, nicht in der Haut dieses Wärters zu stecken.

Benita hatte Khumalo genau beobachtet, tastete, während er sprach, seine Gesichtszüge mit den Augen ab. Ihr Instinkt verarbeitete seine Blicke und seine Worte und seine Körpersprache, die bewusste und die unbewusste, und schließlich deren Widerspruch. Dann war sie sich sicher. »Ich glaube Ihnen, aber Sie müssen sich der Polizei stellen und den Irrtum ausräumen.«

Phika Khumalo lachte hart auf – es klang mehr nach einem Knurren als nach Lachen –, sagte aber nichts. Es war nicht nötig.

Benita zog die Einweghandschuhe aus und sprach unbeirrt weiter. »Stellen Sie sich, dann können Sie sich auch im Krankenhaus verarzten lassen. Das ist dringend notwendig, die Wunde sieht nämlich nicht gut aus. Wenn Sie nicht aufpassen, bekommen Sie eine Blutvergiftung, und dann sind Sie ganz schnell tot.«

Sie ließ einen prüfenden Blick über den Schwarzen laufen und bemerkte die Schweißtropfen auf der Stirn, die fiebrig glänzenden Augen. Schnell berührte sie sein Handgelenk mit den Fingerspitzen, spürte den rasenden Puls, zog aber ihre Hand sofort zurück, als sie seine Abwehrbewegung wahrnahm. »Ich wette, Sie haben Fieber.«

Phika Khumalos Gesicht war völlig ohne Ausdruck, als er die weiße Frau vor sich musterte, nur in den Tiefen seiner dunklen Augen blitzte eine Gefühlsregung auf. Benita sah diesen Blitz und wusste, dass sie ihn erreicht hatte. Sie hatte eine Verbindung zu dem Menschen hergestellt, der hinter der Fassade des zynischen, harten Gangsters verborgen war.

»Nun, was werden Sie tun?«

Für fast eine Minute sah Phika Khumalo sie schweigend an. »Nkosikazi, es ist besser, wenn du jetzt gehst«, sagte er dann, indem er die respektvolle Anrede gegenüber einer Häuptlingsfrau wählte.

Die sanften Vokale der Zulusprache flossen wie Sahne über Benita dahin und lösten in ihr den verwirrenden Impuls aus, ihm fürsorglich die Schweißtropfen von der Stirn zu tupfen. Aber bevor sie antworten konnte, ertönte ein Geräusch, das sie zuerst für das Jaulen einer Katze hielt, bis ihr klar wurde, dass irgendwo ein Kleinkind weinte. Mit wenigen Schritten war sie an der Tür zum Nebenzimmer und stieß sie auf.

Auf dem Boden kauerte eine junge Frau. Sie hatte das schwarze T-Shirt hochgeschoben und führte sanft den Kopf ihres Babys an ihre Brust. Das rosa Mündchen schloss sich gierig um die Brustwarze, und das Weinen ging in zufriedenes Schmatzen über. Die Frau war schön: glänzend braune Haut, riesige kohlschwarze Augen und zwischen den vollen Lippen schimmerten schneeweiße Zähne. Sie war wohlgenährt, aber nicht so übergewichtig wie viele ihrer Stammesgenossinnen. Auch das Baby schien gesund und wohlgenährt zu sein, stellte Benita mit einem schnellen Blick fest.

Die junge Mutter hob den Kopf und erblickte die weiße Frau. Erschrocken schlang sie ihren Arm um ihr Baby, das ihr von der Brust abrutschte und sofort in empörtes Geschrei ausbrach. Schnell legte sie es wieder an, wobei ihr flackernder Blick unsicher an der Weißen vorbei durch die offene Tür zu Khumalo wanderte.

Benita fuhr herum. »Wer ist das?«, fauchte sie Phika Khumalo an.

»Meine Frau und mein Sohn.« Der Stolz in seiner Stimme war unüberhörbar.

»Wer wohnt sonst noch in meinem Haus?«

Der Zulu hob seine mächtigen Schultern und verzog sogleich das Gesicht, weil die Bewegung schmerzhaft an der Wunde riss. »Zehn oder zwölf. Themba hier eingeschlossen. Meine Familie. Meistens.« Er grinste schwach.

»Na, super!« Benita biss sich auf die Lippen.

»Ich muss noch einmal zum Wagen. Bin gleich wieder da«, sagte Neil und verschwand erneut. Keiner schien seinen Abgang zu registrieren.

Benita starrte Khumalo immer noch zornig an, wollte etwas sagen, aber Phika Khumalo unterbrach sie.

»Das Haus stand leer, meine Frau erwartete ein Kind. Wir brauchten einen Platz zum Schlafen.«

Benita wusste nicht, was sie darauf erwidern sollte. Die raschen Schritte Neils, der zurückkehrte, enthoben sie der Antwort.

Er kam herein und stellte den Picknickkorb und seinen Verbandskasten auf dem Tisch ab. Wortlos kramte er in dem Verbandskasten herum und sortierte zwei Medikamentenröhrchen und eine Tube mit Salbe aus.

»Aspirin gegen Fieber und Schmerzen, Antibiotikum für die Infektion, Betaisodona für die Wunde.« Er schob die Röhrchen Phika Khumalo hin. »Das Antibiotikum muss jeden Tag um dieselbe Zeit mit Wasser eingenommen werden, zehn Tage lang.« Dann wandte er sich an Themba. »Sie müssen Wasser gründlich abkochen und jeden zweiten Tag die Wunde damit reinigen. Dann tragen Sie diese Salbe auf.«

Während ihm Benita und Roderick sprachlos zuschauten, erklärte er dem Mann genau, wie die Salbe anzuwenden war. Dann packte er den Verbandskasten zusammen und schloss ihn. Schweigend fixierte er den Verletzten. Phika Khumalo erwiderte seinen Blick ebenso schweigend. Es war deutlich, dass sie auf irgendeine Art miteinander kommunizierten.

Roderick hatte der Szene bisher stumm zugeschaut. »Ich nehme an, Sie wissen, was Sie da tun. Der Mann ist ein Gangster, ob er nun jemanden umgebracht hat oder nicht«, sagte er leise.

»Lassen Sie uns später darüber reden, was ihn dazu gemacht hat und was er wirklich ist. Wer er wirklich ist«, erwiderte der Journalist ebenso leise und öffnete den Picknickkorb. »Hat einer von euch Hunger?«, fragte er Benita und Roderick. Die beiden schüttelten nur stumm den Kopf. »Gut.« Damit packte er das Sandwichpaket und zwei der Mineralwasserflaschen aus. »Eine Flasche behalten wir für uns. In dieser Gegend ohne Wasser unterwegs zu sein wäre zu leichtsinnig.«

»Ja, ja«, murmelte Benita, die den Tadel in den Worten wohl verstanden hatte. Mit rebellischer Miene machte sie sich daran, Rodericks Wunde so gut zu reinigen, wie es mit den ihr zur Verfügung stehenden Mitteln ging. Dann trug sie die braune Salbe dick auf. »Auf der Farm werden wir das ordentlich verbinden.«

Neil, der eben die Bananen auf den Tisch legte, klappte den Korb zu. »Das war's«, sagte er und hob grüßend die Hand. »Salani kahle«, sagte er zu den Zulus. »Gehabt euch wohl.«

»Hambani kahle«, antwortete Phika Khumalo leise.

Themba wiederholte den Abschiedsgruß mit stoischer Miene.

»Yebo, salani kahle«, murmelte auch Benita automatisch und folgte Neil zur Tür, die Roderick für sie aufhielt. Schon nach wenigen Schritten blieb sie jedoch wieder stehen.

»Ich komme gleich wieder«, sagte sie und lief zurück ins Haus.

Phika Khumalo saß zusammengesunken auf dem Stuhl, wirkte plötzlich kleiner und überhaupt nicht angsteinflößend. Das Messer lag außer seiner Reichweise auf dem Tisch. Unter den Augen schimmerte seine Haut aschgrau. Benita schaute ihn einen langen Augenblick schweigend an, dann holte sie tief Luft. »Das ist mein Haus, und jetzt ist es in einem Zustand, dass ein Warzenschwein nicht darin leben möchte«, sagte sie auf Zulu. »Wenn ich wiederkomme, möchte ich hier atmen können, ohne mein Essen herauswürgen zu müssen. Außerdem will ich, dass das Gras vor dem Haus geschnitten wird. Ich habe keine Lust, ständig über Schlangen zu stolpern.« Ohne eine Antwort Phika Khumalos abzuwarten, drehte sie sich auf der Hacke um und verließ ihr Haus. Draußen warteten Roderick und Neil auf sie.

»Was wolltest du noch von den Männern?« Rodericks Miene drückte deutlich aus, dass ihm das alles nicht passte.

Benita wiederholte, was sie drinnen gesagt hatte. »Ich werde in ein paar Tagen kontrollieren, ob sie sauber gemacht haben.«

Roderick lachte laut auf. Es war kein fröhliches Geräusch. »Du glaubst ernsthaft, dass diese Gangster auch nur einen Finger rühren, um das Haus zu reinigen und das Gras zu schneiden?«

»Ja. Genau das. Du wirst es sehen.«

Roderick verdrehte die Augen. »Irgendetwas scheine ich hier nicht kapiert zu haben. Haben Sie immer ein Antibiotikum dabei, falls Sie mal einem angeschossenen Verbrecher begegnen?«, fragte er Neil, und deutlicher Sarkasmus färbte seine Stimme.

Neil blieb stehen. »Nein, das war Doxycyclin, das ist zwar ein potentes Antibiotikum, aber gleichzeitig ein Mittel gegen Malaria, und das habe ich immer bei mir, falls ich unvorhergesehen ins Malariagebiet verreise. Man braucht es nicht schon zehn Tage vor der Reise zu nehmen. Am ersten Reisetag ist früh genug, solange man es vier Wochen nach Ende der Reise noch schluckt.«

Roderick brummte. Die Hände in die Hosentaschen gebohrt, lief er vor Benita den schmalen Pfad hinunter. Tief in Gedanken kickte er einen Stein vor sich her, offenbar mit einem Problem beschäftigt. Unvermittelt ließ er von dem Stein ab und blieb stehen. »Wenn hier das gleiche Gesetz gilt wie in England«, sagte er langsam, »dann haben Khumalo und seine Sippe sich ihr Recht, in dem Haus zu leben, buchstäblich ersessen. Wie ist es hier, Neil?«

Auch Neil war stehen geblieben. Seine Miene war grimmig. »Genauso ist es. Roderick hat recht, Benita. Khumalo würde freiwillig gehen, weil er es sich nicht leisten kann, von der Polizei aufgestöbert zu werden. Aber seine Frau und seinen Sohn und auch den Rest seiner Familie wirst du kaum mit der Polizei vom Land verscheuchen können. Du kannst dich zwar an das Ministerium für Landangelegenheiten wenden, aber ich bezweifle, dass du da weit kommst. Also wirst du vor Gericht gehen müssen, und falls du ein Räumungsurteil erhältst und das auch durchsetzen kannst, wirst du dich dazu verpflichten müssen, eine andere Bleibe für sie zu finden. Du musst dich vergewissern, dass für die Alten, die Frauen und die kranken Kinder, die sonst noch da leben, gesorgt ist. Was wirst du tun?«

Benita horchte in sich hinein und stellte fest, dass sie sich über ihre eigenen Gefühle nicht klar war. Es war ihr Haus, aber sie lebte in England und hatte eigentlich nicht vor, hier einzuziehen. War es da nicht egal, wer dort wohnte? War es da nicht sogar besser, wenn jemand darin wohnte und es zumindest vor dem restlosen Verfall bewahrte? Nachdenklich sah sie Neil an.

»Ich weiß es noch nicht … Ich muss erst darüber nachdenken. Wenn ich die nächsten zwei Wochen überstanden habe und mein Gedankenchaos sich geordnet hat, werde ich weiterwissen. Und du? Wirst du ihn der Polizei melden?«

Es dauerte fast eine Minute, bis Neil antwortete. »Nein … nein, wahrscheinlich nicht. Es ist vielleicht naiv, aber ich glaube Phika Khumalo, dass er den Wärter nicht umgebracht hat. Unter den Zulus ist er sehr beliebt, weil er ein wenig Robin Hood spielt und Bedürftigen immer etwas von seiner Beute abgibt. Die würden ihn nie verraten. Nein, am besten vergesse ich einfach, dass ich ihn gesehen habe. Wie ist es mit euch?«

»Seine Familie ist der Kitt, der sein Leben noch zusammenhält«, sagte Benita leise, und als die beiden Männer sie erstaunt ansahen, fuhr sie fort: »Ich habe es in seinen Augen gesehen. Er ist ein Räuber, ein gesetzloser Mensch, aber wirklich böse ist er nicht. Da bin ich mir sicher.«

Neils blassgraue Augen verdunkelten sich, schienen von innen zu leuchten. Er lächelte. »Du hast es bemerkt. Du wirst ihn also vorläufig dort wohnen lassen und nicht vor Gericht gehen?«

»Ja, beziehungsweise nein. Nein, ich werde nicht das Gericht einschalten, ja, ich lasse ihn vorläufig dort wohnen, nur werde ich wie gesagt nicht dulden, dass das Haus wie ein Schweinestall aussieht. Aber du wolltest uns erklären, wer dieser Phika Khumalo wirklich ist. Kennt ihr euch denn? Ich hatte das Gefühl, dass du ihn noch nie zuvor gesehen hast.«

»Persönlich kenne ich ihn eigentlich nicht. Wir sind uns ein, zwei Mal begegnet, damals in den Townships, als Molotowcocktails und Steine flogen. Er war einer der radikalen jungen Rebellen, über zwanzig Jahre jünger als ich, und glühte vor Hass und Wut auf die weißen Unterdrücker. Er wurde in einem Lager des ANC in Mosambik oder Tansania ausgebildet. Er hat zu töten gelernt, und er war einer der Besten. Ende der Achtzigerjahre, kurz bevor der Umbruch kam, haben sie ihn erwischt. Was ich gehört habe, was man ihm im Gefängnis angetan hat, würde genügen, aus einem Heiligen den Teufel zu machen. Sein Körper ist völlig vernarbt, Gott weiß, wie es in seiner Seele aussieht. Nachdem Mandela an die Regierung kam, wurde er aus dem Gefängnis entlassen, aber er war einer von denen, die sozusagen durchs System gefallen sind.«

Er unterbrach sich und schaute einem Greifvogel nach, der über ihnen im endlosen Blau segelte.

Roderick runzelte die Brauen. »Was meinen Sie damit?«

»Ganz einfach. Er war ein Schulkind von zwölf Jahren, als er auf die Straße ging und die Panzer der Polizei mit Steinen bewarf. Als er aus dem Gefängnis kam, war er ein erwachsener Mann, praktisch ohne Schuldbildung. In der Hierarchie der Widerstandskämpfer war er nicht hoch genug, also bekam er keine Unterstützung vom Staat. Tausende haben sein Schicksal geteilt, und wie er haben sie gelernt, dass der einzige Weg für sie, einen gewissen Wohlstand zu erlangen, der ist, jemandem eine Waffe unter die Nase zu halten und sich zu nehmen, was man braucht. Dabei ist er wohl der Polizei ins Netz gegangen und wieder im Gefängnis gelandet. Ich weiß es nicht genau. Ich hatte ihn schon lange aus den Augen verloren.«

Er trat einen faustgroßen Stein so hart aus dem Weg, dass dieser mindestens zehn Meter weit flog und gegen einen umgebrochenen Baumstamm prallte.

»Aber wir sollten uns nicht der Illusion hingeben, dass der Wolf sich plötzlich in ein Schaf verwandelt hat. Er ist und bleibt ein gefährlicher Mann, dem nicht zu trauen ist … Aber selbst er hat eine Chance verdient …« Er verstummte.

Schweigend marschierten die drei den Pfad hinunter, der einen Bogen beschrieb und an Neils Wagen vorbeiführte, um an der Stelle zu enden, wo Benita ihr Auto geparkt hatte. Benitas Blick strich über das wogende Gras zu der Palmengruppe zur Rechten, schwenkte dann wieder herum.

»Suchst du etwas?« Roderick blieb stehen.

»Ich suche den Fluss. Wo ist der Fluss abgeblieben?«, fragte sie.

»Dir ist ein Fluss abhanden gekommen?«, scherzte er mit schiefem Grinsen.

»Allerdings. Erst dachte ich, ich wäre hier falsch, dass das nicht mein Haus sein kann. Von der Veranda aus war nämlich immer der Umiyane zu sehen, daran erinnere ich mich genau.«

Stundenlang hatte sie dort gesessen und den rotköpfigen Webervögeln zugesehen, die wie fliegende Rubine im Grün herumschwirrten und im Ried ihre tropfenförmigen Nester webten, hatte mit der einfachen Kamera, die ihr ihr Ubaba zum zehnten Geburtstag geschenkt hatte, unzählige Fotos der flirrenden Libellen und herrlichen weißen Reiher geschossen, die in der flachen Krone eines Uferbaums nisteten.

Neil blieb stehen. »Wartet hier. Ich bin gleich wieder da.« Bevor ihn Roderick oder Benita zurückhalten konnten, spurtete er zurück zum Haus und verschwand in der Tür. Kurze Zeit später kam er wieder. »Khumalo konnte es mir erklären. Der Umiyane fließt jetzt etwa hundert Meter weiter, da hinten, versteckt hinter der Buschreihe dort. Offenbar hat das etwas mit dem Erdbeben am Anfang der Woche zu tun. Habt ihr in England nicht davon gehört?«

»Nur ganz kurz. Ich hatte aber den Eindruck, dass das Zentrum irgendwo in der Mitte von Mosambik gelegen hat.« Wieder erinnerte sich Benita mit Unbehagen an das kurze Schütteln des Bodens unter ihr, als sie die Baustelle des *Zulu Sunrise* besichtigt hatten. »Es kann doch unmöglich bis hier unten gebebt haben, oder?«

Neil hatte die Hände in den Hosentaschen vergraben und wippte auf den Fußballen. Nachdenklich schaute er in die Richtung, wo der Fluss nun lag. »Es hat eine Flutwelle gegeben, die einige Flüsse hinuntergerauscht ist. So hieß es jedenfalls in den Nachrichten. Ich hatte das auch nicht für möglich gehalten, aber so wie es aussieht, hat sich hier der Flusslauf verändert. Freu dich, wenn ich es richtig sehe, hast du jetzt mehr Land, und das kostenlos.«

»Eine Flutwelle. Hier!« Hatte sie auf der Baustelle etwa ein Nachbeben gespürt? War das möglich? »Das kann ich mir gar nicht vorstellen.«

»Eine zerstörerische Laune der Natur. Ich kann mich nicht daran erinnern, hier einmal ein stärkeres Erdbeben erlebt zu haben als eins, bei dem allenfalls die Gläser im Schrank geklirrt haben. Hat bestimmt etwas mit der Erderwärmung und dem Kohlendioxidausstoß zu tun. Wenigstens das können wir der Regierung nicht in die Schuhe schieben.« Er verzog die Lippen zu einem sarkastischen Lächeln. »Wollen wir zum Fluss gehen und uns ansehen, wo er jetzt fließt?«

Die beiden anderen stimmten zu. Das Gras war hart und pikte, und Benita nahm sich vor, ihre Haut am Abend sorgfältig nach Zecken abzusuchen. Afrikanisches Zeckenfieber war eine gefährliche Sache. Dabei wurden die roten Blutkörperchen zerstört, und der Tod konnte schnell kommen.

Der Boden wurde merklich feuchter, die Vegetation grün und saftig. Mücken sirrten zwischen frischen Palmenwedeln, von einem Ast schoss ein blaugrüner Blitz ins Wasser und tauchte in einem Tropfenregen wieder auf.

»Ein Eisvogel!«, rief Benita. »Ein fliegendes Juwel!« Ihre Augen leuchteten. Sie ging vorsichtig weiter.

Zum Fluss hin wuchs das Röhricht übermannshoch. Roderick, der der größte und schwerste von ihnen war, ging voraus und bog es für Benita beiseite. Die feuchte Luft war geschwängert mit dem Geruch nach Fruchtbarkeit, Reife und Verwesung. Überwältigt schaute Benita sich um. Blaue Libellen schwirrten über der Wasseroberfläche, rotköpfige Kardinalweber hingen wie rote Schmucksteine in den gelbgrünen Halmen. Am Rand des Schilfgürtels zog sich entlang dem diesseitigen Ufer eine breite Sandbank hin, niedrige Bäume wölbten sich über den Büschen und Palmen, die auf der anderen Seite bis hinunter zum Wasser wucherten. Eine Kolonie lärmender Reiher hockte wie exotische, schneeweiß glänzende Blüten in der Krone eines ausladenden Baums.

Sie schluckte und musste die Tränen wegblinzeln, die plötzlich ihren Blick trübten. Es war, als wäre sie zurück in ihre Kindheit versetzt worden, als alles noch so war, wie es für ein Kind sein sollte. Selbst an den umgestürzten Baumstamm am Ufer meinte sie sich erinnern zu können, was aber natürlich Unsinn war. In diesem feuchtwarmen Klima war der bestimmt längst verrottet. Eine Ratte, die ihr über die Füße huschte, riss sie aus ihrem Paradies. Sie machte unwillkürlich einen Satz, lachte dann aber verlegen. »Es war nur eine Ratte. Sie hat mich erschreckt.«

Roderick testete mit einem Fuß, ob der Sand sein Gewicht aushalten würde, fand ihn fest genug und stapfte zum Wasserrand. Der Umiyane war aufgewühlt und schlammig gelb, strömte eilig dahin, murmelte und rauschte, gluckste um die flachen Felsbrocken, die wie Trittsteine in seinem Bett lagen, rüttelte an den Wurzeln und fraß hier und da ein paar Häppchen vom Sand.

Auch Neil war auf die Sandbank gewandert. »Seht euch vor, wir haben immer noch achthundert frei lebende Krokodile in Natal.« Er suchte argwöhnisch das Ufer mit den Augen ab. »Erst kürzlich ist ein Ranger ins Wasser gezogen und getötet worden. Vor den Augen seiner schwangeren Frau. Auch an Land sind die Viecher unglaublich schnell.«

Wenige Meter vor ihm brach ein Wasserbock durchs Unterholz und floh durchs seichte Wasser in den gegenüberliegenden Busch. Äste krachten unter seinen Hufen, eine Wolke orangebrüstiger Finken stieg erschrocken piepsend aus dem Gebüsch. Roderick fluchte vor Schreck. Mit schrillem Gezwitscher kreiste der Finkenschwarm über ihnen, die Webervögel nahmen ihre Warnrufe auf. Es herrschte eine ohrenbetäubende Kakophonie.

Roderick hatte sich wieder gefangen und lachte. »Dieses Land wirkt meist so zivilisiert, dass man glaubt, in Europa zu sein, bis etwas passiert, was einem deutlich macht, dass es eben doch in Afrika liegt.« Aber auch er sah sich jetzt aufmerksam um.

Die Luftfeuchtigkeit, die als musselinfeiner Schleier in der Luft hing, verdichtete sich immer mehr, wurde undurchsichtig und schwefelgelb, und kurze Zeit später war der Horizont ausgelöscht. Das Grün der Blätter leuchtete giftig, und die roten Kardinalweber glühten wie Fackeln im Ried.

»Gewitterlicht.« Neil ließ besorgt den Blick über die Hügel schweifen. »Das gibt heute noch was. Ich muss zusehen, dass ich vorher Durban erreiche, und ihr solltet ebenfalls zusehen, dass ihr nach Hause kommt. Die Verbindungsstraße von Inqaba zum

Highway verwandelt sich bei einem ordentlichen Wolkenbruch in einen Schlammfluss und wird schnell unpassierbar.«

Eilig strebten sie dem Riedgürtel zu, bahnten sich ihren Weg durch die dichten Halme und trotteten zurück zu den Autos. Als Benita zu ihrem Haus hinüberschaute, entdeckte sie einen großen Schatten im Laub der Würgefeige. Themba hatte augenscheinlich wieder Stellung bezogen. Neil schloss seinen Wagen auf, wandte sich noch einmal um, nahm Benita bei den Schultern und küsste sie herzhaft auf die Wange.

»Denk dran, dass du anrufst und Bescheid sagst, wann du am Samstag kommen kannst. Ich habe inzwischen mit Tita gesprochen. Sie freut sich sehr und will wissen, was du am liebsten isst.« Er lachte vergnügt. »Ich warne dich, sie wird dich von vorn bis hinten verwöhnen, und das heißt bei ihr, dass sich der Tisch unter Leckereien biegt. Ich hoffe, du bist nicht gerade auf Diät?« Er ließ seine Augen vielsagend über ihre gertenschlanke Figur laufen.

»Ach wo, ich kann so ziemlich alles essen, worauf ich Appetit habe. Muss an den guten Genen liegen. Bitte grüße Tante … bitte grüße Tita von mir. Ich habe so viele Fragen, ich weiß gar nicht, wo ich anfangen soll.«

Neil kletterte in seinen Wagen und nahm sein Mobiltelefon heraus. »Ich muss heute noch bei Captain Singh antanzen. In ihrem Büro in Ulundi. Benita, unglücklicherweise hat sie erfahren, warum Twotimes auf Inqaba war, und will jetzt natürlich Genaueres wissen. Ich werde leider nicht darum herumkommen, Adrians Namen preiszugeben.« Er streckte eine Hand nach Benita aus, als er die Bestürzung in ihrem Gesicht las. »Es tut mir so leid, aber ich weiß wirklich nicht, wie ich es vermeiden könnte. Du solltest dich jedenfalls darauf vorbereiten, dass sie noch einmal mit dir reden will. Entschuldigt mich jetzt bitte, ich muss Tita Bescheid sagen, dass ich später komme.«

Benita war bei seiner Erklärung blass geworden. Sie hatte das unheimliche Gefühl, unaufhaltsam in einen Mahlstrom gezogen zu werden. »Gut. Danke. Ich werde mich darauf einstellen«, antwortete sie mit steifen Lippen.

Neil nickte, drückte eine Kurzwahltaste und lauschte. »Verdammt«, murmelte er nach einem Blick auf das Display. »Wir stecken offenbar in einer empfangsfreien Zone, wie unser zuständiger Minister das mal so nett bezeichnet hat. Ich bekomme keine Verbindung. Wahrscheinlich ist irgendwo ein Sendemast umgefallen.« Er steckte das Mobiltelefon wieder ein. »Das ist in Zululand immer ein Glücksspiel. Innerhalb eines Viertelkilometers kann der Empfang hervorragend sein, oder es tut sich gar nichts, und es bleibt einem nichts anderes übrig, als zu trommeln. Zustände wie vor Jahrhunderten. Benita, ich werde dich heute Abend anrufen und dir berichten, wie mein Verhör gelaufen ist.« Neil hob grüßend die Hand, wendete den Wagen und fuhr langsam vom Grundstück.

Benita winkte ihm nach und marschierte dann durchs Gras zu Jills Auto. Sie öffnete die Tür und stieg auf den Fahrersitz.

»Lass mich fahren, du bist viel zu aufgeregt«, sagte Roderick mit besorgter Miene.

»Red keinen Quatsch«, fauchte sie und drehte den Zündschlüssel. Dankbar stellte sie fest, dass der Tank noch fast voll war. Bestimmt gab es hier weit und breit keine Tankstelle. Die Vorstellung, was geschehen könnte, wenn sie mit leerem Tank liegen blieben, wollte sie nicht weiterverfolgen. Kaum dass Roderick auf dem Beifahrersitz saß und die Tür geschlossen hatte, trat sie aufs Gas. Langsam schaukelten sie auf dem von Furchen durchzogenen Pfad zum Highway, wo sich Benita hinter einem Lastwagen einfädelte.

Es herrschte lebhafter Verkehr. Es war Feierabend, die Bewohner der umliegenden Dörfer kehrten von der Arbeit aus den Städten heim, und auf der Straße nach Inqaba spien Dutzende von Sammeltaxis ihre menschliche Last aus. Die Heimkehrer quirlten durcheinander, an verschiedenen Stellen sammelten sich am Straßenrand Menschentrauben wie Bienen um ihre Königin. Sowie junge Männer erkannten, dass eine Frau am Steuer saß, sprangen sie dem Geländewagen direkt vor den Kühler, zwangen Benita zu gefährlichen Ausweichmanövern und machten mit eindeutigen Gesten höhnisch lachend klar, was sie gern mit ihr täten.

»Mistkerle«, knirschte sie einmal, ließ das Fenster herunter und lehnte sich hinaus, aber einer der Kerle sprang auf sie zu, worauf sie das Schimpfwort hinunterschluckte und auf den Fensterheber drückte. Die Scheibe surrte hoch.

»Denen geht es nur darum, dir Angst einzujagen«, versuchte Roderick sie zu beruhigen, erntete aber nur einen finsteren Blick. »Lass mich fahren, dann kannst du dich so setzen, dass man dich nicht sieht.«

»Nein!«, fauchte sie und trat aufs Gas. Nicht ums Verrecken würde sie seinem Vorschlag Folge leisten und damit zugeben, dass alle, die sie gewarnt hatten, allein zu fahren, recht hatten. Ganz sicher nicht. Als drei junge Burschen am Straßenrand unter Gejohle einen zweideutigen Tanz aufführten, schnitt sie eine wütende Grimasse.

Erstaunlicherweise erreichten sie das Tor von Inqaba rechtzeitig vor der Schließung. Der Wächter erkannte den Wagen von Jill, drückte den Schlagbaum hoch und hob grüßend die Hand. Benita drosselte die Geschwindigkeit auf die erlaubten zwanzig Stundenkilometer.

Bald näherten sie sich einer Abzweigung, die in einer Wendeschleife mündete, die sich wiederum zu eine Suhle öffnete, aus der zwei schlammverkrustete Felsen ragten. Erst als einer der Felsen die Ohren zwirbelte, erkannte Roderick, dass es dösende Nashörner waren. Er hob die Hand.

»Halte einmal an, Benita. Bitte. Genau hier.«

Mehr erstaunt als befremdet, lenkte sie den Wagen auf den schmalen Weg, wobei sie zwei badewannengroße Löcher umfahren musste, ehe sie direkt an die Suhle gelangte. Mit einem Knopfdruck versenkte sie die Fenster und stellte anschließend den Motor ab. »Gut so?«

Er nickte schweigend, atmete tief durch und lehnte den Kopf an den Sitz. Die Nashörner rührten sich nicht, ließen sich von den Madenhackern, die auf ihnen herumturnten und Zecken und anderes Ungeziefer aus den Ohren und dicken Hautfalten pickten, nicht im Geringsten stören. Der Busch knisterte, ein Zweig knackte, ein Vogel lachte leise. Es waren die einzigen Geräusche. Benita spürte, wie die Anspannung der letzten Tage aus ihr herauströpfelte. Die warme Stille füllte ihre Seele.

Afrikas Zauber, dachte sie.

»Afrikas Zauber«, murmelte Roderick. »Er wirkt immer.«

Überrascht streifte sie ihn mit einem Blick. Hatte er ihre Gedanken gelesen? Aber er sah sie nicht an, seine Augen waren in die Ferne gerichtet, die Härte war aus seinen Gesichtszügen geschmolzen. Was mochte er denken? Was sah er? Sie wagte nicht, ihn zu fragen, spürte eine unerklärliche Scheu vor einer Antwort. Ein Schatten huschte über die Suhle, und sie schaute ins gleißende Licht hoch.

Über ihnen segelte ein weißköpfiger Fischadler. Höher und höher schraubte er sich ins Blau, sein Schrei, der zu ihnen herunterschwebte, war voll schierer, ungebändigter Lebenslust.

Roderick verfolgte seinen Flug mit einem Ausdruck auf seinen Zügen, in dem Sehnsucht lag, mit einem dunklen Unterton der Traurigkeit und Resignation. »Einmal so frei sein«, sagte er schließlich.

Er hatte die Worte geflüstert, aber Benita hatte ihn trotzdem verstanden. Wieder musterte sie ihn überrascht, aber noch immer schien er wie in einem Käfig in seiner inneren Welt eingeschlossen zu sein. Er reagierte nicht. Sie bezog seine Bemerkung auf die Tatsache, dass er den ungeliebten Posten als Aufsichtsratsvorsitzender ausfüllen musste, bis sein Bruder wieder einsatzfähig war. So ging jedenfalls das Gerücht in der Bank.

»Was meinst du damit?« Es war ihr herausgerutscht.

»Kennst du Uganda?«

»Uganda? Nein. Warum?« Ihre Verwirrung stieg.

»Ich möchte dir da was zeigen.«

»Mir …? In Uganda … Was?«

Schweigend, fast teilnahmslos schaute er dem Adler nach. Der majestätische Vogel war nur noch ein winziger Punkt in der flirrenden Weite, und seine Schreie wurden leiser und immer leiser, bis sie der Wind schließlich ganz verwirbelte. Es blieb ein Nachklang von Freiheit und Verlangen, der die Luft zum Schwingen zu bringen schien.

»Meine Seele«, murmelte er.

Er sagte es in einem so selbstverständlichen Ton, dass sie glaubte, er habe nur laut gedacht. Tatsächlich verriet seine Miene nichts, und sie war unschlüssig, wie sie sich verhalten sollte. Also wartete sie schweigend, dass er weitersprach, aber er tat es nicht. Es war offensichtlich, dass er in Gedanken weit weg war.

Kopfschüttelnd ließ sie den Motor wieder an und legte den ersten Gang ein, konnte sich nicht erklären, was in ihn gefahren war. Esoterische Anwandlungen hätte sie nie im Leben mit Roderick Ashburton, dem Frauenjäger und Abenteurer, und schon gar nicht mit dem Banker Ashburton in Verbindung gebracht. Doch ehe sie wieder losfahren konnte, legte er ihr seine Hand auf den Arm, und sie stellte den Motor wieder ab.

»Ich habe den Kontinent in fast jeder Richtung durchquert«, sagte er leise, als spräche er zu sich selbst. »Bin dabei ständig übergangslos zwischen Steinzeit und Computerzeitalter hin und her gewechselt. In einem Dorf habe ich einmal eine Nacht lang mit einer Familie gefeiert, liebenswerte Menschen, unglaublich gastfreundlich. Sie haben alles aufgetischt, was sie besaßen, Maisbrei mit gerösteten Ameisen, wilden Honig, selbst gebrautes Bier und in Palmöl frittierte Raupen in dicker Erdnussbutter.« Er verzog den Mund. »Die schmecken ein bisschen wie krosse

Pappe, aber man muss sich nur einbilden, es wären frittierte Gambas.«

»Nelly hat uns früher mit gerösteten Mopani-Raupen gefüttert, in Ketchup. Meine Mutter hat Zustände bekommen, als sie das hörte. Wegen des Ketchups.« Sie kicherte nervös, verstand noch immer nicht, was in ihm vorging.

Er schien ihren Einwurf nicht einmal registriert zu haben, so versunken war er in der Vergangenheit. Mit abwesender Miene malte er ein Herz auf ihren Arm. Die Berührung seiner Fingerkuppe war federleicht, und doch brannte sie wie Feuer. Zutiefst verwirrt, hielt Benita vollkommen still.

Roderick hatte seinen Blick nach wie vor auf die Nashörner geheftet, aber er sah nicht die dösenden Dickhäuter und deren eifrige gefiederte Putzkolonne, während er weitererzählte. Er war zurück in einem abgelegenen Dorf in Uganda.

»Nach dem Essen musste ich mir mit ihnen einen uralten Schwarz-Weiß-Film im Fernsehen ansehen. Den Strom dafür erzeugte der älteste Sohn, indem er sich für die Länge des Films auf einem Fahrradgenerator abstrampelte. Jedes Mal, wenn er langsamer wurde, jaulte der Fernsehton, und sein Vater scheuchte einen räudigen gelben Hund hoch, der dem Sohn begeistert in die Waden zwickte, bis der Film weiterlief. Gegen Ende war der bedauernswerte Mann so geschafft, dass der Film unter seinen Schmerzensschreien und dem hysterischen Kläffen des Köters verreckte.«

Benita sah den Mann vor sich, der mit aller Kraft in die Pedale trat und dem geifernden Hund doch nie entkommen konnte. Sie lachte laut auf.

Wieder streichelte Roderick sie abwesend. Er hatte nicht gelacht. »Die Geschichte geht noch weiter, allerdings weniger lustig. Erst hinterher habe ich erfahren, dass unsere Gastgeber ihren Nachbarn bestialisch umgebracht haben. Eine ihrer Kühe war verendet, und der Dorfmedizinmann hatte aus seinen Knochen gelesen, dass der Nachbar Gift in ihr Futter gestreut hat.« Er zuckte resigniert mit den Schultern. »Das ist nichts Besonderes, ich weiß. Das ist Afrika. Kontraste, die wehtun. Ich war in den Häusern der Fat Cats, der feisten, vollgefressenen Offiziellen, die ihr Land ausbluten und ihre Schweizer Geheimkonten mit Entwicklungshilfegeldern füllen, und einen Kilometer weiter bin ich auf Dörfer gestoßen, wo es nur noch Kinder gab, Kinder, die das Weinen verlernt haben. Ihre Eltern waren an Aids gestorben. Die Kinder lebten von dem, was sie mit bloßen Händen aus dem Boden kratzen konnten. Sie hatten aufgetriebene Bäuche und trübe Augen, und ich wusste, das keines dieser Kleinen bei meinem nächsten Besuch am Leben sein würde. Ich kann nicht einmal den Gedanken daran ertragen«, setzte er hinzu. »Deswegen möchte ich dich irgendwann mit zu meinen Kindern in Uganda nehmen.«

»Deine Kinder?«, wisperte sie, völlig verunsichert. Seine Kinder?

Ein zweites Herz, verschlungen mit dem ersten, entstand auf ihrem Arm, und dann erzählte er ihr von Tricia und dem Unfall und von seinen Kindern, die ohne seine Unterstützung keine Chance hatten, erwachsen zu werden. Seine Stimme war trocken und brüchig, bar jeden Ausdrucks, und Benita musste sich anstrengen, um jedes Wort zu verstehen.

»Eines Tages werde ich ein Buch schreiben«, schloss er, sah sie aber immer noch nicht an.

Es klang wie ein Versprechen, und sie wagte nicht, ihn zu fragen, was für ein Buch und worüber. Über den Hügeln rumpelte es, zwar noch nicht bedrohlich, eher wie ein Geräusch, das seinen Ursprung tief in der Erde hatte, aber die Warnung war deutlich.

»Gewitter ziehen hier oft innerhalb von einer Viertelstunde auf«, flüsterte sie, weil sie sich aus irgendeinem Grund scheute, laut zu reden. »Wir sollten uns beeilen, dass wir ins Haus kommen, ehe sich die Sintflut über uns ergießt.«

»Wie in Uganda«, murmelte Roderick mit träumerischem Blick.

Am liebsten wäre sie hier neben ihm sitzen geblieben, hätte seine ruhige Stimme über sich hinwegspülen lassen, wäre seinen Träumen bis ans Ende ihrer Zeit gefolgt, aber ihre praktische Natur gewann Oberhand. Sie trat aufs Gas, wendete, und ein paar Minuten später parkte sie hinter einem der Wildhüterautos, stellte den Motor ab und stieg aus.

»Gerade noch geschafft«, sagte sie und schloss die Autotür ab. »Noch kommen wir trockenen Fußes zum Bungalow. Bei einem anständigen Gewitter könnte es schon passieren, dass man schwimmen muss.«

Die Hände in den Hosentaschen vergraben, eilte er ihr wortlos voraus. Die Stimmung war verflogen, hatte sich aufgelöst wie ein zarter Nebelschleier im Sturm, und sie konnte nicht verstehen, warum ihr die Tränen so locker saßen.

18

Jill hatte ihre Ankunft offenbar vom Büro aus beobachtet, jedenfalls bog sie just in diesem Moment um die Hausecke und kam zielstrebig auf sie zu. Benita verzog das Gesicht. Sie hielt Roderick am Ärmel fest.

»Ich muss mich wohl bei meiner Cousine entschuldigen, dass ich sie vorhin angeflunkert habe. Das sollte nur wenige Minuten dauern. Dann komme ich nach. Ich nehme an, wir werden unsere Besprechung vor dem Abendessen halten?« Sosehr sie sich anstrengte, in seinen Augen auch nur eine Spur dessen zu finden, was sie eben geteilt hatten, es war vergeblich.

Fast geschäftsmäßig kühl bestätigte er ihre Frage und entfernte sich dann in Richtung des Bungalows, wobei er leise vor sich hinpfiff. Die Töne drifteten zu ihr zurück, und sie meinte die Melodie von Hernando's Hideaway zu erkennen. Verwirrt sah sie ihm nach. Was war nur in ihn gefahren? Hatte sie sich die letzte halbe Stunde nur eingebildet?

Jill blieb vor ihr stehen, die Hände auf die Hüften gestützt, ihr Ausdruck stürmisch. »Du warst bei deinem Haus, nehme ich mal an, obwohl ich dich davor gewarnt habe«, fuhr sie ihre Cousine an. »Das war wirklich leichtsinnig von dir. Du bist zu lange nicht im Land gewesen, um beurteilen zu können, welche Situationen man tunlichst meiden sollte. Hast du jemanden im Haus angetroffen?«

Benita nickte. »Und wie du siehst, bin ich völlig unversehrt.« Sie hatte nicht vor, über ihre Begegnung mit Phika Khumalo zu reden.

»Ist irgendetwas an dem Gerücht dran, dass sich da ein entflohener Sträfling versteckt? In dem Fall solltest du Anzeige erstatten. Dann wird die Polizei da aufräumen, was den Vorteil hätte, dass du dir einen Antrag bei Gericht ersparen kannst.«

Benita schaute sie ausdruckslos an. »Ich habe nur eine junge Familie angetroffen. Vater, Mutter, Kind und einen Freund.«

Ihre Cousine bedachte sie mit einem zweifelnden Blick. »Eine junge Familie?«

»Mit einem Baby. Einem Säugling.«

Jill war sich durchaus darüber im Klaren, dass Benita nicht die volle Wahrheit sagte, aber das war ihre Sache. »Nun, falls sich da jemand verstecken sollte, der nicht gefunden werden will, wird der ja nicht gerade darauf gewartet haben, dass du ihn aufstöberst. Der hat sicher irgendwo gemütlich im Busch gesessen und gewartet, bis du wieder weggefahren bist.« Sie hätte ihre Cousine schütteln können. Sie hatte sich wie ein beliebiger leichtsinniger Tourist benommen, der keine Ahnung von den hiesigen Verhältnissen hatte und nur den Maßstab seines europäischen Lebens anlegte.

»Ich habe nichts gesehen«, beschied Benita sie und setzte ihr unschuldigstes Gesicht auf. Ein dumpfes Grollen gab ihr die Möglichkeit, das unangenehme Thema zu wechseln. »Wird wohl Gewitter geben.« Sie wies auf die Wolkenwand, die sich wie ein gigantisches schwarzes Monstrum über den Hügeln hochschob. »Es blitzt schon ganz ordentlich.«

Wieder zischte ein verästelter Blitz über die Schwärze. »Hoffentlich«, antwortete Jill. »Aber mit viel Regen. Es ist knochentrocken. Blitze und zu wenig Regen dabei wären eine Katastrophe.«

Voller Sorge beobachtete sie das sich nähernde Gewitter. Seit Wochen hing die Sonne als weiß glühender Feuerball über ihrem Land und versengte alles, was sie berührte. Ihr Blick flog über die weiten Grasflächen am Hang. Die Halme waren völlig gelb und brachen, Büsche und Bäume ächzten im Todeskampf, weil ihr

Mark austrocknete, und steckten ihre letzte Kraft in Angstblüten, um den Fortbestand ihrer Art zu sichern. Ein Funke würde genügen, das wusste Jill aus Erfahrung, eine achtlos weggeworfene Zigarette oder eine Glasscherbe, die das Sonnenfeuer auf einen Fleck bündelte, und ihr Land würde in einem Feuersturm explodieren. Sie musste ihre Leute anweisen, vorsorglich Schneisen zu schlagen und an strategischen Punkten gezielt einige kontrollierte Brände zu legen.

»Das Beste wäre ein richtiger anhaltender Wolkenbruch, eine Art Monsunregen. Das bisschen Nässe gestern war nach den Monaten der Dürre buchstäblich nur ein Tropfen auf den heißen Stein. Die Sonne hat alle Feuchtigkeit sofort wieder aufgesogen. Wenn es nicht bald ausgiebig schüttet, werden wir in Schwierigkeiten geraten. Ein Feuer auf Inqaba wäre furchtbar. Im Gebiet an der Felswand ist schon einmal die gesamte Vogelbrut einer Saison vernichtet worden, was an sich schon schlimm genug ist, aber für unseren Ruf als Vogelparadies vernichtend. Ich habe bereits vor zwei Tagen meinen Leuten verboten, mit den Gästen auf den Rastplätzen zu grillen. Der Funkenflug wäre zu gefährlich.« Sie lächelte schief. »Ich muss Nelly sagen, dass sie ein ernstes Wort mit ihren Ahnen redet. Ich werde ihr ein Opferhuhn spendieren.« Ein Funkeln stahl sich in ihre blauen Augen. »Ob die auch Hähne akzeptieren?«

Benita schlug mit gespieltem Entsetzen die Hand vor den Mund. »Schäm dich, du wirst dabei doch nicht an Kiras Hahn denken?« Sie kramte den Autoschlüssel aus der Hosentasche. »Ehe ich es vergesse: Vielen Dank für deinen Wagen, hier ist der Schlüssel. Jetzt muss ich mich aber beeilen. Mein Boss und Gloria warten auf mich.« Vergnügt winkte sie ihr zu und joggte dann über den Weg zum Bungalow.

Roderick saß auf der Veranda und hatte seinen Laptop geöffnet, der Hefter mit dem Geschäftsplan lag daneben. Er sah hoch, als sie die Treppe hinauflief.

»Jill hat jedem von uns einen Korb mit Früchten, Obstkuchen und eine Thermoskanne mit Kaffee schicken lassen. Ich habe deinen in dein Zimmer gestellt. Sieht lecker aus.«

Benita lächelte erfreut. Der Gedanke, sich nach ihrem ereignisreichen Ausflug bei Obstkuchen, Kaffee und frischen Früchten entspannen zu können, erschien ihr als sehr verlockend. »Bitte gib mir ein paar Minuten. Ich muss dringend diese Klamotten ausziehen.« Sie wies auf das Blut, das ihr auf die Hose und ihr Oberteil getropft und zu steifen schwarzen Flecken getrocknet war. Ohne auf seine Antwort zu warten, öffnete sie ihre Tür und trat ins Zimmer. Im selben Augenblick hörte sie ein kurzes, heiseres Bellen, ein grauer Schatten verschwand wie der Blitz im Badezimmer, und dann noch einer und noch einer. Affen! Alarmiert ließ sie ihren Blick durch den Raum fliegen. Im ersten Moment verstand sie gar nicht, was sie sah. Krümel überall, schmierige Streifen auf dem Bett, auf dem Boden, an den Sesseln, gelbe Matschflecken an den Wänden, ein roter an der Decke, eine halb gegessene Banane, und überall verstreuter Zucker und eine große Lache Milch auf dem Boden. Außerdem hing beißender Uringeruch in der Luft.

Ratlos drehte sie sich im Kreis, wusste nicht, was sie zuerst tun sollte, als sie ein ängstliches Fiepen ins Badezimmer lockte. Mit zwei langen Schritten war sie dort, zog vorsichtig die halb offen stehende Tür auf und blickte entgeistert auf die Szene, die sich ihr darbot.

Ein winziger Affe, ein Pavianjunges, wie sie sofort erkannte, hatte sich mit seinen Krallen in dem hochflorigen Badeteppich verheddert und strampelte wild mit allen vieren, um sich zu befreien. Mit vor Angst geweiteten Augen stierte es ihr entgegen, fiepte noch lauter, strampelte stärker, fiel auf den Rücken und urinierte in seiner Angst in hohem Bogen auf den Teppich. Dabei wurde deutlich, dass es sich um ein kleines Männchen handelte. Sein überraschtes Gesichtchen mit dem weißen, noch tropfendem Milchbart reizte sie unwillkürlich zum Lachen. Ein schabendes Geräusch vom Fenster her ließ sie herumfahren, und sie entdeckte, dass es offen stand. Sie griff danach, um es zu schließen, als plötzlich das zähnefletschende Gesicht eines erwachsenen Pavianweibchens im Rahmen erschien. Die Äffin zog sich sofort am Fenstersims hoch und machte Anstalten hereinzuklettern. Das Kleine quietschte, als es seine Mutter sah, und strampelte noch stärker.

Benita fackelte nicht lange. Mit einem Satz verließ sie das Bad und knallte die Tür hinter sich zu. Mit einer wütenden Pavianmutter war wahrlich nicht zu scherzen. Aufgebracht inspizierte sie ihr Zimmer. Natürlich wurde ihr jetzt klar, was sich hier abgespielt hatte. Irgendjemand, vermutlich das Zimmermädchen, hatte das Badezimmerfenster offen gelassen, und eine Pavianherde hatte sich an dem Früchtekorb und dem Kuchen delektiert, die Milch ausgesoffen und die Zuckerdose geleert und dabei eine unglaubliche Schweinerei angerichtet. Oder was immer man bei Affen sagt, dachte sie grimmig und stürzte ins Wohnzimmer, um die Rezeption anzurufen.

Gloria, die eben ihr Zimmer verließ, musterte sie missbilligend. »Wie, Sie sind immer noch nicht fertig?«, sagte sie angesichts der verfleckten Jeans und des durchgeschwitzten Oberteils unwirsch. »Wir warten.«

Benita bedachte sie mit einem verdrossenen Blick und nahm wortlos das Telefon, wählte die Rezeption und erklärte Jonas mit knappen Worten, was vorgefallen war. Sie hörte Stimmengewirr, dann meldete sich Jill, die ihrer Beschreibung des Zustands des Zimmers mit gelegentlichem Kichern lauschte.

»Paviane, ach herrje! Entschuldige, dass ich lache. Aber diese Biester schaffen mich noch. Morgens schickt die Herde doch tatsächlich Kundschafter vor, um herauszufinden, ob irgendwo ein Fenster offen steht und wo es sich lohnt, einen Raubzug zu machen. Achte mal beim Frühstück drauf.« Sie gluckste. »Aber mach dir keine Sorgen, ich werde gleich eine Reinigungsmannschaft rüberschicken. Nur fürchte ich, dass dein Zimmer zumindest für diese Nacht unbewohnbar sein wird. Haben sie hineingepinkelt? Auf den Teppich im Bad! Na, ich kann mir vorstellen, wie das stinkt. Den werden wir auswechseln und alles andere desinfizieren. Haben sie sich die anderen Zimmer auch vorgenommen?«

Benita lachte. »Das glaube ich nicht. Wenn die Affen Glorias Zimmer heimgesucht hätten, hätte sie dir das längst mit großer Lautstärke in allen Einzelheiten mitgeteilt und dir gleichzeitig eine saftige Klage in Aussicht gestellt, das kann ich dir garantieren.«

»Eine Klage? Wegen Affen in Afrika?« Jill lachte vergnügt. »Ach, du meine Güte, das wäre doch mal eine lustige Sache!«

»Sie hat ihren Nerzpelz mit. Stell dir vor, was die Affen mit dem angestellt hätten«, lästerte Benita.

»Einen Nerz? Oje.« Jill kiekste vor Lachen. »Morgen ist dein Zimmer wieder picobello, ich habe ein Wundermittel gegen Affenpi… Affenurin.« Sie verschluckte sich fast. »Du kannst das Gästezimmer in meinem Haus haben. Es ist groß und bequem, und in der Badewanne kannst du schwimmen. Außerdem ist es weit genug weg von den Kindern, dass du deine Ruhe hast. Ich nehme an, du musst einiges für die Besprechung vorbereiten. Deine Kiste ist ja auch noch hier. Ich schicke dir Ziko, um beim Tragen zu helfen.«

Benita nahm das Angebot sofort an. Es blieb ihr nichts anderes übrig. Ihr Zimmer stank absolut grauenhaft, und sie hatte nicht vor, auch nur eine Minute länger dort zu verbringen, als nötig war, ihre Sachen zu packen. Sie machte sich sofort an die Arbeit. Dabei stellte sie fest, dass ihr Parfum fehlte. Auf der Kommode, wo es gestanden hatte, war der Abdruck einer kleinen, knochigen Hand zu sehen. Sie kicherte in sich hinein. Irgendwo da draußen im Busch hüpfte ein Pavian herum, der Meilen gegen den Wind nach dem neuesten Duft eines großen Modehauses roch. Der Verlust war zu verkraften. Der Duft war ihr ohnehin zu aufdringlich gewesen, erinnerte sie immer an Duty-Free-Läden im Flughafen, wo jeder im Vorbeigehen sich mit den Parfumproben einsprühte.

Während sie ihre Kleider aus dem Schrank nahm, fragte sie sich, wie der parfümierte Affe wohl von seinen Artgenossen behandelt wurde. Hatte er es ausgetrunken und torkelte jetzt in einer Parfumwolke beschwipst durch den Busch? Oder vielleicht zerrissen sie ihn ja auch vor Gier, sich den herrlichen Duft einzuverleiben, wie der Pariser Pöbel es mit dem Mörder in *Das Parfum* tat?

Kaum dass sie fertig gepackt hatte, erschien Ziko, um sie zu Jills Haus zu begleiten. Er führte sie über die Veranda und öffnete erst eine Mückenschutztür und dann die gläserne Schiebetür des Gästezimmers. Sie trat ein, zog ihre Schuhe aus und schaute sich um.

Ihre Cousine hatte nicht zu viel versprochen. Das Zimmer war wirklich sehr geräumig, mit einer endlosen Schrankwand und einem Kingsize-Bett. Die blassen Melbatöne wirkten beruhigend, die glasierten Terrakottafliesen hatten die Tageswärme gespeichert und schmeichelten ihren nackten Fußsohlen. Gegenüber der weißen Schrankwand öffnete sich neben einem bodentiefen Fenster die Glasschiebetür, durch die sie eingetreten war. Ein Blick in das ganz in Weiß gehaltene Badezimmer zeigte ihr, dass man in der Badewanne tatsächlich schwimmen konnte.

Sie steckte Ziko ein Trinkgeld zu und wartete, bis er außer Sichtweite war. Dann zog sie sich aus, steckte jedes Kleidungsstück in den Wäschesack und untersuchte anschließend jeden Zentimeter ihrer Haut gründlich, ob sich irgendwo eine Zecke festgesetzt hatte. Zu ihrer Erleichterung fand sie keine, also stellte sie sich unter die Dusche. Beide Hände gegen die gekachelte Wand gelehnt, ließ sie kühles Wasser über sich strömen, bemühte sich, dabei an nichts zu denken. An ein weites, blaues, stilles Nichts.

Nach zehn Minuten musste sie feststellen, dass ihr das so gut wie unmöglich war. Phika Khumalo spukte in ihrem Kopf herum, der Inhalt der Kiste, die ihr Vater ihr hinterlassen hatte, die Tatsache, dass sie immer noch nicht das Gefühl loswerden konnte, Doktor Erasmus schon einmal gesehen zu haben, und immer wieder, völlig überraschend und außerordentlich verwirrend, erschien Rodericks Gesicht.

Durch das Rauschen des Wasserstrahls hörte sie entfernt das Telefon klingeln. Mit einem Unmutslaut stellte sie die Dusche ab, wickelte sich in das übergroße Badelaken und tappte, kleine Pfützen hinterlassend, hinüber zu dem zierlichen Schreibtisch, der neben der Glastür vor dem Fenster stand. Sie nahm den Hörer ab.

»Ja, bitte?«

Eine schroffe, männliche Stimme meldete sich. »Inspector Cele am Apparat. Captain Singh will mit Ihnen sprechen. Warten Sie bitte.«

Captain Singh. Ihr Herz machte unwillkürlich einen Satz und fing dann prompt an zu hämmern. Verärgert über ihre eigene Reaktion, zwang sie sich, ruhig zu atmen. Es traf sie keinerlei Schuld, für nichts. Für absolut gar nichts.

»Miss Steinach-Forrester?« Captain Singhs Ton war klar und kalt. »Morgen möchte ich Sie um vierzehn Uhr in meinem Büro in Ulundi sehen. Es gibt einiges, was ich herausgefunden habe, und im Zusammenhang damit noch vieles, was ich nicht verstehe. Ich bin überzeugt, dass Sie zur Klärung der Dinge beitragen können. Sie wissen mehr, als Sie zugeben.«

»Ich weiß nichts, absolut gar nichts«, quetschte Benita hervor.

Diese Polizistin hatte eine Art, die sie sofort verunsicherte, und die Angst, dass jene mit den richtigen Fragen den eingekapselten Abszess ihrer Erinnerungen wie mit einem Skalpell öffnen würde, drohte sie zu verschlingen. Ihr Kopf verlangte, dass sie endlich erfuhr, was in jenen Tagen geschehen war, aber ihr Körper reagierte sofort mit Panik, kam auch nur die Sprache darauf. Die Tatsache, dass sie ihre Gefühlsreaktionen nicht beherrschen konnte, drohte sie völlig aus der Bahn zu werfen. Sie wünschte sich weit, weit weg, zurück in den Regen Londons, zurück in ihre Welt der Zahlen und Computer, wo Logik herrschte, die keinen Raum für Emotionen ließ, wünschte sich sanfte, verwaschene Farben und ein kühles Klima. Und Henry. Den zuverlässigen, langweiligen Henry.

Diese Gedanken rasten ihr unkontrolliert durch den Kopf, zerstörten vollends das Bild, das sie von sich selbst aufgebaut hatte. Das der beherrschten, überlegenen Frau, die es im von Männern dominierten Bankgeschäft weit nach oben geschafft hatte, einer Frau, die einem gefährlichen Verbrecher furchtlos gegenübergetreten war. Nun hatte das verängstigte Kind in ihr die Oberhand gewonnen. Nur unter Aufbietung ihrer ganzen Beherrschung konnte sie sich vor dem Absturz in tiefste Verzweiflung bewahren.

»Oh, ich denke doch, dass Sie einiges wissen«, schnitt Captain Singhs scharfe Stimme mitten durch sie hindurch. »Ich möchte zum Beispiel alles über Ihre Verbindung zu Julius Mukwakwa hören.«

»Twotimes«, flüsterte Benita.

Neil. Adrian. Die Flusspferde aus Ton. Schon schwoll der Abszess in ihrem Inneren wieder an. Sollte er vorzeitig aufplatzen, würde er sie mit seinem Gift überschwemmen, einem Gift, dem sie wehrlos ausgeliefert sein würde. Sie brauchte Zeit, um behutsam ihre Erinnerungen Schicht um Schicht abzutragen. Nach jeder entfernten Schicht würde sie neue Antworten haben, bis sie den Kern der Wahrheit gefunden hatte. Dann wäre sie geschützt, dann würde sie die Antworten auf alle Fragen wissen.

»Twotimes. Richtig«, bestätigte Captain Singh. »Denken Sie gut nach. Morgen möchte ich die Wahrheit hören. Haben Sie einen Wagen? Sonst werde ich Sie von Inspector Cele abholen lassen.«

»Ich werde mir einen Wagen leihen.« Allein die Vorstellung, andernfalls in einem vergitterten Polizeiwagen transportiert zu werden, hätte sie dazu veranlassen können, den Weg lieber zu Fuß zu gehen.

»Gut. Und seien Sie pünktlich.« Damit unterbrach Captain Singh die Verbindung.

Benita starrte einen Augenblick auf den Hörer, dann legte sie auf, zog das Badelaken enger um sich und ließ sich auf den Stuhl fallen, der neben dem Telefon stand. Wovon sprach Fatima Singh da? Welche Dinge sollte sie erklären können?

Aber die Antwort auf diese Frage wusste sie genau, und ihr gesamter Organismus wehrte sich dagegen. Im Zentrum ihres Körpers spürte sie einen Stoß wie eine kurze Warnung, ähnlich der kaum wahrnehmbaren Erschütterung, die ein tief im Feuerkern der Erde entstehendes Erdbeben auslöste.

Feuer, Schreien, Männerlachen.

Erneut lief ein Stoß durch sie hindurch, breitete sich wellenförmig in ihr aus. Ihr wurde die Kehle eng, als hielte sie jemand am Hals gepackt, und sie sprang auf. Das Handtuch fiel hinab. Achtlos zerrte sie es bis zur Brust hoch und stolperte zur geöffneten Verandatür. Sie schob die Mückenschutztür auf und zwang sich, genau aufzunehmen, was sie sah. Stück für Stück, Zentimeter für Zentimeter, in jeder Einzelheit, um dieser Welle von Panik zu entrinnen.

Die dunklen Holzbohlen, die den Boden der Veranda bildeten und in der Hitze geschrumpft waren, sodass sich zentimeterbreite Zwischenräume gebildet hatten, durch die eine Armee Ameisen strömte und zielstrebig zum Haus marschierte, das winzige grüne Chamäleon auf dem Verandageländer und die ahnungslose, sich emsig putzende Fliege, die es mit seinen beweglichen Kugelaugen gierig fixierte. Die Zunge schnellte wie der Blitz hervor, und die Fliege verschwand im Rachen des kleinen Drachen, der das Insekt mit seinen harten Kiefern zermalmte. Das Chamäleon schluckte, leckte sich die Schuppenlippen, gähnte, rollte eines seiner Augen nach vorn, das andere nach hinten, sodass ihm kein Opfer entgehen konnte, und verfiel wieder in Reglosigkeit.

Benita wurde an Fatima Singh erinnert und löste ihren Blick hastig, ließ ihn hinüber zu den Kübeln schneeweiß blühender Gardenien gleiten, deren tropischer Duft sich mit dem der Amatungulublüten mischte, und weiter zu der kleinen Kira, die auf Zehenspitzen dem Haus zustrebte, ihren strampelnden Hahn unter den Arm geklemmt, und sich dabei verstohlen umschaute.

Benita schmunzelte. Von der Veranda des Empfangshauses erklang Thabilis klare Stimme, die ihren dottergelben Serviererinnen Anweisungen gab. Im geöffneten Fenster darüber kauerte eine formlose Gestalt, die Benita erst beim zweiten Hinsehen als eine Frau in einer schwarzen Burka erkannte. Zumindest nahm sie an, dass es eine Frau war, denn das Gesicht war hinter dem Gesichtsgitter versteckt. Die Frau, die sie in Umhlanga am Strand gesehen hatte, fiel ihr ein, aber ehe sie diesen Gedankengang weiterverfolgen konnte, zog eine heftige Bewegung an ihrem äußeren Blickrand ihre Aufmerksamkeit weg von der Frau auf einen wild hin und her schlagenden Busch.

Als sich ihre Augen an das lichtflirrende Grün gewöhnt hatten, erkannte sie, dass es eine Pavianherde war, die lautlos durch die Büsche sprang und sich näher an die Häuser pirschte. Offenbar war es Zeit für ihr Abendessen. Fasziniert sah sie zu, wie die Kundschafter der Herde verstohlen an Fenstergriffen rüttelten und an einem Toilettenfenster des Empfangshauses äußerst geschickt den Hebel umlegten, um es aufzudrücken. Der Gedanke daran, wie Gloria reagieren würde, sollten sich die Affen ihr Zimmer aussuchen, amüsierte sie so, dass die Schatten der Vergangenheit endgültig verscheucht wurden.

Erleichtert begab sie sich zurück ins Zimmer, um sich anzuziehen. Als das Telefon klingelte, brauchte sie nur einen tiefen Atemzug, um sich mit normaler Stimme melden zu können.

Es war Gloria. »Wir warten, Benny!«, fuhr die Juristin sie scharf an.

In Benita flammte Ärger über den Kommandoton auf, aber sie beherrschte sich. »In fünf Minuten bin ich da«, beschied sie sie kühl. Mit einer Grimasse legte sie den Hörer auf. Das Boss-Gehabe von Gloria ging ihr schon länger ziemlich auf die Nerven. Es war wohl an der Zeit klarzustellen, dass die Anwältin ihr keine Vorschriften zu machen hatte. Für gewöhnlich war das nur bei ihren männlichen Kollegen nötig, aber Glorias Auftreten hatte etwas sehr Ruppiges an sich. Gehörte wohl zu den Anforderungen des Berufs.

Nun, nicht mit mir, entschied sie, streifte das ärmellose schwarze Top über, krempelte die Hosenbeine der schwarzen Jeans hoch und lehnte sich vor, um ihr Make-up zu überprüfen. Schwarz stand ihr gut, das wusste sie. Es brachte ihre makellose Karamellhaut wunderbar zur Geltung. Sie lächelte ihrem Spiegelbild zu, schlüpfte in ihre Laufschuhe und machte sich auf den Weg zu Bungalow vier.

Die Besprechung zog sich in die Länge, hauptsächlich weil Gloria mit Benita hitzig über deren Ansicht diskutierte, dass an der Natalküste, insbesondere in Umhlanga Rocks, eine Immobilienblase aufgepustet wurde, die in der nächsten Zukunft mit Sicherheit platzen würde, und die Ashburton-Bank aus diesem Grund größte Vorsicht bei der Vergabe eines Kredites walten lassen sollte. Eine Einschätzung, der Gloria Pryce scharf widersprach. Sie konnten sich nicht einigen, sondern brachen die Diskussion irgendwann ab, beschlossen, das erste persönliche Treffen mit Doktor Erasmus abzuwarten, ehe sie eine Vorentscheidung trafen.

Roderick dehnte und streckte sich, legte seine langen Beine auf die untere Sprosse des Geländers und faltete seine Hände wie ein zufriedener Pascha über dem Bauch. »Gut, das wär's dann. Alles Weitere werden wir morgen sehen.«

»Ich habe Hunger«, verkündete Gloria und schaute auf die Uhr. »Kein Wunder, es ist längst Zeit fürs Abendessen. Ich rufe die Rezeption an, damit die uns einen Ranger schicken. Mit Regenschirmen«, setzte sie hinzu, weil in der Ferne der Donner rollte. »Man kann nie wissen.«

Es war bereits dunkel, als Musa mit drei Schirmen erschien, um sie zum Empfangshaus zu begleiten. Die Hitze hatte plötzlich zugenommen, das Donnergrollen kam in immer kürzeren Abständen, Blitze zuckten über den schwarzen Himmel, und auf den letzten Metern krachte ein gewaltiger Donnerschlag, gleichzeitig tauchte ein Blitz die gesamte Umgebung in grellweißes Licht, und dann brach das Unwetter los. Mit Riesensätzen rannten die drei über die Veranda und tauchten unter dem Wasservorhang durch, der vom Rieddach stürzte, ins hell erleuchtete Haus. Draußen knatterten die Palmwedel im Sturm, Stühle rutschten über den Holzboden, irgendwo flappte eine Markise. Das Land versank in silbrigem Nebel.

Benita schüttelte sich, dass die Tropfen flogen. Glorias seidig schimmernde weiße Palazzohose hatte einen breiten dunkelbraunen Schlammrand bekommen, und die goldenen Riemchensandalen verfärbten sich dunkel vor Nässe und Dreck.

»Verdammt!«, knirschte sie mit einem neidischen Seitenblick auf die aufgekrempelten Jeans und die wasserfesten Sportschuhe Benitas, nahm eine Papierserviette von der Bar und wischte ihre Schuhe trocken. »Meine Güte, es schüttet so, dass ich das Gefühl habe, Wasser zu atmen. Passiert das hier öfter?«

»Das kann noch zwei Tage so weitergehen«, erwiderte Benita fröhlich. »Aber machen Sie sich nichts draus, dann können wir ja zum Bungalow schwimmen. Außerdem werden wir wenigstens nicht unter Wasserknappheit leiden, und Sie können wieder stundenlang duschen.« Sie lehnte sich an den Türpfosten und reckte ihre nackten Arme in den prasselnden Regen. »Hmmm«, schnurrte sie. »Herrlich.«

Ihr Mobiltelefon vibrierte in ihrer Gesäßtasche. Stirnrunzelnd nahm sie es heraus und schaute auf das Display. Es war Neil Robertson. Seufzend nahm sie den Anruf an. Für ein paar Stunden hatte sie tatsächlich Fatima Singh und alles, was mit ihr zu tun hatte, vergessen. »Hallo, Neil. Gibt es etwas Neues?«

Der Journalist kam sofort zur Sache. »Benita, es tut mir leid, aber ich war gezwungen, Captain Singh zu sagen, warum Twotimes auf Inqaba war und wer mich darum gebeten hat. Ich habe mich um das Warum herummogeln können, aber so wie ich diese Frau einschätze, wird sie so lange nachbohren, bis sie es herausbekommen hat. Sie ist eine sehr hartnäckige Dame, und sie kennt keinen Humor. Nicht ein Quentchen. Sieh dich vor ihr vor …«

Ohne zu antworten, starrte sie hinaus in die silbrige Nebelwelt, fragte sich sinnloserweise, wie sich Tiere vor Regen schützten oder ob es ihnen nichts ausmachte, ob Schmetterlinge zum Beispiel einen derartigen Wolkenbruch überstehen würden. Vermutlich nicht, bedachte man ihre zarten Flügel.

»Bist du noch da, Benita?« Neils Stimme holte sie wieder zurück.

»Ja, ja … bin ich.« Sie wandte sich von der Tür ab und begann zwischen den Tischen umherzuwandern. »Ich hatte das schon geahnt. Captain Singh hat mich nämlich bereits angerufen. Morgen muss ich zu ihr.«

Für einen Moment war nur das Rauschen der Leitung zu hören. »Brauchst du Beistand? Möchtest du einen Anwalt? Oder soll ich kommen?«

O ja, bitte, gerne, ich möchte mich hinter deinem breiten Rücken verstecken und dabei möglichst deine Hand halten, fuhr es ihr durch den Kopf, aber diesen Rückfall ins Weibchenverhalten konnte sie sich natürlich nicht erlauben. Sie gab sich einen Ruck.

»Nein, nein, das packe ich schon allein. Captain Singh wird mich schon nicht fressen. Ich bin ein zähes Luder. Absolut ungenießbar.« Sie stieß einen kurzen Laut aus, der wohl etwas wie ein spöttisches Lachen sein sollte. »Aber trotzdem danke.«

»Würdest du mich wissen lassen, wie das Verhör gelaufen ist?«

Sie verstand seine Frage nicht als Kontrollversuch, sondern als Fürsorge, und es tat ihr gut. »Ja, sicher. Ganz bestimmt. Ich rufe dich an, oder wir reden am Samstag darüber. Abgemacht?« Sie verabschiedete sich mit einem Gruß an Tita und setzte sich dann an ihren Tisch, wo bereits der Salat serviert worden war. In sich gekehrt stocherte sie in dem Grünzeug herum, konnte einfach nicht verhindern, dass ihre Gedanken ständig um den Tod von Twotimes und die unvermeidliche Frage kreisten, was Fatima Singh herausgefunden hatte und was sie nicht verstand. Sie schob ihren Salat weg. Er schmeckte ihr nicht mehr.

Unbemerkt von ihr hatte Roderick sie genau beobachtet. »Wenn du mir deine Sorgen erzählst, kann ich dir vielleicht helfen«, sagte er halblaut.

Sie öffnete den Mund, schloss ihn aber sogleich wieder und schüttelte den Kopf. »Danke, aber davon wird es nicht besser. Ich muss da allein durch«, erwiderte sie.

»Du hast Angst vor dem, woran du dich nicht erinnern kannst, nicht?«

Für einen Augenblick starrte sie auf den matschig gewordenen Salat. »Ich will nicht darüber reden«, sagte sie dann. »Bitte.« Sie sah ihn dabei nicht an.

Roderick akzeptierte es zögernd, machte sich aber daran, sie aus dieser Stimmung herauszuholen. Er gab ein paar lustige Anekdoten von der Rallye Paris-Dakar zum Besten, an der er letztes Jahr teilgenommen hatte. Wie er kopfüber im Sand gelandet war, sodass nur noch seine Beine herausragten, dass er, völlig ausgehungert vom Tag, eines Abends ahnungslos frittierte Happen hinunterschlang, ehe er merkte, wie alle gespannt zusahen. Man klärte ihn darüber auf, dass er gerade allerlei Insekten vertilgt hatte. Seine witzige Art zu erzählen riss alle, auch die übrigen Gäste, die schmunzelnd gelauscht hatten, zu Lachstürmen hin. Mit Genugtuung entdeckte er bald auch ein winziges Lächeln in Benitas Mundwinkeln, wurde sogleich von dem Impuls überfallen, sie zu küssen, und es kostete ihn einiges, dieses Vorhaben nicht sofort in die Tat umzusetzen.

Während des Essens schien sich der Regen noch zu verstärken. Die Veranda verwandelte sich in einen See, und das Wasser stieg, bis es über die Schwelle ins Haus leckte. Jill hatte jedoch rechtzeitig Sandsäcke herbeischaffen lassen, die sie nun auslegen ließ. Alle Gäste mussten im Empfangshaus bleiben, weil es unmöglich war, bei diesem Unwetter sicher zu den Gästebungalows zu gelangen. Die Bar machte hervorragende Umsätze, aber der Regen ließ nicht nach. Das gleichmäßige Rauschen verstärkte sich zu einem Röhren. Es blitzte und donnerte, das Gewitter bot ein beeindruckendes Naturschauspiel, aber manch einer der Gäste wurde sichtlich bleicher, als nun Schlag auf Schlag Blitze herniederkrachten. Benita allerdings machte Gewitter nichts aus. Angst hatte sie vor Feuer. Und vor Fatima Singh.

Es war schon spät, als sie entschied, schlafen zu gehen. Trotzdem war sie eine der Ersten. Die restlichen Gäste – erheblich weniger als auf dem Fest am Abend zuvor, da die übrigen angesichts der Vorfälle abgereist waren, sobald Captain Singh grünes Licht gegeben hatte – scharten sich um die Bar und machten sich daran, ein ernsthaftes Trinkgelage zu veranstalten. Benita verabschiedete sich mit einem Winken von Gloria, die intensiv mit Jan Mellinghoff beschäftigt war.

»Bis morgen dann«, sagte sie zu Roderick und wollte Musa folgen, der sie zu Jills Haus begleiten sollte.

Aber Roderick packte sie unvermittelt bei den Schultern, zog sie ohne viel Federlesens an sich und küsste sie auf den Mund, überraschte sie damit so vollkommen, dass sie instinktiv ihre Lippen öffnete, und dann war es zu spät.

Hitze raste ihre Adern entlang, ihre Haut prickelte. Sie küsste ihn wieder. Hemmungslos. Hatte das Gefühl zu ertrinken, dass ihr das Herz stehen blieb, dass der Nachthimmel über ihr in Funken explodieren und die Erde aufhören würde, sich zu drehen.

Gloria sah es, stieß Jan Mellinghoff brüsk aus dem Weg, stürzte mit einem Glas in der Hand auf sie zu, holte aus und schleuderte es ihr vor die Füße. Das Glas zersprang, einige Splitter trafen Benitas Fußgelenke und blieben stecken. Dicke Blutstropfen quollen aus den Splitterwunden und rannen in die Schuhe. »Ach je, wie ungeschickt von mir! Das tut mir aber leid! Ich hoffe, du wirst es überleben«, rief die Anwältin und funkelte Benita aus ihren gletschergrauen Augen an.

Die Wirkung hätte nicht effektiver sein können, hätte Gloria ihr einen Kübel Eiswasser über den Kopf geschüttet. Sie riss sich jäh aus Rodericks Armen los und fuhr zurück. »He, was soll das!«, schrie sie erschrocken.

Mörderische Wut verzerrte sekundenlang Rodericks Züge. Dann hatte er sich im Griff. »Bist du verrückt geworden?«, knurrte er die Anwältin an, kniete sich vor Benita hin, umfasste ihr Fußgelenk, sodass sie gezwungen war, still zu stehen, und zog die Glasstückchen vorsichtig aus ihrer Haut. Er tupfte das immer wieder herunterrinnende Blut mit seinem Taschentuch ab und schoss Gloria dabei finstere Blicke zu.

Benita presste unwillkürlich die Hand auf die Lippen. Nicht weil es wehtat. Es stach und brannte zwar, aber das war zu ertragen. Die Wahrheit war, dass es ihr die Schamröte ins Gesicht trieb, sich vorzustellen, welches Bild sie für die anderen Gäste abgegeben haben musste. Zur Peinlichkeit des Augenblicks trug dazu bei, dass Musa mit dem Gewehr in der Hand immer noch geduldig auf sie wartete. Auch er hatte zugesehen. Wütend auf sich selbst, verlegen, verwirrt und absolut nicht mehr Herr ihrer Emotionen, wehrte sie Rodericks Bemühungen, die Blutungen zu stillen, unbeholfen ab.

»Danke, lass das, es ist ja nicht schlimm, nur Kratzer.« Sie tat einen Schritt weg von ihm, aus seiner Reichweite. »Gute Nacht«, wünschte sie steif und ging mit hölzernen Schritten zu Musa hinüber.

Wie hatte sie nur wieder auf ihn hereinfallen können? Ohne ihn oder irgendjemand anders eines weiteren Blickes zu würdigen, hastete sie von der Veranda, achtete nicht darauf, dass sie in Sekunden klatschnass wurde. Musa, das Gewehr in der einen Hand, den Schirm in der anderen, konnte kaum mit ihr Schritt halten. Am Haus angekommen, riss sie die Glastür auf.

»Danke, Musa, und gute Nacht«, rief sie ihm über die Schulter zu und schob die Tür zu. Im Haus schleuderte sie ihre verschlammten Schuhe von sich und stürzte ins Bad, starrte sich im weißen Licht der Lampe ins Gesicht. Die Haut um ihren Mund herum war noch gerötet, ihre Lippen wirkten geschwollen. Wie ein Teenager nach dem ersten Kuss, dachte sie wütend. Wie konnte ihr das nur passieren? Wie konnte sie nur wieder auf ihn hereinfallen!

Die Antwort bekam sie von ihrem Körper. Allein der Gedanke an seine Hände, an seine Lippen, seinen angenehmen warmen Geruch ließ ihre Nervenenden kribbeln. Impulsiv riss sie sich ihre Kleidung vom Leib, warf sie auf den Badezimmerboden, stellte sich unter die Dusche und drehte den Kaltwasserhahn bis zum Anschlag auf. Im Sommer war in Afrika auch das kalte Wasser bestenfalls lau, aber auf ihrer heißen Haut hatte es die erwünschte Wirkung. Ihr Kopf wurde wieder frei, und die Hitze in ihr kühlte langsam ab.

Lange stand sie da und ließ das Wasser über sich rauschen. Ihr war egal, wenn sie alles aufbrauchte. Es schüttete noch immer, das

Reservoir würde bald aufgefüllt sein. Erst als sie eine Gänsehaut bekam, beendete sie die Dusche.

Zu überdreht, um schlafen zu können, schaltete sie lustlos ihren Laptop ein und schaute hinaus in das rauschende Grau der Regennacht, während sie darauf wartete, dass das Programm hochfuhr. Auch im Empfangshaus waren die Lichter erloschen. Abwesend mit ihren Fingerspitzen trommelnd, überlegte sie, ob die Gäste wohl im Haupthaus geblieben oder zu ihren Bungalows geschwommen waren. Ein matter Schein, der gespenstisch durch den dichten Regenvorhang schimmerte, so schwach, wie das Licht eines Leuchtturms im dichten Nebel, fing ihre Aufmerksamkeit ein. Irgendjemand dort konnte also auch nicht schlafen.

Ihr Computer gab einen kurzen Signalton, dass er betriebsbereit war. Sie steckte die Speicherkarte aus ihrer Kamera in den Kartenschlitz am Computer und speicherte die Fotos, die sie nachmittags aufgenommen hatte, in ihrem privaten Ordner ab. Nachdem sie geprüft hatte, ob auch alles ordnungsgemäß gespeichert war, löschte sie den Bilderordner von der Chipkarte, nahm sie heraus und setzte sie wieder in die Kamera ein. Sie erwog kurz, ob sie die Fotos jetzt ansehen und bearbeiten sollte. Nach kurzer Überlegung stand sie auf. Das schmeckte zu sehr nach Arbeit, und danach war ihr im Augenblick überhaupt nicht. Noch immer war sie von dem Vorfall mit Roderick viel zu aufgewühlt. Unschlüssig stand sie im Zimmer herum. Da fiel ihr Blick auf die kleine Truhe ihres Vaters, und sie erinnerte sich an das termitenzerfressene Buch.

Schnell holte sie sich aus der Minibar einen Baileys Irish Cream und Cashewnüsse, zog die Stehlampe heran, setzte sich im Schneidersitz auf den Boden und räumte die Truhe aus. Gleich der erste Handgriff bescherte ihr eine Überraschung. Aus einem vor Alter brüchigen Stoffsäckchen kullerte ihr ein schmaler Ring entgegen. Erwartungsvoll klaubte sie ihn vom Boden auf. Es war ein mit rosa schimmernden Perlen besetzter Goldreif, und bei näherem Hinsehen entdeckte sie, dass einige Buchstaben auf der Innenseite eingraviert waren.

Ein »V«, dann war da ein Zwischenraum, dessen unebene Oberfläche darauf hinwies, dass die Gravur mit der Zeit offensichtlich abgeschliffen worden war. Danach konnte sie nur noch die Buchstaben »or« entziffern. Grübelnd hielt sie das Kleinod in der Hand. V und or? Waren es Teile eines Wortes oder die von mehreren? Unbewusst kaute sie auf ihrer Lippe. V und or. Wie sie es immer machte, wenn sie sich nicht an einen Namen erinnern konnte, ging sie im Kopf die Kombinationsmöglichkeiten mit den fünf Vokalen durch: Va, Ve, Vi, Vo, Vu. Dann kombinierte sie jede der Varianten mit »or«. Es hatte sich bisher als sehr wirkungsvolle Methode erwiesen. Und tatsächlich dauerte es nur wenige Minuten, dann hatte sie es.

Es musste der Name sein, den sie heute Morgen zum ersten Mal gelesen hatte: Vila Flor. Sie schob den Ring auf ihren kleinen Finger – für ihren Ringfinger war er zu eng – und nahm das zerfledderte Buch zur Hand, in dem die Geschichte der Vila Flors geschrieben stand.

1835 – Ex libris Louis le Roux stand auf der inneren Titelseite.

Le Roux? Sie grübelte nach, wo sie diesen Namen schon einmal gehört hatte, kam im Augenblick aber nicht darauf. Sie wendete das Blatt und überflog den Text, was nicht einfach war, weil die Schrift einen mittelalterlichen Charakter hatte.

»Im Jahr 1552 erlitt die Galeone, die von Dom Alvaro de Vila Flor befehligt wurde, an der tückischen Küste Afrikas Schiffbruch …«

Ihr Blick flog zu dem Ring an ihrem Finger. Sollte er tatsächlich über vierhundertfünfzig Jahre alt sein? Und wie kam er in die Kiste ihres Vaters? Hastig krempelte sie das Stoffsäckchen um, eine Naht löste sich dabei auf, aber es war leer. Kein Hinweis, wie dieser Ring in die Truhe geraten war. Restlos gefesselt, schlug sie das Buch irgendwo auf und legte ihren Finger wahllos auf einen Satz.

»Sie segelten von Goa und hatten Millionen in Gold und Edelsteinen geladen, mehr als irgendein anderes Schiff vor ihnen seit der Entdeckung Indiens«, las sie halblaut.

Sie verspürte eine Enttäuschung. Ein Kinderbuch, so kam es ihr vor, und sie wollte es schon zur Seite legen, als sie entdeckte, dass am Rand der Seiten hier und da handschriftliche Bemerkungen geschrieben waren. Neugierig blätterte sie weiter. Immer wieder standen diese Kommentare in einer schwungvollen, aber schwer lesbaren Schrift am Rand, und aus dem hinteren Teil fiel ihr ein gefaltetes Blatt entgegen, das eingerissen und zum großen Teil bräunlich verfärbt war, als hätte jemand Kaffee darüber ausgeschüttet.

Oder Blut. Sie strich über diese Flecken, die das Papier steif und brüchig gemacht hatten. Ob es genug war, um eine DNA-Analyse zu machen? Dieser Gedanke schoss ihr durch den Kopf, ehe sie dessen gewahr wurde. Sie lächelte. Mit wessen Blut sollte sie das, das vor über hundert Jahren oder mehr auf dem Papierbogen eingetrocknet war, wohl vergleichen?

Sie faltete die Seite auseinander, sehr vorsichtig, da die Falze sehr brüchig waren. Es schien eine grob gezeichnete Karte zu sein, die Linien darauf waren verblichen und verschmiert. Vielleicht waren die Flecken ja vom Blut dieses Le Roux oder irgendeiner anderen Person, die die Karte in den vergangenen Jahrhunderten in der Hand gehabt hatte. Oder einfach nur von einem Hund, der mit einer blutenden Pfote darübergelaufen war?

Um die spinnenfeine Schrift entschlüsseln zu können, musste sie die Karte dicht an die Lampe halten, und schnell begriff sie, dass es eine grobe Karte von Zululand zu sein schien. Die Namen des Weißen und des Schwarzen Umfolozi konnte sie entziffern, den des St.-Lucia-Sees und natürlich den neben dem dicken schwarzen Kreuz: Inqaba. Rechts auf dem Blatt entdeckte sie eine dünne Linie, die offenbar auch ein Gewässer darstellte. Dort war ebenfalls eine Stelle mit einem Kreuz markiert. Warum jemand dieses Kreuz dort gemacht hatte, war nicht zu erkennen. Aber der Name, der sich an der Linie entlangschlängelte, elektrisierte sie: Umiyane.

Aufgeregt maß sie mit den Fingern die Entfernung vom Meer, dann war sie sich sicher. Das Kreuz markierte in etwa die Position vom Haus ihrer Mutter. Von meinem Haus, berichtigte sie sich schweigend. Es gab keine andere Möglichkeit. Damit hing sie zappelnd am Haken dieses geheimnisvollen Buchs wie ein Fisch an der Angel. Sie musste über sich selbst lachen.

Abwesend trank sie das Fläschchen Baileys aus, abwesend öffnete sie das nächste und nahm einen Schluck. Und las und las. Draußen rauschte noch immer der Regen herunter, und es herrschte inzwischen undurchdringliche Dunkelheit. Der Mond war hinter der schwarzen Wolkenwand verschwunden.

Hundertzehn Seeleute waren umgekommen, nachdem die Galeone 1552 auf ein Felsenriff aufgelaufen und von der Brandung zerschmettert worden war, aber hundertachtzig Portugiesen und dreiundzwanzig Sklaven überlebten, unter ihnen auch Dom Alvaro de Vila Flor und dessen Familie, Dona Leonora und ihre drei Kinder. Dom de Vila Flor rettete einige Säcke mit Münzen, Silber und Schmuck vom Schiff.

Benita sah den Dom vor sich, wie er die schweren Säcke durch die Wildnis schleifte, und empfand das als reichlich dumm. Was hatte er denn gehofft, mitten im afrikanischen Busch damit kaufen zu können? Als Tauschmittel für Nahrung wären Kleidung, Decken und Ähnliches besser gewesen. Mit Geld konnten die damaligen Eingeborenen mit Sicherheit nicht viel anfangen. Fasziniert las sie weiter.

Dona Leonora war eine verhätschelte Hocharistokratin gewesen, die ihr Vermögen als Schmuck mit sich herumtrug. Ihre zarten Kinder, besonders Dona Elena, die vierzehnjährige Tochter, die sich in einem goldenen Seidenkleid durch den Busch schlagen musste, waren wie sie sicherlich nicht daran gewöhnt, zu Fuß zu gehen, und ebenso hatte sich keiner von ihnen je darum sorgen müssen, woher die nächste Mahlzeit kam. Die Dona und ihre Söhne starben letztendlich einen grausamen Tod, und der Dom schien darüber verrückt geworden zu sein und war im Busch von Zululand verschwunden.

Benita stand auf, um ihre Muskeln zu lockern. Ob er die Säcke mit dem geretteten Schatz noch bei sich gehabt hatte? Und wo befand sich der Schmuck der beiden Damen? Das Schicksal der Dona Elena war unbekannt. Kurz nachdem ihre Familie umgekommen war, verlor sich ihre Spur.

Benita schloss ihre brennenden Augen, stellte sich vor, was die Vila Flors durchgemacht haben mussten, merkte erst jetzt, wie bleiern müde sie war. Trotzdem wandte sie sich wieder dem Buch zu. Kurz nach Mitternacht fielen ihr immer wieder die Augen zu, und sie konnte bald nicht mehr zwischen Schlaf und Traum unterscheiden. Sie nickte ein.

Irgendwann schreckte sie auf und zwang sich, die Buchdeckel zu schließen und endlich ins Bett zu gehen. Für geschlagene drei Stunden hatte sie sich in einer anderen Welt befunden, hatte Phika Khumalo und Captain Singh vergessen und das, was ihr Neil erzählt hatte. Hatte weder an Feuer gedacht noch Schreie gehört. Sie lächelte. Eine Schatzsuche. Du meine Güte! Welch ein kindischer Unsinn, aber es hatte wirklich gutgetan. Gähnend streckte sie den Rücken durch und ging ins Bad, um sich das Gesicht zu kühlen. Es war warm und feucht, und ihr Körper hatte sich noch nicht gänzlich an dieses Klima gewöhnt. Jede Bewegung rief einen Schweißausbruch hervor.

Bevor sie ins Bett ging, öffnete sie noch einmal die Tür zur Veranda. Der Regen rauschte mit unverminderter Kraft herunter, trommelte so heftig auf die Bohlen der Veranda, dass diese wie eine überdimensionale Bassgeige einen tiefen vibrierenden Ton von sich gaben. Es war ein seltsam beruhigendes Geräusch.

Sie schaltete das Licht aus und legte sich in den Kissen zurück.

Langsam driftete sie in den Schlaf. Das Tagesgeschehen lief noch einmal wie ein Film vor ihrem inneren Auge ab: das Verhör von Captain Singh, und was sie dabei gefühlt hatte, Neil, der ihr endlich Gewissheit über den Tod ihres Vaters gab, Phika Khumalo tauchte auf und das Messer. Und ganz zum Schluss, bevor sie es verhindern konnte, spürte sie wieder Rodericks Lippen auf den ihren, und ihr Herz schlug schneller, was nicht wirklich schlaffördernd war. Sie zwang sich, sich zu entspannen, dachte an die endlose Weite des Meeres, sah die Wellen heranrauschen, spürte ihren hypnotischen Rhythmus, und allmählich zog sich auch Roderick zurück.

Während sie noch darüber nachdachte, dass er mit keinem Wort noch einmal Uganda oder seine Seele erwähnt hatte oder was es mit dem Ganzen auf sich hatte, schlief sie ein und schwamm auf warmen Traumwellen davon.

Sie fand sich auf der Veranda von Jills Haus wieder, glaubte wach zu sein, so klar lag alles vor ihr. Sie schaute hinaus über die Hügel, atmete den Duft der Amatungulus, das Sirren der Zikaden im trockenen Gras schwebte in der Luft, und vor ihr lief ein elfengleiches blondhaariges Wesen in goldglänzendem Gewand über den Abhang von Inqaba, hinunter zum Wasserloch, das in heller Sonne glitzerte, als wäre es mit Diamanten angefüllt, aber als sie das Mädchen rief und nach ihr griff, löste es sich auf, und zurück blieb ein glühender Lichtfleck, der allmählich zerfloss.

Ruhe senkte sich über Inqaba.

Bis etwa zwei Uhr. Was sie senkrecht aus dem Bett hochfahren ließ, konnte sie nicht sagen. Nur der ferne Nachhall eines Schreis war ihr bewusst. Verschlafen taumelte sie zur Verandatür, zog sie auf und streckte den Kopf hinaus. Der Regen schien aufgehört zu haben, nur noch die Nässe von den Blättern fiel in großen Tropfen herab. Inqaba lag friedlich vor ihr im Mondlicht. Nichts erklärte ihr plötzliches Aufwachen. Kopfschüttelnd wollte sie sich schon zurückziehen, glaubte, dass sie geträumt hatte, als ein schrilles Krähen die samtige Nacht zerriss.

»Was zum Teufel war das?«

Benita fuhr herum. Das war unverkennbar Nils' zornige Stimme, die aus dem ehelichen Schlafzimmer drang.

»Ich glaube, das war Kiras Hahn. Schlaf weiter, um Himmels willen«, hörte sie Jill schlaftrunken antworten.

Benita hörte ein unterdrücktes Fluchen, einen Protestlaut von Jill, dann flog die Tür zurück, und Nils' muskulöse Gestalt, nur bekleidet mit Boxershorts, stürzte auf die Veranda ins Mondlicht. »Ich dreh dem Viech den Hals um!«, brüllte er wild.

»Das wirst du nicht tun, schon gar nicht jetzt«, rief Jill hinter ihm her, blieb aber unsichtbar. »Der ist nur durcheinander, wer weiß, was der durchgemacht hat. Du wirst sehen, morgen kräht er zu verträglichen Zeiten.«

Benita stand in ihrer Tür und schaute verständnislos zu, was Nils nun anstellte. Nach einem weiteren aufreizenden Kikeriki stürmte er ans Ende der Veranda und warf sich auf den Hahn, der dort auf einem überhängenden Zweig des Mahagonibaums hockte. Das Tier entwischte ihm, schlug heftig mit den Flügeln und hüpfte in seinem Schlafbaum ein paar Zweige höher. Nils kraxelte wutentbrannt hinterher, belegte das Federvieh dabei mit den ausgefallensten Schimpfworten. Beeindruckt hörte Benita ihm zu. Sein Repertoire war mindestens so umfangreich wie das von Adrian, dessen einschlägiges Vokabular als Soldat naturgemäß sehr reichhaltig war.

Vom Mahagonibaum war ein Splittern zu hören, dem ein empörter Schrei und dann ein dumpfer Aufschlag folgte. Aufgeschreckt rannte sie über die Veranda zu Nils, der hilflos wie ein Käfer auf dem Rücken lag und düstere Verwünschungen ausstieß. Jill folgte ihr dicht auf den Fersen. Besorgt beugte sie sich zu ihrem Mann hinunter.

»Himmel, hast du dir wehgetan, Liebling?«

»Das ist eine außerordentlich dämliche Frage – natürlich hab ich mir wehgetan!« Nils bewegte versuchsweise seine Glieder. »Sein Glück, alles heil«, brummte er. »Aber nun ist Schluss, noch ein Mal, und es gibt Hühnersuppe!« Er rappelte sich mühsam auf und spähte wütend in den Baum.

Der Hahn saß auf dem obersten Zweig, äugte auf die Menschen hinunter und krähte triumphierend. Von dem Tier nach oben gelockt, hatte Nils in seinem Zorn offensichtlich nicht darauf geachtet, dass die Zweige zur Krone hin immer dünner wurden, bis einer schließlich sein Gewicht nicht mehr trug, brach, und er hinunterkrachte. Benita konnte sich des Eindrucks nicht erwehren, dass der Hahn genau gewusst hatte, was er tat.

»Mir scheint das ein ziemlich cleverer Hahn zu sein, viel zu schade für die Suppe.« Auch Jills Augen sprühten vor Lachen.

»Lass ihn ja in Frieden«, kreischte Kira, die von dem Lärm wach geworden und im wehenden Baumwollhemdchen auf sie zurannte. »Wehe, du tust ihm was! Das ist Tiermord!« Sie setzte sich mit verschränkten Armen unter den Baum. »Ich bleib hier sitzen und pass auf, dass du ihm nichts tust. So!«

Lachend schwang Nils seine strampelnde Tochter in die Arme. »Du schläfst jetzt, mein kleiner Wonneproppen, und morgen reden wir über deinen Hahn, einverstanden?« Zärtlich strich er ihr über die schlafwarmen Wangen.

Jill lächelte schläfrig, schlang ihren Arm fest um Mann und Tochter. Gemeinsam verschwanden sie in ihrem Schlafzimmer.

Benita sah ihnen nach und verspürte ein ziehendes Gefühl in der Herzgegend, eine Sehnsucht, die sie nicht analysieren konnte. Sie fühlte sich dabei entsetzlich einsam. Dumpfe Müdigkeit überfiel sie, und in ihrem Hinterkopf ballten sich wie eine Gewitterwolke Kopfschmerzen zusammen. Sich den Nacken massierend, strebte sie ihrem Zimmer zu. Die Amatungulubüsche unter ihr dufteten, es raschelte im Unterholz, irgendwo ertönte ein unterdrücktes Gelächter, ob menschlicher oder tierischer Herkunft, war nicht zu unterscheiden. Dann kicherte es ganz in ihrer Nähe, und zwischen den Büschen bewegte sich ein Schatten. Beunruhigt sah sie genauer hin und blieb dann abrupt stehen. Wie aus dem Boden gewachsen, erschien dort eine Gestalt.

Der Schreck rann wie eisiges Wasser durch ihre Adern, als sie sich plötzlich einem Lebewesen gegenübersah, das geradewegs dem Höllenreich entsprungen zu sein schien. Vom bläulichen Mondlicht übergossen, starrte es aus vier schillernden Augen zu ihr herauf. Seinem Rachen entwich ein Zischen, das Benita an das tödliche Fauchen einer wütenden Mamba erinnerte. Es endete in keckerndem Spottgelächter. Perlgehänge hingen um Kopf und Hals der Gestalt. Die in die Perlen eingeflochtene getrocknete Ziegenblase rasselte leise. Eine krallenartige Hand hielt einen perlenbestickten Fliegenwedel, der aus der Schwanzquaste eines Gnus fabriziert war.

Benitas erster Impuls war es, ins Zimmer zu rennen, die Tür zuzuschieben und zu verriegeln, aber zu ihrem Entsetzen konnte sie sich nicht rühren. Sie warf einen verzweifelten Blick zu den dunklen Fenstern von Jills Schlafzimmer. »Jill … Nils …«, krächzte sie, aber niemand hörte sie, kein Licht ging an und verjagte den Spuk.

Das Wesen kicherte, ein Windstoß trug stechenden Ziegenstallgeruch, vermischt mit Rauch und dem Gestank von verwesendem Fleisch, herauf auf die Veranda, berührte eine Erinnerung in ihr, und ihr lief eine Gänsehaut den Rücken hinunter. Benita, die kühl kalkulierende Bankerin, die in der Megastadt London zu Hause war, die Poker spielte wie ein Profi und Leute vom Schlag des Doktor Erasmus verunsichern konnte, war verschwunden. Nur noch Benita, das kleine Mädchen, stand da. Auf einmal verdichtete sich die Erinnerung zu einem Bild und trug sie um Jahre zurück in die Hütte der alten Lena.

Als sie endlich begriff, wen sie vor sich hatte, kehrte ihr Gleichgewicht zurück, ihr rasendes Herz fand seinen ruhigen Rhythmus wieder. Sie wischte sich über die Augen, schaute genauer auf die merkwürdige Gestalt der Sangoma. Es war ohne Zweifel die alte Lena, der sie gegenüberstand.

Die alte Lena. Sangoma und Kräuterkundige. Hexe. Alles, was sie sonst noch über sie wusste, war, dass sie die Großmutter von Dr. Thandile Kunene war.

Den getrockneten Kopf eines zähnebleckenden Affen, dessen Unterkiefer entfernt worden war, trug sie als Hut, das löcherige Fell fiel ihr über Schultern und Rücken. Die Augen des toten Affen aber waren lebendig, bewegten sich, funkelten grüngold und schwarz, bösartig wie die eines Teufels, und wieder überfiel Benita eine unerklärliche Angst. Der Affe war tot, wie konnten da seine Augen lebendig sein?

»Das ist einer der vielen kleinen Tricks unserer alten Lena.«

Benita fuhr herum. Jill war auf bloßen Füßen lautlos über die Veranda gekommen und stand hinter ihr. Offenbar hatte sie ihren leisen Hilferuf doch gehört. Erleichtert rang sie sich ein Lächeln ab.

»Was meinst du mit Tricks?«

»Sie hat die Augenhöhlen des Affen mit Muschelschalen ausgelegt und diese mit Fleischsaft bestrichen, um grüne Schmeißfliegen anzuziehen, die den Augen diese gruselige Lebendigkeit verleihen. Damit jagt sie allen einen Todesschrecken ein. Es gibt genügend ihrer Stammesgenossen, die ihr aus Angst einen Obolus entrichten, um sie zu besänftigen. Ich bin davon überzeugt, dass sie mittlerweile steinreich ist und irgendwo einen Hort versteckt hat.«

Benita schaute die alte Frau genauer an. »Meine Güte, sie muss doch uralt sein! Ich dachte, sie wäre längst gestorben.«

Jill kicherte. »Es gibt Leute, die behaupten, dass sie kein Mensch ist, sondern ein Schatten, der ruhelos durch die Hügel wandert. Wieder andere glauben, dass es sie gar nicht gibt, dass sie nichts als eine widerliche Sinnestäuschung ist.« Wieder lachte sie leise. »Ist sie nicht, kann ich dir garantieren. Sie ist absolut menschlich. Wie alt sie ist, weiß ich nicht, und ich bezweifle, dass es jemanden gibt, der ihr wirkliches Alter kennt. Solange ich zurückdenken kann, ist Lena immer alt gewesen. Achtzig oder neunzig Jahre könnten es sein, aber auch hundert oder sogar mehr. Sieh sie dir nur an. Diese bösen Augen. Du glaubst gar nicht, welche Angst ich als Kind vor diesen Augen gehabt habe.«

»O doch«, antwortete Benita voller Mitgefühl. »Ungefähr so viel Angst, wie ich hatte.«

Jill trat ans Verandageländer. »Hau ab, Lena, du hast hier nichts zu suchen!«, schrie sie der Sangoma zu. »Ich will nicht, dass du meine Gäste verjagst! – Das ist nämlich genau das, was sie damit bezwecken will, glaube ich«, murmelte sie Benita zu. »Sie ist der Ansicht, dass das Gebiet Inqabas ihr Revier ist, behauptet, es habe einem Vorfahren namens Thulani gehört, der angeblich ihr Großvater ist, und angeblich wirken die Kräuter, die sie sammelt, nur, wenn nie der Schatten eines anderen Menschen darauf gefallen ist. Deswegen versucht sie, uns zu vergraulen. Sie ist stur wie ein Ziegenbock, abgesehen davon, dass sie auch wie einer stinkt. Egal, wie oft ich sie verjage, immer kommt sie zurück. Hexe! Wusstest du, dass es Gerüchte gibt, dass sie meinen ehemaligen Schwager vergiftet hat?«

Benitas Haut zog sich zu einer Gänsehaut zusammen. Unsicher musterte sie dieses furchterregend fauchende Tierwesen mit den vier Augen, das aussah, als wäre es einem Bild von Hieronymus Bosch entstiegen. »Deinen Schwager? Wie?«

Jill gähnte. »Mit Rizinussamen, aber das ist eine lange Geschichte. Die erzähle ich dir ein anderes Mal. Jetzt muss ich dringend schlafen.«

Die alte Lena keckerte wie eine Rohrdommel und zeigte die gelben Ruinen zweier Vorderzähne.

»Beweg dich«, zischte Jill giftig.

Die Sangoma spuckte einen Strahl braunen Safts durch die

Zahnstummel, und weg war sie. Als hätte sie sich aufgelöst. Nur noch ihr ekelerregender Gestank blieb zurück.

»Wo ist sie hin?«, stotterte Benita und schaute perplex hinterher.

»Noch einer ihrer Tricks. Sie kommt aus dem Nichts und verschwindet im Nichts. Lass dich nicht beeindrucken. Vermutlich liegt sie platt auf dem Bauch hinter dem Felsen dort, wo wir sie nicht sehen können. Komm, geh wieder zurück ins Bett, und vergiss Lena. Sie ist im Grunde harmlos. Der Schrecken existiert nur in unseren Köpfen.« Jill schob sie durch die Glastür in ihr Zimmer, winkte noch einmal, zog die Tür zu und huschte dann zurück in ihr eigenes Schlafzimmer.

Benita grübelte darüber nach, was Lena gewollt haben mochte. Schließlich kam sie zu dem Schluss, dass es ein Zufall gewesen war, der die alte Sangoma zum Bungalow geführt hatte. Schließlich konnte sie nicht wissen, dass Gugus Tochter wieder im Land war. Oder vielleicht doch? Hatte Nelly es ihr erzählt? Der Gedanke beunruhigte sie. Und wenn schon, dachte sie. Ich habe mit dieser alten Sangoma nichts zu tun – ich bin Engländerin.

Sie drehte sich auf die Seite und schloss die Augen. Sie war so müde, dass sie eine Woche hätte durchschlafen können. Aber die Leuchtziffern ihrer Uhr zeigten schon auf kurz nach drei, und vor Sonnenaufgang, das hieß in weniger als zwei Stunden, würden die Hadidahs dafür sorgen, dass ihre Nachtruhe vorbei war. Einige Minuten lang lag sie so da, trachtete danach, den Schlaf herbeizuzwingen, aber das aufdringliche Singen einer Mücke drang in ihr Bewusstsein, ein gemeines, schmerzhaft hohes, nervenzerfetzendes Sirren, das sie in Erwartung des Stiches zucken ließ und sie wach hielt.

Ziellos schlug sie um sich. Das Insekt entfernte sich kurz, aber eine Sekunde später war es wieder ganz nah, und dieses Mal hörte sie deutlich zwei. Endgültig munter, setzte sie sich auf und schaltete das Licht ein.

»Mist, verdammter«, entfuhr es ihr, als sie die Bescherung entdeckte. Über eine Fläche von mindestens zwei Quadratmetern war die Decke schwarz vor Mücken, und ständig kamen neue hinzu. Offenbar hatte die Moskitotür irgendwo ein Loch. An Schlaf war nicht mehr zu denken. Ihre Haut kribbelte schon in Erwartung der ersten Stiche. Hastig durchsuchte sie ihren Koffer, fand das Mückenspray, zog ihr T-Shirt aus und sprühte jeden Quadratzentimeter ihrer Haut ein, sogar ihr Gesicht und den Hals unter den Haaren. Das Ergebnis stank. Sie versuchte, flach zu atmen, aber der Gestank hing im Raum wie eine Wolke.

Sie kletterte aufs Bett und schwang das zusammengedrehte Hemd in großem Bogen gegen die Decke. Es klatschte, mehrere Mücken fielen tot zu Boden, einige klebten in einem Blutfleck an der Decke. Die übrigen schwirrten mit bösartigem Gesumm durchs Zimmer, bis sie sich schließlich im Bereich des Lichtscheins der Nachttischlampe an der Wand niederließen.

Eine Dreiviertelstunde lang dauerte ihr Vernichtungskrieg gegen die Insekten. Schließlich war die letzte Mücke erlegt, ihr T-Shirt war mit toten Mücken verklebt, sie selbst nass geschwitzt und trotz des Schutzsprays mit geschwollenen Stichen übersät, und vor allen Dingen war sie hellwach. Genervt schleuderte sie ihr T-Shirt auf den Boden und machte sich auf die Suche nach dem Loch in der Moskitotür. Sie brauchte nicht zu suchen, der Grund für die Invasion war offensichtlich: Jill hatte die Tür nicht vollständig geschlossen. Verdrossen sah sie zu, wie durch einen haarfeinen Spalt schon wieder der nächste blutdurstige Eindringling hereinkroch.

Wie symbolisch, dachte sie. Eine Schwachstelle, und deine Gegner fallen über dich her und verschlingen dich. Das darf ich nie vergessen. Unwillkürlich streiften ihre Gedanken Captain Singh und Doktor Erasmus. Mit einem saftigen Kraftausdruck, der nicht nur der Nachlässigkeit ihrer Cousine galt, zerdrückte sie den Moskito und zog die Tür fest zu, schloss auch die Glastür vollständig und drapierte die Vorhänge davor. Sicher war sicher. Sie zog ein frisches Hemdchen an, fiel ins Bett, legte sich auf ihre bevorzugte linke Seite und wartete auf den Schlaf.

Doch der wollte nicht kommen. Sie drehte sich auf die andere Seite, kratzte an den Mückenstichen, wälzte sich unruhig hin und her, immer darauf gefasst, dass dieser dumme Hahn anfing zu krähen. Ein Blick auf die Uhr sagte ihr, dass auch die Hadidahs schon im Anflug sein mussten.

Zermürbt sprang sie aus dem Bett, durchwühlte ihren Koffer, bis sie das Ohropax gefunden hatte, und stopfte sich genug davon in die Ohren, um auch den Weltuntergang zu verschlafen. Mit einem tiefen Seufzer sank sie in ihr Kissen und schlief endlich ein.

19

Die Hadidahs landeten pünktlich, schrien herum, wie es sich für Hadidahs gehörte, aber Benita hörte nichts davon und schlief weiter, und so war es die Sonne, die sie aufweckte. Sie schien durch einen Spalt der Vorhänge ihr geradewegs ins Gesicht und trippelte mit heißen Schrittchen über ihre Haut.

Sie nieste und setzte sich auf. Ein Blick auf ihre Armbanduhr zeigte, dass es fast sechs Uhr war. Auf einer Farm also schon mitten am Tag. Mit einem genussvollen Stöhnen streckte und räkelte sie sich ausgiebig, sprang dann, munter geworden, aus dem Bett, zog die Vorhänge und die Glastür zurück und trat in die Sonne, die gerade hinter den Baumkronen aufging.

Es war bereits knisternd heiß. Wo die glühende Sonne auch noch den letzten Tropfen des gestrigen Regens wegtrocknete, hatte sich in den Büschen ein spinnwebfeiner Schleier der Feuchtigkeit verfangen. Es roch frisch, nach jungem Grün, nach Leben. Der schwere Duft der Amatungulus hing in der Luft, Insekten schwirrten umher, und über ihr war nichts als endloses Blau. Ein herrlicher afrikanischer Tag war angebrochen. Sie fühlte sich wunderbar. Für diesen einen Augenblick fühlte sie sich wunderbar. Es gelang ihr, jeden Gedanken an die Morde, Captain Singh, ihr Passproblem und die Frage, wer ihr die Tonfigur geschickt hatte und warum, in die hinterste Ecke ihres Bewusstseins zu drängen. Sie verspürte das übermächtige Bedürfnis, einen Tag lang, diesen einen geschenkten, wunderbaren, leeren Tag lang, unbeschwert Afrika genießen zu können und so zu tun, als hätte sie keine Sorgen. Doktor Erasmus' nicht vorhersehbare Abwesenheit hatte ihr diese Überraschung beschert.

Flüchtig huschte die alte Lena durch ihre Gedanken, aber jetzt im strahlenden Sonnenlicht war nichts Unheimliches mehr an der nächtlichen Begegnung. Lena war eine alte Frau, die ihre Spielchen trieb. Mit Gewissheit war sie nicht mehr richtig im Kopf. Vermutlich war sie es nie gewesen. So unwirklich erschien ihr der ganze Auftritt der alten Sangoma, dass sie sich nicht einmal mehr sicher war, ob sie das nicht alles geträumt hatte.

Gähnend ging sie ins Zimmer zurück. Ihr mit Mücken verklebtes T-Shirt lag in der Ecke und erzählte von ihrem heldenhaften Kampf der vergangenen Nacht. Das zumindest war wirklich passiert. Sie zog ihr Hemdchen über den Kopf, warf es zu ihrem Schlüpfer, drehte das kalte Wasser in der Dusche auf und sang aus vollem Halse gegen den rauschenden Strahl an.

Roderick, der eben auf dem Weg vom Bungalow beim Empfangshaus ankam, hörte den Gesang aus der Ferne und pirschte sich näher an Jills Haus heran, bis er die Worte verstand.

»I know a dark secluded place …«

Sein Herz hüpfte. Es war ihm, als öffnete sich über ihm der Himmel in seiner strahlenden Herrlichkeit. Breit lächelnd begab er sich zum Frühstücksbuffet.

Benita drehte den Wasserhahn zu und trocknete sich nur flüchtig ab. In der Hitze war es angenehm, wenn die Feuchtigkeit auf der Haut verdunstete und so für Abkühlung sorgte. Sie bürstete ihre Locken, bis sie glänzten, tuschte sich die Wimpern und zog ein weißes T-Shirt und ihre Bermudashorts aus dem Kleiderschrank. Kurz darauf machte sie sich auf den Weg zum Frühstück.

Auf halber Strecke kam ihr Jill mit einem Henkelkorb über dem Arm und einem Messer in der Hand entgegen. Lächelnd blieb sie stehen. »Guten Morgen! Hast du nach Lenas Auftritt noch einigermaßen geschlafen?«

Benita zog die Brauen hoch. »Also habe ich das doch nicht geträumt?«

Jill lachte, ihre leuchtend blauen Augen tanzten. »Vielleicht haben wir das ja beide geträumt. Lena erscheint mir immer wie ein Wesen, das einem Albtraum entsprungen ist.« Sie drehte ihr Handgelenk, um auf die Uhr zu sehen. »Hast du Zeit? Dann begleite mich doch in den Gemüsegarten, ich muss Tomaten und Paprika für den Salat zum Mittag schneiden.«

»Gern. Es ist für Londoner Verhältnisse ohnehin viel zu früh, um jetzt schon zu frühstücken. Mein Magen packt den südafrikanischen Tagesrhythmus noch nicht. Die einzigen Male, wo ich in London den Sonnenaufgang sehe, ist, wenn ich die Nacht durchgemacht habe.«

Lachend liefen sie den schmalen Weg hinauf, der vom Haus auf einen flachen Abhang führte, wo Inqabas Gemüse schon gezogen wurde, seit Benita denken konnte.

»Hast eigentlich du den Garten hier angelegt oder deine Mutter?«

»Unseren Gemüsegarten? O nein, ob du es glaubst oder nicht, er ist ungefähr an derselben Stelle, wo ihn einst Catherine Steinach angelegt hat. Sie hat einen guten Blick dafür gehabt, wo Gemüse am besten gedeiht, obwohl die Überlieferung besagt, dass sie buchstäblich keine Ahnung von Ackerbau und Viehzucht hatte.« Jill blieb stehen und beschattete ihre Augen gegen die frühe Sonne. »Ist es nicht unglaublich, dass wir jetzt genau das sehen, was Catherine damals sah? Kaum etwas hat sich seitdem auf Inqaba wirklich verändert.«

Sie setzten ihren Weg fort, bis sie die niedrige Steinmauer erreichten, die den Küchengarten begrenzte. Sie war an einigen Stellen zusammengebrochen, der Eingang nichts weiter als eine sehr breite Lücke. Leuchtend gelbe Sternenblümchen sprossen aus den Ritzen, blaue Trichterblumen wucherten über die Mauerkrone, und Eidechsen im bunten Hochzeitskleid sonnten sich auf dem warmen Stein.

»Ich kann mich einfach nicht entschließen, die Mauer abzureißen und neu hochmauern zu lassen. Ich finde, sie sieht so romantisch aus«, seufzte Jill.

Benita schaute sich um und überlegte, wie wohl Catherine Steinach das Land gesehen hatte. Als Paradies oder als Hölle? Von den Berichten, die sie über die ersten Siedler hier gehört hatte, war es wohl eher die Hölle gewesen, besonders für eine verwöhnte junge Frau aus Europa.

»Grünen Salat werde ich wohl dazukaufen müssen.« Jill beugte sich mit verdrießlicher Miene über die kümmerlichen Salatköpfe, die in Reih und Glied im Schatten der Guavenbäume wuchsen. Die Blätter lagen gelb und lappig am Boden. Auch die Herzblätter waren abgestorben. »Es ist in der letzten Zeit einfach zu heiß gewesen. Der Boden ist so ausgetrocknet, dass selbst bei einem Wolkenbruch wie heute Nacht das Wasser kaum in die harte Oberfläche eindringt. Komm, wir machen uns über die Tomaten her.« Sie zeigte auf ein langes Spalier, dass in der Nähe eines alten Mangobaums errichtet worden war, und ging ihr voraus.

Ihre Schritte knirschten auf dem steinigen Boden, die Zikaden schrillten, in der Ferne war der Motor eines Treckers zu hören, und hoch über ihnen leuchtete ein Flugzeug in der Sonne wie ein heller Stern. Sie pflückten die prallen roten Früchte vom Spalier und legten sie sorgsam in den Korb. Er war schon fast gefüllt, als ein heftiges Schnaufen in ihrer unmittelbarer Nähe einen kleinen Finkenschwarm aufschreckte. Mit schriller Warnung schwirrten sie davon.

Beide Frauen erstarrten in Bewegungslosigkeit. Jill wandte den Kopf ganz langsam in die Richtung des Geräuschs und suchte das kleine Zuckermaisfeld ab, das hinter den Guavenbäumen lag. Die Grasspitzen glänzten in der grellen Sonne, Schmetterlinge flatterten von Blüte zu Blüte. Weiter entfernt stand eine Rundhütte mit Grasdach. Einige Gerätschaften lehnten an der braunen Lehmwand, daneben grenzte ein Maschendrahtzaun ein frisch angelegtes Beet ein. Über den Zaun wucherten Passionsblumen. Pralle auberginefarbene Früchte glänzten neben weißen Blüten im dichten Grün.

»Siehst du was?«, flüsterte Benita.

Jill schüttelte den Kopf.

»Jilly, ich bin hier.«

Die Worte kamen aus dem Baum und rissen ihnen den Kopf herum. Ihre Blicke flogen hoch. Mitten zwischen grünen Mangoblättern blühten plötzlich schreiend rotgelbe Blüten, und dicke braune Beine, die aus den Blüten hervorzuwachsen schienen, baumelten herunter. Am rechten Zeh hing ein Schuh, der linke Fuß war schuhlos. Ungläubig tastete sich Jills Blick an dem durch Blätter verdeckten Körper vor bis zum Gesicht, das zwischen goldgelben Früchten hervorlugte.

»Nelly! Was machst denn du da oben?«, rief sie entgeistert.

»Oskar ist ausgebrochen, und du weißt ja, dass er mich nicht leiden kann. Immer wenn er mich sieht, jagt er mich auf einen Baum.« Nellys Stimme war ein heiseres Fauchen, ihr massiger Körper bebte vor Empörung.

»Oskar?« Jills Kopf flog herum. Ein paar der Halme im Maisfeld wackelten. Angespannt versuchte sie eine Kontur in dem flirrenden Licht zu erkennen, das ihre Wahrnehmung immer wieder täuschte. Aber es dauerte eine gute Minute, bis sie ihn sah. Stumm deutete sie für Benita auf einen Punkt, der etwa vierzig Meter von ihnen entfernt war. »Oskar«, hauchte sie, »das verdammte Vieh! Rühr dich nicht, Benita, nicht einen Muskel. Dann kann er dich nicht erkennen. Er hat den Wind im Rücken und kann dich deshalb nicht wittern.«

Benita erinnerte sich daran, dass Oskars Mutter vor Jahren in einer Wildererschlinge verendet war und Jill das Nashornkälbchen mit der Flasche aufgezogen hatte. Das machte sie in seinen Augen zur Nashornmutter, und von da an war er ihr unverdrossen auf Schritt und Tritt hinterhergetrottet. »Er liebt dich also noch immer«, stellte sie flüsternd fest.

Jills Antwort kam ebenso leise. »Solange er noch eine putzige Miniaturausgabe seiner massigen Mutter war, hat seine Anhänglichkeit ja rührend gewirkt, aber nachdem er sich jetzt getreu seiner Nashornnatur zu einem launischen, rüpelhaften und sehr, sehr großen Spitzmaulnashornbullen entwickelt hat, sind seine Liebkosungen außerordentlich unangenehm und nicht selten schmerzhaft, kann ich dir versichern.« Reflexartig rieb sie sich ihr Hinterteil, ohne Oskar dabei aus den Augen zu lassen.

Wie ein massiver graubrauner Fels stand der Nashornbulle reglos im Maisfeld. Jetzt schwenkte er seinen schweren Kopf in ihre Richtung und spielte aufmerksam mit den Ohren.

»Das Dumme ist nur«, flüsterte Jill, »dass sein Geruchssinn nachgelassen hat und er seine geliebte Menschenmutter nicht immer gleich erkennt. Du kannst dir ja vorstellen, dass das auf einer belebten Gästefarm zu lebensgefährlichen Situationen führen kann. Er wiegt immerhin mehr als eine Tonne! Deswegen habe ich ihn auch in ein großes Gehege verbannt, das direkt an den Wildpark angrenzt. Ein Umstand, der ihm aber offenbar nicht passt. Immer wieder trampelt er den Zaun runter und strebt dann unbeirrt dem Küchengarten zu, wo er genüsslich leckere Melonen, meine Zuckermaisstauden und saftige grüne Böhnchen nascht und wartet, dass ich auftauche und ihm die Ohren kraule.«

Jill verstummte und biss sich nervös auf die Lippen. Der Wind küselte, und gleich würde Oskar ihren Geruch in der Nase haben, auf sie zugaloppieren, sie mit seinem harten Horn stupsen, versuchen seine runzlige Panzerhaut an ihr zu reiben, denn er liebte sie mit Inbrunst und Ungestüm, war sich nicht bewusst, dass er mittlerweile so viel wie ein Auto wog und sie mit Leichtigkeit erdrücken konnte.

Sie zögerte. Die Situation war brenzlig, weil Benita neben ihr stand, die für Oskar fremd war. Sie würde er angreifen, und das musste Jill auf jeden Fall verhindern. Langsam, um nicht die Aufmerksamkeit des Nashornbullen auf sich zu ziehen, drehte sie sich ihrer Cousine zu. »Ich werde ihn ablenken, aber wenn das schiefgeht, musst du, so schnell du kannst, auf den Baum dort klettern. Klar?«

Benita warf einen abschätzenden Blick auf den Stamm des Mangobaums. Er war nicht hoch, die Zweige hingen tief. Es würde leicht sein. »Klar«, flüsterte sie.

Aufmerksam blinzelte Oskar aus seinen halbblinden Äuglein zu ihnen herüber und sog leise schnaufend die Luft ein.

»Sein linkes Ohr ist eingerissen«, flüsterte Jill, »das wird ihn zusätzlich wütend machen, aber noch hat er uns wohl nicht bemerkt. Nelly, hältst du so lange durch?«, fragte sie leise in den Baum hinein.

Ein zustimmendes Grunzen war ihre Antwort.

»Also, aufgepasst. Ich versuch's.« Jill duckte sich, schlich fünfzig Meter weiter, immer an der Mauer entlang zum Eingang des Küchengartens, und pfiff von dort aus. Oskar warf den Kopf hoch, peilte sie über seine Hörner, von denen das vordere fast einen Meter lang war, wie über Kimme und Korn an. Sie pfiff noch einmal. Schaukelnd setzte sich der Nashornbulle in Bewegung. Die zwei rotschnäbligen Madenhacker, die in seinen Ohren Zecken gepickt hatten, flatterten erschrocken auf. Rasch kam er näher, immer schneller wurde er, seine Hufe trommelten auf den krustigen Boden. Er hatte den Kopf gesenkt, und Jill wurde sich schlagartig bewusst, dass er sie nicht erkannt hatte. Der nächste Baum, der sie tragen würde, war ein Avocadobaum, und der stand mehr als zehn Meter entfernt, eigentlich zu weit für sie. Jetzt half nur noch Taktik.

»Ab in den Baum, Benny«, schrie sie und starrte nervös dem herangaloppierenden Koloss entgegen. Dreißig Meter. Zwanzig Meter. In letzter Sekunde warf sie sich herum, rannte mit weit ausgreifenden Sätzen zum Avocadobaum und zog sich blitzschnell an den Ästen hoch in Sicherheit.

Oskar, des Ziels seines Zorns beraubt, verfiel in langsamen

Trott, umrundete den Baum, schnupperte fragend, und dann entdeckte er sie über sich, sog ihren Geruch ein, und nun erkannte er sie offensichtlich. Ekstatisch rieb er seinen Rücken am Baum, grunzte, schnaubte, quietschte voller Genuss und blinzelte zu seiner Geliebten hoch. Mit einem gewaltigen Schnaufer ließ er sich im Schatten der herabhängenden Zweige auf die Seite fallen. Es gab einen Aufprall, den Jill bis in den Baum spürte. Oskar kniff die Augen zu und dämmerte sogleich ins Nashorntraumland hinüber.

»Verfluchter Mist«, sagte Jill mit Inbrunst und wischte mit einem Blatt das Blut ab, das aus langen Kratzern von ihren Beinen tropfte. Ihre Freundin Angelica hatte einmal acht Stunden auf einem Baum verbracht, während das Nashorn, das sie dort hinaufgejagt hatte, seinen Schönheitsschlaf hielt. Durch den dunkelgrünen Blättervorhang versuchte sie, ihre Cousine zu erkennen.

»Benita, alles in Ordnung? Sitzt du sicher auf dem Baum? Oskar hat entschieden, ein Schläfchen zu halten. Ich werde Hilfe rufen. Es wird nicht lange dauern.« Nellys Lage machte ihr große Sorgen, da die alte Zulu von Asthma gequält wurde, und das mühsame Keuchen, das vom anderen Baum herüberdrang, warnte sie, dass Eile geboten war.

Mühsam befreite sie ihr Handy aus der Tasche ihrer Jeans und wählte Musas Nummer, der der einzige andere Mensch war, den Oskar zumindest gelegentlich akzeptierte. Sie schickte ein Stoßgebet zum Himmel, dass er sein Mobiltelefon weder abgeschaltet hatte noch sich in einem Funkloch befand. Aber sie hatte Glück und erwischte ihn. Er befand sich mit zwei Gästen auf der Morgensafari.

»Setz die beiden ab und komm sofort her«, wies sie ihn an und erklärte ihm mit knappen Worten, in welcher Bredouille sie steckte.

Nach einer halben Stunde erst näherte sich endlich Motorengeräusch, und erleichtert erkannte sie Musas Wagen. Auf dem höchsten Sitz im Heck thronten die zwei Gäste, eine rundliche Frau und ein Mann mit Stetson. Musa fing Jills wütenden Blick auf und zuckte beredt mit seinen breiten Schultern. Gegen den geballten Willen seiner entschlossenen Passagiere hatte er offenbar nichts ausrichten können.

Ingrimmig steckte sie zwei Finger in den Mund und stieß einen gellenden Pfiff aus. »Zeit aufzustehen, du Mistkerl«, schrie sie das schlafende Rhinozeros an.

Oskar unter ihr spielte mit den Ohren, grunzte protestierend, wälzte sich auf die andere Seite und schlief weiter.

»Dämliches Vieh«, fauchte sie.

Musa fuhr Schritttempo, erfasste die Lage mit einem Blick und lenkte seinen Range-Rover durch die Eingangslücke in den Garten. Jill zuckte zusammen, weil er ohne Rücksicht über ihr Kürbisfeld fuhr. Reihenweise platzten die fußballgroßen Früchte, ihr rotgelbes Fruchtfleisch spritzte über das Beet. Kürbis würde sie von der Speisekarte vorerst streichen müssen, dachte sie aufgebracht, oder aus Transvaal besorgen. Das kostete Geld.

Langsam näherte sich der Wagen dem Nashornbullen. Die rundliche Dame, die Jill als diejenige erkannte, die gerade erst in der Boma ihren Geburtstag gefeiert hatte, und ihr Mann hingen über die Seite des Wagens. Sie filmte, während er den Verschluss seiner Kamera wie ein Maschinengewehr rattern ließ. Oskar ließ sich davon nicht beeindrucken.

»Verdammt wundervoll«, trompetete der Mann, worauf Oskar zusammenzuckte und die Nase hob.

»Leise«, zischte Musa.

Verlegen nahm der Mann seinen Stetson ab und wischte sich das schweißglänzende krebsrote Gesicht. »Ich meine, sehen Sie doch, ich kann das Rhino praktisch anfassen, so nah ist es«, flüsterte er so laut, dass es wie das Fauchen einer Katze klang. Er hob wieder die Kamera. Seine Frau – in perfekt gebügeltem, stilechtem Safari-Outfit und viel Gold an Kehle und Handgelenken – keuchte vor Aufregung, während ihr Camcorder surrte. Jill war klar, dass keiner von beiden ahnte, wie gefährlich die Situation tatsächlich war. Es verwunderte sie immer wieder, wie sorglos ausländische Touristen durch den Busch trampelten und nicht mehr Respekt vor den Wildtieren zeigten, als wären diese hinter Gittern in einem Zoo weggeschlossen.

Jetzt rückte Musa dem Nashorn mit dem Geländewagen zu Leibe. Als der Wagen unmittelbar neben ihm hielt, bequemte sich Oskar zwar, sich aufzurappeln, blieb aber einfach stehen, stierte das Auto dumpf an und rührte sich nicht weiter von der Stelle, selbst als ihm Musa einen Stoß mit einem Stock versetzte. Er bat seine beiden Gäste, sich auf die Vordersitze zu begeben, konnte die Frau noch in letzter Sekunde davon abhalten, erst auf den Boden zu springen, um den Wagen herumzulaufen, um dann wieder hineinzuklettern, und fuhr dann direkt unter den Avocadobaum, sodass Jill relativ bequem vom Baum auf die oberste Sitzbank springen konnte. Benita wurde auf die gleiche Weise befreit und glitt neben ihrer Cousine auf den Sitz.

Überraschenderweise trollte sich Oskar daraufhin, als wäre es ihm langweilig geworden, und Musa und Jill konnten gemeinsam der stöhnenden Nelly, die nach dieser langen Zeit merklich stiller geworden war und hörbar nach Luft schnappte, vom Baum helfen.

»Du bist fett wie Imvubu, das Flusspferd«, schimpfte Musa liebevoll, als die schwergewichtige Zulu mit einem Plumps auf dem sicheren Boden landete, wo sie mit ausgestreckten Beinen sitzen blieb.

Nelly schnaufte ein paarmal tief durch und wischte sich mit dem Ärmel über ihr schweißüberströmtes Gesicht. Energisch wehrte sie Musas helfende Hände ab, wälzte sich herum und stemmte sich mühselig hoch. »Musa, du kläffendes Hündchen, du Wurm unter meinen Sohlen, der sich vor Angst krümmt, wenn eine Mücke hustet«, zischelte sie, während sie ihr geblümtes Kleid glatt strich. »Setz dich in dein Auto, und bring mich nach Hause, ehe ich dir den Hintern versohle, den ich häufig genug abgewischt habe, als du noch deine Hosen vollgekackt hast.« Sie schlug ihm kräftig auf die Schulter, und er gehorchte, war offensichtlich froh, dass die alte Nelly keinen Schaden genommen hatte.

Jill und Benita lachten noch, als sie am Empfangshaus ausstiegen.

Die rundliche Dame tänzelte aufgeregt vor ihnen her. »Es war absolut sensationell«, rief sie. Mit beiden Händen wedelte sie sich heftig Kühlung in ihr hochrotes Gesicht.

»Welch ein Erlebnis, was für ein verdammt tolles Erlebnis«, stöhnte ihr Mann, und sein Ausdruck verklärte sich wie der eines Kindes beim Anblick des weihnachtlichen Gabentisches. »Welch ein Jammer, dass wir nach dem Frühstück abfahren müssen. Aber wir kommen wieder, wir werden gleich an der Rezeption buchen, wir denken nämlich daran, uns hier auch eine Farm zu kaufen. Mein Gott, allein die Vorstellung, von der Terrasse aus meine eigenen Löwen zu beobachten …« Noch einmal stöhnte er lustvoll auf.

Arm in Arm verschwand das Ehepaar auf dem Weg zu seiner Unterkunft. Jills Blick glitt zu Musa, der zugehört hatte und belustigt über sein schokoladenbraunes Gesicht grinste und dabei mit den Augen rollte. So verrückt können nur Weiße sein, hieß das. Er sprang vom Wagen.

»Bin gleich wieder zurück«, rief er Nelly zu, die noch auf dem höchsten Sitz des Rangerwagens thronte, und ging ums Haus zu Thabili in die Küche. Er hatte im Lauf der Jahre eine Vorliebe für starken schwarzen Kaffee entwickelt, und jetzt brauchte er einen.

Benita wirbelte mit übermütigen Tanzschritten dahin. »Meine Güte, welch ein wunderbarer Anfang für einen wunderbaren afrikanischen Tag! Und jetzt habe ich Hunger. Ich könnte ein Pferd verschlingen.«

»Ich werde mich in Windeseile umziehen«, sagte Jill. »Später komme ich zu eurem Tisch.« Sie hob grüßend die Hand und verschwand im Laufschritt in Richtung ihres Hauses.

Benita ging allein weiter. Durch das Gewirr der überhängenden Zweige der Weinenden Burenbohne entdeckte sie Roderick und Gloria, die beim Frühstück saßen. Bei ihrem Anblick kam ihr eine Idee. Sie rannte zurück zum Wagen, öffnete den Schlag und streckte Nelly die Hand hin. »Komm, ich möchte, dass du meine Freunde aus England kennenlernst. Sie sitzen dort hinten.« Sie deutete auf den Tisch unten am Ende der Veranda im Schatten der Papaya.

Nelly pustete ihre Backen auf und spähte hinüber. »Wer ist die Frau mit den gelben Haaren?«

»Sie ist Anwältin und arbeitet auch in der Bank.«

»Sie ist zu dünn«, brummte Nelly. Umständlich stieg sie vom Wagen herunter und musterte Benita mit kritischem Blick. Dann kniff sie ihr überraschend ins Hinterteil. »Und du auch. Mager wie ein Wurm in der Trockenzeit. Gibt es nichts zu essen in deinem kalten Land? Und warum hast du keinen Mann und keinen Stall voller Kinder? Wer soll im Alter für dich sorgen?«

Benita lachte in sich hinein. Mann, Kinder und so viel zu essen, wie man in sich hineinstopfen konnte. Das waren die Eckpfeiler von Nellys Welt, und wie so viele andere Zulus auch, hielt Nelly stur an der Vorstellung fest, dass nur eine fette Frau den Reichtum ihres Mannes widerspiegelte. Wie ein uralter Baum war sie unverrückbar in ihren Traditionen verwurzelt, wo Kinder die Altersversicherung bedeuteten, Kinder, für die es selbstverständlich war, dass sie sich um ihre Eltern kümmern mussten, wenn die es nicht mehr selbst konnten, und wo eine Frau mit ihrem Körperumfang aller Welt zeigte, wie gut ihr Mann für sie sorgte. Liebevoll streichelte sie der alten Frau über den Rücken.

»Keine Zeit, Nelly. Ich habe zu viel zu tun, und in England gibt es einen Pensionsfonds. Mir wird es im Alter gut gehen, auch ohne Kinder.«

»Ha«, schnaubte die alte Zulu. »Geld! Wer wird dich trösten, wenn du weinen musst? Wer hält dich warm? Geld ist kalt! Ich sage dir, du musst Kinder haben, du bist nicht mehr jung, bald bist du trocken wie verdorrtes Land ohne Wasser.«

Benita durchfuhr bei diesen Worten ein heißer Stich. Sie blieb die Antwort schuldig. Sie hatte keine. Unwillkürlich schlang sie sich die Arme um den Leib. Nelindiwe Dlamini hatte den Finger auf einen Punkt ihrer Seele gelegt, der in letzter Zeit immer empfindlicher geworden war. Bisher hatte sie sich erfolgreich davor gedrückt, darüber auch nur flüchtig nachzudenken.

Wieder musterte die alte Zulu die Tischrunde. Sie zeigte ungeniert auf Roderick Ashburton. »Ist das dein Mann, der da neben der Frau mit den Strohhaaren? Kann er gut arbeiten?«

Benita lachte. »Er ist nicht mein Mann, sondern mein Boss. Seiner Familie gehört die Bank, für die ich arbeite.«

»Er ist ein Löwe«, murmelte die Zulu zufrieden. »Ihr werdet ein gutes Leben haben und viele kräftige Kinder.«

»Nelly, er ist nicht mein Mann, er wird es auch nie werden. Er kann mich nicht leiden, und ich ihn auch nicht.«

Nelly ließ ihre dunklen Augen zwischen Roderick und Benita hin- und herschnellen, dann gluckste sie. »Dein Mund redet diese Worte, dein Körper jene. Dein Leben wird sich ändern. Du wirst nicht mehr lange allein sein, und bald trägst du jedes Jahr einen dicken Bauch vor dir her.« Um ihren Worten Nachdruck zu verleihen, schob sie ihr Gesicht dicht an das von Benita heran. Ein wissendes Lächeln umspielte die breiten Lippen. »Das sage ich, Nelindiwe Dlamini.«

Benita konnte Holzrauch auf Nellys Haut riechen und einen Hauch von Kokosnussfett. Wieder ein Geruch aus ihrer Kindheit. Sie sah in die klugen dunklen Augen. Es waren Augen, die viel gesehen hatten, und jetzt glomm ein Funke in ihren dunklen Tiefen auf, etwas, was sie nicht in Worte fassen konnte, wie ein Stern am dunklen Firmament. In dieser Sekunde war sie bereit, das zu glauben, was ihr Nelly immer erzählt hatte, als sie noch ein Kind gewesen war, und was sie später als Humbug abgetan hatte.

»Ich kann weit zurücksehen in die Zeit, die einmal gewesen ist«, hatte die Zulu geflüstert und dabei die Augen aufgerissen. »Die Zeit, als es dich noch nicht gab und mich auch nicht, und ich kann vorwärts sehen, in die Zukunft, ich kann sehen, was sein wird, ich kann dich sehen, Jikijiki, und wie du dein Leben leben wirst.«

Damals hatte sie darüber gelacht, in diesem Augenblick jedoch glaubte sie der weisen alten Frau. Dass sie wusste, was geschehen würde. Dass ihr Leben sich ändern würde, dass sie ihre Tage nicht mehr allein verbringen musste. Unwillkürlich flog ihr Blick über die Veranda zu dem Mann am Tisch unter dem Papayabaum, den Nelly als einen Löwen bezeichnet hatte. Gerade streckte er die Hand aus und berührte die von Gloria. Ein Eifersuchtsfunken sprang in ihr hoch, prompt gefolgt von spontanem Ärger auf sich selbst. Unwirsch fuhr sie sich durchs Haar. Ein naiver Wunschtraum war keine sichere Kapitalanlage. Sie als Bankerin sollte das am besten wissen.

Nelly humpelte ihr voraus, blieb aber bald stöhnend stehen. »Es mag nicht vom Baum springen«, bemerkte sie und zeigte auf ihr Bein, das bereits angeschwollen war.

»Komm«, sagte Benita, fasste Nelly unter dem Arm, und führte sie fürsorglich zwischen den Tischen hindurch, bis sie vor Roderick standen.

»Guten Morgen. Wo hast du gesteckt?«, fragte er mit einem neugierigen Seitenblick auf Nelly. »Ich wollte schon die Suchhunde losschicken.« Er sah hoch, wobei seine blauen Augen die Sonne einfingen, und für einen Moment leuchteten sie auf wie Aquamarine.

Für eine verwirrende Sekunde glaubte Benita, in die klare Tiefe des Meeres zu blicken, dann bewegte er den Kopf, der Sonnenstrahl glitt ab, und der Spuk verschwand. Sie atmete durch und legte Nelindiwe Dlamini liebevoll ihren Arm um die Schultern. »Nelly, das ist Sir Roderick, mein Boss, und das ist Gloria Pryce, unsere Anwältin. Roderick, das ist Nelindiwe Dlamini, die für mich gesorgt hat, wenn meine Eltern … verhindert waren. Ich habe einen guten Teil meiner Kindheit bei ihr im Dorf verbracht.«

Roderick erhob sich. »Mrs Dlamini, es ist mir ein Vergnügen, Sie kennenzulernen«, sagte er und verbeugte sich höflich.

Nelly schnaufte geschmeichelt. »Er weiß, wie man sich benimmt«, sagte sie zu Benita, und ein breites, wenn auch löchriges Lächeln ließ ihre Augen tanzen. »Er ist ein Pascha.« Sie sagte es auf Zulu. »Sawubona«, grüßte sie dann erwartungsvoll.

Gloria kapierte schnell. »Guten Morgen, Mrs Dlamini«, sagte sie lächelnd, »bitte setzen Sie sich doch einen Augenblick zu uns.« Sie zog einen Stuhl vom Nachbartisch heran. »Möchten Sie etwas essen?«

Nelly beäugte das Müsli auf Roderick Ashburtons Teller mit deutlicher Verachtung. »Hühnerfutter«, murmelte sie. »Hat Thabili vergessen, wie man Phutu macht?«, sagte sie dann laut.

Benita lachte laut auf. »Ich werde in der Küche nachfragen. Phutu ist der Maisbrei der Zulus«, erklärte sie Gloria und Roderick. »Nelly würde nie etwas anderes zum Frühstück essen.«

Nach einem weiteren Blick, der deutlich ausdrückte, was sie von dem Essensangebot hielt, wehrte Nelly ab. »Nein, nein, ich möchte zurück in mein Haus.« Sie zog eine übertriebene Grimasse und rieb sich ihren stattlichen Bauch. »Der Ast war hart. Mein Bauch möchte liegen. Salani kahle«, wünschte sie höflich und humpelte über die Veranda davon. Nach ein paar Schritten blieb sie stehen und drehte sich um. »Jikijiki, du hast doch die Hühner nicht vergessen? Und den Hahn?«

»Nein«, lachte Benita. »Hab ich nicht.« Sie nahm sich vor, bei Jill nachzufragen, wo sie einen Stall voller Hühner und einen munteren Hahn erwerben konnte.

»Jikijiki? Welch putziger Name«, bemerkte Gloria.

»Mein Zuluname«, sagte Benita in einem Ton, der deutlich machte, dass sie ihr nicht raten würde, eine weitere Bemerkung darüber fallen zu lassen.

Überraschenderweise hielt Gloria darauf ihren Mund.

»Du hast mir meine Frage noch nicht beantwortet«, sagte Roderick. »Wo hast du gesteckt?«

Benita kicherte. »In einem Mangobaum.« Während sie sich einen Kaffee eingoss, beschrieb sie vergnügt, welche Aufregung Oskar verursacht hatte. »Er hatte einen langen, blutenden Riss im Ohr, was ihn doppelt wütend machte.« Sie blies ihre Wangen auf. »Es war zum Piepen. Wir hingen wie die überreifen Früchte in den Bäumen!«

»Muss Liebe schön sein«, frotzelte Roderick, konnte aber nicht verbergen, wie erleichtert er war, dass ihr nichts passiert war. Ihm war durchaus bewusst, dass ein wütendes Nashorn außerordentlich gefährlich war. Er untersuchte die Kratzer auf ihren Handflächen, konnte dem Impuls, sie zu küssen, nur unter Aufbietung seiner ganzen Selbstbeherrschung widerstehen. »Die sind nur oberflächlich. Schmier dir Jodsalbe drauf, damit sie sich nicht infizieren.«

»Wo ist dieses liebestolle Rhinozeros jetzt?«, fragte Gloria. »Nachher verwechselt mich das Vieh vielleicht auch noch mit einem Lustobjekt.«

»Oh, keine Angst«, spottete Benita fröhlich. »Er liebt nur Jill. Jeden anderen würde er aufspießen. Er hat ein sehr spitzes Horn. So lang.« Sie hielt die Hände so weit auseinander, wie sie konnte.

»Sehr witzig«, giftete Gloria zurück. »Ach, da kommt ja die Dame.«

Jill erschien auf der Veranda, äußerst attraktiv ganz in goldfarbenem Leinen, das ihren wunderbaren Teint hervorhob, und machte ihre Frühstücksrunde, blieb an jedem Tisch stehen, erkundigte sich nach dem Wohlbefinden der Gäste, zeigte nicht, wie sehr es sie besorgte, dass nur drei Tische besetzt waren. Sie trat neben Glorias Stuhl. »Guten Morgen! Ich hoffe, Sie haben gut geschlafen?«

Gloria hob das Kinn. »Welch eine Frage! Natürlich nicht. Der Hahn hat mich wieder geweckt. Sagen Sie bloß, Sie haben das nicht gehört? Es wäre wirklich schön, wenn Sie endlich dafür sorgen würden, dass er seinen Schnabel hält! Und wie ich eben erfahren habe, rennt hier ein tollwütiges Nashorn herum. Was gedenken Sie zu tun, dass demnächst nicht einer von uns aufgespießt wird?«

Jills kobaltblaue Augen blitzten kriegerisch auf, aber sie beherrschte sich. »Sie haben natürlich recht, Oskar wird einfach zu gefährlich für meine Gäste. Unsere Leute bringen das Tier jetzt zurück in sein Gehege, und dann wird er in den Hluhluwe-Wildpark verbannt. Ich habe die Verwaltung schon angerufen.«

»Gut«, sagte Gloria und zeigte ihre Zähne.

Benita hatte die Ellbogen auf den Tisch gestützt und hielt eine heiße Tasse Kaffee zwischen beiden Händen. »Kannst du ihm nicht eine nette fette Nashorndame besorgen?«

Jill hob betrübt die Schultern. »Wie ihr wisst, ist Oskar auf Menschen geprägt. Er hat schon unsere zwei bildschönen Nashornfräulein verjagt. Ich müsste ein weiteres gesundes junges Weibchen auf einer Wildtierauktion ersteigern, aber das kostet mindestens hunderttausend Rand, und wenn es ein trächtiges Muttertier ist, mehr als zweihunderttausend.«

Roderick pfiff beeindruckt durch die Zähne. »Das ist gewaltig. Umgerechnet auf die Kaufkraft entspricht das in Europa einem Mittelklasseauto. Ich wusste nicht, dass diese Dickhäuter ein solches Geschäft sind.«

»Das erklärt sich ganz einfach. Kaum eine der unzähligen Farmen, die sich in Safariparks verwandelt haben, hat noch einen eigenen Bestand an Wild. Die lassen einfach die Zuckerrohr- oder Weizenfelder verwildern und ersteigern dann einen Grundbestand an Wildtieren auf Auktionen. Den Rest erledigt die Natur. Inqaba hat eine Wildbevölkerung von ungefähr viertausend Tieren. Das ist schon sehr dicht, aber dann gibt es Farmen, die für sehr hohe Prämien Jagden anbieten, und die brauchen logischerweise immer Nachschub.« Ihre Miene war bitter, aber sie biss sich auf die Lippen und führte das Thema nicht weiter aus. »Außerdem treiben internationale Zoos und Wildreservate die Preise in die Höhe.«

Gloria bedachte sie mit ihrem aggressiven Anwältinnenblick. »Die Aussage ist ernüchternd. Sie zerstört einen großen Teil der afrikanischen Romantik, die uns hier geboten wird und für die wir einen Haufen Geld bezahlen. Es ist also alles künstlich hier?«

»Unsinn«, fuhr Benita dazwischen. »Inqaba präsentiert sich heute wieder genau so, wie es vor hundertfünfzig Jahren ausgesehen hat. Unsere Naturschutzgebiete in Europa sind doch häufig ebenfalls Kulturlandschaften, die man wieder hat verwildern lassen.«

Benita erntete einen dankbaren Blick von Jill. »Wenn die Zahl der Wildreservate noch weiter so ansteigt wie in den letzten Jahren, wird Südafrika bald wieder in seinem Urzustand sein«, sagte sie scherzhaft. »Mittlerweile gibt es rund neuntausend Gästefarmen in Südafrika, und es werden immer mehr. Ihr glaubt gar nicht, wie viele Touristen der trügerischen Romantik erliegen und eigene Ländereien erwerben, um auch eine Gästefarm zu eröffnen, was die Preise für Land natürlich auch hochgetrieben hat.« Spott funkelte aus ihren Augen. »Sie träumen davon, Löwen von der eigenen Terrasse aus zu beobachten und dass Elefanten aus ihren Swimmingpools trinken. Die Schwärmerei vergeht ihnen meist schnell, wenn Afrika ihnen zeigt, wer hier Meister ist, und wie viel Geld es kostet, eine solche Farm zu unterhalten. Und wie viel Knochenarbeit. Am meisten amüsiert es mich immer zu sehen, wie sie mit den afrikanischen Arbeitern zurechtkommen …« Sie verdrehte die Augen.

»Gar nicht, nehme ich an«, warf Benita ein.

Jill nickte. »Nein, natürlich nicht. Die tanzen ihnen mit Begeisterung auf der Nase herum und machen sich über die unwissenden Weißen lustig. Es ist viel zu heiß hier, um im selben Tempo zu arbeiten wie in Europa, aber das kapieren diese Leute nicht. Afrika hat seinen eigenen Rhythmus. Du kennst doch den Spruch: Europa hat die Uhr, Afrika aber hat die Zeit. Viele werfen schnell das Handtuch und verschwinden wieder. So, nun muss ich mich aber sputen. Ich werde heute auf einer Auktion einige unserer jungen Büffel versteigern. Unsere Büffelherde ist zu groß für Inqaba geworden.« Schon wollte sie sich abwenden und gehen, als ihr etwas einfiel.

»Hätte vielleicht jemand Lust mitzukommen? Es herrscht eine ganz besondere Atmosphäre und zieht einen Haufen bemerkenswerter Typen aus der ganzen Welt an. Miss Pryce?«

»Büffel einkaufen?« Glorias gezupfte Brauen schossen in die Höhe. »Einkaufen ist ein gutes Wort, aber ich hatte da eigentlich an Shoppen für Klamotten und ähnlich Nützliches gedacht.«

»Klingt spannend. Ich komme mit Vergnügen mit«, sagte Benita erfreut. Shoppen langweilte sie, und die »Shop till you drop«-Fraktion ödete sie an. Wenn sie etwas brauchte, überlegte sie vorher, wo sie das finden würde, ging hin und kaufte es. Fertig.

»Ich auch«, sagte Roderick und warf ihr ein schnelles Lächeln zu, ganz kurz, nur für sie bestimmt, so intim wie ein Streicheln.

Sie erwiderte es unter gesenkten Lidern, merkte zu ihrer Verwirrung, dass ihr Körper mit einer Hitzewelle reagierte. Um ihre Verlegenheit zu verbergen, goss sie sich eine frische Tasse Kaffee ein und beschäftigte sich eingehend damit, die Blasen auf der Oberfläche zu betrachten, hoffte, dass Gloria nichts von der kleinen Episode mitbekommen hatte.

Gloria verriet keinerlei dahingehende Anzeichen. »Und was ist mit mir?«, maulte sie stattdessen.

»Wenn du nett zu mir bist und nicht wieder mit Gläsern wirfst, nehme ich dich mit nach Umhlanga Rocks in das Gateway-Einkaufszentrum auf dem Ridge.« Jan Mellinghoff war unbemerkt hinter ihren Stuhl getreten und schaute mit ironischem Grinsen auf sie hinunter. »Dort gibt es alles, was dein materialistisches Herz begehrt. Von A wie Armani bis P wie Prada. Für Z fällt mir gerade nichts ein.«

»Zegna, Ermenegildo Zegna«, half Gloria jetzt nach, mit einem Anflug von Bewunderung, dass ein Mann überhaupt das Wort Mode buchstabieren konnte. Sie zog ein todernstes Gesicht, hob ihre Schwurhand, die andere legte sie theatralisch aufs Herz. »Kein Werfen von Gläsern, nie wieder, ich schwör's. Was wirst du dort machen?«

»Ich muss in der Nähe die Frau eines Freundes besuchen.« Vilikazi hatte ihn gebeten, Sarah auf Linnies Ankunft vorzubereiten. Er war sehr besorgt gewesen.

»Sie hat Linnie seit zwei Jahren nicht mehr gesehen. Sie soll keinen Schock bekommen«, hatte er gesagt, brauchte nicht auszusprechen, dass er die bösartigen Kaposisarkome meinte, die immer zahlreicher auf Linnies Haut wuchsen.

Gloria sprang auf. »Gib mir eine halbe Stunde für eine Fassadenrenovierung, dann können wir los.« Sie sah Jill an. »Glauben Sie ja nicht, dass ich diesen Hahn vergesse. Ich erwarte, dass ich in der kommenden Nacht einmal ungestört durchschlafen kann.« Mit diesen Worten verschwand sie im Laufschritt.

Roderick sah ihr nach. »Binden Sie ihm den Schnabel zu«, schlug er Jill schmunzelnd vor.

»Wenn ich ihn denn erwische«, knirschte Jill. »Nun, irgendwie werde ich das Problem lösen müssen. Die Auktion fängt übrigens um elf Uhr an. Sie haben also genug Zeit, in Ruhe zu frühstücken und sich fertig zu machen.«

Benita sprang auf. »Dann werde ich mich sputen. Erst muss ich dringend etwas essen und mich dann ebenso dringend umziehen. Ich sehe aus …«

»… als hätte dich ein Nashorn auf den Baum gejagt«, sagte Roderick und grinste vergnügt.

Benita warf den Kopf in den Nacken und lachte. Es würde ein wunderbarer Tag werden. Ganz sicher.

Jill und Roderick warteten schon am Wagen auf sie, und sie fuhren sofort los. Ihre Cousine steuerte den Geländewagen geschickt um die Schlaglöcher in der Schotterstraße herum, grüßte dabei immer wieder Leute, die am Straßenrand entlanggingen. Meist waren es schwarze Frauen, die erstaunliche Lasten auf dem Kopf balancierten, und alte Männer, die viel Zeit zu haben schienen. »Ich kenne hier fast jeden«, erklärte Jill, »und jeder weiß, wer ich bin.«

Nach einigen Kilometern bog sie in einen Sandweg ein, der zu einem weiten Platz führte, auf dem vor einem flachen, riedgedeckten Gebäudekomplex ein großes blau-gelb gestreiftes Zelt aufgeschlagen war. Sie fuhr um eine leuchtende Insel von rot blühenden Aloen herum und parkte im Schatten eines Baums.

»Da wären wir.« Sie stellte den Motor ab und stieg aus. »Da drüben sind die Tiere. Schauen wir sie uns an.«

Benitas Blick folgte ihrem ausgestreckten Zeigefinger. Unter den tief hängenden Zweigen großer Schattenbäume warteten die unterschiedlichsten Tiere in winzigen Gehegen, die mit meterhohen, dicht gesteckten Palisaden abgetrennt waren. Nur die Frontseite war jeweils aus Maschendraht. In einem der Gehege drängten sich zwei junge Giraffen eng aneinander, in einem anderen maunzte ein Löwenjunges. Daneben scharrte ein Nashornbulle, ebenfalls ein Jungtier, mit dem Vorderhuf im Sand und stierte dumpf vor sich hin, prustete dabei aufgeregt durch seine geblähten Nüstern.

»Er hat Angst«, bemerkte Benita leise, aber keiner hörte ihr zu.

Roderick schaute sich mit großem Interesse um. »Hast du deine Büffel auch hier stehen?« Sie hatten sich im Lauf der Fahrt auf die vertrautere Anrede geeinigt.

Jill war damit beschäftigt, die Lippen mit einem Sonnenschutzstift zu bestreichen. »Nein«, sagte sie, fuhr mit dem Stift einmal über ihren Nasenrücken und steckte ihn dann in ihre Umhängetasche, holte einen Schlapphut heraus und drückte ihn sich auf den Kopf. »Ich habe Dias und einen kleinen Film gemacht, die hier vorgeführt werden. Die Büffel vorher einzufangen, bedeutet Stress für die Tiere und für mich und ein Riesenloch in meinem Geldbeutel. Ich lasse sie einfangen, sowie ich sie verkaufe. Wenn ich sie hoffentlich verkaufe. Ich brauche das Geld dringend für ein neues Projekt.«

Benita war neugierig. »Willst du erweitern? Mehr Land dazukaufen?«

»Nein, Inqaba ist groß genug, aber ganz in der Nähe des Haupthauses will ich einen Schmetterlingsgarten anlegen. Ich habe vierzig Dutzend Schmetterlingspuppen bestellt, darunter wirklich sehr seltene Exemplare. Wir werden einfach zweitausend Quadratmeter mit feinem Maschendraht umzäunen, ziehen in zehn Metern Höhe ein Maschendrahtdach ein und bepflanzen das Gelände mit Schmetterlingsleckereien, setzen uns zurück und warten, was aus den Puppen schlüpft.« Sie verdrehte die Augen. »Allein der Maschendraht kostet mehr, als ich eigentlich verantworten kann.«

»Das klingt wunderbar. Ich liebe Schmetterlinge«, rief Benita. »Wirst du extra Eintritt dafür nehmen?«

»Ich muss. Nicht so viel, dass es wehtut, nur ein paar Rand. Zwanzig vielleicht. Das bezahlt jeder locker, aber auf lange Sicht wird es eine nette Summe bringen.« Sie seufzte verstohlen. Ihr Polster für schlechte Zeiten war fadenscheinig, die anfallenden

Steuern, die Abzahlungen auf ihre Hypotheken fraßen monatlich Unsummen. Seit Monaten lag ihr Jonas in den Ohren, dass sein Computer veraltet sei und dass er, um wirklich effektiv arbeiten zu können, dringend einen neuen brauche. Einen mit mindestens achtzig Gigabyte Platz auf der Festplatte. Seine Augen leuchteten, wenn er das erwähnte. Es war der ewige Kreislauf. Immer wenn sie einen Berg erklommen hatte und glaubte, endlich bis zum Horizont sehen zu können, türmte sich der nächste vor ihr auf und versperrte ihr die Sicht, und meistens war der höher als der vorhergehende.

»Was bringt so ein Büffel?«, fragte Roderick.

»Zwischen neunzig- und hundertzwanzigtausend Rand. Wenn ich Pech habe und mehrere Büffel im Angebot sind, dementsprechend weniger. Nun kommt, es geht gleich los, und ich würde mir gern vorher die Tiere ansehen. Mal sehen, wie die Konkurrenz aussieht.«

Die einzelnen Positionen in ihrem Katalog abhakend, schlenderte Jill langsam von Käfig zu Käfig. Benita und Roderick folgten ihr schweigend. Das jämmerliche Blöken einer verängstigt in eine Ecke des engen Geheges gedrückten Impala-Herde begleitete sie. Schließlich sah Jill auf die Uhr.

»Kurz vor elf Uhr, wir müssen uns einen Platz suchen.« Sie strebte dem Zelt zu, grüßte den schwarzen Wildhüter, der am Zelteingang ihren Namen auf einer Liste abhakte. »Zu dumm, dass Nils noch in Durban zu tun hat. Er ist heute Morgen gefahren. Er liebt diese Auktion.«

Die Sonne stand schon hoch, und im Zelt war es staubig und stickig heiß. Stimmengesumm schlug ihnen entgegen. Die harten Holzbänke, die treppenförmig im Rund um eine sandige Arena angeordnet waren, waren voll besetzt. Khaki war die vorherrschende Kleiderfarbe, aber es blitzte auch viel Gold, Diamanten glitzerten, und an den sonnengebräunten Handgelenken vieler Männer schimmerten breite Uhren aus Gold, goldene Panzerketten funkelten in männlichem Brusthaar. Es roch förmlich nach Geld. Jill bahnte sich ihren Weg über Holzplanken durch die Bankreihen, bis sie drei freie Plätze fanden. Sie saßen in der vierten Reihe, hoch genug, um gut sehen zu können. In der ersten Reihe saßen an einzelnen Tischen die Helfer des Auktionators, die aufschreiben würden, was an wen zu welchem Preis verkauft worden war.

Der Auktionator, ein untersetzter, kräftiger Mann in weißen Hemdsärmeln, aber mit korrekt gebundenem Schlips, stand bereits auf seinem Pult und ordnete einige Papiere vor sich. Er nahm seinen breitkrempigen Khakihut ab, strich über sein schwarzes Haar und anschließend über den dichten Schnauzer, der über den unteren Teil des Gesichts hing, und räusperte sich. Die Zuschauer verstummten. Langsam hob er den Hammer und schlug dreimal aufs Pult.

»Guten Morgen, Gentlemen«, sagte er. »Und Ladies«, fügte er nach einem kurzen Rundblick durchs Zelt hinzu. Dann rief er das erste Tier auf, eine Giraffe. Eine Hand im Publikum schoss hoch. Die Auktion hatte begonnen.

Benita verstand kein Wort von dem, was er in monotoner Stimme maschinengewehrschnell herunterratterte. Die Käufer offenbar schon. Schnell hatte sie heraus, wo das große Geld saß. Ein markant aussehender weißhaariger Mann mit einer diamantglitzernden superblonden Frau daneben, der seine Gebote im breitesten Südstaatenamerikanisch abgab, und ein paar sehr rustikal wirkende Männer in Khaki mit schlechten Zähnen und breitkrempigen Schlapphüten, deren harsches, gutturales Englisch ihre burische Herkunft deutlich verriet. Ihre grobporige Haut war von Afrikas Sonne tiefbraun gegerbt, ihre muskelbepackten Arme und Beine zeugten von harter Arbeit.

»Vermutlich Farmer aus dem Freestate. Altes Geld … viel Geld, auch wenn man es nicht sieht«, raunte Benita Roderick zu.

»Ihre Vorfahren waren die Trekburen. Die hatten einen Grundsatz: Wenn der Rauch des Nachbarn am Horizont zu sehen war, wurde es zu eng, und sie zogen weiter.«

Er lächelte. »Hast du dein Mobiltelefon ausgeschaltet? Ich glaube, wir werden gelyncht, wenn das hier klingelt.«

»Danke, das habe ich vergessen.« Sie angelte ihr Handy aus der Gesäßtasche, aber da es heiß und ihre Handfläche feucht von Schweiß war, rutschte es ihr durch die Finger und fiel zwischen die Vordersitze. »Verflixt«, schimpfte sie, beugte sich weit vor, tastete mit der Hand unter der Bank vor ihr herum. »Lass mich mal vorbei, ich hab mein Telefon fallen lassen«, flüsterte sie Jill zu.

Völlig auf den Auktionator konzentriert, reagierte die lediglich damit, dass sie die Beine etwas anzog.

»Ich helfe dir.« Roderick hielt Benita zurück und stand auf, glitt dabei auf einem herumliegenden Bonbonpapier aus, geriet mit dem linken Fuß in eine Spalte zwischen zwei Planken, knickte um, schrie auf und schlug der Länge nach hin. Sein Fuß blieb in der Spalte stecken.

»Ruhe«, raunzte einer der Bieter für die Giraffe. »Kann kein Wort verstehen. Das ist wichtig hier, Mann!«

»O Gott, Roderick, hast du dir wehgetan?«, rief Benita und ging neben ihm auf die Knie.

»Fast gar nicht«, keuchte Roderick und unterdrückte mannhaft ein Stöhnen. Vorsichtig stemmte er sich hoch, bis er saß, befreite seinen Fuß mit Benitas Hilfe aus dem Spalt und verkniff sich dabei einen Schmerzenslaut. Sein Fußgelenk schwoll mit alarmierender Schnelligkeit an.

Vorsichtig rollte Benita seine dünnen Socken bis über das Gelenk herunter. Die Schwellung leuchtete schon giftig blau. »Oje, das sieht aus, als hättest du dir etwas gebrochen!«, flüsterte Benita bestürzt. »Jill, wir müssen ihn ins Krankenhaus bringen, das muss geröntgt werden.«

Jills Aufmerksamkeit galt jetzt ausschließlich der Auktion. Sie hörte sie offenbar gar nicht. »Gleich kommen meine Büffel dran! Drückt mir die Daumen«, sagte sie mit deutlicher Spannung in der Stimme und ballte beide Fäuste. Als sie keine Antwort bekam, schaute sie zu ihrer Cousine und entdeckte diese zu ihrer Verblüffung auf dem Boden kniend mit Rodericks linkem Fuß in der Hand. »Was machst du da unten?«, fragte sie erstaunt. »Roderick? Könnt ihr das nicht vor dem Zelt machen? Hier ist es wirklich unpassend.« Mit einem Handwedeln deutete sie auf die dicht gedrängten Zuschauerreihen.

»Er hat sich das Bein gebrochen oder so etwas«, fuhr Benita sie an. »Er muss ins Krankenhaus. Jetzt!«

»Gebrochen? Bist du dir sicher?«, fragte ihre Cousine abwesend, während ihr Blick wohlgefällig auf dem auf eine Leinwand projizierten Diabild ihrer Büffel ruhte. »Sind sie nicht bildschön?«

»Himmel, Jill, vergiss deine dummen Büffel, Roderick hat sich vermutlich etwas gebrochen. Hörst du eigentlich nicht zu?«

»Warte eine Minute, ich kann jetzt gerade nicht, das siehst du doch.« Angespannt starrte Inqabas Eigentümerin auf den Auktionator.

»Einhundertdreißigtausend zum Ersten, zum Zweiten, zum Dritten …« Der Hammer schwebte über dem Pult, und dann fiel er. »Die Büffel gehen für einhundertdreißigtausend pro Kopf an den Herrn dort«, rief der Auktionator und zeigte mit dem Hammer auf einen der Buren mit Schlapphut und schwarzem Schnauzer, der zufrieden grunzte.

»Ja!«, schrie Jill, sprang auf und stieß eine siegessichere Faust in den Zelthimmel. »Toller Preis! Wunderbar! Der Schmetterlingsgarten ist gerettet.« Strahlend wandte sie sich Benita zu, die noch immer vor Roderick kniete und den geschwollenen Knöchel betastete. Sie lehnte sich vor. »Sieht verstaucht aus. Draußen gibt es einen Getränkeverkaufsstand mit Eis. Soll ich ein paar Würfel holen lassen?«

»Verstaucht? Woher willst du das wissen? Hast du einen Röntgenblick?« Benita verschluckte einen drastischeren Kommentar. Sie war ernsthaft wütend auf ihre Cousine. »Gib mir deine Autoschlüssel, ich fahre Roderick ins Krankenhaus. Du kannst ja Musa anrufen, damit er dich abholt, wenn deine blöden Rinder verkauft sind. Oder zu Fuß gehen«, setzte sie gallig hinzu.

Jill fischte ihren Autoschlüssel heraus und gab ihn Benita. »Fahr du, du kennst ja den Weg. Das Krankenhaus in Mtubatuba liegt von hier aus am nächsten. Die sollten so etwas Simples packen können. Ich muss jetzt mit dem Käufer die Einzelheiten besprechen. Tut mir leid, Roderick, das alles hier ist wahnsinnig wichtig für die Zukunft Inqabas. Die Auktion findet nur einmal jährlich statt, und einen so guten Preis bekomme ich so schnell nicht wieder.« Sie warf einen flüchtigen Blick auf den geschwollenen Fuß. »Lebensgefährlich sieht das ja nicht aus, aber ich kann natürlich auch einen Krankenwagen rufen lassen. Wäre das besser?« Ihre Stimme war voller Fürsorge, aber der Spott funkelte ihr aus den blauen Augen.

»Quatsch«, knurrte der. Kaum etwas hasste er mehr, als auf diese Art Aufmerksamkeit zu erregen. Er stützte sich mit einer Hand auf Benitas Schulter ab und ließ sich auf seinen Sitz fallen. Es krachte. Er stöhnte.

»Ruhe«, knurrte der Giraffenkäufer.

Benita warf ihrer Cousine einen grimmigen Blick zu und nahm sich vor, ihr bei ihrer Rückkehr nach Inqaba die Leviten zu lesen. Lange, ausführlich und sehr deutlich.

Jill lächelte süß und winkte zwei Gehilfen des Auktionators heran, stämmige Zulus, die den sich sträubenden Verletzten rechts und links unterhakten. Roderick blieb nichts anderes übrig, als auf einem Bein hüpfend das Zelt zu verlassen und sich zu Jills

Geländewagen bringen zu lassen. Ehe er sich wehren konnte, hoben die zwei Zulus ihn in den Beifahrersitz. Finster vor sich hin murmelnd, schnallte er sich an.

Fünf Stunden später stieg er – sein Bein bis zur Wade eingegipst – fürchterlich schlecht gelaunt auf Inqaba aus dem Wagen. Es hatte sich herausgestellt, dass der Fuß glücklicherweise zwar nicht gebrochen war, aber es waren eine Sehnenzerrung und Bänderanrisse diagnostiziert worden, die mindestens ebenso schmerzhaft und möglicherweise langwieriger waren als ein einfacher Bruch. Als der Arzt ihm mitteilte, dass man das Bein eingipsen müsse, hatte er einen Stützschuh verlangt.

»Geld spielt keine Rolle.«

»Wir hatten einen Massenunfall mit vielen Knochenbrücken, da ist alles aufgebraucht worden«, entschuldigte sich der Arzt, ein beleibter, schwitzender Mann mit spärlichen Haarsträhnen über einem kahlen Schädel. »Wir haben im Augenblick nur Gips zur Verfügung, und Ihr Fuß muss ruhig gestellt werden. Fahren Sie ins Umhlanga Rocks Hospital. Die haben alles im Überfluss, da leben genügend wohlhabende Leute.« Ein Hauch von Sarkasmus färbte die Worte des Arztes.

Missmutig versuchte Roderick, sich mit einem dünnen Stock unter dem Gips zu kratzten. Die Haut juckte schon jetzt unerträglich, und die Aussicht, auf Krücken laufen zu müssen, erboste ihn. Zwar hatte er einen Gehgips bekommen, stellte aber fest, dass er zumindest auf unebenem Boden die Unterstützung von Krücken brauchte.

»Soll ich Musa oder Ziko holen, damit sie dich zum Bungalow bringen?«, fragte Benita fürsorglich und legte eine Hand unter seinen Arm.

Ungnädig schüttelte er sie ab. »Nein«, grollte er und stakste auf den Krücken davon. »Morgen fahre ich nach Umhlanga Rocks und lasse mir einen von diesen Stützschuhen verpassen.«

»Du benimmst dich ziemlich kindisch, weißt du das?«, rief sie hinter ihm her, allmählich von seiner Motzerei gründlich genervt. Sie hatte ihre liebe Mühe gehabt, ihn überhaupt davon zu überzeugen, dass er zum Röntgen ins Krankenhaus musste.

Er fuhr herum. »Auf einem Bonbonpapier ausgerutscht!«, schnaubte er entrüstet. »Wenn mir wenigstens ein Rhino auf den Fuß getreten wäre oder, noch besser, eine Giraffe, dann hätte ich zumindest eine gute Geschichte zu erzählen.« Er zeigte seine geballte Faust und schaute so zornig drein, dass Benita losprustete.

»Das kannst du ja allen erzählen, ich werde dich bestimmt nicht verraten«, versprach sie und schaute auf die Uhr. »Teezeit ist in vollem Gang. Ich bestelle Tee und Scones mit viel Marmelade und Schlagsahne für dich und lasse es zum Bungalow bringen. Das ist ein wunderbares Mittel gegen Bänderriss.«

Roderick brummte, schnappte sich die Krücken und humpelte durch den weichen Sand, der den Weg bedeckte, mühselig davon. Nach ein paar Schritten hielt er an, drehte sich um und schaute hinter ihr her. Während sie im Flur des Krankenhauses warten mussten, hatte sie ihm von dem Inhalt der kleinen Truhe erzählt, von dem Kräuterbuch ihrer Ururgroßmutter und der unglaublichen Geschichte der Vila Flors, hatte dabei flüstern müssen, da mehrere Liegen mit offensichtlich Schwerkranken neben ihnen abgestellt waren. Das Flüstern hatte ihrer Unterhaltung eine große Intimität verliehen.

Plötzlich verspürte er das dringende Bedürfnis, wieder so nahe bei ihr zu sitzen, ihre Wärme, ihren Atem zu spüren und in dem tiefen Grün ihrer Augen zu versinken. Er öffnete den Mund, um sie zu rufen, als es hinter ihm auf einmal laut schnaufte. Er drehte sich heftig um und schwankte dabei so stark, dass er sich nur mühsam mit den Krücken abfangen konnte.

Unvermittelt sah er sich einem jungen Zebra gegenüber, das aus dem Dickicht auf den Weg getreten war. Mit einem mulmigen Gefühl im Magen wurde ihm klar, dass auch andere, nicht so friedliche Tiere hier auftauchen konnten. Eilig humpelte er den Weg zum Bungalow hinunter, verrenkte sich fast den Hals, um das Zebra im Auge zu behalten, verfluchte dabei sein Unglück, denn die Vorstellung, dass er im Augenblick einer Gefahr völlig hilflos war und Benita wohl kaum zu Hilfe eilen konnte, erfüllte ihn mit etwas, das an Angst grenzte.

»Verdammt, verdammt, verdammt«, knirschte er, als er unbeholfen die Treppe zu seinem Bungalow hinaufstieg.

Benita indes stöberte Thabili in der Bar auf und gab ihre Bestellung auf. »Für zwei Personen«, sagte sie spontan und überraschte sich selbst damit, korrigierte die Bestellung aber nicht. Thabili versprach, das Gewünschte gleich bringen zu lassen, und verschwand in der Küche. Augenscheinlich gab es heute nicht viel zu tun. Außer ihnen, Doktor Erasmus und seinen Begleitern, der Frau in der Burka, die sie als schwarze Silhouette im Fenster über sich erkennen konnte, ihrem Begleiter und Jan Mellinghoff waren offenbar nur eine Handvoll Gäste geblieben. Die übrigen schienen abgereist zu sein, und die Hausmädchen waren allenthalben damit beschäftigt, die Bungalows gründlich zu reinigen. Sicher hatte sie die Vorstellung eines in der Gegend herumstreifenden Mörders verjagt. Verdenken konnte man es den Leuten, die zum größten Teil aus Übersee stammten, nicht.

Unbewusst sorgfältig ihre Umgebung mit den Augen absuchend, ging Benita durch den grünen Buschtunnel hinüber zu Jills Haus. Eine schön gezeichnete Echse sonnte sich auf dem Bambusvordach, Nektarvögel umschwirrten die weißen Sterne der Amatungulublüten, und auf dem Verandageländer vor ihrem Schlafzimmer hockte ein halbwüchsiger Affe und kratzte sich mit einer langgliedrigen Hand den Bauch, in der anderen hielt er eine Mango, die er ohne Zweifel irgendwo gestohlen hatte. Es war ein Bild paradiesischen Friedens.

Als jedoch der riesige Schatten eines Geiers über die Veranda glitt, huschte die Echse in eine Mauerritze, der Affe verschwand mit einem Satz lautlos im Busch, und die schillernden Nektarvögel suchten im dornenbewehrten Grün Deckung. Unwillkürlich lief ihr ein kurzer Kälteschauer über den Rücken. Unbehaglich bewegte sie die Schultern. Immer lauerte auch in der strahlendsten Sonne das Unheil in den Schatten, und das hatte nichts mit Afrika zu tun.

Resolut schüttelte sie die schwarzen Gedanken ab, schob den Moskitoschutz zurück und zog die Terrassentür auf. Ihr Zimmer war angenehm kühl, weil sie vorsichtshalber die Vorhänge vorgezogen hatte, sodass die Sonnenwärme es nicht allzu sehr aufheizen konnte. Zum zweiten Mal an diesem Tag zog sie sich um, stellte fest, dass nur noch die Khakishorts und die weiße Bluse akzeptabel sauber waren. Ihre schmutzige Wäsche stopfte sie in den dafür bereitgelegten Sack, den sie auf dem Weg zu Roderick bei Thabili zum Waschen abgeben würde.

Urplötzlich überfiel sie ein ungeheurer Appetit auf frisch gebackene Scones mit Butter, dick Marmelade und einem Berg süßer Sahne darauf. Schnell machte sie sich fertig. Einem Impuls folgend, nahm sie die kleine Truhe ihres Vaters unter den Arm und machte sich dann auf den Weg zum Empfangshaus. Sie konnte Thabili überreden, die Sachen gleich in die Wäsche zu geben, und strebte anschließend Bungalow vier und frisch gebackenen Scones entgegen.

Zu ihrer Erleichterung schien Gloria noch nicht von ihrem Ausflug mit Jan Mellinghoff zurückgekehrt zu sein. Roderick saß allein am Tisch auf der Veranda und hatte sein eingegipstes Bein auf einen Stuhl gelegt.

»Vermutlich kauft sie das Einkaufszentrum leer«, bemerkte

er auf ihre Frage nach Gloria und gab sich überhaupt keine Mühe zu verbergen, wie sehr er sich freute, dass sie gekommen war.

Die Bestellung war bereits gebracht worden und der Tisch hübsch gedeckt, sogar eine Vase mit Bougainvilleablüten stand in der Mitte. Die Scones waren apfelgroß, hell und locker, die Butter schmolz darauf, die Marmelade war löffelweise aufgeladen, und die Sahne lief über die Seiten herunter.

»Köstlich«, murmelte sie, während sie erst Roderick und dann sich Tee eingeschenkte. »Jetzt nur nichts Geschäftliches besprechen. Ich hab die Truhe mit den Schätzen meines Vaters mitgebracht. Vielleicht kannst du mir helfen, alles auszusortieren.« Lustvoll stöhnend biss sie ein großes Stück des Scones ab, dass rechts und links die Sahne heruntertropfte.

Hingerissen beobachtete Roderick den Weg der weißen Sahnetropfen, die von ihren vollen Lippen über die zarte Haut ihrer Wangen hinunter zum Hals rannen und sich in dieser verführerischen Kuhle an ihrem Brustansatz sammelten. Unvermittelt lehnte er sich zu ihr, zog sie an sich und fuhr mit der Zunge sachte über ihre sahneverschmierten Lippen, sehr langsam, sehr zärtlich.

»Hmmm«, machte sie tief in ihrer Kehle und öffnete ihren Mund. Ihr Körper wurde warm und schwer, und die Hitze ließ ihre Haut glühen. Langsam verfolgten seine Lippen die Spur der Sahne hinunter zu ihrem Hals und dann weiter, bis ihm die Blusenknöpfe den Weg verwehrten. Benita stöhnte wieder leise und bog den Kopf zurück.

»Ich krieg die Knöpfe deiner Bluse mit einer Hand nicht auf«, murmelte er, ohne den Mund von jener Stelle zu nehmen. »Hilf mir.«

Sie hatte einige Mühe, ihn sanft von sich zu schieben. »Wir werden beobachtet.« Giggelnd deutete sie auf zwei Affen, die mit schief gelegtem Kopf und höchst menschlichem Gesichtsausdruck interessiert ihrem Treiben zusahen. »Wir sollten lieber hineingehen.«

»Blendende Idee.« Roderick legte ihr seinen Arm um die Schultern, und lachend schleppten sie sich, immer wieder über sein Gipsbein stolpernd, ins Haus. »Schließ die Tür ab«, sagte er.

Ihr war heiß, und ihr Herz klopfte hart. Sie sah ihn an. »Und wenn Gloria zurückkommt?«

»Dann muss sie eben draußen warten. Sie kann ja den Rest unserer Scones aufessen.« Er polterte ins Schlafzimmer.

»Es gibt keinen Schlüssel«, stellte sie fest, bückte sich und untersuchte die Tür. »Und nicht einmal ein Schlüsselloch.«

»Glückliches Inqaba. Dann schließen wir eben das Schlafzimmer ab.«

»Inqaba«, korrigierte sie seine Aussprache automatisch. »Mit einem Klick in der Mitte.«

»Das klingt zwar sehr sexy, aber ich würde das gern ein anderes Mal besprechen.« Er warf ihr einen gespielt lüsternen Blick zu. »Jetzt komm her. Schnell!« Er streckte ihr eine Hand entgegen, mit der anderen musste er sich auf eine Krücke stützen. »Sehr romantisch«, knurrte er und schleuderte sie von sich. Das Bett krachte vernehmlich unter seinem Gewicht, als er sich rückwärts darauf fallen ließ und sie mitzog.

»Ich steh auf Männer mit Gipsbeinen«, kicherte sie, erschauerte wohlig, als seine Lippen ihre Reise wieder aufnahmen. Hastig öffnete sie die Knöpfe, streifte die Bluse ab und warf sie auf den Boden. Ihr Atem ging schnell, ihr Puls flatterte wie eine panische Motte, und unter ihrer Hand konnte sie das Hämmern seines Herzens fühlen. Der Gedanke an die Kerben an seinem Bettpfosten tauchte auf und war ebenso schnell verschwunden. Es war ihr egal.

»Bekomme ich jetzt auch eine Kerbe an deinem Bettpfosten?«, platzte sie heraus und musste dabei kichern.

»Du kriegst das ganze Bett …« Die Worte waren warm und

feucht auf ihrer Haut. »Ich bin süchtig nach dir, weißt du das?«, murmelte er, ohne die Lippen von ihr zu lösen. »Du solltest unter Strafe gestellt werden.«

»Hmm«, machte sie.

Die beiden Affen, die von Baum zu Baum gehüpft waren, bis sie die Menschen auf dem Bett entdeckten, machten es sich eng aneinandergedrängt auf einem breiten Ast bequem und äugten mit funkelnden schwarzen Augen ins Zimmer. Dabei kratzten sie sich vergnüglich, schnatterten leise, und immer wieder streckten sie den Unterkiefer vor und bleckten ihre langen Zähne in glucksendem Lachen.

Gloria kam erst viel später, kurz vor dem Abendessen, und da saßen Benita und Roderick im rosa Widerschein der untergegangenen Sonne schon wieder auf der Terrasse, tranken den exzellenten Champagner, den ihnen eine zutiefst zerknirschte Jill zusammen mit einer förmlichen Entschuldigung persönlich vorbeigebracht hatte, und lauschten der Nachtmusik des Buschs. Roderick erzählte der Anwältin zu Benitas geheimem Vergnügen, dass ihm ein Nashorn auf den Fuß getreten sei, malte es so farbig aus, bis er knapp dem Tod entronnen zu sein schien, und Gloria verkündete empört, dass sie Jill Rogge auf Schmerzensgeld, Verdienstausfall und überhaupt alles verklagen werde, was das Gesetzbuch hergebe.

Roderick bestand darauf, dass zwei weitere Flaschen Champagner ihn voll und ganz entschädigen würden, und rief Jill an, die zehn Minuten später mit den Flaschen, drei Gläsern und einem Schüsselchen Kaviar auf Eis erschien.

Rodericks Einladung mitzutrinken lehnte sie ab. »Herzlichen Dank. Ich nehme das als Anzeichen, dass du mir verziehen hast! Aber ich habe wirklich keine Zeit. Es ist noch viel Papierkram wegen der Büffel zu erledigen.«

Gloria hob bei der vertrauten Anrede ihre sorgfältig gezupften

Augenbrauen, öffnete schon den Mund, verkniff sich dann aber doch jeden Kommentar.

»Kommt ihr zum Abendessen?«, fragte Jill im Weggehen.

Roderick schüttelte den Kopf. Der Sandweg zum Haupthaus war uneben, und ihn nur im Licht einer Taschenlampe auf Krücken zu bewältigen, hielt er für Leichtsinn.

»Wir werden hier auf der Veranda essen«, sagte er nach einem kurzen, intimen Blickwechsel mit Benita. »Ganz romantisch bei Kerzenlicht.«

Gloria schlug spontan vor, Jan Mellinghoff einzuladen, und Roderick stimmte begeistert zu. Das würde Gloria von Benita und ihm ablenken, und deren verstohlenes Lächeln sagte ihm, dass ihr der gleiche Gedanken gekommen war.

Das Abendessen unter dem funkelnden Sternenzelt des afrikanischen Nachthimmels verlief in prickelnder Atmosphäre.

Jetzt stand Gloria mit Jan Mellinghoff am Verandageländer, nippte von ihrem vierten Glas Champagner und flirtete heftig mit dem Südafrikaner, ließ aber Roderick und Benita nicht aus den Augen. Sie hatten ihre Stühle eng aneinandergeschoben, die Köpfe zusammengesteckt und unterhielten sich mit glänzenden Augen.

»Bleibst du heute Nacht bei mir?«, fragte Roderick leise und verschlang sie dabei mit den Augen. Seit Tricias Tod hatte er dieses Gefühl von Frieden, das ihn jetzt wie ein warmes Glühen erfüllte, nicht mehr gekannt.

Benita schaute hinüber zu Gloria, fing deren misstrauischen Blick auf und schüttelte den Kopf. »Nein, nein … ich glaube nicht, dass das eine gute Idee wäre«, flüsterte sie und wies verstohlen auf die blonde Anwältin. »Stell dir nur vor, was sie von uns denken würde. Außerdem hat sie Ohren wie ein Luchs. Da bekomme ich Hemmungen.«

Der Abend wurde lang, feucht und vergnügt, und die schwarze

Wolkenwand, die sich langsam über dem Horizont hochschob, war noch zu weit entfernt, als dass sie für die vier über den Baumkronen sichtbar gewesen wäre.

20

In dieser Nacht war Kiras Hahn zu erschöpft, um zu krähen. Er hüpfte auf seinen auserkorenen Schlafbaum, drückte sich in eine Astgabel, steckte den Kopf ins Gefieder und schloss die Augen.

Trotzdem schlug Benita gegen zwei Uhr urplötzlich die Augen auf und war sofort hellwach. Draußen zuckte ein Blitz. Offenbar war ein Gewitter im Anzug. Sie hatte keine Angst vor Gewitter und legte sich beruhigt wieder zurück. Aber im selben Augenblick huschte aus der Richtung des Empfangshauses ein Licht durch ihr Zimmer, ein schmaler Strahl wie von einer starken Taschenlampe. Mehr neugierig, wer sich um diese nächtliche Stunde dort herumtrieb, als besorgt, glitt sie aus dem Bett, schob die Glastür und den Mückenschutz zurück und trat auf die Veranda. Der Wind hatte aufgefrischt und trug den feuchten Geruch der Flussniederungen herüber. Angestrengt versuchte sie, in der Dunkelheit etwas zu erkennen.

Der weiße Finger eines Lichtstrahls tastete sich jetzt von ihr weg über das Blättergewirr der Büsche, und ihr wurde klar, dass jemand auf dem Weg vom Empfangshaus zu den Bungalows sein musste. Sicherlich war es einer der Ranger. Niemand sonst würde mitten in der Nacht im Busch unterwegs sein. Wilderer vielleicht, aber sie bezweifelte, dass die mitten durchs Camp streunen würden. Die Nashörner und Elefanten, auf die diese Männer es abgesehen hatten, hielten sich nicht in der Nähe menschlicher Behausungen auf. Meistens jedenfalls nicht, sah man von dem verliebten Oskar einmal ab.

Beruhigt entschied sie, zurück ins Bett zu gehen, als der Lichtkegel nach hinten gerichtet wurde und für wenige Sekunden eine merkwürdig unförmige Gestalt in flatterndem schwarzem Gewand beleuchtete, die ihr eigenartig bekannt vorkam. Aber der Lichtstrahl schwenkte herum und leuchtete ihr durch eine Lücke im Grün voll ins Gesicht. Geblendet hob sie eine Hand vor die Augen, erkannte nun nichts mehr, sah nur wie eine Momentaufnahme das Abbild dieser Gestalt. Erst jetzt, im Nachhinein, vermutete sie, dass diese Person die Frau in der Burka sein musste.

Gebannt starrte sie erneut hinüber, aber das Licht war verschwunden, der Busch lag wieder schwarz und geheimnisvoll vor ihr. Was um alles in der Welt wollte diese Frau mitten in der Nacht im Busch? Der Mann mit der Taschenlampe war vermutlich ihr Begleiter, der gut gekleidete kahlköpfige Zulu, den Jan Mellinghoff als seinen Freund bezeichnete. Wieder blitzte es zwischen den Blättern auf, und jetzt konnte sie die Leute deutlich sehen, war sich sicher, dass es diese beiden waren und dass sie den Weg zum Bungalow drei eingeschlagen hatten. Der Lichtstrahl der Lampe huschte über Baumstämme und Blätter, geisterhafte Schatten täuschten Dinge vor, die nicht da waren, und unvermittelt entdeckte sie nur wenige Meter von den beiden entfernt vier Lichtpunkte, die wie Irrlichter im Busch tanzten. Vier weitere Personen? War da draußen etwa eine Völkerwanderung im Gange?

Da blitzte eine Szene aus ihrer Kindheit vor ihrem inneren Auge auf. Von ihrem Zimmer im Haus am Fluss aus hatte sie zwei ebenso flackernde Lichter entdeckt. Sie hatte ihren Vater wachgerüttelt.

»Umama ist mit einer Taschenlampe da draußen«, hatte sie gerufen.

Aber er hatte nur gelächelt. »Und wem gehört dann die zweite? Das ist eine Hyäne, Zuckerschnute. Ihre Augen reflektieren das Mondlicht.«

Aufschreckt lehnte Benita sich vor. Es mussten zwei Hyänen sein, die da draußen herumschlichen. Die beiden Gäste waren verrückt, nachts allein hier herumzulaufen, und sie überlegte, ob sie Jill wecken sollte. Aber der Lichtkegel entfernte sich jetzt schnell, verlor sich schließlich endgültig im Busch. Kurz darauf jaulte ein Tier auf, ein nervenzerfetzender, schriller Laut, der in einem irren Lachen endete, dann war es ruhig. Eine der Hyänen, nahm sie an. Vielleicht hatte der Zulu eine Waffe dabeigehabt und sich damit die Raubtiere vom Hals gehalten.

Sie stand noch lange am Geländer und lauschte in die Dunkelheit, aber außer den vertrauten Geräuschen der afrikanischen Nacht war nichts zu hören, und sie entschied, Jill schlafen zu lassen. Schließlich gab sie ihren Beobachtungsposten auf und kroch wieder ins Bett. Afrikas Nachtmusik drang gedämpft durch die Scheiben, und für einige Zeit beobachtete sie das Mondlicht, das durchs Zimmer flirrte. Irgendwann meinte sie, einen Hahnenschrei zu vernehmen, und ein dünner Fetzen einer Geschichte driftete durch ihre Gedanken wie ein Hauch von einem vergessenen Duft. Die Geschichte hatte etwas mit einem bösen Omen zu tun und einem Hahn. Oder ging es da um ein Chamäleon?

Während sie darüber nachdachte, schlief sie wieder ein.

Auch Vilikazi hatte die vier glühenden Punkte entdeckt, die wie Kerzenflammen leuchteten. »Hyänen«, flüsterte er, packte seine Pistole mit der rechten Hand, tastete mit der anderen im Finstern auf der feuchten Erde herum, bis er einen Stein fühlte, hob ihn auf und schleuderte ihn. Eines der Tiere jaulte schrill auf. »Getroffen«, murmelte er zufrieden und schleuderte noch einen Stein. Die Hyänen verschwanden hysterisch lachend in der Schwärze der Nacht.

»Alles in Ordnung bei dir?«, wandte er sich an Linnie.

»Außer, dass mir die Knie vor Angst zittern und dass wir als

Nächstes einem hungrigen Löwen begegnen, geht es mir prächtig«, war die übellaunige Antwort.

Vilikazi lächelte in der Dunkelheit. Linnies Kampfgeist war ungebrochen. Das war gut. »Zur Not habe ich meine Pistole bei mir.«

»Eine Pistole! Na, da bin ich ja beruhigt! Für einen hungrigen Löwen ist eine Pistolenkugel wie ein Wespenstich, du Hornochse!«, zischte sie von hinten. »Das war ein völlig wahnsinniger Einfall, mitten in der Nacht durch den Busch zu kriechen. Der Kerl schläft doch um diese Zeit. Soll ich den schlafenden Prinzen etwa wach küssen? Vorausgesetzt, ich komme lebend an seinen Wachhunden vorbei.«

Vilikazi wurde von lautlosem Lachen geschüttelt, weil er sich ausmalte, wie Doktor Erasmus reagieren würde, wenn er beim Aufwachen Linnies Gesicht über sich sah. Unverschleiert. Für einen Augenblick gestattete er sich das Vergnügen, sich das vorzustellen. Die Überraschung wäre dem Kerl von Herzen zu gönnen.

»Nun, was hast du vor? … Vilikazi?« Sie zog ihn am Ärmel zu sich heran, entwand ihm die Taschenlampe und leuchtete ihm ins Gesicht. Schweigend studierte sie es für ein paar Sekunden. Was sie darin las, genügte ihr. Er hatte ein Glitzern in den Augen, das ihr gar nicht gefiel. »O nein, lieber Freund, das mache ich ganz bestimmt nicht. Wir kehren jetzt um und präsentieren uns morgen, wie es sich gehört, nach dem Frühstück in vollem Sonnenlicht.«

»Linnie, sei nicht begriffsstutzig! Seine Wachhunde schlafen nach vorn heraus, er schläft hinten, und das Bett ist dem Fenster zugewandt, das habe ich herausbekommen. Alles andere ist ganz einfach. Die Fenster haben keine Vorhänge, wie du weißt, ich leuchte dem Kerl von draußen ins Gesicht, du sagst, ja, das ist das Schwein, und wir kehren wieder in unser Zimmer zurück … So machen wir's, in Ordnung?«

Er bekam keine Antwort, hörte sie nur vor sich hin brummeln. Seine größte Sorge war eine unkontrollierte Reaktion des Mannes, von dem er glaubte, dass er der Teufel persönlich war. Der Vice-Colonel. Deswegen hatte er diesen Weg gewählt. Erst wenn Linnie ihn sicher identifiziert hatte, war der Augenblick gekommen, dass sie sich dem Vice-Colonel offen zeigten. Der Mann war ständig von Bodyguards umgeben. Linnie und er allein waren keine Gegner für ihn. Bei der Konfrontation mussten zwei der jüngeren Mitglieder seiner Organisation zu ihrem Schutz dabei sein.

Unbewusst rieb er sich die Narbe am Hals. Manchmal juckte sie, und manchmal, wie jetzt auch, schoss ein scharfer Schmerz den vernarbten Schnitt entlang, und er meinte, das Messer wieder zu fühlen, das ihm in die Kehle schnitt. Es war die ständige Erinnerung, nicht eher zu ruhen, als bis alle Schergen des Apartheidregimes gefasst waren. Jetzt blieb er stehen und drehte sich um.

»Linnie, hast du mich verstanden? Gib mir eine Antwort.« Er leuchtete ihr ins Gesicht. Ihre Augen hinter dem Gesichtsgitter glühten.

»Ja, ja, nun rede nicht so viel, sondern sieh zu, dass du in Gang kommst!«

In einiger Entfernung von Bungalow drei schaltete Vilikazi die Taschenlampe aus, packte Linnies Hand und tastete sich bis zur Verandatreppe heran. »Zieh die Schuhe aus.«

Linnie folgte seiner Anweisung, und mit den Schuhen in der Hand schlichen sie über die Veranda. Just da kam der Mond hinter den Wolken hervor und tauchte alles in bläulich weißes Licht. Vilikazi erschrak, hoffte, dass keiner der drei schlafenden Männer jetzt aufwachte und sie in flagranti erwischte.

»Das ist sein Zimmer.« Er presste sich fest an die Hauswand und wies auf das Panoramafenster neben ihm, das nach hinten über den Abhang ins Tag zeigte. Vorsichtig schob er sein Gesicht vor und schaute in den Raum. Durch die zarten Wedel einer Akazie gefiltert, spielte das Mondlicht auf dem Bett. Der Mann darin lag ohne Zudecke da, das Gesicht dem Fenster zugewandt. Vilikazi langte nach hinten und zog Linnie heran. »Da liegt er. Schau ihn dir gut an.«

Der Stoff der Burka raschelte, als Linnie sich vorbeugte und den Mann fixierte. Vilikazi hielt den Atem an. Ihr Gesicht konnte er hinter dem Stoffgitter nur ahnen, und nur ein Glitzern verriet ihre Augen.

»Kannst du was erkennen?« Seine Stimme war nur ein Hauch.

Nach einer Ewigkeit von weniger als einer Minute hörte er die Antwort. Glasklar und unmissverständlich.

»Das ist das Schwein.«

Obwohl er auf diesen Satz Jahre gewartet hatte, traf es Vilikazi wie ein elektrischer Schlag. Er atmete tief durch und legte seinen Arm um Linnie, spürte, wie ein Zittern durch ihren geschundenen Körper lief, wie sich die Muskeln anspannten, als wollte sie in der nächsten Sekunde lospringen. Er wollte sich nicht vorstellen, was sie jetzt empfand, welche Bilder sie sah, welche Schmerzen sie litt. Sanft strich er ihr über die Schultern.

»Nicht, Linnie, es ist gut. Überlass uns den Rest. Komm jetzt, meine Liebe. Du hast alles getan, was du tun konntest. Jetzt wird er seine Rechnung bezahlen müssen.« Sachte zog er sie vom Fenster weg.

Sie gehorchte mit hölzernen Bewegungen.

»Ich will ihm in die Augen sehen, lieber Freund«, flüsterte sie. »Ich will ihn ansehen und ihn fragen, wo mein Mann ist und was mit ihm passiert ist. Ich will ihn fragen, warum er mir das angetan hat.« Und dann werde ich ihm erst die Spritze und dann ein Messer in den Bauch rammen, dachte sie, und fingerte in der tiefen Tasche ihrer Burka nach dem Messer, das sie seit der Vergewaltigung immer bei sich trug.

Nicht mehr lange, dachte sie. Nicht mehr lange. Dann habe ich es hinter mir. Dann habe ich Ruhe.

Doch diese Absicht verbarg sie sorgfältig vor Vilikazi. Er war ein Gerechtigkeitsfanatiker. Er würde darauf bestehen, dass der Mann vor Gericht kam. Davon war sie überzeugt. Aber sie wusste nur zu gut, dass viele der Apartheidverbrecher heute als freie Männer, meist mit viel Geld ausgestattet, im Luxus lebten. Wobei in ihren Augen ihre Freiheit der größte Luxus war. Sie würde zu verhindern wissen, dass der Vice-Colonel so leicht davonkam.

In der Ferne hörten sie zwei Autos starten. Vilikazi kontrollierte das Leuchtzifferblatt seiner Uhr. Kurz vor vier Uhr. Es war zwar noch tiefschwarze Nacht, aber die ersten Gäste machten sich mit ihren Rangern für die Morgensafari bereit, und in der Küche im Empfangshaus brannte nun Licht. Sie würden sehr vorsichtig sein müssen.

Eine Viertelstunde später hatten sie es geschafft, unbemerkt in ihre Zimmer zurückzukehren. Kaffeeduft wehte verführerisch von der Küche hoch, aber Vilikazi würde sich den Genuss verkneifen müssen, um sich nicht zu verraten. Kaum hatte Linnie ihr Zimmer erreicht, begann sie zu schwanken. Er fing sie auf und führte sie zum Bett. Wortlos brach sie zusammen und fiel rückwärts auf die Matratze. Er streifte ihr vorsichtig die Burka über den Kopf, zog ihr gleichzeitig ein dünnes Laken bis zum Kinn und strich die Kissen glatt. Linnie merkte davon nichts. Sie war bereits vor Erschöpfung eingeschlafen.

Leise stahl er sich hinaus und zog die Tür sanft ins Schloss, betete dabei, dass es Linnie vergönnt war – zum ersten Mal wohl seit jenem Tag – auszuschlafen.

Aber seine Hoffnung wurde gegen fünf Uhr auf rüde Weise von den Hadidahs zunichtegemacht, gleichzeitig krähte dieser vermaledeite Hahn. Angespannt lauschte er auf Geräusche aus dem Nebenzimmer. Aber zu seiner Erleichterung blieb alles still.

Zufrieden legte er sich das Kopfkissen auf den Kopf und presste entschlossen die Lider zusammen. Er war müde, verdammt noch mal, hundetodmüde. Schließlich war er schon fünfundsechzig. Oder vierundsechzig oder sechsundsechzig. So genau wusste er nicht, in welchem Jahr er geboren war. Im Mond der kopulierenden Hunde, wie seine Mutter ihm gesagt hatte. Also irgendwann Ende Dezember. Das Jahr hatte sie vergessen. In einer besseren Zeit, als alles noch anders war. Es ist lange her, war alles, was sie dazu zu sagen hatte. Auf jeden Fall fühlte er sich im Augenblick, als wäre er mindestens hundert Jahre auf dieser Welt, so müde war er. Er gähnte und öffnete in der aufziehenden Dämmerung noch einmal die Augen.

Nach dem Frühstück musste er kurz mit Jan Mellinghoff sprechen, sich vergewissern, dass auch dieser sich sicher war, den Richtigen gefunden zu haben. Danach würden er und Linnie abreisen. Er würde sie zu sich nach Hause in die resolute Obhut von Sarah bringen, ob Linnie nun zustimmte oder nicht. Es war ein Skandal, dass jemand wie sie, die so leidenschaftlich für das neue Südafrika gekämpft und den höchsten Preis dafür bezahlt hatte, wie ein herrenloser Hund im Freien übernachten und sich aus Mülltonnen ernähren musste. Er konnte das nicht länger ertragen.

Um acht Uhr erschien Benita mit ihrem Laptop am Schulterriemen zum Frühstück. Roderick und Gloria, die sich heute für praktische Jeans und ein knallrotes T-Shirt entschieden hatte, saßen bereits am Tisch. Roderick zog sie auf den Stuhl neben sich, begrüßte sie mit einem Kuss und einer geflüsterten Liebkosung. Sie wurde rot, stellte schnell ihren Computer ab und gab bei Thabili ihre Bestellung für Kaffee und Spiegeleier mit Speck auf.

Dann machte sie sich übers Büfett her. Sie häufte frischen Obstsalat auf ihren Teller, konnte auch dem süßen gefüllten Blätterteiggebäck nicht widerstehen. Immer wenn sie glücklich war, konnte sie Unmengen süßen Zeugs verschlingen, ohne auch nur ein Gramm zuzunehmen. Zufrieden trug sie ihre Beute an den Tisch und spießte ein Stück safttriefende frische Ananas auf.

»Die sind aus eigener Ernte, heute Morgen geschnitten wie fast alles andere Obst auch«, erklärte Thabili, die eben mit der dampfenden Kaffeekanne an den Tisch kam. Lächelnd schenkte sie ein. »Die Eier kommen gleich. Wenn die Kanne leer ist, sagen Sie mir bitte Bescheid. Ich werde Ihnen sofort frischen Kaffee bringen.«

Gloria widmete sich mit Gusto den Eiern. »Einkaufen macht hungrig«, verkündete sie und musterte neugierig ein junges Paar, das eben erst angekommen und so vertieft ineinander war, dass es keinen Blick für die Antilopen zu haben schien, die direkt unterhalb der Veranda grasten.

»Die haben bestimmt noch nichts von den Morden gehört«, murmelte sie. Ein sanftes Kollern lenkte ihre Aufmerksamkeit auf einen Baum am Ende der Veranda.

»Da sitzt ja dieser verdammte Hahn!« Sie zeigte mit der Gabel auf die unteren Äste. »Der hat mich heute Morgen wieder viel zu früh aufgeweckt. Vielleicht hat das dumme Vieh einen Jetlag oder sonst wie ein gestörtes Zeitempfinden. Ein anständiger Hahn kräht zum Sonnenaufgang und nicht schon weit davor. Ich werde Jill eine gehörige Summe von der Rechnung abziehen. Für unzumutbaren Lärm oder so.«

Roderick lachte. »Meine Güte, Gloria, wenn wir abreisen, wird die arme Jill in den Schuldturm geworfen werden, weil du ihr jeden Penny aus der Tasche geklagt hast!«

»Geschähe ihr recht«, zischte Gloria.

»Beruhige dich, die Bank zahlt und nicht du persönlich.«

Benita tupfte sich den Mund mit der Stoffserviette ab. »Ich bin auch aufgewacht, allerdings hat mich nicht der Hahn geweckt, sondern ein Licht, das in mein Zimmer schien.« Sie beschrieb, was sie gesehen hatte. »Ich frage mich, was die gewollt haben«, schloss sie.

»Werden Ranger gewesen sein«, murmelte Roderick. Er hatte Ringe unter den Augen und wirkte zerknautscht und unausgeschlafen, trank schon seine dritte Tasse Kaffee, ohne dass sich eine belebende Wirkung zeigte. Sein Bein tat verdammt weh, viel stärker, als er zugeben wollte.

»Glaub ich nicht.« Benita schüttelte den Kopf. »Eine der Personen war eine Frau, da bin ich mir fast sicher, und sie sind in die Richtung von Doktor Erasmus' Bungalow gegangen. Ich möchte doch zu gern wissen, wer das war, und vor allen Dingen, was die dort so mitten in der Nacht wollten.«

»Da kommt der Mann von Jill. Fragen Sie den doch.« Gloria schaute Nils entgegen.

»Morgen allerseits.« Nils trat an ihren Tisch. »Ich hoffe, Sie haben eine gute Nacht verbracht. Ich habe von unserem aufmüpfigen Hahn heute Nacht nichts gehört, aber ich kann eigentlich immer schlafen, auch wenn Bomben neben mir hochgehen. Das ist eine Vorbedingung, wenn man Kriegsreporter werden will.« Er grinste. »Falls er Sie allerdings doch gestört haben sollte, bitte ich, das zu entschuldigen. Das wird nicht wieder vorkommen.«

»Und wie wollen Sie das bewerkstelligen?«, fragte Gloria zwischen zwei Bissen und wackelte spöttisch mit den Augenbrauen. »Ihn schlachten?«

Nils grinste weiterhin fröhlich und strich sich über seine dunkelblonden Borsten. »O nein, dann würde mich meine Tochter massakrieren. Aber ich habe da so einen Plan. Sehen Sie die Tonne dort in der Ecke? Die spielt eine zentrale Rolle dabei.«

Benita sah hoch. »Den Hahn habe ich auch nicht gehört, aber ich bin von etwas anderem aufgewacht.« Sie berichtete ihm von ihrer Beobachtung. »Ich glaube nicht, dass es Ranger waren«, schloss sie.

Nils wurde schlagartig ernst. »Zwei Personen nachts im Busch? Nein, habe ich nicht gesehen und auch nichts davon gewusst. Aber das ist eine ernste Sache. Wir haben ein großes Problem mit Wilderern. Konntest du Einzelheiten erkennen?«

»Ich meine, dass eine der Personen eine Frau war, was ja nicht unbedingt auf Wilderer hindeutet, aber beschwören könnte ich es nicht.« Dass sie glaubte, die Frau in der Burka erkannt zu haben, erwähnte sie vorsichtshalber nicht. Schließlich konnte sie sich leicht geirrt haben.

»Eine Frau!« Verblüfft musterte er sie. »Wir haben zwar eine Frau unter unseren Rangern, aber die ist gerade im Urlaub, und außerdem laufen die Wildhüter nach Einbruch der Dunkelheit nicht auf dem Gelände herum. Bestimmte Posten sind besetzt, aber in der Nacht gehört die Wildnis den Tieren. Das werde ich untersuchen lassen, das verspreche ich dir. So, und nun zu dem Federvieh.« Er nahm ein frisches Brötchen vom Frühstücksbuffet und schlenderte hinüber zu dem Baum, auf dem der Hahn hockte. Dort brach er das Brötchen in kleinere Brocken und lockte das Tier mit sanften Tönen an. Mit trippelnden Schritten, die glänzenden Knopfaugen fest auf die Brotbrocken gerichtet, kam der Hahn immer näher und näher.

Als das Tier gierig den Hals vorstreckte, um einen der Leckerbissen aufzupicken, grinste Nils boshaft, griff blitzschnell zu und trug den kreischenden Vogel dann unter dem begeisterten Beifall der Gäste zu der großen Abfalltonne. Er stülpte sie dem Hahn ohne Federlesens über den Kopf. Für ein paar Minuten ertönte noch wütendes Gekrähe unter der Tonne hervor, allmählich jedoch wurde es schwächer und hörte schließlich ganz auf.

»Na, also«, sagte Nils und verbeugte sich zu dem aufbrandenden Beifall.

In diesem Augenblick kam Kira, den Mund mit Erdbeermarmelade verschmiert, aus dem Haus geschossen, dicht gefolgt von ihrem Bruder. »Er ist tot, du hast ihn ermordet, ich hasse dich, du Mörder!«, schrie sie und stürzte sich auf die Tonne.

Lachend fing Nils seine Tochter ein. »Der schläft nur, weil er denkt, es ist plötzlich Nacht geworden. Wir wollen doch einmal sehen, ob wir ihn nicht überlisten können. Er bleibt jetzt ein paar Stunden unter der Tonne, dann lassen wir ihn heraus. Er denkt, es ist gerade Tagesanbruch und fängt an zu krähen. Und dann hoffe ich doch sehr, dass er die Nacht durch Ruhe gibt!« Er grüßte fröhlich hinüber zu Benitas Tisch und trug seine Tochter ins Haus. Luca rannte hinter ihnen her, beide Daumen vor Aufregung in den Mund gesteckt.

»Clever«, kommentierte Gloria zufrieden und biss in ihren Toast.

»Sind sie nicht süß?«, murmelte Benita, als sie Nils und seinen Kindern nachsah, wobei sie wieder dieses ziehende Gefühl in der Herzgegend verspürte.

»Wer, die Kleine? Laut und frech ist sie«, erwiderte die Anwältin. »Kinder sollte man sehen und nicht hören.«

Roderick, der während der Szene unverwandt Benita angesehen hatte, sagte nichts, und den flüchtigen Ausdruck von Schmerz, der über sein Gesicht flog, bemerkte niemand.

Benita legte ihre Serviette hin. »Ich kann diesen gefüllten Kuchen einfach nicht widerstehen.« Sie kicherte und klopfte sich auf ihren flachen Bauch. »In London werde ich eine strikte Diät einhalten müssen.« Lächelnd schob sie ihren Stuhl zurück und winkte dabei Jan Mellinghoff zu, der vom Buffet her grüßte.

Einen gefüllten Teller in einer Hand balancierend, in der anderen ein Glas mit Orangensaft, blieb der blonde Südafrikaner an ihrem Tisch stehen. »Du siehst aus wie eine Rose im Morgentau, Gloria.« Er bedachte sie mit einem Wolfsgrinsen.

»Und du, als wärst du in einen Wäschetrockner geraten, so verknittert bist du«, konterte Gloria, aber das Strahlen in ihren Augen strafte ihren sarkastischen Ton Lügen.

Zu Benitas Verblüffung stieg der Anwältin eine schwache Röte in Hals und Gesicht. Keine Frage, Jan Mellinghoff war Gloria Pryce offenbar nicht gleichgültig. Vielleicht zieht er ihr den Giftzahn, dachte sie, während sie sich zum Buffet durchschlängelte. Sie türmte ein paar Kuchen auf ihren Teller und kehrte zum Tisch zurück. Jan Mellinghoff hatte sich mittlerweile einen Stuhl herangezogen und sich zu ihnen gesetzt.

Kurz darauf schaute Roderick auf seine Armbanduhr. »In zwanzig Minuten treffen wir uns auf unserer Veranda. Es ist besser, wenn wir gemeinsam bei Doktor Erasmus ankommen.«

Sie beendeten rasch ihr Frühstück. Benita wischte den letzten Rest Eigelb mit einer frischen Brotkruste vom Teller und kippte schnell ihre vierte Tasse Kaffee. Ihr Kreislauf brauchte dringend Treibstoff. Obwohl es eigentlich genügte, Roderick anzusehen, um ihr eine Hitzewallung zu bescheren. Sie tat es, und schon wurde ihr heiß, und ihr Gesicht glühte. Wie ein verliebter Teenager, dachte sie, verstand sich eigentlich selbst nicht mehr.

Gloria zündete sich eine Zigarette an und blies den Rauch durch die Nase. »Ich habe gehört, die Polizei hat alles freigegeben, das heißt, dass auch alle Safaris wieder durchgeführt werden. Ich würde heute Nachmittag gern noch einmal in den Busch fahren. Wie ist es, Jan, hast du Lust? Wann fährst du ab?«

Für eine Sekunde fiel das Playboyhafte von Jan Mellinghoff ab, und ein Schatten huschte über seine Züge, nur kurz, sodass Gloria sich nicht sicher war, es richtig wahrgenommen zu haben. Aber gleich darauf lächelte er wieder, und sie entschied, dass sie sich geirrt hatte.

»Es tut mir leid, dazu bleibt keine Zeit. Meine Mission hier ist erfüllt«, erwiderte er. »Ich checke heute aus. Vorher muss ich noch mit einem Freund sprechen, der auch hier ist, und nach dem Mittagessen geht's zurück nach Kapstadt.« Er legte seine Serviette zusammen und stand auf.

Die Anwältin war durch jahrelange Berufserfahrung darauf trainiert, ihre Gefühlsregungen zu verbergen, also gelang es ihr auch jetzt, sich ihre Enttäuschung nicht anmerken zu lassen. »Schade, es wäre nett gewesen«, sagte sie mit einem leichten Schulterzucken.

»Ich habe einen Termin in Kapstadt, und die Abendmaschine ist ausgebucht. Mir tut es ebenso leid. Wann werdet ihr abreisen?«

»Wir haben heute ein Meeting mit einem Klienten hier auf Inqaba, und wenn alles so läuft, wie wir uns das vorgestellt haben, werden wir wohl morgen nach Durban abreisen. Bevor wir wieder nach England fliegen, müssen wir dort noch etwas erledigen. Dann werden wir uns wohl nicht mehr sehen?« Glorias Stimme war sorgfältig neutral.

»Ich werde in ein paar Wochen nach London fliegen. Soll ich dich anrufen? Hier ist meine Karte.« Er zog einen Stift aus seiner Hemdtasche und kritzelte eine Nummer auf die Rückseite der Visitenkarte. »Das ist die Nummer meines Mobiltelefons. Die haben nur wenige.« Er schob sie Gloria hin.

Wieder schoss der Anwältin die Röte ins Gesicht. Verlegen und deutlich ärgerlich darüber, nahm sie eine ihrer Visitenkarten aus der kleinen Umhängetasche, die sie fast immer dabeihatte. »In der Bank kannst du mich jeden Tag bis abends erreichen.« Ihre Stimme war vernehmlich kühler geworden, aber sie schob seine Visitenkarte sorgfältig in ihre Brieftasche.

Wieder schenkte er ihr sein unverschämtes Wolfsgrinsen, steckte die Karte in seine Brusttasche, lehnte sich vor, küsste sie erst auf beide Wangen und dann fest und lange auf den Mund. Dann drehte er sich um, winkte ihnen kurz zu und entschwand im Haus.

»Blöder Macho«, murmelte Gloria, aber ihre eisgrauen Augen glänzten. Sie stand ebenfalls auf und folgte Roderick, der schon den Weg zum Bungalow entlanghumpelte.

Benita gluckste bei dieser kleinen Vorstellung belustigt in sich hinein. »Bis gleich«, rief sie hinter den beiden her und lief hinüber zu Jills Haus, um sich fertig zu machen.

Als sie pünktlich zwanzig vor zehn zur Verabredung erschien, warteten die beiden anderen schon auf sie. »Wie ich sehe, haben wir uns wieder zu Bankern verwandelt«, sagte sie lächelnd und wies auf das frisch gebügelte hellblaue Hemd und die Anzughosen Rodericks, das leichte dunkelblaue Kostüm Glorias und ihr kurzärmeliges schokoladenbraunes Leinenkostüm, zu dem sie flache Ballerinaschuhe trug.

»Auf geht's. Benita, könntest du die Dokumentenmappe nehmen? Mit den dummen Krücken kann ich nichts tragen.« Roderick reichte ihr die Mappe und hinkte voraus. Beide Frauen trugen zusätzlich Notebooks und Computerausdrucke in Klarsichtfolien.

Auf der Veranda von Bungalow drei kam ihnen Doktor Erasmus lächelnd entgegen und begrüßte sie aufgeräumt, kommentierte kurz Rodericks Gipsbein, zog ihm einen Stuhl zurecht und wies auf den Tisch. »Ich habe extra einen großen Tisch heranschaffen lassen, damit wir Platz für Grafiken und so weiter haben.«

Roderick fiel in den Stuhl und legte die Krücken neben sich auf den Boden. Ihr Gastgeber winkte einem seiner Bodyguards zu, die Krücken aufzuheben und an die Wand zu lehnen, aber Roderick hinderte ihn mit einer Handbewegung daran. Ohne die Krücken fühlte er sich in seiner Bewegungsfreiheit zu sehr eingeschränkt und somit im Nachteil gegenüber dem Doktor. Verstohlen sah er sich um. Von dem platinblonden Begleiter ihres Gesprächspartners war nichts zu sehen. Abwartend lehnte sich Roderick in seinem Sitz zurück.

Doktor Erasmus lächelte verbindlich in die Runde. »Ich kann Ihnen Tee, Erfrischungsgetränke und Mineralwasser anbieten. Alkohol natürlich auch«, er wies auf eine Champagnerflasche, die in einem Eiskübel neben dem Tisch stand, »aber ich nehme an, den trinken wir nach dem Meeting, wenn wir uns geeinigt haben, ja?« Er stieß seine Sätze in einem eigenartig heiseren Flüstern hervor, als hätte er eine fürchterliche Kehlkopfentzündung.

»Mineralwasser, danke«, sagte Roderick. Benita und Gloria schlossen sich seiner Bestellung an, und einer der Bodyguards verschwand im Haus.

Benita stellte fest, dass der Ausdruck von Doktor Erasmus' Augen vollständig von den dunklen Brillengläsern, die wie vorgewölbte, übergroße Insektenaugen wirkten, verborgen wurde. Sie empfand das als unangenehm.

Als hätte er ihre Gedanken erraten, schenkte er ihr sein dünnlippiges Lächeln. »Verzeihen Sie bitte, dass ich so unhöflich bin und getönte Gläser trage, aber die Helligkeit schmerzt mir in den Augen.« Er berührte flüchtig die Brille. An seinem Hals blitzte eine goldene Kette mit einem Anhänger auf, von dem unter dem Hemd aber nur die Öse zu sehen war.

Vermutlich ein Haifischzahn, dachte Benita sarkastisch, oder der Giftzahn einer Mamba.

Der Doktor streckte ihr die Hand zur Begrüßung hin. Sie war rau und kühl, und sein Händedruck überraschend hart. Als sie hochsah, erblickte sie ihr eigenes Gesicht zweifach widergespiegelt in den dunklen Insektenaugen.

»Haben Sie irgendwann einmal in Südafrika gelebt?«, fragte er unvermittelt, nachdem sie Höflichkeitsfloskeln ausgetauscht hatten.

Verblüfft vergaß sie, ihre Hand zurückzuziehen. »Wie kommen Sie darauf?«

»Sie haben einen südafrikanischen Akzent, sehr schwach und nur bei einigen Wörtern, aber er ist da, hauptsächlich in den Vokalen.«

Sie ließ seine Hand fallen. Der Mann musste ein außerordentlich feines Ohr für Sprachen besitzen. In England ging sie meist als Engländerin durch, hatte die Aussprache und Redensarten von Kate und Adrian angenommen, die sie als Mitglied der Oberschicht auswies, was nichts mit Vermögen, sondern mit Herkunft zu tun hatte. Sie machte eine betont lässige, wegwerfende Handbewegung. »Ach, wissen Sie, ich bin wie ein Papagei, ich ahme jeden nach, den ich treffe. Bin ich in Frankreich, habe ich einen französischen Akzent …« Sie lachte. »Hoffentlich schickt mich Sir Roderick nie nach China, die Auswirkung wäre wohl grauslich.«

Damit setzte sie sich neben Roderick an den Tisch, klappte

ihren Laptop auf und ließ ihn hochfahren. Sie fühlte den Blick des Doktors auf ihrem Rücken wie eine Berührung. Unwillkürlich bewegte sie die Schulterblätter, als wollte sie ihn abschütteln, drehte sich aber nicht zu ihm um. Schon einmal hatte er nachgefragt, ob sie vielleicht schon früher einmal Südafrika besucht hätte, und der Schrecken, den sie bei der Frage empfunden hatte, überflutete sie auch jetzt. Steckte vielleicht doch eine Absicht dahinter?

»Paranoia«, lachte es in ihrem Kopf.

Sie atmete tief durch. Natürlich. Verfolgungswahn. Unsinn also. Er hatte lediglich höfliche Konversation gemacht, eine Frage gestellt, die fast jeder Südafrikaner einem Fremden stellte. Das mit dem Akzent war vielleicht nur so hingeworfen. Sie nahm sich allerdings vor, mehr auf ihre Aussprache zu achten. Es musste nicht alle Welt erfahren, wo sie ihre Wurzeln hatte, zumindest noch nicht jetzt. Sie blickte Doktor Erasmus ins Gesicht. »Mein Computer scheint heute wenig Lust zum Arbeiten zu haben«, sagte sie lächelnd. »Es dauert noch einen Augenblick.«

Er verzog keine Miene, ging um den Tisch herum und setzte sich ihr gegenüber, kam aber zu ihrer Erleichterung nicht noch einmal auf das Thema ihrer Aussprache zurück.

Auch Gloria hatte sich gesetzt und ihren Computer angeschaltet. Kurz darauf standen die gewünschten Getränke vor ihnen auf dem Tisch. Während Roderick seine Unterlagen ausbreitete, deutete er mit einem Kopfnicken auf die Bodyguards, die wie Holzfiguren reglos auf ihren Stühlen saßen. »Das Treffen ist vertraulich«, bemerkte er wie nebenbei.

Doktor Erasmus verstand sofort und machte eine herrische Handbewegung. Die Männer erhoben sich wortlos und verschwanden im Haus. Nachdem sie die Verandatür hinter sich geschlossen hatten, faltete Doktor Erasmus mehrere Architektenzeichnungen auseinander, breitete sie auf dem Tisch aus und lehnte sich vor. »So wird es endgültig aussehen. Sehen Sie, wie majestätisch das *Zulu Sunrise* alles überragt. Der Blick wird sensationell sein.«

Die drei Banker beugten sich vor und betrachteten schweigend den Entwurf. Er wich kaum von der Zeichnung auf der gigantischen Reklametafel ab, die auf der Baustelle stand.

»Und das …«, fuhr der Doktor mit seiner zischenden Stimme fort, während er die Bogen beiseiteschob und weitere Pläne ausbreitete, »das ist der endgültige Grundriss.« Während er erklärte, was das alles darstellte, wo die Änderungen lagen und weswegen er um eine Kreditaufstockung nachsuchte, lauschten die Banker mit größter Aufmerksamkeit. Er sprach schnell und gut verständlich, und oberflächlich gesehen waren seine Argumente einleuchtend.

»Es ist ein Jahrhundertprojekt«, schloss er seinen Vortrag, »und meine Firma ist stolz darauf, dass die Regierung der Region unsere Entwürfe so positiv aufgenommen hat. Darf ich Ihren ersten Eindruck erfahren?«

»Grandios«, sagte Gloria und handelte sich einen scharfen Blick von Roderick ein.

»Nun, es ist beeindruckend«, unterbrach er sie, »aber natürlich brauchen wir noch viel mehr Fakten.«

»Natürlich«, sagte Doktor Erasmus.

Benita blätterte in ihren Papieren, tat so, als suchte sie etwas. »Ah ja«, murmelte sie und sah ihn dann an. »Wie Sie vielleicht erfahren haben, haben wir uns am Samstag auf dem Bau schon einmal umgesehen und mit dem Ingenieur gesprochen … Mein Beileid übrigens. Gibt es schon Erkenntnisse, was ihm zugestoßen ist?«

»Die Polizei hüllt sich in Schweigen. Sie wissen sicherlich ebenso viel wie ich.« Die Insektenaugen waren starr auf sie gerichtet.

»Es soll ja Mord gewesen sein. Glauben Sie, dass es mit seinem Job zusammenhing?«

Sein Mund wurde zu einem scharfen Strich. »Völlig unmöglich, und dass es Mord war, ist wohl noch nicht bewiesen.«

Roderick hob die Brauen. »Nun, es ist wohl unwahrscheinlich, dass die beiden Männer sich erst selbst gefesselt und dann das Genick gebrochen haben, und anders herum wäre das wohl kaum zu bewerkstelligen.« Seine Stimme troff vor Sarkasmus.

»Ich schlage vor, wir warten die Untersuchungen der Polizei ab, ehe wir in wilde Spekulationen verfallen.« Doktor Erasmus wirkte auf Benita, als wäre er kurz davor zu explodieren.

Sie verzog den Mund zu einem Lächeln, das ihre Augen allerdings nicht erreichte. »Da wäre noch eine Kleinigkeit. Als wir uns den Bau angesehen haben, ist mir etwas Beunruhigendes aufgefallen.« Jetzt hatte sie mit einem Ruck die gespannte Aufmerksamkeit aller. »Ich habe eine Erschütterung im Boden gespürt, die eigentlich nur von einem Erdbeben, wenn auch von einem schwachen, herrühren konnte. Mr Porter hat das auch bemerkt, das habe ich gesehen«, behauptete sie. Schließlich war der Ingenieur nicht mehr imstande, ihr zu widersprechen. »Ist Ihnen etwas davon bekannt?«

Doktor Erasmus fixierte sie schweigend, und sie verwünschte ihn dafür, dass er seine Augen versteckte. Ihr Blick glitt zu seinen Händen. Oft verrieten Hände mehr über die Seelenlage, über unterdrückte Emotionen, als dem Beobachteten lieb war. Doktor Erasmus' Hände waren weder zu Fäusten geballt, noch trommelte er verräterisch mit den Fingern auf der Tischplatte. Die Linke lag offen auf der Stuhllehne, mit der Rechten griff er nach seinem Mineralwasserglas.

Auf seiner Stirn glitzerte jedoch ein winziger Schweißtropfen, und sie bemerkte zufrieden, dass der Puls an seiner Schläfe hart und schnell klopfte. Mit der Frage hatte sie also etwas ausgelöst. Gespannt wartete sie auf die Antwort.

Doktor Erasmus zögerte so lange damit, dass Roderick sich schon irritiert vorlehnte, um nachzuhaken, aber da machte der Doktor eine unbestimmte Handbewegung. »In der Tat, Mr Porter deutete kurz vor seinem Tod so etwas an, aber er war wie ich der Ansicht, dass es kein Erdbeben gewesen sein kann. Hier hat es noch nie ein Erdbeben gegeben. Vermutlich wurde die Erschütterung durch einen vorbeifahrenden Lastwagen ausgelöst oder von einem tief fliegenden Flugzeug.«

»Eine zerstörerische Laune der Natur vielleicht?« Benita wiederholte Neils Worte. Aus den Augenwinkeln erfasste sie Rodericks überraschte Miene. Auch er erinnerte sich offenbar an die Unterhaltung auf ihrem Grundstück angesichts des umgeleiteten Umiyane. Sie ergriff ihren Kugelschreiber und tippte mit der Spitze rhythmisch auf die Tischplatte. Klack, klack, klack! Dabei ließ sie den Doktor nicht aus den Augen. Schon ganz andere Leute waren dabei nervös geworden. Klack-klack-klack. Bedächtig schüttelte sie den Kopf. »Ich habe weder einen Lastwagen noch ein Flugzeug gehört oder gesehen, aber wie dem auch sei, sind die Fundamente und die Statik der Gebäude daraufhin auf Strukturschäden überprüft worden?«

Doktor Erasmus rührte keinen Muskel. Seine Haltung hatte jetzt etwas Reptilienhaftes, Lauerndes. Die Ader in seiner Schläfe hüpfte. »Natürlich, selbstverständlich ist alles überprüft worden. Alles in Ordnung. Wie gesagt, es muss ein Lastwagen gewesen sein.« Er konnte den Zorn in seiner Stimme nicht verbergen.

»Das hätten wir gern schriftlich«, verlangte Roderick.

Dieses Mal kam die Antwort schnell. »Selbstverständlich, sobald ich in meinem Büro in Umhlanga Rocks bin, werde ich ein entsprechendes Schriftstück aufsetzen.«

Roderick brummte etwas Unverständliches und machte sich eine Notiz. Benita zog ein Stück Papier heran, schützte es mit davorgehaltener Hand vor Doktor Erasmus' Blick, schrieb zwei Worte darauf und drehte es so, dass Roderick es lesen konnte.

»Er lügt«, stand da.

Roderick verriet mit keiner Miene, dass er es gelesen hatte, sondern wechselte das Thema, und die nächste halbe Stunde war angefüllt mit Zahlen, Prognosen und Rentabilitätsberechnungen.

Nach gut zwei Stunden schlug Roderick mit beiden Händen auf den Tisch und setzte so einen Schlusspunkt unter die Verhandlungen. »Nun haben wir alles, was wir brauchen. Ich werde die Zahlen noch einmal durchgehen. Meine Antwort lasse ich Ihnen in den nächsten Tagen zukommen.«

Doktor Erasmus verzog seine dünnen Lippen zu einem Lächeln. »Ich hoffe doch, dass jetzt Champagner angesagt ist?«

Roderick zögerte nur eine Sekunde, dann lächelte er ein tiefgekühltes, zähnebleckendes Lächeln, das jedem hartgesottenen Mafioso zur Ehre gereicht hätte. »Natürlich, ein Glas trinke ich gern. Mehr wäre allerdings um die Mittagszeit in dieser Wärme zu viel. Ich muss auf mein Gleichgewicht achten.« Mit einer Handbewegung deutete er auf sein Gipsbein.

Ihr Gastgeber nahm die Champagnerflasche aus dem Eiskübel, entkorkte sie mit geübten Handgriffen und ließ die goldfarbene Flüssigkeit in die Gläser schäumen. Sie prosteten sich zu.

»Könnte es sein, dass wir uns irgendwoher kennen, Doktor Erasmus?«, fragte Gloria, während sie an ihrem Glas nippte.

Er fuhr hoch, sein Getränk schwappte über, aber er fing sich sogleich. »Bestimmt nicht! Eine so schöne Frau wie Sie vergisst man nicht, das kann ich Ihnen versichern. Ich hätte längst ausgiebig Wiedersehen mit Ihnen gefeiert.« Sein Grinsen wurde eine Spur zu anzüglich.

Das kam prompt, dachte Benita, und es war ein schreckliches Klischee. Gespannt wartete sie, ob Gloria ihm ihre feministischen Fangzähne in den Hals schlagen würde, aber außer einem kurzen Zusammenpressen ihrer Lippen war ihr nichts anzumerken. »Wir kennen uns«, sagte sie ruhig, »und mir wird schon noch einfallen, woher. Sind Sie häufiger in England?«

»Zum letzten Mal war ich Mitte der Neunzigerjahre dort. Es ist ein kühles Land.« Es war offensichtlich, dass er nicht nur das Klima meinte. »Sie müssen mich mit jemandem verwechseln.«

Gloria zuckte die Schultern, trank ihr Glas leer und steckte sich eine Zigarette an. Das Thema schien für sie erledigt zu sein. Sie machten noch ein paar Minuten Smalltalk, dann verabschiedeten sich die drei Banker. Doktor Erasmus brachte sie bis zur Verandatreppe, legte dem unwillig dreinblickenden Roderick fürsorglich eine Hand unter den Arm und begleitete ihn hinunter.

Gloria wartete, bis sie außer Hörweite des Doktors waren. »Wenn er nicht fünf Zentimeter zu groß wäre, würde ich sagen, er ist mein verschollener Bruder«, sagte sie, während sie ihre Asche wegschnippte. »Er hat sich sein Gesicht operativ verändern lassen, hast du das bemerkt?«

Roderick blieb überrascht stehen und stützte sich auf seine Krücken. »Ach, wirklich? Ist mir nicht aufgefallen, aber ich habe dafür auch keinen Blick. Aber dein Bruder? Das wäre schon ein ziemlicher Zufall, oder?«

»Man sieht es, wenn er redet. Alles ist zu straff gezogen, seine Mimik ist wie eingefroren.« Sie lachte plötzlich böse auf. »Vielleicht ist er mittlerweile ein gesuchter Verbrecher, der nicht erkannt werden will … Und dann diese Stimme, dieses heisere Zischen kommt mir auch nicht echt vor. Er verstellt sie.«

»Nun geht aber die Fantasie mit dir durch! Du redest von deinem Bruder, wenn auch hypothetisch. Du hast zu lange Strafrecht praktiziert.«

Ihre Stimme war hart, als sie antwortete. »Eben deswegen, denk an die Katzen und Frösche, und da … war noch mein … Hund, ein kleines weißes Fellknäuel …« Sie griff sich mit der Hand an den Hals, als bekäme sie plötzlich keine Luft mehr. »Er hat ihm eine Lunte an den Schwanz gebunden und sie angezündet …«, würgte sie hervor. Sie brauchte einen Moment, ehe sie weiterreden konnte. »Es sind hauptsächlich seine Augen. Trevor hatte tief in den Höhlen liegende Augen, silbergrau, heller noch als meine. Und die hat der gute Doktor auch, das habe ich gesehen, als ihm sein Leibwächter die Brille heruntergeschlagen hat. Ich möchte wissen, warum er immer diese dunklen Gläser trägt.«

»Er hat empfindliche Augen, sagt er.«

»Sagt er«, bestätigte Gloria trocken. »Na, ich werde mal ein paar Nachforschungen anstellen.«

»Er trägt ziemlich hohe Absätze«, bemerkte Benita hinter ihr. »Ich schätze, dass er eigentlich mehrere Zentimeter kleiner ist.«

Gloria drehte sich erstaunt um. »Tatsächlich? Das habe ich gar nicht gesehen … Seine langen Hosen haben das wohl verdeckt. Also ist er kleiner und will nicht, dass das auffällt. Kurios, kurios.« Sie runzelte die Stirn. »Warum wohl, frage ich mich.« Sie stieß eine Rauchwolke hervor. Tief in Gedanken versunken, ging sie weiter.

Roderick wartete, bis Benita herangekommen war. »Hast du seinen Freund gesehen?«

»Den Platinblonden? Nein, ich nehme an, dass er den in Umhlanga Rocks gelassen hat.«

»Da könntest du recht haben. Na, das ist seine Privatsache. Was machst du heute?«

»Ich habe ein paar Fotos von Jills Familie gemacht – mit Hahn –, und ich habe Kira versprochen, sie ihr zu geben.« Sie lächelte. »Niedliche Fotos. Sicherlich hat Jill im Büro einen Drucker. Ich werde sie fragen, ob ich vor dem Mittagessen die Bilder schnell bei ihr ausdrucken kann, Kira wartet schon darauf …«

»Vielleicht sollten wir beide nach dem Mittagessen ebenfalls eine Safari buchen«, sagte Roderick. »Jill hat erwähnt, dass sie eine Vogelsafari anbietet. Offenbar leben besonders viele seltene Vögel auf dem Gebiet von Inqaba. Was hältst du davon? Lass es uns beim Mittagessen besprechen.« Er warf ihr schweigend einen Kuss zu.

Sie fasste sich erschrocken an den Kopf. »Meine Güte, das hatte ich völlig verdrängt. Ich werde dazu keine Zeit haben und anstatt eines gemütlichen Mittagsmahls schnell ein paar Sandwiches herunterschlingen müssen, um vierzehn Uhr erwartet mich nämlich Captain Singh in ihrem Büro in Ulundi. Kann ich den Wagen haben?«

Die Enttäuschung stand ihm deutlich ins Gesicht geschrieben. »Was will Captain Singh von dir?«

»Offenbar gibt es vieles, was sie nicht versteht, und sie meint, ich könnte zur Klärung der Dinge beitragen. Dabei weiß ich am wenigsten.« Sie blieb stehen. Die Aussicht, zusammen mit Roderick ein paar unbeschwerte Stunden fernab aller Realität in der Natur zu verbringen, erschien ihr wie eine Zuflucht. »Eigentlich sollte der Termin bei Captain Singh nicht allzu lange dauern. Ich weiß wirklich nichts, habe nichts gesehen, habe also überhaupt nichts zu erzählen. Ich glaube, dass ich um vier Uhr wieder zurück sein könnte. Ich liebe Vögel.« Nach einem Kontrollblick auf Gloria, die vor ihnen ging, lehnte sie sich schnell vor und küsste ihn lange auf den Mund. »Und nicht nur die. Bis gleich«, flüsterte sie zärtlich.

Ihren Laptop über die Schulter gehängt, machte sie sich beschwingt auf den Weg zur Rezeption, während Roderick und Gloria zu Bungalow vier abbogen. Nach ein paar Metern jedoch blieb sie stehen. Urplötzlich fiel ihr etwas ein, und sie schaute, ob Roderick noch in der Nähe war. Aber weder er noch Gloria befanden sich in Sichtweite. Sie überlegte kurz, ob sie ihn zurückholen sollte, entschied sich aber eingedenk seines Gipsbeins dagegen und lief zurück zu Doktor Erasmus, der eben im Begriff war, ins Haus zu gehen. »Doktor Erasmus … warten Sie bitte, ich habe eine Idee, wie wir die Frage der Strukturschäden schnell und ein für alle Mal lösen können.« Sie hastete die Stufen zur Veranda hoch.

Der Doktor blieb stehen und sah ihr ungeduldig entgegen. »Was ist noch? Hatten wir nicht alles geklärt? Es gibt keine Strukturschäden, das habe ich Ihnen doch versichert.«

Temperamentvoll schüttelte sie den Kopf, dass ihre Locken flogen. »Aber Sie können sich nicht wirklich sicher sein. Einen Gegenbeweis gibt es nicht. Ich schlage vor, dass wir zu unser aller

Beruhigung ein Gutachten beim Geologischen Institut in Auftrag geben, ob es ein Erdbeben war, und wenn ja, wie stark es war und ob es wahrscheinlich ist, dass es Strukturschäden beim *Zulu Sunrise* hervorgerufen haben könnte. Damit wären alle Zweifel ausgeräumt. Was halten Sie davon?« Sie warf einen Blick auf ihre Uhr. »Die werden jetzt gleich Mittagspause haben. Also werde ich nach dem Mittagessen dort anrufen und das Gutachten veranlassen. Auf unsere Kosten natürlich. Wäre Ihnen das recht?«

Die Insektenaugen starrten sie an, seine Haltung hatte etwas Lauerndes. »Weiß Sir Roderick davon?«

»Nein«, antwortete sie verwundert. »Aber natürlich werde ich ihm das sagen. Leider werde ich Sir Roderick wohl erst heute am späteren Nachmittag sehen. Warum fragen Sie? Liegt Ihnen daran, dass er das entscheidet?«

Nach einem winzigen Moment des Zögerns lächelte er breit und zeigte dabei all seine leicht gelblich verfärbten Zähne. »Aber, Miss Forrester, natürlich vertraue ich Ihrem Urteil völlig. Sie haben sicher große Erfahrung mit Projekten dieser Art. Es war nur eine Frage. Vergessen Sie es.«

Benita überhörte den Sarkasmus seiner letzten Worte. »Ich dachte nur, dass Eile geboten ist, da Sie unsere Antwort ja auch so schnell wie möglich erwarten.«

»So ist es, so ist es.« Er rieb sich die Hände.

»Gut, dann sind wir uns einig? Es tut mir leid, aber ich muss los. Heute Nachmittag habe ich noch einen unaufschiebbaren Termin. Auf Wiedersehen, Doktor Erasmus. Sowie wir eine Antwort von dem Institut haben, schicke ich Ihnen die Kopie.«

»Leben Sie wohl, Miss Forrester, leben Sie wohl.« Wieder lächelte er.

Jonas saß bereits in der Rezeption, adrett in khakifarbenem Hemd mit dem Emblem von Inqaba auf dem Ärmel, der Computer summte, und seine Finger flogen über die Tasten.

»Was kann ich für Sie tun?« Er lächelte sein professionelles Lächeln.

Benita lehnte sich vor. »Jonas, ich bin's, Benita … Jikijiki … Erkennst du mich denn nicht?«

»Benita?« Er beäugte sie kurzsichtig. »Vor vielen Jahren kannte ich mal ein vorwitziges Mädchen mit dünnen Beinen, dünnen Armen und wirren Locken, die so hieß. Und die oft sehr traurig war.« Er lachte. »Viel Ähnlichkeit hast du nicht mit ihr, muss ich sagen. Du bist ja eine richtige Frau geworden! Jill hat mir schon berichtet, dass du da bist. Willkommen zu Hause!« Sein Grinsen war breit und herzlich und warm wie ein Sonnenstrahl.

»Danke, es ist so schön, wieder hier zu sein … Es ist ziemlich kalt in London, weißt du …«

»Wie im Kühlschrank, sagt Jill immer, nur nasser, und im Winter hat es Ähnlichkeit mit einer Tiefkühltruhe!« Er lachte laut.

Benita schaute auf die Uhr und seufzte. Sie hätte zu gern mit Jonas über den sonnigen Tag geredet, an dem er sie einmal auf einen Streifzug durch die Hügel Zululands mitgenommen hatte. »Leider habe ich im Augenblick keine Zeit, in Erinnerungen zu schwelgen. Ich muss später nach Ulundi zu Captain Singh.« Sie zog eine Grimasse. Dann erklärte sie ihm, was sie wollte, und er wies ihr den Weg zu Jills Büro.

In der Tür blieb sie stehen. »Habt ihr Fotopapier? Ja? Wunderbar. Kann ich bitte ein paar Bogen haben? Du kannst den Preis auf die Zimmerrechnung aufschlagen. Oder, wenn es einfacher ist, bezahle ich sie gleich.« Sie öffnete die Tasche und suchte nach ihrer Geldbörse.

»Ich schreib es auf die Zimmerrechnung«, sagte Jonas und händigte ihr einen Stapel Fotopapier aus.

Sie dankte ihm, klemmte sich den Stapel unter den Arm und öffnete die Bürotür.

»Wenn du Schwierigkeiten mit dem Drucker hast, ruf mich

bitte. Er hat so seine Macken, aber er gehorcht mir aufs Wort«, rief ihr Jonas nach.

Jills Schreibtisch war ungewöhnlich groß und fürchterlich unordentlich. Überall lagen Stapel von Briefen, Katalogen und Notizen herum, dazwischen stand eine Kaffeetasse mit eingetrocknetem braunem Rand, die offensichtlich vom Vortag stammte, eine Flasche Mineralwasser in einem Sektkühler und ein Glas, das nicht mehr frisch aussah. Benita lächelte in sich hinein und fühlte sich gleich wie zu Hause. Ihr eigener Schreibtisch sah ähnlich aus. Vielleicht lag es ja in der Familie. Der Gedanke machte ihr Spaß. Ihre Familie! Sie strich sacht über die kupferrosa Blüten des Bougainvilleazweiges, der in einer Glasvase stand. Ihre Familie. Ein gutes Gefühl war das!

Vorsichtig, um keinen der Stapel umzuwerfen, machte sie einen Platz vor dem Drucker frei und verband ihn durch das USB-Kabel mit dem Laptop und startete diesen. Während er hochfuhr, suchte sie die Nummer des Geologischen Instituts von Südafrika hervor und rief dort an, hoffte, dass nicht alle Angestellten gleichzeitig Mittagspause machten.

Nachdem sie mehrfach weitergereicht worden war, hatte sie offenbar den richtigen Mann am Apparat.

»Ein Gutachten, ob das Nachbeben stark genug war, um strukturelle Schäden an einem Hochhaus zu verursachen, dass in Umhlanga am Strand steht? Lady, ich kann Ihnen jetzt schon sagen, dass dem so war. Völlig ungewöhnlich, noch nie da gewesen, aber trotzdem. Wussten Sie, dass die Leute in Durban sogar aus den Betten geworfen wurden? Na, sehen Sie! Wohin soll ich das Gutachten senden, und – viel wichtiger – an wen kann ich die Rechnung schicken?«

Sie gab ihm ihre Adresse auf Inqaba und als Rechnungsadresse die der Ashburton-Bank in London an, Abteilung Finanzen. »Wann können wir damit rechnen?«

»Eine Woche, höchstens. Okay? Oder ist es supereilig? Dann ginge es innerhalb weniger Tage.«

»Es ist supereilig. Danke für Ihre Hilfsbereitschaft.«

»Gern geschehen, sehr gern geschehen, kann ich Ihnen versichern. Das Gebäude, auf das Sie anspielen, ist eine Schande, und ich trage gern dazu bei, dass der Bau verhindert wird. Das ist es doch, was Sie wollen, oder?«

Sie ließ sich nicht provozieren. »Darauf kann ich Ihnen leider nicht antworten. Vielen Dank noch einmal und auf Wiedersehen.« Zufrieden legte sie auf und wandte sich ihrem Computer zu, der das Passwort von ihr verlangte. »Imvubu« tippte sie ein und nahm sich vor, das bei nächster Gelegenheit zu ändern, am besten in eine sinnlose Zahlen-und-Buchstaben-Kombination, die keine Emotionen hervorrufen konnte. Sie wartete, dass das Programm hochfuhr. Bevor sie die Fotos aufrief, schrieb sie schnell ein kurzes Gesprächsprotokoll von ihrer Unterhaltung mit Doktor Erasmus und ein weiteres von der mit dem Geologen und speicherte beides ab. Dann öffnete sie die Datei mit den Fotos, klickte auf Miniaturansicht und prüfte eines nach dem anderen.

Die Bilder, die sie von ihrem Bungalow aufgenommen hatte, waren auch dazwischen. Ein schneller Blick auf ihre Armbanduhr belehrte sie, dass sie genug Zeit zur Verfügung hatte, die Fotos in Ruhe auszusortieren. Alle waren scharf geworden, auch das, welches Jan Mellinghoff auf der Veranda von Bungalow drei zeigte, wo er Doktor Erasmus etwas hingestreckt hatte, was mit bloßem Auge nicht richtig zu erkennen gewesen war. Sie beugte sich vor und sah genauer hin. Es konnte ein Foto sein, ein Taschentuch oder ein Stück Papier, irgendetwas Rechteckiges, Helles – deutlicher war es auf den winzigen Abbildungen nicht zu erkennen. Neugierig geworden, zoomte sie es heran.

Es war ein Foto, das Jan Mellinghoff in der Hand hielt, und als Benita begriff, was sie sah, setzte ihr Herz aus. Sie sprang so heftig vom Stuhl auf, dass der umfiel, rannte zum Fenster, wieder zurück zum Schreibtisch, starrte den Bildschirm an, weigerte sich zu akzeptieren, was ihr da in Farbe entgegenleuchtete, etwas körnig von der Vergrößerung, aber trotzdem zweifelsfrei zu erkennen.

Das schöne Gesicht ihrer Mutter, ihrer Umama. Das lockige Haar windverweht, ein kleines Lächeln auf den vollen Lippen, die großen braunen Augen, funkelnd vor Lebensfreude, schienen sie ihr direkt ins Herz zu blicken.

»Umama«, flüsterte Benita, war sich nicht bewusst, dass sie es laut gesagt hatte. Ein plötzlicher Schweißausbruch durchnässte ihr schwarzes T-Shirt. Wie in Trance richtete sie den Schreibtischstuhl auf und sank darauf nieder, lehnte sich dicht vor den Bildschirm, um jede Einzelheit sehen zu können, machte dabei eine unwillkürliche Handbewegung und stieß gegen einen Haufen von Jills aufgestapelten Akten, der Papierberg fiel über den Schreibtisch, sie griff nach, warf dabei die Vase mit dem Bougainvilleazweig um, Wasser schoss über die verstaubte Oberfläche und tropfte auf den Boden. Einzelne Aktenblätter flatterten hinterher und landeten in der Pfütze.

Sie reagierte nicht. Wie betäubt saß sie da. Es kann nicht sein, dachte sie, es musste ein grausamer Zufall sein. Was sollte Jan Mellinghoff mit ihrer Mutter zu tun haben und was dieser Doktor Erasmus? Ihre Handflächen waren schweißnass, hinterließen feuchte Flecken auf den Computertasten. Sie rieb sie an ihren Jeans trocken und zwang sich, das gesamte Foto nüchtern zu studieren.

Jan Mellinghoff selbst hatte sie im Halbprofil schräg von hinten erwischt. Seine Gestik wirkte herausfordernd, er hatte die Hand mit dem Foto weit ausgestreckt, seine Zähne waren gebleckt, das konnte man gerade noch erkennen. Doktor Erasmus dagegen, dessen Gesicht ihr voll zugewandt war, starrte wie gebannt auf das Bild, schien wie versteinert zu sein. Vor Schreck? Abwehrend? Gelangweilt?

Definitiv nicht gelangweilt, dessen war sie sich sicher. Eher abwehrend. Sie vergrößerte sein Gesicht. Der Mund war ein scharfer Strich, der Ausdruck der tief liegenden Augen durch die halb gesenkten Lider verdeckt. Ihr Blick tastete das Foto weiter ab und blieb auf seinen Händen hängen. Beide waren zu Fäusten geballt. Aggressiv, wütend, lauernd. Ja, das waren die richtigen Adjektive. Eine starke Reaktion, und die ließ nur die eine Erklärung zu, nämlich dass er die Frau auf dem Bild erkannte.

Doktor Erasmus erkannte ihre Mutter! Mit weit aufgerissenen Augen starrte sie auf Umamas Gesicht, aber es lächelte sie nur an und gab ihr keine Antwort.

Die Bodyguards, die an der Hauswand lehnten, fielen ihr auf. Sie schienen ebenfalls alarmiert zu sein. Beide hatten sich zu ihrem Arbeitgeber gedreht, ihre Körperhaltung drückte Spannung aus. Ohne Frage, sie hatten eine Bedrohung erkannt, und die ging offenbar von Jan Mellinghoff aus.

Ein immenser Druck breitete sich in ihrem Gehirn aus, der schockierende Anblick löschte jeden anderen Gedanken, jede andere Regung aus. Jan Mellinghoff, Doktor Erasmus. Ihre Mutter. Was verband diese drei Menschen?

Mit zitterndem Finger speicherte sie die Vergrößerung, markierte alle Fotos und ließ den Drucker laufen. Während die Maschine hinter ihr ratterte, stand sie am Fenster und starrte mit tränenblinden Augen übers Land. Ihr Organismus spielte verrückt, sie schwitzte und fror, ihr Herz jagte, das Blut pochte ihr in den Schläfen, und ihr Kopf schien zu platzen, gleichzeitig war ihr schwindelig, als wäre sie einer Ohnmacht nahe. Sie presste die Hand an ihr Gesicht. Es war heiß, und sie hatte das plötzliche Verlangen, sich unter die kalte Dusche zu stellen.

Ihr Blick fiel auf einen niedrigen Kühlschrank neben Jills Schreibtisch. Steifbeinig ging sie hin, öffnete ihn, fand einen Behälter mit Eiswürfeln, löste eine Handvoll heraus, wickelte sie in ihr Taschentuch, schlug sie auf dem Fliesenboden zu Eisbrei und kühlte mit der tropfenden Masse ihr Gesicht, ihren Hals und

Nacken. Dankbar spürte sie, wie der Kältereiz wirkte. Ihr Puls beruhigte sich etwas, der Druck ließ nach, ihr Denkapparat begann, wieder halbwegs so zu funktionieren, wie sie es gewohnt war.

Der Drucker hatte aufgehört zu lärmen, in der Auffangschale lag ein Stapel Fotos. Nach kurzem Suchen fand sie in der Schreibtischschublade eine Schere, und ohne sich weiter damit aufzuhalten, die Bilder genauer durchzusehen, schnitt sie jedes einzelne aus den Bogen, sortierte rasch die von Jills Familie aus und steckte sie in den Umschlag, der ebenfalls in der Schublade gelegen hatte. Die anderen verstaute sie in der Tragetasche des Laptops.

Nur zwei Bilder, das, auf dem Doktor Erasmus und Jan Mellinghoff zu sehen waren, und die Vergrößerung von dem Foto, das ihre Mutter zeigte, behielt sie in der Hand.

Sie schaltete den Drucker aus, wischte das Blumenwasser mit ein paar Papiertaschentüchern auf, ordnete den Aktenstapel, hoffte dabei, dass Jill keine besondere Reihenfolge darin vorgesehen hatte, und schloss die Tür hinter sich, einigermaßen sicher, dass sie Jills Büro so zurückließ, wie sie es vorgefunden hatte. Ihren Laptop setzte sie in ihrem Zimmer ab und ließ auch die Bilder für Kira auf dem Bett zurück. Die würde sie ihr später in Ruhe geben. Für kleine Kinder musste man sich Zeit nehmen, und die hatte sie jetzt nicht. Sie konnte nicht ertragen, auch nur eine Minute länger auf die Antwort zu warten, warum Jan Mellinghoff diesem Doktor Erasmus ein Bild ihrer Mutter gezeigt hatte und warum dieser ganz offensichtlich bei deren Anblick bis ins Mark erschrocken war. Rasch steckte sie die Hand in die Umhängetasche, suchte nach ihrem Blackberry, den sie am Morgen während der Besprechung aufgeladen hatte. Als sie das kühle Metall des Geräts spürte, schulterte sie ihre Tasche und verließ das Zimmer. Kurz darauf betrat sie die Rezeption.

Jonas sprach gerade ins Funkgerät, offenbar mit einem der Ranger. Mit nervösem Herzklopfen wartete sie, bis er fertig war und die Verbindung unterbrach. Sie beugte sich über den Tresen.

»Kannst du mir sagen, ob Doktor Erasmus in seinem Bungalow ist?« Ihr Stimme war schroff, hektische rote Flecken glühten auf ihren Wangen.

Jonas, der das aufgeschlagene Terminbuch vor sich hatte, schaute hoch. »Ich habe ihn gerade kommen sehen. Er ist wohl zum Essen gegangen. Also müsste er sich auf der Veranda befinden.«

Er war also nur ein paar Meter von ihr entfernt. Ein paar Meter! Sie schluckte. »Und Mr Mellinghoff? Ist der noch da?«

Über Jonas' Schulter hing eine große Uhr. Sie erschrak. Es ging bereits auf halb zwei zu. In Jills Zimmer hatte sie irgendwie eine volle Stunde verloren. In etwas über einer halben Stunde wurde sie von Captain Singh erwartet. Der Mut verließ sie. Das konnte sie unmöglich schaffen, selbst wenn die Straßen dorthin gut asphaltierte Schnellstraßen wären. Sie würde in den sauren Apfel beißen müssen, die Kriminalpolizistin anrufen und um Aufschub bitten müssen, hoffte nur, dass Fatima Singh heute weniger bissig eingestellt war.

Jonas nahm seine Brille ab, rieb sich die Lider und beäugte sie mit seinen kurzsichtigen Eulenaugen. »Mr Mellinghoff ist noch nicht abgereist, wenn du das meinst. Wo er sich allerdings aufhält, weiß ich nicht, aber es ist Mittagszeit, da wird er bestimmt auch bald zum Essen erscheinen. Falls du Sir Roderick suchst, den habe ich gerade zum Swimmingpool humpeln sehen …«

Mit einer sanften Brise wehte das unverkennbare Parfum von Gloria durch die Rezeption, und gleich darauf erschien sie am Tresen. »Hören Sie, Jonas …Oh, hallo, Benny«, sagte sie, als sie Benita wahrnahm, »Sie habe ich gesucht. Wir sind am Pool. Roderick will noch einmal alles durchgehen, was wir besprochen haben, besonders Ihre eigenartige Theorie von dem Erdbeben. Kommen Sie auch gleich? – Benny, haben Sie gehört, was ich gesagt habe?«, rief sie und stieß Benita den Ellbogen in die Seite.

Benita drehte langsam den Kopf und warf ihr einen verständnislosen Blick zu, als hätte sie Mühe, sich zu erinnern, wer Gloria war. »Wie bitte?«, fragte sie stirnrunzelnd

Gloria wiederholte, was sie gesagt hatte.

»Swimmingpool? Ja, ja, gleich … Aber erst muss ich noch etwas erledigen … gleich …« Mit einer Hand wischte sie fahrig über den Tresen und wandte sich dann ab. Sie schien die Anwesenheit der Anwältin vergessen zu haben.

Jonas setzte seine Brille wieder auf und musterte Benita besorgt. »Ist alles in Ordnung? Du siehst … so aufgeregt aus.«

Sie zwang sich ein Lächeln ab. »Alles in Ordnung, danke.«

Ohne ein weiteres Wort schwang sie herum, stieß dabei Gloria zur Seite, die ihr verdutzt nachsah, und stürmte auf die Veranda, wo zwei der Tische besetzt waren. An einem saßen mehrere Leute, die sie nicht kannte, und löffelten ihre Suppe, an dem anderen saß Doktor Erasmus allein und aß Spiegeleier mit Röstkartoffeln. Flüchtig wunderte sie sich, warum seine Wachhunde nicht bei ihm waren.

Das Gefühl, nur Sekunden von dem Punkt entfernt zu sein, wo vielleicht mit einem Schlag alles geklärt werden würde, was sie seit achtzehn Jahren quälte, versetzte sie in einen Rausch. Ihr ganzer Organismus lief auf Hochtouren. Ihr Puls jagte, das Blut rauschte ihr in den Ohren, und ihre Sinne waren in einem Maße geschärft, dass ihre Wahrnehmungen sie wie Messerstiche schmerzten, aber ihr Blickwinkel war eingeengt und nur auf einen winzigen Bereich fokussiert. Auf Doktor Erasmus.

So musste sich ein Jäger fühlen, wenn seine Kugel ihr Ziel fand, schoss es ihr durch den Kopf.

Sie sammelte sich innerlich wie ein Tier vor dem Sprung, all ihr Denken und Fühlen nur auf den Mann hinter dem Tisch ausgerichtet. Ihre linke Faust, in der sie die Tonfigur, die aus dem Paket, verborgen hielt, hing locker an ihrer Seite. Vor dem Tisch des Doktors blieb sie stehen und fixierte ihn schweigend so lange, bis ein zögerndes Lächeln seine Mundwinkel kräuselte. Mit Genugtuung bemerkte sie, wie unsicher dieses Lächeln wirkte. Es war ihr also gelungen, seine Beherrschung zu unterlaufen. Sie starrte ihn weiter an, verzog dabei keine Miene.

»Haben Sie etwas vergessen, Miss Forrester?«, fragte er in seiner unangenehmen heiseren Stimme. Seine Augen waren wie immer hinter dunklen Gläsern verborgen.

Sie warf die Bilder vor ihn auf die Tischdecke. »Ich möchte Ihnen zwei Fotos zeigen. Ich möchte wissen, was Sie mit meiner Mutter zu tun haben, Doktor Erasmus.« Jede Faser ihres Körpers zum Zerreißen gespannt, lehnte sie sich über den Tisch. »Also, heraus mit der Sprache!«

Doktor Erasmus antwortete nicht, nur seine Blickrichtung änderte sich, weg von ihr. Er schaute über ihre Schulter, wo, unbemerkt von ihr, Jan Mellinghoff die Veranda betreten hatte. Für ein paar Sekunden blieb sein Blick an der hoch gewachsenen Gestalt des ehemaligen Widerstandskämpfers hängen, dann schwenkten die dunklen Insektenaugen zurück zu ihr.

»Antworten Sie mir!«, schrie sie, unfähig, sich noch weiter zu beherrschen. »Warum sind Sie so erschrocken, als Mr Mellinghoff Ihnen ein Foto meiner Mutter gezeigt hat? Meiner Mutter!«

Die Sonne flirrte durch die Blätter über ihm, ein Strahl traf Doktor Erasmus' Oberkörper schräg von oben, und für einen kurzen Moment waren seine Augen hinter den getönten Gläsern sichtbar. Aber dann hob er die Hand und fegte die Fotos mit einer weit ausholenden Bewegung vom Tisch. Sein Hemdkragen verschob sich dabei, und Benita sah, was an der Goldkette hing.

Der Anhänger war aus Gold und mit funkelnden Diamanten besetzt, er war nicht groß, nur etwa drei Zentimeter lang, aber der Goldschmied musste ein Künstler gewesen sein. Das Schmuckstück war eine absolut naturgetreue Nachbildung eines Schraubstocks, perfekt bis ins kleinste Detail.

Ein Schraubstock, dachte sie, wie merkwürdig, so etwas als Schmuck zu tragen. Diesen Gedanken konnte sie noch fassen, dann war da nichts mehr als ein gleißend weißes Licht, das alles auslöschte. Ihre linke Faust öffnete sich, die Tonfigur fiel zu Boden und rollte unbeachtet unter den Tisch. Ihr Körper reagierte automatisch mit Flucht. Ihr war weder bewusst, dass sie davonrannte, noch wohin.

Wie ein von Hunden gehetztes Tier rannte sie über die Veranda, die kurze Treppe hinunter, auf den Weg, der zu den Bungalows führte, rannte an der Wegmündung zu Bungalow drei vorbei, ließ Nummer vier rechts liegen, nahm nicht wahr, dass Gloria auf dem Pfad zum Swimmingpool stehen geblieben war und ihr verblüfft nachsah, rannte immer weiter, bis der Weg zu einem schmalen, gewundenen Pfad wurde und sich endlich im Busch verlief.

Sie rannte, ihr Rock rutschte hoch, Zweige schlugen ihr ins Gesicht und rissen ihr die Haut auf, sie knickte mehrfach um, aber sie spürte nichts, rannte blindlings weiter, sie rannte, bis ihr die Lunge brannte, als hätte sie Feuer geschluckt, und sie vor Erschöpfung keinen Schritt mehr tun konnte.

Vornübergebeugt, die Hände auf die Knie gestützt, japste sie nach Luft, sah minutenlang nichts als flimmernde Lichtpunkte und schwarze Flecken. Als sich ihre Sicht klärte, richtete sie sich auf, noch immer nach Atem ringend, schaute sich um und versuchte zu erkennen, wo sie sich befand. Doch egal, wohin sie sich wandte, ihr Blick traf auf eine grüne Wand.

Der Busch trug dichtes Frühlingsgrün. Schatten flirrten, sie meinte die Umrisse eines großen Tiers zu sehen, aber dann löste ein Sonnenstrahl die Illusion auf, und da war nur noch Gestrüpp und ein abgebrochener Baumstamm. Es raschelte, ein Tier grunzte und schnaufte ganz in ihrer Nähe. Ein Warzenschwein? Ein Büffel? Alarmiert wirbelte sie herum und starrte in die Richtung des Geräuschs. Nichts. Nichts als tanzende Schatten. Eine verwischte Bewegung fing ihre Aufmerksamkeit ein. Vor ihr glitt etwas Grünes über den Boden, weiter den Stamm eines alten Feigenbaums hoch, wurde zu einem Zweig, der sich im Luftzug bewegte. Eine Schlange? Ihr wurden die Hände feucht.

Innerhalb weniger Sekunden war ihr klar, dass sie sich hoffnungslos verirrt hatte. Sie wischte sich übers Gesicht und betrachtete verständnislos das Blut auf ihrer Hand. Offenbar war sie verletzt. Sie untersuchte ihre Gliedmaßen. Auch aus langen Ratschern an ihren bloßen Beinen quoll Blut. Mit gerunzelter Stirn versuchte sie zu ergründen, warum sie in den Busch gelaufen war, aber sie musste feststellen, dass sie sich zwar noch daran erinnerte, mit Fotos in der Hand auf die Veranda zu Doktor Erasmus gestürmt zu sein, aber warum sie das getan hatte, das war ihr entfallen und auch, was es mit den Fotos auf sich hatte. Fotos von wem?

Ratlos setzte sie sich auf einen umgebrochenen Baumstamm, schloss die Augen und vergrub den Kopf in den Händen. Reglos saß sie da und bemühte sich, sich wenigstens Bruchteile ins Gedächtnis zurückzurufen, welcher der Punkt war, an dem ihre Erinnerung aussetzte. Schritt für Schritt wanderte sie in Gedanken den Weg von Jills Haus bis zur Veranda. Immer wieder.

Allmählich kristallisierte sich ein Bild heraus, ein Foto. Eine Hand. Eine Hand, die ein Bild ihrer Mutter hielt. Die Hand Jan Mellinghoffs, die dem Doktor entgegengestreckt war.

Der Doktor. Sie selbst, wie sie die Fotos vor ihm auf den Tisch warf.

Danach nichts mehr, nur eine Nebelwand.

Noch einmal zwang sie sich im Geist zurück in Jills Arbeitszimmer, erlebte noch einmal den Augenblick, als sie erkannte, wen sie fotografiert hatte, sah sich die Fotos ausschneiden, spürte ihre hämmernden Kopfschmerzen und das Eiswasser, das ihr in den Ausschnitt tropfte. Als sie das Zimmer verlassen hatte, war sie bei Jonas gewesen, hatte mit ihm gesprochen, auch das Bild war ihr deutlich im Gedächtnis geblieben und auch dass es schon fast halb zwei war und sie eigentlich nach Ulundi fahren musste. Sie hatte Jonas nach Doktor Erasmus gefragt. Danach war sie auf die

Veranda an den Tisch des Doktors gegangen … hatte ihm die Fotos hingeworfen …

An diesem Punkt wurde ihr plötzlich der Hals eng, sie musste nach Luft ringen. Keuchend legte sie eine Hand an die Kehle, erlaubte sich aber nicht, vor dem nächsten Erinnerungsschritt zurückzuscheuen.

Die Sonne hatte geschienen … Etwas hatte die Strahlen eingefangen, hatte sie reflektiert … ein Gegenstand, der glitzerte … der auf seiner Brust glitzerte … Ein Diamantanhänger? Die Lider noch immer fest zusammengepresst, versuchte sie verzweifelt, ein Bild davon heraufzubeschwören. Aber vergeblich. Es blieb ein blendendes Funkeln ohne Kontur.

Sie schlug sich mit der Faust fest gegen die Stirn, hoffte, dass sich der Nebel auflösen würde. Es war zwecklos. Sowie dieser Gegenstand in ihrer Vorstellung konkrete Gestalt anzunehmen begann, bekam sie Herzjagen, sah rote Sterne vor den Augen, bekam kaum noch Luft, die Umrisse des Gegenstandes zerflossen.

Frustriert öffnete sie die Augen und stand auf. Dabei stieß sie gegen etwas, das neben ihr auf dem Boden lag. Zu ihrer Freude stellte sie fest, dass sie ihre Umhängetasche bei ihrer kopflosen Flucht nicht verloren hatte, und gleichzeitig fiel ihr ein, dass sie ihr Handy hineingesteckt hatte. Aufgeregt öffnete sie die Laschen und wühlte darin herum, bis sie zutiefst erleichtert ihren Blackberry hervorzog. Jills Nummer hatte sie nicht einprogrammiert, aber die des privaten Mobiltelefons von Roderick. Sie rief sie auf und drückte die Anruftaste.

Es dauerte fast eine Minute, bis sie begriff, dass sie keine Verbindung zum Telefonnetz hatte. Offenbar saß sie in einem jener Funklöcher, vor denen Neil sie gewarnt hatte. Es kostete sie einige Kraft, dem heftigen Impuls zu widerstehen, vor lauter Wut das Gerät in die Wildnis zu schleudern. Schließlich konnte es sehr gut sein, dass sie ein paar Meter weiter Kontakt mit irgendeinem Sendemast bekam. Von einem hohen Baum oder Hügel aus vielleicht.

In einiger Entfernung wuchs ein übermannshoher Felsen aus dem Boden. Mit noch immer zitternden Knien bahnte sie sich ihren Weg dahin, kletterte den von Wind und Wetter glatt polierten Stein hinauf und versuchte herauszufinden, wo sie sich befand. Es war schwierig, denn auch von diesem Punkt aus konnte sie nicht viel mehr sehen. Dichter Busch und Baumkronen versperrten ihr den freien Blick über die Landschaft. Lediglich aus der Tatsache, dass sie in einiger Entfernung Wilde Bananen und Palmen ausmachte, schloss sie, dass sich dort ein Gewässer oder zumindest ein Sumpf befinden musste. Wasser im Busch bedeutete viele Tiere. Kleine und große und ganz große …! Energisch schob sie einen Riegel vor ihre Fantasie. Von der Uhrzeit und dem Stand der Sonne her schätzte sie, dass sie nach Westen gerannt war, weg vom Haupthaus. Langsam drehte sie sich um ihre eigene Achse, bis ihr Schatten sich direkt vor ihr erstreckte. Wenn sie recht hatte, musste sie sich in einem spitzen Winkel davon nach rechts halten und sich am Abhang, der sich in sanften Wellen nach Norden absenkte, orientieren. Trotz ihrer prekären Lage musste sie lächeln. So hatte sie sich schon als Kind durch den Busch bewegt. Ein richtiges Buschbaby war sie gewesen. Vielleicht hatte sie ja noch nicht alles vergessen, was Ben und Nelly ihr beigebracht hatten.

Ein paar rotköpfige Finken schwirrten vorbei und landeten an einer Pfütze, die von dem Wolkenbruch der vergangenen Nacht übrig geblieben war. Zwei leuchtend gelbe Webervögel gesellten sich dazu, tranken erst und nahmen dann ein Bad. Sie schüttelten ihre Federn. Ein diamantglitzernder Tropfenschleier umhüllte sie, in den die Sonnenstrahlen bunt schillernde Regenbogen malten.

Immer mehr Vögel kamen herbei und beteiligten sich an der Wasserschlacht. Abseits versammelte sich eine Schar Schmetterlinge, die sich ebenfalls an dem Nass gütlich taten. Versunken sah Benita dem Treiben zu, vergaß, wo sie war, vergaß die Vergangenheit, war jetzt hier, eingeschlossen in diesem Augenblick wie in einen schützenden Kokon. Plötzlich überfiel sie bleierne Müdigkeit.

Langsam ließ sie sich auf dem Felsen nieder, spürte dessen gespeicherte Wärme, wurde von dem herzklopfenden Gefühl durchströmt, nie fort gewesen zu sein. Ihr fielen die Augen zu, und ihre Gedanken trieben davon, zurück in die Zeit, als ihre Welt noch warm und strahlend hell gewesen war.

21

Doktor Erasmus saß bewegungslos da, als wäre er aus Stein gehauen, Hände auf dem Tisch abgestützt, den Blick hinter den dunklen Gläsern ins Leere gerichtet. Seine sonnengebräunte Haut wirkte grau und schmierig wie nasser Kitt. Die Fotos, die ein Stück entfernt von ihm auf den Boden gefallen waren, schien er nicht zu sehen.

Jan Mellinghoff, der zur Bar gegangen war, um sich eine Cola einschenken zu lassen, hatte Benitas Auftritt mit wachsender Verblüffung beobachtet. Außer ihrem Ausruf »meine Mutter!« hatte er nichts verstehen können, fragte sich nur bestürzt, was die Londonerin mit Doktor Erasmus zu besprechen hatte und wodurch sie derart in Erregung versetzt wurde, dass sie einfach kopflos in den Busch gehetzt war, als wäre der Teufel persönlich hinter ihr her.

Neugierig geworden, schlenderte er hinüber zum Tisch, bückte sich und sammelte die Fotos auf. Dabei entdeckte er eine kleine Tonfigur unter dem Tisch und hob auch diese auf. Er ließ sie in seiner Handfläche hin und her rollen. Es war ein meisterhaft modelliertes winziges Flusspferd. Es musste Benita gehören. Er steckte es in die Tasche und fächerte die zwei Fotos auf.

»Ihre Mutter?«, murmelte er mehr zu sich selbst, erwartete offensichtlich keine Antwort von dem Mann am Tisch.

Ehe er die Schnappschüsse eingehender betrachten konnte, stieß Doktor Erasmus einen Knurrlaut aus, sprang ohne ein Wort auf, stieß den Tisch zurück, wobei sein Teller mit den Spiegeleierresten ins Rutschen kam und auf dem Boden zersplitterte, riss sein Mobiltelefon aus der Hosentasche und während er hineinredete, verschwand er im Laufschritt in Richtung seines Bungalows.

Der Tisch traf Jan Mellinghoff am Hüftknochen, die Reste der Spiegeleier landeten auf seinem Fuß. Fluchend wischte er den Schuh mit einer Serviette ab, überlegte, ob er dem Vice-Colonel nachsetzen sollte, um zu verhindern, dass dieser floh, zuckte dann aber die Schultern. Die Nachricht, dass der Vice-Colonel gefunden worden war, hatte er bereits am Vortag an die Organisation weitergegeben. Von dem Augenblick an, an dem der Mann die Farm verließ, würde er keinen unbeobachteten Schritt mehr tun können. Seine Tage in Freiheit waren gezählt. Es war nicht notwendig, ihn hier zu überwachen. Grübelnd beugte er sich über die Bilder und fragte sich erneut, was Benita Forrester mit Doktor Erasmus zu tun hatte.

Der Schock traf ihn, als er die Szene auf den Fotos erkannte. Er saß auf der Veranda von Bungalow drei am Tisch und streckte dem Vice-Colonel ein Foto entgegen. Und dann die Vergrößerung dieses Fotos. Es war körnig und unscharf, aber deutlich zu erkennen. Seine Hand zitterte, und ein plötzlicher Schweißausbruch ließ sein blaues Hemd an seinem Körper kleben.

Meine Mutter, hatte Benita geschrien. Meine Mutter!

»Gugus Tochter.« Er merkte nicht, dass er laut gesprochen hatte. »Lieber Gott im Himmel, Benita Forrester ist Gugus Tochter.« Seit achtzehn Jahren hatte er diesen Namen nicht mehr ausgesprochen. Gugu war Linnies Zuluname. Gugu bedeutete Schatz, und nur Michael Steinach durfte seine Frau so nennen. Alle anderen nannten sie Linnie.

Er starrte das Foto an. Schlagartig wurde ihm klar, dass sich Benitas und seine Blutlinien in Catherine und Johann Steinach, die sich vor über hundertfünfzig Jahren in Zululand niedergelassen hatten, vereinten. Es machte ihn zu Benitas Cousin. Ihm blieb der Mund offen stehen, während er sich bemühte, das Ganze gedanklich zu verdauen.

»Gugus Tochter«, wiederholte er geistesabwesend. »Gottverdammt!«

Die Frau in der Burka, die eben die Rezeption verlassen hatte und am Arm von Vilikazi Duma die Veranda in Richtung seines Autos verlassen wollte, fuhr herum, und als sie Jan Mellinghoff erkannte, glitt sie heran. Die Burka umwehte ihre ausgemergelte Gestalt.

»Gugu! Wer redet hier von Gugu? So hat mich schon lange keiner mehr genannt … seit damals … seit Michael …«

Der weiße Südafrikaner aber blieb ihr die Antwort schuldig. Wie hypnotisiert starrte er noch immer auf die Fotos, schien sich der Anwesenheit der Frau in der Burka nicht bewusst zu sein.

Die Frau beugte sich über ihn, legte ihm die Hand auf die Schulter und schüttelte ihn. »Jan, was geht hier vor? Wer hat hier etwas von Gugus Tochter gesagt? Warst du das? Gugus Tochter? Meine Tochter?« Ihre Stimme war schrill geworden.

Er war heftig zusammengefahren, sah sie mit schreckgeweiteten Augen an.

»Linnie … Gugu … nicht … bitte.«

Instinktiv versuchte er, die Fotos vor ihr zu verstecken, und warf einen entsetzten Blick auf Vilikazi. Gugu war so gebrechlich, dass nicht abzusehen war, wie ihr Körper auf eine derartige Nachricht reagieren würde. Außerdem musste er sich erst vergewissern, ob er sich nicht verhört hatte.

Doch Gugus Krallenhand schoss unter dem dünnen Stoff ihres Gewandes hervor und entriss ihm die Fotos. Sie musste sich drehen und sie ins Licht halten, um auf der körnigen Vergrößerung alles zu erkennen. Ihre Augen hatten in der letzten Zeit stark nachgelassen. Der Tag, an dem sie so gut wie blind sein würde, war nicht mehr weit. Ein weiterer Tribut, den sie an jene Männer zahlen musste. Die schweren Blutergüsse, die deren Schläge verursacht hatten, hatten tagelang auf die Sehnerven beider Augen gedrückt und sie irreparabel geschädigt.

Jetzt hielt sie sich die Bilder dicht vors Gesicht, musste sie mit beiden Händen halten, weil sie so zitterte. Schweigend nahm sie jede Einzelheit in sich auf. Ihre zwei Freunde rührten sich nicht, konnten nicht sprechen, vermochten nur mühsam zu atmen.

Endlich reichte Gugu die Fotos an Vilikazi weiter und verkrallte ihre Hand dann in Jan Mellinghoffs Arm. »Wer hat etwas von Gugus Tochter gesagt? Sag's mir, Jan, ich habe ein Recht darauf«, wisperte sie. »Ist sie hier?«

Er räusperte sich, sein Blick flackerte hilflos zu Vilikazi. Der nickte langsam.

»Es ist ihr Recht.«

Jan Mellinghoff gab sich einen Ruck. »Erst setzt du dich hin. Keine Widerrede.« Er zog einen Stuhl zurück und wartete, bis Gugu sich gesetzt hatte. Sie hockte auf der Stuhlkante wie ein zitternder schwarzer Vogel. Fürsorglich goss er ihr ein Glas Wasser ein, bevor er weitersprach.

»Ich weiß nicht, ob es wirklich stimmt«, sagte er dann, »das muss ich noch herausfinden, aber es scheint zumindest so zu sein, dass ein Gast hier, eine gewisse Benita Forrester … deine Tochter sein könnte. Sie hat dem Vice-Colonel die Fotos gezeigt und geschrien, dass das ihre Mutter sei. Und das hier ist ihr aus der Hand gefallen, ich habe es unter dem Tisch gefunden.« Er streckte ihr seine Handfläche hin, auf der ein daumengroßes schwarz glänzendes Flusspferd aus Ton lag. »Hat es etwas mit dir zu tun?«

»Benita.« Gugus Stimme war nur ein Hauch.

Fürsorglich packte Jan Mellinghoff ihren Unterarm, um sie zu stützen, falls ihr übel werden sollte und sie vom Stuhl zu rutschen drohte. Ihre Reaktion jedoch überraschte nicht nur ihn.

Gugu Steinach konnte sich für einen langen Augenblick nicht rühren. Endlich hob sie ihre Hand, nahm die Tonfigur, drehte sie herum und suchte nach dem geheimen Zeichen, dass sie vor wenigen Wochen eingeritzt hatte. Sie fand es. Ihre Augen hinter dem Stoffgitter glitzerten. »Gott sei es gedankt«, flüsterte sie. »Sie hat es verstanden. Sie ist gekommen.« Sie sank vornüber auf den Tisch, vergrub ihr Gesicht in den Händen und fing haltlos an zu weinen. Es war, als wäre ein Damm gebrochen. Ihre Tränen flossen in einem Sturzbach aus ihr heraus, quollen zwischen ihren Fingern hervor, tropften auf die Tischplatte. Ihre mageren Schultern zuckten wie im Krampf.

Die beiden Männer, Vilikazi Duma, der Zulu, und Jan Mellinghoff, der weiße Südafrikaner, standen neben ihr und wussten nicht, wie sie sich verhalten sollten. Also legten sie beide mit verlegener Geste eine Hand auf den zuckenden Rücken und sahen sich dabei gequält an. Gugus Schmerz war so intensiv, dass sie es wie ein Prickeln mit der Handfläche spürten.

Es dauerte lange, bis das Schluchzen leiser wurde, um schließlich ganz zu versiegen. Gugu schniefte noch einmal kurz auf, putzte sich die Nase und wischte sich das Gesicht ab. Dann richtete sie sich wieder auf und sah einen nach dem anderen durch ihr Gesichtsgitter an.

»Vor wenigen Wochen habe ich eine englische Zeitung in der Mülltonne beim *La Spiaggia* gefunden.« Ein Lächeln färbte ihre Stimme. »Da finde ich immer die beste Lektüre. Meist erwische ich da die neuesten Nachrichten, aber diese Zeitung war schon Wochen alt, es war eine *Sun* aus England, und auf der ersten Seite war ein Bild von meiner Tochter, von Benita, und darunter ein Bericht über das, was sie durchgemacht hat … über mich und Michael … Es war das erste Lebenszeichen meiner Tochter in achtzehn Jahren … Ich habe doch nicht einmal gewusst, ob sie noch lebt …« Ihre Stimme war leiser geworden, versiegte dann ganz. Sie schien in Gedanken zu versinken, und die beiden Männer wagten nicht, sie zu stören. Schließlich strich sie über das kleine Flusspferd aus Ton.

»Das Imvubu habe ich ihr geschickt, und auf der Rückseite hatte ich unser Erkennungszeichen eingeschnitten. Ich wusste, wenn sie tatsächlich meine Tochter ist, würde sie kommen.« Sie wurde von einem erneuten Weinkrampf geschüttelt, aber sie riss sich schnell zusammen. »Und sie ist gekommen … Ich muss sie sehen … wenigstens sehen …« Der dünne Stoff der Burka bebte. »Versteht ihr? Nur sehen will ich sie, von Weitem. Nur einmal noch!« Ihre Stimme brach, ihr Atem rasselte in der Kehle. »Ich kann nicht mit ihr sprechen … Sie darf mich nie so sehen, wie ich jetzt bin! Sie soll mich so«, ihre Hand flatterte zu dem Foto, auf dem ihr Bild vergrößert war, »sie soll mich so in Erinnerung behalten.« Mit zitternden Fingern strich sie über das schwarze Mal an ihrem Hals. »Der Schock wäre zu groß. Das kann ich ihr nicht zumuten. Wo ist sie jetzt?«

Jan Mellinghoff presste die Lippen zusammen, sein Blick traf den von Vilikazi Duma. Er sah, dass dem Zulu die Tränen in den Augen standen, wusste, dass er damals Gugu gefunden und ins Hospital zu Thandile Kunene gebracht hatte. Von ihr hatte er eine kurze Beschreibung bekommen, was man Gugu angetan hatte. Thandile hatte sachlich darüber gesprochen, als Ärztin, mit dürren, fachbezogenen Worten, doch selbst jetzt wurde ihm bei der Erinnerung übel.

»Sie war schon auf der Veranda, als ich kam«, sagte er jetzt und berichtete ausführlich, was er beobachtet hatte. »Plötzlich wurde sie leichenblass und rannte davon. Irgendetwas muss sie zu Tode erschreckt haben, aber ich habe keine Ahnung, was das gewesen sein könnte.«

»Dieser Kerl vielleicht, der sich jetzt Doktor Erasmus nennt, von dem wir aber mit Sicherheit wissen, wer er wirklich ist? Wenn wir ihn erkannt haben, ist es durchaus möglich, dass ihr das auch so gegangen ist.« Vilikazi Duma trat heran und nahm das Foto mit der Vergrößerung hoch und studierte es.

»Schließlich hat sie ihn gesehen, damals … als …«, er streifte Gugu, die zusammengesunken auf dem Stuhl hockte, mit einem kurzen Blick und sah dann seinen Freund an, »… vor achtzehn Jahren, meine ich.«

»Sie hat heute eine Besprechung mit ihm gehabt. Irgendeine Kreditsache, so habe ich das verstanden, also nichts, was mit uns oder ihrer Vergangenheit zu tun hatte. Sie ist Bankerin. Sehr erfolgreich übrigens. Bei dieser Besprechung hat sie ewig lange neben ihm gesessen und scheint nicht in Panik geraten zu sein.« Jan Mellinghoffs Augen waren schmale, glitzernde Schlitze. »Es muss etwas anderes gewesen sein, was sie jetzt so verstört hat. Sie hatte sich schon kurz mit dem Kerl unterhalten – nicht freundschaftlich allerdings, sie war außerordentlich erregt –, bevor sie plötzlich davongerannt ist. Ich habe nicht sehen können, was zwischen den beiden passierte.«

Gugu rang die Hände. »Wir müssen sie finden, Jan, bitte, ich spüre, dass sie in großer Gefahr ist. Ihr müsst sie finden! Ich kann nicht, verdammt, mein Körper macht nicht mehr mit!« Zitternd stand sie vor ihm, der dünne schwarze Stoff ihres Gewandes bebte, ihr Gesicht hinter dem Stoffgitter war flehentlich gehoben.

»In welche Richtung ist sie gerannt?«, fragte Vilikazi.

Stirnrunzelnd rief sich Jan Mellinghoff die Szene ins Gedächtnis zurück. »Einfach weg von hier«, antwortete er dann zögernd. »Völlig kopflos den Weg zu den Gästevillen hinunter.« Ein hoffnungsvoller Ausdruck trat in sein Gesicht. »Vielleicht ist sie ja dort. Das wäre die nächstliegende Möglichkeit. Ich werde nachschauen. Wartet hier.«

Mit langen Schritten eilte er über die Veranda und die Treppe und dann den gewundenen Weg hinunter, der zu den Bungalows führte. Auf der Terrasse von Bungalow vier war niemand zu sehen. Er klopfte, trat dann zurück und wartete.

Nach wenigen Augenblicken wurde die Glastür von einer gewichtigen schwarzen Frau zurückgeschoben, deren Kraushaar in unzähligen steifen Zöpfen wie Igelstacheln abstand. Sie stützte sich auf einen Schrubber, zu ihren Füßen stand ein Putzeimer.

»Niemand hier«, brummte sie.

»Sind die Gäste zum Frühstück gegangen?«

»Weiß nicht. Niemand hier.« Das Hausmädchen schickte sich an, die Tür wieder zu schließen, aber Jan Mellinghoff stellte den Fuß dazwischen. Empört fing die Frau an zu zetern.

»Es ist wichtig«, beschwichtigte er sie auf Zulu. »Ich muss die Frau mit den Locken finden, die hier wohnt.« Mit seinen Händen skizzierte er Benitas üppigen Lockenkopf. »Sie ist eine Farbige. Hast du sie gesehen?« Er hasste sich selbst für diese Bezeichnung, aber die Hautfarbe war ebenso ein Mittel zur Beschreibung wie ein Lockenkopf.

»Cha.« Die Frau schüttelte den Kopf, schob Jan resolut hinaus und zog die Tür zu.

Jan blieb auf der Veranda stehen, Hände in die Hosentaschen gesteckt, und überlegte. Wohin hatte sich Benita wenden können? Es gab nur diesen einen Weg, der das Empfangshaus mit allen Bungalows verband. Vielleicht war sie ums Haus zu dem Privathaus der Eigentümerin von Inqaba gelaufen? Noch einmal ließ er seinen Blick über den Weg schweifen. Er lag verlassen in der Mittagssonne da. Nur ein Schwarm Perlhühner stolzierte pickend herum.

Laute Stimmen vom Bungalow drei zogen seine Aufmerksamkeit an. Doktor Erasmus stand in der geöffneten Glastür und gab seinen Leibwächtern mit knappen Armbewegungen Anweisungen. Dabei deutete er immer wieder den Weg hinunter nach Westen. Jan Mellinghoff beobachtete ihn stirnrunzelnd, verstand die Gesten nicht. Soviel er wusste, befanden sich nur drei weitere Häuser auf dieser Seite, die anderen lagen auf der östlichen Seite des Empfangshauses. Wohin also zeigte der Vice-Colonel?

Auf der Bungalowterrasse salutierten die Bodyguards militärisch zackig vor ihrem Boss, schwangen herum, trampelten über die Holzbohlen und liefen den Weg in westlicher Richtung hinunter.

Jan Mellinghoff sah ihnen beunruhigt nach. Irgendetwas war da gar nicht in Ordnung, und er befürchtete, dass das mit Benita

Forrester zu tun hatte. Die Leibwächter rannten geradewegs in den Busch, und jetzt dämmerte ihm langsam die Erkenntnis, dass Benita vielleicht auch in den Busch gerannt war und diese beiden Kerle sie auf Befehl des Vice-Colonels suchten. Nervös geworden, sah er den beiden Männern nach. Die Vorstellung, dass seine Cousine, die zwar hier aufgewachsen war, aber inzwischen achtzehn Jahre lang im sanften England gelebt hatte, wo Schlangen, Löwen und wilde afrikanische Büffel selten frei herumliefen, zu Fuß im Busch unterwegs war, erschreckte ihn bis ins Mark.

In allen Wildreservaten herrschte dank modernster Tiermedizin und regulierenden Eingriffen eine unnatürlich hohe Dichte an Wildtieren. In jedem Zimmer der Farm lag eine ausführliche Informationsbroschüre über die Geschichte Inqabas und das, was es heute war. Ursprünglich war das Wildreservat hauptsächlich für seinen Vogelreichtum bekannt gewesen, aber im Lauf der Zeit hatte sich Jill den Forderungen der Touristen nach den Big Five – Löwe, Leopard, Elefant, Büffel und Nashorn – beugen müssen.

Streng genommen war das Gebiet Inqabas nicht groß genug, obwohl Jill es vor zwei Jahren um weitere tausend Hektar Land vergrößern konnte, wie eine große Tafel im Empfangshaus verkündete, auf der auch der Wildbestand nach Gattungen aufgelistet wurde. Heute lebte außer zwei Leopardenpaaren, die inzwischen Nachwuchs hatten, und einem siebenköpfigen Rudel Löwen eine kleine Herde Elefanten auf Inqaba, die regelmäßig Besuch von ihren Freunden aus dem angrenzenden Hluhluwe-Umfolozi-Wildreservat bekam, wenn diese die Wanderlust packte und sie den Zaun zur Farm einfach niedertrampelten. Zu allem Überfluss waren durch diese Schneisen auch schon häufiger Raubkatzen und Nashörner auf Inqabas Gebiet gewechselt. Nashörner waren groß, man konnte sie relativ leicht aufspüren. Das Wesen einer Raubkatze war jedoch geheimnisvolle Unsichtbarkeit. Niemand konnte sagen, wie viele sich inzwischen auf Inqaba herumtrieben.

Nashörner waren für eine Wildfarm in Zululand ein Muss. Zwei Nashornmännchen, beides Schwarze Nashörner, die ihrer Gattung gemäß meist fürchterlich schlechte Laune hatten und alles und jeden angriffen, der ihnen vor die kurzsichtigen Augen kam, versorgten zwei Nashorndamen regelmäßig mit Nachwuchs. Dazu kam eine kleinere Herde Büffel, zwei Rudel fressgieriger Hyänen, Schakale, eine unbekannte Zahl großer, hungriger Krokodile, jede Menge Schlangen, die meisten davon tödlich giftig, unzählige Paviane und Kleingetier wie Mungos, dazu noch mehrere Arten von Antilopen. Die jedoch waren meist friedlicher Art, ausgenommen vielleicht die Gnus.

Und mitten unter ihnen befand sich jetzt möglicherweise ein Mädchen aus einer europäischen Großstadt, das vermutlich eine Giftschlange für ein Halsband halten würde. Ihm wurde kalt, und es war ihm klar, dass er schleunigst etwas unternehmen musste.

Unvermittelt fielen ihm die Geschichten um Catherine Steinach ein, ihre gemeinsame Ururgroßmutter, die nicht nur wie ein Fisch schwimmen konnte und eine Meisterschützin war, sondern den Busch besser kannte als damals irgendeine weiße Frau und auch besser als die meisten weißen Männer. Sie wäre nicht verloren gewesen. Sie würde gewusst haben, welche Pflanze sie essen konnte, welches Wasser gefahrlos trinken. Obendrein war sie im ganzen südlichen Afrika als Expertin für Heilpflanzen bekannt gewesen. Die Geschichten, die über sie und ihre Taten überliefert wurden, waren legendär. Sie wäre im Busch nicht verloren gewesen. Aber Benita Forrester war nicht Catherine Steinach, auch wenn Catherines Blut in ihren Adern floss.

Verdammt. Er trat frustriert gegen einen Stein. Wir leben im 21. Jahrhundert, schoss es ihm durch den Kopf, und vielleicht keine zweihundert Meter entfernt von hier befand sich Benita in einem Land, das so wild, so ungezähmt und so gefährlich war wie vor Jahrtausenden. Er konnte nur hoffen, dass die Löwen satt waren. Kaum war ihm dieser Gedanke gekommen, sah er die Leichen der beiden unglücklichen Männer vor sich, die vorletzte Nacht getötet worden waren. Sein Magen zog sich zusammen. Den noch immer frei herumlaufenden Mörder hatte er glatt vergessen.

Wie von Dämonen getrieben, hastete er zurück zum Empfangshaus. Jill musste unbedingt einen Suchtrupp organisieren, außerdem würde er Roderick Ashburton und Gloria darüber aufklären müssen, dass Benita verschwunden war. Am schwersten aber würde es sein, das Gugu zu sagen.

Er fand sie und Vilikazi an einem Tisch auf der Veranda, der versteckt hinter einem tief herunterhängenden Baum stand.

»Gugu, weiß der Vice-Colonel, dass du lebst? Kann er es wissen? Denk genau nach«, drängte er.

Die dunklen Augen glitzerten ihn durch das Gesichtsgitter an. »Nicht von mir.«

»Und von mir mit Sicherheit auch nicht«, setzte Vilikazi hinzu. »Außer dir wissen es nur noch Sarah und Thandi Kunene, und beide würden sich eher einen Finger abschneiden, als darüber zu reden.«

»Hat der Kerl dich vielleicht gesehen?«

Die Augen hinter dem Stoffgitter glitten zu Vilikazi. »Danke, dass du aufgepasst hast«, sagte sie leise und wandte sich wieder Jan Mellinghoff zu. »Nein, Vilikazi hat dafür gesorgt. Er kann mich nicht gesehen haben. Außerdem, was hätte er denn gesehen? Eine Gestalt, die von Kopf bis Fuß von einer Burka verhüllt ist. Sonst nichts. Ich bin tot, Jan, obwohl ich noch atme. Du hast gehört, nur ihr beiden und Sarah und Thandi wissen, dass ich noch am Leben bin.«

»Und deine Tochter.«

Gugu schüttelte ihren verschleierten Kopf. »Das glaube ich nicht. Als sie mich das letzte Mal gesehen hat …« Ihre Stimme versagte, sie musste sich räuspern. »Sie musste glauben, dass ich das nicht überlebt habe«, fuhr sie fort, immer wieder ihre Kehle freihustend. Dann schüttelte sie vehement den Kopf. »Nein, sie weiß es nicht.«

»Und die Kinder vom Strand?«, fragte Vilikazi mit sorgenvoll gefurchter Stirn.

»Sie wissen nicht, wer ich bin«, antwortete Gugu nach einigen Sekunden des Nachdenkens. »Sie nennen mich nur die Chamäleonfrau.«

»Dann muss der Kerl Benita jetzt als die einzige lebende Zeugin seiner grausigen Taten betrachten. Verflucht, wir müssen sie finden, bevor er das tut!« Plötzlich lief ihm eine Gänsehaut über den Rücken. Die Bodyguards! Sie waren in westlicher Richtung, also in den Busch gelaufen. Er sah Vilikazi an. »Er hat seine Bluthunde schon auf sie angesetzt«, flüsterte er. »Mein Gott. Ich muss Jill finden.«

Aber die Sache wurde ihm aus der Hand genommen. Als er auf der Suche nach Inqabas Eigentümerin im Laufschritt ums Haus zur Rezeption lief, fand er dort Inspector Cele und einen anderen Polizisten vor, die mit Jonas diskutierten. Jonas lehnte sich zur Seite, um an dem riesigen Inspector vorbeisehen zu können.

»Mr Mellinghoff, haben Sie vielleicht Benita Forrester gesehen?«

»Miss Forrester? Nein, tut mir leid.« In den Jahren des Widerstands hatte er gelernt, aalglatt zu lügen. Auf seinem Gesicht würden die Polizisten nicht einen einzigen Hinweis auf seine wahren Gedanken finden. »Sie war beim Frühstück. Wo ist Jill, Jonas?«

»Unterwegs«, antwortete der knapp. »Kommt später wieder.«

Innerlich fluchte Jan Mellinghoff ausgiebig. Äußerlich jedoch lächelte er. »Macht nichts, mir ist es nicht eilig. Ich werde noch einen Kaffee trinken.« Er verließ die Rezeption, eilte um die Hausecke, zog sein Handy hervor und wählte Jonas' Nummer. »Jonas, bitte lassen Sie sich nichts anmerken. Hier ist Jan Mellinghoff. Erstens brauche ich mein Zimmer wieder, für die nächsten Tage auf jeden Fall. Geht das?«

Es dauerte keine halbe Minute, ehe er die Antwort hatte. »Kein Problem, Sir. Ich habe es notiert. Kann ich noch etwas für Sie tun?«

»Wo ist Jill wirklich? Können Sie antworten?«

»Selbstverständlich kann ich diesem Wunsch entsprechen, Sir. Bungalow vier. Das geht in Ordnung. Auf Wiedersehen, Sir«, war die staubtrockene Antwort.

Also hatte er Jill bei Bungalow vier nur um Sekunden verfehlt. Erleichtert beendete Jan Mellinghoff den Anruf und zog im Geiste seinen Hut vor Jonas, der so kaltblütig reagiert hatte. Er wählte erneut, hatte kurz darauf die South African Airways am Telefon und stornierte seinen Flug nach Kapstadt. Bevor er sich auf die Suche nach Jill begab, unterrichtete er schnell Vilikazi und Gugu davon, dass die Polizei auf der Suche nach Benita sei. »Könnt ihr euch vorstellen, warum?«, fragte er abschließend.

»Die Polizei?« Gugus Stimme kletterte in die Höhe und brach dann. »O mein Gott.« In ihren Worten schwang der ganze Schrecken ihrer Vergangenheit mit. Sie wandte sich ab. Das dünne Material ihrer Burka bebte unter ihren trockenen Schluchzern.

Jan Mellinghoff legte ihr schnell die Hand auf die Schulter. »Beruhige dich, wir leben im neuen Südafrika … es ist mit Sicherheit etwas völlig Harmloses.« Er rang sich ein Grinsen ab. »Vielleicht ist sie zu schnell gefahren. Sie ist sehr temperamentvoll, sie würde leicht einmal zu schnell fahren. Glaube mir, sie hat nichts zu befürchten. Im Gegenteil, wir können froh sein, wenn die Polizei sie ebenfalls sucht, dann ist die Wahrscheinlichkeit, dass wir sie vor dem Vice-Colonel finden, umso höher.«

»Es besteht noch die Möglichkeit, dass sie in Jills Haus ist«, sagte Vilikazi plötzlich. »Ich meine, dass ich sie heute Morgen dort gesehen habe.« Er deutete über die Schulter seines weißen Freundes.

Der fuhr herum, konnte von Jills Haus aber lediglich einen Teil der Terrasse und das Gold des Flammenweins sehen, der Rest war von herabhängenden Zweigen verdeckt. »Ich sehe nach. Bleibt ihr hier. Wenn Jill inzwischen hier vorbeikommt, schicke sie bitte zu ihrem Haus.« Er sah auf seine Armanduhr. »Halb vier schon. Wir haben nur noch drei Stunden Tageslicht. Bleibt hier, verschiebt eure Abreise. Ich sage ihrem Boss Bescheid und melde mich!« Damit war er schon die Treppe hinuntergerannt.

Gloria, einen weißen Handtuchturban um ihr frisch gewaschenes Haar geschlungen, hängte eben auf dem Sonnendeck von Bungalows vier ihren tropfenden Bikini auf einem niedrigen Gerüst auf, als Jill am Fuß der Treppe erschien. Lächelnd kam sie herauf.

»Gloria, ich hoffe, dass Ihr Bungalow wieder völlig in Ordnung ist. Ich habe ihn während Ihrer Abwesenheit gründlich reinigen lassen.«

Gloria erwiderte ihr Lächeln. »Alles bestens, danke. Ihr Hausmädchen ist eben gegangen. Sie hat gute Arbeit geleistet. Ich wünschte, ich könnte die mit nach England nehmen.«

Aus Jills Hosentasche ertönte ein Klingeln. »Verzeihung«, murmelte sie, angelte ihr Handy heraus und nahm den Anruf an. »Jonas, was gibt's?« Sie lauschte einen Augenblick. »Benita Forrester? Hier? Eine Sekunde, bitte.« Sie hielt das Mikrofon zu. »Gloria, ist Benita hier?«

Roderick, nur mit Shorts bekleidet, erschien in der Tür. Jills Blick streifte sein Bein, und sie bemerkte, dass die Haut, wo der Gips an seiner Wade scheuerte, rot und gereizt war, und nahm sich vor, ihm eine Heilsalbe anzubieten. Es war ein bewährtes Rezept, das noch von Catherine Steinach stammte, eines, womit sie bei ihren Pferden dem Wundreiten vorbeugte, was sie aber nicht vorhatte, Roderick Ashburton unter die Nase zu reiben.

»Nein, ist sie nicht«, sagte Roderick. »Sie ist nach Ulundi gefahren. Sie wollte noch irgendwelche Fotos ausdrucken und dann losfahren, weil sie um vierzehn Uhr einen Termin mit Captain Singh hatte. Ich erwarte sie jeden Moment zurück. Wir wollen die Nachmittagssafari mitmachen.«

»Ah, danke.« Jill gab die Nachricht weiter und lauschte der Antwort mit wachsender Unruhe. »Die Polizei? Inspector Cele selbst … Wieso, was ist passiert, dass er persönlich hier erscheint?«

Während sie konzentriert zuhörte, malte sie mit ihrer Fußspitze Kringel in den sandigen Weg. Einen neben dem anderen, dann wischte sie alle ungeduldig wieder weg. Rodericks wundgescheuertes Bein hatte sie vergessen. »Einen Augenblick bitte, Jonas.« Sie nahm das Telefon vom Ohr. »Ist Benita mit deinem Wagen gefahren, Roderick?«

»Das wollte sie, ja. Sie hat auch den Schlüssel dabei, also gehe ich davon aus, dass sie gefahren ist.« Trotz seiner Worte war Besorgnis in seine Stimme gekrochen. Unbeholfen humpelte er zu einem Sessel und ließ sich hineinfallen.

Jill hob wieder den Hörer. »Jonas, lass bitte auf der Stelle jemanden nachsehen, ob der Mietwagen von Sir Roderick auf dem Parkplatz steht, und ruf mich an, sobald du es weißt. Bitte versuche, das vor der Polizei geheim zu halten. Die brauchen nicht alles zu wissen, schon gar nicht sofort. Ich bin schon auf dem Weg.« Sie klappte das Handy zu und steckte es wieder in die Tasche.

Roderick hatte das Gespräch mit großer Anspannung verfolgt, aber nicht alles verstehen können. »Was zum Henker geht hier vor? Was ist mit Benita?«

»Die Polizei ist an der Rezeption und fragt nach ihr. Sie ist nicht in Ulundi angekommen. Das hat natürlich gar nichts zu sagen. Vielleicht hat sie eine Reifenpanne und sitzt irgendwo fest.« Während sie das sagte, überfiel sie der Verdacht, dass Inspector Cele Benita aus einem ganz bestimmten Grund so eilig sprechen wollte. Ihr schwante, dass da mehr dahintersteckte als nur ein Routineverhör.

»Soll das ein Trost sein? Die Vorstellung, dass Benita mit einer Reifenpanne allein mitten im ländlichen Zululand gestrandet ist, verursacht mir Magenschmerzen, um es gelinde auszudrücken«, raunzte Roderick.

Jill nickte, verschwieg ihm wohlweislich, wie schlecht die Verbindungsstraße nach Ulundi war, dass man durch den katastrophalen Zustand der Sandstraße, die von tiefen Regenrinnen durchzogen war und auf der sich ein Schlagloch ans andere reihte, nur Schritttempo fahren konnte. Ein Auto, von einer einzelnen Frau gesteuert, einer jungen Frau zudem, würde alle möglichen unangenehmen Elemente anlocken. Sie musterte ihn verstohlen. Hinter seiner heftigen Reaktion verbarg sich nicht nur berufliche Fürsorge, dessen war sie sich sicher, seitdem sie ihn und Benita zusammen beobachtet hatte.

»Vielleicht ist sie ja noch auf Inqaba oder schon wieder zurück oder hat eine Reifenpanne auf dem Gelände gehabt. Eines meiner Hausmädchen hat sie in der Nähe von Doktor Erasmus' Villa gesehen, sagt Jonas.« Beruhigend lächelte sie ihn an. »Ich werde ein paar Leute losschicken und sie suchen lassen. So, jetzt werde ich mich erst mal um Inspector Cele kümmern. Sowie ich irgendetwas erfahren habe, lasse ich es dich wissen.«

»Was will die Polizei von Benita?«

»Das kann ich nicht sagen. Jonas wusste es auch nicht. Aber ich denke, dass Captain Singh nicht gerne versetzt wird. Sie reagiert auf derartige Sachen immer etwas gereizt. Ungefähr so wie eine Mamba, der man auf den Schwanz tritt.« Sie zwang sich ein Lächeln ab.

Ihr schwacher Versuch, die Situation mit einem Scherz aufzulockern, ging gründlich schief. Roderick hievte sich aus dem Sessel hoch, stand breitbeinig da, die Fäuste in den Hosentaschen vergraben, seine Miene grimmig. »Ich denke gar nicht daran, hier untätig herumzusitzen, während Benita irgendwo da draußen ist und vielleicht in Gefahr schwebt. Ich werde sie suchen.«

»Überlass das mir und meinen Leuten, Roderick, wir kennen jeden Zentimeter auf Inqaba. Wir werden sie finden. Ich verspreche es dir. Sie ist meine Cousine, und ich habe sie sehr gern, das weißt du. Wenn du auch noch im Busch verschwindest, komplizierst du die Sache nur.«

Als Antwort schnaubte er lediglich gereizt.

»Vielleicht ist die Erklärung für ihre Abwesenheit ja völlig harmlos«, versuchte Jill ihn noch einmal zu beschwichtigen. »Vielleicht hat sie entschieden, noch woanders hinzufahren … hat Freunde getroffen … oder ist irgendwo eingekehrt.«

Roderick warf ihr nur einen finsteren Blick zu. »Quatsch«, knurrte er. »Sie hat mir versprochen, schnell zurückzukommen.« Mit hochgezogenen Schultern, den Kopf wie zum Angriff gesenkt, stampfte er auf seinem Gipsbein ohne Entschuldigung für seine rüde Bemerkung ins Haus. In der Tür blieb er kurz stehen. »Ich will sofort wissen, wenn es etwas Neues gibt. Bitte notier dir meine Mobiltelefonnummer.«

»Einen Augenblick.« Jill zog ihr Handy hervor und klappte es auf. »Gut, schieß los!«

Er diktierte die Nummer und wartete, bis Jill sie einprogrammiert hatte. Erst jetzt schien er zu bemerken, dass Gloria auch anwesend war. »Ich fahr jetzt los, du kannst mitkommen, wenn du willst«, raunzte er.

Aber Gloria, die wie versteinert dem Wortwechsel zugehört hatte, reagierte seltsamerweise nicht. Achselzuckend verschwand er im Haus.

Jill dagegen lief ihm nach. »Roderick … Warte …«, rief sie. Aber die Tür knallte hinter ihm zu. Sie verdrehte genervt die Augen. Dann wandte sie sich an Gloria. »Bringen Sie ihn bloß davon ab, sich selbst auf die Suche zu machen. Wir haben genug Leute, und die Polizei sucht auch nach ihr. Außerdem kann er doch sicher mit seinem Bein gar nicht fahren, oder hat er Automatikgetriebe?«

Auch von der Anwältin erhielt sie keine Antwort. Die stand nur da und stierte Löcher in die Luft. Höchst beunruhigt machte sich Jill auf den Weg zurück zum Empfangshaus.

Gloria hatte weder Jills Worte mitbekommen noch bemerkt, dass diese die Veranda mittlerweile verlassen hatte. Mit zeitlupenlangsamen Bewegungen, wie in Trance, wickelte sie ihren Handtuchturban ab, starrte dabei noch immer mit aufgerissenen Augen ins Leere. Sie hatte Benita gesehen, hatte gesehen, dass sie auf dem Weg vorbei an den Gästevillen in den Busch gestürzt war. Blindlings.

Geistesabwesend warf sie das Handtuch über die Schulter, folgte Roderick eilig ins Haus und streckte im Vorbeigehen ihren Kopf in sein Zimmer. Er schob eben seine Geldbörse und seinen Ausweis in die Gesäßtasche.

»Ich komme mit, du kannst doch mit dem Gipsding da gar nicht fahren. Gib mir bitte fünf Minuten, ich muss mich erst richtig anziehen.« Sie deutete auf ihr knappes schwarzes Haltertop.

Er ignorierte ihre erste Bemerkung. »Den Affen im Busch ist es egal, wie du aussiehst. Ich fahre jetzt sofort, nicht erst in fünf Minuten.«

Gloria zuckte unter seiner Grobheit zusammen, sah die nackte Qual in seinen Zügen und wurde von so glühend heißer Eifersucht überfallen, dass ihr glatt die Luft wegblieb. Wortlos rannte sie in ihr Zimmer, wo sie sich schwer atmend an die Wand lehnte. Es gab keinen Zweifel. Sie hatte Roderick an Benita Forrester verloren, aber was sie wirklich wütend machte, war, dass sie das jetzt erst begriff. Bis in ihre Grundfesten erschüttert, biss sie sich auf die Lippen, biss so hart zu, dass sie Blut schmeckte, und immer weiter, bis es ihr warm übers Kinn lief, hoffte, dass der scharfe Schmerz dafür sorgen würde, dass ihr inneres Gleichgewicht wieder ins Lot kam.

Rücksichtslos Schadensbegrenzung zu betreiben und hoffnungslose Fälle ad acta zu legen, um sich auf die lukrativen konzentrieren zu können, war ihre Spezialität und die berufliche Stärke, die ihr die meiste Bewunderung ihrer Kollegen einbrachte. Eigentlich war Roderick Ashburton so ein verlorener Fall geworden, aber nicht umsonst war sie ebenfalls dafür bekannt, offensichtlich hoffnungslose Fälle in letzter Minute noch herumreißen und gewinnen zu können. Längst war ihr natürlich klar geworden, dass sie offenbar als Einzige mitbekommen hatte, wohin Benita gerannt war, nämlich mitten hinein in die Wildnis zwischen all das blutrünstige Getier, das hier so durch den Busch kroch.

Geistesabwesend lutschte sie das Blut von ihrer Lippe. Sie war längst jenseits der fünfunddreißig, und – wie es in jedem Frauenmagazin bis zum Erbrechen geschrieben wurde – ihre biologische Uhr tickte immer lauter, da blieb kaum Zeit, die ganze Angelegenheit dem Zufall zu überlassen. Es war, bildlich gesprochen, fünf vor zwölf. Sie wollte einen Mann, eine Position in der Gesellschaft, ein Heim, auch Kinder, wenn sie ihr Ziel nicht anders erreichen konnte. Aber vor allen Dingen wollte sie Roderick Ashburton. Jetzt war das Ziel greifbar nahe. Sie brauchte nur ihren Mund zu halten.

Ungebeten tauchte Jan Mellinghoffs Gesicht vor ihr auf. Er zog sie körperlich zwar stark an, war ein Mann fürs Bett und vergnügliche Stunden, aber sonst hatte sie nichts mit ihm gemein. Trotzdem nahm sie sich vor, ein paar Nachforschungen anzustellen, ob die Anstrengung, sich näher mit ihm zu befassen, sich wider Erwarten doch lohnen könnte. Sie stieß sich von der Wand ab, hastete ins Badezimmer, wusch sich Mund und Kinn ab, griff dann wahllos in den Schrank und erwischte eine Khakibluse, die sie sich über die Schulter warf. Im Gehen kämmte sie ihr blondes Haar mit zehn Fingern nach hinten und band es mit einem Gummi zu einem Pferdeschwanz.

Roderick humpelte auf seinen Krücken schon den Weg zum Empfangshaus hinüber. Im Laufschritt folgte sie ihm und holte ihn schnell ein. »Und wo fangen wir an zu suchen?«, fragte sie, während sie sich mit einem Taschentuch den Nacken trocken rieb.

»Ich weiß nicht«, knurrte er und kickte mit der Krücke einen Stock ins Gebüsch. »Keine Ahnung, was in ihrem Kopf vor sich geht. Wo soll sie sich denn hier verstecken? Im Busch etwa, mitten zwischen den Löwen?«

»Das ist einfach. Du musst dich nur in sie hineinversetzen.« Der Spott in ihrer Stimme war deutlich. Ihre Miene allerdings verriet nichts. »Etwas hat sie derartig erschreckt, dass sie davongerannt ist, aber kopflos ist sie nicht, nicht die Benita Forrester, die ich kenne. Obwohl sie lange weg war, wird sie die Gegend noch gut kennen, vergiss das nicht. Wäre ich an ihrer Stelle«, ihr Blick flog zu ihm, »würde ich ein Auto anhalten. Das wäre die schnellste und unauffälligste Art, von der Farm wegzukommen … Wollte sie nicht schon vorgestern nach Tuba… irgendwas? Sicher hat sie dort Schulfreunde oder so …« Sie musste schnell improvisieren, fand, dass ihre Argumente dünn, fast lächerlich klangen. Vor Gericht hätte sie jeden gegnerischen Anwalt in der Luft zerrissen, der ihr mit so etwas gekommen wäre, aber zu ihrem Erstaunen schien er es zu schlucken.

Er sah sie an. Hoffnung glomm in seinen Augen. »Da könntest du recht haben. Sie sagte etwas von Matuba oder so ähnlich. Das lässt sich leicht herausfinden. Danke«, setzte er leise hinzu und warf ihr ein kleines Lächeln zu. »Könntest du bitte den Typen an der Rezeption nach dem Ort fragen? Ich hinke derweil schon weiter.«

Schweigend hastete sie die kurze Treppe zur Essveranda hoch.

Roderick polterte mit seinen Krücken hinterher, hatte für niemanden Augen und rempelte auf der Veranda Jan Mellinghoff an, der, von Jills Haus kommend, ebenfalls auf dem Weg zum Parkplatz war. Mit einer gemurmelten Entschuldigung schwang er wieder seine Krücken, um weiterzustreben, aber der Südafrikaner packte ihn am Ärmel seines Khakihemdes und hielt ihn zurück.

»Roderick, warten Sie! Haben Sie Benita gesehen?«

Roderick zog seinen Arm so heftig zurück, dass der Ärmel an

der Manschette ausriss. »Was wollen Sie von ihr?« Seine Haltung war feindselig.

Überrumpelt von Rodericks Aggressivität, ließ der Südafrikaner ihn sofort los und trat zurück. »Wir müssen sie finden«, sagte er mit zusammengezogenen Brauen. »Sie ist in Gefahr, glauben Sie mir. Es dauert zu lange, um alles zu erklären, aber wir müssen sie finden, bevor es Doktor Erasmus tut.«

Roderick verringerte mit einem Schritt die Distanz zwischen ihnen, bis sein Gesicht nur Zentimeter von dem des anderen Mannes entfernt war. Sein ganzer Körper war so gespannt, dass er zitterte und die Halsmuskeln wie Stricke hervortraten. Es war deutlich, dass er kurz vor einer Explosion stand.

»Roderick …« Gloria, die bei dem Wortwechsel stehen geblieben war, streckte die Hand aus, um ihn zur Besinnung zu bringen, aber er wischte sie mit dem Ellbogen beiseite, ohne seinen Blick von Jan Mellinghoff zu lösen.

»Entweder Sie erklären mir auf der Stelle, was Sie von Benita wollen und warum Doktor Erasmus ihr etwas antun sollte«, knurrte er, »oder ich prügle das aus Ihnen heraus!« Er hob eine Krücke.

»Also, wirklich, Roderick! Jetzt gehst du aber zu weit!« Fassungslos sah Gloria ihn an, aber sie hätte ebenso gut gegen eine Wand reden können. Roderick schien sie nicht einmal gehört zu haben. Ihr Blick flog zwischen den beiden hin und her. Sie konnte sich seine Reaktion nicht erklären. Es schockierte sie, zu sehen, wie dünn doch die Zivilisationsschicht war, selbst bei diesen beiden kultivierten Männern, denn auch Jan Mellinghoff verwandelte sich vor ihren Augen in einen völlig anderen Mann als den, den sie bisher gekannt hatte.

Das Playboy-Image fiel von ihm ab, die Verbindlichkeit seines Lächelns starb, die Augen strahlten nicht mehr. Sie waren kalt und hart wie blaue Eisstücke, sein Gesicht ausdruckslos und wie aus Granit gemeißelt. Mit einem Schauder erkannte sie, dass dieser Mann, der jetzt vor ihr stand, gefährlich war. Physisch gefährlich. Instinktiv wich sie ein paar Schritte zurück. In ihrem Beruf war die Gefahr meist theoretisch, man konnte sie mit Worten bannen.

»Schlagt euch jetzt nicht die Köpfe ein, das ist nicht sehr hilfreich«, versuchte sie die Situation mit einem Scherz zu entspannen, aber keiner der beiden Kontrahenten reagierte.

Nervös schaute sie sich um. Die Veranda war wie leer gefegt. Die drei dottergelben Serviererinnen, die an der Bar geschwatzt hatten, waren wie der Blitz in der Küche verschwunden, sobald sie erkannt hatten, was sich zwischen den beiden Weißen abspielte. Glorias Blick fiel auf den Eismacher des Barkühlschranks. Nun gut, dachte sie, das hat schon einmal gewirkt, vielleicht also auch jetzt.

Eine Minute später trat sie hinter Roderick und goss ihm die Hälfte des Eiswasserkübels über den Kopf, die andere schippte sie Jan Mellinghoff ins Gesicht. Die prompte Reaktion war äußerst zufriedenstellend.

Roderick brüllte ein Schimpfwort und verlor eine Krücke, konnte sich eben noch an einem Tisch abfangen und verhindern, dass er umfiel. Jan Mellinghoff packte sie blitzschnell an den Armen und hielt sie mit so eisenhartem Griff fest, dass sie erschrocken aufschrie. Seine Augen bohrten sich in ihre.

Plötzlich schien er sie zu erkennen. Seine Schultern sanken fast unmerklich nach vorn, das sorglose Playboylächeln erschien wieder, sein Körper entspannte sich. Er ließ sie los und strich sich das tropfende Haar aus der Stirn.

»Entschuldige«, sagte er lächelnd. Dann hob er Rodericks Krücke auf und reichte sie ihm. »Roderick, lassen Sie das. Es ist nicht nötig. Ich bin auf Ihrer Seite. Um Benitas willen müssen Sie mir das glauben.«

Die Blicke der Männer verhakten sich, und ganz langsam öffneten sich Rodericks Fäuste. Er ließ sich umständlich auf einen Stuhl sinken, nahm geistesabwesend eine Serviette vom Tisch und rieb sich das Gesicht trocken. »Gut, dann raus mit der Sprache. Ihr lächerlicher Playboyakt kann mich nicht eine Sekunde lang täuschen. Wer also sind Sie wirklich, was haben Sie mit Benita zu tun, und warum soll sie in Gefahr sein? Antworten Sie schnell, und versuchen Sie gar nicht erst, zu lügen.«

Jan Mellinghoff sah ihn ausdruckslos an. »Frage eins: Ich bin der Spürhund für eine Gruppe Südafrikaner, die verhindern wollen, dass die Apartheidmörder, die nicht durch die Truth Commission erfasst wurden, ungeschoren davonkommen. Wir wollen, dass sie vor Gericht gestellt und verurteilt werden. Im Namen des Volkes, und möglichst jeweils zu lebenslänglich für jeden einzelnen Tod, den sie zu verantworten haben!« Seine Stimme war bar jeder Emotion, als er fortfuhr. »Frage zwei: Benita ist eine Cousine von mir. Frage drei: Doktor Erasmus ist vermutlich derjenige, der Benitas Mutter umgebracht hat, und Benita ist die einzig lebende Zeugin. Sie war dabei.«

Diese Lüge ging ihm glatt über die Lippen. Um keinen Preis würde er verraten, dass Gugu noch lebte. »Benita hat gesehen, wie ihre Mutter zu Tode gefoltert wurde, konnte aber kurz bevor … bevor … Also, sie konnte in letzter Sekunde fliehen.« Er räusperte sich. »Michael, ihr Vater, hat sie in einer waghalsigen Flucht aus dem Land geschafft, damit der Folterer sie nicht in die Finger bekam, und bis heute musste der annehmen, dass sie auch nicht mehr am Leben ist. Aber jetzt weiß er, dass es doch eine Zeugin gibt. Sollte sie gegen ihn aussagen können, wird er wohl für den Rest seines Lebens im Gefängnis verrotten.«

»Wie hat er das herausbekommen?« Rodericks Stimme war wie Sandpapier, sein Gesicht eine kalkweiße Maske.

»Durch einen dummen Zufall hat Benita fotografiert, wie ich diesem Doktor ein Foto von ihrer Mutter gezeigt habe. Sie hat das Bild vergrößert, erkannt, wer das auf dem Foto ist, und es Doktor Erasmus unter die Nase gehalten. Dabei muss sie etwas derartig erschreckt haben, dass sie kopflos davongelaufen ist.«

Roderick starrte ihn völlig entgeistert an. Nur langsam sickerte in sein Bewusstsein, was Jan Mellinghoff da gesagt hatte. »Sie hat gesehen, was dieser Kerl ihrer Mutter angetan hat? Wie er sie umgebracht hat?« Die letzten Worte schrie er so laut, dass Gloria sich vor Schreck schüttelte.

Die harten Züge Jan Mellinghoffs wurden seltsam weich. »Ihre Mutter wurde gefoltert ... Benita konnte nicht wegrennen, konnte keine Hilfe holen ... Erst als Doktor Erasmus – was übrigens nicht sein richtiger Name ist – und seine Schergen für eine Sekunde abgelenkt waren, konnte sie entkommen. Einer der Männer schoss auf sie, der Schuss streifte ihr Ohr. Kurz darauf hat ihr Vater sie aus dem Land geschmuggelt und nach England gebracht. Es war der einzige Weg, sie zu retten, zu verhindern, dass dieser Mistkerl sie erwischt und ebenfalls tötet. Irgendwann in den Turbulenzen des Umbruchs in diesem Land ist dieser Mann von der Bildfläche verschwunden. Wir hatten angenommen, dass er von irgendjemandem umgebracht worden ist. Dann tauchte dieser Doktor Erasmus auf, wie aus dem Nichts, und ...« Er brach unvermittelt ab und presste die Lippen zusammen, als würde er etwas verschlucken. Dann fuhr er fort. »Jemand hat sein Bild in der Zeitung gesehen und meinte, in ihm den Vice-Colonel erkannt zu haben.«

Roderick Ashburton wirkte wie jemand, der einen Schlag auf den Kopf bekommen hatte. »Vice-Colonel? Er war beim Militär?«

»Nicht Vize wie Stellvertreter, sondern Vice wie Schraubstock«, erklärte Jan Mellinghoff.

Sowohl Gloria wie Roderick verstanden im ersten Augenblick nicht, aber dann sprachen ihre Gesichter Bände. Das blanke Entsetzen löschte jeden anderen Ausdruck aus.

»Schraubstock«, stotterte Gloria, jetzt ehrlich bis ins Mark erschrocken. »O Gott!« Für eine Sekunde meinte sie den Todesschrei eines Kaninchens zu hören. Sie fühlte, wie sich die Härchen auf ihren Armen aufstellten und ihr das Essen hochkam. Ihre Augen verloren ihren Fokus. Was sie sah, konnte nur sie allein sehen: einen Jungen mit eigenartig silbrigen Augen, der einem schreienden Kaninchen die Jungen aus dem Leib schnitt und dabei lachte.

Doch jäh wurde das Lachen des Jungen schriller, ging in das hohe, aufgeregte Lachen jagender Hyänen über, mischte sich mit dem markerschütternden Geschrei der Schakale, und dann füllte ein urweltliches Röhren ihren Kopf, das in Stoßwellen durch ihren ganzen Körper lief. Sie erschauerte heftig und schlang sich die Arme um den Leib. In der afrikanischen Hitze fror sie plötzlich.

Noch ganz im Bann dieser beunruhigenden Vision, nagte sie an ihrem Zeigefingernagel, etwas, was sie sich seit den Jahren ihrer Jugend mit eiserner Disziplin abgewöhnt hatte, merkte nicht, dass Roderick ihr daraufhin einen forschenden Blick zuwarf. Woher diese Sinnestäuschung kam, konnte sie nicht sagen. Es war nicht ihre Art, übersinnliche Anwandlungen zu bekommen. Noch einmal ließ sie sich die letzten Worte Jan Mellinghoffs durch den Kopf gehen. Der Vice-Colonel. Vice wie Schraubstock. War es das gewesen? Hatte das Bild, das diese Worte in ihr hervorriefen, jene Halluzination ausgelöst?

»Warum ist sie nur zurückgekommen?«, zerschnitten Jan Mellinghoffs scharfe Worte ihren Gedankengang.

Ihr Kopf zuckte hoch, die Bilder verschwanden. Dankbar nahm sie die Wirklichkeit wieder wahr, wurde sich bewusst, dass sie auf ihrem Nagel kaute. Bestürzt steckte sie die Hand in die Tasche ihrer Shorts.

»Ist dir etwas eingefallen? Etwas, was erklären könnte, wohin Benita gelaufen ist?«, fragte Roderick leise. »Du siehst aus, als hättest du einen Geist gesehen.«

»Nein … nein … keine Ahnung …«, stotterte sie. »Ich neige nicht dazu, Geister zu sehen«, gelang es ihr in ihrer gewohnt ironischen Art zu antworten, und sie sah mit Erleichterung, dass Roderick sich damit zufriedengab.

»Warum?«, fragte Jan Mellinghoff jetzt noch einmal, konnte den Vorwurf nicht ganz aus seiner Stimme heraushalten. »Sie muss doch wissen, dass sie sich hier in Lebensgefahr begibt. Und jetzt hat sie durch einen verrückten Zufall nicht nur geschäftlich mit dem Vice-Colonel zu tun, sondern ist auch noch im selben Hotel wie er gelandet. Die Vorstellung, was er unternehmen wird, wenn ihm endlich dämmert, wer sie ist, lässt mir die Haare zu Berge stehen.«

Für einen Augenblick versank er in der Betrachtung seiner Füße, schien mit Worten zu kämpfen. Schließlich sah er den Engländer wieder an. »Ist Ihnen eigentlich klar, dass die Köpfe der ehemaligen Geheimpolizei auch heute noch untereinander Verbindung halten, und zwar nicht locker, sondern sehr aktiv, und dass der Vice-Colonel ganz oben in der Organisation war? Mit einem Fingerschnippen hat er an jeder Hand zwanzig Leute, die ihm helfen würden, meistens seine alten Handlanger aus Apartheidzeiten, die nichts von dem, was sie von ihm gelernt haben, vergessen haben. Wenn wir nicht schnellstens ihre Spur finden, stöbert er sie zuerst auf, und dann …« Seine Stimme erstarb, seine Augen glühten.

Roderick was leichenblass geworden. »Das ist alles meine Schuld«, flüsterte er kaum hörbar. »Und das Schlimmste ist, dass sie nicht weiß, dass sie in Lebensgefahr schwebt. Sie hat vergessen, was damals geschehen ist. Amnesie, verstehen Sie? Nichts als eine weiße Wand, wie sie immer sagt.« Gequält sah er den blonden Südafrikaner an. »Sie weiß nichts mehr davon. Irgendein verdammter Journalist ist durch die Anhörungen der Wahrheitskommission über ihr Schicksal gestolpert und hat sich wie ein Geier darauf gestürzt, hat einen sensationell aufgemachten Artikel daraus gemacht, mit allen blutrünstigen Einzelheiten und Bildern von ihr und ihrer Mutter. Es hat sie in den Grundfesten erschüttert. Dann kam die Anfrage von einem Doktor Erasmus, die ein Riesengeschäft für die Bank versprach, und abgesehen davon, dass Benita unsere Expertin für Immobilienfinanzierungen auf internationaler Ebene ist, dachte ich …« Er stockte, gab sich dann einen Ruck. »Ich … ich hatte geglaubt, dass sie sich hier wieder erinnern würde und – vor allen Dingen – dass sie endlich ihre Ruhe findet.«

Jan Mellinghoff war seinen Worten konzentriert gefolgt. Jetzt schüttelte er den Kopf. »Amnesie! Aber an irgendetwas muss sie sich erinnert haben, sonst wäre sie doch nicht weggelaufen. Irgendetwas an dem Vice-Colonel muss eine Erinnerung angestoßen haben.«

»Ich weiß es nicht, verdammt. Ich habe keine Ahnung, was da passiert ist«, knurrte Roderick frustriert. »Kommen Sie mit, Jan. Wir sind auf dem Weg nach Mtuba oder wie immer das heißt. Sie hat davon gesprochen, dass sie dort bald hinfahren wollte. Bestimmt hat sie noch Freunde da und ist bei denen untergekrochen. Gloria vermutet, dass sie sich vielleicht von irgendjemandem dorthin hat mitnehmen lassen. Im Wagen können Sie mir sagen, was Sie wissen.«

Ohne auf eine Reaktion zu warten, stemmte sich Roderick vom Stuhl hoch, packte seine Krücken und hinkte, so schnell er das vermochte, zum Parkplatz. Jan Mellinghoff aber folgte ihm nicht.

»Warten Sie, Roderick. Es könnte aber auch sein, dass sie sich noch auf Inqaba befindet. Ich schlage vor, dass ich hier bleibe, und wenn sie auftaucht, rufe ich Sie an.«

Der Engländer blieb stehen, überlegte ein paar Sekunden. »Gut. Geben Sie mir Ihre Handynummer. Kennen Sie den Weg nach Matuba?«

»Mtubatuba«, korrigierte ihn Jan Mellinghoff und erklärte ihm, wie sie dorthin kommen würden. »Hinter dem Tor von Inqaba nach links, immer die Straße verfolgen, bis Sie zur Hauptstraße kommen, die Hlabisa mit Mtubatuba verbindet. Die Straße ist in einem lausigen Zustand, Sie werden über eine halbe Stunde brauchen, ehe Sie den Ort erreichen.«

Während er redete, hatte er sein Handy hervorgeholt, und sie tauschten ihre Nummern aus. Dann speicherte er auch die von Gloria. »Gut, das habe ich. Können Sie mir auch die Nummer von Benita geben? Oder hat sie ihr Handy nicht mit?«

Roderick stützte sich auf seine Krücke, rief Benitas Nummer auf das Display und las sie vor. Gleichzeitig wählte er sie. »Es klingelt.« Er wartete fast eine Minute. »Nichts. Ich habe es schon ein paar Mal versucht. Es klingelt, aber sie antwortet nicht.« Die Angst stand ihm deutlich ins Gesicht geschrieben.

Gloria sah es, presste die Lippen aufeinander und wandte sich ab. Erregt zog sie ihre Zigaretten hervor, schüttelte eine aus der Schachtel, zündete sie an und inhalierte tief.

Jan Mellinghoff steckte sein Telefon wieder in die Hemdentasche. »Viel Glück. Es ist vielleicht kein Trost, aber ihre Eltern hatten viele Freunde hier, und obendrein war ihr Vater ein Steinach, und die kennt zumindest in Natal jeder. Wenn erst einmal bekannt ist, dass sie vermisst wird, wird es viele geben, die nach ihr suchen werden.«

»Gott gebe, dass Sie recht haben«, sagte Roderick, sein Gesicht von innerer Qual verzerrt. »Ich melde mich.« Er packte seine Krücken und wandte sich zum Gehen.

Ein Schatten huschte vor ihr über den Boden, die Finken und Webervögel stoben mit schrillem Tschilpen davon. Auf dem Nachbarbaum hatte sich ein großer Raubvogel niedergelassen. Benita fuhr zusammen, der magische Augenblick war zerstört. Abrupt wurde sie aus der lichtdurchfluteten Welt ihrer Kindheit gerissen und fand sich auf dem Felsen sitzend wieder. Die Kratzer an ihren Beinen juckten, und auf ihrer Lippe schmeckte sie den Eisengeschmack von Blut. Sie leckte es ab und schaute sich um.

Erstaunt stellte sie fest, dass sie sich irgendwo im Busch von Inqaba befand, und hatte für ein paar Sekunden nicht die leiseste Vorstellung, wie sie hierhergelangt war. Aber das Erschreckendste war, dass sie nicht die leiseste Vorstellung hatte, warum sie hier war.

Erst nach und nach tauchten Bildfetzen vor ihren Augen auf und setzten sich allmählich zu einem Ganzen zusammen. Sie sah sich vom Empfangshaus wegrennen, durch den Busch hetzen, erinnerte sich daran, dass sie auf diesen Felsen gestiegen war.

Jählings schnappte sie nach Luft, weil unvermittelt Doktor Erasmus vor ihrem inneren Auge erschien. Sie hatte sofort das Gefühl, dass er etwas mit ihrer überstürzten Flucht zu tun hatte.

Sie kaute nachdenklich auf ihrer Lippe. Die einzige Art und Weise, das herauszubekommen, war, den Doktor damit zu konfrontieren und ihn geradeheraus zu fragen. Sie ging in die Hocke und rutschte von ihrem Felsen herunter, drehte sich, bis ihr Schatten vor ihr lag, und marschierte los. Nach ihrer Schätzung war sie vielleicht eine Viertelstunde gerannt, also sollte sie für den Rückweg wohl kaum mehr als dreißig Minuten benötigen. Vorausgesetzt, sie verlief sich nicht schon wieder.

Die Luft war warm, die Zikaden sangen, sonst war es still in der sirrenden Nachmittagshitze. Es erschien ihr so friedlich wie ein Frühlingswald in England. Eine trügerische Annahme, das war ihr klar, und sie war sich sicher, dass viele Augen sie beobachteten, auch wenn sie selbst niemanden sah.

Klebriger Verwesungsgestank hing im lichten Busch. Sie ging langsamer, den Blick unverwandt auf den Boden geheftet. Unter dem verfilzten Gras verbargen sich tiefe Löcher, in denen sie sich leicht ein Bein brechen konnte, und in diesem von Felsen und morschen Baumstämmen durchsetzten Gebiet gab es mit Sicherheit Puffottern.

Und Mambas. Und Kobras. Und in den grünen Zweigen die Baumschlangen. Abgesehen natürlich von Hyänen, schlecht gelaunten Büffeln. Und Löwen. Mit einem Anflug von Panik flog ihr Blick über den Boden, über die Felsen und Büsche in die Kronen der niedrigen Bäume. Natürlich entdeckte sie nichts. Nicht nur Schlangen waren Meister der Tarnung. Sie fand einen handlichen, langen Knüppel, der im Gras lag. Nachdem sie sich sicher war, dass sich kein Reptil in der Nähe versteckte, hob sie ihn auf und wog ihn in der Hand. Schwer und solide, mit einer Verdickung am Ende, das sie an einen Isagila, einen Zulu-Kampfstock, erinnerte. Mit diesem Knüppel klopfte sie den Bereich vor ihr ab. Die Erschütterungen würden jede Schlange verscheuchen.

So hoffte sie zumindest, wurde aber sofort an eine Begegnung mit einer Schwarzen Mamba erinnert, die sie einmal hatte. Sie war auf dem Weg zum Auto ihres Vaters gewesen, als sich das Reptil urplötzlich, wie eine aggressive Katze fauchend, vor ihr im Gras aufrichtete. Die Schlange war voll ausgewachsen, sodass der hundeschnauzenähnliche Kopf mit dem schwarzen Rachen in Augenhöhe vor ihr schwebte.

Damals war sie davongerannt, und bis zum heutigen Tag hatte sie ihre Angst nicht vergessen, als sie merkte, dass die Schlange schneller war als sie, und sie hätte es nicht geschafft, ihr zu entkommen, hätte ihr Vater sie nicht in letzter Sekunde ins Auto gerissen, blitzschnell einen faustgroßen Stein aufgeklaubt und ihn auf die Schlange geschleudert. Das Reptil war auf der Stelle in sich zusammengesunken. Er hatte ihr vier Handbreit hinter dem Kopf das Rückgrat gebrochen. Den Rest erledigte er mit einem Gewehrschuss.

Noch jetzt lief ihr allein beim Gedanken an den Vorfall ein Schauer über die Arme, und sie zwang sich, noch aufmerksamer auf den Weg zu achten. Immer ihren Schatten im Auge behaltend, bewegte sie sich vorwärts, alle ihre Sinne auf die Geräusche und Gerüche der Wildnis konzentriert. Dankbar merkte sie, dass sie fast alles, was ihr Ben und auch ihr Vater über das Leben im Busch beigebracht hatten, wieder aus ihrem Gedächtnis abrufen konnte. Als sie einen von Hufen zertrampelten Pfad entdeckte, schlug sie den ein. Er würde mit Sicherheit zu einem Gewässer führen. Entweder dem Fluss oder dem Wasserloch.

Nach ihrer Uhr war sie eine Dreiviertelstunde gewandert, ehe sie Wasser durch die Bäume glitzern sah. Das Wasserloch? Hinter dem Glitzern erhob sich ein langer, sanfter Hügelhang. Sie schaute hinauf und erhaschte weit oben im Grün gerade noch einen Lichtblitz. Sie fixierte diesen Punkt, und allmählich konnte sie das graubraune Rieddach des Haupthauses ausmachen. Jemand musste ein Fenster geöffnet haben, und die Glasscheibe hatte die Sonne reflektiert. Das war der Blitz, den sie wahrgenommen hatte.

Mit den Augen tastete sie sich auf dem schmalen Pfad vorwärts, konnte ihn an den Lücken im dichten Grün den Abhang hinauf verfolgen. Früher war sie auf diesem Weg häufig von Nellys Hütte hinauf zum Farmhaus gelaufen, hatte sich hinter den Amatungulus versteckt, im Dunkeln gesessen und zu denen im Licht geschaut, dem Leben und Treiben der reichen weißen Eigentümerfamilie zugesehen, deren Namen sie trug, zu denen sie aber dem Gesetz nach nicht gehörte, gesehen, wie sie von Nelly bedient wurden, und das Gefühl von Auflehnung und trotzigem Zorn, das sie damals packte, konnte sie auch jetzt noch gut nachvollziehen. Einmal hatte sie sogar die halbe Nacht in den Amatungulus gesessen, als Jill und ihr Bruder Tommy eine ihrer lauten Partys feierten, hatte sich nicht sattsehen können an den schönen Kleidern, die die Mädchen trugen. Unglücklicherweise stöberten Roly und Poly, die Dobermannhunde, sie auf, und Jills Vater hatte sie erwischt. Es hatte ihr zum ersten und einzigen Mal ein lautes Donnerwetter von Ben beschert, und er hatte den Pfad mit Dornenbüschen versperrt.

Offenbar hatte jemand in den letzten Jahren diese Barriere entfernt, der Pfad wurde also auch heute noch häufig benutzt. Sie machte sich daran, den vielen menschlichen und tierischen Fußspuren den Abhang hinauf zu folgen. Der Trampelpfad lief schräg zum Gefälle und mündete, wie ihr wieder einfiel, beim letzten Bungalow auf dem Weg. Es würde nur noch Minuten dauern, und sie hatte es geschafft.

Seufzend dachte sie daran, wer auf sie wartete. Eine wütende Captain Singh, die sie mit Sicherheit nicht mit Samthandschuhen anfassen würde. Unvermittelt musste sie an die fauchende Mamba denken, bekam Herzklopfen bei der Vorstellung und holte schleunigst ihr Handy hervor. Vielleicht konnte sie Fatima Singh davon abhalten, sie zu frikassieren. Aber es war nur ein Empfangsbalken auf dem Display zu sehen, der obendrein ständig verschwand und nach ein paar Schritten ganz weg blieb.

Sie zog eine Grimasse und warf einen Blick auf ihre Uhr. Fast drei Stunden war sie jetzt schon zu spät dran. Ein paar Minuten länger würde Captain Singhs Wut nur unwesentlich verstärken. Sie steckte das Handy wieder weg, überlegte dabei, wie sie der Kriminalbeamtin ihre Verspätung erklären sollte.

»Ich habe mich im Busch verlaufen«, hörte sie sich in Gedanken sagen. Das klang dumm. Sie runzelte die Stirn.

»Was wollten Sie im Busch?«, würde die Polizistin fragen. Natürlich würde sie das fragen, und Benita würde darauf keine Antwort haben. Ihre Schritte wurden langsamer.

»Ich habe einen Schreck bekommen und bin weggelaufen«, argumentierte sie schweigend, merkte, wie lächerlich das klang, hörte schon das spöttische Schnauben von Fatima Singh. Weggelaufen! Vor wem? Wovor? Warum?

Sie blieb stehen. Was um Himmels willen sollte sie der Polizistin sagen? Die Wahrheit? Die wusste sie doch selbst nicht! Ehe sie diese Gedanken weiterspinnen konnte, erreichten Stimmen ihr Ohr. War sie den Bungalows schon so nahe? Vielleicht stand der Wind nur so, dass die Stimmen herübergetragen wurden. Sie leckte ihren Zeigefinger an und hob ihn. Stirnrunzelnd wischte sie ihn ab. Sie hatte den Wind im Rücken. Noch sollte es ihr nicht möglich sein, die Bungalowbewohner zu hören. Instinktiv zog sie sich in den Busch zurück, der den Weg zu beiden Seiten einschloss. Offenbar kam jemand zu Fuß den Hauptweg entlang, auf den dieser Pfad münden würde.

Das an sich war schon ungewöhnlich genug und erregte sofort Misstrauen. Hatte Captain Singh schon eine Suchmannschaft ausgeschickt? Gehörten die Stimmen Polizisten, die sie suchten? Sie musste eine relativ hohe Böschung hinaufkraxeln, ehe sie den Weg überblicken konnte.

Die Stimmen kamen näher. Sie kauerte sich im Schutz von überhängenden Bäumen und Gestrüpp nieder und machte sich so klein wie möglich, besaß jedoch die Geistesgegenwart, sich vorher zu vergewissern, dass sie weder in eine Ameisenstraße noch in den Privatbereich einer Schlange geraten war, was sie zu unpassender Zeit zum Aufspringen hätte veranlassen können.

Nervös fischte sie ihren Blackberry aus der Umhängetasche und schaltete den Ton weg. Wenn ihre E-Mails aufliefen, stieß das Ding jedes Mal einen Tarzanschrei aus, der in einem irren Affenlachen endete und einem durch Mark und Bein ging, aber im Straßenlärm oder im Büro, wo ständig irgendetwas klingelte, hervorragend zu hören war. Mittlerweise befand sie sich schon im Umkreis des Haupthauses, wo der Empfang meist relativ gut war. Die Möglichkeit, dass das Gerät plötzlich losschrie, war durchaus gegeben.

Dann traf es sie wie ein Schlag. Völlig unvorbereitet. Sie versteckte sich. Vor der Polizei. Sie!

»Paranoia«, schimpfte ihr Vater aus der Vergangenheit.

Schon wollte sie wieder von der Böschung auf den Weg hinuntersteigen, als vier Männer um die Ecke bogen und den Weg entlang auf sie zurannten. Es waren die Bodyguards von Doktor Erasmus und zwei Polizeibeamte. Man suchte sie also schon. Erleichterung schoss in ihr hoch, und sie machte einen Schritt aus ihrer Deckung. Doch dann hörte sie, was einer der Leibwächter dem anderen etwas zurief.

»Sie muss in den Busch gelaufen sein!«

Der andere lachte grob. »Na, vielleicht erledigen die Löwen ja die Arbeit für uns.«

»Und für den Rest sorgen die Ameisen.«

Die vier Männer lachten ein hässliches, vielsagendes Lachen, das sie so erschreckte, dass ihr die Luft wegblieb. Die Laufgeräusche wurden leiser, der sanfte Wind trug die sich immer weiter entfernenden Stimmen herüber, bis auch diese verklangen und nichts weiter als die Geräusche des Buschs die Luft erfüllten.

Benita war zu Stein geworden, versuchte zu verdauen, was sie gehört hatte. In Gedanken wiederholte sie, was die Leibwächter sich zugerufen hatten, und allmählich schwante ihr, von wem die Männer sprachen und was sie meinten. Ihr brach der Schweiß aus. Für die Zeitspanne von ein paar Lidschlägen gelang es ihr tatsächlich, sich zu überreden, dass sie in einem ihrer pechschwarzen Träume gefangen war, einer dieser Parallelwelten, in denen sie in ihren Nächten herumirrte, und es bedurfte nur eines Fingerschnippens, um sich daraus zu befreien.

Aber dann sah sie Twotimes vor sich, seine kopflose Leiche, wie Jill sie beschrieben hatte, und den Ingenieur, und allmählich kroch die Erkenntnis, wer sie ins Jenseits befördert haben könnte, wie ätzende Säure in ihr hoch. Doktor Erasmus. Der Gedanke stieß sie abrupt zurück in die Wirklichkeit.

Aber warum? Und was hatte sie diesem weißhaarigen Kerl getan, dass er die Absicht hatte, ihr etwas … anzutun? Sie konnte sich nicht dazu bringen, der Tatsache ins Auge zu sehen, dass er wohl vorhatte, sie zu töten. Nicht einmal in Gedanken konnte sie dieses Wort benutzen. Sie presste die Zähne zusammen, um zu verhindern, dass sie wie Kastagnetten klapperten und sie verrieten, lehnte sich an einen Baum, dessen Borke glatt und hellgrau war, und zwang sich, sich so viel wie möglich von ihrer Unterhaltung mit dem Doktor ins Gedächtnis zu rufen. Bei dem Wort Strukturschäden, das sie mehrfach gebraucht hatte, überlief es sie glühend heiß.

Das Gutachten der Geologen. Das musste es sein! Der Doktor hatte Angst, was das Gutachten zeigen würde. Davon hingen für ihn rund dreihundertfünfzig Millionen Pfund ab. Erst jetzt begriff sie, welche Bedrohung sie für ihn darstellte, und sie begriff, dass er dafür sorgen wollte, dass sie keine Möglichkeit hatte, das Institut anzurufen. Er musste dafür sorgen, dass sie für immer zum Schweigen gebracht wurde. Aber der Doktor konnte nicht wissen, dass sie diesen Anruf längst erledigt hatte, ehe sie mit den Fotos zu ihm kam.

Abwesend zerdrückte sie eine Mücke auf ihrem Bein. Es ging auf den Abend zu, die Luft war deutlich feuchter geworden, und die Mücken waren in Schwärmen aus dem Busch gestiegen. Ihr fiel ein, dass sie am Morgen vergessen hatte, ihre Malariaprophylaxe zu nehmen, und für einen Augenblick beschäftigte sie die Frage, ob der Schutz für eine weitere Nacht ausreichen würde. Sie war sich nicht sicher. Mit der Novemberhitze stieg das Malariarisiko im Norden Natals sprunghaft an. Sie beugte sich vor und versuchte durch das überhängende Grün zu erkennen, wie weit es noch zu den Bungalows war.

Höchstens drei- bis vierhundert Meter trennten sie davon, schätzte sie. Vierhundert Meter bis zu Roderick und zur Sicherheit. Sie rutschte von der Böschung auf den Weg hinunter, schaute sich nach allen Seiten um, vergewisserte sich, dass sie allein auf weiter Flur war. Trotzdem kam es ihr so vor, als würde sie jemand beobachten, obwohl sie niemanden entdecken konnte. Unbehaglich bewegte sie die Schulterblätter. Es war wohl nur Einbildung. Sie machte sich leise auf den Weg.

Nach wenigen Schritten fiel ihr ein, dass sie hier ja ihr Handy wieder benutzen konnte und dass es wohl schlau wäre, jetzt Captain Singh anzurufen, Abbitte zu leisten und um Schutz zu bitten. Sie öffnete ihre geräumige Tasche und wühlte darin herum. Es war erstaunlich, wie ein verhältnismäßig großes Gerät wie der Blackberry sich darin verstecken konnte. Als ihr privates Bermudadreieck bezeichnete Henry die Tasche immer. Schließlich fand sie das Gerät und zog es heraus, schaltete als Erstes den Ton wieder ein, achtete dabei nicht auf den Weg und trat unvermittelt in ein Schlagloch, knickte um, fiel hin, und das Telefon flog ihr aus der Hand, landete drei Meter entfernt von ihr im Gras der Böschung. Und nun sah sie, dass sie tatsächlich unter Beobachtung gestanden hatte.

Wie graue Blitze schossen mehrere Paviane aus dem Gebüsch, einer schnappte sich den Blackberry und war ebenso schnell im dichten Grün verschwunden. Verblüfft blieb sie auf dem Boden sitzen und rieb sich ihren verletzten Knöchel. Von den Affen war nichts mehr zu sehen.

Plötzlich ertönte irgendwo aus dem Gebüsch ein lauter Tarzanschrei, und dann zerriss ein irres Lachen die Nachmittagsstimmung, im selben Augenblick schrien und schnatterten mindestens zwei Dutzend Paviane durcheinander. Sehen konnte sie die Tiere immer noch nicht, aber an den wie im Orkan hin und her schlagenden Baumkronen immerhin erkennen, welchen Weg sie nahmen.

Jetzt haben die Affen meine E-Mail bekommen, fuhr es ihr durch den Kopf, und sie stellte sich vor, wie die Paviane die Knöpfe des Blackberry drücken würden, wie der Bildschirm aufleuchtete, wie sie aus Versehen Fotos oder die Klingeltöne aufriefen. Ein Kichern kitzelte ihre Kehle, das sie aber zu unterdrücken versuchte. In ihrer jetzigen Situation gab es nichts zu kichern, überhaupt nichts. Aber sie war wehrlos. Es überfiel sie einfach. Sie saß mitten auf dem Weg und lachte hysterisch, bis ihr die Tränen kamen.

Meine Güte, jetzt drehe ich endgültig durch, dachte sie, als der Anfall verebbte. Dass sie ihr Gerät und die Verbindung zur Außenwelt verloren hatte, berührte sie nicht weiter. Das Haus war fast in greifbarer Nähe, und sie war gut versichert. Selbst ihre Kontakte hatte sie parallel im Computer gespeichert und brauchte sie nur herüberzuladen. Sie wollte aufstehen, schrie aber auf, weil ein glühender Schmerz durch ihren umgeknickten Fuß fuhr.

Voller Inbrunst vor sich hin fluchend, humpelte sie den Weg hinunter. Schon konnte sie den ersten der Bungalows durch den Busch schimmern sehen. Bereits der übernächste war Nummer vier. Es waren nicht einmal mehr hundert Meter bis zur Zivilisation, schon konnte sie die Gestalt eines Mannes auf der Veranda von Bungalow drei kurz zwischen den Bäumen aufblitzen sehen. Eines Mannes in der Uniform eines Polizisten, einen bulligen, sehr großen Mann. Inspector Cele.

Kaum war ihr diese Tatsache ins Bewusstsein gesickert, blieb sie wie angewurzelt stehen. Sie sah ihn vor sich, wie er sich Doktor Erasmus genähert hatte. Unterwürfig, kriecherisch, und ihr Eindruck, dass sich die beiden Männer kannten, wurde übermächtig. Den reichen Unternehmer verband etwas mit dem einfachen Inspector aus Ulundi. Die Vergangenheit?

»Er hat sich sein Gesicht operativ verändern lassen. Vielleicht ist er ein gesuchter Verbrecher, der nicht erkannt werden will.« Gloria hatte das gesagt. Und dass er ihr verschollener Bruder sein könnte, was ihr allerdings egal sein konnte.

Doch die Art seiner Beziehung zur Polizei sagte ihr, dass er in seinem vorherigen Leben kein Verbrecher gewesen sein konnte, zumindest keiner, der mit der damaligen Gesetzesmacht in Konflikt geraten war. Die überzeugendste Erklärung war viel schlimmer. Er konnte einer der Apartheidschergen gewesen sein, vielleicht sogar Mitglied der berüchtigten Vuurplaas-Farm, der Folterfabrik der Apartheidpolizei. Viele Mitglieder dieser tödlichen Einheit waren untergetaucht. Die Wahrscheinlichkeit, dass er einer von ihnen war, war nicht von der Hand zu weisen.

Der Gedanke löste einen winzigen Tremor in ihr aus, einen harten Wellenschlag auf ihrer seelischen Oberfläche. Darauf bedacht, keine Aufmerksamkeit zu erregen, zog sie sich langsam wieder ins Gebüsch zurück und setzte sich auf einen Stein, wobei sie die Füße, ohne es zu bemerken, mitten in eine Ameisenstraße stellte. Erst als die ersten Bisse in ihrer Haut brannten, wurde sie darauf aufmerksam. Sie sprang auf, schlenkerte die Beine, bemühte sich, die Insekten abzuwischen, während sie fieberhaft nachdachte. Was hatte Glorias Bruder, wenn er es denn war und wenn er das war, was sie befürchtete, mit ihr zu tun? Was konnte er ihr heute antun?

Nichts, gab sie sich selbst die Antwort, rein gar nichts. Sie hatte nichts Rechtswidriges getan, und die Schrecken der Apartheid gehörten der Vergangenheit an. Diesen Aspekt konnte sie vernachlässigen. Es musste mit dem *Zulu Sunrise* zusammenhängen. So wie es sich ihr darstellte, hatte tatsächlich ein Nachbeben stattgefunden, und entweder befürchtete Doktor Erasmus, dass es Strukturschäden am Fundament des Hochhauses gegeben hatte, oder er wusste es bereits. Das Letztere erschien ihr am plausibelsten, und ein Grund, sie zu beseitigen, war das allemal, bedachte sie die astronomischen Summen, die im Spiel waren. Außerdem war es auch die offensichtlichste Erklärung für den Tod des Ingenieurs. Aber was hatte Twotimes mit der Sache zu tun?

Sosehr sie nachgrübelte, sie fand keine Antwort. Nur eines war ihr völlig klar: Sie konnte nicht zurück zum Haus gehen, sie konnte nicht riskieren, der Polizei in die Arme zu laufen. Sie musste warten, bis die sich von der Farm zurückgezogen hatte.

Es ist wie damals, dachte sie, wie bei Ubaba. Nur dieses Mal war sie es, die auf der Flucht war. Mit Gewalt schüttelte sie diese Gedanken ab, machte sich nüchtern daran, ihre Chancen zu analysieren. Tatsache war, dass sie kein Handy mehr hatte und demnach niemanden anrufen konnte, sie konnte nicht zurück ins Haus, sie hatte kein Auto und somit keine Möglichkeit, schnell von der Farm zu verschwinden. Sie hatte nichts zu trinken dabei und nichts zu essen, ihre Malariatabletten befanden sich im Nachttisch neben ihrem Bett in Jills Haus, und die Mückenschwärme wurden gegen Abend immer dichter. Sie fasste sich an den Kopf, konnte nicht glauben, was hier geschehen war.

Mit wenigen Schritten war sie aus einer hochzivilisierten Welt zurück in eine getreten, die sich seit Anbeginn der Zeiten nicht wesentlich geändert hatte. Hier galt die Regel der Wildnis. Fressen oder gefressen werden.

Sollte sie gezwungen sein, mehrere Tage hier zu überleben, wären ihre Voraussetzungen nicht gerade gut. Verhungern würde sie nicht, verdursten wohl auch nicht, aber nachts allein in einem Wildreservat, wo die Wildtierdichte ungesund hoch war? Wie Tausende eiskalter Stiche prickelte ihr eine Gänsehaut über den Rücken. Sollte sie als Bankerin ihre Gewinnchancen einschätzen, würde sie sich selbst als »Hochrisiko« einstufen.

Flüchtig beschlich sie tiefes Mitgefühl für ihre Urahnin Catherine, die sich täglich mit solchen Schwierigkeiten hatte herumschlagen müssen, die nur auf sich selbst und ihre Erfindungsgabe zurückgreifen konnte. Das Mitgefühl wurde aber schnell durch Hochachtung ersetzt. Catherine hatte es geschafft, hatte gemeinsam mit Johann dem afrikanischen Busch ein Leben abgetrotzt, und ihre Voraussetzungen waren anfänglich sicherlich wesentlich schlechter gewesen als Benitas jetzt.

Nelly, dachte sie plötzlich. Nelly wird mir helfen. Nelly konnte unbehelligt ins Haupthaus gehen, mit Roderick reden, der sie dann umgehend abholen würde. Sie musste sich nur bis zu Nellys Dorf durchschlagen. Es bestand auch die Möglichkeit, dass sie einem der Wildhüter begegnen würde, die mit dem Auto ständig kreuz und quer auf den Wegen unterwegs waren, meist mit Gästen, aber auch oft, um einen routinemäßigen Überblick über alles zu bekommen, was auf der Farm vor sich ging. Es fragte sich nur, wem sie vertrauen konnte.

»Niemandem«, antwortete ihr Vater ungebeten aus der Vergangenheit.

»Das stimmt nicht.«

Sie merkte nicht, dass sie laut gesprochen hatte. Roderick. Ihm würde sie vertrauen, mit ihrem Leben. Der Gedanke schoss ihr durch den Kopf, bevor sie ihn kontrollieren konnte. Es stimmte. Sie hatte Roderick, und wenn sie recht überlegte, Gloria. Und Jill und Nils, Neil und Tita. Nelly und ihre Sippe. Ein warmes Gefühl durchströmte sie. Ihre Wurzeln hier waren noch intakt. Im selben Augenblick erkannte sie, dass sie genau das in England vermisst hatte. Dort hatte sie Kate und Adrian, Roderick und Henry. Sonst hatte sie keine wirklichen Freunde, keinen, dem sie ihr Leben anvertrauen würde. Nur Kate, Adrian und Roderick. Und Roderick war keine hundert Meter von ihr entfernt.

Wärme überflutete ihren Körper, als sie sich an den gestrigen Tag erinnerte. Es war kaum vierundzwanzig Stunden her, dass sie so glücklich gewesen war wie seit Jahren nicht mehr. Und jetzt war der Mann, den sie liebte, ganz in ihrer Nähe, aber doch so unerreichbar wie der Mann im Mond, und alle anderen, auf die sie sich hier verlassen konnte, waren es ebenfalls.

Außerdem war der Schlüssel zu ihrer Frage die Antwort darauf, warum sie in den Busch gelaufen war. Was ihre Panik ausgelöst hatte. Bevor sie die nicht fand, entschied sie, würde sie sich versteckt halten. Nellys Dorf lag mehrere hundert Meter entfernt von Jills Haus, das wusste sie noch, rund eine halbe Meile. Ein fester Weg verband das Dorf mit dem Haupthaus, und es gab eine Abzweigung zu einer der Schotterstraßen, die Inqaba durchzogen. Mark war die hinabgefahren, als er sie zu Busi gebracht hatte, um ihr zu zeigen, was ein verdorbener Löwe anrichten konnte. Aber von ihrem jetzigen Standpunkt aus würde sie entweder quer durch den Busch laufen müssen, ungefähr nach Nordwesten, oder den Weg unter ihr weg von den Bungalows bis zur nächsten Abzweigung, die ins Innere Inqabas führte, um dann so lange zu laufen, bis sie das Dorf erreichte. Sie traute sich zu, es zu finden, ohne große Umwege. Doch die Bodyguards von Doktor Erasmus trieben sich noch da draußen herum, und es war anzunehmen, dass noch mehr Polizisten nach ihr suchten, sollte sie mit ihrer Vermutung recht haben, dass Inspector Cele und der Doktor sich von früher kannten. Aber auch Roderick würde sie jetzt wohl schon vermissen. Vielleicht hatte er bereits Jill alarmiert. Schließlich hatte sie ihm versprochen, gemeinsam um vier Uhr auf Safari zu gehen.

Und in einer Stunde spätestens war es stockdunkel. Wie Tausende von Ameisen kribbelte Beklemmung über ihren Rücken. Im Busch gab es keine freundlichen Straßenlichter, nur den Mond. Wie sollte sie ihren Weg finden, wenn der hinter Wolken verborgen war? Wie sollte sie rechtzeitig vor der Dunkelheit zu Nelly gelangen, wenn sie sich ständig verstecken musste? Unwillkürlich sah sie an sich hinab. Ihr knielanger Rock war zerrissen und über die Oberschenkel hochgerutscht, von der kurzärmeligen Jacke fehlte ein Knopf. Darunter trug sie nur ein schwarzes Spaghettiträgerhemdchen.

Woher der Einfall kam, konnte sie später nicht sagen, aber plötzlich wusste sie, was sie zu tun hatte. Nach kurzem Suchen fand sie ein Haargummi in ihrer Tasche, zwirbelte ihre Lockenpracht zu einem dicken, buschigen Knoten auf dem Oberkopf zusammen, zog ihre dünne Jacke aus, legte sie zu einer Art Kopftuch zusammen, schlang sie sich so um den Kopf, dass sie die Ärmel im Nacken verknoten konnte. Mit einem Taschentuch entfernte sie ihr Make-up, nahm Halskette und Armbanduhr ab und steckte sie in ihre Umhängetasche. In der Kehle eines gegabelten Baumstamms fand sie eine winzige Wasserpfütze. Schnell mischte sie es mit einer Handvoll roter Erde und beschmierte ihr Gesicht und Arme damit. So schützten sich Zulufrauen vor der Sonne. Sie hatte das als Kind gelernt. Auch ihren Rock und die glänzende Umhängetasche rieb sie damit ein, und nach kurzem Überlegen riss sie den Saum des Rocks auf. Jetzt bedeckte er immerhin ihre Knie. Anschließend prüfte sie ihr neues Aussehen in ihrem Taschenspiegel.

Aus dem Spiegel schaute ihr eine Zulu unbestimmten Alters entgegen. Von ihrem Haar waren nur einige wirre Locken unter dem Kopftuch zu sehen, ihr Gesicht unter der hellroten Sandschicht war völlig unkenntlich, nur ihre Augen leuchteten tiefgrün. Trotz der Klemme, in die sie geraten war, musste sie ein Lachen verschlucken. Sie drehte ihre Handflächen nach oben. Der rote Sand hatte sich in den Linien festgesetzt. Es waren nun die Hände einer Zulu, die auf dem Feld gearbeitet hatte. Nicht einmal Roderick würde sie auf Anhieb erkennen, geschweige denn einer der Leibwächter oder die Polizisten. Sie war unsichtbar geworden.

Gleichzeitig mit diesem Gedanken überfiel sie überraschend wieder eine starke Beklemmung, und erst nach einigem Überlegen kam sie darauf, warum. Wie es sich anfühlte, unsichtbar zu sein, hatte sie als Kind in der weißen Gesellschaft Südafrikas kennengelernt. Betrat sie mit ihrer Mutter einen Laden, kümmerte sich kein Verkäufer um sie, allenfalls beobachtete sie der Ladendetektiv, in einer Menschenmenge schaute niemand sie an, keiner ging ihnen aus dem Weg, immer waren sie es, die ausweichen mussten, und beim Arzt kamen sie stets als Letzte dran. Zwei Farbige waren völlig unwichtig. Unpersonen.

In London dagegen, als Erwachsene, als Benita Forrester, die erfolgreiche Bankerin, war sie es gewohnt, dass sich die Männer nach ihr umdrehten, ihr höflich Platz machten und die Tür aufhielten, Verkäufer ihr das Gefühl gaben, eine geschätzte Kundin zu sein, und sie beim Arzt nicht zu warten brauchte. Und jetzt genügte diese Aufmachung, und das Unbehagen war sofort wieder da.

Energisch schüttelte sie diese Gedanken ab. Ihre Verkleidung war nur ein Mittel zum Zweck, und jetzt war der Zweck, unsichtbar zu sein, mit dem Hintergrund zu verschmelzen, nicht auffälliger zu sein als ein trockener Ast im Busch. Den Kopf gesenkt, die verschmierte Tasche wie einen Beutel über die Schulter geworfen, rutschte sie über die Böschung nach unten und verharrte so lange bewegungslos, bis sie sich sicher war, dass ihr kein Raubzeug auflauerte, weder menschliches noch tierisches.

Ihre Sinne auf die Geräusche und Gerüche ihrer Umgebung ausgerichtet, trottete sie den zerfurchten Weg in südlicher Richtung, in der Nellys Dorf lag, entlang. Sie war kaum zehn Minuten unterwegs, als sich aus der Ferne Motorengeräusch näherte. Sie blieb stehen. Das Geräusch verebbte und entfernte sich. Aber als sie schon erleichtert weitergehen wollte, war es plötzlich laut und ganz in der Nähe. Instinktiv kletterte sie die Böschung hoch und verbarg sich im dichten Gestrüpp, von wo aus sie den Blick auf die nächste Wegbiegung heftete.

22

»Verflucht!«, schrie Roderick Ashburton und kämpfte mit aller Kraft dagegen, dass sein Auto seitwärts in einen Graben abrutschte. Die Muskeln auf Hals und Armen standen wie dicke Seile hervor. Er rammte den Ganghebel der Automatik in den zweiten Gang, und mit aufheulendem Motor kletterte der Wagen wieder auf ebenen Boden. Gloria, die auf dem Beifahrersitz saß, war zu sehr damit beschäftigt, sich festzuklammern, um einen Kommentar abzugeben.

Er war frustriert, halb wahnsinnig vor Ungewissheit über Benitas Schicksal, und er wusste nicht weiter. Verzweifelt war er durch den kleinen Ort Mtubatuba gekurvt, war in zwei Cafés und danach in die örtliche Grundschule gehumpelt, hatte sich nach ihr erkundigt, aber überall nur gleichgültiges Schulterzucken geerntet.

»Benita Steinach? Nein, Sir, nie gehört … Was ist mit ihr?«

Dann fiel ihm ein, dass sie hier vielleicht unter ihrem Zulunamen bekannt war.

»Und Jikijiki Steinach?«

Wieder nur Schulterzucken, Gleichgültigkeit, stumpfe Blicke und zum Schluss Ungeduld. Wütend stampfte er zurück zum Wagen, schleuderte die Krücken nach hinten, ließ sich auf den Sitz plumpsen und knallte die Tür zu.

Gloria warf ihm einen genervten Blick zu. »Das hat offenbar keinen Sinn. Vermutlich ist sie viel zu lange weg gewesen. Sie hat die Gegend ja schon als Kind verlassen. Kein Mensch scheint sie hier noch zu kennen.«

»Vielleicht hat dieses Kaff ein Rathaus, und da gibt es Unterlagen …«

»Und dann? Das bringt nichts. Vielleicht sollten wir es im Dorf von dieser Nelly versuchen.« Sie biss sich auf die Unterlippe, die prompt wieder aufplatzte. Das war ihr einfach herausgerutscht. Mit einem unterdrückten Schimpfwort zog sie ihr Taschentuch heraus und tupfte das Blut ab.

Rodericks Augen leuchteten auf. »Nelly! Mein Gott, warum bin ich nicht gleich darauf gekommen! Du hast was gut bei mir.« Er strich ihr kurz über den Arm. »Danke, meine Liebe.«

Sie blickte in seine blauen Seefahreraugen, und ihr wurden die Knie weich. »Schon gut«, murmelte sie, quittierte seinen Dank mit einem Kopfnicken, versuchte zu verstehen, warum sie das gesagt hatte, fand aber keine Erklärung.

Nelly Dlaminis Haus war leicht zu finden. Es war das größte im Dorf, viereckig und aus Ziegeln gemauert, außerdem hatte es ein nagelneues Wellblechdach. Im Baum darüber saßen junge Paviane und ließen aus ihren Fäusten die kleinen roten Fruchtperlen des Kaffirbaums aufs Dach rieseln und amüsierten sich königlich über das klackernde Geräusch.

Roderick hielt mit rutschenden Reifen, schnappte sich eine Krücke und hüpfte zu Nelly hinüber. »Haben Sie Benita gesehen? Ist sie hier?«, rief er ihr schon zu, bevor er sie erreichte.

In Ruhe trank die alte Zulu, die Benita Großmutter nannte, ihren Becher leer, setzte ihn ab, wischte sich den Mund mit dem Handrücken ab und zeigte auf den leeren Stuhl neben ihr. Ihre Miene drückte deutliche Missbilligung seines Benehmens aus. »Setzen Sie sich«, befahl sie.

Roderick wusste aus seiner Zeit in Uganda nur zu gut, dass in Afrika ein Besucher eine bestimmte Zeremonie zu befolgen hatte, die sich oft Stunden in die Länge zog und meist bedeutete, dass er einen Krug Bier trinken und endlos palavern musste, um endlich ans Ziel zu gelangen. Er beschloss, die Sache zu beschleunigen, hoffte nur, dass sich die alte Frau ihm deswegen nicht verschließen würde. »Nelly, verzeihen Sie mir, wenn ich unhöflich bin, aber es ist dringende Eile geboten. Benita ist verschwunden, und sie ist in Gefahr. Irgendetwas hat sie veranlasst, völlig kopflos in den Busch zu rennen …«

Bei seinen Worten versteinerten sich die Züge der alten Frau, ihre Kinnmuskeln mahlten. »Wir nennen sie bei ihrem Zulunamen Jikijiki«, sagte sie und verfiel darauf in Schweigen, verflocht ihre Finger im Schoß ineinander, wobei sie lautlos ihre Lippen bewegte, als würde sie mit jemandem reden. Schließlich schlug sie die Augen auf. Sie schwammen in Tränen.

»Jikijiki war immer ein mutiges Mädchen. Einmal hatte ich eine Schlange unter meinem Bett und hatte große Angst. Jikijiki hat die Schlange mit einem Stock hervorgezogen und erschlagen. Was kann sie mehr erschrecken als eine Schlange, dass sie nicht mehr bei sich ist?«

Roderick scharrte verbissen mit der Schuhspitze seines gesunden Fußes. Schließlich hob er in einer hilflosen Geste die Hände. »Ich weiß es nicht. Ich kann mir einfach keinen Reim darauf machen.« Dann erzählte er ihr, was ihm Jan Mellinghoff über den Vice-Colonel berichtet hatte, wollte ihr erklären, wer der Mann war und was Benita mit ihm zu tun hatte.

»Ich kenne ihn«, unterbrach ihn die alte Frau heiser, »ich habe ihn getroffen.« Ihre dunklen Augen glühten. »Ich werde sein Gesicht nie vergessen.« Ihre Handkante sauste mit einer Wucht durch die Luft, dass Roderick unwillkürlich zusammenzuckte. Dabei stierte die alte Frau mit einem Gesichtsausdruck ins Leere, als befände sie sich in einem grauenvollen Albtraum.

Roderick räusperte sich sanft, um sie zurückzuholen, und wartete, bis er sich sicher war, dass sie ihm zuhörte.

»Benita ist die einzige Zeugin, die diesen Schlächter zur Strecke bringen kann. Wenn der erfährt, dass sie noch lebt … dass sie hier ist …« Er machte eine hilflose Handbewegung. »Es muss so entsetzlich gewesen sein, dass ihre Seele sich weigert, sich zu erinnern. Verstehen Sie, Nelly? Sie weiß nicht mehr, was sie gesehen hat …«

Die Haut der Zulu hatte die Farbe von nasser Asche angenommen. Für eine geschlagene Minute starrte sie ihn aus weit aufgerissenen Augen an, als sähe sie einen Geist. »Als Gugu zu unseren Ahnen gegangen ist, verschwand Jikijiki … sie war einfach weg … Niemand wusste, wohin sie gegangen ist … Ich dachte, dass sie ihrer Mutter ins Reich der Schatten gefolgt ist«, flüsterte sie heiser. »Ich habe selbst Gugus Seele mit dem Zweig des Büffeldornbaums nach Hause gebracht und auf ihr Grab gelegt. Auch für Jikijikis Seele habe ich einen Zweig mitgebracht und ihn auf Gugus Grab gelegt, damit ihre Tochter nicht für immer allein durch die Hügel wandern muss.«

Sie atmete schwer, zog dabei die Schultern hoch, und Roderick fürchtete, sie würde einen Asthmaanfall erleiden. Während er fieberhaft überlegte, was er in diesem Fall machen sollte, beruhigte sie sich, und ihr Atem kam wieder leichter.

»Nun stand sie plötzlich vor mir und redete mit mir. Eine schreckliche Furcht überfiel mich, ich konnte sie nicht berühren, weil ich Angst hatte, dass ihr Fleisch kalt und tot sein würde. Aber dann tat ich es doch, und es war warm und voller Leben …« Jetzt rollten der alten Zulu Tränen aus den Augenwinkeln. »Ich war glücklich«, wisperte sie, »so glücklich, dass unsere Ahnen noch kein Verlangen nach meiner Jikijiki hatten …«

Sie verstummte, wischte sich mit dem Ärmel über die Augen und schnaufte schwer. »Erzählen Sie mir noch einmal, was geschehen ist«, bat sie Roderick, als sie sich endlich wieder gefangen hatte. »Woher hatte sie ein Foto von Gugu?«

Seine Ungeduld bezwingend, wiederholte Roderick das, was er von Jan Mellinghoff erfahren hatte. »Dann ist sie in den Busch gerannt, und seitdem hat sie niemand mehr gesehen«, schloss er. »Es macht mir Angst, Nelly, sie ist allein zwischen wilden Tieren, und wir haben nur noch für kurze Zeit Tageslicht.«

Ein winziges Lächeln zuckte um ihre Mundwinkel. »Ihr wird nichts passieren. Sie wird nicht vergessen haben, was Ben und ich sie gelehrt haben … Sie war im Busch zu Hause …« Wieder schluchzte sie auf. »Sie konnte mit den Tieren reden, als sie noch ein Kind war … Wussten Sie das? Sie konnte verstehen, was sie sagten …« Jetzt lächelte sie breit, ein überlegenes Lächeln, als wollte sie ihm sagen: »Ich bin eine Zulu, ich weiß Sachen, von denen du als Weißer keine Ahnung hast.« Die schwarzen Augen blitzten herausfordernd.

Um keine Diskussion oder langatmige Erklärung, warum das doch so sei, herauszufordern, verbiss sich Roderick die Bemerkung, dass Menschen nicht mit den Tieren reden konnten, geschweige denn sie verstehen, auch Zulus nicht. Dazu war einfach keine Zeit. Aber er war erleichtert zu sehen, dass sich Nelly Dlamini erholt hatte, denn das Aschgrau ihrer Haut verwandelte sich allmählich wieder in ein sattes Mahagonibraun. Sie war eine alte Frau, und für einen bangen Augenblick hatte er befürchtet, dass sie einen Herzanfall erleiden könnte.

Vor den anderen Hütten drängten sich die übrigen Frauen des Dorfes, hatten die Köpfe zusammengesteckt, tuschelten, schauten immer wieder zu ihnen herüber. Nelly feuerte ein paar Stakkatosätze in Zulu ab. Sofort brach große Aufregung aus, alle redeten heftig gestikulierend durcheinander.

Nelly hob die Arme, als wollte sie ihre Freunde segnen. »Thulani umsindo!«, schrie sie. »Seid ruhig!« Langsam legte sich der Aufruhr, die Frauen verstummten. Nelly drehte sich zu Roderick um, der angespannt zugehört hatte. »Sie ist nicht hier, und niemand hat sie gesehen. Aber wir werden allen Bescheid sagen.« Sie beschrieb einen weiten Bogen mit ihren fleischigen Armen. »Jeder, der hier lebt, weiß, wer Gugu war, jeder wird ihre Tochter suchen. Wir werden sie finden, und wir werden sie schützen.«

Flüchtig hatte Roderick die Vision, wie Nellys Leute durch den

Busch schwärmten, doch seine Erleichterung darüber verflog so schnell, wie sie gekommen war. So einfach würde das nicht vor sich gehen. Auch die Zulus mussten sich vor den Wildtieren vorsehen. »Wo könnte sie hingelaufen sein?«

Nelly schob die Unterlippe vor und starrte ins Leere. »Gugus Haus«, sagte sie. »Sie wird sich in ihr Haus am Umiyane flüchten.«

»Du liebe Güte!« Er schlug sich an die Stirn. Daran hätte er auch gleich denken können! Er lehnte sich spontan vor und pflanzte einen Kuss auf ihre Wange. »Danke, Nelly«, sagte er und fragte sich gar nicht erst, wie Benita diese weite Strecke zu Fuß schaffen sollte. Er griff blindlings nach diesem Strohhalm. Eilig hinkte er zurück zu seinem Auto, hievte sich auf den Fahrersitz und trat aufs Gas, kaum dass Gloria sich angeschnallt hatte. Hühner, Hunde und Kinder stoben in alle Himmelsrichtungen davon, als der schwere Wagen einen Satz vorwärts machte.

»Wer ist Gugu?«, fragte Gloria und stemmte sich mit beiden Knien an den Seiten ab, um nicht hin und her geschleudert zu werden.

»Benitas Mutter.«

Gloria vergaß, sich festzuhalten, und flog schmerzhaft gegen die Tür, als Roderick einer langen schwarzen Schlange auswich, die pfeilschnell über den Weg glitt. »Ihre Mutter?«, stöhnte sie abgelenkt und rieb sich die Seite. »Die heißt Kate Forrester und ist in England.«

»Ihre leibliche Mutter. Wie du gehört hast, ist sie vermutlich von unserem geschätzten Freund Doktor Erasmus zu Tode gefoltert worden ...« Das Steuerrad bockte unter seinen Händen, und er musste sich darauf konzentrieren, den Wagen in der Spur zu halten. »Wir müssen Benita finden. Rechtzeitig. Sie ist die einzige Zeugin gegen diesen Sch... Mistkerl. Entschuldige, aber mir fehlen zivile Worte, ihn zu beschreiben.«

Er holte tief Luft. Mein Gott, lass sie mich rechtzeitig finden, betete er. Seit dem Tod Tricias und ihres gemeinsamen Kindes hatte er nicht mehr mit seinem Gott kommuniziert, und wenn er ehrlich war, davor zuletzt als Kind, wenn seine Nanny darauf bestand, dass er ein Nachtgebet aufsagte. Er hoffte inständig, dass ihm da oben trotzdem jemand zuhörte.

Viel zu schnell lenkte er das Fahrzeug über den von tiefen, hart gebackenen Rinnen durchzogenen Weg. Gloria packte den Haltegriff über ihrem Kopf und stemmte die Beine gegen die Innenverkleidung, um nicht wie ein Ball hin und her geworfen zu werden. Zweige kratzten über die Karosserie, gelegentlich schlug der Wagen auf einer Bodenwelle auf, ein Warzenschweinjunges rannte quietschend aus dem Gestrüpp und schoss über die Sandstraße ihnen direkt vor den Kühler.

Roderick musste das Steuer herumreißen, landete mit dumpfem Aufschlag an der ansteigenden Böschung und würgte dabei den Motor ab.

»Pass gefälligst auf«, zischte Gloria, die einen Heidenschreck bekommen hatte. »Hier sind zwanzig Stundenkilometer erlaubt, nicht achtzig. Wenn das ein Elefant gewesen wäre, hätte der uns glatt plattgemacht!« Sie ließ das Fenster herunter, und Gluthitze vermischt mit einem bestialischen Gestank strömte in das luftgekühlte Innere des Wagens. »Pfui Teufel, stinkt das hier«, beklagte sie sich und schnupperte mit vor Ekel verzogenem Gesicht. Sie lehnte sich hinaus und spähte in die Richtung, aus der der Gestank kam. »Da hinten muss ein verendetes Tier liegen.«

»Du hast sicher vorher überprüft, ob nicht neben uns ein Löwe sein Mittagsschläfchen hält?«, fragte Roderick bissig.

Gloria zog den Kopf erschrocken zurück und ließ das Fenster wieder hochsurren. »Ich hasse Afrika«, murmelte sie dabei und schüttelte sich, weil ihr ein Schauer über den Rücken lief. »Da, die Geier versammeln sich schon.« Sie zeigte nach oben.

Roderick folgte ihrem Blick und sah, dass sich ein Schwarm Geier aus dem Himmel herabschraubte. Die ersten waren bereits im Landeanflug und verschwanden hinter den Baumkronen. Er gab Gloria recht. Da hinten musste ein Kadaver liegen.

»Der Kreislauf des Lebens«, bemerkte er leichthin und griff nach dem Zündschlüssel, als ihn plötzlich ein Gedanke traf, der ihm in seiner Entsetzlichkeit schier die Luft nahm.

Benita. War es etwa Benitas Leiche, die dort im Busch verrottete?

Fieberhaft startete er den Wagen und setzte mit aufheulendem Motor zurück zu der Stelle, starrte mit angehaltenem Atem durch den lichten Busch auf das, worauf die Geier es abgesehen hatten, umklammerte dabei das Lenkrad, dass seine Knöchel weiß hervortraten. Als er erkannte, was er vor sich hatte, ließ er den Kopf auf seine Hände sinken.

»Es ist ein Nashorn«, flüsterte er schließlich, seine Stimme rau vor Erleichterung. »Es ist nur ein Nashorn.«

»Aber ohne Horn«, bemerkte Gloria. »Jemand hat ihm das Horn abgesäbelt.«

»Und die besten Fleischstücke. Das waren Wilderer, mit Sicherheit. Das Horn gilt als Aphrodisiakum, ist auf dem internationalen Markt Zehntausende wert.« Roderick sah genauer hin und entdeckte, dass eines der Ohren, die noch an dem mächtigen Schädel saßen, eingerissen war. »Es scheint Jills Oskar zu sein, sein linkes Ohr hat einen tiefen Riss. Benita hat so etwas erwähnt. Wir müssen Jill Bescheid sagen. Mir zittern die Knie, wenn ich daran denke, dass sich Benita irgendwo in der Nähe von diesen Leuten aufhält. Hier Löwen, da Wilderer. Verfluchter Mist!« Er angelte sein Mobiltelefon hervor und wählte. »Jill, wir sind auf dem Weg von Nellys Dorf zum Tor und haben eben einen Nashornkadaver gesichtet«, sagte er, als sie sich meldete, und beschrieb mit knappen Worten, was sie im Busch entdeckt hatten.

»Das linke Ohr eingerissen?«, fragte sie mit dünner Stimme. »Bist du dir da sicher?«

»Das linke Ohr ist eingerissen«, bestätigte Roderick, »aber

ob es Oskar ist, kann ich nicht sagen. Es ist nur noch ein Teil des Schädels vorhanden … Und die Hyänen sind auch schon da.«

Am anderen Ende des Telefons, ballte Jill wutentbrannt eine Faust. Es war ohne Zweifel Oskar. »Wo genau hast du ihn gefunden?« Sie lauschte schweigend. Dann nickte sie. Aus Rodericks Beschreibung erkannte sie den Ort sofort. Noch vor wenigen Tagen war sie mit Mark dort gewesen. Er lag unangenehm nah an den Häusern. Ein Schauder schüttelte sie.

»Weißt du, wo das ist?«, drängte sich Rodericks Stimme in ihre Gedanken.

Sie riss sich zusammen. »Ja, danke, natürlich. Ich werde mich darum kümmern. Ich bin ohnehin mit Musa auf der Suche nach Benita in der Nähe unterwegs. Wo seid ihr? Habt ihr Neuigkeiten?«

»Wir haben mit Nelly Dlamini geredet, aber auch sie weiß nichts. Jetzt habe ich vor, in ihr Haus am Umiyane zu fahren. Nelly meint, sie würde sich in … Gugus Haus flüchten.«

Für ein paar Sekunden war nur das Rauschen in der Leitung zu hören. »Sei vorsichtig«, flüsterte Jill. »Sehr vorsichtig, und lass von dir hören, auch wenn es nichts Neues gibt.« Dann unterbrach sie die Verbindung.

Der Mann am Tor von Inqaba war nicht zu sehen. Ungeduldig drückte Roderick auf die Hupe und schaltete gleichzeitig die Scheinwerfer ein. Eine Warzenschweinfamilie, die auf dem Rasen kniete und nach Essbarem suchten, schreckte kurz auf, ließ sich dann aber nicht weiter stören. Sie war an Autos gewöhnt. Der Wächter erschien erst beim dritten Signal gemächlichen Schrittes vom hinteren Teil des Gebäudes, zog im Gehen noch den Reißverschluss an seinem Hosenschlitz hoch. Würdevoll hob er seine Hand zum Gruß und begann, die Schranke hochzukurbeln.

»Mach schon, mach schon«, knurrte Roderick und trommelte ungeduldig aufs Steuerrad. Kaum dass sich der Schlagbaum hob, trat er aufs Gas.

»He, vergiss nicht, dass du kein Flugzeug unterm Hintern hast«, jaulte Gloria protestierend auf.

Jill schaltete ihr Mobiltelefon wieder aus. Die Nachricht über den Fund des Kadavers hatte ihr einen Adrenalinstoß durch die Adern gejagt. Bei der Vorstellung, dass Wilderer in der Nähe der Gästebungalows herumstreunten, die mit Sicherheit schwer bewaffnet waren und deren Gewaltbereitschaft sprichwörtlich war, kroch ihr der Schreck mit kalten Fingern über die Haut. Niedergeschlagen steckte sie das Telefon weg. Sie hatte restlos genug von Gewalt und Blut und Kampf, die ihr Leben in den letzten Jahren begleitet hatten.

Ich will nicht mehr, dachte sie, ich will nie wieder ein Gewehr oder eine Pistole in die Hand nehmen, ich will endlich unbehelligt auf meinem eigenen Land leben können. Den Gedanken, was geschehen würde, wenn diese Wilderer auf ihre Cousine stießen, drückte sie beiseite. In Panik zu verfallen würde niemandem nutzen.

»Musa!«, rief sie den Ranger, der zehn Meter vor ihr, das Gewehr schussbereit in der Hand haltend, suchend durch den Busch streifte. Als der Zulu stehen blieb und sich ihr zuwandte, berichtete sie ihm kurz, was sie von Roderick gehört hatte.

»Wilderer haben Oskar geschlachtet«, sagte sie und blickte ihn aus traurigen Augen an. »Sie haben ihm das Horn herausgeschnitten und die besten Fleischstücke auch mitgenommen. Den Rest haben sie den Hyänen und Geiern überlassen.«

Schweigend machten sie sich auf den Weg. Trotz des frühen Abends – die sinkende Sonne brachte eben die Baumspitzen zum Glühen – war es noch sehr warm. Die Luft stand. Kein Wind bewegte das staubige Laub der Büsche, im Nu lief ihr der Schweiß aus den Haaren, waren ihre Bluse und der Bund ihrer Shorts durchnässt. Musas khakifarbenes Hemd zeigte große Schweißflecken unter den Armen und auf dem Rücken, und auf seinem schokoladenfarbenen Gesicht glitzerte Nässe.

»Sie sind noch hier. Das fühle ich«, flüsterte er heiser.

Jill entsicherte verstohlen ihr Gewehr. Sie hatte sich geschworen, außer als Schutz gegen wilde Tiere nie wieder eine Waffe zu tragen und auch das nur im äußersten Notfall, aber diese Wilderer waren nichts anderes. Wilde Tiere. Ungeziefer. Sie ging weiter. Als sie etwas mehr als eine halbe Stunde unterwegs waren, wehte ihnen eine Wolke von Verwesungsgeruch entgegen.

»Da vorn«, sagte Musa und sprang über die tiefen Furchen, die den Pfad durchzogen, seitwärts in den Busch. Jill folgte ihm mit großer Anspannung. Obwohl der intensive Geruch darauf schließen ließ, dass die Wilderer ihr grausiges Geschäft schon vor längerer Zeit erledigt und sicher längst das Weite gesucht hatten, schwiegen beide, vermieden jedes unnütze Geräusch, achteten sorgfältig auf trockene Äste, deren Knacken sie verraten konnten. Nach wenigen Schritten durch den lichten Busch hob Musa die Hand und deutete nach vorn. Der klebrig-faulige Verwesungsgeruch überlagerte jeden anderen und reizte Jill zum Husten.

Ein Schwarm blau schillernder Schmeißfliegen summte ihr ins Gesicht, und dann sah sie, was von dem Nashorn übrig geblieben war. Nichts als ein Haufen Knochen, die Augen aus dem Schädel waren herausgepickt, die mächtigen Halsmuskeln weggefressen. Die Ohren hingen noch an einem Hautfetzen, und das linke hatte einen langen Riss.

»Oskar«, flüsterte Jill. Angeekelt hielt sie sich die Nase zu, starrte auf die wimmelnden gelblichen Maden, die den Augenhöhlen einen blinden Ausdruck gaben, bemerkte, dass sich die leere Haut des Halses bewegte, als atmete das Fleisch darunter noch. Sie musste an die Leichen von Twotimes und dem Ingenieur denken. Ätzend saure Übelkeit stieg ihr in den Hals. Sie presste eine Hand auf den Mund, versuchte, die Übelkeit hinunterzuschlucken. Mit dem Fuß hob sie eine Ecke der Haut an. Eine dicke Ratte stob quietschend davon. Jill übergab sich in hohem Bogen ins Gebüsch.

Musa war langsam in immer weiteren Kreisen um das tote Tier herumgegangen. Jetzt blieb er stehen, das Gewehr hatte er entsicherte. »Jill«, sagte er, winkte sie heran und wies auf eine Feuerstelle zu seinen Füßen. Mehrere Rippenknochen lagen daneben. Jemand hatte hier gegrillt.

Vermutlich Oskars Filet, dachte sie und wischte sich den Mund mit ihrem Taschentuch trocken. »Kann ich bitte einen Schluck Wasser haben?«

Stumm reichte er ihr seine Wasserflasche, die er am Gürtel trug, und sie spülte sich den Mund aus, ehe sie ein paar Schlucke trank. Dann gab sie ihm die Flasche zurück.

»Danke, das hat gutgetan. Schick bitte jemanden hierher. Sie sollen die Reste vergraben, und zwar so tief, dass die Hyänen nicht mehr rankommen«, quetschte sie hinter ihrer Hand hervor, als sie eine erneute Welle von Übelkeit überrollte. »Wie lange ist es her, dass diese Kerle ...« Mit der Fußspitze trat sie gegen einen der herumliegenden Rippenknochen.

»Dass die hier gegrillt haben?« Musa beugte sich hinunter und legte seinen Handrücken auf die mit weißlichen Ascheflocken bedeckte Kohle. »Zwei Stunden vielleicht, nicht länger.« Seine Stimme klang überzeugt.

Jill bückte sich, prüfte die verbliebene Wärme der Asche auf die gleiche Weise und nickte. Dann richtete sie sich auf und suchte das flirrende Grün vor ihr ab, als erwartete sie, dass die Wilderer jeden Moment aus dem Gebüsch sprangen. Aber nichts rührte sich. Ein kaum hörbares Rascheln alarmierte sie. Doch es war nur ein ungewöhnlich großer Shongololo, ein Tausendfüßler, der sich dem Kadaver näherte. Auf unzähligen Füßchen, die den glänzenden mahagonifarbenen Leib im Gleichschritt trugen, eilte er eifrig dorthin, wo ihm sein Instinkt sagte, dass der Tisch reich gedeckt war.

Jills Betroffenheit und Trauer, die sie beim Anblick des entbeinten Oskar empfunden hatte, war in eine kalte, klare Wut umgeschlagen. Vielleicht hockten die Kerle nur Meter entfernt, regungslos wie ein Stück totes Holz, warteten, dass sie unverrichteter Dinge wieder abziehen würden? Sie schnupperte. Die Kleidung der Wilderer war oft durchtränkt von Rauch und stechendem Wildgeruch. Leicht zu erkennen. Aber der süßliche Gestank des toten Nashorns legte sich auf ihre Geschmacks- und Geruchsnerven, blockiere jede andere Wahrnehmung.

»Am Fuß der Felswand vielleicht«, sagte der Zulu, als hätte er ihre Gedanken gelesen. »Die Schatten sind dicht dort, die Büsche haben große Dornen, und die alte Lena verjagt jeden, der sich dorthin verirrt, mit ihren Tricks. Jeder hier weiß, dass sie das Gebiet für sich beansprucht, um ihre Heilkräuter zu sammeln. Ich würde mich da verstecken.«

»Das würde Sinn ergeben«, sagte Jill. »Lass ein paar von unseren Leuten die Gegend durchkämmen. Ich werde in Hluhluwe anrufen und die Parkleitung davon unterrichten, dass sich hier Wilderer herumtreiben. Das wird die gehörig aufscheuchen, und wir bekommen Unterstützung.« Sie wandte sich von dem toten Oskar ab und kämpfte sich durchs Gebüsch hindurch zum Weg.

Benita war froh, dass der Busch so dicht war und ihr sicheren Schutz bot. Das Motorengeräusch wurde leiser, schwoll kurz an, wurde wieder leiser, kam aber stetig näher. Außerdem meinte sie, dass sie Stimmen gehört hatte. Sie verharrte stockstill, wusste, dass sie so zumindest für flüchtige Blicke unsichtbar war.

»Du hast ihn gesehen«, zischte eine heisere Stimme hinter ihr, und gleichzeitig wurde sie von einer Wolke von Aasgeruch eingehüllt.

Mit einem leisen Aufschrei fuhr sie herum. »Hölle und Verdammnis«, entfuhr es ihr. Unbewusst benutzte sie den Kraftausdruck, mit dem ihre Ururururgroßmutter Catherine ihre gestrengen Mitbürger zu schockieren pflegte.

Sie stand keine zwei Meter von ihr entfernt. Statt des Affenkopfes mit den grün schillernden Augen trug sie nur ein dreckiges Tuch um den Kopf gewickelt, aber dafür wand sich eine dunkelgraue Schlange um ihren dürren Hals, die den eigenen Schwanz verschlang und die Benita an dem gelblichen Ring hinter dem Kopf als Rinkhalskobra erkannte. Sie schluckte ihren aufsteigenden Schrecken herunter. Natürlich war die Schlange tot und ausgestopft. Es war nichts als ein weiterer Trick der alten Lena.

»Lena, du alte Hexe, was willst du?«, rief sie der Sangoma auf Zulu zu. »Hau ab! Du erschreckst mich nicht mehr!«

Lena keckerte böse. »Haste ihn gesehen? Haste ihn erkannt?«

Benita stutzte. Erkannt? Wen erkannt? »Wen soll ich erkannt haben?«, fragte sie widerwillig.

Sie bekam keine Antwort. Außer dem saftigen Aasgeruch war nichts mehr von Lena da. »Lena! Komm zurück. Von wem redest du?«, schrie sie auf Zulu und hörte dabei mit halbem Ohr auf das Motorengeräusch, das jetzt ganz nah war. »Lena!«, schrie sie noch einmal, bog dabei die Zweige auseinander und spähte die Straße hinunter. Ein Rangerwagen kam ihr entgegen, aber das Licht reflektierte von der Windschutzscheibe. Es war ihr unmöglich zu erkennen, wer darin saß, Mark, Musa oder Ziko. Hoffentlich Musa, dachte sie. Dem würde sie blind vertrauen.

»Den Umlungu mit den weißen Haaren und den Augen ohne Farbe«, zischte es hinter ihr.

Sie machte einen Satz. Lena war wie aus dem Nichts aufgetaucht und stand da, den zahnlosen Mund zu einem breiten Grinsen verzogen, die Hände über ihrem Bauch gefaltet. Benitas Hand schoss vor und packte die alte Frau am Oberarm. Lena kreischte, als wäre sie von einer Schlange gebissen worden. Benita ließ nicht los, sondern schüttelte sie, dass die Kobra an dem faltigen Hals auf und ab hüpfte.

»Ich lass dich erst los, wenn du mir gesagt hast, wen du meinst. Wen soll ich gesehen und erkannt haben? Wer ist der Umlungu«, sie hielt plötzlich inne, starrte die grinsende Zulu an, »… mit … den … weißen … Haaren …«, beendete sie ihren Satz, aber sie setzte kein Fragezeichen, denn sie wusste jetzt, wen die Sangoma meinte. Doktor Erasmus. Ihr wurde eiskalt. Auf der Straße fuhr der Geländewagen vorbei und verschwand in einer Staubwolke. Sie hatte keine Zeit mehr, ihn aufzuhalten.

»Wer ist er, Lena?« Sie schüttelte die alte Frau, hatte das flüchtige Gefühl, eine ausgestopfte Vogelscheuche zu schütteln, so wenig Widerstand bot Lenas ausgemergelter Körper.

Die alte Sangoma stieß ihren Kopf vor, fletschte ihr nacktes Zahnfleisch, ließ den Schlangenleib tanzen, aber Benita ließ sich nicht einschüchtern, wich nicht einen Millimeter zurück.

»Wer ist er? Raus mit der Sprache!«

»Weißt du, was ein Schraubstock ist?«, zischte Lena heiser.

Benitas Wut machte einer gewissen Verwirrung Platz. Verständnislos musterte sie die Sangoma. »Schraubstock? Natürlich. Ein Werkzeug.«

Die alte Hexenmeisterin fauchte, dann keckerte sie, dass ihr Körper bebte, riss sich im selben Augenblick los und glitt davon.

Benita rannte hinter ihr her. »Lena, bleib hier! Bitte!«

Aber sie hörte Lena nur singen, eine Art Litanei, in dieser schrecklichen tonlosen Stimme, die nichts Menschliches an sich hatte. Verzweifelt versuchte sie zu verstehen, was die Sangoma da von sich gab. Endlich konnte sie ein Wort ausmachen.

»Vice …«, sang Lena, und Benita verstand das englische Wort erst gar nicht, aber als sie das nächste auffing, traf es sie wie ein Tritt in den Magen.

»Colonel«, sang die alte Frau. »Vice … Vice-Colonel … und Gugu …«

Ihre Stimme verlor sich in den Geräuschen des Buschs. Nur noch das Sirren der Zikaden, einzelne Vogelstimmen und das Brummen des sich entfernenden Rangerwagens waren zu hören. Doch Lenas Worte dröhnten Benita in den Ohren, füllten ihren Kopf, dass sie meinte, er müsse platzen. Sie musste sich an einem Baumstamm festhalten.

Der Vice-Colonel. Gugu, ihre Mutter.

Feuer, Schreie, Männerlachen.

Ein Scheiterhaufen. Etwas, was sich auf dem Scheiterhaufen bewegte. Wieder Schreie. Geruch nach verbranntem Fleisch. Fünf Männer, einer davon weißblond mit geisterhaft silbernen Augen. Und auf den umliegenden Bäumen versammelten sich die Geier.

Ihr tanzten schwarze Flecken vor den Augen, und sie wurde von einer so bösartigen Welle von Übelkeit überfallen, dass ihr die Knie weich wurden. Sie setzte sich hart auf den Boden und steckte den Kopf zwischen die Knie.

Scheiterhaufen. Ein Schrei voll unaussprechlicher Qual. Das auf dem Scheiterhaufen bäumte sich auf, war ein Körper, hatte Arme und Beine und einen Kopf. Und Augen, die sie anstarrten.

»Lauf, lauf …«, hörte sie eine Stimme. Ganz weit weg, aber sie hörte es, hatte es auch damals gehört, hatte sich bislang nur nicht daran erinnern können. Wollen, berichtigte sie sich schweigend.

Sie war gelaufen, hatte es fast geschafft, den schützenden Busch zu erreichen, da knallte ein Schuss, ein gewaltiger Schlag traf sie und löschte alles aus, was sie gesehen und gehört hatte. Löschte die letzten Worte, den letzten Blick von ihrer Mutter aus, die sie im Augenblick ihres Todes gerettet hatte. Ihre Mutter. Gugu.

Eine Schmerzwelle schoss ihr durch den Körper, dass es ihr den Kopf zurückriss. Ein schrecklicher Laut brach aus ihrer Kehle, ein monotones, lang gezogenes, hoffnungsloses Heulen.

Der markerschütternde Schrei einer Totenklage.

Eine junge Hyäne, die neugierig herangeschlichen war, um zu erkunden, woher ihr der fremde Geruch in die Nase stieg, jaulte bei dem grausigen Geräusch erschrocken auf und rannte, Gefahr fürchtend, davon. Noch in mehreren hundert Metern Entfernung merkten die Tiere beunruhigt auf, sogen prüfend die Luft durch die Nüstern und flohen schließlich verstört, wurden noch lange von diesem entsetzlichen Schreien verfolgt.

Nach einer Ewigkeit verebbte das Heulen. Benita wimmerte nur noch, bis sie, nach Luft ringend, verstummte. Benommen zog sie ihre Knie an, vergrub ihr Gesicht in den Armen, krümmte sich zusammen, immer mehr, bis sie ganz klein war, wie das verstörte Kind damals, und das Kind schluchzte, als würde ihm das Herz aus dem Leib gerissen.

Lena stand reglos im Schatten der Büsche, keine zwei Meter von Benita entfernt, und lauschte dem Leid. Ein Summen drang aus ihrer Kehle, ein tiefes Brummen, das die Luft um ihre Gestalt herum in Schwingungen zu versetzen schien.

Benitas Glieder wurden auf einmal bleischwer, ihr Kopf aber leicht und leer, die grauenvollen Bilder lösten sich auf, und ein weißes Licht breitete sich in ihr aus. Sie schien plötzlich neben sich zu stehen, sah auf sich hinunter, sah, zu welch jämmerlichem Wesen dieser Mensch sie reduziert hatte, hörte ihr trostloses Flennen.

Lenas Summen steigerte sich, breitete sich in Wellen von ihr aus. Allmählich veränderte sich das Jammern, Benitas Stimme wurde kräftiger, lauter, immer lauter, und endlich fand ihre Qual in einem Wutschrei Befreiung. Sie schrie ihren Schmerz hinaus, schleuderte ihn von sich, fiel vorwärts auf den Boden, schlug mit den Fäusten auf die rote Erde ein und presste auch noch das letzte Quentchen Verzweiflung aus sich heraus, bis nichts mehr da war, und dann war es zu Ende.

Sie drückte sich auf die Beine hoch, schwankte, als wäre sie seekrank, aber dann stand sie, schaute an sich hinab. An Rock und

Hemd klebten Blätter und feuchte Erde, ihre Knie waren zerkratzt, die Handkanten bluteten, auf ihrem Gesicht trocknete ein Gemisch aus Tränen und verschmiertem Schmutz. Sie riss sich die zu einem Kopftuch gedrehte Jacke herunter, löste das Gummi, das ihr Haar zusammenhielt, und schüttelte es frei. Sie würde nicht zulassen, dass der Vice-Colonel nach ihrer Mutter und ihrem Vater und ihrer Kindheit sie zum Schluss endgültig zerstörte. Sie würde nicht ruhen, bis er im Gefängnis verrottete, das schwor sie sich.

Die alte Lena sah, wie sich Benita aufrichtete, sah, wie sie die Fäuste ballte, die Farbe in das fahle Gesicht zurückkehrte und die grünen Augen wieder leuchteten. Ein triumphierendes Lächeln spielte um ihren eingefallenen Mund. Lautlos wie ein Schatten machte sie sich davon. Sie hatte erreicht, was sie wollte, und wurde von Freude erfüllt, dass sie sich in Gugus Tochter nicht getäuscht hatte.

Für sie war es unmöglich, an den Vice-Colonel heranzukommen und Rache zu üben für die, die er auf dem Gewissen hatte. Eine Putzfrau, eine schwarze Putzfrau, hatte sonst überall freien Zugang, weil sie einfach nicht wahrgenommen wurde, auch heute im neuen Südafrika nicht. Aber anders als die meisten Weißen ließ der Vice-Colonel niemanden außer seinen eigenen Männern ins Haus, auch nicht, um es zu putzen. Gugus Tochter aber konnte ihn erreichen, es war ein Leichtes für sie. Sie würde dafür sorgen, dass der Vice-Colonel seiner gerechten Strafe nicht entging. Sie würde die vielen ruhelosen Toten rächen, die als Schatten durch die Täler und Hügel wandern mussten, weil keine ihrer Leichen je gefunden worden waren und ihre Familien ihre Seelen somit nie nach Hause bringen konnten. Sie würde herausfinden, wo die Toten lagen, und dann würden die Angehörigen in einer uralten Zeremonie dafür sorgen, dass die Seelen heimfanden und sich endlich zu ihren Ahnen gesellen konnten. Lena kicherte leise und verschmolz mit dem Busch. Der durchdringende Geruch, der von ihr ausging, verflüchtigte sich schnell in der frischen Abendbrise.

Benita schwang ihre Tasche am Trageriemen über die Schulter und rutschte die Böschung zur Straße hinunter. Jetzt erst wurde ihr klar, wie spät es in der Zwischenzeit geworden war. Erschrocken flog ihr Blick über ihre Umgebung. Schon verdichteten sich die Schatten, der Busch erschien solider, die Straße endete in einem schwarzen Loch, weil der Mond nur schwach durch dichten Wolkenschleier schimmerte und ein trügerisches Licht warf.

Angestrengt starrte sie nach Osten, hoffte, die Lichter von Inqaba durch die Blätter funkeln zu sehen, konnte aber auf Anhieb nichts erkennen. Neben ihr knisterte der Busch, ein kurzes Rascheln durchbrach die Stille, als hätte sich ein Tier bewegt, und sie erstarrte, wurde sich eigentlich erst jetzt ihrer Lage bewusst.

»Gehe bei Nacht nie über einen warmen Sandweg, denn Schlangen lieben warmen Sand in der Nachtkühle«, warnte Ben Dlamini sie aus der Vergangenheit.

Den Kronenbereich ausladender Bäume musste sie meiden, besonders wenn dicke Äste in den Weg ragten, auch daran erinnerte sie sich. Sie waren der Lieblingsplatz von Leoparden, die wie die Löwen auch nachts jagten. Mit aufsteigender Panik überlegte sie, was Nashörner, Elefanten und Büffel nachts machten. Schlafen?

Fast hätte sie gelacht. Nur wenige hundert Meter, ein paar hundert Schritte, trennten sie von ihrem normalen Leben, wo die Schatten der Nacht hellem Lampenlicht weichen mussten, in dem es Computer, Mobiltelefone, Internet und sichere Autos gab. Und Roderick! Sie tat ein paar Schritte, meinte ein trockenes Schaben zu hören, ein hastiges Rascheln. Eine Schlange?

Vielleicht, dachte sie und zwang sich weiterzugehen, fühlte diese brodelnde Wut wieder in ihren Adern aufsteigen, die ihr den

Kopf klärte und ihr zaghaftes Herz stark machte. Der Vice-Colonel würde sie nicht kleinkriegen. Jetzt genauso wenig wie damals.

Der Wolkenschleier wurde dünner, das fahle Mondlicht ließ den Sandweg geisterhaft aufleuchten. Erleichtert stellte sie fest, dass nirgendwo ein Tier zu sehen war. Aufatmend beschleunigte sie ihre Schritte. Ein Blick auf die Uhr zeigte ihr, dass sieben Uhr vorbei war. Eigentlich müssten die Ranger auf Nachtsafari unterwegs sein. Sie strengte ihre Ohren an, um jedes Geräusch aufzufangen, und tatsächlich meinte sie das leise Motorengeräusch eines langsam fahrenden Wagens zu vernehmen.

Minuten später huschte der weiße Finger eines Scheinwerferstrahls übers Gebüsch und bestätigte ihre Annahme. Beruhigt trat sie in die Mitte des Weges. Jetzt würde der Spuk schnell ein Ende haben.

Das Mobiltelefon klingelte in Rodericks Hosentasche, als er schon ein paar Kilometer auf der Straße zu Benitas Haus unterwegs war.

»Bitte nimm den Anruf an, und bete, dass es Benita ist«, sagte er zu Gloria. Er wagte nicht, das Steuer nur mit einer Hand zu halten. Die Schlaglöcher waren zu zahlreich und oft tückisch unter Unkraut verborgen.

Gloria fischte das Telefon aus seiner Tasche und drückte auf Anrufannahme. »Gloria Pryce, Apparat Roderick Ashburton.«

»Forrester hier. Wo steckt Ashburton?«

»Oh, là, là«, murmelte sie, verzog das Gesicht und hielt das Handy einen halben Meter von ihrem Ohr weg. Adrian Forresters Stimme war auch so klar zu vernehmen.

»Geben Sie ihn mir!«

Sie streckte Roderick das Telefon hin. »Für dich.«

Roderick unterdrückte einen Fluch. Er hatte die Stimme sofort erkannt. Ein wütender Adrian Forrester hatte ihm gerade noch gefehlt. »Halt es mir ans Ohr«, flüsterte er. »Adrian, guten Tag.

Was kann ich für dich tun?«, fragte er dann laut, bemühte sich, entspannt und freundlich zu klingen.

Adrian Forrester hielt sich nicht mit Höflichkeiten auf. »Wo ist Benita? Ich habe sie auf dem Handy angerufen, und alles, was ich höre, ist ein irres Lachen! Es muss etwas passiert sein. Raus mit der Sprache«, röhrte er, »und zwar schnell. Sonst bin ich mit dem nächsten Flugzeug bei dir, und dann gnade dir Gott!«

Wie sollte er dem Vater Benitas erklären, was sich hier in den letzten Stunden abgespielt hatte? Er entschloss sich für die Wahrheit, aber in der Kurzversion. »Benita hat denjenigen gefunden, der ihre Mutter umgebracht hat, und ist vor Schreck davongelaufen. Ich suche sie jetzt.«

»Davongelaufen? In einem Wildreservat? Du machst Witze! Wohin denn?«

Roderick überlegte fieberhaft, wie er das beantworten sollte, ohne die ganze Wahrheit aus dem Sack zu lassen, als die sonore Stimme des Generals wieder durch die Leitung kam.

»Etwa in den Busch?«, röhrte er ungläubig. »Sag, dass das nicht stimmt!«

Es blieb Roderick nichts anderes übrig, als das zu bestätigen. »Aber ein Haufen Leute sind unterwegs und suchen sie. Benitas Cousine hat jeden mobilisiert, der laufen kann. Benitas Eltern waren sehr beliebt in dieser Gegend.«

»Aber da gibt es massenhaft Raubtiere. Benita wäre doch nicht so dumm, sich in eine solche Gefahr zu begeben … oder doch?« Adrian Forresters emotionsgeladene Stimme wurde rau. »Ich will eine ehrliche Antwort. Wohin genau ist sie gelaufen?«

»Wir wissen es nicht.« Das wenigstens war die Wahrheit. »Sieh her, Adrian, ich bin auf einer Schlaglochpiste unterwegs und brauche beide Hände, um den Wagen zu halten. Telefonieren ist dabei schwierig. Ich rufe dich an, sobald sie gefunden worden ist, aber auf jeden Fall heute Abend. Jetzt bin ich auf dem Weg zu einem Haus, in dem sie ihre frühe Kindheit verbracht hat und das wohl tatsächlich ihr gehört. Ich bin mir ziemlich sicher, dass sie dort untergekrochen ist. Bis bald, Adrian. Grüße an Kate. – Aus«, sagte er lautlos zu Gloria und zog den Zeigefinger über den Hals.

Gloria verstand und legte auf.

»Gnade uns Gott, wenn wir sie nicht finden. General Forrester wird mich zu Hackfleisch verarbeiten«, sagte er, während er einen Schlenker um einen dicken Ast machte, der mitten auf der Straße lag. »Bitte wähl Benitas Nummer, und schalte dann den Lautsprecher ein. Vielleicht bekommen wir eine Verbindung. Adrian sagte, er höre nur irres Lachen. Ich kann mir keinen Reim darauf machen. Benita neigt nicht dazu, irre zu lachen.« Vor ihm gabelte sich die Straße. Er bog nach links ab.

Gloria wählte, und sie hörten lange den Klingelton, aber nichts geschah. Niemand nahm ab. Kurz darauf erklärte eine metallische Stimme, dass der Teilnehmer nicht antworte, und Gloria schaltete ab.

»Wähl noch mal«, sagte Roderick. »Wähl so lange, bis wir eine Antwort bekommen!«

Beim vierten Versuch, als Gloria schon deutlich ungeduldig wurde, klickte es plötzlich, und sie hörten jemanden atmen.

»Hallo!«, brüllte Roderick. »Hallo, Benita?« Atemlos lauschte er. »Da ist doch jemand! Melden Sie sich, verdammt!« Wieder versuchte er, etwas zu verstehen.

Plötzlich zerriss das Lachen eines Wahnsinnigen fast sein Trommelfell, schrilles Kreischen folgte, dann brach die Verbindung ab. Roderick trat vor Schreck auf die Bremse und würgte den Motor ab. »Was zum Teufel war das?«

Gloria starrte ihn aus aufgerissenen Augen an. »Keine Ahnung«, flüsterte sie.

Er startete den Wagen wieder und fuhr an. »Ruf noch mal an«, verlangte er.

Gloria gehorchte, aktivierte den Lautsprecher und hielt das Handy weit von sich, als hätte sie Angst, dass ein Dämon herausspringen könnte. Dieses Mal war nur ein Kreischen und eine Art Glucksen zu hören, dann nichts. Als würden diejenigen die Luft anhalten.

Nachdem er konzentriert gelauscht hatte, schlug Roderick plötzlich mit einer Hand aufs Steuerrad. »Ich hab's!«, rief er. »Das sind Affen. Paviane. Da bin ich mir sicher.«

Gloria schaltete das Handy wieder aus und legte es auf ihren Schoß. »Affen? Wie sollen Affen an Benitas Handy gelangt sein? Kann ich mir nicht vorstellen.«

»Weiß der Henker«, murmelte Roderick zutiefst beunruhigt, konnte die Bilder, die sich ihm aufdrängten, nicht zurückhalten.

Benita, im Busch, verletzt, umringt von einer wilden, zähnebleckenden Pavianherde.

Benita auf einem Baum, das Handy fällt hinunter und wird von Affen geklaut. Weiter, siehe oben.

Benita von einer Schlange gebissen.

Benita tot. Aus.

Ihm wurde übel. »Nein!«, knirschte er. »Nein, sie ist nicht tot. Sie hat nur ihr dämliches Handy verloren. So wird's sein! Es geht ihr ganz prima.«

»Natürlich«, murmelte Gloria. »So wird's sein.« Hoffte sie zumindest. Sie hoffte es wirklich und ehrlich. Schon die Vorstellung, selbst allein in dieser gottverlassenen Wildnis zu sein, mitten unter hungrigen Raubtieren, schnürte ihr die Kehle zu und bescherte ihr einen Schweißausbruch. Sie nahm ihr verschwitztes Haar zu einem Pferdeschwanz zusammen und zog ein Haargummi darüber, wischte sich dann mit einem Papiertaschentuch den Hals trocken, überlegte, ob sie Roderick beichten sollte, dass sie gesehen hatte, wohin Benita gelaufen war. Eingedenk seiner gefürchteten Wutausbrüche entschied sie, vorerst zu schweigen.

Roderick hatte das Tempo verlangsamt und ließ den Wagen am Straßenrand ausrollen. Prüfend schaute er sich um. »Ich glaube, ich habe mich verfahren. Da hinten bin ich falsch abgebogen.«

Er trat wieder aufs Gas und wendete, immer darauf bedacht, nicht auf die sandige Böschung zu geraten.

Es dauerte mehr als eine Viertelstunde, ehe er die Gegend wiedererkannte und die Einfahrt zum Grundstück des Hauses fand. Er bog ein, und der Wagen schaukelte langsam auf dem unebenen Terrain auf das Haus zu. Mittlerweile war die Sonne nur noch ein Widerschein hinter den Hügeln am westlichen Himmel.

»Es wird bald dunkel sein«, murmelte er.

»Und wo ist nun das Haus?«, fragte Gloria, wie auch er das vor zwei Tagen getan hat.

»Unter dem Baum da.« Er deutete auf das Gewirr der Würgefeige, während er weiterfuhr. Im Gegensatz zum letzten Mal führten deutliche Reifenspuren bis zum Haus hin. Kürzlich mussten hier mindestens zwei Wagen entlanggefahren sein, was es ihm leichter machte. Trotzdem war er dankbar, dass der Wagen so robust war, weil die Räder immer wieder in Löcher und Bodenwellen gerieten, die unter dem hüfthohen Gras verborgen lagen.

»Himmel, wer ist das?«, schrie Gloria auf und schlug blitzschnell auf die Zentralverriegelung.

Selbst im abnehmenden Tageslicht erkannte Roderick den bulligen Schwarzen mit dem nackten Oberkörper, dessen linke Schulter von einem Verband bedeckt wurde.

»Phika Khumalo«, antwortete er, unterließ es jedoch, ihr zu sagen, dass es sich um einen entflohenen Sträfling handelte, der fieberhaft von der Polizei gesucht wurde. Er hielt den Wagen an, ließ aber den Motor weiterlaufen und wartete, bis der große Zulu näher gekommen war.

»Was macht der hier?«, flüsterte Gloria. »Hat Benita was mit dem zu tun? Sieh dir bloß das Messer an, das er am Gürtel trägt!«

»Der Kerl hat das Haus für sich und seine Familie in Beschlag genommen.«

»Ein Hausbesetzer? Ein Illegaler? Aber warum lässt Benita das Haus nicht von der Polizei räumen?«

Roderick lachte los. Ein harscher und freudloser Laut. »Sei nicht albern. Wir sind hier in Afrika.«

Phika Khumalo blieb einen Meter vor dem Auto stehen und deutete mit einer Handbewegung an, dass Roderick das Fenster herunterlassen solle. Roderick kam der Aufforderung schleunigst nach,

»Was willst du?«, knurrte Khumalo. »Und wer ist die da?« Mit scheelem Blick wies er auf Gloria.

»Wir suchen Benita«, sagte Roderick. »Die, der das Haus hier gehört«, setzte er bedeutungsvoll hinzu.

Phika Khumalo machte einen kleinen Schritt näher ans Auto. »Ah«, sagte er übertrieben erstaunt. »Ich erinnere mich. Die Dame mit den Locken.« Er zeichnete mit beiden Händen Benitas Lockenkopf in die Luft. Dann schüttelte er den Kopf. »Sie ist nicht hier.« Unverwandt hielt er Roderick mit seinem schwelenden Blick gepackt, blinzelte nicht einmal, starrte ihn nur an, und seine Augen sprachen eine andere Sprache als sein Mund.

Stirnrunzelnd bemühte sich Roderick in der Miene des anderen Mannes zu lesen, aber es gelang ihm nicht. Pantomimisch hob er seine Schultern und Brauen, um Phika Khumalo klarzumachen, dass er nicht wusste, was er von ihm wollte.

Gloria drückte sich nervös in die äußerste Ecke. »Der will uns was sagen, glaube ich«, flüsterte sie. »Sieh dir seine Augen an.«

Da senkte Khumalo seine Lider zweimal, und mit dem Zeigefinger der rechten Hand, die locker an seiner Seite hing, deutete er aufs Haus. Dann senkte er wieder langsam die Lider und schlug mit der Hand aufs Autodach.

»Verpisst euch!«, schrie er. »Hier ist niemand! Hamba shesha, ihr blöden Umlungus!«

Roderick ließ sachte die Kupplung kommen, lehnte sich dabei vor, konzentrierte sich auf die schmutzigen Fensterscheiben des Hauses und versuchte dahinter etwas zu erkennen. Nach einer Weile meinte er das Schattenbild eines Menschen auszumachen.

Eines großen Menschen, eines, der auf jeden Fall größer war als Benita. Der Freund Phika Khumalos war untersetzt gewesen, deutlich kleiner als sie.

»Irgendetwas geht in dem Haus vor sich«, murmelte Roderick Gloria besorgt zu.

»Hau ab, Mann«, zischte Phika. »Er hat sie.« Er ballte seine Fäuste, und die Muskeln seiner Oberarme schwollen an. Er verzog das Gesicht, weil die Wunde dabei spannte.

Roderick erstarrte. »Wer hat wen? Benita? Nun red schon, Phika!«

Aber Phika Khumalo trat ohne ein weiteres Wort zurück und ging wieder aufs Haus zu. Einmal drehte er sich noch halb um, blieb aber nicht stehen. Als er die Eingangstür erreichte, öffnete jemand von innen, eine Hand schoss vor, zog ihn hinein, und gleich darauf knallte die Tür ins Schloss. Dann lag das Haus wieder still und wie unbewohnt in der schnell aufziehenden Dämmerung da.

»Lass das Fenster nicht aus den Augen, sag mir, wenn du etwas erkennen kannst«, befahl er Gloria und fuhr, immer wieder den Hals nach hinten verrenkend, langsam vom Grundstück. Erst als er die Straße erreicht hatte, ließ er seinen Gefühlen freien Lauf. »Warum musste ich ausgerechnet jetzt auf einem Bonbonpapier ausrutschen und mir ein Gipsbein einhandeln!« Er schlug mit der Hand aufs Steuerrad. »Von allen beschissenen Zufällen!«

Gloria zuckte zusammen. Sie hatte noch nie ein derart ordinäres Schimpfwort von ihm gehört. »Bonbonpapier? Ich dachte, dir wäre ein Nashorn auf den Fuß getreten?« Sie klopfte misstrauisch auf den Gips.

Er warf die Hände hoch. »Bonbonpapier, Nashorn, was ist der Unterschied! Mein Bein steckt in Gips, und ich bin so beweglich wie ein Holzklotz!« Er legte seine Arme auf das Lenkrad. »Wir müssen Hilfe holen.«

»Die Polizei«, schlug Gloria vor.

Roderick biss sich auf die Lippen. »Mein Gefühl sagt mir, dass wir die lieber aus dem Spiel lassen.« Er zog sein Handy hervor. »Ich rufe diesen Jan Mellinghoff an. Der scheint gute Verbindungen zu haben.« Er stieg unbeholfen aus dem Wagen, rief die Nummer auf und wählte.

»Der Mann am Fenster hatte übrigens helles Haar, hellblond oder weiß«, bemerkte Gloria neben ihm.

Roderick fiel fast das Telefon aus der Hand. »Was? Warum hast du das nicht gleich gesagt?«

In diesem Augenblick meldete sich Jan Mellinghoff. »Ja? Roderick?«

»Wo stecken Sie?«, fragte Roderick.

»Wir durchkämmen den Busch«, antwortete Jan Mellinghoff. »Aber bisher haben wir keine Spur von ihr gefunden. Jetzt wollten wir die Suche auf das angrenzende Wildreservat ausdehnen. Ich habe ein mulmiges Gefühl im Magen, und mein Magen ist ziemlich zuverlässig. Haben Sie Neuigkeiten?«

Ans Auto gelehnt, beschrieb ihm Roderick, was er auf dem Grundstück erlebt hatte, versuchte dabei, durch das dichte Buschwerk im zunehmend schwächeren Licht das Haus zu erkennen.

»Er sagte nur: ›Er hat sie‹«, schloss er seinen Bericht.

»Wer hat wen?«

»Keine Ahnung. Er redet von Benita, fürchte ich.«

»Phika Khumalo?«, sagte Jan Mellinghoff. »Merkwürdig. Ich habe mal einen Mann dieses Namens gekannt, aber der sitzt im Gefängnis.«

»Sitzt er nicht, er sitzt in Benitas Haus«, entgegnete Roderick trocken. »Samt seiner Familie.«

»Ah!« Mehr sagte Jan Mellinghoff für die nächste Minute nicht.

»Gloria behauptet, dass sie einen Mann mit hellblondem oder weißem Haar am Fenster gesehen hat.« Roderick wartete mit angehaltenem Atem auf die Reaktion des Südafrikaners.

»Ah«, machte der erneut. »Ich komme«, verkündete er dann. »In einer halben Stunde bin ich da. Ziehen Sie sich so zurück, dass man Sie nicht bemerkt. Machen Sie kein Licht an.« Damit legte er auf.

»Er kommt.« Roderick drückte die Aus-Taste. »Und jetzt rufe ich Neil Robertson an, ich habe das ausgeprägte Gefühl, dass der einige Erfahrung mit Schweinehunden hat.«

»Du glaubst tatsächlich, dass Benita dort drinnen gegen ihren Willen festgehalten wird?« Gloria spähte vorsichtig durch die Blätter. »Ich meine, als Geisel?«

»Genau.«

»Von wem, um alles in der Welt?« Mit geweiteten Augen starrte sie ihn an. Als sie sprach, war ihre Stimme ein heiseres Flüstern. »Etwa von meinem … von Doktor Erasmus?«

Roderick warf frustriert die Hände hoch. »Wenn ich das wüsste! Aber der Grund muss in ihrer Vergangenheit liegen. Vielleicht weiß sie etwas, etwas, dessen sie sich selbst nicht erinnert, aber das für jemand anders eine Bedrohung darstellt. Nur für wen?« Er ließ die Faust aufs Autodach knallen.

Gloria schrie leise auf. »Könntest du das bitte sein lassen? Meine Nerven sind etwas zappelig«, sagte sie und zerrte nervös an ihrem Pferdeschwanz.

»Ich wusste gar nicht, dass du welche hast!«, spottete Roderick. »Die eiskalte Strafanwältin. Sag bloß, Afrika schafft dich?«

Gloria verzog das Gesicht, sagte aber nichts, sondern tastete nach ihrem Zigarettenetui und zog es hervor.

Roderick wies auf den Wagen. »Lass uns einsteigen und die Türen verriegeln. Sicher ist sicher. Wer weiß, was sich in dieser Gegend für Gesindel herumtreibt. Und die Zigarette lässt du besser stecken. Die Glut ist im Dunkeln gut zu sehen.«

Jan Mellinghoff schaltete sein Handy im Laufen aus und nahm dann zwei Stufen auf einmal hinauf zum Zimmer von Gugu und

Vilikazi. Auch ihnen war es mühelos gelungen, ihren Aufenthalt ein weiteres Mal zu verlängern, da die Unterkünfte auf Inqaba wegen der Mordfälle nur wenig belegt waren.

Jill, die mit Musa und Mark unverrichteter Dinge aus dem Busch zurückkehrt war und eben zur Rezeption gehen wollte, um von Jonas zu hören, ob er Neuigkeiten hatte, sah Jan ins Haus laufen. Sie schaute hoch zum Fenster der Dumas. Mr Duma stand dort, die Hände in die Hosentaschen gebohrt, und starrte in die aufziehende Nacht.

Musa folgte ihrem Blick. »Merkwürdige Leute. Sie haben noch keine Safari mitgemacht.«

»Stimmt, soweit ich weiß, kommen sie nie aus ihrem Zimmer heraus und scheinen außer meinem Cousin niemanden sehen zu wollen.«

Mark hob erstaunt die Brauen. »Mr Mellinghoff ist dein Cousin? Das wusste ich gar nicht.«

Jill zuckte mit den Schultern. »Er lebt in Kapstadt und kommt nur selten hierher, er ist auch nur ein entfernter Cousin. Aber ich weiß nicht, was er mit den Dumas zu tun hat. Ich werde Jonas fragen. Bereite alles für eine Nachtfahrt vor, und rufe jeden her, der laufen kann. Wir müssen meine Cousine finden, ehe … Wir müssen sie einfach rechtzeitig finden«, schloss sie lahm, ließ ihre beiden Ranger stehen und ging ums Haus herum zur Rezeption.

Jonas war dabei, für heute Schluss zu machen. Als er sie sah, breitete sich ein hoffnungsvolles Lächeln über seinem Gesicht aus. »Jill, habt ihr sie gefunden?«

»Nein«, antwortete sie kurz. »Das wüsstest du längst. Aber kannst du mir sagen, weswegen Mr und Mrs Duma noch zwei Tage auf Inqaba bleiben wollen? Warum sind sie eigentlich hier? Eine Safari scheinen sie nicht machen zu wollen, und etwas anderes kann man auf Inqaba schwer unternehmen.«

Jonas warf ihr einen grübelnden Blick zu. »Darüber habe ich mich auch schon gewundert. Ich habe den Eindruck, dass sie hier lediglich Mr Mellinghoff treffen wollten. Vielleicht haben sie sich lange nicht gesehen, und Inqaba ist für beide am besten zu erreichen gewesen. Auf jeden Fall sind sie außerordentlich ruhig und anspruchslos. – Merkwürdigerweise wirken sie nervös und etwas niedergeschlagen«, setzte er nachdenklich hinzu.

»Schicke ihnen doch einen Früchtekorb auf Kosten des Hauses hinauf. Vielleicht muntert sie das auf.«

»Mach ich«, sagte Jonas und schaltete seinen Computer aus.

Jan Mellinghoff klopfte scharf an Vilikazis Tür. »Es gibt ein Problem«, sagte er, als Vilikazi ihm öffnete.

Der kahlköpfige Zulu schloss die Tür hinter ihm. »Ein Problem?«

Ohne ihm zu antworten, ging sein weißer Freund auf die kleine Gestalt zu, die am Fenster lehnte, und nahm sie beim Arm. »Gugu, setz dich bitte hin …«

Mit erstaunlicher Kraft riss sie ihm den Arm weg. »Warum soll ich mich hinsetzen?«, rief sie alarmiert. Ihre Augen funkelten durch das Stoffgitter ihrer Burka, eine Hand befühlte nervös die Kaposikröte an ihrem Hals. »Willst du mir etwas schonend beibringen? Es gibt nichts mehr auf dieser Welt, was mich schrecken könnte. Also sag es einfach!«

Jan spürte eine heiße Welle des Mitleids mit ihr, weil ihm klar war, dass die Nachricht, die er ihr bringen musste, die eine war, die sie doch bis ins Zentrum ihres Seins treffen würde. »Bitte, Gugu …«

Aber sie schüttelte verbissen den Kopf. »Raus damit, ohne Umschweife!«

»Nun gut.« Jan vermied es, ihr in die Augen zu sehen, blieb aber in ihrer unmittelbaren Nähe stehen, falls seine Worte sie tatsächlich umwerfen sollten. »So wie es aussieht, hat der Vice-Colonel Benita in deinem Haus aufgespürt und hält sie offenbar dort fest.«

Die Burka bebte, und er streckte seinen Arm aus, um Gugu zu stützen. Aber sie richtete sich zu ihrer vollen Größe auf, nur ihre am Fensterrahmen festgekrallte Hand zeigte ihre innere Aufruhr. »Was heißt: ›so wie es aussieht‹ und ›offenbar‹? Hat er sie, oder hat er sie nicht.«

Jan wiederholte das, was ihm Roderick am Telefon gesagt hatte. »Phika Khumalo konnte anscheinend nicht frei reden. Wer weiß, was sich in dem Haus abgespielt hat. Er hat nur diesen einen Satz als Hinweis gegeben: Er hat sie. Gloria Pryce, die Roderick begleitet, will einen Mann mit hellblondem oder weißem Haar gesehen haben.« Er verstummte, hob nur hilflos die Hände. »Ich weiß, dass das nur ein dünner Beweis ist, aber nachdem sie dem Vice-Colonel dein Foto hingeworfen hat, wird er gewusst haben, wen er wirklich vor sich hatte, und entweder hat er sich noch daran erinnert, wo euer Haus gewesen ist, oder schlicht bei den Behörden nachgefragt hat, wem das heute gehört, und Bingo! Benitas Name ist hochgekommen. Der Rest wird Vermutung gewesen sein. Leute aufzuspüren und einzufangen ist schließlich sein Beruf gewesen, in dem er grausam gut war.«

»Oder jemand hat sie gesehen und es ihm gesagt. Seine Bodyguards vielleicht. Ich nehme an, du hast ebenfalls gesehen, wie sie mit zwei Uniformierten in den Busch gelaufen sind?« Vilikazi war auch ans Fenster getreten und wandte sich jetzt um. Sein Gesicht war eine Maske der Wut und des Schmerzes. »Aber wie können wir sie da herausholen? Wir sind nur zu dritt, und dieser Roderick hat ein Gipsbein und ist obendrein vermutlich ein verweichlichter Städter. Der ist höchstens ein Hemmnis.«

»Lasst mich überlegen, wen wir hier in der Gegend haben, den wir schnell aktivieren können …«, sagte Jan mit gerunzelter Stirn.

»Mich«, sagte Gugu und ließ den Fensterrahmen los.

»Red keinen Unsinn«, fuhr Vilikazi sie an. »Entschuldige«, setzte er sofort zerknirscht hinzu. »Ich wollte nicht so grob sein, und du weißt, wie es gemeint ist, hoffe ich.«

»Schon gut, natürlich habe ich es richtig verstanden. Aber verstehst du denn nicht? Wenn der Vice-Colonel mich sieht, weiß, wer ich bin, dann weiß er auch, dass ich die Hauptzeugin gegen ihn bin, und Benita ist für ihn keine unmittelbare Bedrohung mehr. Er kann mich haben, wenn er Benita freilässt. Lange wird er an mir so und so keine Freude haben.« Zähne schimmerten hinter dem Gesichtsgitter.

Die beiden Männer starrten sie entsetzt an. »Du bist verrückt, Gugu, du willst dich doch nicht noch einmal diesem Monster ausliefern! Mein Gott, das kannst du nicht tun. So etwas ist unmenschlich ...«

Ein Zittern überlief Gugu Steinach. Die Burka bebte. »Ich habe nicht mehr lange, das wisst ihr, ich bin nur noch ein nutzloses Stück Abfall ...«

»Gugu, hör sofort auf!«, fuhr Jan sie heftig an. »Ich erlaube nicht, dass du so über dich sprichst!« Er konnte den Gedanken daran, welche Qualen diese Seuche noch für sie bereithielt, nicht ertragen.

»Trotzdem stimmt es«, entgegnete Benitas Mutter. »Wenn ich meine Tochter befreien kann, ihr das Leben, ihre Freiheit und ihren inneren Frieden wieder zurückgeben kann, dann habe ich meine Mission erfüllt. Nehmt mir das nicht weg. Bitte.« Ihre Stimme brach bei dem letzten Wort.

Über Vilikazis versteinertes Gesicht lief eine Träne. Gugu streckte eine Hand aus und wischte sie sanft weg. Für einen flüchtigen Moment ließ sie ihre verkrümmte Hand auf seiner Wange ruhen. Die andere war noch am Fensterrahmen festgeklammert.

»Es ist gut, mein Lieber. Die Vorstellung, an dieser Krankheit so jämmerlich zu verenden wie einige unserer Freunde, die ist schlimmer als die, diesem Kerl noch einmal gegenüberzutreten. Was kann er mir denn schon antun, was er mir noch nicht angetan hat?« Verstohlen tastete sie nach dem Messer in der Tasche der Burka. Es war ein Springmesser, dünn und von ihr mit Hingabe so scharf geschliffen, dass es ohne Druck durch Papier schnitt.

»Und was ist mit Benita?«, flüsterte Jan. »Sie wird dich sehen, sie wird erfahren, wer du bist.«

»Nein, wird sie nicht. Sie sieht eine Frau in einer Burka … Aber ich werde sie sehen«, setzte sie leise hinzu, als spräche sie zu sich selbst. »Vielleicht werde ich sie sogar berühren können … Ihre Haut war so weich … wie ein Pfirsich hat sie geduftet …« Ihre Stimme ertrank in dem Ozean ungeweinter Tränen, den sie in sich trug.

Zitterndes Schweigen senkte sich über die drei Menschen. Jeder war tief in seine eigenen Gedanken verstrickt, jeder sah seine eigenen Bilder vor sich, davon, wie diese Szene ablaufen würde. Schließlich seufzte Vilikazi tief auf und strich sich über den Schädel. Dann schüttelte er langsam den Kopf, sagte aber nichts. Er konnte Gugus Denkweise nachvollziehen. Auch er hatte Freunde einen abscheulichen, entwürdigenden Aids-Tod sterben sehen.

»Nun gut«, sagte er endlich. »Wir nehmen Jans Auto, das ist ein Geländewagen und schneller und bequemer als unseres. Wir sollten keine Zeit verlieren und sofort aufbrechen. Dir ist aber klar, dass auch andere jetzt Bescheid wissen werden, dass du noch am Leben bist?«

Gugus Schultern strafften sich. Sie nickte und ließ den Fensterrahmen los. Der Tag war gekommen. Endlich. Ihre jahrelange Wut kondensierte sich jetzt zu einem letzten Energieschub. Nichts tat ihr mehr weh, sie spürte ihre alte Kraft in den Adern, ihren Mut. Sie lachte laut, erschreckte Vilikazi und Jan damit fürchterlich und wehrte ihre stützenden Hände ab.

»Mir geht es gut, ganz wunderbar! Ich möchte noch kurz ins Badezimmer, dann lasst uns fahren!« Sie marschierte mit energischen Schritten zur Badezimmertür, öffnete sie und schloss sie sorgfältig hinter sich.

Die beiden Männer hatten ihre Verwandlung verblüfft mit angesehen. Vilikazi warf seinem weißen Freund einen fragenden Blick zu.

Jan hob die Schultern. »Mutterliebe?«, sagte er leise.

»Oder Hass«, gab Vilikazi zurück. »Verzehrender, brennender Hass.«

Gugu hörte nur das Murmeln ihrer Stimmen, achtete aber nicht weiter darauf. Sie musste sich auf das konzentrieren, was sie zu tun im Begriff war. Aus der tiefen Tasche ihres Gewandes beförderte sie einen kurzen Strick und die Spritze hervor und legte beides auf den Waschbeckenrand. Dann krempelte sie die Burka hoch und schlang den Strick geschickt um ihren linken entblößten Oberarm, hielt das eine Ende mit der rechten Hand, zog das andere mit den Zähnen stramm. Ein paar Mal öffnete und schloss sie ihre linke Faust, bis ihre Venen deutlich hervorstanden, entfernte die Kappe von der Nadel und stach langsam zu.

Es bedurfte mehrerer Versuche, sie musste sogar auf die Venen auf ihrem Handrücken ausweichen, bis ihr Blut endlich in die Spritze lief. Als sie voll war, zog sie sie heraus und setzte die Kappe wieder auf die Nadel, löste den Strick und steckte die Spritze sorgfältig weg. Dann benutzte sie die Toilette.

Sie wirkte fröhlich und entspannt, als sie sich wieder zu den Männern gesellte.

»Auf geht's!«, rief sie.

Es war stockdunkel, als der am Straßenrand unter einem überhängenden Baum geparkte Wagen Rodericks im Kegel ihrer Scheinwerfer aufleuchtete.

»Da sind sie«, sagte Jan, stellte sein Auto direkt dahinter ab, schaltete den Motor aus und stieg aus.

Auch Roderick hatte sie gesehen und öffnete die Wagentür. »Jan, wer ist bei Ihnen?«, rief er gedämpft.

Der Südafrikaner drehte sich um und winkte Vilikazi und Gugu, näher zu kommen. Schweigend wartete er, bis der alte Zulu Benitas Mutter beim Aussteigen geholfen und sie hinüber zu dem Wagen des Engländers geleitet hatte.

Roderick und Gloria saßen noch im Auto, das Licht aus dem Wageninneren fiel auf die drei Menschen, die vor ihnen auf der Straße standen. Erstaunt betrachtet Roderick die schwarz verhüllte Gestalt und sah Jan Mellinghoff fragend an.

»Vilikazi Duma, ein alter Freund und Weggefährte«, stellte Jan den Mann vor. Dann legte er Gugu die Hand auf die Schulter. »Gugu Steinach, Benitas Mutter.« Er kam nicht dazu, Roderick und Gloria vorzustellen.

»Was?«, röhrte Roderick. »Wiederholen Sie das!«

Gugu trat vor. »Ich bin Gugu Steinach, Benitas Mutter. Es ist schön, Sie kennenzulernen.«

»Ich dachte … Benita hat gesagt …«, stotterte Roderick, wusste nicht, wie er ausdrücken sollte, was ihm auf der Zunge lag. »Sie glaubt, Sie sind tot«, sagte er endlich.

Gugu stieß ein freudloses Lachen hervor. »Da hat sie recht. Eigentlich bin ich das. Wer sind Sie?«

Roderick starrte sie an. »Ihr Boss und ihr zukünftiger Ehemann.« Es erstaunte ihn am meisten, dass er das so klar ausgesprochen hatte. »Ich liebe sie«, setzte er hinzu.

Gugu trat näher und musterte den Engländer eindringlich. Er hat ein gutes Gesicht, dachte sie, kein glattes, selbstzufriedenes, das von zu gutem Leben schon schwammig geworden war, sondern eines, das Lebensspuren und Kanten zeigte und von großer innerer Kraft sprach. Langsam wanderte ihr Blick weiter, suchte seine Augen, sah, dass sie voller Anteilnahme auf ihr ruhten, voller verhaltener Leidenschaft. Verstohlen seufzte sie auf. Der Mann gefiel ihr, er erinnerte sie an ihren Michael.

»Sie gefallen mir«, sagte sie laut. »Meine Tochter ist gut bei Ihnen aufgehoben.« Sie streckte ihm ihre vernarbte Hand hin.

Roderick ergriff sie, war entsetzt, dass sie nur aus Haut und

Knochen bestand. Wie ein winziges Vögelchen ohne Federn lag sie in seiner Hand.

»Versprechen Sie, dass Sie für sie sorgen werden, für den Rest ihres Lebens?«, fragte Gugu Steinach mit fester Stimme, spürte die Kraft und Wärme seiner Hand und musste mit der unbändigen Sehnsucht nach Michael, nach ihrem Mann, kämpfen.

»Ich verspreche es«, stotterte Roderick, gab ihre Hand vorsichtig frei und lehnte sich zurück. Er hatte das verwirrende Gefühl, ausgezeichnet worden zu sein und gleichzeitig ein Eheversprechen abgegeben zu haben, und das verschlug ihm für einen Moment die Sprache.

»Gut«, flüsterte Gugu. »Vergessen Sie das nie.«

Roderick schwang sein Gipsbein aus dem Wagen und ließ sich auf den Boden gleiten. Ernst schaute er auf Benitas Mutter herunter. »Auch das verspreche ich«, sagte er.

Gloria presste bei dieser Szene ihre Hände auf ihrem Schoß zusammen und wandte ihre gesamte Selbstbeherrschung auf, um sich nicht zu verraten. Es war vorbei. Sie hatte ihn verloren. Für Sekunden glaubte sie zu fallen, immer weiter, in ein bodenloses schwarzes Loch der Einsamkeit. Unwillkürlich fielen ihre Augen über Rodericks Schulter auf den blonden Kopf Jan Mellinghoffs. Vielleicht, dachte sie. Vielleicht.

Roderick stützte sich gegen das Auto ab, um das Gewicht von seinem verletzten Bein zu nehmen. »Aber … was … ist denn damals passiert? Benita glaubt … Ich glaubte …« Er verstummte verlegen.

Gugu senkte den Kopf, musste sich sammeln, bevor sie das in Worte fassen konnte, was ihr vom Vice-Colonel angetan worden war. »Sie hatten … der Vice-Colonel hatte … mich gefoltert und dann auf einen Scheiterhaufen geworfen und diesen angezündet«, wisperte sie und holte rasselnd Luft. »So haben sie das mit ihren toten Folteropfern immer gemacht … War einfacher und mit weniger Arbeit verbunden, als sie einzugraben … Aber ich war nicht tot, nur bewusstlos, und ich wachte auf … von der Hitze der ersten Flammen … und sah Benita …« Wieder musste sie eine Pause machen.

Vilikazi war neben sie getreten, wagte aber nicht, sie zu berühren. Beschützend stand er dicht neben ihr. Niemand sagte ein Wort, sogar die Nachtvögel schienen erschrocken zu schweigen.

Die Augen hinter dem Gesichtsgitter schimmerten feucht im schwachen Licht der Wagenbeleuchtung. »Ich schrie ihr zu wegzulaufen … hatte entsetzliche Angst, dass sie mein jämmerliches Gepiepse nicht verstehen konnte, weil ich zu schwach war, um wirklich laut schreien zu können.« Ein geisterhaftes Lächeln huschte über das zerstörte Gesicht und ließ die Augen plötzlich aufleuchten.

»Aber sie hörte es und lief, meine Kleine rannte so schnell wie der Wind, aber die Kerle verfolgten sie, und dann hörte ich einen Schuss … vor Schreck habe ich mich aufgebäumt, spürte plötzlich eine unglaubliche Kraft … Ich rollte von dem Scheiterhaufen herunter auf den Boden, zappelte ein bisschen, wand mich fort von dem Feuer … Vor Schmerzen habe ich fast die Besinnung verloren, aber nur fast … Ich konnte nicht mehr gehen … der Schraubstock … meine Beine …« Sie verstummte, hechelte mehrmals und zwang sich mit sichtbarer Anstrengung weiterzusprechen.

Die anderen Anwesenden vergaßen zu atmen. Ihre Gesichter schimmerten vor Schock leichenblass, während diese kleine Frau mit ruhiger Stimme von Dingen erzählte, die so unmenschlich waren, dass schon ihre Worte allein die Zuhörer sich vor Schmerzen krümmen ließen.

Jetzt bekam Gugu wieder besser Luft und konnte leise weitersprechen. »Meine Beine …«, wiederholte sie. »Er hatte mir die Achillessehnen durchtrennt, das machten sie immer als Erstes …, wie bei gefangenen Tieren, wissen Sie, die man an der Flucht hindern will … Ich hatte das Glück, dass der Scheiterhaufen an einem Abhang lag, der zu einem Fluss abfiel, und ich hatte nur einen Gedanken: Ich musste diesen Fluss erreichen, das kühle Wasser, und dann würde alles wieder gut werden … Ich packte das Gras und zog mich vorwärts …« Sie umklammerte ihre Oberarme, horchte in sich hinein. »Und ich schaffte es«, wisperte sie, und Stolz schwang in ihrer Stimme. »Ich schaffte es und rollte und rollte, bis ich ins Wasser fiel.«

Sie starrte an Roderick vorbei in die Vergangenheit, und allen Umstehenden stand deutlich vor Augen, was sie sehen musste. Gloria fing an, unbeherrscht zu zittern. Roderick legte ihr instinktiv die Hand auf die Schulter.

Gugu hustete, wischte die Hände an der Burka ab. »Es war wunderbar, das Wasser war kühl, kühlte die Brandwunden … Es war lange trocken gewesen, der Fluss war seicht, und das war mein Glück. Er war so flach, dass mein Kopf nicht unter die Oberfläche geriet … dann … dann….« Ihre Hände flatterten. »Danach kann ich mich nur noch an Schmerzen erinnern.«

Niemand konnte reden, allen war die Kehle wie zugeschnürt. Endlich räusperte sich Vilikazi. »Ich hab sie am nächsten Tag gefunden. Sie war fast tot. Ohne viel Hoffnung habe ich sie zu einer befreundeten Ärztin gebracht. Es hat Monate gedauert, bis sie Gugu einigermaßen zusammengeflickt hatte, aber es gelang ihr. Eigentlich hat sie nur das Wissen am Leben gehalten, dass Benita es geschafft hat, sich in Sicherheit zu bringen, obwohl der Vice-Colonel den ganzen Tag auf der Suche nach ihr war. Deswegen ist er erst spät, kurz vor Dunkelheit, zum Scheiterhaufen zurückgekehrt. Er fand ihn völlig heruntergebrannt vor, und er hat offenbar geglaubt, dass Gugu …«, er machte eine hilflose Handbewegung, »… dass Gugu eben auch verbrannt war. Er hat nicht weiter nach ihr gesucht.«

»O mein Gott«, wimmerte Gloria, wehrte sich gegen das, was sie jetzt sah und von dem die anderen hier keine Ahnung hatten. Das bluttriefende, schreiende Kaninchen, die zappelnden Jungen, die noch in der Membran steckten … sein Lachen. Und die Augen. Sie schüttelte sich und würgte, verbarg ihr Gesicht an Rodericks Brust.

Die Worte waren wie ein Steinhagel auf Roderick heruntergeprasselt. Nicht in seinen wildesten Albträumen hätte er sich diese Unmenschlichkeiten ausmalen können. Er musste seine Kehle freihusten, ehe er sprechen konnte. »Bevor wir hier in Aktionen ausbrechen, müssen Sie noch etwas wissen, Mrs Steinach …«

»Gugu«, unterbrach ihn die Chamäleonfrau. »Michael nannte mich Gugu. Das heißt Schatz in Ihrer Sprache«, setzte sie leise hinzu.

Roderick nickte. »Gugu. Es gibt ein Problem, von dem ich nicht weiß, wie wir es lösen können. Verzeihen Sie, wenn ich es so deutlich ausspreche, aber es wird Benita völlig aus der Bahn werfen, Sie zu sehen«, sagte er. »Was Sie nicht wissen können, ist, dass … Ihre Tochter unter Amnesie leidet. Das heißt, sie hat das, was sie gesehen hat, das, was Sie … eben beschrieben haben, vergessen, kann sich allenfalls an Fragmente erinnern. Es war zu viel für sie gewesen, und ihre Seele hat auf diese Weise die Notbremse gezogen. Diese Reise nach Südafrika war meine Idee. Ich glaubte, wenn sie erst einmal wieder die vertrauten Orte sieht, wieder Menschen trifft, die sie gern mögen, würde ihr das helfen. Aber jetzt ist alles völlig außer Kontrolle geraten, und ich habe panische Angst, dass Benita Ihr plötzliches Erscheinen nicht verkraften wird … über den Rand gestoßen wird … Davor habe ich einfach furchtbare Angst …«

Wieder senkte sich Schweigen zwischen die fünf Menschen. Jeder starrte vor sich hin. Roderick malte Muster in den weichen Sand der Böschung, Gloria zündete sich mit bebenden Fingern eine Zigarette an und sog so verzweifelt daran, als hinge ihr Leben davon ab. Jan Mellinghoff kickte einen Stein herum, und Vilikazi hatte seine Pistole in der Hand und prüfte sie eingehend.

»Es ist doch ganz einfach«, meldete sich Gloria zum ersten Mal zu Wort, und alle schauten sie überrascht an. »Wenn sie wirklich da drin ist und der Vice-Colonel sie in seiner Gewalt hat – sicher sind wir uns da ja wohl noch nicht, aber nehmen wir es einmal an –, heißt es für sie entweder, dass dieses Monster sie nach all diesen Jahren doch noch kriegt oder dass sie erfährt, dass ihre Mutter noch lebt. Ich kenne Benita. Sie ist kein Jammerlappen. Sie ist stark. Sie wird das packen.«

Gloria starrte durch den Zigarettenqualm auf die Frau in der Burka und entschied, sie nicht auf die Möglichkeit hinzuweisen, dass der Vice-Colonel und seine Leibwächter sowohl Benita als auch ihre Mutter töten könnten, bevor jemand von ihnen die Chance hatte einzugreifen. Es hatte keinen Sinn, jemandem von vornherein alle Illusionen zu nehmen, bevor er den großen Kampf hinter sich hatte. Außerdem gab es immer wieder Wunder auf dieser Welt.

Gugu entwich ein harter Schluchzer. »Vielleicht weiß sie es doch. Nachdem ich vor einiger Zeit aus einem Zeitungsartikel erfahren habe, dass sie lebt und wo sie lebt, habe ich ihr, ohne Absender, ein Zeichen geschickt. Etwas, von dem nur sie, Michael und ich wussten. Sie muss es verstanden haben, denn sie ist gekommen. Vielleicht kann sie sich nicht bewusst erinnern, aber …« Sie brach ab und schwankte.

Vilikazi sprang vor und legte einen Arm um sie. Das Gespräch mit Sarah fiel ihm ein und die Tonfiguren, von denen sie erzählt hatte, dass sie die bei einer jungen Frau in Umhlanga gesehen habe. »Es war ein kleines Flusspferd aus Ton, nicht wahr? Ein Imvubu?«

»Ja«, rief Gugu erstaunt. »Ja. Woher weißt du das?«

Er erzählte es ihr. »Du hast recht, Benita ist auf der Suche nach dir, obwohl ihr das vielleicht nicht klar ist.«

Energisch steckte er seine Pistole wieder in den Hosenbund, doch jetzt war der Knauf nicht mehr unter seinem Hemd versteckt. Griffbereit ragte er aus dem Gürtel. »Wir müssen uns beeilen. Was machen wir jetzt?«

Gugu sagte es ihm. »Ich werde dem Vice-Colonel zeigen, dass die Hauptzeugin gegen ihn – die, die ihn heute für den Rest seines Lebens hinter Gitter bringen wird – noch sehr lebendig ist. Dann wird er sich auf mich stürzen, und Benita ist frei.«

»Und dann?«, flüsterte Gloria kreideweiß. »Sie überleben das doch nicht.«

»Wer weiß«, antwortete Gugu Steinach mit einem Lächeln in der Stimme und befingerte vorsichtig ihre Spritze. Das Messer steckte in der anderen Tasche. Als Versicherung. »Wer weiß.«

Vilikazi warf ihr unter gerunzelten Brauen einen prüfenden Blick zu, entschied dann aber, dass Gugus Worte nur eine Redewendung waren, um die weiße Frau zu beruhigen.

»Ich fahre mit Vilikazi und Jan voraus«, verkündete Gugu, und als Jan sie unterbrechen wollte, hob sie gebieterisch die Hand. »Das ist meine Show, Jan. Vermutlich die letzte, die ich in meinem Leben abziehen werde, und wir machen es so, wie ich es möchte. Also, wir fahren voran, Sie, Roderick, folgen uns. Und wenn wir dort sind, wenden Sie Ihr Auto sofort, das ist wichtig, hören Sie. Sie wenden auf der Stelle, egal, was hinter Ihnen passiert. Inzwischen gehe ich ins Haus. Ich zähle auf das Überraschungsmoment, wenn dieses Schwein merkt, dass es ihm an den Kragen geht.« Ihre Stimme war laut und harsch geworden. Sie fixierte Roderick. »Wenn Benita sich befreien kann, müssen Sie meine Tochter in Sicherheit bringen. Schwören Sie das?«

»Ich schwöre es«, antwortete Roderick mit versteinertem Gesicht. »Hat irgendjemand eine Waffe bei sich, damit wir den Kerl und seine Bodyguards in Schach halten können?«

Vilikazi zögerte, spürte die schwere Wärme seiner Pistole im Hosenbund. »Zur Not«, knurrte er und klopfte auf die Waffe.

»Du gehst da nicht allein rein, Gugu, das lasse ich nicht zu«, stellte Jan klar. »Dich schnippt er mit einem Finger weg, du bist viel zu schwach.«

»So ist es«, schloss sich Vilikazi an. »Wir gehen alle zusammen.«

Zu beider Überraschung nickte Gugu Steinach ihre Zustimmung. »Danke. Ich gehe also voran, und ihr gebt mir Rückendeckung.« Sie ließ sich nicht anmerken, was sie wirklich vorhatte. Bevor die beiden überhaupt reagieren könnten, würde sie schon das erledigt haben, was sie sich so lange vorgenommen hatte. Was danach kam, war ihr völlig egal.

»Okay«, sagte Vilikazi. »Hamba!«

23

Ihre Aufmerksamkeit wurde von der flackernden Kerze auf dem Tisch eingefangen, die bizarre Schattenbilder über die verdreckten Wände und das blinde Fenster warf, und so roch sie ihn, bevor ihr tatsächlich bewusst wurde, dass sie nicht mehr allein im Raum war. Als ihr Gehirn endlich den Geruch von Rauch und Schweiß in Verbindung zur Anwesenheit eines anderen Menschen brachte, war es zu spät. Sie konnte nicht mehr reagieren. Der Arm drückte ihr die Luft ab, der kühle Stahl eines Messers kitzelte ihre Kehle. Schreien konnte sie nicht, auch nicht sich fallen lassen, wie ihr das Adrian beigebracht hatte, um das Überraschungsmoment auszunutzen, freizukommen und dem Angreifer zwischen die Beine zu treten. Das Messer war bereits durch ihre Haut gedrungen. Sie wagte nicht, sich zu rühren.

»Lass sie los«, sagte unvermittelt eine raue Stimme hinter ihr. »Es ist Gugus Tochter.«

Phika Khumalos Stimme. Erleichterung durchflutete sie.

Ihr Angreifer, es war Phikas Freund Themba, gab sie frei. »Eh, tut mir leid …« Er lachte verlegen und wies mit der Hand auf ihre Verkleidung. »Die ist gut, Mann, wirklich gut …« Immer noch glucksend verließ er den Raum. »Muss mal raus«, erklärte er kurz und verschwand.

Benita vermutete, dass er sich erleichtern musste. Der Gestank sagte ihr, dass das Wasserklosett längst verstopft war und die Sickergrube übergelaufen.

Phika Khumalo ließ sich auf einen Stuhl fallen. Seine mahagonibraune Haut hatte einen aschigen Unterton. Er hatte Schmerzen, vermutete Benita, oder Fieber. Oder beides. Sie streckte gerade die Hand aus, um seine Stirn zu fühlen, als es geschah.

Es krachte, Holz splitterte, die Tür flog aus den Angeln, und zwei Männer stürmten in den Raum, ein dritter folgte ihnen. Der blieb vor ihr stehen. Sein Haar schimmerte weiß im Kerzenlicht, und obwohl seine Gesichtszüge im Schatten lagen, erkannte Benita sofort, wen sie vor sich hatte. Den Vice-Colonel. Den Mann mit dem Schraubstock. Ihr wurde übel.

Der Mann stutzte, erkannte sie im trüben Licht nicht in ihrer Verkleidung, und für einen wilden Moment wurde sie von der kindischen Hoffnung überflutet, dass er unverrichteter Dinge wieder abziehen würde.

Aber er knipste eine Taschenlampe an und richtete den Strahl auf sie, dann lachte er trocken auf. »Einen wunderschönen guten Abend, Miss Steinach.« Er nahm seine dunkle Brille ab. »Kompliment, Ihre Verkleidung ist clever. Aber eben nicht clever genug, nicht wahr? Ich habe Sie doch erkannt.«

Der Schock, diesen Namen aus seinem Mund zu hören, verschlug ihr die Sprache, der gletscherkalte, grausame Blick verursachte ihr zähneklappernden Schüttelfrost. Sie ging in die Knie.

Der Vice-Colonel indes schnippte mit den Fingern und zeigte auf Phika Khumalo. Seine Leibwächter packten den Zulu, der sich zwar heftig wehrte, dabei die Kerze umstieß, die auf den Boden rollte, aber als einer der Angreifer seinen Daumen in seine Brustwunde bohrte, brüllte er vor Schmerz und fiel auf den Stuhl zurück. Der Vice-Colonel trat die Kerzenflamme aus, die einen Lumpen zu entzünden drohte, und stellte die Taschenlampe so auf den Tisch, dass ihr Lichtkegel zur Decke schien.

»So, nun wollen wir uns mal unterhalten …« Er griff nach einem Stuhl, wollte ihn heranziehen, als das Geräusch von Schritten, die sich dem Haus näherten, ihn erstarren ließ. Eine Pistole erschien in seiner Hand. »Ruhe«, knurrte er.

Auch Themba hatte keine Chance. Als er die Tür aufstieß und in die Pistolenmündung blickte, ließ er seine Hand zwar zu seiner Waffe schnellen, aber es war zu spät. Es knallte, sein Kopf flog nach hinten, die Kugel pflügte eine tiefe Furche über seine Wange, riss die Hälfte seines Ohrs ab und zerfetzte seine Kopfschwarte. Im nächsten Augenblick lag er auf dem Boden, und Benita glaubte, dass er tot war, schrie laut auf und wollte sich auf den Vice-Colonel stürzen. Der schlug ihr mit dem Handrücken ins Gesicht, stieß sie auf einen Stuhl, riss ihre Leinenjacke weg, schnitt diese mit einem Taschenmesser in Streifen und fesselte ihre Hände hinter der Stuhllehne, ließ aber die Beine frei.

Phika Khumalo neben ihr war nicht so gut dran. Die Leibwächter waren dabei, ihn wie einen Rollbraten zu verschnüren, gingen ungemein grob dabei vor, ja es machte ihnen augenscheinlich Spaß, dem Zulu die größtmöglichen Schmerzen zuzufügen. Benita bemerkte mit Besorgnis, dass sich auf dem schmutzigen Schulterverband ein nasser roter Fleck beängstigend rasch ausbreitete. Seine Wunde blutete also wieder.

Sie ließ den Blick verstohlen durch den Raum wandern. Der Schein der Taschenlampe war schwach, nur die Mitte des Raumes war trübe beleuchtet. Die Ecken lagen im Schatten, was unter den gegebenen Umständen einen unheimlichen Effekt hatte.

Themba lag, stark aus der Kopfwunde blutend, zu Phikas Füßen am Boden und rührte sich nicht. Aber er lebte glücklicherweise noch, sie konnte seinen Puls als zuckenden Schatten an seinem muskulösen Hals pochen sehen. Er schlug schnell, aber noch erstaunlich kräftig.

Zum wiederholten Male fragte sie sich, wie der Vice-Colonel wissen konnte, dass sie sich hier versteckt hatte. Ziko hatte sie nicht verraten, dessen war sie sich sicher. Als sie auf den Weg getreten und seinen Wagen angehalten hatte, hatte er sie im ersten Augenblick gar nicht erkannt. Als sie ihn darüber aufklärte, wen er vor sich hatte, wurde sein Gesicht sofort zu einer misstrauischen dunklen Maske, und er wollte ohne sie weiterfahren.

»Warte«, hatte sie gerufen. »Bitte.« Dann hatte sie ihm in wenigen Worten erläutert, um was sie ihn bitten wollte.

»Mein Leben hängt davon ab, Ziko«, flehte sie. »Und der Dienst, den du mir damit erweist, ist mit Geld nicht zu bezahlen, denn ich bewerte mein Leben höher als alles Geld, das es gibt. Trotzdem bitte ich dich, dass ich Busi eine neue Prothese bezahlen darf, eine wirklich gute, mit der sie laufen kann, als wäre das Bein aus ihrem Fleisch und Blut, und dass sie im Umhlanga Rocks Hospital behandelt wird. Vielleicht kann ihr linkes Bein gerettet werden. Dann hättest du zwei gesunde Frauen, Ziko, und bald viele Kinder. Dein Alter wird angenehm werden. Das wäre mein Dank an dich.«

Ziko hatte den Fuß vom Gas genommen und sie durch seine blinkenden Brillengläser argwöhnisch angesehen. Sie konnte förmlich sehen, wie es hinter seiner Stirn arbeitete. Mit angehaltenem Atem hatte sie gewartet, und dann, wie die Sonne nach einem Gewitter, war langsam ein Lächeln über das braune Gesicht gezogen, und er hatte genickt. »Yebo«, hatte er gesagt. »Yebo. Zwei Frauen. Das wäre gut.« Damit hatte er ihr die Wagentür geöffnet und sie, obwohl die Dämmerung schon ihre blauen Schleier über den Busch legte, zu ihrem Haus am Umiyane gefahren.

Und deswegen würde Ziko sie nicht verraten. Außerdem hatte er keine Möglichkeit gehabt, denn der Vice-Colonel war mit seinen Kettenhunden nur kurz nach ihr im Haus am Umiyane aufgetaucht, und ihr war sofort der Verdacht gekommen, dass er bereits auf sie gewartet hatte. Ziko befand sich zu der Zeit mit Sicherheit noch auf dem Weg nach Inqaba. Nein, entschied sie, der war es nicht, und noch unwahrscheinlicher war es, dass Phika oder Themba sie verraten hatten. Sie hätten sich damit nur selbst ans Messer geliefert. Buchstäblich.

Anschwellendes Motorengeräusch unterbrach ihre Überlegungen. Ein Fahrzeug war aufs Grundstück gefahren. Der Colonel stieß einen Knurrlaut aus und spähte aus dem verschmutzten Fenster. »Verflucht«, murmelte er, fuhr herum und zeigte auf Khumalo. »Bindet den da los«, befahl er seinen Bodyguards, wartete voller Ungeduld, bis seinem Befehl Folge geleistet war.

»Frag, wer es ist, frag, was sie wollen, und dann sag ihnen, sie sollen abhauen, sag ihnen, dass außer dir niemand hier ist«, instruierte er den Zulu. »Ganz besonders nicht unsere Miss Steinach hier. Verstanden?« Er schlug Phika Khumalo auf die verletzte Schulter, lachte, als der eine Bewegung machte, als wollte er ihm an die Kehle springen.

»Lass das, du wärst tot, bevor du mich erreichst«, zischte der Vice-Colonel. »Und jetzt raus, und mach es gut, rate ich dir.«

Phika starrte ihn sekundenlang mit einem Blick an, der Benita an schwelende Kohlen erinnerte, wandte sich dann aber wortlos um, verließ das Haus und entfernte sich. Stille senkte sich über den Raum. Nur eine Fliege flog knallend gegen das Fenster, rutschte daran herunter, fiel auf den Boden und kreiselte kopflos auf dem Rücken. Der Vice-Colonel tat einen Schritt und zertrat sie. Es gab ein knirschendes Geräusch, dann herrschte wieder angespanntes Schweigen.

Schließlich kehrte Phika zurück. »Touristen«, sagte er. »Haben sich verfahren.«

Während der Colonel ihn abwägend musterte, offensichtlich zu entscheiden versuchte, ob er ihm glauben konnte, packten ihn die Leibwächter und verschnürten ihn wieder auf dem Stuhl.

Das Motorengeräusch draußen verlor sich und verstummte dann ganz. Die Leute waren weggefahren. Der Vice-Colonel steckte seine Pistole wieder in den Gürtel. Benita senkte den Kopf.

»Es tut mir leid«, wisperte sie Phika auf Zulu zu.

Zu ihrer Überraschung warf ihr Phika ein winziges verschmitztes Lächeln zu. Sie stutzte. Das war das Letzte, was sie erwartet hatte. Ein Lächeln. Wollte er ihr etwas sagen? War es ihm etwa da draußen doch gelungen, den Insassen des Wagens einen Hilferuf zukommen zu lassen? Sie hatte nicht erkennen können, wer aufs Grundstück gefahren war, hatte nur den Motor gehört, und Phika durfte nicht mit ihr reden. Das hatte der Vice-Colonel beiden handgreiflich deutlich gemacht.

Roderick, dachte sie. Vielleicht war es Roderick. Aber sie wusste, wie töricht diese Hoffnung war. Woher sollte Roderick wissen, wo sie sich versteckt hatte?

»Sie sind doch eine rechte Plage, Miss Steinach«, sagte der Vice-Colonel mit breitem Lächeln. »Erst versuchen Sie, mir das Geschäft mit der Ashburton-Bank mit diesem dummen Gutachten zu verderben …«

»Das habe ich bereits in Auftrag gegeben«, fuhr sie ihm ins Wort und konnte ein triumphierendes Lächeln nicht unterdrücken. »Ihr Projekt wackelt, und ich bin froh darüber.«

Aber der Vice-Colonel reagierte nicht, redete einfach weiter. »Und dann stellt sich heraus, dass Sie obendrein etwas zu viel über meine Vergangenheit wissen. Viel zu viel, besser gesagt.« Er musterte sie prüfend. »Um genau zu sein, Sie sind die Einzige, die mir heute noch wirklich schaden könnte, und Sie werden einsehen, dass ich das nicht zulassen kann. Im Übrigen danke ich Ihnen für den Hinweis, dass das Gutachten schon in Auftrag gegeben worden ist. So habe ich Gelegenheit, es stoppen zu lassen.« Er lächelte gemein.

»Also war das, was ich gespürt habe, tatsächlich ein Nachbeben gewesen, und das *Zulu Sunrise* hat Schaden genommen?«, sagte sie, um ihn abzulenken. »Ich wusste es doch! Ich wusste, dass der Ingenieur …«

Ihr blieben die Worte im Hals stecken, die Erkenntnis traf sie, wie der Blitz die Nacht erhellte. Ihre Augen weiteten sich, als ihr allmählich dämmerte, warum der Ingenieur sterben musste.

»Der Ingenieur«, fuhr sie langsam fort, ohne auch nur für eine Sekunde ihren Blick von dem Mann mit den weißen Haaren zu nehmen, »er wusste von den Schäden, nicht wahr? Er ist nach Inqaba gekommen, um es Ihnen sofort persönlich zu sagen … Sicher hat er Ihnen auch klargemacht, dass er es nicht verantworten kann, dass das *Zulu Sunrise* weitergebaut wird, und deswegen haben Sie sich so gestritten, nicht wahr?« Sie redete immer schneller, davon überzeugt, dass sie der Wahrheit endlich auf der Spur war.

Das Gesicht des Vice-Colonels verlor alle Farbe, seine Züge wurden schärfer, als hätte er innerhalb von Sekunden Gewicht verloren.

»Natürlich!«, flüsterte Benita. »Das hätte nämlich bedeutet, dass das gesamte Projekt, alle bestehenden Gebäude, abgerissen werden müssten und auf dem Untergrund vielleicht gar nicht wieder aufgebaut werden könnten.« Sie sprach langsam, kreiste ihn mit Worten ein, ließ sich dabei von den winzigen Veränderungen seines Gesichtsausdrucks und seiner Körpersprache leiten. »Niemand hätte Ihnen einen Cent geliehen … keine Bank der Welt … Sie waren erledigt … Sie sind erledigt!«, setzte sie triumphierend hinzu.

Jetzt bemerkte sie die ungeheure Spannung, die sich plötzlich des weißhaarigen Mannes bemächtigte. Verschwunden war seine lockere Haltung, der spöttische Blick. Sie hatte ihre Finger auf die Wunde gelegt. Vorsichtig tastete sie sich weiter an die Wahrheit heran, ihre Augen wie festgeklebt auf dem viel zu glatten Gesicht, das in dem trüben Licht wie eine Maske wirkte.

»Ich nehme an, Sie haben Partner?«

Die silbrigen Augen starrten, ohne zu blinzeln, geradewegs in ihre. Ein alter Trick, dachte sie, wenn jemand lügt.

»Ja, ich denke schon«, fuhr sie langsam fort. »Kriminelle Partner, die zu Ihnen passen, wette ich, … Und die machen Sie verantwortlich, wenn dieses Gigaprojekt in die Hose geht … wenn all die Millionen und Millionen einfach im Meer versinken …«

Wie ein lauerndes Reptil rührte der Vice-Colonel keinen Muskel, aber sein Mund wurde zu einem scharfen Strich, und nun blinzelte er doch, nur ein einziges Mal, aber sie sah es, erkannte in diesem Moment, dass sie der richtigen Fährte gefolgt war. Schweigend triumphierte sie. Sie hatte ihn in die Ecke gedrängt. Sie hatte ihn! »Deswegen haben Sie den Ingenieur umgebracht … und Twotimes …« Ihre Worte zitterten im Raum. Aller Augen waren auf den Vice-Colonel gerichtet. »Sie gottverdammtes Schwein«, brach es aus ihr heraus.

»Was sind Sie doch für ein kluges Mädchen«, sagte er leichthin, lächelte dieses Mal aber nicht. Klatschend schlug er mit der Hand auf den Tisch, dass alle zusammenzuckten. »Aber nun genug von dieser Märchenstunde. Ich hab's eilig. Dummerweise haben Sie gerade Ihre Freunde hier auch zum Tode verurteilt, Miss Steinach, denn nun wissen auch die einfach zu viel, und ich nehme an, die schmutzige kleine Schlampe nebenan hat auch zu große Ohren.«

Das niederträchtige Lächeln war wieder da. Benita wusste, dass sie es bis zum Ende ihres Lebens nicht wieder würde vergessen können. Aber das würde keine große Mühe bedeuten, denn dieses Ende war ja offensichtlich nur Minuten entfernt, verspottete sie sich selbst in einem Anflug von Galgenhumor.

Der Vice-Colonel schnippte mit den Fingern. Seine Bodyguards sprangen aus dem Schatten ins schwache Licht. »Du holst den Benzinkanister aus dem Wagen«, sagte er und tippte dem jüngeren auf die Brust. Der spritzte durch die Hintertür davon.

Themba war halbwegs zu sich gekommen, so weit zumindest, um diese Worte zu verstehen. »Dreckiger weißer Hurensohn«, stöhnte er und schrie gleich gellend auf, weil der andere Leibwächter ihm in die Seite trat. Er verstummte schlagartig und verlor erneut das Bewusstsein.

Benita war zu Stein geworden. Benzinkanister.

Feuer. Schreie. Männerlachen.

Der Scheiterhaufen. Die sich windende Gestalt auf dem Scheiterhaufen.

Die weiße Wand in ihr brach zusammen und gab ihr den Blick auf das frei, was sie so lange verborgen hatte.

»Umama!« Der Schrei brach aus ihr heraus. Sie schrie weiter und kämpfte wie ein Berserker gegen ihre Fesseln, aber es gelang ihr nicht, sie zu sprengen. »O lieber Gott, Umama …! Nein …!« Sie schrie und schrie, als Bild auf Bild sie wie eine gigantische Welle überrollte und verschlang, sie hinabzog, tiefer und immer tiefer, bis sie selbst auf dem Scheiterhaufen lag und die Flammen an ihr hochleckten.

Der Vice-Colonel stieß sie mit dem Fuß an und lachte laut. »Sie werden Ihre Mama gleich sehen!« Er hob seinen Blick und deutete nach oben. »Im Himmel.« Wieder lachte er. »Hören Sie endlich auf zu schreien.« Erneut trat er ihr in die Waden, sein niederträchtiges Grinsen nahm eine andere Qualität an. Es verwandelte sich in rohe Gier, Mordlust glühte aus den silbrigen Augen, ein Muskel an seinem Hals zuckte, als er mit dem Fuß ausholte, aber das Geräusch eines Automotors ließ ihn in der Bewegung erstarren, Scheinwerfer huschten über das düstere Innere des Raums. »Klappe«, schnauzte er Benita an und war mit einem Schritt am Fenster.

Ihr Schreien brach unvermittelt ab, sie hob ihr tränenüberströmtes Gesicht, war aber kaum imstande wahrzunehmen, was vor sich ging. Sie hing nur noch in ihren Fesseln.

»Besuch«, knurrte der Vice-Colonel, wirbelte herum und trat gegen Phikas Beine. »Erwartest du Besuch?«

Phika spuckte ihn an und fing sich einen Faustschlag ins Gesicht ein. Der Vice-Colonel trat wieder ans Fenster, und hinter seinem Rücken grinste Phika Benita mit blutverschmierten Zähnen an und blinzelte ihr zu. Überrascht schnappte sie nach Luft.

Bei dem Geräusch fuhr der Vice-Colonel herum und betrachtete sie argwöhnisch. »Was ist los?«

»Nichts«, sagte Benita, die ihre Fassung schlagartig wiedererlangt hatte, und machte ihr Pokergesicht. »Ich hab mir nur vor Lachen auf die Zunge gebissen. Haha!«

»Blöde Kuh«, murmelte der weißhaarige Mann wütend und drehte sich wieder zum Fenster.

Benita holte tief Luft, spürte dankbar, dass ihr Puls sich beruhigte. Verstohlen schaute sie hinüber zu Phika. »Wer?«, fragte sie lautlos.

Aber der Zulu kam nicht mehr dazu, ihr eine Antwort zu geben. Die Eingangstür wurde aufgerissen. Ein greller Lichtstrahl fiel herein. Benita blinzelte geblendet, konnte nur die Schattenrisse von drei Menschen ausmachen. Die zwei größeren, offenbar Männer, flankierten einen wesentlich kleineren. Das Licht schien von hinten durch das dünne Gewand und zeichnete die schmale Figur darunter ab. Schockiert begriff sie, dass es eine verschleierte Frau war, eine Frau in einer Burka.

War es die Frau, die sie schon am Strand von Umhlanga Rocks im Gebüsch gesehen hatte? Die sich jetzt auf Inqaba aufhielt? Und wer war diese Frau?

Ohne Vorwarnung und ohne erkennbare Ursache begann ihr Herz zu hämmern und nahm ihr die Luft. Nach Atem schnappend, schob sie es auf ihre Angst.

Die drei standen immer noch in der Tür. Niemand im Raum sagte etwas.

Urplötzlich bewegte sich die Frau. Mit einem hohen Vogelschrei stürzte sie sich wie eine schwarze Krähe auf den Vice-Colonel, ihren rechten Arm hielt sie steif vorgestreckt, und in diesem Augenblick sah Vilikazi, dass sie eine Spritze in der einen Faust hielt, den Daumen auf den Kolben gelegt, und ein Messer in der anderen. Er machte einen Satz vorwärts, aber es war zu spät.

Gugu hatte keine Chance. Sie war zu klein, zu schwach, die Reflexe des Vice-Colonel dagegen waren immer noch überdurchschnittlich schnell. Er schlug ihr mit einem beidhändigen Schlag erst die Spritze aus der Hand, dann das Messer, das klirrend unter den Tisch rutschte, und mit dem nächsten blitzschnellen Schlag traf seine Faust sie mitten ins Gesicht.

Das Geräusch, wie ihre Nase brach, drehte Benita den Magen um. Aber die Frau fiel nicht um. Zu ihrem Entsetzen sah Benita, dass sie sich an ihrem Peiniger festgeklammert hatte, und zu ihrem noch größerem Entsetzen lachte die Frau in der Burka, sie lachte laut und riss sich gleichzeitig das Gesichtsgitter herunter, entblößte ihr blutüberströmtes Gesicht. In der nächsten Sekunde biss sie dem Vice-Colonel in die Hand, biss zu, trotz seiner heftigen Gegenwehr, der Schläge, die auf sie herabhagelten, biss sich fest wie ein wütender Hund.

Einmal nur ließ sie locker, lachte wieder dieses schreckliche Lachen, während ihr das Blut aus Mund und Nase lief.

»Ich sterbe an Aids, du Schwein, und jetzt verreckst du genauso elendiglich!« Damit hackte sie ihre Zähne in seinen Hals.

Der Vice-Colonel brüllte wie ein tödlich getroffener Büffel. Ein grausiges, nicht enden wollendes Gebrüll. Er schlug um sich, versuchte mit aller Kraft, dieses Wesen herunterzureißen, das wie ein Vampir an seinem Hals hing. »Hilf mir, verdammt«, schrie er seinen Leibwächter an, der mit Jan Mellinghoff rang.

Der stieß den hoch gewachsenen Südafrikaner von sich, Jan Mellinghoff strauchelte und fiel gegen den Türpfosten. Der Leibwächter aber packte Gugu, die immer noch wie ein bösartiger Geiervogel auf der Brust des Vice-Colonels hing, um die Taille, versetzte ihr einen Karateschlag gegen den Hals, der sie zwang, ihre Kiefer zu öffnen. Mit großer Wucht schleuderte er sie auf den Boden gegen ein Tischbein, die Taschenlampe fiel um, rollte ein Stück, ihr Lichtstrahl zuckte über die Szene und schien Jan genau ins Gesicht, blendete ihn, sodass er so gut wie blind war. Gugu blieb wie ein weggeworfenes Bündel Stoff liegen und rührte sich nicht mehr.

Schwer atmend fasste sich der Vice-Colonel an die Kehle. Er war über und über mit Blut verschmiert. Das Blut von Gugu mischte sich mit seinem, lief in die Bisswunde am Hals und die an seinem Arm. Er stöhnte auf.

Vilikazi, der dieser entsetzlichen Szene wie gelähmt zugesehen hatte, fiel vor ihr auf die Knie. »Gugu, um Himmels willen, sag etwas! Bitte …« Er wagte kaum, sie anzufassen, dann spürte er erleichtert, wie sie sich bewegte, sogar versuchte, sich aufzusetzen.

Benita aber traf der Name wie ein Blitzschlag. Ihr Kopf ruckte hoch. »Gugu?«, flüsterte sie und starrte in das zu einer Höllenfratze verbrannte, blutige Gesicht der Frau am Boden, in dem das einzig Lebendige die Augen waren.

Die Augen! Leuchtend honigfarbene Augen.

»Umama!« Der Schrei zerriss Benita die Kehle. Sie kämpfte mit aller Kraft gegen ihre Fesseln, strampelte, zerrte an ihnen, spürte keinen Schmerz, als sie sich die Haut aufriss, spürte nur, dass das Leinengewebe allmählich nachgab. Mit einem neuen Kraftschub zog und drehte sie an dem Stoffstreifen, und dann gelang es ihr tatsächlich, eine Hand zu befreien.

Der Vice-Colonel kam zu sich und bemerkte es sofort. Im gleichen Augenblick, in dem Benita unter den Tisch tauchte, das Messer ergriff und sich aufrichtete, um es ihm in den Bauch zu stoßen, riss er mit einer fließenden Bewegung seine Pistole aus dem Schulterhalfter und schoss erst auf Gugu, schwang dann im Bruchteil einer Sekunde herum und richtete die Pistole auf Benita. Sie sank auf die Knie.

Der Schock des Schusses, der laute Knall in dem beengten Raum, traf Benita körperlich. Für Sekunden gehorchten ihr ihre Glieder nicht mehr, gelähmt beobachtete sie, wie sich der blutige Finger am Abzug langsam krümmte.

Roderick, dem ihr Schrei durch Mark und Bein gegangen war und der, so schnell ihn sein Gipsbein tragen konnte, zum Haus gehumpelt war, hinter dessen schmutzigen Fensterscheiben er nur schemenhaft erkennen konnte, was sich in dem hin und her tanzenden Lichtstrahl abspielte, erreichte die Tür noch vor Gloria und stieß blindlings Jan Mellinghoff, der gerade erst sein Gleichgewicht wiedererlangt hatte, von den Füßen, um zu Benita zu gelangen. Was er sah, ließ ihm das Blut in den Adern gefrieren.

Erst erblickte er die blutüberströmte Gugu zu Füßen von Vilikazi, dann Benita, die auf dem Boden hockte und mit einem Messer in der Faust auf den Vice-Colonel starrte. Dann sah er die Pistole in dessen Hand, sah, dass die Mündung auf ihren Kopf zielte.

Am Ende war es Gloria, die alles entschied. Sie drängte sich hinter Roderick durch die Tür, sah, was er sah, und erkannte sofort, dass Benita nur einen Lidschlag vom Tod entfernt war. Über der Pistolenmündung blickte sie in die Augen des Vice-Colonels, in diese silbrigen, eiskalten, wohlbekannten Augen. Sie zögerte den Bruchteil einer Sekunde, ihr Blick schnellte zu Roderick, dann zu Benita, aber dann tat sie das, was ihr die Zuneigung Roderick Ashburtons bis an ihr Lebensende sicherte.

Sie schrie einen Namen: »Trevor! Trevor Pryce!«

Die Wirkung auf den Vice-Colonel war unmittelbar. Er wirbelte herum und starrte entgeistert auf die blonde Frau vor ihm. So sah er den Hieb, mit dem Jan Mellinghoff ihm die Pistole aus der Hand schlug, nicht kommen, obwohl er reaktionsschnell genug war, um unter dem nächsten Schlag durchzutauchen und zur Tür zu stürzen. Er stolperte aber über Glorias Bein, das diese blitzartig vorgestreckt hatte, und schlug schwer mit der Schläfe gegen den Türpfosten, rutschte auf den Boden und blieb benommen sitzen.

Was folgte, war brüllendes Durcheinander. Vilikazi brüllte wie ein Stier und streckte den verbleibenden Leibwächter, der sich auf Jan stürzten wollte, mit einem Schlag seines Pistolenknaufs nieder, Phika brüllte noch lauter, weil er noch immer wie ein Paket verschnürt war und sich nicht rühren konnte, und Roderick brüllte aus Frustration, weil er sich auf dem Tisch abstützen musste, um überhaupt das Gleichgewicht halten zu können. Draußen rollte der erste Donner über den schwarzen Himmel.

Benita hatte das Messer fallen lassen und war neben Gugu auf die Knie gegangen, hielt ihre vogelzarte Hand fest in ihrer, sah das zerstörte Gesicht ihrer Mutter, las in den furchtbaren wulstigen Narbengebilden, was das Feuer angerichtet hatte. Sie senkte den Kopf, presste ihre Lider und Kiefer zusammen, um auch noch diese Bilder zu ertragen, die jetzt auf sie einstürzten. Wie eine zusammenhängende Filmsequenz lief alles vor ihr ab.

Wie die Männer den zerschlagenen Körper ihrer Mutter auf den Holzstoß warfen und der Vice-Colonel sich vorbeugte und ihn mit dem Feuerzeug anzündete. In den ersten Sekunden war es nur ein Glühen ganz unten am Scheiterhaufen gewesen, kurz darauf züngelte eine kleine Flamme hoch, und dann, mit dumpfem Zischen, wie das Ausatmen eines Drachen, war das Feuer an der sich windenden Gestalt hochgeschlagen.

In dieser Sekunde hatte das Schreien eingesetzt. Und das Lachen, dieses raue, hässliche, entsetzliche Männerlachen.

Sie wimmerte, ihre Tränen tropften auf die Hand, die in ihrer lag. »Umama? Bitte, Umama, sprich mit mir, bitte, ich bin's, Benita«, flüsterte sie.

Gugu schlug die Augen auf, diese herrlichen goldfarbenen Augen, lächelte ihre Tochter mit einem so glücklichen Lächeln an, dass es dieser erschien, als würde ein Strahlen von ihr ausgehen.

»Umama«, sagte sie mit erstickter Stimme.

Doch Gugus Kopf fiel zur Seite, ihr Atem rasselte in der Kehle, die magere, blutverschmierte Brust hob und senkte sich ein paarmal schnell, und dann starb Gugu Steinach, die ihren Mann so sehr geliebt hatte, dass sie am Ende mit ihrem Leben dafür bezahlte. Die lebendige Wärme der Hand ihrer Tochter war das Letzte, was sie mit hinübernahm.

Benita fühlte mit verzweifelter Hast den Puls an ihrem Hals, fand keinen und stieß einen Schrei aus, der wie ein glühender Feuerstoß war, der alle Anwesenden versengte, und wollte sich über ihre Mutter werfen, deren Augen unter den halbgeschlossenen Lider noch immer golden schimmerten.

In letzter Sekunde packte Roderick sie an der Schulter und hielt sie zurück. »Nicht«, sagte er leise. »Bitte nicht. Sie blutet sehr stark.«

Seine Augen drückten das aus, was er nicht in Worte zu kleiden vermochte. Es zerriss ihm das Herz, beobachten zu müssen, wie ihr die Erkenntnis dämmerte, dass ihre tote Mutter mit ihrem verseuchten Blut eine tödliche Gefahr für sie darstellte. »Sie wäre die Erste, die dich davon abhalten würde«, flüsterte er, seine Hand immer noch fest auf ihre Schulter gelegt.

Benita kniete mit erhobenen Händen vor ihrer Mutter. Als sie endlich begriff, was Roderick ihr sagen wollte, drang ein furchtbarer Laut aus ihrer Kehle, heiser, gequält, als würde sie unsagbare Schmerzen leiden.

»Mein Gott«, flüsterte Gloria. »O Gott, sei still, Benny. Bitte, sei still.« Sie umschlang Benita. Unterstützt von Roderick hob sie die Schluchzende hoch und bettete den Kopf mit den wirren Locken an ihrer Brust. »Eine Decke, schnell, irgendetwas, womit wir … Gugu zudecken können.«

Jan stürzte ins Nebenzimmer und stieß einen überraschten Ruf aus, weil er dort eine junge Frau mit einem Baby entdeckte, die vor Angst schlotterte. Bestürzt beugte er sich über sie. »Gibt es hier eine Decke?«, drängte er, während er versuchte, ihre Fesseln zu lösen. Es gelang ihm nicht auf Anhieb, nur das Baby konnte er befreien.

»Da, auf dem Stuhl.« Ihre Zähne klapperten, als sie mit dem Kinn in die hintere Zimmerecke deutete.

»Komme gleich wieder.« Damit griff er die Decke, war mit wenigen Schritten zurück im anderen Zimmer und breitete sie über

Gugu Steinach aus. Sorgfältig zog er sie glatt, strich sanft darüber, achtete aber darauf, ihr Blut nicht zu berühren. Dann flog sein Blick über die anderen. »Hat jemand ein Messer? Nebenan liegt eine junge Frau, die ans Bett gefesselt ist.«

»Meine Frau und mein Sohn«, flüsterte Phika Khumalo heiser. »In der Tischschublade muss eins sein.«

Jan zog die Schublade auf und wühlte herum, bis er eine Art Hackbeil in der Hand hielt. Als Erstes säbelte er die Fesseln Phikas durch, der sich, grunzend vor Schmerzen, die Handgelenke rieb, als das Blut zurück in seine Gliedmaßen schoss. Dann nahm er dem Südafrikaner das Beil aus der Hand und ging zu seiner Frau.

Benita lehnte noch immer an Glorias Brust und zitterte hemmungslos. Sie weinte nicht, sie gab überhaupt keinen Laut von sich. Sie zitterte nur, und Gloria streichelte sie mit abwesender Miene, schien mit den Gedanken ganz woanders zu sein. Roderick und Jan beugten sich über Themba, der nur halb bei Bewusstsein war.

»Wir müssen einen Krankenwagen holen«, raunte Roderick. »Der muss schnellstens in ärztliche Behandlung, und Phika Khumalo und Benita ebenfalls.«

Der Vice-Colonel, der inzwischen seine Benommenheit abgeschüttelt hatte, nutzte die allgemeine Unaufmerksamkeit, um unauffällig durch die Tür zu kriechen. Draußen zog er sich am Rahmen hoch und rannte in die Dunkelheit davon.

Benita aber erhaschte über die Schulter Glorias die Bewegung und kam mit einem Ruck zu sich. »Er entkommt!«, schrie sie, riss sich aus den Armen der Anwältin los und setzte dem Mann hinterher. In Sekundenschnelle hatte die Nacht sie ebenfalls verschluckt.

»Benita, bleib hier! Bist du wahnsinnig«, röhrte Roderick, schluchzte fast, weil er so hilflos war. »Jan, bewegen Sie sich schon! Laufen Sie ihr nach«, brüllte er Jan frustriert an.

Jan wirbelte herum und stürzte wortlos aus der Tür.

Als Roderick die Tür erreichte, konnte er nur noch tatenlos zusehen, wie der Vice-Colonel in das Auto sprang, das er, wie mit Gugu abgemacht, mit laufendem Motor abfahrbereit gewendet hatte, und aufs Gas trat. Der Wagen machte einen Satz vorwärts.

»Benita, wo bist du?«, schrie er in die schwarze Nacht. Er bekam keine Antwort, aber ein Blitz, der über den Fluss zuckte, zeigte ihm, was dort draußen geschah.

Benita war es gelungen, die Tür zu den Rücksitzen aufzureißen, und jetzt zog sie sich in den fahrenden Wagen, und die Tür knallte von allein wieder zu. Die roten Rücklichter entfernten sich schlingernd, verschwanden immer wieder hinter den niedrigen Büschen, die auf dem Grundstück wuchsen.

»Verdammte Scheiße!«, schrie Roderick. Wieder erhellte ein Blitz die Szene. Durch die Rückscheibe konnte er Benitas schemenhafte Gestalt erkennen. Offenbar wollte sie auf den Vordersitz klettern. »Nein!«, brüllte er. »Nicht!« Aber natürlich konnte sie ihn nicht hören.

Inzwischen war es Jan gelungen, seinen Wagen zu wenden und die Verfolgung aufzunehmen. Er trat den Gashebel bis auf den Boden, die Räder drehten durch, schleuderten abgerissenes Gras und Steine umher, griffen endlich, und der Wagen machte einen Satz vorwärts.

Aber es war zu spät.

Die Rücklichter des Fluchtautos tanzten wie übergroße Glühwürmchen durch die Nacht. Der Geländewagen schleuderte in Schlangenlinien übers Gras, holperte mit aufheulendem Motor über Bodenwellen auf den Fluss zu. Offenbar hatte der Vice-Colonel die Kontrolle über das Steuer verloren, denn nach ein paar wilden Schlenkern kippte der Wagen langsam auf die Seite und blieb mit kreiselnden Rädern und kreischendem Motor liegen.

Sekunden später bremste Jan sein Auto direkt daneben ab und

sprang heraus. Seine Scheinwerfer ließ er an. Sie leuchteten in das umgekippte Gefährt und schnitten eine weiße Lichtschneise durch die Nacht auf den Fluss, wo die Augen zweier Krokodile wie vier große Taschenlampen aufleuchteten. Der frische Blutgeruch hatte sie wohl angelockt.

Roderick hatte seine Krücke verloren, war gefallen, hatte sich wieder aufgerappelt, die Krücke gefunden und war weitergehumpelt, war immer noch gut fünfzig Meter von dem umgekippten Auto entfernt. Er fluchte ununterbrochen. Das Gewicht des Gipsbeins, das aus Blei gegossen zu sein schien, zehrte derart an seinen Kräften, dass er einen Augenblick innehalten musste, um nach Luft zu schnappen. Vornübergebeugt, die Hände auf die Knie gestemmt, rang er nach Luft.

»He, Mann, lass mich mal vorbei«, schrie jemand hinter ihm und hätte ihn im Vorbeirennen fast umgeworfen.

Roderick fuhr hoch und erkannte gerade noch die bullige Figur von Phika Khumalo, der durchs Gras hetzte. Offenbar hatte ihn Vilikazi losgeschnitten. »Wo ist Vilikazi?«, brüllte er ihm hinterher.

»Ist zurückgeblieben, um den anderen Leibwächter gebührend zu empfangen.« Khumalos grimmiges Lachen flog durch die Nachtluft, dann hatte die Dunkelheit den Zulu verschluckt. Nur wenn es blitzte, stand seine Silhouette wie ein Scherenschnitt vor der grell erleuchteten Landschaft.

Mit zusammengebissenen Zähnen hinkte Roderick vorwärts, musste immer wieder pausieren, weil er entweder die Krücke verlor oder mit dem gesunden Fuß in einem Erdloch landete. Laute Stimmen schallten von den beiden Autos herüber. Im Lichtstrahl von Jan Mellinghoffs Wagen rangen zwei Männer miteinander. Immer wieder zuckten Blitze über den Himmel, froren die Szene in einem Standbild ein, und dann war es wieder pechschwarz, und Roderick sah nur noch Sterne. Er fluchte mit Hingabe, während er unbeholfen seinen Weg fortsetzte. Unvermittelt wehte ihm Glorias exklusives Parfum in die Nase. Er hielt inne und wandte sich um.

Ihr Gesicht leuchtete ihm bleich aus der Dunkelheit entgegen. »Leg mir den Arm um die Schulter, dann geht's schneller und leichter«, keuchte sie.

Er tat es, und zusammen stolperten und rannten sie, stolperten wieder, rannten weiter, bis sie die Autos erreichten. Rodericks Augen schwangen über die Szene, die sich vor ihm abspielte.

Der Vice-Colonel lag mit blutüberströmtem Hinterkopf bäuchlings auf der schlammigen Erde, seine Beine waren gefesselt, die Hände auf dem Rücken verschnürt, und Phika Khumalo war mit zähneblitzendem Grinsen dabei, Hände und Füße rücklings miteinander zu vertäuen.

»So«, sagte er zufrieden und stand auf. »Oder meint ihr, dass ich ihm die Achillessehnen durchschneiden soll, wie er es bei seinen Opfern immer getan hat?«

»Nein«, sagte eine Stimme aus dem Schatten und verursachte, dass Rodericks Herz einen Satz machte. Es war Benitas Stimme, und sie war kräftig und klar. »Nein«, sagte sie wieder und trat ins Scheinwerferlicht. Ihr Haar stand wirr ab, ihr Gesicht war wie aus goldenem Stein gemeißelt. Sie zitterte nicht mehr. In ihrer Faust hielt sie eine Eisenstange, deren Ende mit Blut verschmiert war. »Ich will, dass er auf eigenen Beinen vor Gericht stehen kann, ich will, dass er auf eigenen Beinen ins Gefängnis geht, und ich will, dass er auf eigenen Beinen dort um sein Leben kämpfen muss und nicht gemütlich in einem Krankenhausbett liegt.«

»Yebo«, sagte Phika, und es klang wie das Amen in der Kirche.

»Benita!« Roderick verschluckte sich vor Erleichterung.

Ihr Kopf flog herum, sie blinzelte in die Dunkelheit, erkannte die Stimme nicht gleich. Über ihr krachte ein Donnerschlag, gleichzeitig fuhr ein Blitz herunter und überschüttete die Umgebung mit gleißendem Licht, nur für eine Sekunde, aber als sie seine hochgewachsene Gestalt stehen sah, etwas schief auf seinem

Gipsbein lehnend, die Arme für sie geöffnet, tat sie das, was ihr Herz verlangte.

»Roderick!«, schrie sie, kämpfte sich durchs hohe Gras zu ihm und fiel in seine Arme.

Der Regen setzte so plötzlich ein, als hätte jemand eine Schwalldusche angestellt. Er prasselte in großen, schweren Tropfen herunter, trommelte auf das Metall der Autodächer, strömte ihnen übers Gesicht, tropfte aus den Haaren und wusch das Blut von der Eisenstange in Benitas Faust. Sie ließ sie einfach fallen und legte ihre Arme um seinen Hals.

Im Fluss sanken die Augen der Krokodile langsam unter die Wasseroberfläche und erloschen.

»Sie hat die Eisenstange irgendwo auf dem Rücksitz gefunden und zugeschlagen, auf seine Schultern, seinen Rücken und seinen Kopf, bis er schreiend aufgab. Sie hat doch tatsächlich den Vice-Colonel zur Strecke gebracht! Ausgerechnet Benita Steinach.« Bei jedem Wort hieb Jan mit der Faust aufs Autodach. »Es gibt doch noch Gerechtigkeit auf dieser Welt. Welch ein Tag!« Mit beiden Händen fuhr er sich durchs nasse Haar. »Welch ein wunderbarer Tag.« Wie nebenbei legte er seinen Arm um Glorias Schulter. »Hättest du nicht losgeschrien, hätte der Kerl Benita erschossen. Mit Sicherheit. Gut gemacht!« Er lächelte sie an, das Wasser rann ihm übers Gesicht, sein Hemd war mit Schlamm verschmiert und zerrissen, aber seine himmelblauen Augen tanzten, und sein Lächeln war geradezu glückselig. »Ach, im Übrigen, was hast du eigentlich geschrien? Klang wie ein Name.«

Aller Blicke richteten sich auf die Anwältin, in atemlosen Schweigen warteten die anderen auf ihre Antwort.

Gloria antwortete nicht gleich. Sie fixierte den gefesselten Mann auf dem Boden. Der hatte den Kopf so gedreht, dass er ihr in die Augen blicken konnte. Sein Gesicht war fast zur Unkenntlichkeit verzerrt. Vor Wut oder Schmerz, konnte sie nicht ausmachen. Mit ruhigen Bewegungen löste sie sich von Jan Mellinghoff und trat ganz nahe an den Vice-Colonel heran, ging vor ihm in die Knie und bohrte ihre Augen in seine.

Roderick bemühte sich, in Glorias Miene zu lesen, was jetzt in ihr vorging. Aber ihr bleiches Gesicht war völlig ohne Ausdruck.

Die Kiefer des Gefesselten bewegten sich, seine Halsmuskeln spannten sich, dass sie wie Wülste hervortraten. Er holte tief Luft, pumpte sich auf und spuckte Gloria an. Aber er traf nicht.

Gloria stand auf und sah Jan an. »Trevor habe ich geschrien«, sagte sie ruhig. »Trevor Pryce. Er war einmal mein Bruder. Vor langer Zeit, in einem fernen Land. In einem anderen Leben.« Sie wandte sich ab. »Bitte bring mich von hier weg, Jan, weit weg, so weit du kannst«, flüsterte sie. »Ich möchte raus aus diesem Albtraum.«

Roderick räusperte sich. »Wir können noch nicht weg, Gloria, wir müssen zwei Krankenwagen und Captain Singh rufen.«

Der Südafrikaner warf ihm einen ironischen Blick zu. »Zusammen mit Inspector Goodwill Cele? Wohl nicht, lieber Freund. Haben Sie nicht gesehen, wie der um den Vice-Colonel herumgeschwänzelt ist? Ich gehe jede Wette ein, dass der damals das Holz für die Scheiterhaufen gesammelt hat. Nein, für derartige Fälle gibt es eine Spezialeinheit, die sich darum kümmert. Leute, deren Integrität unangefochten ist.« Er zog sein Mobiltelefon und prüfte, ob er Empfang hatte. »Nichts«, murmelte er. »Einen Augenblick.«

Am Heck seines Geländewagens führte eine Leiter auf das Dach, das gleichzeitig als sicherer Übernachtungsplatz diente, wenn er in der Wildnis unterwegs war. Behände schwang er sich hinauf und wählte noch einmal.

»Es klappt«, rief er Roderick zu. »Wir haben ihn«, sagte er triumphierend, als sich eine männliche Stimme am anderen Ende meldete. »Zeugin?« Er drehte sich um und lächelte zu Benita hinunter. »Wir haben eine Augenzeugin. Yebo, Mann! Wirklich, eine Augenzeugin!« Er lachte. »Eine quicklebendige, hochintelligente Augenzeugin, die ein ausgezeichnetes Gedächtnis hat.« Er lachte wieder, lauter dieses Mal, dann beendete er das Gespräch und rief danach erst die Notrufnummer an, um zwei Krankenwagen anzufordern, und dann die Polizei. »Sie kommen, und auch die Polizei ist im Anmarsch«, verkündete er, steckte das Telefon ein und stieg die vom Regen schlüpfrigen Sprossen wieder herunter. »Allerdings wird das dauern, weil sie mit Geländefahrzeugen kommen. Ein Hubschrauberflug wäre in der Dunkelheit und bei diesem Unwetter zu gefährlich.« Er sprang auf den durchweichten Boden.

»Binden Sie mich sofort los. Sie verletzen meine Rechte als Mensch und als Bürger«, ächzte der Vice-Colonel, der mit hochrotem Gesicht vergeblich versuchte, seine Fesseln zu lockern.

Phika Khumalo bekam einen Lachanfall, dass ihm die Luft wegblieb. »Menschenrechte«, japste er. »O Mann, das ist gut.« Sein Lachanfall endete in hartem Husten, und der rote Fleck auf seinem Verband glänzte frisch und breitete sich zusehends aus. Er setzte sich so abrupt auf die Erde, als hätte ihm jemand die Beine weggeschlagen.

»Einen Augenblick«, sagte Benita, machte sich von Roderick los und ging zu dem umgekippten Geländewagen. Mit einem Ruck riss sie die Hecktür auf, wühlte herum und tauchte mit einem Kissen wieder auf. »Jan, hilf mir, wir müssen Phika ins Haus schaffen. Er ist am Ende.«

Jan nickte, packte den Zulu unter den Achseln, Benita und Gloria ergriffen jede eines seiner Beine, und gemeinsam hievten sie ihn behutsam in den Wagen. Benita bettete seinen Kopf aufs Kissen und wollte eben von der Ladefläche herunterspringen, als sie Phikas Hand an ihrem Bein spürte. Er sagte etwas, aber so leise, dass sie sich dicht über ihn beugen musste.

»Bitte kümmere dich um meine Frau, wenn ich wieder ins Gefängnis komme …« Seine Stimme sank zu einem heiseren Flüstern. Er musste husten.

Sie legte ihm die Hand an die Wange. »Natürlich werde ich das tun. Als wäre sie meine Schwester …«

»Ngiyabonga kakhulu, Nkosikazi.« Phika Khumalo lächelte, der Freiheitskämpfer und Straßenräuber.

Jan meldete sich zu Wort. »In den nächsten Tagen wird dich ein Anwalt aufsuchen. Wenn du Glück hast, kannst du deine Reststrafe im Gefängniskrankenhaus abliegen. Vorausgesetzt, die Sache mit dem Wärter wird geklärt. Ich habe Gerüchte gehört, dass du es gar nicht warst, der ihn erschlagen hat?«

Die dunklen Augen des Verletzten ruhten einen Augenblick auf dem weißen Südafrikaner. »Es war ein Wärter namens Roekie, ein brutaler Kerl, dem es Spaß machte, sich zu prügeln. Als der Wärter tot am Boden lag, rannten alle herum und brüllten, und keiner achtete auf mich.« Er grinste, zuckte die Schultern, verzog aber sofort das Gesicht vor Schmerzen. »Ich hab mich dann verdrückt«, presste er zwischen den Zähnen hervor. »Wäre blöd gewesen, es nicht zu tun.«

»Hätte ich nicht anders gemacht.« Lachend sprang Jan auf den Boden und half Benita anschließend herunter. »Gloria, kannst du meinen Wagen fahren? Bring Phika Khumalo zum Haus, nimm Benita und unseren frustrierten Engländer mit. Ich bleibe bei deinem …« Er bemerkte Glorias Gesichtsausdruck und stockte. »… bei unserem Gefangenen, bis die Polizei da ist«, beendete er seinen Satz.

»Mach ich.« Gloria kletterte auf den Fahrersitz, und kurz darauf entfernten sich die Rücklichter in Richtung Haus.

Jan ging zu dem umgekippten Wagen, zog den Zündschlüssel ab und steckte ihn ein. Anschließend wrang er die Zipfel seines tropfenden Hemdes aus, ließ es über den Gürtel seiner schlammverschmierten Hose hängen. Dann lehnte er sich bequem gegen das senkrecht stehende Autodach und grinste den gefesselten Vice-Colonel an. »Nun machen wir es uns gemütlich, Erasmus, Pryce oder wie immer Sie heißen. Ist zwar ein bisschen nass hier, aber Sie sollten die letzten Minuten Ihrer Freiheit trotzdem genießen, wir werden nämlich dafür sorgen, dass Sie nie wieder aus dem Gefängnis kommen.« Er sprach so, als würde er sich mit einem guten Bekannten unterhalten. »Wird sicher ein Spaß werden«, fuhr er in leichtem Ton fort. »Wenn Sie Glück haben, treffen Sie dort vielleicht alte Bekannte, denen Sie zu diesem Aufenthalt verholfen haben. Ihre Dankbarkeit wird groß sein. Wenn nicht, machen Sie sich keine Sorgen. Der Vice-Colonel ist dort sicherlich bekannt. Man wird Ihnen auf jeden Fall einen liebevollen Empfang bereiten.«

Sein Blick fiel durchs raschelnde Ried auf vier handtellergroße Leuchtpunkte im Fluss, die lautlos näher kamen. Krokodile, dachte er und verschränkte nachdenklich die Arme vor der Brust. Er brauchte sich nur abzuwenden und zum Haus zu gehen, und sie würden dafür sorgen, dass der Vice-Colonel nie wieder einem Menschen ein Leid zufügen konnte. Die Sache wäre erledigt. Sauber und ohne Rückstände.

Aber schließlich blieb er, wachte über dem Verbrecher und wartete auf die Polizei. Ganz allein mit sich, eingeschlossen in die rauschende Regenwelt, lauschte er hinaus in die afrikanische Nacht, spürte nach den endlosen Jahren der Jagd eine köstliche Leere in sich. Er hob das Gesicht und ließ die Regenflut in seinen Mund strömen und trank das reine Nass. Dann hob er langsam die Hände, schnalzte einmal mit den Fingern, stampfte auf den Boden. Einmal, und noch einmal.

»Nkosi sikelel' iAfrika …«

Wieder stampfte er auf und ließ die Finger schnalzen, dann warf er den Kopf zurück und füllte seine Lunge bis zum Bersten. »Nkosi sikelel' iAfrika … malupnakanyisw' udomo lwayo … yizwa imithandazo yethu … Nkosi sikelela …«, brüllte er die herzzerreißend schöne Melodie in den Gewittersturm, und seine Tränen mischten sich mit dem Wasser, das vom Himmel floss.

»Nkosi sikelela!«

Der Notarzt, der vor der Polizei eintraf, da er aus dem Krankenhaus im nahe gelegenen Hlabisa kam, fuhr mit zwei Krankenwagen vor. Er versorgte Phika Khumalo und Themba noch vor Ort, sodass diese transportfähig waren, und ließ sie auf den Rolltragen in den Krankenwagen schieben. Danach untersuchte er die beiden Leibwächter, die an Händen und Füßen gefesselt im Schlafraum des Hauses eingeschlossen waren. »Sind das alle?«

»Dahinten liegt noch einer.« Vilikazi deutete auf den umgekippten Geländewagen am Fluss.

Der Arzt, ein junger Weißer mit europäischem Akzent, winkte seinen beiden Sanitätern, schwang sich in den anderen Krankenwagen und hielt kurz darauf neben dem Vice-Colonel. Nach einem kurzen Blick auf den Verletzten veranlasste er Vilikazi, die brutale Fesselung erträglicher zu machen.

Der kam der Anordnung nur widerwillig nach, und er tat es nicht sehr behutsam, was ihm wieder einen Anpfiff durch den Arzt eintrug. Er kümmerte sich weiter nicht darum, sondern tätschelte dem Vice-Colonel freundlich lächelnd den Kopf. »Gleich haben wir's überstanden«, sagte er fröhlich. »Die Blaulichter sind schon zu sehen.« Er deutete mit dem Daumen hinter sich, wo zuckendes Blaulicht geisterhaft durch den Regenvorhang schimmerte.

Minuten später lag der Vice-Colonel im Krankenwagen. Der Arzt untersuchte ihn und richtete sich schließlich auf. »Ich will, dass Sie ihm alle Fesseln abnehmen!«, raunzte er Vilikazi an. »Der Mann kann doch nicht fliehen. Nicht mit dieser Kopfwunde!«

»Die Fesseln bleiben dran, und weder der Mann noch die beiden Bodyguards werden abtransportiert, bevor die Polizei angekommen ist und sie vernommen hat.« Vilikazi hatte die Hände in die Hosentasche gesteckt und starrte den jungen Arzt mit schwer zu deutendem Ausdruck an. Das Licht flackerte über die Narbe unter seinem Kinn, und wenn er schluckte, schien sie zu grinsen. »Oder sind sie in unmittelbarer Gefahr, sich ins Jenseits zu verabschieden?«

Der Arzt sah die Narbe und fuhr zurück, erkannte als Fachmann sicherlich, wie sie entstanden sein musste. »Nein … das nicht … aber der Mann hat eine Gehirnerschütterung«, stotterte er. »Gut. Wie Sie wollen, aber Sie übernehmen die Verantwortung. Meine beiden Sanitäter bleiben hier mit den … Gefangenen. Sie sind … kräftig.« Er zog seine Einweghandschuhe aus und warf sie auf den Tisch.

Roderick, mit Benita fest im Arm, hielt ihn zurück. »Wir haben im Haus eine Tote.«

Der Mediziner machte eine unwillige Bewegung, riss sich dann aber zusammen, packte seine Taschenlampe und folgte Benita und Vilikazi ins Haus. Roderick humpelte eilig hinter ihnen her.

Die Taschenlampe hatte mittlerweile ihren Geist aufgegeben. Irgendjemand hatte eine Kerze angezündet. Dichte Mückenschwärme tanzten um die Flamme, und die ersten Schmeißfliegen saßen auf der Decke, die Gugu Steinachs Leiche verhüllte.

Der Arzt richtete den Strahl seiner starken Stablampe auf das Bündel im Schatten des Tischs und streifte neue Handschuhe über. Gugus Blut war langsam durch die Decke gesickert und glänzte nass. Mit einem Ruck verscheuchte der Arzt die Fliegen und zog die Decke weg, zuckte heftig zusammen, als er die Leiche erblickte. Sein Mund bewegte sich, aber er brachte sekundenlang keinen Ton heraus. Als er seine Stimme wiederfand, schwankte sie. »Herr im Himmel, was ist mit dieser Frau passiert?« Entsetzt schaute er hoch. »Wer hat ihr das angetan?«

»Der Mensch, den ich gerade auf Ihre Anordnung von seinen Fesseln befreien musste«, knurrte Vilikazi. »Sie sollten sich ihre Fußgelenke und Beine ansehen.«

Der Doktor tat es. »Wie … was …«, stammelte er fassungslos. Sein Blick flatterte panisch durch den Raum.

Benita hob den Kopf von Rodericks Schulter. »Erst hat er einen Schraubstock benutzt, und als er glaubte, dass sie tot war, hat er sie auf einen Scheiterhaufen geworfen. Aber sie war nicht tot.«

Der Arzt starrte Benita aus aufgerissenen Augen an, drehte sich abrupt weg und übergab sich in hohem Bogen zur Haustür hinaus. Zitternd zog er die blutverschmierten Handschuhe aus, warf sie weg, wischte sich erst dann seinen Mund mit einem Taschentuch ab, legte aber neue Handschuhe an, ehe er die Decke wieder über die Tote zog. Dann richtete er sich auf.

»Wer war sie?« Er war käsebleich geworden, musste sich am Tisch abstützen.

»Meine Mutter«, antwortete Benita.

»Es tut mir leid« flüsterte er. Dann beugte er sich wieder über die Leiche, zog die Decke vom Gesicht zurück und befingerte die umgebende Haut des Kaposisarkoms an Gugus Hals. Sein Mund bewegte sich, als er nach Worten suchte, um das zu sagen, was gesagt werden musste. »Ich lasse sie abholen«, stieß er endlich hervor, vermied es, dabei Benita anzusehen. »Fassen Sie … Ihre Mutter nicht an. Sie hatte Aids im Endstadium.«

Er floh hinaus zu dem Krankenwagen, in dem die beiden verletzten Zulus von zwei Sanitätern versorgt wurden. Er knallte die rückwärtigen Türen zu, sprang auf den Fahrersitz und fuhr los. Seine Rücklichter wurden schnell vom Regenvorhang verschluckt.

Jan sah ihm nach. »Ich wette, der hat in irgendeiner lichterglitzernden Stadt in Europa studiert, wo er sich abends mit Pizza voll gestopft und mit seinen Kommilitonen über die politischen Ungerechtigkeiten der Welt diskutiert hat. Jetzt ist er aus seiner Traumwelt in die Realität gefallen. Scheint wehzutun.« In seinen Worten schwang nur ein Hauch von Spott.

»Du bist zynisch«, wies ihn Gloria zurecht. »Das hier«, sie zeigte auf Gugus verhüllten Körper, »das ist wohl mehr, als irgendjemand verkraften kann. Mich wird Gugus Anblick bis ans Ende meines Lebens in meinen Träumen verfolgen.« Sie hatte das Gummi aus ihrem Pferdeschwanz gezogen, und ihr Haar zipfelte nass um ihr Gesicht. »Wie es in Benita aussieht, darüber mag ich nicht einmal nachdenken.«

»Zynisch?«, wiederholte Jan. »Das mag sein. Anders kann ich die Realität nicht ertragen«, sagte er leise.

Schweigend standen sie vor dem Haus und sahen den sich nähernden Blaulichtern entgegen. Die Polizeiautos mussten dem Krankenwagen ausweichen, und kurz darauf sprangen sechs schwarz gekleidete Männer mit kugelsicheren Westen und Maschinenpistolen heraus und marschierten auf das Haus zu. Jan und Vilikazi gingen ihnen entgegen.

Der Vice-Colonel wurde unter schwerer Bewachung ins Gefängniskrankenhaus überführt, die Leibwächter in die Autos verfrachtet, während die anderen ihre Aussagen machten.

»Wann fliegen Sie zurück nach England, Sir?«, fragte der Major, ein Mann Ende vierzig mit breiten Schultern und einem täuschend treuherzigen Blick.

»So schnell wie möglich«, antwortete Roderick. »Ich möchte Benita so schnell wie möglich nach Hause bringen.«

Benita öffnete den Mund, schloss ihn aber wieder. Ihr Protest blieb ungesagt. Sie würde das später mit Roderick besprechen.

Der Major nickte. »Gut, kommen Sie morgen«, hier lief sein Blick über die durchnässten, verdreckten Menschen vor ihm, die alle von den hinter ihnen liegenden Ereignissen deutlich gezeichnet waren, »morgen um dreizehn Uhr in unser Büro, damit Sie Ihre Aussagen unterschreiben können. Danach sollten Sie die Nachmittagsmaschine nach Johannesburg schaffen und könnten abends zurück nach London fliegen.«

»Danke, Major«, sagte Roderick. »Kommt, lasst uns gehen. Könnten Sie uns bitte mitnehmen, Jan?«

»Was passiert mit … Umama«, flüsterte Benita.

Mitleid flammte in den Augen des Majors auf. »Es tut mir leid,

Miss Steinach, aber wir müssen sie in die Gerichtsmedizin bringen. Es kann einige Zeit dauern, bis wir die Leiche freigeben können …« Er zögerte. »Wir müssen alles sorgfältig dokumentieren, damit kein Schlupfloch für diesen Kerl bleibt.«

Benita nickte mit Tränen in den Augen. »Natürlich. Meine Mutter hätte es nicht anders gewollt. Ich werde wieder zurückkommen, um sie zu beerdigen. Auf Inqaba«, setzte sie zu Roderick gewandt hinzu. »Neben meinem Vater.«

Rodericks Mobiltelefon klingelte, als sie auf den Hof von Inqaba fuhren. Er warf einen Blick auf das Display. »Es ist Adrian«, flüsterte er Benita zu. »Adrian«, sagte er laut. »Guten Abend.« Weiter kam er nicht. Die Stimme des ehemaligen Generals war deutlich für die vier im Auto zu hören.

»Roderick, ich komme morgen mit dem ersten Flug, den ich nach Südafrika erwische, und bis dahin hast du mein kleines Mädchen gefunden, sonst geht es dir an den Kragen!«

Unter Tränen lächelnd, nahm Benita Roderick das Telefon aus der Hand. »Daddy? Ich bin's …«

»Benita … Schatz …« Die polternde Stimme am anderen Ende schwankte.

Für eine Weile waren nur Rauschen und leises Knistern zu hören, das seine Stimme auf dem langen Weg vom Telefon zum Sendemast über die Sendestation zum Satelliten, der hoch oben im Weltall flog, und wieder zurück auf die Erde begleitete, und sie stellte sich ihren Vater vor, wie er am dunklen Fenster des Wohnzimmers stand, den Rücken zum Kamin, und in die Nacht nach Süden starrte. »Es geht mir gut, Daddy«, flüsterte sie. »Es … es ist vorbei … Mir ist nichts passiert …«

Sie lauschte, hörte Gemurmel, unterdrücktes Weinen, und dann war ihre Mutter am Telefon. »Liebes … O Gott, ich hatte solche Angst … Was ist geschehen?«

Benita konnte nicht weitersprechen. Es war noch zu viel für

sie. Sie brauchte Zeit, ehe sie darüber reden konnte. Sie sagte es ihrer Mutter. »Ich bin furchtbar müde, Mum … Es war ein anstrengender Tag. Ich rufe euch morgen an, und dann komme ich heim. Jetzt möchte ich nur noch schlafen. Und bitte, glaub mir, mir ist wirklich nichts passiert. Schlaf gut.«

Sie gab Roderick das Telefon zurück. Ob sie ihren Adoptiveltern je alles erzählen würde, was sie erlebt hatte, wusste sie jetzt noch nicht. Jetzt wäre es so, als würde sie in einer offenen Wunde wühlen, und diesen Schmerz konnte sie noch nicht aushalten.

Roderick schaltete das Telefon ab, stieg umständlich aus, drehte sich um und reichte Benita seine Hand. Mit der anderen griff er zu seiner Krücke. »So, und jetzt packe ich dich ins Bett, und wenn der Hahn dich wieder mitten in der Nacht weckt, gibt es gebratenen Gockel zum Mittagessen, das schwör ich, und wenn ich ihn mit meinem vermaledeiten Gipsbein erschlagen muss.«

Benita überkam bei dieser Vorstellung ein hilfloses Lachen. Sie fühlte sich plötzlich leicht und ein bisschen schwindelig und eigentlich ganz wunderbar, was sie sehr erstaunte, aber sie war zu müde, um weiter darüber nachzugrübeln. Sie sah ihn an, strich ihm impulsiv das tropfnasse Haar aus den Augen, die blau und klar wie die eines Seefahrers waren, der über die Weite des Ozeans schaute. Er fing ihre Hand ein und küsste die Handfläche, sagte aber nichts.

»Ich kann heute nicht allein schlafen … Kannst du … Kommst du …?«, flüsterte sie.

Gloria stieg hinter ihnen aus. »Ihr Turteltauben wollt doch sicher allein sein, oder?«, sagte sie und überraschte Benita damit restlos. Dann lachte sie vergnügt. »Das ist doch auf Meilen Entfernung zu sehen. Ihr könntet ebenso gut eine Anzeigentafel an der Towerbridge anbringen. Ich könnte … nun …«, sie warf einen schnellen Blick auf Jan Mellinghoff, »… ich könnte ja woanders übernachten.«

Sofort setzte Jan eine Leidensmiene auf. »Das ist deine Pflicht«, rief der. »Ich brauche dringend deine Hand, die meine hält, um diese Nacht zu überstehen.«

Und so geschah es.

Alle waren etwas überdreht und albern, lachten viel auf dem Weg zur Veranda und hielten sich so das, was sie gesehen und erlebt hatten, auf sicherer Distanz, wo die Einzelheiten verschwammen und die Konturen unscharf wurden. Roderick war klar, dass der Schock darüber, dass sie innerhalb von Minuten ihre Mutter wiedergefunden und verloren hatte, Benita in kurzer Zeit mit Wucht einholen würde, und er schwor sich, bei ihr zu sein, wenn das passierte, nicht von ihrer Seite zu weichen. Nie wieder. Er ergriff ihre Hand.

»Was mich doch sehr interessiert, ist, was mit deinem Handy geschehen ist. Adrian hat dich angerufen, und ich auch, und jedes Mal hat da ein völliger Idiot am anderen Ende Geräusche gemacht, die man nicht beschreiben kann. Er hat wie irre gelacht und gekreischt, dass ich Adrian kaum davon abhalten konnte, auf der Stelle ins nächste Flugzeug zu steigen. Kannst du mir das erklären?«

»Ach je, sicher«, kicherte Benita. »Kann ich dein Telefon einmal haben? Danke.« Nachdem er ihr seines gegeben hatte, wählte sie ihre Nummer und stellte auf Lautsprecher. »Mal sehen, ob die Batterie noch nicht zu flach ist.« Sie kicherte. Es klingelte kurz, dann ertönte ein derart ohrenzerfetzendes Kreischen, dass sie einen Satz machte. »Affen«, sagte sie lachend. »Paviane haben mir meinen Blackberry geklaut und amüsieren sich offensichtlich königlich damit. Kannst du dir vorstellen, wie die sich aufführen, wenn das Ding plötzlich losgeht?« Sie erzählte von dem Tarzanschrei, den eingehende E-Mails auslösten.

Es war, als hätten sie alle etwas zu viel Champagner getrunken. Sie lachten laut, machten Affengeräusche, lachten wieder, und ihre Seelen begannen, die Wunden, die die Ereignisse geschlagen hatten, mit einer dünnen Haut zu überziehen.

Vilikazi, der ihnen mit einem Abstand gefolgt war, allein sein wollte, nicht von der allgemeinen Albernheit angesteckt worden war, holte sie ein, wollte sich schnell verabschieden und in sein Zimmer zurückziehen. Ganz würde er diese Weißen nie verstehen. Weinen, Schreien, Haareraufen, Tanzen. All das hätte er verstanden. Lachen und offensichtliche Fröhlichkeit nicht. Mit verschlossenem Gesicht, auf dem die Missbilligung über ihr Verhalten deutlich zu lesen war, schrieb er Benita seine Mobiltelefonnummer und seine Adresse auf.

»Ich weiß, dass meine Frau, die Gugu sehr gut gekannt und sehr gemocht hat, Sie unbedingt sehen möchte«, sagte er steif.

Benita umarmte den Mann, der ihrer Mutter über Jahre der einzige Freund gewesen war, dankte ihm leise und versprach ihm, sich zu melden. »Ich muss zu meinen Adoptiveltern nach England fliegen, um ihnen alles zu erklären, aber ich komme zur Beerdigung meiner Mutter zurück nach Südafrika. Dann werde ich Sie besuchen.« Sie hielt seine Hand für einen Augenblick, hatte sehr wohl gemerkt, was er über sie dachte. Spontan legte sie ihre Hand auf seine und sah ihm in die Augen. »Verzeihen Sie uns unser Gelächter. Es ist unsere Art, zu verhindern, dass wir zusammenbrechen.«

Vilikazis ausdrucksvolle dunkle Augen schwammen in Tränen. Die Narbe hüpfte. Die seelische Anspannung der letzten Tage, die schlagartige Erleichterung, dass der Vice-Colonel endlich in Polizeigewahrsam war, hatte auch ihn, den harten Kämpfer, durchgeschüttelt. Heute Nacht würde er mit seinen Ahnen kommunizieren. Er nickte. »Werden Sie Gugus Sachen an sich nehmen? Sie … sie hatte nur ein kleines Bündel. Es war alles, was sie besaß.«

Benita konnte nicht sprechen. Sie hob ihre Hand und berührte sein Gesicht. »Das werde ich. Wo hat sie in den letzten Jahren gewohnt? Muss ich dort noch etwas ordnen?«

Die Augen des Zulus waren schwarze Löcher. »Im Busch«, flüsterte er heiser. »Im Busch von Umhlanga Rocks, am Strand. Sie hat aus Mülltonnen gegessen, und ihre Matratze war eine Plastiktüte …« Er konnte nicht weitersprechen.

Benita starrte ihn aus geweiteten Augen an, sah aber nicht ihn, sondern den schwarzen Müllsack, den der Terrier verbellt hatte, der tief unter ihr unter den breiten Blättern der Wilden Banane gelegen und sich dann auf einmal in einen Menschen verwandelt hatte. In eine Frau in einer schwarzen Burka.

Ihre Mutter.

»Warum?«, wisperte sie. »Warum hat ihr niemand Unterschlupf gewährt?«

Vilikazi trug keine Schuhe. Offenbar hatte er sie irgendwo im Schlamm verloren. Er bewegte seine Zehen in der vom Regen aufgeweichten Erde. »Sie wollte nicht. Wegen ihrer Krankheit. Sie hat sich geschämt, und sie hatte Angst, dass sie jemandem zur Last fällt. Ich hätte sie jetzt mit nach Hause genommen, ob sie zugestimmt hätte oder nicht, aber nun …« Er hob seine Augen zu ihren, seine Hände flatterten hilflos.

»Es ist gut«, flüsterte Benita. »Sie hat gewusst, dass sie nicht allein war. Ich wünschte nur …« Wieder starrte sie ins Leere. »Ich wünschte nur … Hat sie nie nach mir gesucht?«

»Natürlich, aber es gab niemanden, den sie hätte fragen können … und dann hat sie sich wie ein Tier verkrochen, um allein zu sterben«, antwortete der alte Zulu leise. Er verabschiedete sich mit dem Dreiergriff der Afrikaner und entfernte sich über den Hof zur Veranda. Sein Schritt war schleppend, den Kopf hielt er gesenkt.

Jan Mellinghoff sah ihm nach. »Einen besseren Freund als ihn könnte ich mir nicht wünschen. Ich werde mich um ihn und Sarah kümmern. Die Sache mit Gugu wird er nur schwer verkraften können.«

Gloria, die sich gerade eine Zigarette angezündet hatte, blinzelte ihn durch den Rauch an. »Irgendwann musst du mir erzählen, wer versucht hat, dem Alten die Kehle durchzuschneiden, und ob diejenigen das überlebt haben«, sagte sie mit der Absicht, die Stimmung aufzuhellen. Niemandem würde es nutzen, wenn jetzt alle in ein bodenloses schwarzes Loch fielen. »Wenn ich ihn mir so ansehe, halte ich das irgendwie für ausgeschlossen. Sehr beeindruckend«, setzte sie hinzu, und es war deutlich, dass sie das ehrlich meinte.

Sie erreichte, was sie beabsichtigt hatte. Aus den Augenwinkeln beobachtete sie, wie Benita ihre Fassung wiederfand. »Okay«, sagte sie in munterem Ton. »Dann lasst uns mal die Rochade der Damen vollziehen.«

Während Benita ihre Sachen im Zimmer in Jills Haus packte, humpelte Roderick mit Gloria auf der einen und Jan Mellinghoff auf der anderen Seite zum Bungalow. Jabulani folgte ihnen als Schutz. Die Blitze waren verloschen, auch der Regen hatte fühlbar nachgelassen. Die ersten Sterne funkelten auf dem schwarzen Samt des Nachthimmels.

»Wird schönes Wetter werden morgen«, bemerkte der Zulu, als sie am Bungalow angekommen waren. Er setzte sich, sein Gewehr übers Knie gelegt, auf die Stufen und hoffte, dass er von diesen Touristen ein anständiges Trinkgeld bekommen würde. Er hatte das Verlangen nach einer Frau, und gute Frauen aus guten Familien waren teuer.

Die Anwältin war in ihrem Zimmer verschwunden und steckte das, was sie für die Nacht und den nächsten Morgen brauchen würde, in eine Tasche, nahm eine Flasche Champagner aus dem Eisschrank, legte sie dazu, blies Roderick einen Luftkuss zu und verließ mit Jan Mellinghoff das Haus. Sie trafen Benita und Musa auf halbem Weg. Gloria blieb stehen und legte ihrer ehemaligen Rivalin die Hand auf den Arm.

»Alles Gute«, sagte sie lächelnd. »Für euch beide.«

»Danke«, antwortete Benita, und ihrem Tonfall war deutlich anzuhören, dass sie nicht nur auf Glorias Worte antwortete. Spontan lehnte sie sich vor und küsste die Anwältin auf die Wange. »Danke«, sagte sie noch einmal, ehe sie ihren Weg zum Bungalow vier fortsetzte.

Benita schlief in Rodericks Armen ein, der Regen tröpfelte nur noch, die Baumfrösche erhoben ihre Stimme und sangen ihr ein Wiegenlied. Wie auf einer warmen Welle glitt sie hinüber ins Traumreich. Umama stand dort, strahlend und jung, und neben ihr Ubaba. Roderick sah das Lächeln, das auf ihrem Gesicht lag, und schloss erleichtert die Augen.

24

Der Hahn krähte, aber erst zum Sonnenaufgang, und auch die Hadidahs warteten, bis sich die glühende Scheibe über die Baumkronen geschoben hatte, ehe sie über Inqaba hinwegstrichen und ihre durchdringenden Weckrufe erschallen ließen. Sie landeten auf dem Dachfirst von Jills Haus und machten ihre Morgentoilette, bis ihr Gefieder in den Strahlen der aufgehenden Sonne wie poliertes Kupfer glänzte.

Roderick war schon wach und stand, die Schulter an den Rahmen gelehnt, um das Gewicht von seinem Gipsbein zu nehmen, an der Terrassentür und schaute hinunter zum Wasserloch, das noch im Schatten der Hügel lag. Benita war ebenfalls aufgewacht, blieb ein paar Minuten liegen, ohne sich bemerkbar zu machen, und genoss einfach, dass er da stand, in ihrem Schlafzimmer, nur mit Shorts bekleidet, die Haare vom Schlaf wirr, und der Abdruck seines Kopfes auf ihrem Kopfkissen war.

»Guten Morgen«, sagte sie schließlich leise. »Der Hahn hat noch einmal Glück gehabt, nicht wahr?« Sie glitt aus dem Bett und lehnte sich an ihn. Gemeinsam schauten sie zu, wie die Sonne in den Himmel stieg. Der Regen hatte aufgehört, und das Land dampfte. Feuchtigkeitsschleier glitzerten im Licht, und funkelnde Wassertropfen verwandelten Blätter und Blüten in kostbare Schmuckstücke. Die Vögel erhoben ihre klaren Stimmen zum Morgenkonzert, und in den Bäumen schwatzten die Affen. Benita liefen die Tränen.

Sie begrüßten den Morgen lange und ausgiebig, schliefen dann noch ein wenig, die Laken zerknüllt am Boden, ihre Glieder ineinander verschlungen, wobei das Gipsbein ziemlich im Weg war. Benita klopfte darauf.

»Wie lange musst du das noch tragen?«

»So lange, bis ich in einem ordentlichen Krankenhaus einen Stützschuh bekomme. Das Ding juckt so infernalisch, dass ich es mit bloßen Händen herunterkratzen könnte.« Er stützte sich auf seinen Ellbogen und sah sie versunken an. »In der Karibik habe ich schon einmal eine solche Farbe gesehen«, murmelte er und fuhr ihre geschwungene Braue mit dem Finger nach. »Klar und grün, wie das Meer über weißem Sand.«

»Wovon redest du?«

»Von deinen Augen natürlich.«

Sie lachte leise, tief in der Kehle, ein intimes, erotisches Glucksen, das ihm eine wohlige Gänsehaut den Rücken hinunterjagte. »Du bist ein Romantiker, das hätte ich gar nicht von dir erwartet. Roderick, der Raubritter von den Bettpfosten.«

»Ich werde sie absägen und begraben. Ich schwör's!« Er bedachte sie mit einem Dackelblick.

Sie küsste ihn, um ihn zum Schweigen zu bringen, um zu verhindern, dass sie über die Zukunft nachdenken musste, über abgesägte Bettpfosten und Scharen von enttäuschten schönen Frauen und wo in dieser Zukunft ihr Zuhause sein würde.

Er verschränkte die Arme hinter dem Kopf und grinste die Decke an. »Endlich werde ich eine Topfpflanze mein Eigen nennen können.«

Topfpflanze. Wie kam er nur in diesem Augenblick auf so etwas? »Wie bitte?« Sie kicherte ungläubig.

Er lachte auf. »Ich jage seit Jahren ziellos durch die Welt, habe nur aus meiner Reisetasche gelebt. Mein Zuhause war meist nur einen Viertelkubikmeter groß. Wenn ich mir eine neue Hose gekauft habe, musste ich die alte erst wegwerfen, um Platz zu schaffen. Wenn ich dann nach Wochen, in denen ich Rallyes durch die Wüste gefahren bin oder auf Safaris gewesen war, nach Hause gekommen bin, empfing mich Totenstille, kein lebendes Wesen begrüßte mich, und sogar die Fliegen waren inzwischen an Hunger gestorben.«

Sie zog die Augenbrauen hoch. »Ein Sir Roderick Ashburton hat keinen Butler? Einen, der ihm alles hinterherräumt, einschließlich abgelegter Freundinnen? Nicht einmal voluminöse Schrankkoffer?«

»Jetzt lege ich mein Innerstes vor dir offen, und du spottest!« Er warf ihr einen gespielt vorwurfsvollen Blick zu. »Also, als ich das nicht mehr aushielt, habe ich mir in meiner Verzweiflung einen Weihnachtskaktus gekauft. Einen weiblichen Weihnachtskaktus. Ich habe sie Olivia getauft, ihr ein kompliziertes Tropfsystem gebastelt und ihr erklärt, warum ich sie gleich für ein paar Wochen verlassen musste, freute mich schon im Voraus auf meine blühende kleine Freundin. Als ich bei meiner Rückkehr die Haustür aufschloss, stand ich in einer Wasserlache. Das Tropfsystem hatte versagt. Olivia war ertrunken. Bereits angefault, hing sie tot in ihrem Topf. Du kannst dir nicht vorstellen, welche Wunden das auf meiner Seele hinterlassen hat!«

Benita lachte, bis ihr die Tränen kamen.

Sie begaben sich spät zum Frühstück. Auch Gloria und Jan waren gerade erst heruntergekommen. Gloria sah strahlend aus, und Jan Mellinghoff erinnerte Benita an eine satte, zufriedene Großkatze.

»Ich fliege nicht mit«, verkündete Gloria und biss mit offensichtlichem Appetit in ein frisch gebackenes Croissant. »Krieg dich wieder ein, Roderick«, sagte sie lachend, als der ihr einen stirnrunzelnden Blick zuwarf. »Ich nehme mir fünf Tage frei und fliege mit Jan nach Kapstadt. Dann komme ich nach Hause und arbeite wieder brav in deiner Bank, und du kannst dich wieder als Sklaventreiber betätigen.«

Während des Frühstücks, das reichlich und sehr lecker war, bewahrten sie diesen leichten Ton. Jeder fürchtete sich davor, sich den Ereignissen des Abends zuvor zu stellen. Nach dem Frühstück hängte sich Roderick ans Telefon und buchte die Rückflüge für sich und Benita für denselben Abend, während sich Benita auf die Suche nach Jill machte. Sie fand die Familie Rogge auf der Veranda ihres Hauses ebenfalls beim Frühstück.

Ihre Cousine sprang auf, als sie die Treppe hochkam, und lief ihr entgegen. »Benita, meine Güte.« Jill legte ihr die Arme um die Schultern und zog sie an sich. »Es tut mir so entsetzlich leid … Wie musst du dich nur fühlen …«

Benita brauchte ein paar Sekunden, um sich zu fassen. Mitleid hatte sie schon immer nur schwer ertragen können. Es warf sie völlig um. Mit Aggression konnte sie umgehen, mit Mitleid nicht. Sie entwand sich ihrer Cousine. »Ich will noch nicht darüber nachdenken, verstehst du? Ich muss warten … Es geht noch nicht …« Sie verstummte und schaute an ihr vorbei in die strahlenden Gesichter von Kira und Luca, und plötzlich hatte sie das überwältigende Bedürfnis, die süße Kinderhaut zu berühren, ihren saubern, nussigen Duft einzuatmen. »Darf ich mich einen Augenblick zu euch setzen?«

Nils zog ihr einen Stuhl heran. »Es ist gut, dich unversehrt wiederzuhaben«, sagte er.

Benita küsste Kira und Luca. »Euer Hahn hat ja heute Morgen erst zu Sonnenaufgang gekräht. Wie habt ihr denn das fertiggebracht?«, wollte sie wissen.

»Papa hat unserem Hahn eine Frau mitgebracht«, rief Kira, und ihre dunkelblauen Augen strahlten sie an. »Er heißt Mr Jetlag, und seine Frau heißt Mrs Jetlag.«

»Der Erfolg war durchschlagend«, sagte Nils und grinste. »Flügelschlagen, unterdrückte Lustschreie, dann ein triumphierender Hahnenschrei und dann Ruhe, göttliche, himmlische, tiefste Ruhe. Nichts als prasselnder Regen, die ganze Nacht. Wir sollten Jetlag und seiner Lady eine Extraportion Erdnusstoast spendieren. Bestimmt wird es bald eine Menge kleiner Jetlags geben.«

»Die dürfen dann in meinem Zimmer schlafen«, verkündete Kira. Ihr Bruder nickte eifrig, während ihre Mutter die Augen verdrehte.

Kurz darauf ertönte hinter ihnen das vertraute Kollern, und Mr Jetlag kam herbeispaziert, hopste auf seinen Hocker, der zwischen den Kindern stand, und gurrte zur Begrüßung.

»Na, du alter Schwerenöter, alles in bester Ordnung?« Nils bröckelte ihm den mit Erdnussbutter bestrichenen Toast hin. »Wo ist denn Mrs Jetlag?«

Der Hahn antwortete nicht, beäugte sein Frühstück, schnappte zu und fraß es mit offensichtlichem Genuss auf. Dann streckte er den Hals vor und wartete auf Nachschub.

Kira rutschte vom Stuhl. »Ich hol mal Mrs Jetlag. Die braucht auch Frühstück.« Sie hüpfte über die Veranda zu dem Feigenbaum, den Mr Jetlag für sich erkoren hatte. Ihr schriller Aufschrei gellte kurz darauf durch die Morgenstille. Ihre Eltern waren in wenigen Schritten bei ihr. Ihre Tochter deutete schluchzend unter Mr Jetlags Schlafbaum.

Mrs Jetlag lag, Flügel ausgebreitet, Hals vorgestreckt, inmitten ihrer zerrupften Federn tot auf dem Terrassenboden unter dem Feigenbaum.

»Mein Gott«, flüsterte Nils, »er hat sie … er hat …«

»Pst!«, zischte Jill. »Nicht vor den Kindern!«

Nils nahm seine kleine Tochter in den Arm. »Sei nicht traurig, meine Süße. Mrs Jetlag ist jetzt im Himmel, und wir werden sie nachher begraben. Du kannst eine Kerze anzünden und ein Lied singen.«

»Und dann holst du eine neue Mrs Jetlag?« Kiras Augen schwammen in Tränen.

»Darüber reden wir später«, wich Nils mit der ewigen Ausrede von hilflosen Eltern aus.

»Okay.« Getröstet trollte sich seine Tochter zum Tisch.

»Ich kann doch nicht verantworten, diesem Sexmonster dauernd Hühnerdamen zuzuführen, ich steck den Kerl in die Suppe!« knurrte er, aber so, dass nur Jill und Benita es hörten.

Kira löste das Problem. »Er mag keine Hühner«, bemerkte sie anklagend, »das sieht man doch. Ich schenk ihm eine Katze.«

»Eine Katze?« Nils' Augen glitzerten. »Gute Idee.«

Zufrieden mit ihrem Einfall widmete sich Kira wieder ihrem Frühstück, und Benita zog Jill zur Seite, um die Beerdigung ihrer Mutter zu besprechen.

»Ich möchte sie neben meinen Vater begraben ... Neil sagte, dass er hier auf Inqaba liegt?«

Jill legte den Arm um ihre Cousine, zog sie zum Verandageländer und zeigte auf einen flachen Hügel, auf dem unter ausladenden Bäumen mehrere weiße Kreuze leuchteten. »Dort liegt er, bei all den anderen Steinachs, die vor uns hier gelebt haben, und dort wird Gugu auch ihren Frieden finden. Bitte verzeih mir, dass ich dir das noch nicht gesagt habe, aber ... die ganze Aufregung hier ... die Morde ...« Sie brach mit einer hilflosen Handbewegung ab.

Die beiden Cousinen hielten sich fest umschlungen. Benita traute sich nicht zu sprechen, fürchtete, sie würde stattdessen in Tränen ausbrechen, weil sie nun wusste, dass sie wirklich zur Familie gehörte. Auf dem kleinen Friedhof leuchteten die Blütenbüsche, und die filigranen roten Blüten eines Flammenbaums glühten im saftigen Grün. Ihre Familie. Unsere Geschichte. Nie hatte sie erfahren, welch ein Gefühl das war, das aussprechen zu können. Vorher waren es Umama und Ubaba und sie gewesen. Jetzt hatte sie eine Familie und eine Geschichte.

»Darf ich einen Baum für meine Eltern pflanzen?«, flüsterte sie. »Einen Kaffirbaum, den mit den großen Blüten? Umama mochte ihn so.«

»Korallenbaum heißt das heute«, korrigierte Jill sie automatisch. »Politisch korrekt.« Ein winziges Lächeln zuckte in ihren

Mundwinkeln. »Ja, natürlich kannst du das. Ich habe einen, den ich dir ausgraben lassen kann. Er ist der Urahn des Baums, den Catherine Steinach hier gepflanzt hat. Lass mich rechtzeitig wissen, wann deine … die Leiche freigegeben wird. Dann werde ich, wenn du erlaubst, das Begräbnis arrangieren. Du brauchst dich um nichts zu kümmern.«

Tita Robertson hatte genau das zu ihr gesagt, als sie ihre eigene Mutter beerdigen musste, die bei einem Flugzeugunglück umgekommen war, und sie konnte sich gut an das Gefühl von Schutz und Geborgenheit erinnern, das Titas Worte damals in ihr ausgelöst hatten. »Du brauchst dich um nichts zu kümmern«, wiederholte sie.

Benita holte tief Luft. »Danke. Wir werden heute Abend nach London fliegen. Erst müssen wir aber noch bei der Polizei unsere Aussagen machen.« Sie schaute hinüber zu dem Hügel mit den weißen Kreuzen. »Es ist irgendwie tröstlich zu wissen, wo man herkommt und wohin man geht, nicht wahr?«

Jill hob ihr Gesicht zur Sonne. »Vergiss dabei aber nie das Hier und Jetzt. Ich weiß nicht, wie das Leben aussieht, das du in London führst, aber es erscheint mir in einer Art Parallelwelt stattzufinden, einer, in der du nie die nackte Erde unter deinen Füßen spürst oder den Himmel über dir. Kannst du die Sterne nachts sehen, wo du lebst?«

Benita dachte an den Himmel über London, der so oft grau von Smog oder Nebel war, an die Lichter der Stadt, die nachts jeden Stern überstrahlten. Sie schüttelte langsam den Kopf. »Nur selten. Fast nie.«

»Stehst du ab und zu mit der Sonne auf und siehst zu, wie sie den Himmel erobert? Lauschst du den Vögeln im Morgengrauen?«

Benita sah vor sich, was Jill jeden Morgen auf Inqaba in verschwenderischer Fülle dargeboten bekam, und eine glühende Lanze des Verlangens durchfuhr sie. »Im Winter vielleicht, da geht die Sonne spät auf, aber da singen keine Vögel. Da ist es still und kalt, und oft erstarrt das Land unter einem Eispanzer. Alles sieht tot aus.«

»Weißt du, ich bin süchtig nach Sonnenaufgängen«, sagte Jill leise. »Es ist ein unglaubliches Gefühl. Mein Herz singt ... Die Schwärze der Nacht ist gewichen, und ich weiß, dass noch so viele wunderbare Sachen vor mir liegen. Nachts ...«, ein kleiner Schauder durchfuhr sie, »... nachts denke ich oft an den Tod.« Sie wandte sich ihrer Cousine zu. Das glänzende dunkle Haar fiel ihr ins Gesicht, ihre Augen strahlten in tiefem Blau. »Komm bald wieder, Benita. Auf Inqaba ist immer Platz für dich.«

»Ich brauche jetzt einen Kaffee«, antwortete Benita abrupt. Es war im Augenblick einfach zu viel für sie. Mit den Emotionen, die sie wie eine Flutwelle bei Jills Worten erfasst hatten, konnte sie jetzt noch nicht umgehen.

Jill sah sie an. Wieder saß ein Lächeln in ihren Mundwinkeln. »Du brauchst Abstand. Ich kenne das.« Eine Bewegung auf dem Weg zog ihre Aufmerksamkeit an. »Ich glaube, da kommt Sir Roderick angehumpelt. Sag mal«, jetzt tanzten ihre Augen mit spöttischem Vergnügen, »wirst du dann Lady Benita sein?«

Benita fühlte, wie ihr die Hitze ins Gesicht stieg. »Ich will ihn doch nicht heiraten, wir sind doch nur ...«

»... gute Freunde?« Jetzt lachte Jill sie laut aus. »O Benita! – Pst, da ist er. – Guten Morgen, Roderick. Kommst du, um dich zu verabschieden?«, rief sie ihm zu.

Roderick stampfte über die Veranda zu ihnen. Er ging ohne Krücke, trug Jeans, die er über dem Gipsbein einfach aufgetrennt hatte. »So ist es. Wir haben schon gepackt. Außerdem möchte ich dich bitten zu veranlassen, dass uns ein Flugzeug hier abholt. Unser Auto ist ein Schrotthaufen, und wir schaffen es sonst weder rechtzeitig zur Polizei noch zum Flughafen. Es gibt hier doch bestimmt die Möglichkeit, oder? Ich habe schon eins gesehen, das offensichtlich im Landeanflug ganz in der Nähe war.«

Jill nickte. »Ja, auf einer benachbarten Farm gibt es einen Landestreifen, und das Flugzeug kann gechartert werden. Ich glaube nicht, dass es Probleme geben wird. Ich kümmere mich sofort darum. Möchtet ihr hier noch essen?«

Ich möchte hierbleiben, dachte Benita, und nie wieder weggehen. Aber sie sagte nichts.

»Dafür bleibt wohl keine Zeit. Wir werden später auf dem Flughafen etwas finden, oder auf Diät gehen.«

»Fliegt Miss Pryce ebenfalls mit?« Jills dunkelblaue Augen wanderten an ihm vorbei zur Veranda des Haupthauses, wo Jan Mellinghoff und die blonde Anwältin offen turtelten.

Roderick folgte der Richtung ihres Blicks und grinste. »Nein. Miss Pryce hat ihr eigenes Beförderungsmittel.«

Eine Stunde später waren sie in der Luft, und nach einer weiteren halben Stunde näherten sie sich, immer parallel zur Küste fliegend, Umhlanga Rocks. Benita reckte den Hals. Es war Ebbe, und das Riff war aus dem Meer aufgetaucht, und die langen Wellen, die aus der blauen Tiefe des Indischen Ozeans heranrollten, allmählich anschwollen und höher und höher wurden, wie gläserne Berge in der Sonne glitzerten, brachen sich weit draußen an der steinernen Barriere, und ihr Donnern war so tief und resonant, dass es sogar das Motorengeräusch des Flugzeugs verschluckte.

Obwohl es mitten in der Woche war, tummelten sich viele Badegäste am Strand, und es fiel Benita wieder ein, dass um diese Jahreszeit die Sprösslinge wohlhabender Eltern aus der Johannesburger Gegend traditionell ihren Schulabschluss an diesem Strand feierten. Dann flackerten entlang dem Meeressaum bis zum Sonnenaufgang Grillfeuer, und völlig überladene Autos jagten mitten in der Nacht hupend durch Umhlangas Straßen. Früher waren es nur Weiße gewesen. Heute, das konnte sie von dem niedrig fliegenden Sechssitzer aus erkennen, gab es einige mit dunkler Haut darunter.

Vor ihr lag der Rohbau des *Zulu Sunrise*. Der Bau wirkte verlassen, was ihr für einen Mittwoch merkwürdig vorkam. Vermutlich aber war die Nachricht, wer Doktor Rian Erasmus wirklich war und dass er verhaftet worden war, schneller als ein Blitz durch Südafrika gejagt. Schon in den Zeiten vor der Einführung von Mobiltelefonen und Internet, als es nur ein anfälliges Telefonnetz gab und auch das nicht überall, hatten sich interessante Nachrichten, waren sie nun wahr oder nur ein Gerücht, schneller verbreitetet als ein schlechter Geruch. War morgens etwas in irgendeinem gottverlassenen Kaff mitten im Nirgendwo passiert, summte schon zur Mittagszeit ganz Kapstadt vor Aufregung. Der Schock dieser Nachricht hatte die Firma des *Zulu Sunrise* offensichtlich durchgeschüttelt. Sie schaute genauer hin, und dann sah sie es. Wie elektrisiert starrte sie hinunter.

»Roderick, sieh dir das an! Dort, vor dem *Zulu Sunrise*. Meine Güte, der gesamte Uferbereich ist ins Meer gespült worden.« Erregt bat sie den Piloten eine kurze Schleife zu fliegen. »Nur einmal über das *Zulu Sunrise*, auf der Strandseite, so tief und so langsam wie möglich.«

Der Pilot tat wie verlangt, und dann konnten sie es deutlich erkennen. Über eine Länge von sicherlich hundert Metern waren zirka dreißig Meter des befestigten Uferbereiches mitsamt der Promenade verschwunden. Steinbrocken übersäten den Strand, die von der Promenadenbepflasterung stammten, und in der Brandung wurde ein großer Baum herumgewirbelt, der zuvor noch einer Aussichtsbank Schatten gespendet hatte.

»Was ist denn hier geschehen?«, brüllte Roderick gegen den Fluglärm dem Piloten zu. »Haben die eine Sturmflut gehabt?«

Der Pilot wandte sich halb im Sitz um. »Niemand weiß es genau. Wie aus dem Nichts haben sich monströse Wellen bis zu zwölf Metern aufgetürmt und Strand und Promenade gefressen.«

»War es vielleicht ein Erdbeben?«, schrie Benita. »Ein Nachbeben zum Beispiel?«

»Hier? Na ja, vor einer Woche etwa gab es eins oben in Mosambik, ziemlich stark. Ein paar Durbaner sind nachts sogar aus den Betten gefallen. Aber ein Nachbeben, das solche Wellen verursacht? Kann ich mir eigentlich nicht vorstellen. Wird die globale Erwärmung sein oder so. Hab gehört, dass der Meeresspiegel steigt. Ich wohne oben in Durban North.« Er deutete auf den Hügelkamm, der sich in der Ferne bis Durban zog. »Na, vielleicht habe ich bald ein Grundstück am Strand.« Er lachte sorglos und nahm wieder Kurs auf Durban.

Kurz darauf landeten sie dicht am Meer auf dem kleinen Flughafen von Virginia, einem Vorort von Durban, wo bereits ein Polizeiauto auf sie wartete. Der Major mit dem treuen Blick nahm sie in Empfang und sorgte dafür, dass alles zügig erledigt wurde.

»Das ist das Mindeste, was wir für Sie tun können, Miss Steinach«, sagte er, als er ihr zum Abschied die Hand reichte. »Ich melde mich bei Ihnen, sobald die Leiche zur Beerdigung überführt werden kann. Wissen Sie schon, wo Sie Ihre Mutter begraben werden?«

»Auf Inqaba«, antwortete Benita. »Bei meiner Familie.«

Sie erwischten spätnachmittags die Maschine nach Johannesburg, lieferten ihr Gepäck am Erste-Klasse-Schalter ab und begaben sich aufatmend zur Passkontrolle, um den British-Airways-Flug nach London zu erreichen.

»Kaum zu glauben, dass wir erst vor nicht mal einer Woche hier gelandet sind«, bemerkte Roderick. »Es kommt mir so vor, als wäre alles in einem anderen Leben geschehen.« Er suchte seinen Pass heraus. Das kalte Neonlicht machte ihn blass und seine Züge schärfer.

Benita nickte und nahm abwesend auch ihren Pass aus einem Seitenfach der Laptoptasche. Ihr war noch immer etwas schwindelig, so als stünde sie etwas außerhalb der Realität, geschützt durch eine Art gläsernen Kokon, der den Rest der Welt auf Abstand hielt. Es war ein nicht unangenehmes Gefühl. Sie stellte sich ans Ende der Warteschlange, Roderick wählte die neben ihr und hatte Glück. Seine Schlange bewegte sich wesentlich schneller vorwärts. Benita hatte noch mehrere Passagiere vor sich, als er bereits an der Reihe war.

»Ich scheine eher fertig zu werden, und laufe dann …«, er lachte schief, »… das heißt, dann humple ich schon voraus. In meinem Gipsbein ist allerhand los, und ich habe kein Aspirin mehr. Irgendwo wird es eine Apotheke geben. Danach können wir uns ja in einem Café treffen. Wer immer es zuerst schafft, ruft an.«

»In Ordnung.« Sie nickte und schob ihr Bordcase mit dem Fuß weiter. Dann fiel ihr siedend heiß ein, dass sie kein Mobiltelefon mehr besaß, seit die Affen ihres gestohlen hatten. Aufgeregt rief sie hinter ihm her, aber der Geräuschpegel in der weiten Halle war sehr hoch, und seine breite, hochgewachsene Gestalt wurde von den nachrückenden Passagieren verdeckt.

Nun, tröstete sie sich, wenn ihn ein Pavian am Telefon auslacht, wird ihm das schon wieder einfallen, und er würde sie suchen. Spätestens am Gate würden sie sich ja wiederfinden. Es waren noch fünf Leute vor ihr. Ein Inder, sehr elegant gekleidet in einem dunklen Anzug, der von zwei Frauen begleitet wurde, die ältere in einen hauchzarten Sari gehüllt, die andere in einen cremefarbenen Hosenanzug. Die Tochter offenbar. Direkt vor ihr warteten zwei Geschäftsleute, aus Europa, ihrer blassen Hautfarbe nach zu urteilen. Davor lag die unüberwindlich erscheinende Barriere der Passkontrolle, dahinter die glitzernden Lichter der Einkaufsstraße des Flughafens. Die Decke der Wartehalle war niedriger als die des Einkaufsbereichs, das Licht so trüb und kalt, dass es alle Farben ausbleichte. Weiße erschienen käsig blass, dunkle Haut bekam einen bläulichen Unterton. In der Nähe der Glaskabinen der Passkontrolleure patrouillierten schwer bewaffnete Polizisten.

»Nadelöhr«, sagte ihr Vater.

Aber sie hörte die Stimme aus der Vergangenheit nicht. Eine dumpfe Müdigkeit saß ihr in den Knochen, die nicht nur auf Schlafmangel beruhte. Sie gähnte herzhaft und nahm sich vor, in London erst einmal rund um die Uhr zu schlafen. Vielleicht war sie danach in der Verfassung, sich mit dem auseinanderzusetzen, was geschehen war.

Der Inder trat gemeinsam mit Frau und Tochter vor, und sie legten ihre Pässe hin. Es gab einiges Hin und Her, aber schließlich waren sie abgefertigt. Roderick war bereits durchgeschleust. Am Rand des Passagierstroms, der sich durch die Einkaufshalle wälzte, drehte er sich noch einmal kurz zu ihr um, lächelte ihr zu und rief etwas. Sie verstand ihn nicht, aber ihr Puls schoss prompt in die Höhe. Der Kragen seiner Lederjacke stand hoch, darunter trug er ein schwarzes T-Shirt, das dunkle Haar fiel ihm über die Augen, seine Zähne blitzten. Er schickte ihr einen Luftkuss und deutete in die Richtung, in die er laufen würde. Dann verschwand er im Gewühl der Passagiere, und sie beobachtete amüsiert, wie viel aufmerksame Frauenblicke ihm folgten. Ein Frauenfänger war er und würde es immer bleiben, etwas, was sie ertragen musste. Trotz aller Verliebtheit machte sie sich keine Illusionen. Einen Roderick Ashburton konnte man nicht zähmen.

Sie winkte ihm nach, obwohl er sie nicht mehr sehen konnte, und schob dabei ihr Gepäck weiter. Der erste Geschäftsmann trat an die Glaskabine. Der Passbeamte murmelte etwas, Stempel knallten, und der Nächste wurde herangewinkt.

Und dann war sie dran. Sie grüßte den Passbeamten höflich, einen fettig glänzenden Weißen mit schwarzem Schnurrbart, spärlichen Haaren und Augen, die so leblos waren wie Kiesel, und legte ihren Pass hin. Während sie ihm zusah, wie er ihn mit gelangweiltem Ausdruck vor den Computer hielt, um die Daten einzulesen, musste sie ein weiteres Gähnen unterdrücken.

Plötzlich beugte er sich vor, schaute genauer auf den Bildschirm, stutzte, betätigte einige Tasten, und dann klappte er den Pass zu und schob ihn zurück. »Sie haben die südafrikanische Staatsangehörigkeit, benutzen aber einen britischen Pass! Das ist nicht zulässig. Wo ist Ihr südafrikanischer Pass?«

Benita schreckte hoch, als hätte jemand einen Eiskübel über ihr geleert. Die Sache mit dem Pass und der Staatsangehörigkeit war durch den emotionalen Erdrutsch der letzten Tage völlig verschüttet worden, und sie hatte es schlicht vergessen. »Den … den habe ich noch nicht, ich will ihn in London beantragen … Es war noch keine Zeit«, stotterte sie überrumpelt.

Der Beamte legte seine dicken Unterarme auf sein Pult und spießte sie mit einem gehässigen Blick auf. »Ich werde Sie nicht ausreisen lassen, Lady.« Er schob ihr den Pass hin. »Besorgen Sie sich einen südafrikanischen Pass, und dann können Sie wiederkommen. Der Nächste bitte!« Die Kieselsteinaugen richteten sich auf die Frau hinter ihr.

Es war seine herablassende, aggressive Art, die in ihr eine verschüttete Saite berührte und letztlich ihre Schutzmauer durchbrach. Es war die Kondensation von allem, was ihr und ihren Eltern damals angetan worden war, zurück bis zu dem Tag, als man ihr den Eintritt zu einer Schule verwehrte, nur weil ihre Haut nicht wirklich weiß war.

Es war einfach zu viel.

Sie stemmte die Hände auf das Pult und fixierte den Mann. »Ich bin zwar hier geboren, aber ich bin Britin, mein Name ist Benita Steinach-Forrester, und ich habe das Recht, einen britischen Pass zu benutzen. Sie werden jetzt diesen Pass abstempeln, und ich werde nach London zurückfliegen und dann bei der Botschaft einen südafrikanischen Pass beantragen, weil ich gezwungen bin, in dieses Land zurückzukehren, um meine Mutter zu beerdigen. Ist das klar?«

Der Passbeamte antwortete nicht, streifte sie nur mit einem verächtlichen Blick und winkte einen der schwer bewaffneten Polizisten heran. Bevor sie ihren Pass wegstecken konnte, schnappte der Beamte ihn und reichte ihn dem Grenzpolizisten, der sich neben ihr aufbaute. Er war groß und breit und schwarz wie dunkler Kaffee, trug eine kugelsichere Weste, und seine Maschinenpistole hielt er quer vor sich. Sein jugendliches Gesicht unter dem militärisch kurz rasierten Kraushaar zeigte keinerlei Reaktion. Für Sekunden glaubte ihr überreiztes Gehirn, einen Roboter vor sich zu haben.

»Diese Lady hat gegen unsere Gesetze verstoßen«, sagte der Passbeamte. »Sie reist mit falschem Pass. Sie bleibt hier.«

Benita spürte, wie ihr das Blut in die Beine sackte, ihre Hände wurden eiskalt und kribbelten.

»Nadelöhr. Da erwischen sie jeden.« Ubabas Worte.

Ihr Gesicht war fahl vor Schock, als sie sich vorlehnte. »Aber … ich muss fliegen … Das können Sie nicht machen …«

»O doch, ich kann. Bringen Sie Miss Steinach ins Büro«, wies er den Grenzer an.

Der Polizist packte sie am Oberarm und zog sie mit sich, kümmerte sich nicht um ihre Proteste, zog sie so schnell, dass sie keine Zeit hatte, ihr Handgepäck aufzunehmen. Sie blieb abrupt stehen und riss sich los.

»Was ist, kommen Sie schon, Lady«, raunzte der Polizist sie an und packte wieder zu.

»Erstens, nehmen Sie Ihre Hände weg, ich komme auch so mit, und zweitens will ich telefonieren«, verkündete sie mit wesentlich mehr Mut, als sie eigentlich fühlte. Roderick konnte noch nicht weit sein. Sie musste ihn erreichen. Sie ließ die Hand in ihre Tasche fahren, aber da fiel ihr ein, wer ihr Handy jetzt hatte. Eine Affenherde im Busch. »Na super«, murmelte sie frustriert. »Ich habe mein Mobiltelefon verloren. Wo kann ich hier telefonieren?«, sagte sie laut.

»Nehmen Sie meins«, sagte jemand hinter ihr.

Sie drehte sich um. Eine ältere Dame, groß, weißhaarig und

wettergegerbt, reichte ihr mit grimmigem Ausdruck ihr Handy. »Lassen Sie sich das nicht bieten«, murmelte sie.

»Telefonieren verboten«, bellte der Passbeamte, der den Wortwechsel beobachtet hatte, und zeigte auf eine meterlange Anzeigentafel, die sich über den Kontrollhäuschen befand. Grinsend stocherte er dabei mit einer Nadel in seinen gelben Zähnen herum.

Benita schaute hoch. Da stand es: Telefonieren in diesem Bereich strikt verboten. Mit Ausrufungszeichen. »Das ist mir gleich. Brummen Sie mir die dafür vorgesehene Strafe auf. Ich habe ein Recht, jemanden anzurufen.«

Der Polizist nahm ihr das Mobiltelefon einfach aus der Hand, schaltete es aus und gab es der Dame hinter ihr zurück. »Das stecken Sie jetzt in Ihre Tasche, und da bleibt es, verstanden? Und mischen Sie sich nicht in Angelegenheiten, die Sie nichts angehen, Lady. Sonst bekommen Sie auch noch Schwierigkeiten.«

Ein aufgebrachtes Gesumm in der Warteschlange war die Antwort. Die weißhaarige Dame lächelte Benita an. »Soll ich jemanden für Sie anrufen?«

»Nein … nein, danke. Ich werde mit dem Vorgesetzten sprechen, dann wird sich das alles aufklären.«

»Vorwärts, Lady!«, befahl der Grenzer und machte eine Bewegung, als wollte er ihren Arm wieder in seinen Klammergriff nehmen.

Benita wich zurück und funkelte ihn an. Mittlerweile wurde sie von einer solchen Wut geschüttelt, dass der Nebel des anfänglichen Schocks sich gelichtet hatte. »Ich will Ihren Vorgesetzten sprechen, und zwar auf der Stelle.« Unbewusst benutzte sie den Ton, mit dem sie sich in London in einer solchen Situation wehren würde.

Der Polizist erstarrte, seine schwarzen Augen glühten, und zu spät merkte sie, welchen Fehler sie begangen hatte, wurde schmerzhaft an die Worte des Zollbeamten bei der Einreise erinnert, der ihr unmissverständlich mitgeteilt hatte, dass er die Nase von weißen Auslandssüdafrikanern voll hatte, die fettes Geld im Ausland verdienten und glaubten, dass sie deswegen hier über den Gesetzen standen. Sie biss sich auf die Lippen, wollte ihre grobe Ungeschicklichkeit korrigieren, aber sie kam nicht mehr dazu.

Der Grenzer packte sie ohne ein weiteres Wort wieder am Oberarm und zerrte sie quer durch die Warteschlangen, wo ihnen erschrocken Platz gemacht wurde. Alle hatten gesehen und gehört, was vorgefallen war, und jedermann zeigte deutliches Unbehagen.

»Viel Glück«, rief ihr die weißhaarige Dame nach, und das Echo ihrer Worte lief durch die Schlange der Wartenden.

»Danke«, antwortete sie automatisch. Sie konnte mit dem wütenden Polizisten kaum Schritt halten. Mit aufsteigender Angst suchte sie den Bereich hinter den Glaskabinen mit den Augen ab. Roderick war nicht zu sehen. War er noch in der Apotheke beschäftigt? Oder saß er bereits im Café und versuchte vergeblich, sie auf dem Telefon zu erreichen. Flüchtig stellte sie sich vor, wie einer der Affen das Gespräch annahm, und fast wäre sie in ein blödsinniges Kichern ausgebrochen, so nervös war sie. Aber Roderick würde sich bald daran erinnern, dass sie kein Telefon mehr hatte, und sie suchen. Es war sicherlich nur eine Frage der Zeit. Zitternd atmete sie tief durch.

Der Polizist machte jetzt vor einem hell erleuchteten Raum am Ende der Halle halt und klopfte kurz an das Glasfenster der Tür. Ein untersetzter, fülliger Schwarzer öffnete. Er trug einen olivfarbenen Pullover mit Schulterklappen.

»Passvergehen«, verkündete der Polizist kurz, reichte dem Beamten ihren Pass und schob sie hinein. Die Tür fiel hinter ihr ins Schloss und stickige, verbrauchte Luft schlug ihr ins Gesicht. Gehetzt sah sie sich um.

Eine korpulente dunkelhäutige Frau mit vielen straffen Zöpfchen, die in einem gewickelten Knoten endeten, saß am Schreibtisch an der Wand, zwei männliche Kollegen an dem unmittelbar neben ihr. Der eine pries dem anderen gerade auf Zulu die Fingerfertigkeit seiner Frau als Anzugschneiderin an. Ein jüngeres Mädchen, das sie gleichgültig musterte, während es sich mit dem Stift im Ohr bohrte, saß an einem winzigen Pult.

»Wer von Ihnen ist der Vorgesetzte?«, fragte Benita, war stolz, dass ihre Stimme nicht schwankte, unterdrückte mit aller Kraft die Bilder, die sich jetzt in ihrem Kopf drehten. Trotz der Hitze in dem Raum fror sie, und ihre Hände waren klamm.

Die Frau mit der Zöpfchenfrisur, die eine gewisse Autorität ausstrahlte, sah vom Schreibtisch hoch. »Das bin ich.« Ihr Gesichtsausdruck war unverbindlich, eher abweisend. Benita erwiderte den Blick schweigend, schätzte, dass die Beamtin in einem Alter war, wo sie die Demütigungen der Apartheidzeit noch voll am eigenen Leib erlebt hatte, und zügelte ihren Zorn, war sich im Klaren darüber, dass diese Frau aus der Erfahrung jener Jahre ein aggressives Verhalten von ihr wie der Polizist als persönliche Beleidigung einstufen würde. »Ma'am«, sprach sie die Frau respektvoll an, »wo liegt das Problem mit meinem Pass?«

Die Beamtin blätterte umständlich durch ihren Pass. Schließlich legte sie ihn hin, rückte ein paar Bleistifte zurecht und schob ein paar Papiere zusammen. Erst dann hob sie den Blick. »Miss Steinach-Forrester, Sie sind hier geboren und Südafrikanerin. Nach der Änderung des Staatsbürgergesetzes unseres Landes müssen Sie einen südafrikanischen Pass für die Ein- und Ausreise benutzen. Das haben Sie nicht getan, und das ist eine Straftat.« Ihr Ton war neutral, so als würde sie den Gesetzestext vorlesen.

»Das hat man mir bereits bei der Einreise mitgeteilt, und ich habe natürlich vor, diese Auflage zu erfüllen. In London.« Sie setzte ihr Lächeln auf, dessen positive Wirkung sie schon unzählige Male eingesetzt hatte.

Die Frau am Schreibtisch reagierte nicht einmal mit einem

Wimpernzucken. »So sind unsere Gesetze nun einmal, und sie gelten für alle, egal, wer man ist«, setzte sie hinzu.

Einen Augenblick lang herrschte gespanntes Schweigen im Raum. Alle schienen darauf zu warten, was Benita als Nächstes tat. Blitzschnell wägte sie ihre Möglichkeiten ab. Sie saß wie eine Fliege im Spinnennetz und verhedderte sich mit jedem Wort stärker darin. Ein erneuter Blick aus dem Fenster zu der lichterfüllten Wandelhalle hinter der Passkontrolle zeigte ihr, dass von Roderick noch immer keine Spur war.

Plötzlich stiegen die Worte in ihr auf, ohne dass sie bewusst darüber nachgedacht hatte. »Ich möchte Ihnen etwas erzählen, Ma'am, darf ich?« Auf eine kurze, wortlose Handbewegung der Frau hin fuhr sie fort: »Ich möchte Ihnen kurz erklären, was in den letzten Tagen vorgefallen ist und weswegen ich mich nicht um den Pass kümmern konnte. Haben Sie schon einmal vom Vice-Colonel gehört?«

Jetzt hatte sie die Aufmerksamkeit aller im Raum. Die Aufseherin nickte vorsichtig, lehnte sich dann in ihrem Stuhl zurück, winkte dem dicken Schwarzen und bedeutete ihm, Benita seinen Stuhl zu geben. Der Mann sprang auf und kam ihrem Befehl nach. Benita setzte sich, lehnte sich vor und fing den dunklen Blick der Frau hinter dem Schreibtisch ein.

»Meine Eltern waren im Widerstand, mein Vater war weiß, meine Mutter farbig«, begann sie ihre Geschichte und erzählte sie dann mit trockenen, einfachen Worten. Sie sah, wie sich die Gesichter der Zuhörer langsam veränderten. Die ausdruckslosen Beamtenmienen belebten sich, die gespannte Atmosphäre lockerte sich merkbar. »Und deswegen bin ich nicht dazu gekommen, mich um meinen südafrikanischen Pass zu kümmern.«

»Der Vice-Colonel ist im Gefängnis?«, fragte die Aufseherin, ihr Blick ins Leere gerichtet. »Tatsächlich?«

»Tatsächlich, und ich bin die Einzige, die dabei war, als er meine Mutter … Die Einzige, die noch lebt. Die einzige Augenzeugin. Ich werde für den Prozess zurück nach Südafrika kommen, um gegen ihn auszusagen. Er wird nie wieder herauskommen.«

»Halleluja!«, murmelte die Frau und kaute auf einem Fingernagel, dessen dunkelgrüner Lack abgesplittert war. Offensichtlich dachte sie nach. Benita wartete geduldig darauf, dass die Frau zu einem Schluss kam.

Draußen röhrten die Motoren eines startenden Flugzeugs. Sie drehte verstohlen ihr Handgelenk, schaute auf die Uhr und versteinerte. Es musste die BA-Maschine nach London sein. Roderick war nicht gekommen.

Er war allein abgeflogen.

Die Welt stand abrupt still, und sie hatte das Gefühl zu fallen, schneller und immer schneller wirbelte sie davon, wie ein Staubkorn durchs Weltall, hinaus in die kalte schwarze Ewigkeit.

Die Aufseherin räusperte sich. »Es gibt da ein Problem, Ma'am ...«

Benita ruckte hoch, starrte sie an, wusste nicht, wer diese Frau war und was sie von ihr wollte.

»Ma'am?«, sagte die Frau unsicher. »Haben Sie mich verstanden? Es gibt da ein Problem.«

»Problem? Wovon reden Sie?«

Die Frau hielt ihren Pass hoch. »Von Ihrem Pass. Die ganze Sache ist offiziell und kann nicht einfach so vom Tisch gewischt werden.« Ihr Blick hielt ihren fest, als erwartete sie eine bestimmte Reaktion.

Benita musterte sie aus zusammengekniffenen Augen. Ihr Pass? Stückweise fiel ihr die vorangegangene Diskussion ein und weswegen sie sich in diesem Raum befand. »Ach ja, mein Pass«, murmelte sie, um Zeit zu gewinnen. Sie kam sich klein und verlassen vor, atmete tief durch, unterdrückte diese Regung mit aller Kraft. In dieser Situation war sie nicht gerade hilfreich. Mit ihrer abgrundtiefen Enttäuschung über Roderick würde sie sich später befassen. Jetzt konzentrierte sie ihre ganze Aufmerksamkeit auf die Aufseherin.

War die Frau etwa gerade dabei, Bestechungsgeld zu fordern? Die lokalen Zeitungen waren voll von Berichten über Korruption. Eine Aufwallung der Empörung stieg ihr in den Kopf. Das würde sie nicht zulassen. Sie würde sich nicht freikaufen, niemals, sie hatte das nicht nötig, und plötzlich war der Gedanke da.

»Nein«, sagte sie ruhig. »Wenn das Gesetz so ist, dann ist es eben so. Ich bleibe hier, wenigstens noch ein Weilchen, und kümmere mich darum.« Ihre Augen waren dunkelgrün vor Emotionen. »Bis dahin ist auch meine Mutter … freigegeben. Bitte geben Sie mir meinen Pass, ich möchte noch nicht ausreisen.«

Die Hand der Frau klatschte auf ihren Pass. »So einfach geht das nicht. Sie haben Widerstand gegen einen Passbeamten und gegen einen Polizisten geleistet. Das können wir nicht dulden. Eigentlich müsste ich Sie festnehmen und in Abschiebehaft bringen lassen. Aber mir steht es frei, Ihnen eine Strafe aufzuerlegen.« Sie biss sich auf die Lippen. »Zehntausend Rand wäre angemessen. Stimmen Sie dem hier und jetzt zu? Dann unterschreiben Sie bitte das hier.« Sie füllte ein Formular aus und schob es ihr hin.

Benita las es durch, innerlich kochend vor Wut, aber äußerlich betont ruhig, und ließ sich Zeit damit. Die Summe betrug eben über siebenhundert Pfund. Eine heftige Summe, aber sie hatte nicht vor, noch weiter zu argumentieren. »Muss ich gleich bezahlen?«

Die Miene der Frau verriet nichts. »Das wäre wünschenswert, und es würde die Sache für Sie vereinfachen.« Sie erläuterte jedoch nicht näher, was sie damit meinte.

»Akzeptieren Sie meine Kreditkarte?«, fragte Benita in einem Ton, aus dem sie sorgfältig jeden Sarkasmus heraushielt.

»Nein, wir sind doch hier nicht der Duty-Free-Shop«, war die barsche Antwort. »Aber Sie können das Geld aus einem Automaten ziehen. Einer meiner Kollegen wird sie dorthin begleiten. Ihr Gepäck und Ihr Pass bleiben so lange hier.«

So geschah es. Sie zahlte das Geld, ließ es sich quittieren, musste noch zwei weitere Formulare unterschreiben, und dann endlich war sie entlassen. Sich durch die Menge schlängelnd, rannte sie zum Erste-Klasse-Schalter der British Airways, wo sie feststellte, dass man ihr Gepäck wieder ausgeladen hatte.

»Buchen Sie mich und mein Gepäck auf den nächsten Flug nach Durban, bitte. Es gehen doch noch welche, oder?«

»Einer, Miss Forrester, das Einsteigen hat schon begonnen«, sagte der Mann am Schalter. Er hackte auf seinem Computer herum, und endlich sah Benita mit Erleichterung, dass er ein Ticketformular heranzog, und kurz darauf hatte sie die Bordkarte in der Hand.

Im Laufschritt rannte sie durch die überfüllten riesigen Hallen und schaffte es in letzter Sekunde. Aufatmend lehnte sie sich in ihrem Sitz zurück, schloss die Augen und schlief auf der Stelle ein.

Es war halb zehn Uhr abends und stockdunkel, als sie vor dem Beverly Hills Hotel in Umhlanga Rocks erleichtert aus dem Taxi stieg. Alles hatte geklappt, jetzt würde sie Jill anrufen und an der Rezeption arrangieren, dass morgen ein Geländewagen für sie bereitstand, und dann würde sie nach Inqaba fahren. Nach Hause, zu ihrer Familie. An Roderick würde sie vorerst nicht denken. Masochistisch war sie nicht veranlagt.

Ihr Zimmer im sechsten Stock war klein, aber sehr gut eingerichtet, und außerdem zeigte es nach Nordosten. Sie würde morgen den Sonnenaufgang über dem Meer beobachten können. Der Mond war herausgekommen und strahlte durch eine Wolkenlücke vom Himmel, das Meer schimmerte wie flüssiges Silber. Ein paar Minuten stand sie noch auf dem kleinen Balkon und schaute auf die anheimelnden Lichter von Umhlanga Rocks, dann ging sie hinein und hob das Telefon hoch. Es war Zeit, Kate und Adrian anzurufen.

»Ich habe hier noch etwas zu erledigen«, sagte sie, nachdem sie ihnen erklärt hatte, dass sie nicht im Flugzeug saß, sondern noch in Umhlanga Rocks war.

»Bist du in Schwierigkeiten, Liebes?«, rief Adrian. »Wo ist Roderick?«

»Der … der ist allein abgeflogen …«

Adrians untrüglicher sechster Sinn dafür, wenn sie etwas vor ihm zu verbergen suchte, funktionierte offenbar auch über Telefon bestens. »Benita, was ist los? Habt ihr euch gestritten? Hat er dir wehgetan? Ich werde ihn mir morgen gleich nach der Landung zur Brust nehmen, und wehe, er hat nicht eine sehr gute Erklärung für alles.«

»Nein, um Himmels willen, Dad, bitte nicht. Wir haben uns nicht gestritten. Er … er hat nichts damit zu tun. Bitte glaub mir!« Sie hörte sein Brummen und wusste genau, dass er vom Wahrheitsgehalt ihrer Worte noch lange nicht überzeugt war. »Wenn ich zurückkomme, erzähle ich euch alles ausführlich, versprochen«, bemühte sie sich, ihn weiter zu beschwichtigen.

»Wenn du zurückkommst? Heißt das, falls du zurückkommst?« Kates Stimme über die Entfernung von Tausenden von Kilometern war dünn und brüchig, aber die Angst darin war klar zu hören.

»Nein, Mum, wenn ich zurückkomme. Zeitlich. Wann genau das sein wird, weiß ich noch nicht, aber zu Weihnachten bin ich bei euch. Das verspreche ich. Allerdings werde ich wieder hierher zurückkehren müssen, zur Beerdigung meiner Mutter und zum Prozess.«

Hinter ihrem Rücken kreuzte sie ihre Finger, betete, dass ihr das Home Office keinen Strich durch die Rechnung machte. Von verschiedenen Seiten hatte sie von Fällen gehört, wo Leute monatelang und manche sogar jahrelang auf ihre Dokumente hatten warten müssen. Sie nahm sich vor, den britischen Botschafter so schnell wie möglich anzurufen, um ihn um Hilfe zu bitten. Rodericks Name war da mit Sicherheit eine Hilfe. Er hatte ihr erzählt, dass er den Botschafter von London her kannte, und das würde sie eiskalt ausnutzen.

Eine geschlagene halbe Stunde redete sie abwechselnd mit Kate und Adrian, bis beide davon überzeugt zu sein schienen, dass sie nicht in Schwierigkeiten steckte. Als sie auflegte, hatte sie das Gefühl, einen Marathonlauf hinter sich gebracht zu haben. Seufzend hob sie wieder das Telefon, um Jill anzurufen.

Ihre Cousine klang ziemlich erschrocken, als sie hörte, was ihr widerfahren war, fragte sofort, ob sie einen Anwalt brauche.

»Nein, sicher nicht. Ich rufe morgen den britischen Botschafter an, der wird mich bestens beraten. Ich habe noch elf Wochen Zeit, ehe das Touristenvisum abläuft. Wie ist es, kann ich Bungalow vier wiederhaben?«

»Wenn du dich da allein nicht ängstigst, natürlich. Mit Vergnügen. Ich würde mich freuen, wenn du noch ein bisschen hierbleibst.«

Ihre Worte streichelten Benitas Seele. Sie konnte die Nachtgeräusche des Buschs durchs Telefon hören, und plötzlich konnte sie es kaum erwarten, nach Inqaba zurückzukehren. Und dieses Mal würde sie wirklich nach Hause kommen.

»Was ist … mit Roderick?«, fragte Jill.

Benita biss sich auf die Lippen. »Darüber möchte ich nicht reden.«

Nachdem sie Jill versichert hatte, dass sie nicht der schreckhafte Typ sei und jetzt einfach nur ein paar Tage allein mit ihren Gedanken sein musste, warf sie sich aufatmend auf das breite Bett und schloss die Augen. Sofort verschwammen ihre Gedanken, flogen auf den Mondstrahlen davon. Bald spürte sie ihren Körper nicht mehr, und das Rauschen der Brandung und leise Musik von der Hotelterrasse wiegten sie in den Schlaf. Sie war so erschöpft, dass sie traumlos durchschlief, bis die in Umhlanga Rocks ansässigen Hadidahs einen Höllenspektakel veranstalteten und sie jäh aufweckten.

Einer der Ibisvögel war auf dem Geländer ihres Balkons gelandet, beäugte sie aus glänzenden schwarzen Äuglein, schlug mit den Flügeln und schrie wieder. Benita musste lachen, merkte, wie gut ihr das tat. Trotzdem dauerte es einige Zeit, bis sie begriff, wo sie sich befand. Im Hotel in Umhlanga Rocks, zurück auf dem Weg nach Inqaba, nicht in einem bequemen Erste-Klasse-Sitz im Anflug auf London. Sie sprang aus dem Bett. Unerklärlicherweise fühlte sie sich wunderbar.

Das Frühstück genoss sie unter einem gelben Sonnenschirm auf der Hotelterrasse, die neben dem weiß-roten Leuchtturm Umhlanga Rocks lag und einen grandiosen Blick über das Felsenriff, den Ozean und die Küste hinauf nach Norden bot. Sogar die Spitze des Bluffs vor dem Hafen von Durban konnte sie erkennen; der Rest der Bucht wurde vom Oyster Box Hotel rechts neben ihr verdeckt.

An der Rezeption vergewisserte sie sich, dass ihr Wagen für sie bereitstand. »Lassen Sie bitte mein Gepäck in einen sicheren Raum bringen, ich möchte noch einmal über die Promenade bummeln«, bat sie die zierliche Inderin hinter der Rezeption. Ihre Bitte stellte kein Problem dar, und sie brach auf.

In Shorts und weißem Spaghettiträgertop lief sie die Treppe hinunter zum Strand. Es war ein strahlender Tag, das tiefe Orgeln der Brandung umfing sie, ein Schwarm schneeweißer Seeschwalben jagte dicht hinter dem Riff, und ihre hohen Schreie klangen wie das Klingen von Glocken. Es war ablaufendes Wasser, das Riff war schon aufgetaucht, und die Morgensonne glitzerte auf den Felsenteichen. Der Sand war warm, es roch nach Meer und Seetang. Es war so schön, dass ihr die Tränen kamen.

Der Abbruch des Küstenstreifens, den sie vom Flugzeug aus gesehen hatte, hatte das vorspringende Grundstück des Beverly Hills Hotel verschont, was ein Glück war, weil sonst der Leuchtturm in Mitleidenschaft gezogen worden wäre. Aber der stand sicher und gerade da wie immer. Allerdings lagen die Pfeiler der

Sturmwasserpier, die vom *Zulu Sunrise* aus ins Riff gebaut werden sollte, zu Gesteinsbrocken reduziert über den Strand verstreut. Auch der Bauzaun, der zuvor ein breites Stück bis hinaus zu den Felsen abgetrennt hatte, war zerstört. Sie blieb vor der Baustelle stehen, sah die massiven Absperrungen, die großen Plakate, die offenbar hastig mit der Hand gemalt worden waren und vor dem Betreten des Grundstücks eindringlich warnten. »Erdrutsch, Gebäude einsturzgefährdet«, stand da. Eine Art Befriedigung überkam sie, ein warmes, flüssiges Gefühl der Gerechtigkeit. Sie hoffte nur, dass niemand Schaden genommen hatte.

Ein paar Reporter, schwere Filmkameras auf den Schultern, umschwärmt von Assistenten, die Kabel und noch mehr Kameras hinter ihnen herschleppten, machten Aufnahmen von allen Seiten, Touristen schossen ebenfalls Fotos, und eine Gruppe offiziell aussehender Leute stand erregt diskutierend in sicherer Entfernung.

Da sie Strandschuhe trug, konnte sie leichtfüßig über die mit Seepocken und Muscheln bewachsenen Felsen des Riffs springen, bis sie die quer zur Brandung verlaufende Barriere erreichte, wo sich, solange sie diese Felsen kannte, die schönsten Rifffische tummelten. Aber sie wurde enttäuscht. Selbst die sonst gold und blau schimmernden Neonfische waren schmutzig braune Schatten über sonnengeflecktem Grund. Es war November, und sie hatte vergessen, dass zu dieser Zeit kaum einer der Fische im Hochzeitskleid prangte. Sie entdeckte in einer der Felsspalten lediglich eine faustgroße Kaurimuschel mit Landkartenmuster. Wunderschön mahagonibraun war sie gefärbt und sehr lebendig, wie ihre tastenden Fühler deutlich zeigten. Benita kletterte auf den nächsten Felsen, hoffte, dass niemand die Muschel entdecken und mitnehmen würde. Früher hatte sie oft beobachtet, wie Sammler die begehrten Mollusken damit umgebracht hatten, indem sie eine Handvoll Salz ins Gehäuse streuten.

Über eine Reihe von langen, flachen Felsen, die schräg zum

Strand aus dem Sand ragten, lief sie zurück, bewunderte dabei die sternförmigen, leuchtend blauen Napfmuscheln, die in Kolonien auf den Felsen wuchsen und von oben wie Zuludörfer aus der Luft aussahen.

Die Küste nach Norden verlief im glitzernden Dunst, das Penthouse, in dem sie vor wenigen Tagen übernachtet hatte, lag in der Morgensonne, und davor wiegten sich die Blätter der vielstämmigen Wilde-Bananen-Staude in der Brise, unter der ihre Mutter gehaust hatte. Das war ihr Ziel. Sie verließ das Riff und ließ sich vom sanften Wind entlang dem Meeresrand treiben. Der Sand unter ihren Füßen war hart, wie immer bei ablaufendem Wasser. Steigende Flut unterspülte die Körner und machte die Strandoberfläche weich und schwer. Schon früher war sie hier lieber bei ablaufendem Wasser entlanggegangen.

Das Röhren der Brandung, diese unglaubliche Helligkeit, der Salzgeschmack auf ihren Lippen transportierten sie zurück in ihre Kindheit, zurück in die Tage, wo sie hier mit ihrem Vater Muscheln gesucht hatte. In Begleitung ihres Vaters war sie am Strand der Weißen geduldet worden, war sie jedoch allein gewesen, hatte es immer eine Person mit schweinchenrosa Haut gegeben, die sie davongejagt hatte, und oft hatte sie dann das Wort »Kaffer« gehört.

Nicht immer, korrigierte sie sich in Gedanken, nicht alle Weiße hatten sie fortgejagt und so bezeichnet, aber es hatte genügt, wenn es einer tat. Das Wort hatte so viel Gewicht, dass es alle anderen erschlug.

Vor ihr wuchsen Basaltfelsen aus dem Boden und streckten sich wie eine blauschwarz glänzende Zunge in die auslaufenden Wellen. Früher musste hier Lava den Abhang hinabgeflossen sein. Sie schaute flüchtig hinauf zum Penthouse. Die Terrassentür stand offen. Der Freund von Roderick war also zurückgekehrt. Dann hatte sie ihr Ziel erreicht und stapfte den leicht ansteigenden Strand hinauf zu der Bananenstaude. Der schwarze Müllsack war weg, ein paar blanke Hühnerknochen lagen herum. Mit Tränen in den Augen starrte sie die Knochen an. Hatte ihre Mutter sie abgenagt? Ihr Blick wanderte weiter zu einem Bündel nackter Pflanzenstängel, an denen noch vereinzelt vertrocknete Blätter hingen. Sie hob die Stängel auf und glättete die Blätter. Sie bröckelten unter ihren Fingern, aber ihre Form war deutlich zu erkennen. Wie ein fünfzackiger Stern waren sie geformt.

Da sie nie etwas mit Rauschmitteln zu tun gehabt hatte, erkannte sie die Blätter erst im zweiten Anlauf. Jeremy aus der Geier-WG in London hatte Pflanzen mit solchen Blättern in Tontöpfen in seinem Schlafzimmer stehen, die er im Winter mit speziellem Pflanzenlicht am Leben erhielt.

»Für die kleinen Glücksmomente des Lebens«, hatte er gesagt und dabei vielsagend gegrinst. »Cannabis«, hatte er hinzugefügt, als sie ihn fragend angesehen hatte.

Jemand hatte unter der Bananenstaude Cannabis konsumiert. Ihre Mutter? War sie süchtig gewesen? Sie weigerte sich, das zu glauben, ließ ihren Blick über den verfilzten Busch gleiten, und dann entdeckte sie die Pflanzen mitten im Blättergewirr. Grün und kräftig streckten sie ihre Blätter der Sonne entgegen. Ihr fiel ein, irgendwo gelesen zu haben, dass Cannabis die einzige Droge war, die bei Krebskranken die Schmerzen linderte. Vielleicht hatte ihre Mutter deswegen den Hanf angebaut. Sie kniete am Schlafplatz ihrer Mutter nieder und begann, den Sand vorsichtig mit der Hand umzugraben. Vielleicht fand sie doch noch irgendetwas, von dem sie sicher sein konnte, dass ihre Mutter es in der Hand gehabt hatte.

Aber außer den Hühnerknochen und einer leeren Mineralwasserflasche gab es nichts. Keine Spur. Als hätte Gugu Steinach nie hier gelebt. Mit versteinertem Herzen – den Kopf gesenkt, weil sie die fröhlichen Badegäste am Strand nicht ertragen konnte – ging Benita über den intakten Teil Promenade weiter bis zum *La Spiaggia* und bog dort in den Weg ab, der hinauf auf den Lagoon

Drive, der Hauptstraße von Umhlanga Rocks, und in den Ort führte. Sie benötigte dringend ein neues Mobiltelefon.

Im Protea-Shopping-Centre gegenüber von Derek Millers Apotheke fand sie einen Telefonladen, und eine halbe Stunde später hielt sie ein neues Mobiltelefon in der Hand. Glücklicherweise hatte sie ihre Telefonnummernliste im Laptop gespeichert. Endlich hatte sie wieder Verbindung zur Außenwelt.

Roderick anzurufen war noch zu früh. Erstens würde er wohl gerade erst gelandet und noch nicht zu Hause angekommen sein, und zweitens sah sie sich noch nicht imstande, auf zivile Art mit ihm zu reden. Wie eine Welle brach eine Flut von Fragen über sie herein, denen sie bis jetzt innerlich ausgewichen war. Warum war er ohne ein Wort abgeflogen? Warum hatte er nicht wenigstens versucht, sie zu erreichen? Spätestens als alle Passagiere an Bord gingen, hätte er merken müssen, dass sie nicht dabei war. Warum war er nicht zu ihr zurückgekommen? Direkt würde sie ihn das alles nicht fragen.

Sie gestand sich ein, dass sie eine klare Antwort fürchtete, sich fürchtete, Gleichgültigkeit in seiner Stimme zu hören, womöglich Spott auf ihre Leichtgläubigkeit, und dass seine pünktliche Ankunft in London wichtiger gewesen sei als ihr Schicksal. Am frühen Nachmittag würde sicherlich eine bessere Zeit sein, mit ihm zu sprechen. Bis dahin hatte sie sich gefangen. Hoffte sie.

Für eine halbe Stunde streifte sich noch durch den Ort, betrat impulsiv einen Laden, der bunte Strandkleidung im Schaufenster ausstellte. Ein Kleid in herrlichen Blau-Grün-Tönen mit dünnen Trägern hatte es ihr angetan. Es würde Busi ganz wunderbar stehen und ihr vielleicht neuen Mut geben. Sie bezahlte es mit ihrer Kreditkarte und ließ es einpacken. Ein Blick auf die Uhr belehrte sie, dass ihr Magen zu Recht knurrte. Unter den ausladenden Wedeln der Palmen auf dem Marktplatz, wo sie schon am Anfang ihrer Reise gesessen hatte, fand sie einen Platz beim Thailänder und bestellte einen Hähnchensalat mit Koriander.

Während sie wartete, fütterte sie die neugierigen Hirtenstare mit den Brotkrümeln, die ihr Vorgänger am Tisch hinterlassen hatte. Dabei vermied sie mit aller Kraft, sich Gedanken um ihre Situation zu machen. Für ein paar Tage gedachte sie so zu tun, als wäre sie einfach nur auf Urlaub hier. Gesättigt wanderte sie später die von hohen Palmen gesäumte Straße hinunter zum Hotel, um ihr Gepäck in den bereitgestellten Wagen zu laden und nach Inqaba aufzubrechen.

Der Geländewagen war brandneu und schnurrte über den Highway nach Norden. Mittlerweile war es Nachmittag geworden, der Wind hatte, wie an der Küste um diese Zeit so häufig, inzwischen fast Sturmstärke erreicht, das tiefe Blau des Indischen Ozeans war mit schneeweißen Katzenköpfen gefleckt. Sie stellte das Radio auf eine Musikstation ein, drehte die Lautstärke hoch und konzentrierte sich auf den Verkehr.

Auf der Verbindungsstraße von Mtubatuba nach Hlabisa waren die wannengroßen Schlaglöcher nach dem Unwetter bis zum Rand voll mit Schlammbrühe, und sie musste sehr langsam fahren. Zum wiederholten Male vergewisserte sie sich, dass alle Türen geschlossen waren, die Fenster jedoch drei Zentimeter offen standen. In der Zeitung, die ihr zum Frühstück im Hotel serviert worden war, hatte sie gelesen, dass eine Versicherungsgesellschaft Verhaltensmaßregeln für Autofahrer herausgegeben habe, um die Zahl der Entführungen zu verringern. Die leicht geöffneten Fenster sollten angeblich dabei helfen, den heftigen Schlag zu absorbieren, mit dem ein potenzieller Entführer versuchen würde, ins Wageninnere zu gelangen. Sie achtete ebenfalls darauf, an Kreuzungen, an denen sie halten musste, größeren Abstand zwischen sich und ihrem Vordermann zu lassen, damit sie genügend Raum zur Verfügung hatte, um im Falle einer Attacke zu entkommen. Außerdem legte sie, wie in dem Artikel ebenfalls angeraten, bei der Gelegenheit ihre Hand auf die Hupe, um notfalls schnell Hilfe zu rufen.

Nachdem sie all das beherzigt hatte, machte ihr ihre Fantasie einen Strich durch die Rechnung, und sie sah sich, bei offenem Wagenverdeck ihres Cabrios das Wetter und die Aussicht genießend, auf der Landstraße in gemächlichem Tempo zum Haus ihrer Adoptiveltern fahren.

Nun, dachte sie, Afrika ist eben nichts für Angsthasen.

25

Die kurze Dämmerung war bereits angebrochen, als sie über das Viehgitter zum Tor von Inqaba ratterte. Der Wächter grüßte sie, öffnete den Schlagbaum und winkte sie durch. Ziko kam ihr entgegen, als sie parkte, stutzte kurz, dann zog ein Lächeln über sein dunkles Gesicht.

»Es freut meine Seele, dass dir nichts passiert ist«, sprach er sie auf Zulu an. »Busi ist sehr aufgeregt, dass sie ein neues Bein bekommen soll. Sie hat gegessen und getrunken, und ich habe dafür gesorgt, dass sie bald wieder ein Kind bekommt.« Er grinste triumphierend.

Benita biss eine wütende Bemerkung über sein rücksichtsloses Verhalten zurück. Es war vermutlich zu spät, und wenn Busi Pech hatte, würde sie bei ihren ersten Schritten die zusätzliche Last eines ungeborenen Kindes tragen müssen. »Ich werde sie heute Abend besuchen«, teilte sie ihm mit und ließ ihn allein ihre Koffer auf den Kofferwagen laden, half ihm nicht dabei.

Auf der Veranda stand Jonas und trank ein Glas Saft. Shorts bedeckten seine dünnen, knochigen Beine bis zu den Knien, seine Füße steckten in Sandalen. Überrascht äugte er durch seine Brille, als er ihrer ansichtig wurde. »Benita, habe ich eine Halluzination, oder bist du aus Fleisch und Blut? Ich denke, du bist auf dem Weg nach London?«

Sie lachte. »Kneif mich mal, dann findest du es heraus. Ich hatte Schwierigkeiten bei der Passkontrolle und musste zurückbleiben, um ein paar Dinge zu regeln.«

»Weiß Jill Bescheid?«

»Natürlich. Sie hat mir Bungalow vier versprochen.«

»Natürlich, natürlich, sie sagte etwas davon, dass ich ihn nicht anderweitig vergeben dürfe. Ziko, bring die Koffer zu Nummer vier.«

Ziko trollte sich, und Benita warf sich in einen der Stühle. Außer ihnen waren nur noch zwei Serviererinnen zu sehen. »Sind die übrigen Gäste auf Nachmittagssafari?«

»Mark und Jabulani sind mit ihnen unterwegs. Seit es so geregnet hat, herrscht munteres Treiben an den Wasserlöchern und Suhlen, und an den Pfützen kann man jede Menge Vögel und Schmetterlinge beobachten. Heute ist es zu spät, aber morgen solltest du mitfahren. Wir haben hier einen sehr seltenen Nektarvogel, den Scharlachbrust-Nektarvogel. Er ist gestern gesichtet worden. Es lohnt sich. Fahr mit Mark, der hat eine Nase dafür, wo man welches Tier aufstöbern kann.«

Plötzlich kam ihr die Aussicht, für ein paar Stunden im Busch unterzutauchen und Tiere zu beobachten, ihre Gedanken für diese Zeit abzuschalten, sehr verlockend vor. »Mit Vergnügen. Aber ich werde Mark den Mund zukleben, damit er nicht dauernd quasselt, und ihm fürchterliche Strafen androhen, wenn er schneller als im Schritttempo fährt.« Sie stand auf, reckte sich und strich ihr Haar zurück. »Ist der Weg zu Nellys Dorf gesichert? Ich möchte Busi besuchen, und ein Spaziergang würde mir nach der Fahrt guttun.«

»Er ist mit kräftigem Maschendraht eingezäunt und hat auch ein Dach aus Maschendraht. Da ist man ziemlich sicher. Du musst nur auf Schlangen achten. Du wirst dich ja wohl noch daran erinnern, dass die um diese Zeit gern auf dem Weg im noch warmen Sand liegen? Ich werde dir eine Taschenlampe leihen.«

»Danke, das ist nett. Ich schneide mir einen kräftigen Stock. Das sollte genügen. Wenn du Jill siehst, sag ihr bitte, wo ich bin. Erst muss ich mich allerdings umziehen.«

Jonas brachte sie zu Nummer vier und wartete, während sie

sich schnell Jeans und ein langärmeliges helles Hemd und ihre Laufschuhe anzog. Das Paket mit Busis Kleid unter den Arm geklemmt, schloss sie die Haustür hinter sich. »So, fertig.«

Sie folgte Jonas zum Empfangshaus, und kurz darauf machte sie sich, mit einer Taschenlampe und einem kräftigen gegabelten Stock bewaffnet, auf den Weg in Nellys Dorf. Prompt sah sie sich schon nach der ersten Wegbiegung mit einer Schlange konfrontiert, die aufgerollt mitten im Weg lag. An dem gezackten Diamantmuster auf dem Rücken und dem Dreieckskopf erkannte sie sie als eine Puffotter. Sie lehnte sich vor und stieß das Reptil mit dem Stock an und sprang fast aus ihrer Haut, als es zischend auf sie losging. Aber es war nur ein Scheinangriff gewesen. Danach sank die Puffotter in sich zusammen und glitt in den Busch. Doppelt aufmerksam den Weg mit den Augen absuchend, ging sie weiter.

Busi saß auf ihrem Bett, das auf Ziegelsteintürmchen aufgebockt war, um zu verhindern, dass der böse Geist Tokoloshe sie des Nachts rauben würde, und baumelte mit ihrem nutzlosen linken Bein. Als sie Benita erblickte, ließ sie einen Freudenschrei hören. Aufgeregt packte sie das Kleid aus, wendete es hin und her und ließ sich von Benita helfen, es anzuziehen. Es bedeckte die halbe Wade ihres linken Beines und sah ganz wunderbar an ihr aus.

»Du kannst es waschen und einfach aufhängen. Es trocknet schnell und ohne zu knittern«, sagte Benita und zupfte das Kleid liebevoll zurecht.

»Bald werde ich darin tanzen können!«, rief Busi, und das Weiße ihrer Augen und ihr noch weißeres Lächeln schimmerten im Licht der Kerze, die auf einem niedrigen Tisch stand. »Wir haben keinen Strom«, erklärte sie. »Im Unwetter sind alle Leitungen der Umgebung heruntergerissen worden. Jill hat eine Maschine auf der Farm, die Strom macht, wir aber haben nur Kerzen. Innocent, Zikos zweite Frau, bereitet gerade das Essen. Willst du mit uns essen? Es gibt Putu und Gemüse und Fleisch, wenn Ziko ein getötetes Tier gefunden hat.«

»Danke, ich esse gerne mit.« Sie würde auch hier schlafen, wenn sie auf diese Weise ihrer bodenlosen Enttäuschung über Rodericks Verhalten entkommen konnte, der Vorstellung, wie er seelenruhig allein an Bord des Flugzeugs gegangen und nach London geflogen war. Jedes Szenario hatte sie sich ausgemalt, das ihn dazu veranlasst haben könnte. Keines hatte sie getröstet, und ganz langsam zwang sie sich, vor sich selbst zuzugeben, dass er sie hatte sitzen lassen. Ein zweites Mal. Dass alles, was er ihr ins Ohr geflüstert hatte, nur Sirenengesang gewesen war, darauf ausgerichtet, sie in seine Arme zu locken.

Roderick Ashburton, Raubritter mit Bettpfosten.

Sie hätte sich für ihre Leichtgläubigkeit ohrfeigen können. Am zornigsten aber machte es sie, dass es immer noch so wehtat, als würde man ihr das Herz bei lebendigem Leib herausreißen. Wie damals vor einem Jahr.

Das Essen war ziemlich fettig und scharf, und sie aß nur wenig, ganz besonders mied sie die grauen Fleischstückchen, die in der Soße schwammen. Sie hatte ohnehin keinen Appetit, geschweige denn Hunger. Das Bier war lauwarm, da der Kühlschrank, den Jill Busi geschenkt hatte, als sie die Küche in ihrem Haus renoviert hatte, durch den Stromausfall schon lange abgetaut war.

Aber es wurde viel gelacht und auch gesungen, und Benita erzählte von ihrem Leben in London, was viel Kopfschütteln und Staunen unter ihren Kindheitsfreunden auslöste und was ihr selbst im Augenblick so weit entfernt zu sein schien wie der Mond, der vom Himmel herunterleuchtete.

Die leuchtende Scheibe stand hoch am Himmel, als sie sich verabschiedete und den gesicherten Gang zurück zum Haupthaus spazierte. Es war eine herrliche Nacht, die Luft frisch, aber weich und warm, und der Maschendraht des Sicherheitszauns war im

Schattenspiel des Mondlichts kaum zu sehen. So konnte sie sich einbilden, frei durch den Busch zu wandern, wie es ihre Vorfahrin Catherine getan haben musste, allein unter dem Sternenhimmel Afrikas.

Neben ihr krachte ein schweres Tier durch den Busch, nur wenige Meter entfernt, und obwohl sie sich sicher war, durch den Zaun ausreichend geschützt zu sein, zuckte sie zusammen. Sie richtete den Taschenlampenstrahl in die Richtung des Geräuschs, konnte aber nichts entdecken. Trotzdem beschleunigte sie nun ihre Schritte und war froh, bald ein Licht durch die Blätter schimmern zu sehen.

Benita verschlief Mr Jetlags Krähen, verschlief das Geschrei der Hadidahs. Erst als am nächsten Morgen die Sonne schon aus dem Morgendunst über die Büsche gestiegen war, weckte sie das Geräusch eines einmotorigen Flugzeugs, das über die Baumwipfel von Inqaba brummte. Erschrocken setzte sie sich auf, brauchte ein paar verwirrte Sekunden, sich darüber klar zu werden, dass sie im Bett in Bungalow vier auf Inqaba saß und dass Roderick ohne ein Wort aus ihrem Leben gegangen war und sie wieder allein war.

Entschlossen, nicht mehr über ihn nachzudenken, warf sie das Laken zurück und stellte sich unter die Dusche, beobachtet von zwei Pavianen, die es sich Nüsse knackend auf einem Baum bequem gemacht hatten und ihr interessiert zusahen. Sie amüsierte sich eine Weile, Faxen zu schneiden und zuzuschauen, wie die gelehrigen Tiere ihre Bewegungen nachmachten. Nachdem sie sich angezogen hatte, bürstete sie ihr Haar, tuschte die Wimpern und lief dann zum Empfangshaus zum Frühstück.

Fünf Tische waren besetzt, aber sie kannte keinen der anderen Gäste. Sie setzte sich weit weg von dem Tisch, an dem sie in den letzten Tagen mit Gloria und Roderick gefrühstückt hatte. Jill, die an der Bar stand, sah sie, kam herüber und zog einen Stuhl heran.

Nach einem Kuss auf die Wange setzte sie sich. Sie legte ihre Hand auf die ihrer Cousine und schaute sie forschend an.

»Was ist bloß geschehen? Bist du dir sicher, dass ich nicht unseren Anwalt anrufen soll? Erzähle mir alles ganz genau.«

»Sei mir nicht böse, aber im Augenblick möchte ich einfach nur meine Ruhe haben und an nichts denken. Ich brauche einen Tag Abstand. Ich werde mich irgendwo allein still hinsetzen, Tiere bei ihrem Tagwerk beobachten, mich in der Natur verlieren.«

»Was sagt denn Roderick dazu?«

Benita sah sie ausdruckslos an. Wie es um sie und Roderick stand, ging niemanden etwas an, auch Jill nicht. »Ich habe ihn nicht mehr gesprochen. Er ist allein nach London geflogen.«

Aber vor ihrer Cousine konnte sie ihren Schmerz nicht verbergen. Jill erkannte sofort, was sich eigentlich hinter diesen Worten verbarg. »Er hat dich … allein gelassen? Das klingt aber nicht nach Roderick Ashburton.«

»Hat er aber, und ich will nicht mehr über ihn reden.«

Jill sah sie unter gerunzelten Brauen einige Momente schweigend an, schob dabei abwesend ein paar Brotkrümel über den Tisch. Dann nahm sie erneut Benitas Hand in ihre.

»Bevor wir verheiratet waren, habe ich Nils einmal als Schwein bezeichnet und ihn aus dem Haus geworfen, weil ich glaubte, er hätte mich verraten. Völlig zu Unrecht, wie ich kurz darauf erfuhr, aber da war er schon weg. Ich habe sehr viel Glück gehabt, es hätte nur so viel gefehlt«, sie hielt ihren Zeigefinger und Daumen einen halben Millimeter auseinander, »und ich hätte ihn nie wieder gesehen. Du solltest Roderick eine Chance geben, dir zu erklären, was geschehen ist.«

»Ich will nicht mit ihm reden. Ich würde ihm doch kein Wort glauben. Es ist nicht das erste Mal, dass er mich verlässt, und diese Demütigung will ich nie wieder erleben. Das will ich mir selbst nicht zumuten.« Benita stand auf. »Nachher fahre ich zu meinem Haus, um nachzuschauen, wie es Phika Khumalos Frau geht. Außerdem brauche ich endlich Zeit, mit mir selbst ins Reine zu kommen, meine Erinnerungen an … meine Mutter und meinen Vater, an meine Kindheit zu ordnen. In meinem Kopf geht alles drunter und drüber. Ich brauche einfach ein paar Stunden Ruhe.«

»Fährst du jetzt sofort?« Jill warf einen verstohlenen Blick auf ihre Uhr.

Benita bückte sich und krempelte die Hosenbeine ihrer Jeans hinunter. »Nein, ich muss erst ein paar Dinge vom Bungalow aus erledigen. Ich bin zum Abendessen wieder hier. Hast du Mückenschutzspray für mich? Auf meinem Grundstück werden sie in Schwärmen über mich herfallen. Nach dem Regen ist die Gegend ein wahres Mückendorado.«

»Klar. Kannst du haben.« Jill stand ebenfalls auf. »Ich lasse dir einen Picknickkorb einpacken und lege den Mückenspray mit hinein. Magst du geräuchertes Hähnchen?«

Benita lächelte zum ersten Mal. »Wenn es nicht Mr Jetlag ist, den ich verspeise?«

»Nein, wo denkst du hin! Der wäre viel zu zäh.« Jill lachte herzlich, und ihre blauen Augen tanzten. »Der Korb steht in einer halben Stunde für dich an der Rezeption bereit. Heute wird es bestimmt ein ganz wunderbarer Tag.« Sie lehnte sich vor und küsste Benita auf die Wange. »Genieße ihn.« Damit verschwand sie in der Küche.

Der Picknickkorb war komplett mit Tischdecke, Gläsern und Besteck gepackt. Das Essen und die Getränke befanden sich in einer elektrischen Box, die Jonas in ihren Geländewagen lud. Er stöpselte das Kabel in den Zigarettenanzünder und drehte den Temperaturregler auf kalt. »So, nun kann nichts passieren. Guten Appetit.«

Benita hob den Deckel der Box. »Das ist ja genug, um eine Großfamilie zu ernähren«, sagte sie lachend. »Jill hat seltsame Vorstellungen von meinem Appetit. Nun, ich werde Phikas Frau etwas abgeben.« Sie hob eine Flasche am Hals heraus. »Und was soll ich denn mit einer ganzen Flasche Champagner, Jonas? Die brauche ich nicht. Ich habe niemanden, mit dem ich Champagner trinken möchte.«

Jonas warf ihr einen unschuldigen Blick aus seinen großen Eulenaugen zu. »Champagner ist gut für den Blutdruck. Du siehst ein wenig mitgenommen aus.« Er nahm ihr die Flasche aus der Hand und stellte sie sorgfältig zurück, schloss den Deckel der Box und legte die Sicherheitsklammern an. Dann trat er vom Wagen zurück. »Pass auf dich auf. Am Umiyane gibt es nicht nur Krokodile. Ach übrigens, du musst heute Inqaba über das Nebentor verlassen. Tut mir leid, aber die Straße beim Haupttor ist beschädigt. Wir müssen sie erst reparieren. Der Umweg dauert höchstens zehn Minuten.« Während er das sagte, sah er sie nicht an, sondern beobachtete interessiert einen Webervogel, der an der Spitze eines Palmwedels sein Nest baute.

»Na gut. Ich hab es nicht eilig. Vielleicht bekomme ich noch einige Tiere zu Gesicht.« Sie stieg ein und winkte ihm zu, während sie auf den Weg zum Nebentor abbog. Sie fuhr langsam, da sie seit ihrer Kindheit nicht mehr hier gewesen war.

Auf der rechten Seite des Weges erstreckte sich ein weites Grasmeer bis zu den dunstigen Hügelrücken. Gemächlich äsend, zog eine Herde Springboks an ihr vorbei, und ein schwarzer Witwenvogel mit langer, gebogener Schwanzschleppe flatterte aus den goldflirrenden Spitzen auf. Das hohe Sirren der Insekten füllte die Luft, sonst war es still. Sie seufzte. Afrikas Zauber.

Es dauerte eine gute Stunde, bis sie sich auf der Hauptstraße ihrem Grundstück näherte. Im Schlamm auf der Einfahrt zeichneten sich frische Wagenspuren ab. Offenbar hatte Phika Khumalos Frau Besuch. Dabei fiel ihr ein, dass sie ihren Namen gar nicht wusste. Vorsichtig steuerte sie den Geländewagen aufs Grundstück. Die Reifenabdrücke führten zum Haus, vermischten sich mit den Spuren der Geschehnisse von vor zwei Tagen, die noch immer deutlich zu erkennen waren, aber es war kein Auto zu sehen, und das Haus sah verlassen aus. Sie hielt, stieg aus und zog die Tür auf. Sie klemmte etwas, gab dann aber nach.

»Hallo, ist hier jemand?« Sie lauschte. Aber weder bekam sie eine Antwort, noch hörte sie irgendein Geräusch, das darauf hinwies, dass sich hier ein Mensch aufhielt. Sie trat ein. Im vorderen Raum war niemand, und auch der Nebenraum war leer. Alle Möbelstücke waren verschwunden. Es war offensichtlich, dass Phika Khumalos Frau das Haus verlassen hatte. Sie konnte ihr das nicht verdenken. Es war hier für eine junge Frau sehr einsam, und auch nicht ganz ungefährlich. Vermutlich stammten die Reifenspuren von einem Wagen, der sie abgeholt hatte. Sie würde Jan Mellinghoff Bescheid sagen, damit dieser Phika Khumalo davon unterrichtete.

Mit einem schnellen Blick tastete sie die Wände und die offen liegenden Dachsparren ab. Das Grasdach war dünn und zerfleddert, und einige der Sparren sahen nicht gesund aus. Sie bohrte einen Schlüssel in einen der Fensterrahmen. Er war weich, das hieß, er war verfault, auch die Farbe an den Wänden war fast vollständig abgeblättert, und viele Bodenfliesen waren gesprungen oder fehlten ganz. Es würde viel Geld kosten, das alles herrichten zu lassen. Sie verließ das Haus, ohne sich die Mühe zu machen, die Tür zu schließen, und untersuchte die Außenmauern im grellen Mittagslicht.

Der Feigenbaum hielt ihr Haus fest in seiner Klammerumarmung. Er würde es nicht freiwillig hergeben, und das Mauerwerk darunter war mit Sicherheit beschädigt. Am unteren Ende der Wände, wo die Regennässe ins Gemäuer gezogen war, war der bröckelnde Putz dunkler. Am besten wäre es, das Haus dem Erdboden gleichzumachen und ein neues Haus zu bauen, fuhr es ihr durch den Kopf.

Kaum hatte sie diesen Gedanken gedacht, blieb sie wie vor den

Kopf geschlagen stehen. Bisher war ihr nicht bewusst geworden, dass sie überhaupt die Möglichkeit in Erwägung gezogen hatte, dieses Haus für sich in Besitz zu nehmen. Überrascht von sich selbst und nicht wenig verwirrt, stapfte sie durchs Gras hinunter zum Flussufer, wobei sie die Augen immer zwei Meter vor sich auf die Erde gerichtet hielt. Die Begegnung mit der Puffotter am gestrigen Abend hatte ihr genügt.

Die Stelle, wo der Geländewagen mit dem Vice-Colonel und ihr die Erde aufgepflügt hatte, bevor er umgekippt war, leuchtete wie eine große rostrote Wunde im grünen Ried. Langsam ging sie darauf zu, wurde erst nach einer Weile gewahr, dass sich ganz entfernt eine Melodie in ihrem Kopf drehte, und es dauerte noch ein paar Sekunden, bis sie erkannte, dass es das Lied war, das ihr Roderick ins Ohr gesungen hatte.

»I know a dark secluded place …«

Wütend auf sich selbst, auf ihre verräterischen Gefühle, zwang sie sich, an etwas anderes zu denken. Aber die Melodie wich nicht. Immer weiter wirbelte sie durch ihren Kopf, ließ sich nicht zum Verstummen bringen. In einer Aufwallung presste sie beide Hände über die Ohren, und da war es still. Nur das Rauschen ihres Blutes hörte sie. Sie nahm die Hände wieder herunter, und jetzt stutzte sie, denn die Melodie war wieder da.

Wie lange sie brauchte, um sich darüber klar zu werden, dass die Töne nicht in ihrem Kopf entstanden, sondern dass jemand ganz in ihrer Nähe sang, konnte sie später nicht sagen.

Viel zu lange, fand sie. Im Nachhinein. Ihr Herz fing schmerzhaft an zu hämmern, als sie die letzten Schritte durch den roten Matsch rannte. Dann sah sie ihn.

Er saß auf dem umgestürzten Baumstamm direkt am Ufer und sah sie an, lächelte dieses träge, verwünschte Lächeln, das ihr die Knie weich werden ließ. Und sein Haar fiel ihm in die Stirn und ließ seine Seemannsaugen leuchten. Und er sang. Seine Stimme war leise und sanft und strich ihr samtweich über die Haut.

»I know a dark secluded place … it's called Hernando's Hideaway …«

Sie stand wie festgewurzelt da. Ein Schauer nach dem anderen lief über ihre Haut. Roderick erhob sich von dem Baumstamm und ging mit ausgebreiteten Armen auf sie zu. Im Unterbewusstsein registrierte sie, dass er keinen Gips mehr trug, sondern nur einen festen Verband. Sie wich heftig zurück, eigentlich gegen ihren Willen, zwang sich, an die Demütigung zu denken, die er ihr zugefügt hatte, zwang sich, ihre Wut zu schüren, die ihr Kraft gab.

»Was willst du auf meinem Grundstück«, fuhr sie ihn an.

Als hätte er einen Schlag erhalten, blieb er stehen. »Was meinst du? Ich habe dich überraschen wollen …«

»Und wo warst du, als ich dich auf dem Flughafen brauchte. Als ich allein bei der Polizei in deren Kabuff saß und nicht wusste, ob ich als freier Mensch da herauskomme?« Es war ungerecht, tief drinnen war ihr das bewusst, aber sie konnte nicht anders. »Das ist über vierzig Stunden her! Wo warst du in der Zwischenzeit? Hast du eine Frau kennengelernt? Brauchtest du eine neue Kerbe in deinem Bettpfosten?«

Sie hörte, wie ihre Stimme nach oben abrutschte und schriller wurde. Wie ein keifendes Waschweib, fuhr es ihr durch den Kopf, wie eine von diesen Frauen, die ihre Männer ständig mit Eifersuchtsszenen verfolgten. Sie klappte den Mund zu. »Also, welche Entschuldigung willst du mir aufbinden?«, fragte sie stattdessen in erheblich ruhigerem Ton.

Er legte den Kopf schief und musterte sie. »Eigentlich keine. Ich brauche mich nicht zu entschuldigen. Erst als ich dich anrufen wollte, fiel mir wieder ein, dass ja die Paviane dein Telefon geklaut haben. Also bin ich, so schnell es mir mein dummes Gipsbein erlaubte, zur Passkontrolle zurückgehumpelt. Du warst nicht da, und niemand wollte oder konnte mir sagen, was mit dir geschehen ist. Ich habe mir die Vorgesetzte kommen lassen, eine kleine, dicke Frau mit einer lächerlichen Zopffrisur und überheblichem Gehabe, aber die erklärte mir ebenfalls, dass niemand dich gesehen hat ...«

»Diese hinterhältige Hexe«, murmelte Benita mit Nachdruck.

Roderick nickte. »Ich hätte sie am liebsten gepackt und es aus ihr herausgeschüttelt, aber ich habe mich beherrscht. In einer derartigen Situation wäre das nicht ratsam gewesen.« Ein grimmiges Lächeln flog über seine Miene, verschwand aber sofort wieder. »Nun, mittlerweile war es so spät geworden, dass nicht nur das Flugzeug nach London weg war, sondern auch das letzte nach Durban. Ich dachte mir, dass ich dich da am ehesten finden würde, und wenn nicht, dass mir Jill und Neil Robertson dabei helfen könnten. Ich habe noch spät am Abend den Botschafter, den ich von London her kenne, verrückt gemacht. Er hat Himmel und Hölle in Bewegung gesetzt, um dich aufzuspüren, aber du warst wie vom Erdboden verschluckt. Notgedrungen habe ich mir später in Johannesburg ein Hotelzimmer am Flughafen genommen, aber du kannst mir glauben, geschlafen habe ich nicht.«

Noch immer stand er vier oder fünf Schritte von ihr entfernt da, noch immer war der Abstand zwischen ihnen tiefer als die tiefste Schlucht. Sie wurde sich bewusst, dass sie vergessen hatte, Luft zu holen. Sie tat es, ganz tief, und spürte, wie ihr das Blut ins Gesicht schoss.

Rodericks Augen hielten sie weiter in ihrem Bann. »Heute Morgen bin ich in Durban gelandet und als Erstes ins Umhlanga Rocks Hospital gefahren, wo ein hervorragender Arzt feststellte, dass ich keinen Bänderriss, sondern nur eine schmerzhafte Zerrung habe. Daraufhin hat man den Gips heruntergenommen.«

Er streckte seinen mit Schlamm verschmierten Fuß vor und wackelte behutsam damit.

»Das war schon eine ziemliche Erleichterung, kann ich dir versichern. Nun, als Nächstes habe ich Jill angerufen, die mittlerweile von dir gehört hatte. Ich habe ihr das Versprechen abgenommen, dir nicht zu sagen, dass ich auf dem Weg zu dir bin. Sie hat sich daran gehalten, aber das darfst du ihr nicht übel nehmen. Der Rest ist schnell erzählt.«

Er machte eine Bewegung auf sie zu, fing sich aber, blieb stehen, wo er war, und sah sie nur unverwandt an.

»Am Virginia Airport konnte ich ein Flugzeug chartern, und nun bin ich hier«, flüsterte Roderick der Frauenfänger, »und ich werde dich nie wieder allein lassen ... Meine Welt ist heller geworden, seit es dich gibt ...«

Seine Worte hingen wie klingende Tropfen in der weichen Luft. Ihr Atem kam schneller, aber noch erlaubte sie sich nicht, ihm zu glauben. Keiner rührte sich. Ihre Blicke verfingen sich ineinander.

»Ich will das Haus neu bauen«, platzte sie heraus. Sie biss sich sogleich auf die Lippen, aber die Worte waren gesagt.

Ein vorsichtiges Lächeln zog seine Mundwinkel nach oben. Die Tür war einen winzigen Spalt aufgegangen. Nun war es an ihm, dafür zu sorgen, dass sie sich so weit öffnete, dass er eintreten konnte.

»Lass es uns gemeinsam machen. Ich bin ein Ass, wenn es darum geht, Wände anzumalen ...« Wieder lächelte er.

»Und wenn die Wände gemalt sind, verschwindest du dann wieder? Machst du dann eine Kerbe in deinen Bettpfosten und fängst die nächste Frau ein?« Ein kaum merkliches Zittern in ihrer Stimme verriet, wie angespannt sie war.

Er steckte die Hände in die Hosentaschen und studierte seine schlammigen Schuhspitzen. Dann schaute er hoch, ihr direkt in die Augen. »Ich glaube, es in an der Zeit, dass ich das Buch schreibe, das ich schon so lange in mir herumtrage. Ich würde es gern hier schreiben, in deinem Haus. Du siehst, ich habe ein Eigeninteresse, die Renovierung voranzutreiben.«

»Bücher wollen viele schreiben«, spottete sie, »Berge von Himalayagröße an ungeschriebenen Büchern schlummern in unseren Köpfen, es fehlt uns nur immer die Zeit.«

Wieder erschien das vorsichtige Lächeln. »Eben deswegen werde ich den Vorsitz der Bank niederlegen. Gerald geht es besser, er scharrt schon in den Startlöchern, dass er endlich in den Frondienst zurückkehren kann. Dann habe ich Zeit. Bis ans Ende unseres Lebens.«

Fast wäre es schon bei diesen Worten um sie geschehen gewesen, aber sie hielt sich zurück. Ich muss ihn das fragen, dachte sie, ich muss es wissen, ich brauche diesen Anker für meine Seele. »Du hast mir noch nicht erzählt, wovon das Buch handelt, das du schreiben möchtest«, eröffnete sie mit einem Bauernzug. Schach war das zweite Strategiespiel, das Adrian, der gewiefte Taktiker, sie gelehrt hatte, und sie spielte es gut. Hast du wahrhaftig gemeint, dass du bei mir bleiben wirst?, war ihre unausgesprochene eigentliche Frage.

»Es ist kein Spiel, es ist das Leben«, pflegte Adrian zu sagen, während er fintenreich seine Figuren übers Brett bewegte. »Ein Kampf um Leben und Tod. Und es zeigt deinen Charakter. Entweder du bist wie ein Büffel, der immer frontal angreift, oder listig wie der Leopard, der im Gras versteckt wartet, bis der andere sich eine Blöße gibt. Oder du bist das blökende Schaf, dass sich durch Dummheit oder Achtlosigkeit verrät. Und im Moment, mein Liebes, bist du ein dummes, kleines Schaf.«

Damit hatte er sich vergnügt glucksend ihren König geschnappt. Am Tag drauf hatte sie sich ein Schachbuch gekauft und heimlich nächtelang die Spiele der Großmeister nachgespielt, bis sie Adrian eines Tages besiegen konnte. Sie war auf den Tisch gesprungen und hatte einen Freudentanz aufgeführt, nachdem sie seinen König mattgesetzt hatte. Aber das Süßeste an diesem Sieg war sein Stolz auf sie gewesen. Ihr wurde warm ums Herz, als sie sein Gesicht wieder vor sich sah.

»Mein Mädchen«, hatte er gesagt und sie in den Arm genommen. »Mein kluges, kluges Mädchen.« Dann hatte er ihr aus seiner Sicht das größte Kompliment gemacht. »Du denkst wie ein Mann«, hatte er gerufen und sie angestrahlt.

Wieder vergaß sie zu atmen, als sie auf Rodericks Antwort wartete. Vorsichtig, warnte sie sich selbst, er soll es nicht merken. Sonst fühlt er sich angebunden, wirft sich die Reisetasche über den Rücken, steigt ins nächste Flugzeug und verschwindet irgendwo im schwarzen Herzen von Afrika. Denk dran! Schon einmal hat er dich wie eine heiße Kartoffel fallen lassen.

»Afrika natürlich«, unterbrach er ihren Gedankengang. »Ich muss aufschreiben, was ich gesehen habe, sonst trage ich diese Bilder immer mit mir herum. Damit lebt es sich nicht gut.«

Er machte einen Schritt auf sie zu, und bevor sie reagieren konnte, hatte er ihre Hand eingefangen. Ohne ihre Augen freizugeben, küsste er jeden einzelnen Finger, dann wanderte seine Hand spielerisch ihren Arm hinauf, machte einen Abstecher auf ihre Brust, wo sie liegen blieb. Ganz selbstverständlich.

Benita entdeckte, dass sie zu keiner Bewegung fähig war. Nach den Turbulenzen der vergangenen Tage hatte sich ihre Seelenlage noch nicht wieder stabilisiert. Plötzlich wünschte sie sich Langsamkeit, nicht die rauschhafte, sinnverwirrende Heftigkeit, die irgendwann verpuffte. Mit offenen Augen wollte sie ihrer Liebe begegnen, sie Schluck für Schluck kosten. Für Sekunden balancierte sie auf dem Grat zwischen diesem Gefühl und der glasklaren Vernunft, die sie davor warnte, sich ihm seelisch völlig auszuliefern.

Ihr Blick flog zu seinem Mund, der dicht über ihrem schwebte, sie vergaß wieder zu atmen und schloss die Augen. Es ist zu spät, ich bin schon betrunken, dachte sie noch, dann ließ sie sich einfach fallen, stürzte in den Abgrund diesem Gefühl entgegen, vertraute darauf, dass Roderick sie auffangen würde.

»Hoffentlich wird es ein dickes Buch«, flüsterte sie, als sie wieder dazu imstande war. *Umso länger wirst du bei mir bleiben*, setzte sie schweigend hinzu. Natürlich war auch das eine versteckte Frage. Atemlos wartete sie auf die Antwort.

Sie kam nicht gleich. Roderick wandte sich dem Fluss zu, starrte für Sekunden ins Leere. Dann nickte er langsam.

»Es wird ein ziemlich dickes Buch werden. Ich glaube, ich werde mindestens den Rest meines Lebens brauchen, um es zu schreiben.«

Erst als er sich umwandte und sie ihm in die Augen sah, das Funkeln darin entdeckte, das winzige Zucken seiner Mundwinkel, wusste sie, dass er ihre Frage sehr wohl verstanden hatte. Seine Worte hatten die gleiche Wirkung, als hätte sie ein Glas Sekt auf nüchternen Magen hinuntergestürzt. In ihrem Kopf drehte sich ein rasendes Licht, ihre Beine waren bleischwer, ihr Herz hämmerte wie wild. Vergebens versuchte sie, es unter Kontrolle zu bringen.

»Wird dein Buch nur über Afrika sein«, fragte sie etwas später, ihre Stimme durch seine Lippen gedämpft, »oder auch über das, was du im Rest der Welt erlebt hast?«

»Dafür werde ich ein zweites Leben brauchen. Erst mal muss ich mir Afrika von der Seele schreiben. Und dann möchte ich mir Zeit zum Leben nehmen.« Wie schon einmal begann er, Herzen auf ihre Haut zu malen.

Verstohlen berührte sie die Stelle. Sie schien wie Feuer zu brennen. Eines neben dem anderen.

Der Fluss gurgelte sanft, plätscherte um die Felsen in seiner Mitte, wisperte, lachte, erzählte seine Geschichten von dem, was sich hier in den Jahrmillionen seiner Zeit ereignet hatte. Die beiden Menschen an seinem Ufer lauschten mit einem Lächeln auf dem Gesicht. Libellen schwirrten in der warmen Luft, die Sonne glitzerte auf der Wasseroberfläche, verwandelte den flachen Grund in Gold. Ihre Strahlen fielen auf den glasklaren Stein, der in einer Pfütze nur wenige Schritte vom strömenden Fluss entfernt aus dem Sand ragte. Er fing das Sonnenlicht ein und verwandelte es in einen schillernden Regenbogen. Funken sprühend lag er zu Benitas Füßen, und ausgerechnet in dieser Sekunde schaute sie nach unten, blinzelte unwillkürlich, geblendet von der funkelnden Pracht. Sie bückte sich, hob den Stein auf, entdeckte aber, dass er an etwas festhing. »Er hängt fest. Vielleicht an einer Kette«, sagte sie. »Ein Glasstein, aber schön geschliffen, nicht wahr?«

Roderick Ashburton, der schon viele teure Schmuckstücke für seine jeweiligen Geliebten gekauft hatte, schüttelte langsam den Kopf. Vorsichtig nahm er ihr den Stein aus der Hand und betrachtete ihn eingehend. »Das glaube ich nicht. Ich bin mir ziemlich sicher, dass es ein Diamant ist, allerdings mit einem sehr altmodischen Schliff. Den habe ich noch nie gesehen.« Den Stein in der einen Hand haltend, verfolgte Roderick mit den Fingern der anderen die Kette, an der das Juwel befestigt war, bis unter den Sand. »Wir müssen behutsam vorgehen, wenn wir weitergraben.« Er kniete sich hin, wickelte die Kette um sein Handgelenk, damit ihm der Stein nicht entgleiten konnte, und grub mit der anderen Hand. »Ich fühle etwas Rundes, Hartes, wie eine Schüssel«, sagte er. »Fühle selbst einmal.«

Benita kniete sich in den feuchten Ufersand und versenkte ihre Finger in der weichen Erde, tastete blind herum, nickte dann. »Rund und hart, aber keine Schüssel. Es hat vorne Löcher ... eine Art Vorsprung ... und ... Zähne. Ich glaube, das ist ein menschlicher Schädel«, platzte sie heraus. »Der Diamant scheint an einem Skelett zu hängen! Heiliger Strohsack!«

Fieberhaft schaufelten sie den nassen Sand beiseite, und allmählich wurde das Objekt sichtbar. Es war tatsächlich ein Schädel, ein menschlicher Schädel, ohne Zweifel, und er saß noch auf den Schulterknochen des Skeletts. Benita hockte sich auf die Fersen und starrte hinunter auf das Grab.

»Was, um alles in der Welt, ist hier passiert? Wer war das?«, flüsterte sie.

»Das können wir nur herausfinden, wenn wir das Skelett ans Tageslicht gebracht haben. Um nichts zu beschädigen, müssen wir aber weiträumiger graben, sonst zerstören wir etwas unwiderruflich.« Roderick richtete sich auf, blieb aber gebückt stehen, weil er noch immer den Stein in der Hand hielt.

»Hast du eine Schaufel im Wagen? Wo ist der eigentlich?« Sie sah sich um.

»Ich habe ihn hinter dem Haus geparkt, ich wollte dich doch überraschen.« Er warf ihr einen Kuss zu. »Und einen Klappspaten habe ich beim Ersatzreifen gesehen.« Er setzte sich auf einen Stein, um seinen bandagierten Fuß zu entlasten.

Benita kehrte schnell mit dem Spaten zurück, und mit größter Umsicht gruben sie die Überreste frei. Es waren die einer zierlichen Person, und sie war in hockender Stellung begraben worden, eingewickelt offenbar in eine ledrige Haut, von der noch Reste erhalten waren.

Benita musterte das Skelett gedankenverloren. »Zulus begraben ihre Toten auf diese Weise«, murmelte sie. »Aber woher sollte ein Zulu eine Kette mit einem Diamanten haben? Einen solchen Riesendiamanten?«

Kopfschüttelnd drehte Roderick das Juwel in den Fingern hin und her, bewunderte das prachtvolle Farbenspiel. »Relativ wenige Facetten. Ungewöhnlich. Könnte aus dem sechzehnten Jahrhundert stammen. Die aufwändigeren Schliffe kennt man erst seit Mitte des siebzehnten Jahrhunderts. Aber genau kann ich das auch nicht sagen. Wir müssten einen Fachmann fragen.«

»Sechzehntes Jahrhundert?« Benita richtete sich auf und sah erst ihn unter zusammengezogenen Brauen an, dann auf das Skelett zu ihren Füßen, das bis zum Brustkorb frei lag. »Das erinnert mich an irgendetwas …« Sie schüttelte ungeduldig den Kopf. »Ich komm einfach nicht drauf, aber mir wird es schon irgendwann wieder einfallen. Lass uns weitersuchen, was sich da noch unter der Erde verbirgt.«

Mit diesen Worten kauerte sie sich nieder und stocherte mit den Fingern ein wenig herum. Auf einmal löste sich eine der Rippen und fiel in den Brustkorb.

»Oje, es fällt auseinander«, sagte sie erschrocken und spähte hinunter. Mit spitzen Fingern hob sie den Knochen heraus und betrachtete ihn. Er war blank und vom Alter bräunlich verfärbt. Behutsam legte sie ihn neben Roderick auf den trockenen Boden. »Vielleicht sollten wir die Knochen nummerieren, wie man das bei Archäologen immer sieht?«

Roderick antwortete mit einem Brummen. Er nestelte an der glänzenden Gliederkette des Steins, bis es ihm gelang, sie über den Schädel zu ziehen. Im letzten Augenblick fiel der nach vorn auf die Brust, als würde er einfach einschlafen wollen. Roderick griff blitzschnell zu und verhinderte, dass der Kopf in das Grabloch rollte. Dabei konnte er tief in den Brustkorb sehen.

»Da liegt ein ziemlich großer Goldreif im Gerippe … Wer war nur dieser Tote, dass er mit solchen Schätzen begraben wurde?« Nach kurzem Nachdenken stand er auf, humpelte zu einem der Büsche, die das Flussufer säumten, und brach einen festen Stock mit kräftigen Seitenästen ab. Mit dem Spaten entfernte er alle, bis auf einen, der an der Spitze saß. Den kürzte er auf wenige Zentimeter und drehte ihn um.

»Voilà.« Vergnügt präsentierte er den praktischen Hakenstock. Vor dem Grab kniend, benutzte er den Stock, um den Goldreif geschickt zwischen den Rippenknochen herauszuangeln. Er hielt ihn hoch. Das breite Band war mit mehreren roten Cabochon-Schmucksteinen besetzt.

»Sind … sind das etwa Rubine?«, fragte Benita. »Die sind ja so groß wie Spatzeneier.«

Roderick strich über die runde, glatte Oberfläche der Steine. »Könnten natürlich auch Granatsteine sein, obwohl ich nicht glaube, dass es die in dieser Größe gibt, und ich glaube auch nicht, dass es ein Halsreif ist. Er hat keine Schließe, und sieh … er passt nicht über den Schädel.«

Benita schaute den mit dem Reif geschmückten Totenkopf an. »Es ist auch kein Halsreif, sondern ein Stirnband, ein Diadem, und das wird von Frauen getragen. Himmel, auf was sind wir hier gestoßen?«, flüsterte sie aufgeregt und schaute ihn groß an. Dann beugte sie sich wieder hinunter. Zwischen zwei Fingern rieb sie die Reste der steifen Leichenhülle, zupfte ein paar einzelne Haare heraus.

»Das ist eine Tierhaut gewesen, da hängen noch einige Haare dran«, murmelte sie. »Zulus beerdigen ihre Toten in hockender Stellung, eingewickelt in eine Tierhaut. Also müsste das eine Zulu gewesen sein. Aber wie sollte eine Zulu an diesen Schatz kommen?«

Mit großer Sorgfalt stocherte sie mit einem Finger durch den weichen Schlamm, der sich zwischen der Haut und dem Brustkasten abgesetzt hatte.

»Da ist noch etwas … etwas Hartes … Ich kann es greifen …« Um das Skelett nicht zu zerstören, zog sie ihre Faust Zentimeter für Zentimeter heraus. Dann öffnete sie ihre Finger.

Auf ihrer Hand lagen mehrere in Gold gefasste Steine, blaue und rote, und ein Goldring, der mit glühend grünen Steinen besetzt war. Sprachlos starrten beide auf ihren Fund. Benita musste sich räuspern, ehe sie sprechen konnte.

»Da war mehr, viel mehr … Es ist, als hielte die Tote einen Schatz an ihre Brust gepresst.«

»Sieh dir den Ring einmal genauer an. Vielleicht gibt es ja ein Monogramm?« Auch Roderick konnte seine Aufregung nicht verbergen.

Ihre Finger zitterten, als sie den Ring mit den schimmernden grünen Steinen drehte und die Innenseite betrachtete.

»E. de V. F.«, buchstabierte sie laut und sah ihn mit aufgerissenen Augen an. »Elena de Vila Flor. Um Himmels willen, das Skelett ist Dona Elena de Vila Flor!«

Roderick starrte sie perplex an. »Elena de Vila Flor?«, wiederholte er. »Wer soll denn das sein? Woher kennst du ihren Namen?«

Benita aber schaute geistesabwesend über den Fluss. Es war weder das schlammgelbe Wasser, das sie sah, noch das dichte Ried, noch die weißen Reiher, die auf ihrem Nistbaum lärmten, noch das weite Grasland, das sich dahinter öffnete. Vor ihren Augen wirbelte eine zierliche, in goldene Seide gehüllte Mädchengestalt mit langem blondem Haar über sonnenglitzerndes Wasser, sie hörte klingendes Lachen, aber dann sah sie Kolonnen von gebeugten Menschen durch den Busch marschieren, hörte Stöhnen und Schreie und sah Blut und wie eine schöne Frau, bis zum Hals im Sand vergraben, mit ihren kleinen Söhnen verhungerte und ihr Mann wahnsinnig wurde und auf Nimmerwiedersehen im Busch verschwand.

Mit einer Stimme, die nicht ihre eigene war, sondern nur ein Wispern, das wie ein sanfter Wind durchs Ried raschelte, begann sie zu sprechen, und Roderick konnte kaum glauben, was er da hörte.

»Sie segelten von Goa und hatten Millionen in Gold und Edelsteinen geladen, mehr als irgendein anderes Schiff vor ihnen seit der Entdeckung Indiens …«

Wie in Trance sprach sie weiter, wob einen glitzernden Schleier mit Worten, erzählte ihm, was sie gelesen hatte. Schließlich verebbte ihre Stimme. Stille senkte sich auf die beiden Menschen am Ufer des Umiyane. Der Fluss hörte auf zu rauschen, die Reiher lärmten nicht mehr, auch die Zikaden erwiesen der Toten ihre Referenz und unterbrachen ihr schrilles Gefiedel.

So bewirkte das Erdbeben, welches den Umiyane aus seinem Bett geworfen hatte, dasselbe Beben, welches dem *Zulu Sunrise* den Todesstoß versetzt und dadurch alles ins Rollen gebracht hatte, dieses Beben bewirkte, dass Dona Elena de Vila Flor, die vor vierhundert Jahren von den Nguni-Familien, die an diesem idyllischen Fluss lebten und denen die junge Aristokratin als eine goldhaarige Göttin aus einer anderen Welt erschien, mit allen Ehren einer Häuptlingsfrau begraben worden war, aus dem Dunkel der Zeit auftauchte, um ihre Geschichte endlich zu Ende zu erzählen.

ENDE

Wenige Tage später vernahmen die Bewohner der Natalküste ein unterschwelliges Grollen, eigentlich nur wahrnehmbar als eine vibrierende Schwingung, die durch den Körper lief und einen dumpfen Nachhall hinterließ. Ein Gewitter, dachten diejenigen, die es dennoch verspürten, und suchten den Himmel nach Zeichen ab. Doch der Himmel schimmerte porzellanblau, unschuldige weiße Wölkchen segelten in einer sanften Brise dahin, der Ozean atmete ruhig, das Wasser war gläsern klar, grün dort, wo der helle Sand durchschimmerte, und schwarzblau über den großen Tiefen.

Unter der spiegelnden Oberfläche aber war der Meeresboden von einem Nachbeben geschüttelt worden, ganz kurz nur und nicht stark, mehr wie ein letztes, schwaches Aufbäumen nach einer großen Anstrengung. Aber durch die Erschütterung brach ein unterseeischer Felsüberhang ab und löste einen Erdrutsch aus, der schlagartig eine gewisse Menge Wasser verdrängte und für drei Tage ungewöhnlich hohe Wellen verursachte, die mit erschreckender Gewalt auf die Küste trafen, den Strand an einer Stelle verschlangen und ihn an anderer wieder ausspuckten, was zur Folge hatte, dass unter anderem Grannys Pool völlig versandete und die Eigentümer der Ausflugsboote einen Jahresprofit verloren, weil sie wochenlang nicht auslaufen konnten. Aber die gravierendste Auswirkung geschah tief im Untergrund. Im Felsgestein, auf dem das massive Fundament des *Zulu Sunrise* ruhte, entstand ein Riss. Der Fels senkte sich zwar nur geringfügig, aber es reichte aus, um auch das Fundament zu beschädigen. Wasser, Sand und Geröll drangen ein und begannen ihr zerstörerisches Werk.

Ein Team von Geologen und Ingenieuren wurde eingesetzt, und nach umfangreichen Untersuchungen und Berechnungen stellte Herbert Wood, Mitglied des Stadtrats, den Antrag, den Abriss des Turms zu verfügen und eine Richtlinie zu erlassen, nach der kein Gebäude, das in Zukunft an dieser Küste gebaut werden würde, sich über die höchste Palme erheben durfte. Er erhielt den stürmischen Beifall der Mehrheit der Ratsversammlung. Die Abstimmung wurde auf den folgenden Tag festgesetzt.

Am nächsten Morgen machten die Befürworter des Antrages folgenschwere Entdeckungen. Stadtrat Robbins stolperte vor seiner Haustür über seinen preisgekrönten Rottweiler, der den Kopf auf die Pfoten gelegt hatte und auf der Matte döste. Er beugte sich hinunter, wollte ihm die Ohren kraulen, aber bei der ersten Berührung fiel ihm der Hundekopf entgegen. Jemand hatte ihn hinter den Ohren vom Rumpf getrennt.

Rashid Singh fand die Siamkatze der Familie. Sie baumelte vom Querbalken des Terrassendachs. Man hatte das Tier vom Hals bis zum Bauch aufgeschlitzt. Seine Frau fiel bei dem Anblick in Ohnmacht.

Ein paar Häuser weiter entdeckte Lucky Sithole, der kein Haustier, dafür aber einen Porsche besaß, einen tiefen Kratzer im Lack seines silbernen Lieblings, der zu seinem Entsetzen um den ganzen Wagen lief.

Am schlimmsten jedoch traf es Herbert Wood und seine Familie. Er wurde vom markerschütternden Geschrei seiner jüngsten Tochter aus der Dusche gejagt. Nasse Fußstapfen auf dem Teppich hinterlassend, rannte er in ihr Zimmer. Zwei Mädchen, einander ähnlich wie Zwillinge, saßen auf dem Boden, und beide waren über und über mit Blut besudelt.

Herbert Wood schrammte nur eben an einem Herzinfarkt vorbei, ehe er nach einer Ewigkeit von ein paar Sekunden erkannte, was er tatsächlich vor sich hatte: seine Tochter und ihre Lieblingspuppe, die ihr in Aussehen und Größe genau nachgebildet war.

Der Puppenkopf mit dem Gesicht seiner kleinen Tochter hing mit eingeschlagenem Hinterkopf herunter, die Vorderseite des ehemals gelben Kleidchens war mit Blut durchtränkt. Hühnerblut, wie eine spätere Untersuchung erwies. Aber das konnte Herbert Wood in diesem Augenblick, als sein Herz fast stehen blieb, nicht wissen.

Er stimmte am selben Abend gegen den eigenen Antrag, der schließlich mit einer satten Mehrheit abgewiesen wurde.

Wenige Tage darauf zeugte das ohrenbetäubende Geratter von Presslufthämmern davon, dass auf der Baustelle des *Zulu Sunrise* wieder gearbeitet wurde.

Mr Mbata leistete außer einer Anzahlung für das Penthouse des *Zulu Sunrise* noch die für drei weitere Apartments und beschloss, seinen Ahnen als Dank einen Bullen zu opfern. Wie es die Tradition verlangte, würde er ihm in die Schlagader stechen und ihn langsam ausbluten lassen. Er hoffte, dass der Bulle so laut brüllen würde, dass man seine mächtige Stimme in seinem Umuzi im fernen Zululand vernehmen würde. Das würde seine Ahnen äußerst zufriedenstellen.

»O ja«, dachte Mr Mbatha und zeigte seine Zähne in einem erwartungsfreudigen Lächeln, »ich will den Bullen brüllen hören!«

